封锡盛近照

中国工程院
CHINESE ACADEMY OF ENGINEERING

# 贺 信

尊敬的封锡盛院士：

在您八十寿辰之际，谨向您致以衷心的祝贺和崇高的敬意，向您和您的家人表示最诚挚的祝福！

您是我国著名的水下机器人专家，长期从事水下机器人科技攻关和装备研发工作，成就卓著。您作为我国水下机器人事业的主要开拓者，带领几代科研人员，不断满足和引领国家需求，规划及指导研制了多款新型水下机器人系统。水下机器人海试和作业的身影遍布四大洋、南北两极、青藏高原和马里亚纳海沟，在我国水下机器人领域开创了多项第一，完成了中华民族"下五洋捉鳖"的多年夙愿，实现了我国水下机器人的研究水平从跟跑、并跑到部分领跑的创新跨越。

八十阳春岂等闲，几多辛苦化甘甜。您辛勤耕耘、潜心科研，取得了大量显著的研究成果，荣获多项国家级奖励。您提携后学，桃李天下，培养了大批优秀科技人才，成为我国水下机器人科技事业的骨干。

您积极参与工程院的各项工作，为我国工程科技事业发展多次建言献策。您热爱祖国、严谨治学、为人师表、勇于创新、敬业奉献；坚持原则、实事求是，具有崇高的科学精神和人格魅力，是我国工程科技界的楷模和学习的榜样！

衷心祝愿您生日快乐、健康长寿、阖家幸福！

中国工程院  李晓红
二〇二一年十二月十七日

# 贺　信

尊敬的封锡盛院士：

　　喜逢先生八十寿辰，我谨代表中国科学院，并以我个人的名义，向您和您的家人致以衷心的祝贺和诚挚的问候！

　　您是我国最早从事水下机器人研究的专家之一，作为我国第一台有缆遥控水下机器人"海人一号"电控系统负责人、我国第一台无缆自治水下机器人"探索者"号总设计师、"CR-01"自治水下机器人工程化项目的总设计师和"CR-02"6000米自治水下机器人总设计师，负责项目总体设计、机器人系统研制及实验等，使我国成为世界上少数拥有此项目技术和设备的国家之一。半个多世纪以来，您在科研道路上历经风雨、屡受考验，却始终坚持梦想，执着追求。您潜心专研，严谨求实，硕果累累；您心系国家，学以致用，勇于创新，积极为我国水下机器人的发展、自主创新建言献策，堪为科技工作者的楷模！

　　衷心感谢您为我国科教事业所作出的重要贡献，再次祝愿您生日快乐，健康长寿，生活幸福！

中国科学院院长　侯建国

2021 年 12 月 17 日

# 中国科学院沈阳分院

## 贺 信

尊敬的封锡盛先生：

喜逢先生八十华诞，我谨代表中国科学院沈阳分院和中国科学院沈阳院士联络处，并以我个人的名义，向您致以衷心的祝贺和良好的祝愿！对您几十年来为推动祖国科教事业和科学普及工作做出的重要贡献表示崇高敬意！

您长期从事水下机器人研究与开发，开创了中国水下机器人研究新领域，是国际著名水下机器人专家。您曾经担任我国第一台有缆遥控水下机器人"海人一号"电控系统负责人、中国第一台无缆自治水下机器人"探索者号"的总设计师、"CR-01"6000米自治水下机器人项目副总设计师、"CR-01"自治水下机器人工程化项目的总设计师和"CR-02"6000米自治水下机器人总设计师。您在多年的科研历程中，大力弘扬新时代科学家精神，倡导"求真务实、甘于奉献、团结协作、敢为人先"的海人精神，带领海人团队在水下机器人领域共创造了十余项"中国第一"或"世界第一"。

您辛勤耕耘、孜孜不倦，投身于我国科研事业的最前沿；您学风严谨、恪守师道，您奖掖后学、甘为人梯，积极培养和提携优秀青年才俊，为我国科教事业发展做出了杰出贡献！衷心恭祝您八十华诞，祝您福寿康宁、阖家幸福！

中国科学院沈阳分院院长 于海斌

中国科学院沈阳院士联络处

二〇二一年十二月十七日

贺封锡盛院士八十华诞

技高人胆大深海闯龙宫
桃李满天下硕果震全球

蔡鹤皋
二〇二一年冬

中国工程院院士蔡鹤皋贺词

贺封锡盛院士八十寿辰

探索者号初联手
CR-01 共奋斗
无人深潜闯新域
引领国际阔步走


龙潜海斗闯深渊
青丝结白志高远
协同创新代相传
科技报国如心愿

徐芑南
2021.9.6.

中国工程院院士徐芑南贺词

博学笃志

气定神闲

封锡盛院士老毛笔

荣庆

胡敦欣贺

中国科学院院士胡敦欣贺词

盛世英才海底蛟龙厚道撑身拷锡永不匮书贺锡盛院士八十大寿扬生

中国工程院院士徐扬生贺词

**Professor David Lane CBE FREng FRSE**

Edinburgh Centre for Robotics

National ROBOTARIUM

Earl Mountbatten Building

**Heriot-Watt University**

**Edinburgh** EH14 4AS

United Kingdom

Dear Professor Feng,

It is with great pleasure that I write to offer you very many congratulations indeed on the occasion of your 80$^{th}$ Birthday, a remarkable achievement.

Some 33 years have passed since my first visit to SIA in 1988 when you showed me great hospitality. My time spent with you and colleagues broadened my horizons and my understanding of the Chinese way of life and work, for which I am grateful.

For some of my colleagues taking early retirement after 33 years would represent a complete working life! However, this time interval has only been a portion of your distinguished career and period of service, and I know you will be justifiably proud.

My recent visits to SIA before COVID-19 have shown me that you remain active in the institute up to the present day. It is delightful to know, therefore, that students and senior staff alike are able to benefit from your long experience and extensive contacts to the benefit of their careers and work.

I do hope you are able to enjoy some special celebrations to mark the occasion. Unfortunately, I cannot be there in person, but I wish you all the best on the day, and for a long and happy period ahead in support of SIA people and work.

I also hope there will be a chance to visit SIA once more and renew our acquaintance when the pandemic subsides and the authorities allow.

With warmest wishes once more on the occasion of this memorable event.

**David M. Lane** PhD CBE FREng FRSE

*Professor Emeritus of Autonomous Systems Engineering*
**Co-Founder Edinburgh Centre for Robotics, National ROBOTARIUM**
Heriot-Watt University, Edinburgh University,
Scotland, UK

英国皇家工程院院士、爱丁堡皇家学会院士 Lane 祝贺封锡盛院士八十寿辰

# 中国大洋协会办公室

## 贺封锡盛先生八十寿辰

欣逢封锡盛院士八十寿辰，感念多年的殷殷教诲，一幕幕和蔼亲切的画面萦绕眼前。

封锡盛院士是我国水下机器人领域的学术领路人，作为研制项目副总设计师和工程化项目总设计师，他主持研制的"CR-01"AUV 是我国最早开展深海矿产资源勘探的水下机器人。他多年担任"深海矿产资源开发利用技术"国家重点实验室学术委员委员，为深海采矿技术的发展贡献了智慧、把握了方向。

1991 年 3 月，中国大洋协会被联合国批准为国际海底先驱投资者，获得了东太平洋 15 万平方公里的多金属结核开辟区。根据《联合国海洋法公约》，我国需在八年内交回开辟区面积的一半，保留 7.5 万平方千米矿区用于未来的开发。探明开辟区海底矿产分布和资源量是保证未来开发矿区质量的基础和前提，而水下机器人正是能够实现海底资源精细勘探的最有效深海装备。1992-1995 年，在蒋新松和封锡盛等老一代科学家的建议下，国家 863 计划立项支持了"CR-01"6000 米 AUV 的研制项目，我当时作为中国大洋协会的代表参加了"CR-01"研制总体组的工作。

"CR-01"于 1995 年、1997 年两次赴东太平洋进行海底多金属结核开辟区调查，对我国圈定 7.5 万平方千米矿区做出了积极贡献。这

是我国深海高新技术发展的一个里程碑，标志着我国深海调查自主机器人的总体水平跻身世界先进行列。封院士带领团队再接再厉，紧紧围绕国家深海战略需求，不断推动我国水下机器人研发迈上新台阶。先后成功研制了"潜龙一号"、"潜龙二号"、"潜龙三号"、"潜龙四号"、"海斗一号"等系列 AUV 和"翼龙"系列滑翔机等深海重大装备，参加了 10 余个中国大洋航次，分别开展多金属结核矿区、热液硫化物矿区的调查等工作，为我国的国际海底矿区申请和矿区圈定做出了不可磨灭的贡献。

在科研中，封院士及其带领的团队瞄准世界深海科学技术前沿，围绕我国深海资源勘探技术装备之急需，几十年如一日辛勤耕耘，不懈探索，用汗水和智慧铸就了让世人刮目相看的成绩，使我国在国际水下机器人领域占有重要的一席之地。

封院士的睿智、沉稳和严谨给我留下了深刻印象。在与封院士相识的三十年多年中，我一直感念他对大洋工作和对我本人的支持、帮助和提携。从封院士身上，我看到了真正的勇攀高峰、敢为人先的创新精神，追求真理、严谨治学的求实精神，甘为人梯、奖掖后学的育人精神。

怀着感念的心情写下这段小文，祝贺封锡盛先生的八十寿辰，衷心的祝福他健康长寿，庭下芝兰茂，腰间印绶荣。

中国大洋协会　刘峰　*刘峰*

2021 年 09 月 28 日

中国大洋矿产资源研究开发协会副理事长刘峰祝贺封锡盛院士八十寿辰

祖孙三代其乐融融（摄于 2012 年）　　　　国庆节期间在"CR-01" 6000 米自治水下机器人调试现场
（摄于 1996 年 10 月）

"海人一号"大连海试参试人员合影（摄于 1985 年 12 月）

"CR-01"自治水下机器人携带国旗圆满完成6000米级海试（摄于1997年6月18日，后排右一为封锡盛院士）

"CR-01"完成6000米级海试返航抵达檀香山，科技部领导迎接海试团队凯旋

（摄于1997年7月，前排右二为封锡盛院士）

以全国政协委员身份列席第十届全国人民代表大会第二次会议（摄于 2004 年 3 月）

在机器人学国家重点实验室与蔡鹤皋院士交流（摄于 2005 年 3 月）

向孙家广院士介绍水下机器人研究工作（摄于 2005 年 7 月）

为表彰在促进科学技术
进步工作中做出重大贡献
者，特颁发此证书，以资
鼓励。

获奖项目： "RECON-IV-300-SIA-X"中型水
下机器人产品开发

奖励种类：中国科学院科技进步奖

奖励等级：一等奖

完 成 者：封锡盛

证书编号：91J-1-21-6

中 国 科 学 院
1 9 9 1 年 10 月

1991 年 " 'RECON-IV-300-SIA-X' 中型水下机器人产品开发"项目荣获中国科学院科技进步奖一等奖

为表彰在促进科学技术
进步工作中做出重大贡献，
特颁发此证书，以资鼓励。

奖励日期：一九九二年十一月

证书号：屯-2-003-06

获奖项目：RECON-IV-300-SIA-X中型水下机
器人产品开发

获奖者：封锡盛

奖励等级：二等

国家科学技术进步奖
评审委员会

1992 年""RECON-IV-300-SIA-X'中型水下机器人产品开发"项目荣获国家科学技术进步奖二等奖

为表彰在促进科学技术
进步工作中做出重大贡献
者，特颁发此证书，以资
鼓励。

获奖项目：无缆水下机器人（"探索
者"号自治水下机器人）

奖励种类：中国科学院科技进步奖

奖励等级：一等奖

完成者：封锡盛

证书编号：95J-1-014-01

中国科学院

1995 年 10 月

1995 年 "无缆水下机器人（'探索者'号自治水下机器人）"项目荣获中国科学院科技进步奖一等奖

获奖项目：CR-01 6000米自治水下机器人

奖励种类：中国科学院科技进步奖

奖励等级：特等奖

完成者：封锡盛

证书编号：97J-0-002-05

为表彰在促进科学技术进步工作中做出重大贡献者，特颁发此证书，以资鼓励。

中国科学院

1997年12月

1997年"CR-01 6000米自治水下机器人"项目荣获中国科学院科技进步奖特等奖

1998年"无缆水下机器人的研究、开发和应用"项目荣获国家科技进步奖一等奖

2001 年封锡盛院士荣获"国家八六三计划十五周年先进个人"荣誉称号

2015 年"长航程自主水下机器人研究集体"项目荣获中国科学院杰出科技成就奖（突出贡献者）

封锡盛院士等主编出版的"海洋机器人科学与技术丛书"（于2020年出版）

2008年封锡盛院士被聘为辽宁省人民政府参事

2017年封锡盛院士被聘为中共辽宁省委、辽宁省人民政府第六届决策咨询委员会委员

九曲黄河
龍舞鳳翔
西出巴顏
东入大洋
搀土造地
灌浇棉粮
哺育人祖
繁育蠶桑
啟迪滇猎
織制衣裳
積澱久矣
利園奥邦
子孫億萬
社稷棟樑
恩澤華夏
日月同光

母親河之歌

《母亲河之歌》（系学习书法之习作，原作取自网上）

庚寅年春 封锡盛

《寿》（作于2010年，为长沙千里湘江书法长廊、艺术、工程，南岳万寿书法碑廊而作）

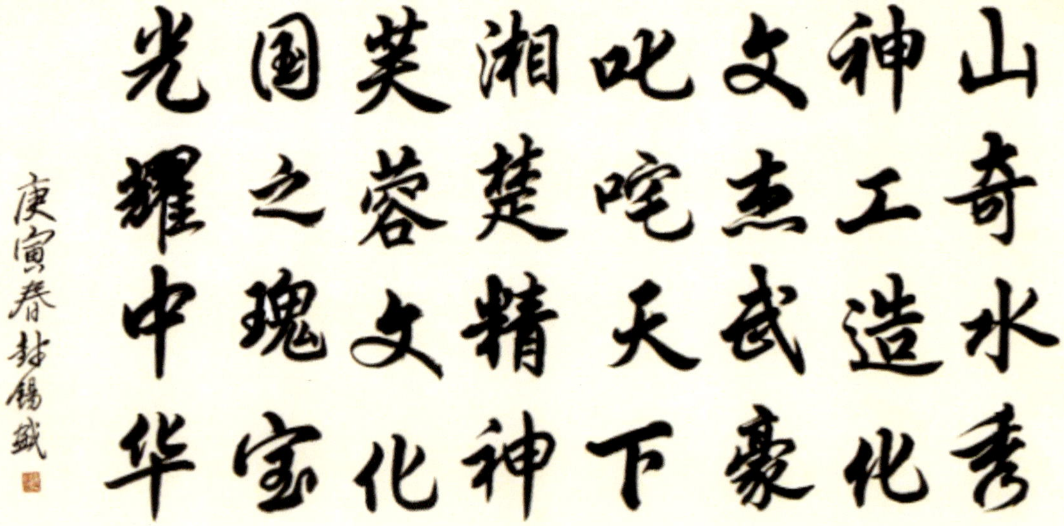

光 国 芙 湘 叱 文 神 山
耀 之 蓉 楚 咤 杰 工 奇
中 瑰 文 精 天 武 造 水
华 宝 化 神 下 豪 化 秀

庚寅春封锡盛

## 光耀中华

封锡盛 词
张羊俊 曲

1=D 或 C 4/4
有精神地、中速

山奇水秀 神工造化，文杰武豪

叱咤天下 湖楚精神 芙蓉文化，国之瑰宝 光耀中华，

结束句

国之瑰宝 光耀中华。 光耀中华！ 吹吹！

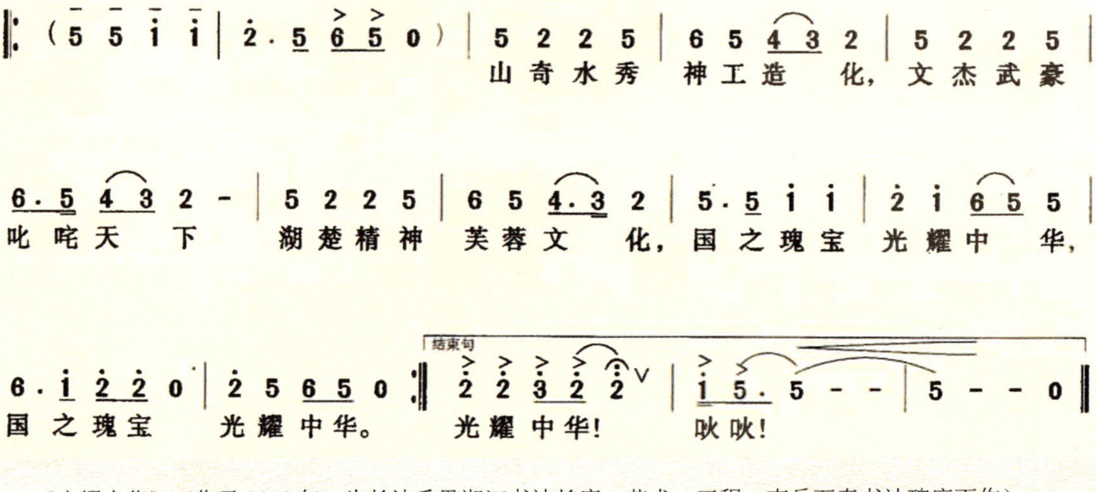

《光耀中华》（作于 2010 年，为长沙千里湘江书法长廊、艺术、工程，南岳万寿书法碑廊而作）

《国庆》（作于 2009 年国庆节）

《雄鸡一唱天下白》

（作于 2011 年，为庆祝中国共产党成立 90 周年而作，红色鸡冠为 1921 和 2011，鸡嘴和眼睛由数字 90 构成）

《水下机器人》

（作于 2021 年，为庆祝中国共产党成立 100 周年而作，上两个字为草书"水下"，第三个字为"机器人"三个字合体，其中"机"为繁体字，左侧木字旁寓意为万米深渊中生活的狮子鱼，作品隐喻万米水下机器人）

# 封锡盛院士科技活动生涯

中国科学院沈阳自动化研究所　编

科学出版社

北京

# 内 容 简 介

　　本书是中国工程院院士封锡盛研究员从事科技活动近 60 年的真实写照。本书共分四部分：第一部分收录他关于水下机器人科技事业发展的工作报告、全国政协提案、媒体报道（选编）；第二部分收录他和他的学生、同事发表在国内外学术刊物上的论文（选编）；第三部分收录他的同事、学生撰写的文章（选编），从不同侧面反映了他献身、求实、协作、创新的科学精神；第四部分是封院士自述；附录为人才培养和研究成果目录。

　　本书基本反映了我国水下机器人的发展和科技水平。本书的出版对我国今后水下机器人的发展具有指导作用和参考价值。

　　本书可供从事水下机器人研究工作的科技人员、教师及研究生阅读。

**图书在版编目（CIP）数据**

封锡盛院士科技活动生涯 / 中国科学院沈阳自动化研究所编. —北京：科学出版社，2023.7
　ISBN 978-7-03-070808-3

　Ⅰ. ①封… Ⅱ. ①中… Ⅲ. ①封锡盛－传记②海洋机器人－技术发展 Ⅳ. ①K826.16②TP242.3

　中国版本图书馆 CIP 数据核字（2021）第 247383 号

责任编辑：姜　红　常友丽 / 责任校对：邹慧卿
责任印制：吴兆东 / 封面设计：无极书装

科 学 出 版 社 出版
北京东黄城根北街 16 号
邮政编码：100717
http://www.sciencep.com
北京中科印刷有限公司 印刷
科学出版社发行　各地新华书店经销
*
2023 年 7 月第 一 版　　开本：787×1092　1/16
2023 年 7 月第一次印刷　　印张：31 1/2　插页：11
字数：747 000

定价：299.00 元
（如有印装质量问题，我社负责调换）

# 《封锡盛院士科技活动生涯》编委会

主　编：于海斌

副主编：桑子刚　史泽林　梁　波　孙　雷　李　硕

编　委：（按姓名笔画排序）

王晓辉　曲艳丽　刘　洋　刘开周　李一平

李智刚　林　扬　周　船　胡志强　俞建成

# 序　言

2021年适逢封锡盛先生八十寿辰。封先生生于辽宁海城，1960年以优异成绩考入哈尔滨工业大学电机工程系工业电气化与自动化专业，早年曾在第四机械工业部第十研究院第十四研究所（现为中国电子科技集团公司第十四研究所）工作，1973年进入中国科学院沈阳自动化研究所（以下简称"沈阳自动化所"）。他倾情科研事业近六十载，长期从事水下机器人研究与开发，是我国水下机器人领域的开拓者之一。

封先生心系国家发展，在水下机器人领域做出了重要贡献，得到各界的高度认可。多次获得国家及省部级奖项，其中"无缆水下机器人的研究、开发和应用"获1998年国家科技进步奖一等奖。1993年被评为863计划自动化领域优秀工作者，1996年被国家科学技术委员会评为先进工作者。2015年获中国科学院杰出科技成就奖（突出贡献者）。多年来担任机器人学、深海矿产资源开发利用技术、机器人技术与系统等国家重点实验室学术委员会或指导专家委员会委员。封先生还是第九、十、十一届中国人民政治协商会议全国委员会委员，并担任辽宁省人民政府、沈阳市人民政府咨询顾问。

封先生作为我国水下机器人事业的先驱和重要奠基人，为我国水下机器人从无到有、从弱到强的进步和发展，做出了开创性的贡献。863计划起步时期，他建议并论证了潜深1000米和6000米级自治水下机器人，被863计划自动化领域采纳立项。他在水下机器人总体设计方面开展了大量开创性工作，作为我国第一台1000米无缆自治水下机器人"探索者"号和"CR-01"6000米自治水下机器人工程化项目的总设计师，他主持制定了"探索者"号总体设计方案，与中国船舶重工集团公司第七〇二研究所的徐芑南院士共同制定了"CR-01"总体设计方案，制定了"CR-01"工程化项目的总体设计方案，并对这些方案进行了大量的理论分析、仿真和试验验证，为这些项目成功完成并取得丰硕成果奠定了坚实基础。他在水下机器人智能控制技术方面有着深厚的造诣，提出了我国第一台水下机器人"海人一号"电控系统设计方案，奠定了我国遥控水下机器人控制系统的研制基础。对于自主水平更高的自治水下机器人"探索者"号，他提出了一种实时并行的体系结构，该结构硬件基于一个四核CPU构建了公共总线系统，软件基于时空分解设计了分布式体系，整个系统包含了使命规划、航线规划、组合导航、故障诊断、环境建模和底层控制等多项任务，实践证明该结构行之有效。此外，针对在恶劣海况下回收自治水下机器人这一制约自治水下机器人走向实际应用的世界性难题，他提出水下对接回收方案，并在"探索者"号研制中成功完成基于视觉跟踪的对接回收实验。

封先生潜心研究、孜孜探索，为中国水下机器人发展贡献了一批原创性的学术成果。例如，1988年，他与蒋新松院士、谈大龙研究员等人在IEEE SMC国际会议联名发表了沈阳自动化所水下机器人领域第一篇论文"Underwater Remotely Operated Vehicle HR-01"，获得"泰勒奖"优秀论文；2000年，他与蒋新松院士、王棣棠研究员合著出版了《水下机器人》一书，在国内首次全面介绍了水下机器人研发过程中涉及的核心技术；

2020 年，主编了"十三五"国家重点出版物出版规划项目"海洋机器人科学与技术丛书"，进一步丰富完善了中国海洋机器人的技术体系。这些文献的出版，为中国水下机器人事业的发展提供了理论指导和技术支撑。

封先生桃李芬芳、教泽绵长，他用一流的学识和高尚的品行，言传身教、春风化雨、润物无声，传道、授业、解惑，为沈阳自动化研究所和国家培育了一批又一批水下机器人领域的青年才俊、科技精英，影响和感召了一代又一代科技工作者。在蒋新松先生、封锡盛先生等老一辈科学家的带领和指引下，几代科研人员锐意进取，创造了水下机器人领域国内多项第一，构建了谱系化水下机器人装备体系；科研人员海试和作业的身影遍布四大洋，完成了中华民族"下五洋捉鳖"的夙愿，实现了中国水下机器人的研发水平从跟跑、并跑到部分领跑的创新跨越。

鹤寿松龄三春不老，花团锦簇万象更新。封先生虽已是杖朝之年，但他依然精神矍铄、追求卓越，为深海进入、深海探测、深海开发方面关键技术的发展不断擘画蓝图，为水下机器人向更深、更远、更快发展不断上下求索。这种人生态度深深地影响着他的同事、友人、学生，乃至他身边的每一个人，也将影响一代又一代沈阳自动化所人。

在封先生八十寿辰之际，让我们献上最衷心的祝福：祝福他学术之树常青，生命之水长流。寿诞快乐，春晖永绽！

编委会

2021 年 12 月

# 出 版 说 明

　　中国工程院院士封锡盛先生是国际著名的海洋机器人专家。本书选录了封锡盛院士1979 年至 2021 年间在国内外学术期刊、会议中发表的 32 篇学术论文，内容涉及海洋机器人科技思想、发展综述、总体技术和核心单元技术等，论文来自多种期刊和会议论文集，时间跨度大，原始体例不尽统一。本书为方便读者阅读，收录时对论文各级标题体例、物理量外文符号格式等进行了统一，但同时保留了部分原文风貌，对参考文献引用格式等未做统一处理。

# 目　录

## 第二部分 学术论文（选编）

## 第三部分　同事、学生眼中的"封老"（选编）

## 第四部分　科教求索路，创新谱新篇

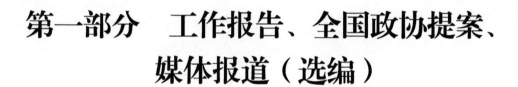

# 第一部分　工作报告、全国政协提案、媒体报道（选编）

# 一、工作报告（选编）

## 海洋机器人科技回顾及展望*

浩瀚的海洋蕴藏着人类社会发展所需的各种资源，向海洋拓展是我们的必然选择。海洋作为地球上最大的生态系统不仅调节着全球气候变化，而且为人类提供蛋白质、水和能源等生产资料支撑全球的经济发展。我们曾经认为海洋在维持地球生态系统平衡方面具备无限的潜力，能够修复人类发展对环境造成的伤害。但是，近年来的研究表明，人类社会的生产和生活会造成海洋健康状况的退化。因此，我们需要更多地了解和认识海洋，评估海洋的健康状况，避免对海洋的再生能力造成破坏性影响。

我国既是幅员辽阔的陆地国家，也是广袤的海洋国家，大陆海岸线约 1.8 万千米，内海和边海水域面积约 470 万平方千米。深邃宽阔的海域内潜含着的丰富资源为中华民族的生存和发展提供了必要的物质基础。我国的洪涝、干旱、台风等灾害天气的发生与海洋密切相关，海洋与我国的生存和发展密不可分。党的十八大报告明确提出："提高海洋资源开发能力，发展海洋经济，保护海洋生态环境，坚决维护国家海洋权益，建设海洋强国。"**党的十九大报告明确提出："坚持陆海统筹，加快建设海洋强国。"***认识海洋、开发海洋需要包括海洋机器人在内的各种高新技术和装备，海洋机器人一直为世界各海洋强国所关注。

关于机器人，蒋新松院士有一段精彩的诠释：机器人不是人，是机器，它能代替人完成很多需要人类完成的工作。机器人是拟人的机械电子装置，具有机器和拟人的双重属性。海洋机器人是机器人的分支，它还多了一重海洋属性，是人类进入海洋空间的替身。

海洋机器人可定义为在水面和水下移动，具有视觉等感知系统，通过遥控或自主操作方式，使用机械手或其他工具，代替或辅助人去完成某些水面和水下作业的装置。海洋机器人分为水面和水下两大类，在机器人学领域属于服务机器人中的特种机器人类别。根据作业载体上有无操作人员可分为载人和无人两大类，其中无人类又包含遥控、自主和混合三种作业模式，对应的水下机器人分别称为无人遥控水下机器人、无人自主水下机器人和无人混合水下机器人。

无人水下机器人也称无人潜水器，相应有无人遥控潜水器、无人自主潜水器和无人混合潜水器。通常在不产生混淆的情况下省略"无人"二字，如无人遥控潜水器可以称为遥控水下机器人或遥控潜水器等。

世界海洋机器人发展的历史大约有 70 年，经历了从载人到无人，从直接操作、遥控、

---

* 原发表于"海洋机器人科学与技术丛书"的丛书前言一，北京：科学出版社，2020。
** 胡锦涛在中国共产党第十八次全国代表大会上的报告. 人民网，http://cpc.people.com.cn/n/2012/1118/c64094-19612151.html。
*** 习近平在中国共产党第十九次全国代表大会上的报告. 人民网，http://cpc.people.com.cn/n1/2017/1028/c64094-29613660.html。

自主到混合的主要阶段。加拿大国际潜艇工程公司创始人麦克法兰,将水下机器人的发展历史总结为四次革命:第一次革命出现在 20 世纪 60 年代,以潜水员潜水和载人潜水器的应用为主要标志;第二次革命出现在 70 年代,以遥控水下机器人迅速发展成为一个产业为标志;第三次革命发生在 90 年代,以自主水下机器人走向成熟为标志;第四次革命发生在 21 世纪,进入了各种类型水下机器人混合的发展阶段。

我国海洋机器人发展的历程也大致如此,但是我国的科研人员走过上述历程只用了一半多一点的时间。20 世纪 70 年代,中国船舶重工集团公司第七〇一研究所研制了用于打捞水下沉物的"鱼鹰"号载人潜水器,这是我国载人潜水器的开端。1986 年,中国科学院沈阳自动化研究所和上海交通大学合作,研制成功我国第一台遥控水下机器人"海人一号"。90 年代我国开始研制自主水下机器人,"探索者""CR-01""CR-02""智水"系列等先后完成研制任务。目前,上海交通大学研制的"海马"号遥控水下机器人工作水深已经达到 4500 米,中国科学院沈阳自动化研究所联合中国科学院海洋研究所共同研制的深海科考型 ROV 系统最大下潜深度达到 5611 米。近年来,我国海洋机器人更是经历了跨越式的发展。其中,"海翼"号深海滑翔机完成深海观测;有标志意义的"蛟龙"号载人潜水器将进入业务化运行;"海斗"号混合型水下机器人已经多次成功到达万米水深;"十三五"国家重点研发计划中全海深载人潜水器及全海深无人潜水器已陆续立项研制。海洋机器人的蓬勃发展正推动中国海洋研究进入"万米时代"。

水下机器人的作业模式各有长短。遥控模式需要操作者与水下载体之间存在脐带电缆,电缆可以源源不断地提供能源动力,但也限制了遥控水下机器人的活动范围;由计算机操作的自主水下机器人代替人工操作的遥控水下机器人虽然解决了作业范围受限的缺陷,但是计算机的自主感知和决策能力还无法与人相比。在这种情形下,综合了遥控和自主两种作业模式的混合型水下机器人应运而生。另外,水面机器人的引入还促成了水面与水下混合作业的新模式,水面机器人成为沟通水下机器人与空中、地面机器人的通信中继,操作者可以在更远的地方对水下机器人实施监控。

与水下机器人和潜水器对应的英文分别为 underwater robot 和 underwater vehicle,前者强调仿人行为,后者意在水下运载或潜水,分别视为"人"和"器",海洋机器人是在海洋环境中运载功能与仿人功能的结合体。应用需求的多样性使得运载与仿人功能的体现程度不尽相同,由此产生了各种功能型的海洋机器人,如观察型、作业型、巡航型和海底型等。如今,在海洋机器人领域 robot 和 vehicle 两词的内涵逐渐趋同。

信息技术、人工智能技术特别是其分支机器智能技术的快速发展,正在推动海洋机器人以新技术革命的形式进入"智能海洋机器人"时代。严格地说,前述自主水下机器人的"自主"行为已具备某种智能的基本内涵。但是,其"自主"行为泛化能力非常低,属弱智能;新一代人工智能相关技术,如互联网、物联网、云计算、大数据、深度学习、迁移学习、边缘计算、自主计算和水下传感网等技术将大幅度提升海洋机器人的智能化水平。而且,新理念、新材料、新部件、新动力源、新工艺、新型仪器仪表和传感器还会使智能海洋机器人以各种形态呈现,如海陆空一体化、全海深、超长航程、超高速度、核动力、跨介质、集群作业等。

海洋机器人的理念正在使大型有人平台向大型无人平台转化,推动少人化和无人化的浪潮滚滚向前，无人商船、无人游艇、无人渔船、无人潜艇、无人战舰以及与此关联的无人码头、无人港口、无人商船队的出现已不是遥远的神话，有些已经成为现实。无人化的势头将冲破现有行业、领域和部门的界限，其影响深远。需要说明的是，这里"无人"的含义是人干预的程度、时机和方式与有人模式不同。无人系统绝非无人监管、独立自由运行的系统，仍是有人监管或操控的系统。

研发海洋机器人装备属于工程科学范畴。由于技术体系的复杂性、海洋环境的不确定性和用户需求的多样性，目前海洋机器人装备尚未被打造成大规模的产业和产业链，也还没有形成规范的通用设计程序。科研人员在海洋机器人相关研究开发中主要采用先验模型法和试错法，通过多次试验和改进才能达到预期设计目标。因此，研究经验就显得尤为重要。总结经验、利于来者是本丛书作者的共同愿望，他们都是在海洋机器人领域拥有长时间研究工作经历的专家，他们奉献的知识和经验成为本丛书的一个特色。

海洋机器人涉及的学科领域很宽，内容十分丰富，我国学者和工程师已经撰写了大量的著作，但是仍不能覆盖全部领域。"海洋机器人科学与技术丛书"集合了我国海洋机器人领域的有关研究团队，阐述我国在海洋机器人基础理论、工程技术和应用技术方面取得的最新研究成果，是对现有著作的系统补充。

"海洋机器人科学与技术丛书"内容主要涵盖基础理论研究、工程设计、产品开发和应用等，囊括多种类型的海洋机器人，如水面、水下、浮游以及用于深水、极地等特殊环境的各类机器人，涉及机械、液压、控制、导航、电气、动力、能源、流体动力学、声学工程、材料和部件等多学科，对于正在发展的新技术以及有关海洋机器人的伦理道德社会属性等内容也有专门阐述。

海洋是生命的摇篮、资源的宝库、风雨的温床、贸易的通道以及国防的屏障，海洋机器人是摇篮中的新生命、资源开发者、新领域开拓者、奥秘探索者和国门守卫者。为它"著书立传"，让它为我们实现海洋强国梦的夙愿服务，意义重大。

本丛书全体作者奉献了他们的学识和经验，编委会成员为本丛书出版做了组织和审校工作，在此一并表示深深的谢意。

本丛书的作者承担着多项重大的科研任务和繁重的教学任务，精力和学识所限，书中难免会存在疏漏之处，敬请广大读者批评指正。

中国工程院院士 封锡盛

2018 年 6 月 28 日

# 二、全国政协提案（选编）

封锡盛院士从 1998 年至 2013 年连续担任了三届（第九届、第十届和第十一届）全国政协委员。其间，封院士提出或参与提出了多项有关科技、教育、工业、经济等领域的建议提案，其中在 2008 年 3 月全国政协十一届一次会议上，他提出了对科研进程实行分级管理的建议提案，对推动科研体制改革起到了重要作用。以下附上的是封院士作为政协委员提出和参与提出的部分建议提案。

## 关于加大力度鼓励从事应用研究的科研人员"下海"提高我国自主创新能力的建议*

我国从事应用研究的高级科研人员有数百万，每年产生约 3 万余项比较重大的科学技术研究成果和 5000 多项专利，其中最终转化为工业成果的只有 10%～15%。提高转化率的重要途径之一是鼓励相关科研人员"下海"（即进入企业或创办新企业）。即使有十分之一或百分之一的人"下海"，我国每年也会产生大量拥有自主知识产权的高新技术企业，这将大大提升我国的自主创新能力，提高科研成果转化率；吸收大批人员特别是大学毕业生就业；吸纳庞大的社会资金，减少这些资金对股市和房地产业的冲击；增加科研机构的流动性和创新活力；确保科研成果的高质量。

为了鼓励应用研究类科研人员"下海"，我国有关部门制定了大量的鼓励措施和政策，起到了很好的作用，但从科研成果转化率较低和下海人员数量不多的角度来看，还有加大力度的必要。为此建议采取"拉"和"推"的办法加大这项工作的力度。

（1）建议"谁的孩子谁领走"，承担国家课题（项目）研究的课题负责人和主要承担人（以下简称承担人）为了实施成果转化可以带走科研成果，包括样机、图纸、资料，使用的原单位公共设备和仪器可以继续使用。鼓励科研人员带成果和装备"下海"，不仅能调动承担人积极性，还将减小承担人的创业风险。

（2）建议科技部出台规定：承担人必须完成成果转化，否则该课题不能申请验收结题，且不得再申请承担国家及各级政府部门的科研项目，不得申报国家及各级政府设立的有关奖项。承担人"下海"可申请验收结题。科研人员如无课题就难以保持其原有科研岗位，这种压力将促使其高度重视成果转化工作。

（3）由于科研成果实施转化的过程长短不一，有的不可能一步到位，允许另具相应资质的科研团队或机构中间"接力"，只要承担人完成"接力"即可等同视为完成了成果转化。

（4）带走成果涉及国家利益，建议将财政部发布的"《关于在中关村国家自主创新示范区进行中央级事业单位科技成果处置权改革试点的通知》，一次性处置单位价值或批量价值 800 万元人民币以下的科技成果，由中央级事业单位自主处置，报财政部备案"的规定扩大至全国，建议将上述评估价值额度适当提高，不要因为担心国有资产流失而使大批成果烂在单位手里。

（5）建议科技部设立成果转化情况调查办公室，调查各有关科研机构成果转化的比例并适时公布，将这一指标作为单位领导的业绩考核的重要内容之一，促使成果持有单位以积极的态度重视这项工作。

（6）"下海"有风险，创业不可能都成功，应考虑为"下海"人员留有退路，例如规定"下海"人员可保留在原单位的人事关系，在退休时可享受与原单位职工相同的待遇，完成成果转化工作的可自愿回原单位工作等。

实施本建议将迫使科研人员从立题起就必须关注成果的"出口"，所取得的科研成果

---

* 2011 年全国政协提案。

必定是实在的和高质量的,这样的科研成果和创造成果的技术人才,必定受到企业界欢迎。这也可以有效克服科技界长期存在的一些顽疾。

鼓励拥有应用成果的科研人员"下海"是科研成果转化工作的最好途径之一,意义十分重大,甚至可以说带有战略意义,但因为这一问题涉及面很广,从国家层面看问题也很复杂,国家有关部门出台很多好政策,建议科技部、财政部和人事部组织有关人员研究出台更多的有效政策。

## 关于加强战略性新兴产业的科技支撑的建议*

　　教科文卫体委员会组成"加强战略性新兴产业的科技支撑"调研组于 2010 年下半年先后赴湖南、江苏、四川、天津进行实地调研。调研组建议，应加强国家层面的顶层设计、科学布局，主管部门对产能潜在过剩的产业要及时预警。中央和地方科技计划要针对战略性新兴产业核心技术布局，通过国家项目组织企业间合作，打造完整产业链。政府应主导共性技术平台、公共测试验证平台等中介机构的建设，为产业发展提供服务。发挥已有重点科研机构和企业优势，对重大项目长期部署，对有基础和实力的研究单位长期支持。

---

* 节选自 2011 年全国政协专题调研报告。合作者：徐冠华、邬贺铨、田静、尹卓、左铁钏（女）、朱星、苏国萃、陈邦柱、宋岩、宋南平。

## 关于加强在职科研人员知识更新工作的几点建议的提案*

　　在职科研人员是我国科技事业发展的中坚力量，是国家多年持续投入培育出的宝贵财富。当前存在的一个问题是这些人员中许多人因工作繁忙担子重，多年没有系统地"充电"，他们掌握的知识开始老化，甚至陈旧，与其承担的责任不相适应，出现了有些科研人员不了解本学科的发展动态和未来方向，不了解相关领域的进展对本学科的影响，甚至看不懂本专业高层次的文章，这种现象无论在科研单位还是高等院校都不同程度地存在。造成相当多的研究人员知识陈旧的原因，除了科研人员自身原因外，还有其客观原因；当前科研人员的负担很重，特别是骨干人员没有精力和时间，进行知识更新，一些于科研无助益的活动如：检查、各种会议、填报各种表格，各类的关系应酬等占去了大量时间，层次越高的骨干这种时间占的比例越大。据有的资料称当前社会总体知识更新的周期为 3 年，在一些活跃领域知识几乎是爆炸式地增长，更新周期更短，在职科研人员如果不能尽快地更新知识必将影响自主创新能力和竞争力，知识老化必将大大地缩短科研人员有效的服务年限，过早地退出舞台，造成人才的浪费，给个人和国家造成不应有的经济损失。甚至成为单位进一步安置的社会负担，增加了不稳定因素。

　　国家有关部门对科技人才知识更新是重视的，人事部、教育部、科技部、高等学校及中国科学院等部门对于这个问题均有一些规定，如：人事部和信息产业部于 2006 年 1 月公布的"信息专业技术人才知识更新工程（653 工程）实施办法"。这些措施对在职人员的知识更新起到了重要的作用。多数科研单位领导对于科研人员的知识更新的重要性是清楚的。不足之处是这项工作的力度不够，也确有些单位领导对这个问题认识不足，重视不够，或目光短浅，只顾当前效益，不顾长远发展，只使用不培养，对科研人员后劲的培养重视不够。相关政策"刚性"不够，使这一问题在有些单位不能纳入领导的视野，或者不能提到应有的高度。

　　加强在职科研人员知识更新工作要从国家、单位和个人三个层面做起，为此我建议：

　　（1）科技部在国务院公布的"《国家中长期科学和技术发展规划纲要（2006—2020 年）》的若干配套政策"中增加对在职人员知识更新的明确要求，将其作为单位领导业绩考核的内容之一，以期引起各单位领导的重视。规定在制订各种科研计划时，将在职人员的知识更新计划一并考虑统一安排，避免前者挤占后者时间。

　　（2）建议人事部尽快出台面向所有专业人员类似"653 工程"的实施办法，特别是针对优秀骨干人才在职培养提出办法，措施对骨干个人和所在单位都要有力度和约束力。对不同类型和级别的科研人员规定脱产学习的总时间，建议大体上每五年给予科研人员 3 个月以上的脱产学习时间，并应规定脱产学习视为科研工作的继续，一切待遇不变。脱产学习时间可以集中使用，也可以灵活安排，以不影响科研工作为原则。

　　（3）对在职人员提出知识更新的目标要求，可采取计分制（参照研究生课程学分），例如对中级科研人员要求每 5 年累计学分达到 8 分，大体相当于系统地学习两门课程，高级科研人员每 5 年累计达到 10 分。高龄科研人员可不做要求。

---

*2006 年全国政协提案。类别：科学技术。

（4）建议科技部规定用于科研人员知识更新的经费除现有安排渠道以外，其余部分可以纳入科研成本。

（5）建议中国科协主管的各级学会办的期刊承担起知识更新责任，开辟专栏刊登各类知识讲座（可连载），期刊发表速度快、效果好、专业性强，但现在期刊片面追求学术性基本上不登载知识讲座类文章，应明确规定科技期刊承担知识更新的责任，并解决经费问题。

（6）建议人事部、科技部和教育部共同建设针对在职人员知识更新的公益性网站，利用网站开设和教授各种课程。

加强在职科研人员知识更新工作是一个涉及多个部门的重要问题，以上几点建议并不全面，建议人事部牵头会同其他部门组织专门人员研究关于在职科研人员知识更新的更有力度的具体措施，以适应建设创新国家宏伟目标的要求，以上建议供参考。

## 关于对学术浮躁现象进行综合治理的提案*

政府工作报告指出，今年将建立财政性科技投入稳定增长机制，中央财政安排科技投入 716 亿元，比上年增长 19.2%，这令人鼓舞。可是，当前学术浮躁之风普遍而深入，问题很严重，这问题如果不下大力气来整治，听任这种浪费科技资源做些无意义的事的状况继续下去，即使经费增长了，也难确保科技目标的实现。

近些年学术界对浮躁风气的批评已有许多，但造成这种现象的原因是多方面的，比如大量的所谓"垃圾论文"的泛滥，就不完全由论文作者们来负责。作者往往为一些"考核"指标所驱使，为了完成关于论文数量的考核指标，而采取"包"学术期刊的增刊的做法来批量化地解决一些"垃圾论文"的出路等等，而有些考核的目标就不合理，比如要求硕士生答辩前要有 2 篇核心刊物的论文发表，博士生答辩要有 SCI 文章等。有人粗略估计过全球 SCI 刊物的容纳量，国内各级部门提出的论文数量要求几乎近于荒唐。又如一些学术期刊大开增刊之门，增刊篇幅越来越大，论文审稿把关有名无实，等等。

总之，当前的学术浮躁问题务必整治，但必须从根源上找原因，多方位采取措施。建议由政府部门如科技部组织科技界人士展开有关治理学术浮躁现象的讨论，从中吸纳一些可以实行的办法，做出相关的规定，对学术浮躁问题进行综合治理。

---

* 2006 年全国政协提案。类别：科学技术。提案联署人：张德二、陈佳洱、马凯梅、蔡自兴、范晓虹、沈国荣、张福炎、黄大卫、孙济洲、吴中如、邱文豹、李烈荣、钱积惠、白世伟、张维民、刘玉岭、徐静松、陈洲其、王珏力、朱敏慧、李鸿。

## 关于让中小学生尽快从应试教育的束缚中解脱出来的提案*

改革开放，促进了我国经济的迅猛腾飞和教育的迅速发展。然而，涉及方方面面的教育改革却举步维艰，明显滞后于经济的突飞猛进，诸多教育弊病已发展成为一种"社会综合征"。这些严重的教育弊端主要表现为：

第一，国家财政对教育的投入长期短缺，特别是中小学和教育经费严重不足，把教育事业摆在优先发展的战略地位，长久以来一直未落到实处。

第二，短缺的教育资源在分配上也很不合理，不说城市与农村、东部与西部，就是在同一地区、同一城市，校际之间的强弱富贫也极不平衡，连年来热衷的学校评级和建造"示范性学校"，致使两极分化不断加大。

第三，义务教育不履行义务，不少是见利忘义，变味变质，致使许多青少年享受不到应有的受教育的权利。

第四，许多执教者不是以育人为本，以学生身心健康和全面发展为本，而是以书本知识为本，以升学考试分数和升学率排名为本。

第五，腐败和官僚主义之风侵入教育，原来神圣清高的学府竟也跌入"市场化""商业炒作"的泥潭中，一些教育行政机关过多地关注重点学校升学排名榜上显现的"政绩"。

上述严重的教育弊端使我国不少青少年儿童陷于失学、辍学、厌学和恐学之中，也使千家万户的家长为孩子择校和走"独木桥"而惶恐不安、伤心、反感。可见，教育思想不更新，教育体制和办学模式不变革，教育不均衡发展，我们的学生就难以从当前"应试教育"的束缚中解脱出来，永远失去快乐和幸福，我们创建和谐社会这一理想也难以实现。

现在，许多教育工作者在一种矛盾和困惑的夹缝中工作。"社会综合征"需要全社会来综合整治，但重任仍然落在教育自身。虽然很多学校迫于当前的大气候和大环境不得不围着升学应试的指挥棒团团转，但我们也欣喜地看到，不少学校已经力所能及地创造出自己的小气候和小天地，上演着一出出素质教育的好戏。在那里，也教学生学好课业，也有考试和评分，却没有见到那种紧张而恐怖的气氛。因此，需要办教育的人都能够做到居高望远，切不能眼光狭窄、急功近利、把心思都放在高分数和高升学率上，以此作为当官的"政绩"作为学校办学的"桂冠"。否则，应试教育就会继续存在，贻害学生，摧残青年，也影响国家民族的前途和命运。为此，提出以下建议：

（1）政府有关部门在制定高考政策时，要充分考虑当前学校教学和学生的实际情况，考试模式尽量相对稳定，一般以三年为限，尽可能地使学生适应考试方式的变化。同时对考试评分、划线标准要尽可能地细化，在各学科出题、评分上能考虑难度系数。要强化学校素质教育的实施，不应以升学率作为评判学校优劣的标准。

（2）要做好中考与高考模式的衔接，主要从课程内容、教学形式和考试模式等方面做到以人为本，帮助学生减轻不必要的学业负担，以利于学生更好地成长。

（3）在小升初与初中升高中的过程中，学校不应考虑任何社会组织主办的竞赛成绩。教育部门应严禁在中、小学生学习阶段组织任何名目的竞赛（体育比赛除外）。

---

* 2006年全国政协提案。类别：教育事业。提案联署人：冯世良、伍秋才、邱文豹、林溪石、卢育波、孙桂芬。

（4）教育部门要规定学校不得在日常考试或测验中排名次，对一些重要的考试也应低调处理。

（5）教育部门要规定除特殊情况外，为中、小学生每天至少安排一节体育课或一节室外活动课。

（6）学校布置的课外作业量不应过多，以保证学生睡眠时间。

（7）要为中小学生开设心理教育课，学校设立心理咨询室。

（8）教育部门要严格监察，保证学生准点下课，严禁教师拖堂占用学生放学时间，影响学生自由活动或家长接送。

# 关于建议大中小学开设心理课的提案*

去年，中国青少年研究中心公布了一份调查报告称，在我国约 3.4 亿的 18 岁以下青少年中，大约有 3000 万人受到各种情绪障碍和行为问题的困扰，突出表现为人际关系、情绪稳定性和学习适应方面的问题。其中，中小学生心理障碍患病率为 21.6%～32%，大学生心理行为障碍率占 16%～25.4%，并且有上升趋势。

与调查数据相比，下面在近年来被新闻媒体曝光的大学生因心理问题而导致恶性犯罪更是让人瞠目结舌。

（1）2002 年 3 月，北京市人民检察院一分院批准逮捕了涉嫌故意杀人的大学生马某。只因功课不好被学校"劝其退学"，自感没法向家里交代的马某把自己的爸爸和奶奶杀死了。

（2）2002 年 3 月，在长沙市某高校发生了一起杀人碎尸案，犯罪嫌疑人因为感情的纠葛，残忍地将同班女友杀害并肢解。

（3）2002 年，北京市某高校学生刘某为了"好玩"，将高浓度化学溶液泼向北京动物园的数只熊身上，造成动物严重受伤。

（4）2004 年 2 月，云南省昆明市发生大学生马某连续杀害 4 人的恶性案件。

真是不听不知道，一听吓一跳呀！从这些数据和案件中，我们不难发现，我国青少年的心理状况不仅令人担忧，而且问题已日趋严重。其实，在很多国家，教育部门都非常重视本国青少年的心理健康问题。早在 20 世纪 50～60 年代，美国就在学校、社区设立了心理咨询、心理辅导或心理治疗门诊；到了 80 年代后，从事心理辅导的心理学工作者开始将注意力转移到全体学生身上，特别是注意学生心理的健康教育；有关中学生的心理技能训练课程相继推出，有关的心理健康教育活动也相继出现。而日本则在 20 世纪 60 年代后开始重视中小学生心理健康教育。日本学校的心理健康教育主要围绕着提高学生适应现代社会的心理素质而展开，其目的是使学生在获得有关健康、安全知识的同时，提高学生的思考力、判断力，培养学生保持和增强心理健康的实践能力，并将学习意愿、自学能力、独立思考力、判断力和行动能力作为健康教育的基础学习。

与国外相比，我国在这方面已明显落伍，不但重视程度不够，同时也缺少必要的办法。教育部门及社会各界应高度重视青少年的心理问题，并且尽快拿出一套行之有效的办法来，不能再眼睁睁地看着祖国花朵带着疾病成长下去。根据我们的调研情况，提出如下建议。

## 1 上至大学下到中小学都应开设心理教育课

学校是对青少年进行心理健康教育的主阵地，所以上至大学下到中小学都应配置心理健康教师。据我们了解，目前我国学校心理健康教育的师资一是数量不够、二是质量不高，兼职人员多、专职人员少，且大多来源于学校德育工作者、行政管理人员、班主任、医务人员等，他们对心理学知识尤其是心理健康教育的基本知识缺乏必要的了解，很难保证心

---

* 2006 年全国政协提案。类别：教育事业。提案联署人：冯世良、伍秋才、邱文豹、林溪石、卢育波、孙桂芬。

理健康教育工作的有效开展。因此，建立专职的心理健康教育队伍势在必行。

通过开设有关心理健康课程，对学生进行心理素质教育。不仅仅是普及心理学有关知识，更重要的是在心理健康教育课中进行心理训练、心理指导。心理健康教育课应该是融知识性、趣味性、参与性和操作性于一体的，这样才能学以致用，真正提高学生抗挫折能力和自我心理调节能力，减少心理障碍及其他心理问题。使每个学生都能达到智力正常，情绪健康、意志健全、行为协调、人际关系适应的心理健康标准，全面提高学生心理素质。

## 2　建立学生健康档案

通过为学生建立心理档案，能及时准确地掌握和了解全校学生的心理发展规律、特点及现状，从而为学校的科学管理提供心理学依据。如可以从中寻找导致某一部分学生发生心理障碍的原因，并从宏观上寻找教育、预防和干预的方法；可以为学校的分班教学、个别化教学提供前提条件；可以为弱智儿童、残疾儿童和超常儿童等特殊儿童提供鉴别、筛选和培养的措施；心理档案所反映出来的学生兴趣爱好的信息，可以为丰富课外活动、满足学生的正当心理需求提供决策依据；同时还可以为从整体上评价一所学校的教育水平，提供一套科学的评估系统。

# 关于切实减轻中小学生课业负担的提案*

当前，在我国的基础教育阶段，考试竞争越演越烈，择校之风越刮越盛，中小学生的课业负担越来越重，让社会各界感到忧心忡忡。广大教师和家长虽然也都不满意这种教育状况，但又无法改变它，而且还要追求它。这个问题似乎是一个死结，之所以无法解开，是因为这个结不是教育部门自己打上的，而是社会的种种矛盾汇集于此的结果，总体上讲是社会的激烈竞争在教育领域的反映。而这些矛盾最后集中到孩子身上，让孩子难以承受。

要解决这个问题，需要全社会的共同努力。特别是建议教育部门应重点在以下几个方面加以改进：

第一，大力推进基础教育的均衡发展，缩小校际间差距。教育的绝对公平是难以做到的，但我们可以朝着相对公平的方向努力。比如，可以调得力的校长到薄弱学校任职，从重点学校选派一些优秀教师到薄弱学校任教，并实行任期轮换制；也可以由名校兼并薄弱学校以此来改变薄弱学校的形象。这一点，沈阳市的教育部门做了很好的尝试，并经实践证明，是卓有成效的。

第二，加强教师培训，提高教师的业务水平和能力。教育的关键在教师，教师自身的素质不高，怎么能进行素质教育。为什么重点学校学生的负担反而不太重，固然有生源好、基础好的因素，但主要是因为教师的业务水平高、能力强。对教师的培训除了学历教育、系统进修外，结合教学实际进修见效最快，实践证明，这种进修方式对老师的帮助很大。因此，也要大力加强教师进修学校的建设。

第三，改革教育评价制度。要改变一次考试定终身的制度，可试行对高考进行改革。如，可以每年多举行几次高考，实行分散考和积分制等，给学生营造较为宽松的学习和成长环境。但对高考进行改革需慎重，具体办法需要认真研讨，反复论证，先点试验，逐步推广。

第四，取消入学的附加条件和各种加分制度。目前在我国各地，入学加分的条件五花八门，如"奥赛"成绩、艺术特长、"三好学生"等等，只有取消各种加分，才能减轻学生的压力和负担，让他们有玩的时间，在玩中学习。基础教育阶段培养学生的学习兴趣和克服困难的毅力最为重要，兴趣加勤奋就是成才之道。

第五，要完善教育立法。在保证教育投入的同时，要建立教师的准公务员制度。教育是准公共事业，教师应是准公务员身份，因此要用公权来约束教师的行为，合理地调动教师。不能像现在这样：要么教师成为学校所有，不能流动；要么就是随行就市，向发达地区、工资高的学校流动，给薄弱学校、落后地区教育造成更大的困难。这一点，沈阳市也做了很好的尝试，并取得了初步成效。

第六，要进行教育结构改革，大力加强职业技术教育。要增加职业技术教育投入，提高职业技术学校毕业生的待遇。只有这样，才能吸引青年报考职业技术学校。而不

---

* 2006年全国政协提案。类别：教育事业。提案联署人：冯世良、伍秋才、邱文豹、林溪石、卢育波、孙桂芬。

是高中毕业后一门心思地考大学。要让社会各个层面都能接收人才，形成入学和就业的"分流"。

第七，要加强正确教育理念的宣传。现在，不论家长还是教师都觉得这样下去对青少年的健康成长不利，都心疼自己的孩子，但又都觉得无可奈何。为此，要宣传教育新理念，让广大家长认识到改变观念的重要性和有效性。媒体不应该再炒作高考状元之类的话题，而要多宣传新的教育理念和教育改革给学生发展带来的新气象。学校、教师要有"吃第一只螃蟹"的精神，勇于改革，通过改革来切实减轻学生的课业负担，提高教育质量。

# 关于建议用立法形式强制中小学生参加劳动的提案*

中华人民共和国教育大纲中明确指出："要使学生在德、智、体、美、劳诸方面得到全面发展。"今天，我想单从"劳"这方面谈一谈自己的看法和建议。

众所周知，劳动是人类生存与发展的基本条件，先哲早有"劳动创造世界"之说。吃苦耐劳，自强不息，更是中华民族的传统美德。然而，当前我国青少年的劳动状况却令人担忧。某权威机构曾在去年进行过这样的调查：在100名中小学生中，51%的学生长期由家长整理生活用品和学习用品，72%的学生在生活和学习上离开父母就束手无策，只有31%的学生偶尔做些简单的家务。另外，该机构又对某小学二年级一个班进行调查：班级44名学生中，家长每天帮助整理书包的17人，为其洗手绢的29人，帮洗脚的23人，不陪读就不做作业的21人。由此可见，现在青少年的家庭劳动能力确实很差。

如果说在家里不爱劳动，是因为父母的溺爱，那么到了学校之后，孩子就爱劳动了吗？不是的。以我所调研的一个城市为例，以前每到冬天的时候，除雪是全市中小学生必上的一堂劳动课。然而，近几年来，上街除雪的中小学生越来越少。人都去哪了？一方面是由于城市机械化除雪的增多，不需要太多的学生来除雪了，另一方面是学校雇人替学生扫雪。这还不算，就连根本没有危险的操场里面的雪都不用学生来除，全由雇佣的民工除雪。我在调研的时候，随机问了十几名初中生，"你们会用铁锹吗？"他们居然反问我："什么是铁锹？"另外，中小学生在平时的扫除也呈日趋减少的势头。在一些新建校舍的学校中，已经把保洁公司引进到学校中来。原先需要学生负责的操场、走廊、玻璃已经都由保洁员来清扫了，只剩下教室室内的卫生还是由学生自己来扫。

《楚天金报》发表了一篇"初中生不会扫地，别把孩子当学习机器"的文章。报道说："马房山中学初二的祁老师告诉记者，前天下午放学时，一名叫小冰（化名）的男孩子值日。祁老师发现，小冰手握着扫帚不停地在原地划来划去，姿势看上去极为别扭，还累得满头大汗。祁老师上前询问，小冰老老实实地告诉老师：'除了在学校轮流值日外，父母从不让我在家做任何劳动。'她不得不当场教给小冰扫地的姿势和要领。"

当老师和家长沟通时，小冰的家长对孩子不会扫地不以为意，并告诉老师："家务活我们全包了，孩子的任务就是学习。"

祁老师了解到，班上多数学生家长抱着和小冰父母同样的想法。

"家长不是孩子的保姆，孩子也不是学习的机器。"祁老师指出，家长不该再让孩子"四体不勤、五谷不分"了，否则，只能滋长孩子的惰性，并逐步丧失自理能力。

一位记者在南京城北一所中学采访时发现，该校一位男生面对记者如何区分稻子和麦子的问题时，表现出一脸的茫然，只是说吃的米饭就是稻子，吃的面条就是麦子。最后，他对记者所提出的问题感到不以为意，说我就是知道了什么是稻子，什么是麦子，又有多大的意义呢？

在南京一位从教20多年的生物老师认为，一个中学生，连自己吃的粮食、蔬菜都不认识，岂不是五谷不分？他的综合素质就令人怀疑。这样的学生成绩再好，也只是高分低

---

* 2006年全国政协提案。类别：教育事业。提案联署人：冯世良、伍秋才、邱文豹、林溪石、卢育波、孙桂芬。

能。这位老师认为要培养学生的这种认知能力，可以通过多种途径，比如说带孩子到农村看小麦、蔬菜的原生态到底是什么样。据他了解，南京已经有学校每个星期组织同学下乡学农。

随着社会的发展进步，只出体力的劳动会逐渐减少，但这绝不意味着可以"饭来张口，衣来伸手"，绝不是助长依赖和懒惰，绝不能淡化劳动意识。这不仅关系到孩子个人的健康成长，而且关系到民族的素质和国家的未来。仅从孩子个人成长看，幼年、少年时期是培养、塑造人的关键时期，对其自立自强能力和劳动意识要从小抓起，给他们提供参加各种劳动的条件。如果因溺爱而剥夺孩子参加劳动的权利，使孩子丧失培养锻炼的好机会，就会埋下依赖和懒惰的隐患。在这样的爱心下成长的孩子，必然导致"四体不勤，五谷不分"，缺乏自信、依赖性强，难以在未来激烈的社会竞争中立足。

我们的学校和老师没有按照中华人民共和国教育大纲中要求的"要使学生在德、智、体、美、劳诸方面得到全面发展"去做。

为此，我们提出如下建议。

## 1　尽快制定《青少年劳动法》

世界上一些国家早就制定了青少年参加家务和公益劳动的法律和规章。比如德国法律规定 6 岁以上孩子必须做家务，日本和新加坡从 20 世纪 80 年代起就实行中小学生参加清洁卫生运动的规章制度。日本规定小学生每天参加劳动 24 分钟，英国为 36 分钟，美国为 1.15 小时。因此，我国也应尽快制定一部《青少年劳动法》，以强制中小学生参加家庭劳动、社会劳动、学校劳动等，并使中小学生劳动素质的培养法制化、制度化、规范化。

## 2　教育部门要重视劳动教育

长期以来，应试教育片面追求升学率的弊端淡化了劳动教育，以致教育出现了误区。作为教育的主体中小学校要真正将学生的劳动教育摆上位置，尤其是要扎实抓好劳动课的组织实施，并对学生实行硬化考核，作为吸收入队、入团、入党及评优的重要参考条件。同时，教育部门要注意培养和配备劳动教育方面的师资，抓好劳动教育基地建设，以及建立劳动教育督察制度和考评制度，以保证中小学生劳动教育不流于形式，正常进行并取得显著的成效。

## 3　有必要组织青少年学工、学农

在 20 世纪 60 年代，毛泽东同志曾号召全国青少年上山下乡、学工学农、接受再教育。四十年之后，我们的青少年也应该有选择地上山下乡，到农村看一看粮食是怎么来的。有条件的可适当地组织他们到农林场圃参加植物栽培，到渔场牧区参加渔牧饲养，到工厂企业参加产品加工，到科研院所参加实验操作等，让他们在掌握技能中增强劳动观念。

# 关于建议中、高考增加体育考试的提案*

在去年召开的全国政协十届三次会议上，我向大会提交了《我国青少年体质下降幅度惊人——建议用立法形式加以遏制》的提案，受到党和国家领导人的高度重视。提案中，我全面阐述了目前我国青少年体质的现状、体质下降的原因及解决建议。会后，我收到了教育部的答复，教育部表示，他们已针对这一问题采取了相应的措施。答复中称："青少年学生体质下降，这一问题已引起了教育部门和学校进一步的高度重视。今年颁布的新课程标准中明确规定小学三至五年级必须保证每周四节体育课，初中三节，高中两节，每天必须保证学生一小时的课外活动时间，教育部正在起草贯彻落实的具体措施。"

但去年我到部分中小学校搞调研时却看到，尽管教育部明文规定必须要执行的，很多中小学校照样不执行或者执行得很差，有些中小学校，毕业年级的体育课只有课程安排却没有上过一天课，其他年级的体育课也多半是敷衍了事，快到期末时，体育课同样逃脱不了被取消的命运。

真是应了那句话，"上有政策，下有对策"。在调研期间，我曾问过个别学校的校长："为什么教育部要求的，你们拒不执行呢？"校长们委屈地回答说："我让学生上体育课，影响了他们主科的学习怎么办？"确实，在高考指挥棒的逼迫之下，大家都把一切精力放到了那一张考试的卷纸上，至于什么身体健康、心理健康全都抛到脑后了。

我在去年的提案中提到了：要解决"国力上去了，希望毁灭了"这个青少年体质下降的严重问题。应该说这样认识不过分。但造成这种后果的原因找得不准。现在看，原因应该归罪于现行教育制度存在的弊端，这个弊端就是现行的中、高考制度。它不要求每个考生必须是德、智、体全面发展的优秀者，哪怕这个考生是戴着一千度的近视镜，在考场上因身体虚弱晕倒了，只要是数、理、化、外语等应试科目分数最高，就是"状元"！在这种考试制度的"鼓励"下，我们的青少年学生、他们的家长及为培养教育他们的教师们都在紧紧围绕着一张考试卷纸的分数转。在这样的考试制度下，青少年的体质如果不下降，那就奇怪了！

这样的考试制度不改变，将会真正毁掉中华民族的"希望"。在目前应试教育大体系下，小改小革是解决不了青少年体质下降这一严重问题的，必须从根本上改变考试制度。据媒体报道，最近四川省教育厅提出：鼓励中小学实行朝九晚五的作息时间，解决学生早出晚归睡眠不足的问题。针对这一倡议，沈阳《时代商报》于2006年2月20日发表了一篇题为《当减负为"负减"，朝九晚五=朝五晚九》的评论文章。评论说："这是一个当然值得称道的倡议，让学生'朝九晚五'会使许多人眼前一亮。孩子们的肩膀嫩啊，在家长学校的压力之下，强打精神少睡觉，弄得一个个孩子跟小老人似的，天天赶场一般应付此起彼伏的考试。所以此倡议甚好甚好，能让孩子多睡会儿是多少大人心里的念想啊。

可是当静静思索我们教育现实的大环境之后，还是不敢乐观。

喊了多少年减负，可是究竟有几所学校能够真正做到呢，往往是口号响亮，一转身就又给学生施加压力去了。甚至有的学校根本没有减负，做到的恰恰相反，是'负减'，负

---

* 2006年全国政协提案。类别：医药卫体。提案联署人：冯世良、伍秋才、邱文豹、林溪石、卢育波。

负得正，孩子们的负担不是轻了，而是于无声处又重了。现实当中我们还有多少学生被迫实行的是'朝五晚九'的作息时间？早上天不亮就起来，虽然没有鸡叫，也要起舞，闹钟比鸡还'狠'，晚上天黑黑才忙活完作业，小'夹板'一套，'解放'日子盼不到头。

这里，学校和老师不是挥鞭之人，在我们的应试教育大体系下，他们的生活也充满了无奈。嚷嚷喊喊好多年，就是不见真正的有实际效用的政策能从根本上改变。学生们盼'快乐'如同星星盼月亮，结果却多年如是，星星月亮是盼来了，不过那是在上学路上和放学路上盼到的。

前几年，南京就曾努力尝试过比较有力度的减负改革，但终因高考倒数的名次而让南京教育界和家长'痛心不已'。最终，在无力转变高考指挥棒的无奈下，南京教育界只得屈从于现实的教育评价体系，在2004年，一个已被放弃多年的老办法：唯分考试又被重新加以应用。

我的预判是："'朝九晚五'之汤仍然难换'朝五晚九'（早晨五点到晚上九点）之药，信不？"

这篇评论道出了目前应试教育的弊端。所以改变现行考试制度刻不容缓，应在中、高考中增加体育考试科目，让学生、老师、家长把体育重视起来。让曾经本属于副科的体育达到与数理化并驾齐驱的地步。在现阶段，只有让体育教学与教育部门对学校教育质量的评价挂钩，让学生的体育成绩在中、高考中体现出来，才能从家庭到学校都会发挥主动性，加强学生的体育锻炼。如果进行这样的改革，我国青少年体质下降的情况有望在三五年之内得到有效遏制。因此，我提出如下建议：

## 1　中、高考增加体育考试

从今年开始，教育部就应该着手研究制定在中、高考中增加体育考试的详细办法，并最迟于七月之前对外公布。然后，从明年开始，先以试点的形式，在部分省、自治区、直辖市强制推行，一两年之后，在全国各地区的中、高考中全部增加体育考试。

## 2　务必从制度上杜绝考场舞弊

据我所知，××市教育局在十年前，曾搞过中考体育加试。初期，取得的效果有目共睹。初一、初二还对体育课不重视的学生，转眼到初三的时候，几乎没有不好好上体育课的。因为同学们都怕体育加试丢分，而此时的学校也高度重视体育课，不但不敢把体育课课时减少，而且还千方百计地找时间增加体育课。令人遗憾的是，这样的局面并未持续多长时间。本来是非常严肃的体育加试，在后来却被某些家长、教师和教育部门的官员给弄得乌烟瘴气，考场舞弊事情更是此起彼伏。为什么语文、数学、英语考试没发生过舞弊？无奈之下，××市教育局取消了体育加试。前车之鉴，历历在目。我认为，教育部在制定考试办法的时候，一定要从制度上杜绝考场舞弊，从而把好事做到底，绝不能再让体育加试流于形式，成为舞弊者的天堂。

### 3　学校体育器材必须要得到保证

学校体育器材不足的问题已经是老生常谈了，但时至今日，仍然没有得到彻底解决。我在调研期间发现，很多重点学校，不仅体育设施一流，而且体育器材也一应俱全。可是，当我去一些所谓的薄弱学校时，发现那里不用说体育设施没有，就连最起码的体育器材也是少得可怜。为什么会出现这种情况？我一问才知道，原来教育部门的负责人，为了能出政绩，把体育器材全都投到重点学校了，而那些薄弱学校则是少人关心少人问。"胖的撑死，瘦的饿死"，这就是最生动的现状！教育部三令五申强调教育要平等，但从这一细小之处就可以看出，"教育不公"就是由教育管理者他们自己制造出来的，这种现状应该改变。

## 关于加快扶持辽宁装备制造等产业发展的提案*

### 1　辽宁省装备制造业现状与优势

在国家的大力支持下，辽宁省装备制造业经过多年的发展，已经形成门类齐全和配套能力强的产业优势，成为我国重要的装备制造业基地之一。辽宁省装备制造业在基础设备、交通运输设备和专用成套设备等领域具有比较优势，拥有沈阳机床（集团）有限责任公司、大连船舶重工集团、沈阳飞机工业（集团）公司、沈阳重型装备集团等一大批国内同行业排头兵企业。在全省装备制造业重点企业中，拥有 15 个国家级技术中心和 45 个省级技术中心，具备重大技术装备研发、设计和制造的基础和能力；拥有一批国家级的科研院所和一批具有科研开发能力的大专院校。在国家重点扶持和发展的 16 大类对国家经济安全和国防建设有重要影响的技术装备中，我省生产的机床、压缩机、船舶、飞机、汽车、铁路机车、输配电及控制设备、燃气轮机、石化及其他工业专用设备和起输设备、数字医疗设备、环保设备等产品在全国具有举足轻重的地位。2005 年，全省数控机床产量 14900 台，居全国第一位；造船产量完成 279 万载重吨，居全国第二位。

2005 年，辽宁省装备制造业完成工业增加值 739.6 亿元，占规模以上工业增加值的 24.6%，同比增长 20.9%。在装备制造业中，通用设备制造业、交通运输设备制造业、专用设备制造业分别完成工业增加值 189.1 亿元、187.4 亿元和 83.2 亿元。

"十一五"时期，我省将围绕建成我国先进装备制造业基地这一目标，把装备制造业放在更加突出的位置，大幅度提高装备制造业在工业增加值中的比重，着力发展基础设备、成套设备和交通运输设备，努力实现装备制造业跨越式发展，用"中国装备"支撑"中国制造"。

### 2　国家加快发展装备制造业的重点和政策

装备制造业作为国民经济的战略性产业，国家在"十一五"规划中列入发展重点，给予重点支持。为了进一步加快装备制造业的发展步伐，国务院有关部门起草了《关于加快振兴装备制造业的若干意见》，提出重点发展的十六大领域。

一是高效清洁发电和输变电装备。百万千瓦级核电机组、超超临界火电机组、燃气-蒸汽联合循环机组、整体煤气化燃气-蒸汽联合循环机组、大型循环流化床锅炉、大型水电机组及抽水蓄能水电站机组、大型空冷电站机组及大功率风力发电等新型能源装备；开展 1000 千伏高压交流和 ±800 千伏直流输变电成套设备的研制，全面掌握 500 千伏交直流和 750 千伏交流输变电关键设备制造技术。

二是大型乙烯成套设备。实现百万吨级大型乙烯成套设备和对二甲苯（PX）、对苯二甲酸（PTA）、聚酯成套设备国产化。

三是大型煤炭化工成套设备。煤炭液化和气化、煤制烯烃等设备。

四是大型冶金设备。大型薄板冷热连轧成套设备及涂镀层加工成套设备。

---

* 2006 年全国政协提案。类别：轻重工业。提案联署人：王植时、冯世良、金国生、龚世萍、孙桂芬、刘志林、刘全芳、卢育波、邱文豹、林溪石、郭廷标、伍秋才。

五是煤矿综合采掘设备。大型煤炭井下综合采掘、提升和洗选设备以及大型露天矿设备。

六是大型船舶装备。大型海洋石油工程装备、30 万吨矿石和原油运输船、海上浮动生产储油轮（FPSO）、10000 箱以上集装箱船、LNG 运输船等大型高技术、高附加值船舶及大功率柴油机等配套装备。

七是轨道交通装备。掌握速度 200 公里/时及以上高速铁路列车、新型地铁车辆等装备核心技术。

八是 300 公里/时级高速铁路列车、新型地铁车辆、磁悬浮列车等装备。

九是环保及资源综合利用装备。大气治理、城市及工业污水处理、固体废弃物处理等大型环保装备，以及海水淡化、报废汽车处理等资源综合利用设备。

十是大型施工机械。大断面岩石掘进机等大型施工机械。

十一是自动化控制系统和精密测试仪器。电力、石化、冶金等自动化系统。

十二是数控机床。大型、精密、高速数控装备和数控系统及功能部件。

十三是新型纺织机械。日产 200 吨及以上涤纶短纤维成套设备、高速粘胶长丝连续纺丝机、高效现代化成套棉纺设备、机电一体化剑杆织机和喷气织机等新型成套关键设备技术攻关和产业化。

十四是新型农业机械。大马力拖拉机、半喂入水稻联合收割机、玉米联合收割机、采棉机等。

十五是电子信息技术装备。集成电路关键设备、新型平板显示器件生产设备、电子元器件生产设备、数字化医疗影像设备等。

十六是航空运输设备。民用飞机及发动机、机载设备。

国家在确定装备制造业发展重点的同时，还出台了一些扶持政策。建立重大装备国产化国债专项资金，用以支持装备制造业企业的发展。国家还在税收、金融等方面配套出台了一系列支持装备制造业企业发展的优惠政策，如技术改造项目国产设备所得税抵扣政策。

### 3　建议国家继续加大对辽宁装备制造业的支持力度

在上述 16 大类领域中，辽宁省大部分都有雄厚的产业基础和优势，发展前景广阔，希望得到国家进一步支持。

（1）建议国家增加东北老工业基地调整改造国债专项资金，并重点支持辽宁省装备制造重点企业提高自主技术创新能力和工艺装备水平。同时请国家在重大装备国产化国债专项资金安排上加大对辽宁项目的支持力度。

（2）加快解决重大装备制造企业不良债务问题。辽宁省重大装备制造企业普遍债务负担重，这些债务主要是在计划经济时期，特别是在经济转轨时期形成的。沉重的债务负担成为企业进一步发展的羁绊，如沈阳机床集团、沈阳水泵、沈阳重型机器制造有限公司等企业在当前产品市场供不应求情况下，仍难做大做强。希望国家加大加快处置"两呆"贷款，采取一些特殊措施，分类处理。一是对政策性原因形成的"两呆"，国家给予一次性核拨和核销；二是实施不良资产第二次剥离；三是对无生产经营活力、无偿债能力的企业，由政府组织、银行参与，对企业资产进行变现还贷，损失部分由各家分行和总行调剂核呆准备金，核呆计划实行单列。

（3）依托国家重点工程，推进重大技术装备国产化进程。对订购和使用首台（首套）国产重大技术装备的国家重点工程，适当给予部分预算内资金作为风险补偿。需要使用进口设备的均应制定国产化实施方案，并作为国家审批和核准建设项目的重要内容。必要时国家有关部门将对招标进行监督。对国家重点工程建设项目所需成套装备均要有明确的国产化目标要求。

（4）调整技术装备进口的税赋政策。凡列入重大技术装备重点发展领域的设备，给予取消其关税和进口环节增值税的优惠。为实现重大技术装备国产化而进口国内不能生产的配套件和原材料，经国务院有关部门核定后，免征进口关税和进口环节增值税。

## 关于请求国家支持资源型城市经济转型的提案*

辽宁是资源型城市较为集中的省份，全省现有 9 座以资源开采为主的城市，即以煤炭开采为主的阜新市、抚顺市、北票市、调兵山市、葫芦岛市的南票区；以冶金为主的鞍山市、本溪市；以油气开采为主的盘锦市；以建材开采加工为主的大石桥市，简称"五大四小"。9 个市（区）总人口 1200 万，为全省总人口的 30%，土地面积为全省的 34%，GDP为全省的 31%。

从资源储量和资源开采利用年限上看，9 个市（区）可分为三种类型，即资源枯竭型，包括阜新市、北票市、葫芦岛市的南票区；资源衰竭型，包括抚顺市、盘锦市和大石桥市；资源储量仍较丰富，但资源品位下降，城市主导产业仍以资源或资源加工为支撑，接续产业尚未形成替代能力的城市，包括鞍山市、本溪市、调兵山市。

资源型城市经济转型是辽宁经济振兴的重点和难点问题，引起了党中央、国务院的高度重视。中央领导同志多次来到辽宁，到资源枯竭城市调研和现场办公，国务院相关部委联手支持，使辽宁资源型城市经济转型工作稳健起步，健康发展，取得了阶段性成果。以资源枯竭型城市经济转型试点的阜新市为例，转型 3 年多来，坚持"自力更生，龙头牵动，科技支撑，民营为主，市场运作"的方针，确定了立足阜新市现有基础和优势，变单一经济结构为多元经济结构的转型思路，重点发展现代农业和现代服务业，调整优化第二产业，培育替代产业，地区生产总值增速由"九五"时期年均 2.1%上升到转型三年年均 20%以上，地方财政增长近 20%。

但是，资源型城市经济转型是一个长期复杂的过程，解决国有企业改革、城乡基础设施建设、矿区地质灾害和城乡生态治理、下岗职工再就业、城市经济结构和产业结构调整等方面所遇到的问题，非资源型城市自身所能承担。在自强自立、培育自身发展能力的基础上，需要中央政府给予较长时间的支持。因此建议：

（1）实行支持接续产业发展的资金扶持政策。着手建立发展接续产业专项资金，专项资金通过以下渠道筹集：①从在辽的中直钢铁、煤炭、石油企业销售收入中提取 2%；②从在辽的国直钢铁、煤炭、石油企业上缴的企业所得税中划出 10%；③适度提高在辽中直钢铁、煤炭、石油企业的资源税征收标准（如大庆油田资源税 24 元/吨，辽河油田资源税仅 12 元/吨），提高后增收部分纳为专项资金；④征收辽河油田水资源开发补偿费，其维系原油开发每年开采地下水 3000 余万吨，应对其征收此项费用，纳入专项资金；⑤国家每年安排一定数量的政策性贷款；⑥省、市配套资金。专项资金作为发展资源型城市接续产业的政策导向型扶持资金，吸纳金融贷款、民间投资，以提供部分资本金、贷款贴息等，专项用于资源型城市发展接续产业和多元开发。

（2）给予资源型城市特殊的土地利用政策。在符合资源型城市土地利用总体规划的前提下，对发展接续产业所需建设用地指标，国家应予以及时提供并优先保障；对资源型城市转产企业建设的农产品加工业、畜禽养殖业等需用一定场地的项目，允许其采取租赁方

---

* 2006 年全国政协提案。类别：经济发展。提案联署人：王植时、伍秋才、冯世良、金国生、龚世萍、刘全芳、刘志林、卢育波、邱文豹、鞠雅莲、林溪石、孙桂芬。

式使用部分低产耕地；区别不同情况，适当增加资源型城市建设用地指标，使矸石山、采煤沉陷区、排土场、尾矿坝经过复垦后变为农用地后的城市建设规模不变。

（3）加大对资源型城市环境治理和资源综合利用的支持力度。资源型城市在面临资源枯竭或资源濒临枯竭的同时，生态环境也遭严重的破坏，废弃资源产生量逐年增加。因此，建议国家对我省城市污水处理、中水回收设施建设的资金补助比例参照中部地区的政策执行（东部 25%～30%、中部 35%～40%）。对矿山破坏的恢复建设给予资金照顾。对历史遗留问题的煤矸石、共伴生矿、煤层气和城市生活垃圾等综合利用项目，也考虑加大资金的支持力度。

（4）加大金融对资源型城市经济转型的支持力度。国家在人民银行、政策性银行和国有商业银行中设立资源型城市发展接续产业的再贷款和专项贷款，上述金融机构应注重省、市政府对重大转型项目的推介，将专项资金用于支持资源型城市重点转型项目的建设，支持发展劳动密集型产业、高新技术产业和中小企业、外资企业。

（5）进一步支持阜新市经济转型试点。抓好阜新市经济转型试点工作，是党中央、国务院关注的大事，也是阜新市在经济转型取得阶段性成果基础上持续发展的需要。阜新市由国家确定的第一批 23 个经济转型重点项目，已竣工 14 个，完成投资 36 亿元。重点项目的实施，改善了阜新市城乡基础设施条件和生态环境，促进了经济结构调整，形成了接续主导产业框架，提供了近万个就业和再就业岗位，完善了城市功能，改善了人居环境，提高了城市品位。结合"十一五"规划编制，阜新市提出了一批农产品精深加工、风电、煤化工、电子、旅游、资源综合利用等方面的建设项目，请国家帮助阜新市启动以扩大再就业为着力点的第二批经济转型项目，并在阜新市引进大型企业集团、引进名牌产品、引进域外资金和利用国外资金、争取金融部门贷款等方面给予扶持和协调，以期进一步支持阜新市的经济转型试点工作。

（6）尽快启动在辽宁建立资源开发补偿机制和衰退产业援助机制的试点工作。根据温家宝总理 2004 年 11 月 15 日在振兴东北地区等老工业基地工作座谈会上"加快建立健全资源开发补偿机制和衰退产业援助机制"的指示，辽宁省政府于 2005 年 6 月 7 日向国务院呈报了在阜新市试行建立"两个机制"的请示，就加大灾害治理，改善生态环境，加强老矿区基础设施改造，妥善解决历史遗留问题，扶持煤炭等衰退产业，加快培育和发展新兴产业，提高地区可持续发展能力等方面，提出了若干政策、措施和建议。阜新市通过三年多的经济转型，使全市经济发展呈现重大转机，为资源型城市经济转型工作闯出了一条路子，自身也具备了加快实施经济转型和试行建立"两个机制"的基础。请国家充分考虑阜新市的实际情况，帮助辽宁深入研究制定具有示范作用的试点方案，尽快出台在阜新市试行建立"两个机制"若干政策的实施意见，以便为其他资源型城市经济转型提供借鉴。

# 三、媒体报道（选编）

## 封锡盛院士解读习近平科技创新思想*

中国特色社会主义进入新时代，意味着近代以来久经磨难的中华民族迎来了从站起来、富起来到强起来的伟大飞跃，迎来了实现中华民族伟大复兴的光明前景。

——《决胜全面建成小康社会 夺取新时代中国特色社会主义伟大胜利——在中国共产党第十九次全国代表大会上的报告》（2017 年 10 月 18 日），《人民日报》2017 年 10 月 28 日

### 1 学习札记

近代以来，西方列强用坚船利炮让中国沦为半殖民地半封建社会，中华民族积贫积弱、内忧外患。最终，在中国共产党的领导下，中华民族推翻三座大山，建立新中国，实现了民族独立和人民解放，逐步走上实现国家富强和人民幸福的康庄大道。在这样的历史进程中，科技一直是国家发展的重要推动力。

中国人民站起来了。"两弹一星""人工合成牛胰岛素""杂交水稻""青蒿素治疟疾"等科技成果让世界目光屡次投向东方。中国人民富起来了。改革开放后，坚持"科技是第一生产力"，极大激发了人民群众的创造性，释放了社会发展的活力。

站在新时代的起点，"强起来"成为我们最迫切的发展目标。党的十八大以来，以创新驱动发展为引领，我国经济社会发展取得举世瞩目的成就。国内生产总值年均增速是世界水平的近 3 倍，对世界经济增长的年均贡献率超过欧美发达国家。这些成果的取得，离不开科技创新提供的巨大动力支撑。

改革开放三十多年来，以第三次科技革命为特征的技术变革已在中国徐徐展开。当前，新一轮科技革命正在酝酿，我们面对的将是更加激烈的科技竞争。科学家们要继续发扬甘于奉献、敢于攻关的无畏精神，攻克更多"卡脖子"问题，真正实现由"跟跑者"向"并行者""领跑者"的华丽转身。

### 2 融会贯通

近代以来，中华民族之所以经历了种种艰难困苦，其中一个重要原因便是中国与历次科技革命失之交臂，从而导致积贫积弱、备受屈辱。创新强则国运昌，创新弱则国运殆。历史与现实清晰地告诉我们，要实现中华民族伟大复兴的中国梦，必须真正用好科技创新这个最有力的杠杆。

科技水平彰显综合国力。新时代要强起来，就必须依靠科技创新实现跨越赶超。近五

---

* 原发表于《中国科学报》，2017-12-18（第 1 版，要闻）。 http://news.sciencenet.cn/htmlnews/2017/12/397616.shtm。《中国科学报》记者倪思洁整理。

年来，我国创新型国家建设成果丰硕，天宫、蛟龙、天眼、悟空、墨子、大飞机等重大科技成果相继问世。

转方式调结构的根本动力在创新。新时代要强起来，就要依靠科技创新改变发展方式，依靠创新驱动打造发展新引擎，培育新的经济增长点，中国正在从"世界工厂"变成科技创新的新热土。

新时代要强起来，就要依靠科技创新引领全面创新。无现金支付、无人便利店、共享经济等创新改变了中国人的生活，使人们对于未来的描绘充满了想象力。创新让科技与经济不断融合，让一切生产要素充满活力，让最广泛的社会潜能极大激发。创新所凝聚的澎湃动力，正在推动中国稳步迈向中华民族伟大复兴的宏伟目标，稳步迈向夺取新时代中国特色社会主义伟大胜利的康庄大道。

# "海人"团队文化的五项"基因"*

中国工程院院士蒋新松，1979 年在中国科学院沈阳自动化研究所工作时提出了"工业机器人示教再现机械手和水下机器人"的研究课题。1986 年，中国第一台遥控水下机器人——"海人一号"诞生。基于这支研究团队，中国科学院沈阳自动化研究所"海洋机器人研究部"于 1988 年正式成立，从此，我们有了习惯上的称谓："海人"。

今天的"海人"已经是个大家族——研究所 3 个研究室近 300 人的大团队，这不仅是国内规模最大，也是全球最大的海洋机器人专业研究机构。研制的海洋机器人囊括了全球的主要类型，面向海洋科学、海洋安全、海洋工程和深海资源四大领域的国家重大需求，先后开发了遥控、自主、水面和混合四大类型、八大谱系海洋机器人，包括"潜龙""海翼""探索""海极/海斗""防救""长航程""载人潜水器控制系统"等。从近海到远洋，从海面到深渊，"海人"的足迹踏进了太平洋、印度洋、北冰洋和马里亚纳海沟。

30 年时间里，我们跨越了三大步：20 世纪 80 年代起步打基础，90 年代跟踪学为主，新世纪创新靠自主。

多年来，"海人"在国内水下机器人领域创造了十多项"第一"，大多数研究课题在国内具有开拓性和引领性。诸多科研成果接近或达到了与国际相齐水平，有的项目技术指标已居世界顶级行列。

骄人的成绩背后，不断发展和积淀形成的"海人"文化、"海人"精神是一个重要的原因。"海人"文化包括以下 5 个方面。

## 1 依靠团队集体力量从事大型工程科学研究

大型综合性项目参研人员众多且装备研制周期长，但也会因工作量不平衡、难度不一使得每个人施展才能的空间和贡献权重相差巨大。这就要求全体成员具有责任心、基于共同理念顾全大局和乐于奉献。蒋新松为此团队精神自豪，曾形象地将沈阳自动化所与其他研究单位进行比较。他说："一对一单打对方能赢，二对二双打可能平手，三对三我方胜算的概率大。靠着这种精神，'海人'团队在并非优势的领域连创佳绩，走在国内同行的前列。"

## 2 勇于探索不断开拓的创新精神

"海人"团队几乎对世界上有代表性的各类先进海洋机器人都进行过探索研究。所开展的研究课题绝大多数在国内具有开拓性，一些重大项目如：遥控水下机器人、自主水下机器人、轻型水下机器人、海底行走机器人、长航程水下机器人、6000 米水下机器人、万米水下机器人等均属国内领先。国内制造方唯一能参与国际竞标并提供海上服务的中型水下机器人以及国内唯一大批量生产的海洋机器人，皆出自"海人"团队。研制的"海斗"号在马里亚纳海沟创造了 10888 米的纪录，世界上仅有美、日两国有类似纪录。深度是体现海洋科学技术水平的重要标志之一，"海人"上一代科研人员给出的纪录是 6000 米，年

---

* 本文合作者：李一平。原发表于《中国科学报》，2018-12-17（第 5 版，创新周刊）。

轻人几乎将这一数据翻了一番。

众多研究成果获得国家奖励、受到权威部门表彰并赢得媒体广泛赞誉，在很长时间内引领国内该领域的发展，肩负起了国家战略科技力量的责任。

### 3　虚心学习的态度

向国内外一切先进思想、理念和技术学习，是"海人"团队的求实态度。团队认识到，与世界先进水平相比，前面还有相当长的路要走，缩短这段路程的明智选择是虚心向别人学习，三次重大国际合作是这种学习态度的例证：20 世纪 80 年代中期从美国引进中型潜水器 RECON-IV，90 年代初与俄罗斯合作研制 6000 米自主水下机器人以及与意大利合作研制海缆埋设机，这些国际合作使团队的研究水平从摸索和探索提升到相对成熟的阶段。外方先进的科研机制，科研人员严密严谨的作风、严肃认真的态度都使"海人"受益匪浅，成为"海人"文化形成的要素和外因。

### 4　"五湖四海"大协作

研究海洋机器人是国家需求、科技界共同责任，发展海洋机器人事业是国家行为，大协作是不二选择。"五湖四海"是蒋新松及其继任者践行的理念，中国科学院声学研究所、中国船舶重工集团公司第七〇二研究所、上海交通大学、哈尔滨工程大学等单位曾是"海人"多年一路同行的战略合作伙伴，21 世纪里这个名单已经大大加长。中国科学院沈阳自动化研究所承担的国家重大项目聘请外单位的专家做总师是没有先例的，国内各界朋友及所内兄弟单位的关心和支持，都是"海人"团队成长的重要资源，也是海洋机器人事业不断走强的重要支撑。

### 5　优良作风代代传

蓝色的大海并不总是平静、美丽和浪漫的，它更多展现的是咆哮的一面，海上试验艰辛且充满风险，船上生活枯燥乏味，让人晕船。

近年来，我们每年都有数批科研人员、几千人次在海上度过，"我们拥有用青春和生命挑战深海的深潜英雄；晕倒在甲板上、躺着指挥作业的硬汉；夜以继日连续攻关的青年小组；带着无人照顾老人参加海试的好男儿；勇探高纬度冰区和深海冷泉区的'80 后'；有人刚刚喜得千金，也有人出发前刚刚完婚，还有的人在海上生病，吐出了胆汁"。这段话恰如其分地描述了今天年轻人投身科研的画面。

回想起 1986 年时在南海，头顶烈日，身下甲板能烤熟鸡蛋，为了不耽误下午的试验，一位老同志独自盘坐在甲板上一圈一圈地精心维护脐带电缆；当一台设备需要有人下到海面布放，可大鲨鱼就在稍远处游来荡去，时而跃出水面。这位老同志推开准备下海的年轻人说："我来吧，我比你年纪大，无后顾之忧。" 1997 年时在太平洋，回收人员在激烈颠簸的小舢板上，时而被举上浪尖，时而被推向波谷，落差两三米，有时高达五米，还要面对头顶上几十千克重上下翻飞的吊钩。完成挂钩作业是有风险的，面对这种作业，回收人员没有半点迟疑。这样的事例多不胜数。令人欣喜的是，"海人"的优秀品质一代代传承至今；更令人欣喜的是，新一代"海人"正在崛起，他们中的骨干正在挑大梁、担大责，用激情和青春甚至生命续写历史。

30 年后，老一辈的"海人"将从"而立"迈入"花甲"之年，将与共和国百年同庆华诞，这将是一段非凡的历史时期。为那时"海人"画像有点难，但是党和国家确定的"两个一百年"奋斗目标是明确的，正如党的十九大报告指出，要瞄准世界科技前沿，强化基础研究，实现前瞻性基础研究、引领性原创成果重大突破。作为国家战略科技力量的一员，"海人"应面向世界，志向更高远，敢为世界先。为国家海洋科技的发展提供创新思想和原创技术，这是当代"海人"义不容辞的责任。

# 封锡盛院士：未来机器人也许就是"人"*

"机器人是什么？机器人不是人，是机器，但应该当人看。未来，机器人也许就是'人'。" 28 日，中国工程院院士、中国第一台无缆自治水下机器人"探索者"号的总设计师封锡盛在 2014 年中国国际智能制造与机器人产业发展大会上如是说。

随着科技的发展，时代的进步，医学上已经将人工物件放入人的身体内，以治疗人类的疾病。"响尾蛇之所以可以探测到红外线，是因为蛋白质。这给了我们启发，生物的传感器是存在的，那倒过来机器人的设计是不是也能采用生物部件？"封锡盛告诉记者，美国已经有了这方面的研究，如类生命机器人。

封锡盛介绍，在许多年前科学家就预测，2010 年将出现第一代低级通用机器人，能从事简单的家务劳动，智能相当于小爬虫。2015 年将出现有机械手的实用型机器人，能够多台合作完成多种任务，其技能相当于青蛙。而 2030 年的第二代通用机器人，可能具有类似哺乳动物智能和识别能力有限的学习机制，在岔路口可以根据经验选择路径。

以互联网、新材料和新能源为基础，数字化智能制造为核心的第三次工业革命即将到来，机器人产业已经成为第三次工业革命的重要切入口，这对于中国振兴装备制造业既是机遇也是挑战。

封锡盛指出，中国高端制造业仍处于全球较低水平，要想在国际高端制造业占有一席之地，需要克服核心技术攻关、搭建公共研发平台和培养领域内的创新人才等三方面困难。

---

\* 原发表于中国新闻网。https://www.chinanews.com.cn/sh/2014/08-28/6541803.shtml。

# 机器人像"人"待何时？*

"现阶段我们很多自主智能机器人，应该说'人味'不足。好多人站在我们的机器人面前还问我'你的机器人在哪儿？'。"2016年4月12日，国家机器人发展论坛在重庆永川召开。中国科学院沈阳自动化研究所研究员、中国工程院院士封锡盛在题为"海洋机器人创新发展的思考"的主题报告中谈到，现在很多机器人确实没有"人样"，但随着各方面技术的进步与融合，机器人会越来越像"人"。

《中国科学报》记者注意到，封锡盛打开了"机器人没人样"这个话题的话匣子之后，引起了现场听众以及其他演讲者的共鸣。著名空间机器人专家、清华大学航天航空学院教授马欧也在报告中说："许多不搞机器人的觉得机器人起码看起来应该'像个人'，实际上并非如此，比如深空机器人最常见的是机械臂。"他认为，机器人最像"人"的地方是它们功能上的人化。

## 1 "人模人样"不等于有"人味"

相比会场内学者专家们对于机器人没人样的讨论，会场外则是另一番景象：小到"儿童明星"小优机器人，大到某家庭陪护机器人，还有火锅机器人、仿真机器人等，无一不被他们的设计和制造者们"打扮"得"像个人"，要么神态逼真，要么憨态可掬。

趁着论坛间歇，记者怀着浓厚兴趣上前与这些"人模人样"的机器人互动，结果却大失所望。它们有的虽然"跳舞"还行，但与记者的沟通效率却低得气人：有的你跟它说好多遍，它都搞不清楚面前这个人到底在跟它拉什么家常，只好不断重复"我好晕哦"，急得在一旁的工作人员满头大汗。

原来，会场嘈杂的声音让它们不能清晰地收听到互动者与它的对话，在这种场景下其语音识别能力大幅下降。记者继续走访了几个展台后发现，这种问题普遍存在于家庭陪护、儿童早教、游戏等角色的机器人身上，而且这些机器人的功能相近，就连路数也都差不多：外表或呆或萌，交互起来却不觉有太多新意，有的还需要依靠一台平板电脑与之交互。

一位要求匿名的某机器人公司市场人员告诉《中国科学报》记者，市场上类似服务机器人同质化严重，特别是儿童机器人，有的到现在也没有找到市场痛点在哪里，在试水家庭消费折戟后，只好转战幼儿园或早教课堂。

现场一位创业者这样解释："除了仿真机器人，儿童机器人倒是最像人的机器人。儿童机器人（的研发）从结构和控制的角度不难，难在内容和交互以及机器人的学习能力上。以语音交互为例，直接拿科大讯飞的语音技术肯定是不够的。比如说小孩喜欢聊小动物，科大讯飞肯定不会在小动物的特定语义下将技术做得很深入，这样创业公司需要把它的语音SDK拿过来做二次深度开发。现在很多儿童机器人都只是语音互动和用手机控制动一动，语音对话根本达不到顺畅程度，大人们都无法接受，更何况孩子。"

另外，该创业者说，目前的机器人大部分都不具备自我学习能力，但这偏偏是决定一个机器人能走多远的重要因素之一。

---

* 原发表于《中国科学报》，2016-04-19（第5版，技术经济周刊）。《中国科学报》记者赵广立。

## 2　照着"人样"发展的机器人

与服务机器人截然相反，一些工业机器人是先有人的功能，再越来越像人。

封锡盛直言他不给水下机器人下严格的定义，只是打一个比方："人类要进入海洋，要么就需要一个护甲，要么就要一个替身，这个护甲或者替身就是海洋（水下）机器人。"

水下机器人大致经过了从载人机器人（HOV）、遥控机器人（ROV）到自主水下机器人（AUV）的发展历程。封锡盛介绍说，在载人潜水器出现以前，人类研究海洋只能从海面研究。随着载人潜水器的出现，人开始从内部进入海洋，这是一次颠覆和跨越；而人进入海洋以后，针对研究者在水下的安全问题，因此出现了 ROV。ROV 作为人的替身替代了人们亲自进入海洋，使得远离海洋的人们也可以研究海洋，这是又一步的跨越；而当 AUV 出现的时候，机器人能进入的海洋范围大大扩张，如今跨大西洋、跨太平洋，甚至从南极到北极的各种自主机器人都有，称得上是第三次革命。

结合水下机器人的演化发展，封锡盛提出设问："水下机器人发展的进程说明了什么？我觉得是把机器变成了人。如果说早期的载人潜水器操作的是机器，那么到了自主 AUV 的时候，操作的就是'人'了，是一个机器人，机器变成了人。"

封锡盛并非对"机器人像人"抱有某种情结，而是他觉得机器人之所以区别于机器的要素在于，无论运载器、航行器还是潜水器，它们的运动功能实现并不是盲目的，而是受机器人自身支配的一种行为。"如果看不到这个变化，只认为它们就是一个搭载设备，我觉得是片面的。"封锡盛说。

## 3　让机器像人类一样感知和理解世界

另一个迫切需要机器人接手的领域，就是病患或老人的护理。

"我的母亲 3 年前去世了，她生了 7 个孩子，活下来 5 个，但是在她卧床不起的时候，我们没有一个能够一刻不离地照顾她。我想，我们现在依靠子女照顾父母的传统思路已经行不通了。"日本神户大学教授罗志伟在谈到健康机器人科技话题时诚恳地说，健康机器人或许是当下最需要尽快"人性化"的机器人。

罗志伟透露，在日本，人均寿命减去健康年龄已经超过了 10 年，也就是说人们要花 10 年时间照顾老人。

"现在老人院最繁重的工作就是给老人喂食。现在机器人可以通过简单的程序自动地给老人喂食，不过在做护理机器人的时候，我们一定要比传统机器人考虑更多的安全性。"罗志伟说，当前可以通过人机互动嵌入式的仿真，让机器人能够自主运动或者学习人运动，让它像人一样安全、可靠。

"随着人工智能技术的进步，机器人现在可以根据场景交互来完成它的'自主'动作，应该说取得这点进步是了不起的，它会极大地促进机器人在感知真实世界中迈出非常重要的一步。"中国自动化学会理事长、中国工程院院士郑南宁在题为《人工智能的下一步会是什么》的主题报告中指出，将知识更有效地传递给机器以让其获得人类的知识、让机器人从一个完整信息发展到对非完整信息的处理，是人工智能的下一步。

"实现人工智能面临的三大挑战，第一是想象力与创造思维，第二是让机器像人类一样感知和理解世界，第三是最艰难的挑战——不仅涉及自然科学，与哲学也有关系——让机器具有自我意识、情感以及反思自身处境与行为的能力。"郑南宁认为，这是实现类人智能最艰难的挑战，因为这无论是对科学还是对哲学来讲都是一个非常引人入胜的探索领域。

　　"如果说机器有了，就能做到人机共存。"郑南宁说。

# 封锡盛：机器人与无人系统是我国关注的焦点*

中国科学院沈阳自动化研究所研究员、中国工程院院士封锡盛：另外第五代机器人的进一步发展，过去的大型有人平台正在朝无人平台转化。

机器人与无人系统已经密切地结合在一起。过去说的汽车、飞机、船舶没有任何联系，但是现在机器人化以后变成了一类，它的共性就是它的组成占有了机器智能，现在已经变成了一个新的大类无人系统，这是我们国家当前关注的焦点，这个方面正在争取国家的重大专项。

人和器应该说更符合实体装置的内涵，也符合时代发展的潮流，所以说我觉得进一步制定标准的时候，应该考虑这个背景，这也使我想到了过去的一个小插曲，这个词在七十年代进入中国的时候，该翻译成什么，当时专家们有不同的意见。第一种意见说这个词应该翻译成复杂机器，这也是对的。第二种这应该音译，音译成"劳仆"，说实在的这也是很绝妙的，因为劳仆跟捷克文的音译是完全符合的。但是专家们的最终一致意见译成机器人，从此机器人在国内就形成一个标准的术语，这个术语对于促进行业的发展，应该说起了巨大的作用。

---

* 原发表于《每日经济新闻》。http://www.nbd.com.cn/articles/2016-12-15/1062067.html。

# 水下机器人专家——封锡盛*

路博（主持人）：人类来自海洋，今天已经无法直接返回故乡，为圆回乡之梦，我们需要替身。"封锡盛和他的水下机器人家族"《大家》栏目，敬请关注。

旁白：19 世纪末，列强为争夺海上霸权进入了白热化，英国凭借其王牌海军成了名噪一时的日不落帝国，对国力的影响直至今日。斗转星移，人类对海洋的争夺战更是由平面战场向深度发展，深海那里孕育着比陆地总量数倍之多的石油、天然气，更有锰、铜等多种贵金属，素有"海底金库"之称。由于资源开采困难，代替人类进军海洋的水下机器人开始大显身手。在这场蓝色圈地运动中，由中国工程院院士封锡盛带领团队研制的一批水下机器人为我国保卫海洋资源、分享海洋经济的这场盛宴中提供了重要的技术支持。

俞建成（水下滑翔机项目负责人）：这是我主持设计的水下滑翔机，它主要用于海洋环境连续参数的测量。

徐会希（"潜龙一号"项目负责人）：这是我主持设计的"潜龙一号"，它主要用于海洋科学研究和资源调查。

曾俊宝（北极 ARV 项目负责人）：这是我参与研制的北极自主遥控水下机器人，它主要应用于北极科学考察。

路博（主持人）：这些全部是沈阳自动化所水下机器人大家族中的成员，但只能算是水下机器人中的儿孙辈，那么这个家族的大家长在哪儿呢？

旁白：封锡盛，中国工程院院士，中国第一台 6000 米水下机器人"CR-01"项目的总设计师，他参与设计的"海人一号"是我国第一台水下机器人。

封院士（水下机器人专家）：人类来自海洋，今天已经无法直接返回故乡，为了圆回乡之梦需要护甲和替身，这就是水下机器人。国家对机器人的研究，在当时有不同的认识，搞这种工业机器人以取代劳动力为目的在我们国家不可取，所以，蒋新松他们当时的想法就是先从发展特种机器人着手，海洋机器人就属于特种机器人。

旁白："海人一号"可以说是沈阳自动化所老所长蒋新松另辟蹊径的产物，作为"海人一号"的总设计师、中国机器人事业的开拓者，蒋新松以他战略家的眼光，使国家的机器人事业从无到有，从特种到工业，再到机器人的产业化，都取得了开创性的成果。20世纪 70 年代，组里的条件非常艰苦，封锡盛对水下机器人的了解仅停留在国外杂志中一张模糊的照片上。可是早在 1950 年，美国在西班牙遗失过一枚氢弹，他们动用 CURV 机器人成功从海里完全回收氢弹，当时震惊了世界。在这样一个落后的情况下，沈阳自动化所的研究才刚刚起步。

封院士（水下机器人专家）：这个项目在 1983 年启动，沈阳自动化所缺少一些海试的条件，模拟设备、压力设备都没有，甚至连一个实验水池都没有。在去大连进行海试之前，我们利用了一个菜窖对机器人泡泡水，实际上就等于简单地给机器人洗一个澡，可是就是这么一个简单的泡泡水，我们也发现了一些问题。

---

* 本文来源于央视网 CCTV-10 科教频道《大家》栏目，《水下机器人专家——封锡盛》（2015-12-10）。http:// tv.cctv.com/2015/12/10/VIDE1449680047447289.shtml。

旁白：漏水维修，维修漏水。在那样一个一穷二白的日子里，封锡盛陷入了一个周而复始解决同样问题的怪圈。"海人一号"是一台有缆水下机器人，简称 ROV。电缆像母亲的脐带一样为"海人一号"输送电力，进而反馈水下的信息给母船。20 世纪 70 年代，全世界已经有 20 多台水下机器人投入到对海洋油气田的开发和救捞等应用中。通过研究人动作的特点给团队带来了新的设计方向。

封院士（水下机器人专家）："海人一号"还不是一个实用的机型，在当时我们不但探讨了机械手各个关节的控制，而且机械手还带力感，甚至还研究了手指头当中的触觉，在这之后的好多机械手都还没有力感。

旁白：海上试验的日子里，可以说是一步一个坎儿，他们根据试验的情况也逐渐修正对水下机器人的认识，"海人一号"需要每天出水入水，不断对零部件进行改装和调整，但就这些工作却给他们制造了巨大的麻烦。

封院士（水下机器人专家）：我们去大连试验的时候，已经是冬天，选择试验的海区不太好，风浪很大是一个风口，那个地方很冷，比如说我们要焊一个板子，100W 的烙铁都烫不热，后来我们是怎么办？十来个小伙子穿着大衣围了一圈，把电焊工围在中间，然后用大的烙铁才把这个元器件焊起来。

路博（主持人）："海人一号"让封锡盛团队认识到了一系列海洋的复杂和特殊，尽管完成了预期下潜 200 米的目标，但它搭载的设备复杂却并不实用，降低了设备的稳定性。而就在这一知半解各方面条件都不具备的状态下，科研人员迈出了探索水下机器人的重要一步，这一步虽不算完美，但却扎扎实实，这个盲人摸象的成果充满了他们对机器人的理想化。

封院士（水下机器人专家）：从自主创新的这个角度说，"海人一号"几乎每件事情都是自主创新。我们设计的这个预想基本上达到了我们的要求，但是它距离实用还有相当的距离，对我们技术水平的提升起到了至关重要的作用，后来的许多研究都是在这个工作的基础上起步的。

路博（主持人）：尽管"海人一号"的研究获得了一定意义上的成果，可它毕竟只是一台样机不具备实用价值，这曾在一段时间里让封锡盛对水下机器人未来的发展陷入过迷茫。直到 20 世纪 80 年代末，沈阳自动化所曾从美国引进过一台水下机器人，这台设备的实用性让封锡盛的团队豁然开朗，他们有了更深和更长远的目标。

封院士（水下机器人专家）：863 计划刚启动的时候，蒋所长曾经要求我对今后十年的发展提一个想法。在报告里面，我把水下机器人的发展按照两个坐标轴去发展：一个坐标轴就是向远程方向发展；另一个坐标轴就是往深度方向发展。最开始我们定的目标是 300 米，第二个台阶是 6000 米，但是一些专家觉得要从 300 米直接跨到 6000 米这个跨度太大，所以就给我们的第一个门槛稍微提高了一点，定为 1000 米。

路博（主持人）：这就是 1000 米水下机器人"探索者"号。如今的"探索者"号已经被尘封在了沈阳自动化所的仓库中。作为"探索者"号的总设计师，这个名字定位了封锡盛在水下机器人研究道路上的角色。1000 米就意味着"探索者"号将拥有对更多海底资源进行考察的能力。

封院士（水下机器人专家）：这是石油的钻井平台。这些竖在海中的一根根柱子如果靠人力去开发，难度可想而知。在 20 世纪 80 年代石油危机的大背景下，水下机器人的技术水平继续突飞猛进。法国的设备已经独自完成了对海洋石油的开发。眼看着宝贵的资源无法开采，形势已经变得非常紧迫。80 年代中，我们启用了一个水池。现在这个水池是 25 米长、15 米宽、9 米深，已经能满足了我们一般情况下机器人的调试实验。另外还有 1000 米水深压力的压力实验罐可以把整个机器人放在里边进行打压。

路博（主持人）：如果说"海人一号"是和海洋的一次蜻蜓点水，那么"探索者"号就是要上演亲密接触，不过值得庆幸的是沈阳自动化所现在终于可以达到足不出户模拟海洋的基本条件。但新的问题又随之而来，"探索者"号想要下潜到 1000 米就需要抗压力、抗腐蚀的材料，可当时国内并没有能力生产。

封院士（水下机器人专家）：本来我们是向美国订购浮力材料。经过了几轮反复后，我们经过检查发现，美国订购的浮力材料浮力比重的指标满足不了我们的要求。后来他也认可浮力材料是没有达到指标。在这种情况下，我们就没有浮力材料可用。当时国内有能力去生产水深几百米的浮力材料，但是像 1000 米这个级别上的浮力材料生产还有困难。经过多方努力，沈阳自动化所从俄罗斯订购了一批浮力材料。经过改造加工，我们终于为"探索者"号穿上了外衣。"探索者"号是一台自主水下机器人，简称 AUV。它已经没有了连接母船的脐带，在水下的一切行为、规避风险的能力都要靠预先设置的程序来进行判断。在执行任务期间，人的参与程度将大大降低，由于无法同步监测到"探索者"号的情况，解决问题变得相当烦琐。这里面发生的大大小小的故障还是不少的。电机是国内研制。没有海洋环境，这些仪器在地面上没法运行，可是当进入水中后，所有的电子器件都是封装在耐压舱里，而当时的声呐到了一定深度有时就无法工作，我们想要改一个参数，要把它提上来，然后打开舱，再重新改一组参数，再把它放下去，这个过程就相当繁杂。

路博（主持人）：面对国外对技术的重重封锁和试验中的种种不便，终于在 1994 年，经过三年的研究，"探索者"号在三亚成功达到了 1000 米深度，完成了自主航行等规定动作。作为"探索者"号的总设计师，封锡盛和他的团队实现了当初隐喻在机器人名字中的愿望，完成了向更大深度发展的成功探索。

封院士（水下机器人专家）：作为"探索者"号的总设计师，心理压力是很大的。这个项目在 863 计划当中可能是最大的投资，"探索者"号主要就是做一个技术性的探索，用来研究涉及机器人的各个方面的性能，所以通过自主水下机器人的研究像"海人一号"那样，为更大深度自主水下机器人打下一个很好的基础。

路博（主持人）：有了"海人一号"和"探索者"号这样的家庭，封锡盛终于可以向6000 米水下探测开始进发，"CR-01"和"潜龙一号"随即横空出世。

旁白：2015 年 11 月，"潜龙一号"水下机器人即将赴太平洋开启新一轮的科考任务，这已经是它第 5 次承担这样的海洋考察任务了。"潜龙一号"是由封锡盛担任总设计师时研制的 6000 米级水下机器人"CR-01"改装升级而成的，封锡盛对"潜龙一号"有着特殊的感情。今天，"潜龙一号"将进行出海前的最后一次水池测试，科研人员将根据每次的作业使命进行针对性调试，每次出发前，封锡盛都会去水下实验室看看设备，更不忘叮嘱即将出行的科研人员。

封院士（水下机器人专家）：小徐，你们现在这个准备得怎么样了？都准备好了？

徐会希（"潜龙一号"项目负责人）：对，现在我们都准备差不多了，今天就把水池的实验做完，之后所有的工作就准备差不多了，可以具备出航的条件了。

封院士（水下机器人专家）：大体上要做多长时间？

徐会希（"潜龙一号"项目负责人）：这一次是两个航段，给我们的实际任务量在 45 天左右。

封院士（水下机器人专家）：到了海上去以后还会遇到很多意外的情况，不要过分地紧张，大家团结一致，我想应该能够找到克服的办法，希望你们这次做得更顺利。

路博（主持人）："潜龙一号"是沈阳自动化所新一代水下机器人中的领军者，它可以深入水下 6000 米完成任务。在"马航 MH370"事件中，美国派出搜寻的"蓝鳍金枪鱼"和它拥有着同等的下潜深度，它可以根据任务要求自主在水下做出选择判断，所以，有专家认为它的智能化程度甚至远高于我国 7000 米载人潜水器"蛟龙"号。"潜龙一号"能够取得这样的成绩，离不开当初封锡盛团队研制的第一台 6000 米级水下机器人"CR-01"。C、R 分别是中国和俄罗斯英语的首字母，双方将在"CR-01"中各展所长。按照设计，"CR-01"可以潜到 6000 米深度，6000 米就意味着可以到达海洋 97% 的地方，对海洋战略的实施意义重大。可见研制一台水下机器人是一个系统工程，其中凝聚了众多专家的智慧，如果机器人在茫茫大海中发生意外，多年的心血将毁于一旦，追赶国外的步伐也将受到阻碍，如何能在发生状况时成功回收机器人成了关键。

封院士（水下机器人专家）：回收 AUV 的时候，突然间发现它不上升，在水下基本上保持那个深度不动。哎呀，这个把我们吓坏了，当时我们就觉得这肯定是哪儿出了什么问题？哪里出了什么毛病了？我们在机器人设计上有一定的正浮力用于自救，按照正浮力，它会自己漂到水面上来的，但是那个正浮力非常的小，如果依靠正浮力浮到水面得要几十个小时，这么长时间浮到水面，AUV 那就不知道漂到哪去了，再找它那是很困难的。

旁白：通常一台机器人下水之前，科研人员需要根据作业范围的海图为机器人提前设置程序来规定行进航线。在进入水下后，机器人通过自主系统可以分析声呐等仪器提供的具体信息，行走像梳齿一样的路线，无死角地来完成工作，在回收机器人时，科研人员会通过放在海里的长基线定位仪确定具体的回收地点。

路博（主持人）：当机器人无法上浮时，机器人一旦被海水带出预定区域将可能再也无法找到设备。那么，到底什么原因阻碍了"CR-01"的上浮？

封院士（水下机器人专家）：我们判断为应该抛弃的那个压载没有能够完全抛掉。机器人无法上浮的难度在哪儿呢。它不会固定地出现这种故障，当我们进行十次试验的时候，可能八次九次都不出现这种故障。最后判断问题为：可能是我们抛载机构设计的出口的形状有问题，我们后来就对这个问题做了一些改进。它是生命线，如果它要是不灵，那我们这机器人就容易丢失，风险就很大。

路博（主持人）：1997 年，经过 4 年的研究，封锡盛正式担任"CR-01"工程化项目的总设计师，工程化就意味着封锡盛研究的水下机器人终于得到了用武之地，这也标志着沈阳自动化所历时近 20 年的积累在"CR-01"工程化项目上实现了质的飞跃。他们受到大洋协会的委托，将跟随科考船去往太平洋海域进行科学考察，为我国最终划定多金属结核区域提供结论性的重要依据。

封院士（水下机器人专家）：多金属结核是一种海底资源，如锰、钴、铜这些元素都是地球上比较宝贵的金属元素。虽然国际海底资源理论上是全人类共有，但是你哪个国家有技术能拿到多金属结核，哪个国家就有优先的开采权。所以说共有实际上是空话，你有技术你才有，没技术你就没有。所以世界上各国都忙着圈一块地，圈占矿地也称为蓝色圈地运动，这就是为子孙后代造福。

路博（主持人）：1980年法国的"逆戟鲸"在太平洋完成过一百三十多次对多金属结核区的调查。面对这有限的海底宝藏正在被列强瓜分，封锡盛决定将多年的研究推向应用，到海况更加复杂的太平洋完成科学调查，这就意味着对"CR-01"来说可能是一次生死考验。针对太平洋的情况，整个团队对"CR-01"进行了针对性的改装，搭载了多种可以探测到多金属结核的设备。

封院士（水下机器人专家）：多金属结核是分布在海底的表面上，看上去就像羊拉的屎屎一样，一个一个球状的，一百万年才能长一到两个毫米。多金属结核的分布会改变侧扫声呐反射的强度，可以通过其反射强度大体上判断一下多金属结核的情况。一连几个月的海上生活，队员们当初对大海的向往早已变得审美疲劳，晕船、呕吐也已经成了家常便饭，繁重的任务加上不断地改装调试时时考验着大家的耐心。一叶孤舟在浪尖起起伏伏，队员们的心情也在跟着波动，快乐已经变成了一种奢侈。海上的生活还是比较艰苦。当时所用的那条船是买的俄罗斯的一条旧船，船上的生活条件不太好，居住的房间都很小，洗澡都需要在甲板上洗，生活也比较枯燥，试验队员还是比较乐观的。有两位同志，一位叫潘锋，一位叫陈舟，对于我们的试验是不应该盼风的，我们应该盼风平浪静，陈舟（沉舟）也一样。"不吉利改名吧"这时我们大家开了个玩笑。海上工作虽然枯燥，但却意义重大，在长达两个多月的科考工作中，"CR-01"完成了百次以上的水下作业，终于为我国在太平洋海域成功划定了7.5万平方千米的高丰度、多金属结核区域，这意味着中国也终于有了在非国土面积内的一片宝贵资源。当机器人完成它的使命上浮到水面回收到甲板上的时候，因为非常的高兴，每个人都蹦起来了，我们这个深水试验总算是圆满地完成了。

路博（主持人）：封锡盛和沈阳自动化所的同仁们终于十年磨一剑，从有缆水下机器人"海人一号"到第一台1000米自主水下机器人"探索者"号，再到6000米"CR-01"的实际应用，科研人员把最美好的时光都投入到了对水下机器人艰苦的研制和试验工作中，现在终于到了丰收的时刻，可封锡盛还有一件重要的事情要去做。

封院士（水下机器人专家）：1997年当我们结束太平洋上的海试的那天，天气很好，蓝蓝的大海，东方泛红。试验队的全体队员站在甲板右侧排成一队，面向大海，把蒋所长的一部分骨灰徐徐地撒向大海，我们想用这种成绩告慰在天之灵，告慰我们的蒋所长，告慰我们的水下机器人的旗手。

路博（主持人）：在对技术几乎一无所知的情况下，蒋新松和封锡盛团队对国际战略形势准确把握，虽然水下机器人技术起步较晚，但却和国内众多行业一样实现了对西方科技强国的弯道超车。

旁白：现在距离沈阳自动化所成功研制"海人一号"已经过去了30年的时间，在这期间封锡盛带领团队不仅迈出了从科研产品到实际应用的这一大步，更是发展到以市场对水下机器人的需求为导向，实现了点对点的机器人私人订制，这让它作为服务平台的作用发挥到了最大化，从此它再也不是一件闭门造车的摆设了。随着新世纪的到来，人们已经将眼光转向了对海洋经济和海洋环境的考察，这些新兴领域在这样的战略需求下，也催生了新型水下机器人。北极是地球上鲜有人类现代文明的地方，这里的北冰洋是一片被冰封的白色海洋，尽管北冰洋的大部分洋面被冰雪覆盖，但冰下的海水也像其他大洋的海水一样，永不停息地、有规律地流动着。如果北冰洋的环流规律产生了变化，将发生局部的厄尔尼诺现象，而这种现象是否会蔓延到全球，进行科学调查就变得至关重要。但人在恶劣的气候条件下工作非常困难，这样的难题也同样考验着机器人的设计。

曾俊宝（北极 ARV 项目负责人）：北极自主遥控水下机器人（北极 ARV），它是一套新概念水下机器人。例如磁罗盘等，普通的导航设备在高纬度地区由于受到地磁干扰无法工作。普通的导航设备是相对于大地来设计的，由于海冰不断地旋转，普通的导航设备相对于海冰来说受到一定的限制无法应用，而我们这套设备是针对高纬度地区的以海冰为坐标系来进行导航。这就是北极 ARV 所拍摄的不同冰层的结构。地球的气候环境脆弱且敏感，学术界有一种看法，太阳的照射会让北极的冰层产生变化，进而引发海水盐度的下降，洋流的方向也会跟随改变，最终导致地球变暖等一系列连锁反应，尽管这样的理论还存在争议。但是北极 ARV 可以定点定时观测北极冰层的变化数据，这将对研究未来气候变化有着重大的预警作用。我们这套设备这次去北极主要携带了光通量，还有一些冰厚测量设备。我们在冰下航行的时候，通过测量它的光通量来定量地计算出海冰吸收了多少的太阳能，通过测量冰厚可以反映出一个海冰的底部形态，这是传统手段无法完成的。传统手段对于海冰的测量都是通过定点打孔来进行观测的，它带来的问题就是只能反映局部的一些海冰的厚度，不能反映一个连续的、空间的，尤其一条线或者一个面的这种海冰的空间分布。北极 ARV 在冰下可以在一个面上连续航行，它可以反映一个空间的海冰底部形态的变化。

路博（主持人）：2014 年 4 月，考古人员在丹东的黄海海域发现了一艘古沉船，随即命名为"丹东一号"。"丹东一号"的所在地，曾是当年甲午战争的交战区。沉船究竟是不是甲午战争的战舰呢？当时北洋水师的王牌舰艇致远舰到底在哪儿呢？在随后的挖掘工作中，考古人员始终没有找到答案。

旁白：从 2014 年 4 月对"丹东一号"进行系统的考古作业开始，历时一年半的时间，考古队员们一直没有发现有价值的线索。丹东海域的温度、风浪不断增大考古作业难度，考古队员决定抓紧这最后的时间，动用一件秘密武器对"丹东一号"进行地毯式搜索。这件秘密武器就是"海潜二号"水下机器人。

张银亮（"海潜二号"项目负责人）：这台机器人它的自重是 500 公斤到 800 公斤，为什么这么说呢？是因为它是一个平台，根据它装载的不同载荷和不同作业的工具，它的自重会有调整。"海潜二号"水下机器人是一个综合性的水下作业平台，根据不同的作业使命去配置不同的作业工具，进而完成相应的作业意图，这就是"海潜二号"的自身特点。

旁白：这就是由沈阳自动化所研制的"海潜二号"拍摄的甲午海战沉船的考古现场。"海潜二号"接到丹东的水下考古的勘测任务时，为了适应水下科考，及时整改了自己的装备，配置了相应的作业工具，搭载的装备包括机械手、云台、水下相机、罗盘。"海潜二号"到了丹东之后，正好在 8 月 15 日前期，潮流非常大。"丹东一号"的考古现场可谓困难重重，考古队员每次上船都要更换压缩空气，每次都是冒着生命危险去工作，巨大的海浪肆意推动着队员们，队员们好几次差点撞倒在船上。"海潜二号"在海浪中也是艰难地寻找着目标，在这种艰难的条件下，考古队员和水下机器人依旧没有放弃。随着探测范围的逐渐缩小，终于在水下考古的现场打捞出了一系列的碎片，在一个盘子的正中间，一个并不明显的图案出现在了眼前，经过考古队员仔细辨认，正是繁体"致远"的字样。这两个字的出现使在场的考古队员们兴奋不已，这样直接写明"致远"两个字的证据，在长达两年的"丹东一号"考古进程中尚属首次。

路博（主持人）：致远舰终于找到了，历史的疑团将不再被海水一点点腐蚀，一块块遭受过枪林弹雨的船体都将为梳理那场左右清朝国运走势的海战和为研究近现代军事工业的历史提供重要的参考价值。正当考古队员准备再次下水乘胜追击的时候，"海潜二号"的操作员张银亮发现了异常。

张银亮（"海潜二号"项目负责人）：潜水器有自己的仪表设备。当时我们在水下作业的时候，罗盘开始剧烈摆动之后，根据设备的波动我们及时判断出来当时水流非常大，潜水器前进时开始打转，我们及时将潜水器上浮。这种情况对潜水员来说可能应对不了，因为他本身没有相应的检测装备。这次作业也突出了我们水下机器人的特点，当人员下水比较危险的时候，机器人下水可以替代人，进而保证人员的安全。

路博（主持人）：张银亮团队所研制的水下机器人，通过精密的仪器、先进的设备，可以先人一步感知到自然环境变化的趋势，让人可以提前离开危险地区。"丹东一号"的考古作业上演了一次人和机器人互相弥补、协同作战的经典案例。当"海潜二号"拍摄到致远舰的时候，这一刻仿佛历史的时空被极度压缩。百年以来，一代代追梦人在用不同的方式来认识这片蓝色国土，他们对海洋空间的理解也已经由海上的军事冲突转变为对海洋资源的探索和开发。水下机器人作为人类进军海洋的一种得力工具，势必将在未来的国防领域、环境调查、资源开发和能源生产多个方面提供更多的可能性，它也从一种层面反映了国家的经济实力和科技水平。随着我国海洋战略计划的不断推进和海上丝绸之路的贯通，水下机器人必将扮演不可替代的角色。封锡盛等老一辈科学家所奠定的坚实基础，给了沈阳自动化所年轻一辈科研人员们更高的起点，未来中国的水下机器人家族将在这里不断壮大。现在已经退休的封锡盛院士有了更多的时间去充实自己的爱好，但他的作品却从没有离开过他一生的事业。

封院士（水下机器人专家）：这幅字我写的是水下机器人。上边的这个字是一个"水"字，这是一个草书的"水"字，我把它化作一个轮船的形状，因为我们的水下机器人需要一个母船来支持；这个是一个"下"字，这两横代表的是水面的波浪，但是它加上这根电缆一起构成了一个"下"字；这是一个"木"字旁，这是一个"几"，这上面这部分就是机器人的"机"，那么正好这上面是两个"口"，中间一个是"工"字，下面又是两个"口"，所以这个就是"器"，上边这一块是代表我们这种遥控型机器人的上部分的浮力材，这下边的结构是机器人的本体结构，前边的这个就是一个"人"，这是把它化作一个机械手，所以整个这就是一个遥控机器人的系统，就是水下机器人。

路博（主持人）："海人一号""探索者"号、"CR-01"这些响亮的名字标注了我国在水下机器人研究和探索海洋领域的每一个航迹。作为海洋这个新兴产业的重要组成部分，水下机器人的发展对众多领域具有重大的战略意义。当前国内的机器人热正在迅速升温，新的时代还将赋予水下机器人新的使命，机器人的科学与技术也正在沿着模拟人的路线不断发展，随着人类大脑的能力被逐渐开发，机器人的研究也必将同步前进。在很多场合中，封锡盛都曾提到，将来也许机器人就是人。好的，感谢您收看本期的大家节目，让我们下期同样时间，再见。

## 封锡盛：办公室里的海洋*

封锡盛的办公室里，四面环"海"，蔚蓝逼人。

在他身后是世界海洋全图，右手边是中国海区形势图，迎面那幅中华人民共和国地图上，渤海、黄海、东海、南海连缀成雄鸡胸前湛碧的缎带。左手边那张一尺见方的油画，也被"大海"占去了一半篇幅。

和别人讨论工作时，他就在这些地图上指点山海；业余有暇时，他也会抬头看看，回忆自己都去过哪些海域。他说："没有比这更耐看的东西了。"

在沈阳这座内陆城市，在研究所的水泥墙壁间，这位将一生奉献给水下机器人事业的可敬院士，为自己打造了一方烟波苍茫的空间。他曾在人迹罕至的远洋深处，护送一代又一代水下机器人下潜试验。

### 1 从"海人一号"开始

1941 年冬天，封锡盛出生于辽宁省海城市。"海城"没有海，但这个小男孩未来的命运，却注定与海结下不解之缘。

24 岁那年，封锡盛毕业于哈尔滨工业大学工业电气化与自动化专业。他服从上级安排，挥别家中七旬老母，远赴电子工业部第十四研究所工作。8 年后，他回到辽宁，来到了沈阳自动化所。

1979 年，时任沈阳自动化所所长蒋新松院士在国内最早提出了海洋机器人研究计划。两年后，我国第一台作业型遥控水下机器人——"海人一号"（HR-01）紧锣密鼓地开工了。封锡盛加入了这个团队，成了"海人一号"电控系统的负责人，为其量身定制相当于大脑和神经的控制系统。

"这可不是把陆地上做惯的工作直接照搬到水下。"他说。水下环境的介质改变、传感机制、流体动力学特征等，都给海洋机器人的研发带来了重重挑战。

那是一个特殊的历史时期，跨国合作的渠道还很不通畅。沈阳自动化所联合上海交通大学等国内科研单位，完全依靠自主技术和国内配套条件，攻克了一系列难关，顺利完成了"海人一号"的首航和海上试验。

谁都知道水下机器人是沈阳自动化所的一张名片。"我们为什么早早决定走水下机器人这条路呢？"封锡盛说，"那时人们对机器人的认识尚有误区，有领导甚至认为，我们国家不缺人，不需要搞替代劳动力的机器人。于是蒋所长决定，我们先搞水下机器人。水下机器人不跟活人抢工作，但是能做很多人类做不了的事。"

远可开发海洋石油，近可救援溺水人员的"海人一号"，让人们认识到水下机器人广阔的应用前景。国内关于是否应该发展机器人的种种争论，也出现了新的转机。在此之后，国内的相关科研力量终于开始向这一领域聚焦。

而封锡盛的求索科学之路，也从"海人一号"开始，再也不曾与水下机器人分开。

---

* 原发表于《国科大》2019 年第 4 期。

## 2　为了全球 97% 的蔚蓝

1986 年 3 月，我国启动实施了高技术研究发展计划（863 计划），全国从事基础研究的科学家们看到了一道明亮的曙光。

蒋新松把水下机器人的研究团队召集在一起，希望大家群策群力，为即将申报的项目提出一个既有战略意义又有可操作性的规划。

在此之前，中国研制的都是有缆遥控水下机器人，工作深度仅有 300 米——这是中国绝大部分近海海域的最大深度。那么，他们该把多大的深度定为下一阶段的攻克目标呢？

"6000 米。"封锡盛说出这个数字时，不少人吃了一惊。

"这个数不是凭空来的。"讲起这段往事，封锡盛走到办公室里那幅引人注目的世界海洋全图边，指着那些深浅不一的蓝色说，"全球海洋 97% 的区域，都达不到 6000 米的深度。也就是说，如果我们能制造出下潜 6000 米的水下机器人，就足以探索地球上绝大多数海域。"

"从 300 米一下跃到 6000 米，这个跨度是不是太大了？"一位海军老同志提议，在中间再加上一个 1000 米的台阶，逐级过渡。

就这样，一个向海洋进军的"三步走"战略初步确定了下来。

封锡盛提出的这个"6000 米水下机器人"的构想，给包括自己在内的科研团队出了一个大难题。

在海洋中，每下潜 100 米就增加 10 个大气压，在 6000 米下的大洋深处，几毫米厚的钢板容器会像鸡蛋壳一样被压碎。这就要求机器人身上的每一个部件，都能承受如此大的压力，不变形、不渗漏；另外，水中不能使用无线电通信、无线电导航及无线电定位，如何发展当时还不成熟的水声技术，给机器人安上一副"水下顺风耳"，也是极具挑战的课题。

科研人员迎难而上，"探索者"号 1000 米水下机器人和"CR-01"6000 米水下机器人两个项目，前后脚紧跟着上路了。

1991 年，封锡盛跟随蒋新松北上俄罗斯符拉迪沃斯托克（海参崴），参观俄罗斯海洋技术问题研究所。双方谈得投机，很快决定针对 6000 米水下机器人项目开展合作。一支由中科院沈阳自动化所、中国船舶重工集团公司第七〇二研究所、俄罗斯海洋技术问题研究所等组成的跨国合作团队就此诞生了。

当时俄方已有较为成熟的深水机器人技术，特别在结构、材料、密封、软件、传感器及深海工作经验等方面颇有长处；中方则在电子及计算机、流体动力学、浅地层剖面声呐和测深测扫声呐的电子信号处理等方面优势明显。双方各展所长，确定了"CR-01"的总体方案。

1997 年，"CR-01"将一面五星红旗送入 5179 米的太平洋海底。这一激动人心的成果被评为 1997 年中国十大科技进展，荣获 1997 年中国科学院科技进步奖特等奖、1998 年国家科技进步奖一等奖。1999 年，作为"CR-01"副总设计师的封锡盛当选为中国工程院院士。

### 3　我还想再出一次海

迄今为止，封锡盛收获的国家科技进步奖二等奖以上奖励，共有 10 项，其中绝大多数都经历过大海的波涛荡涤。

时间回到 1995 年，重达 5000 吨的中国"大洋一号"科学考察船在太平洋的巨浪间，就像一叶载浮载沉的扁舟。封锡盛等一众科研人员的心，也随着海浪剧烈颠簸。

将近一个小时了，眼前仪表盘上的数据一变不变，这意味着，海水之下的"CR-01"机器人，已经一个小时一动没动了。

这是"CR-01"的第一次海上试验，起初非常顺利，这个橙黄相间、状似鱼雷的家伙一头扎进水里，不断刷新着中国水下机器人的下潜深度。科学家们向它发出回归指令后，它也乖乖听命，一步步向上浮起，直到到达某一深度后，突然闹起了"罢工"。

"谁也不知道是什么原因。我们都快吓死了。"

作为一台自治水下机器人（AUV），"CR-01"没有与母船连接的脐带缆，这就意味着一旦出现任何闪失，这台造价高达千万元、凝聚中外科学家无数心血的水下机器人，将彻底遗失在茫茫大海中。

好在一个多小时后，仪表上的数字再度跳动，科学家们转惊为喜，迎回了他们的心肝宝贝。

"每次海上试验都是惊心动魄的。那么珍贵的东西潜入水里，我们的心也都随着翻一个个儿，每次都生怕它们回不来。那种心情我至今不知如何描述。"封锡盛说，"但是事情过去了，再回想起来，就都变成了有滋有味的回忆。"

太平洋是无风三尺浪，5000 吨重的巨轮进了大海的手掌心，也不过像个小小的玩具，被大浪抛过来又丢过去，苦了在船上工作的人们。

"走到船头吐一口，走到船尾吐一口。吃也吃不下，睡也睡不着，什么吃药、贴肚脐，统统不管用。"

跟晕车不同，人在海上一旦晕起来，无法得到片刻的缓解。左右摇摆的浪还好忍，上下起伏的涌最磨人。低频率的涌让人的心脏都难以承受。

海上没有手机和网络信号，昂贵的越洋卫星电话一般也舍不得打，只在有要事的时候才发电报跟陆地联系。

每天陪伴他们的只有海鸥。出海时落在桅杆上的那几只海鸥，在整个航程中始终都跟着这艘船，想去别处也没有它们落脚的地方。人和鸟之间，有点相依为命的味道。

大海是浪漫的，也是咆哮的；海上的生活是寂寞的，也是艰苦的。

但有时候，大海呈现出了另一番景象：清晨，火红的太阳从天际冉冉升起，放出万道金光，蓝色的波涛夹着雪白的浪花，起伏翻涌。甲板上，金顶黄袍的"CR-01"反射着晨曦霞光，仿佛还在回味昨晚圆满完成的深海之旅。望着它，封锡盛和他的同事们心潮澎湃，难以言表……

"我们没有忘记，把这一喜讯告诉我们的老所长。"封锡盛说。"CR-01"获得成功后，全体试验队成员站立在甲板之侧，把伴着花瓣的蒋新松先生的骨灰撒进了太平洋，告慰他——他的遗愿已经实现。

在封锡盛眼里，这就是这个领域最美好的地方，平平淡淡的工作他不喜欢，就是这样有困难、有波折、有回忆的事业，才是他毕生的追求。

"我现在还常常想再出一次海，就是年纪大了，他们不让我去了。"他说。

### 4　中国的深潜史诗，人类的回乡之梦

如今，海试早已成了沈阳自动化所水下机器人团队的"家常便饭"，每年都有几百"人天"（人数乘以天数）在海上工作。

封锡盛的门下，也走出了许许多多被大海历练过的才俊。2012 年 6 月 24 日，"蛟龙"号下潜到西太平洋马里亚纳海沟 7020 米深度，创造了国际上同类作业型载人潜水器下潜深度新的世界纪录。他的学生刘开周是"蛟龙"号载人潜水器控制系统的开发者之一，作为科研人员，冒着很大的风险参加了最初的下潜试验，被中共中央、国务院授予"载人深潜英雄"称号。

他已经培养了 30 多名博士、硕士研究生，留在沈阳自动化所担任研究员的刘开周、徐红丽等毕业生，也都在继续为水下机器人事业而奋斗着。

2016 年，我国第一次综合性万米深渊科考中，沈阳自动化所研制的"海斗"号水下机器人，两度下潜超过万米，实现了长达 52 分钟的马里亚纳海沟全海深坐底式探测。

"这条墨蓝色的狭带，就是马里亚纳海沟，最深处可达 1.1 万米。当年我们为了世界上 97%的大海努力奋进。而我们的年轻人，已经挺进了剩下 3%的险绝之境。"封锡盛的指尖落在世界海洋全图上颜色最深的地方，不无感慨地说。

作为中国科学院大学的博士生导师，封锡盛告诉每一位学生："在这里，老师会承担必要的责任，你们尽可放手大胆地发挥你们的才能，通过项目研究锻炼自己。人一生中只有短短几年，能有这样宽松的科研环境，希望你们珍惜这段时光，挥洒自己的才干。"

这份苦心没有被辜负，蒋新松、封锡盛等人薪火相传的水下机器人事业，正在年轻一代的手中发扬光大。

"人类来自海洋，但是人类已经无法返回故乡，海洋机器人正在圆人类回乡之梦。"说这话时，封锡盛的目光再一次落在办公室墙上的"海洋"。

## 封锡盛院士：建议对科研进程实行分级管理*
### 要鼓励不同资质的科研单位在同一课题下从事相互衔接的科研工作

在全国政协十一届一次会议上，全国政协委员、中国工程院院士、中国科学院沈阳自动化研究所水下机器人研究室副主任封锡盛提出了对科研进程实行分级管理的建议。

当前，高等院校和科研机构积累的大量的科研成果没有发挥作用，而另一方面，一些企业拥有资金却找不到合适的项目。针对这样的问题，作为来自科技界的全国政协委员，封锡盛认为科研成果出现转化"有女难嫁"现象的产生，一个重要原因就是科研成果成熟度没有具体的"标志"，科研成果鉴定偏重于科研成果水平的评价，忽略了对科研成果成熟度的清晰界定。

封锡盛说，科研项目从概念的提出到形成商业化产品，是一个很长的研究开发过程，不同阶段应由不同资质的单位来承担：科研项目前期基础性研究应由高等院校完成，中期原理到样机的转化应由研究院完成，末期市场化应以企业为主体来完成。当前，一些科研机构为了获得科研经费不顾自身能力无序争夺项目，上游科研单位不愿向下游科研单位转移成果，导致科研成果市场化难以完成。目前很多科研成果停留在不同阶段，在科研成果转化过程中不设立"标志"规范科研成果进程，就很难完成科研成果向生产力的转化。

封锡盛委员建议，要对科研进程进行分级管理。有关部门要选择个别领域进行试点，组成专家组就科研进程如何划分阶段、标准等级设立、各等级详细界定及有关问题进行专题研究，制定科学、合理、具有可操作性的科研进程分析标准。在科研成果鉴定工作中，应增加确定科研成果达到的进程级别等内容，科研立项申请须说明"入口"和"出口"应达到的相应级别。要鼓励不同资质的科研单位在同一课题下，在不同级别上从事相互衔接的科研工作。科技部门要进一步试行科研队伍按专业和资质分类的做法，并在分级标准中规定科研项目承担单位的资质要求。

* 原发表于科学网，2008-03-13。http://news.sciencenet.cn/htmlnews/20083131635531203507.html。

# New Robotic Vessel Extends Deep-Ocean Exploration*

Li Hui

BEIJING China has deployed a new and untethered robotic submarine that extends the reach of researchers and others interested in learning more about the deep ocean. In a series of dives earlier this year in the central Pacific, the autonomous underwater vehicle (AUV) CR-01 went down 6000 meters, matching the deepest levels reached by other submersibles. It can remain underwater for an extended period of time, maneuver to avoid obstacles, and take both still and video pictures.

The achievement puts China in the front ranks of countries notably France, Russia, the United States, and Japan with such a capability. And it may provide a boost for the entire field, which in the post-Cold War era has had to scramble for funding. It's a significant accomplishment, says James Bales of the AUV lab at the Massachusetts Institute of Technology, which has a fleet of five smaller AUVs. The fact that China is putting major resources into autonomous vehicles also validates what the rest of us have been doing.

Exploring the deep-ocean floor is a formidable technological challenge. Besides the great pressure and the difficulty in communicating through thousands of meters of seawater, navigating through unknown and irregular terrain is a treacherous business. But the potential rewards both economic and scientific are compelling. The vehicle can be used to get information on the topography and hydrology of the seabed, to explore mineral resources underwater, and to search for sunken objects. It is currently being used to explore deep-sea mineral deposits and is available for contract work. It gives China the technological means for tapping ocean mineral resources, says the robot's designer, automatic control expert Feng Xisheng of the Shenyang Institute of Automation.

The torpedo-shaped AUV is 4.4 meters long, 0.8 meters in diameter, and weighs 1300 kilograms, making it significantly bigger and heavier than other deep-diving robots . Its size allows for larger batteries, which means more staying power up to 23 hours and reduces the need for miniaturized sensors and other specialized equipment. Powered by a group of silver-zinc batteries with a total capacity of 4.8 kilowatt-hours, the vessel has a cruising speed of 2 knots, with bursts up to 2.7 knots.

To avoid collisions, the AUV uses five ranging sonars with a 60-meter range. It also uses

---

* 原发表于 *Science*, 1997, 278(5344): 1705。

one long-baseline acoustic positioning system for navigation. The system consists of three beacons placed on the seabed and separated by a distance of 3.6 kilometers, along with one subsystem installed on the support ship and one on the AUV. Each part of the system can send and receive signals, allowing controllers to pinpoint the robot relative to its support ship and to send commands for recovering the vehicle. This long-baseline system can cover an area of about 40 square kilometers; within this area, the system's positioning accuracy is 10 meters. In case of a breakdown, Feng says, the robot is capable of automatically resurfacing and raising the alarm signal by extending an emergency wireless antenna and flashing its lights.

The robot has no external devices to collect samples. To get information on metal-rich nodules that litter parts of the Pacific Sea floor, explains sonar expert Zhu Weiqing, from the Beijing-based Institute of Acoustics under the Chinese Academy of Sciences, the robot takes photos (up to 3000 exposures) and video recordings with a camera that holds 4 hours of tape. It has two side-scanning sonars that can operate within a range of 350 meters on each side and one chirp sub-bottom profiler that can penetrate 50 meters into the seabed. Signals emitted by the side sonars help researchers analyze an area for any mineral deposits; sounds from the profiler provide information on the depth of those deposits.

The vehicle was put through its paces during a Chinese expedition to a region some 1350 kilometers southeast of Honolulu. CR-01 spent 8 hours on each of five dives, conducted between 21 May and 27 June, exploring an area the size of a large golf course from an altitude of between 3 and 5 meters above the sea floor.

The project, funded by the State Science and Technology Commission, began as an effort to design an AUV capable of diving to 1000 meters as part of China's high-level Project 863, begun in 1985. In 1992, the Chinese turned to Russia for help. The Vladivostok-based Institute of Maritime Technology Problems had some technologies we badly needed, such as the long-baseline acoustic system and the airtight sealing technology, says Xu Fengan, an automatic control scientist and CR-01's deputy general designer. More importantly, they have valuable operating experience under the water with a variety of vessels, most recently the MT-88, also rated at 6000 meters. That knowledge, Xu says, was blended with Chinese expertise in automatic control technologies, propulsion and energy systems, and vehicle-recovery methods.

Mikhail Ageev, director of the Vladivostok institute, says he anticipates additional joint projects with China. The institute was also hired to help design and build a similar AUV for R. O. Korea.

CR-01's first and so far only client is the China Ocean Mineral Resources R&D Association. Supervised by seven state departments, the association's main task is to explore and exploit mineral resources in an area of 75,000 square kilometers under the Pacific designated by the Deep-Seabed Authority, an international organization that oversees ocean-floor explorations.

CR-01 appears ready to play an important role in that exploration, and mineral association officials say they hope to acquire at least one more AUV, paid for by the state commission. The Shenyang Institute is also looking for outside support from other governments and private companies, including those in France, Sweden, Italy, and the United States.

# 第二部分　学术论文（选编）

# 下一代海洋机器人
## ——写在人类创造下潜深度世界纪录
## 10916 米 50 周年之际*

封锡盛，李一平，徐红丽

（中国科学院沈阳自动化研究所机器人学国家重点实验室，辽宁，沈阳，110016）

**摘要：** 人类探索、认识和利用海洋的活动历史很漫长，最近 50 年，各种海洋机器人及相关装备的助推，使这种活动达到了前所未有的高峰阶段，未来社会进步的需求和科学技术发展的牵引将会使这种活动达到新的高度。本文简要回顾了世界和我国海洋机器人的发展历史，分析了各种类型海洋机器人的现状，并对其未来作了展望。

**关键词：** 海洋机器人，载人潜水器，遥控水下机器人，自主水下机器人，无人水面机器人

**中图分类号：** TP24　**文献标识码：** A　**文章编号：** 1002-0446(2011)-01-0113-06

# The Next Generation of Unmanned Marine Vehicles
## —Dedicated to the 50 Anniversary of the Human
## World Record Diving 10916m

Feng Xisheng, Li Yiping, Xu Hongli

(State Key Laboratory of Robotics, Shenyang Institute of Automation,

Chinese Academy of Sciences, Shenyang, 110016, China)

**Abstract:** It's a long history for human being to explore, understand and use oceans. With the help of a variety of unmanned marine vehicles or related equipments, these activities have reached an unprecedented peak stage in the past 50 years, and the future demands from social progress and scientific and technological developments will drive these activities to a new height. This paper reviews the development history of unmanned marine vehicles at home and abroad, analyzes the status of various unmanned marine vehicles, and tries to prospect their future developments.

* 原发表于《机器人》，2011, 33(1): 113-118。

**Keywords:** unmanned marine vehicle (UMV), human occupied vehicle (HOV), remotely operated vehicle (ROV), autonomous underwater vehicle (AUV), unmanned surface vehicle (USV)

近年，国外一些文献将"水下机器人"（UUV）与"无人水面机器人"（USV）合称"海洋机器人"（UMV）[1]。

根据《潜水器与水下装置术语》[2]，"水下机器人"应称为"无人潜水器"。但是多年来，国内大多数作者仍习称"水下机器人"，鉴于这一习惯以及国标中的某些内容与现况不适应，为了与机器人学领域称谓一致，本文仍使用水下机器人这一名称。考虑到在技术和功能上的共性，本文亦将载人潜水器［DOV（direct operated vehicle）或 HOV（human occupied vehicle）］纳入水下机器人类。

## 1　引言（Introduction）

1960 年，两名美国探险者乘坐"的里雅斯特"号载人潜水器，在马里亚纳海沟下潜到 10916m，创造了下潜深度的世界纪录，50 年来没有人突破这一纪录。之后，日本科学家研制出了"海沟"号遥控水下机器人（ROV），于 1995 年 3 月下潜到 10911.4m。美国的 6000m 级自主水下机器人 ABE 已经完成了 200 多次的下潜作业，取得了多项重要成果，尽管后来"海沟"号和 ABE 都丢失了，但这并不能掩盖其光芒。这些是人类探索、认识和利用海洋的伟大进程中的里程碑事件。我国的自主水下机器人（AUV）"CR-01"于 1997 年在太平洋中部下潜到 5300m，虽然也闪烁过光辉，但尚需时间历练，以丰富自己的阅历。2010 年，一些美国团体将举行下潜马里亚纳海沟的竞赛以纪念 50 年前的壮举，此时，我们撰写本文也是一种感怀和纪念。

本文在简要回顾世界及我国海洋机器人历史的基础上，对海洋机器人的发展作了展望。

## 2　海洋机器人发展历史（Phylogeny of UMV）

文[3]将水下机器人的发展历史归纳为三次革命：第一次革命出现在 20 世纪 60 年代，以潜水员潜水和载人潜水器的应用为主要标志；第二次革命出现在 20 世纪 70 年代，以遥控水下机器人迅速发展成为一个成熟的产业为标志；第三次革命发生在 20 世纪 90 年代以后，以自主水下机器人走向成熟为标志，今后将进入各种类型机器人的混合时代。该文是对水下机器人发展历史的概括总结。

### 2.1　水下机器人

水下机器人按操作者（人）与被操作对象（机器人水下载体）之间的相对位置分类：人位于机器人载体内直接操作的称为载人潜水器，人在机器人载体外部（如母船上）通过电（光）缆操作的称为遥控水下机器人，由载体内的计算机控制系统代替人自主操作的称为自主水下机器人。上述 3 类装备在实际应用中各有优势，又都有其局限性，在性能和功能上既有重叠又各有特点，见表 1。

表1 各类水下机器人适应性和局限性对比

Tab.1 Adaptability and limitations of various types of underwater vehicles

| 项目 | HOV | ROV | AUV |
|---|---|---|---|
| 1. 动力连续供应，持续作业间长 | | ☆ | |
| 2. 活动范围大 | | | ☆ |
| 3. 能使用机械手 | ☆ | ☆ | |
| 4. 操作员安全 | | ☆ | ☆ |
| 5. 不绑定母船 | ☆ | | ☆ |
| 6. 实时直接观察 | ☆ | | |
| 7. 综合费用低 | | ☆ | ☆ |
| 8. 甲板设备简单 | | | ☆ |
| 9. 作业时不需要母船动力定位 | ☆ | | ☆ |
| 10. 操作员紧张程度低 | | | ☆ |
| 11. 回收难度小 | | ☆ | |
| 12. 适宜结构复杂空间作业 | | | ☆ |
| 13. 适合多机器人联合作业 | | | ☆ |
| 14. 作业时不受海面气象影响 | ☆ | | ☆ |
| 15. 作业中意外丢失风险小 | | ☆ | |

注：表中所列各项是指性能、功能和尺度大体有可比性的3类装备的粗略对比。

就技术而言，载人潜水器总体上是成熟的，目前还在运行的载人潜水器为数极少，且大多都有几十年的历史。人的安全性考虑以及庞大的建造、运行、支持和维护费用是其不足，一般来说，载人潜水器的功能基本上可由遥控水下机器人和自主水下机器人替代，这导致载人潜水器数量的锐减。

20世纪60年代，海洋石油工业的发展促进了遥控水下机器人技术的迅猛进步，并在70、80年代逐步形成遥控水下机器人产业。据不完全统计，到2009年底，大约有461个型号近6000台遥控水下机器人在运行，全球有超过300家专业从事遥控水下机器人研制、生产和售后服务的企业，图1列出了2002年和2008年遥控水下机器人数量按深度的分布情况，从图中可以看出潜深小于1000m的机器人占总量的40%左右，这是由于绝大多数海洋资源在近海，近海水下生产活动多，需求量最大。中等潜深（2000m～4000m）的大约占26%，主要服务于深水油气生产及大洋中脊的科学活动，潜深大于7000m的占3.1%。

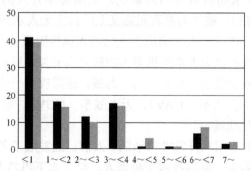

图1 ROV按深度的数量分布（%）

Fig.1 Quantitative distribution of ROV by depth（%）

注：图中深色为2002年数据，浅色为2008年数据，纵坐标为数量/总量的百分比，横坐标×1000米为深度。根据文[4]数据绘制。

自主水下机器人基于自身的自主能力（即知识和智能）执行使命，不需要操作者实时干预执行过程[5]。与遥控水下机器人相比，自主水下机器人具有自主执行使命、作业范围不受缆的约束、功能多样（能浅能深、可远可近、亦单亦群、可主可辅等）、隐蔽性好、可由多平台支持等优点。

当今世界上约有 100 种自主水下机器人，其中半数为试验床。总体上看，自主水下机器人还没有达到成熟阶段，目前只有少数厂商能提供商业化产品。

我国自 20 世纪 80 年代初开始研究开发遥控水下机器人。1984 年，我国第一台遥控水下机器人"海人一号"在中国科学院沈阳自动化研究所诞生。1987 年，中国科学院沈阳自动化研究所与美国 Perry 公司合作生产出我国第一台中型遥控水下机器人产品"RECON-IV-300-SIA"。前几年，上海交通大学研制的潜深 3500m 的遥控水下机器人已投入运行，目前，我国在遥控水下机器人技术水平、设计能力、总体集成和应用等方面与国际水平相齐。

我国自主水下机器人的研究与开发始于 20 世纪 80 年代。1987 年，中国科学院沈阳自动化研究所在国家 863 计划支持下建成我国第一个自主水下机器人试验床 HR-02；1994 年与中国船舶科学研究中心等单位合作研制出我国第一台自主水下机器人"探索者"号；1995 年联手国内多家单位和俄罗斯合作研制开发出潜深 6000m 的实用型自主水下机器人"CR-01"并于 1997 年赴太平洋用于海底多金属结核的调查[6]；经过改进，2000 年又研制出"CR-02" 6000m 自主水下机器人。

### 2.2　无人水面机器人（USV）

无人水面机器人是一种靠遥控或自主方式在水面航行的小型无人智能装备[7]。

它的发展主要源于军事的需求，在二战诺曼底登陆战役期间，盟国曾设计出一种形如鱼雷的无人水面艇，可按预先设定的航向机械地驶往计划登陆的海滩施放烟幕[8]。20 世纪 50 年代以后，无人水面机器人在扫雷等危险任务中的应用受到重视。美国海军开发了包括小型"靶机小艇"（drone boat）和更大一些的扫雷靶机（mine sweeping drone, MSD）在内的数种 USV。

进入 20 世纪 90 年代，随着制导和控制技术的日渐成熟，出现了 R/C DYADS、MOSS、ALISS 等更复杂的无人水面机器人扫雷系统。美国海军开发的远程猎雷系统（remote mine-hunting system, RMS），被认为是真正意义上的自主无人水面机器人之一。但迄今为止，只有美国和以色列等国的无人水面机器人已进入试验阶段并有一些实际应用[9]。

近几年，我国才开始重视无人水面机器人的研究和开发，目前尚处于起步阶段。无人水面机器人作为一种新概念装备，想要应用于海战，还需攻克一些关键技术。军事专家认为，水面机器人未来将和无人机（UAV）、无人战车（UGV）、水下机器人（UUV）协同作战，共同构筑起无人化战场。

当前，海洋机器人的应用和开发非常活跃。人们已经发展了各式各样的具有感知、决策和作业能力的海洋机器人，除遥控水下机器人、自主水下机器人、无人水面机器人外，还出现了两栖水下机器人、仿生水下机器人、自主/遥控混合式水下机器人等一些新型海洋机器人。

## 3 下一代海洋机器人展望（Expectation of the next generation UMV）

总的来说，海洋仍是未被充分认识和利用的空间，随着陆地资源的减少，人类生存对海洋的依存度空前地增长，这就决定了海洋机器人必将会快速发展以适应这种增长的需求，因为海洋机器人是满足这种需求的不可或缺的有效工具。能源生产、海底通信、军事应用和海洋科学研究仍将是最大的社会需求领域，应用范围还将向其他产业部门扩展，海洋机器人将成为海洋装备制造业的一个支柱。

下一代机器人的走向取决于未来的社会需求和科学技术创新发展的牵引，需求拉动创新，创新开辟新的需求空间，同时，下一代机器人的发展必将与时代要求（如：低碳和环保等）相适应。已经出现的一些苗头，可为我们判断未来走势提供依据。

（1）遥控水下机器人绿色化。

遥控水下机器人绿色化是时代要求，需要降低能源消耗和延长使用寿命以减少材料消耗，使之更符合环保要求。目前大功率的遥控水下机器人多采用液压系统，其能耗要比电气系统低，"液变电"总效率可提高 2～3 倍，提高效率不仅节省能源，也将因减少设备的总重量而节省材料。另外，在水下机器人结构材料中用耐腐蚀的高分子材料代替易腐蚀的金属材料，延长寿命，减少材料消耗，实现"塑料化"，以及利用清洁能源（太阳能或其他海洋动力）的水下机器人将受到重视。

（2）遥控水下机器人向大深度、大功率或大推力发展。

深度是水下机器人重要的标志性指标，向更大深度发展仍是今后的方向，不同应用领域对大深度的理解是不一样的，表 2 列出了几项与海洋机器人相关的具有标志意义的深度。促进遥控水下机器人向大深度发展的主要动力首先来自海洋油气生产转向深水，其次是海上救生、海洋资源调查和科学研究。

**表 2 有标志意义的深度**

**Tab.2 The depth with landmark significance**

| 深度/m | 意义 |
|---|---|
| 300 | 常规潜艇最大深度 |
| 500 | 我国援潜救生艇最大深度 |
| 600 | 核潜艇最大深度 |
| 3000 | 中国海洋石油钻井平台最大深度 |
| 3500 | 我国遥控潜水器最大深度 |
| 5300 | 我国自主水下机器人最大下潜深度 |
| 6000 | 世界海洋总面积的 97% 小于这个深度 |
| 10916[9] | 载人潜水器最大下潜深度 |
| 10911.4 | 遥控潜水器最大下潜深度 |

从图 1 看出，到 2008 年，4000m 以浅的遥控水下机器人数量在减少，潜深超过 4000m 的数量增加。2008 年，除"海沟"号以外，最大深度的遥控水下机器人是美国 Williamson & Associates Inc 的 BMS，工作深度为 9000m。

20 世纪 80 年代以前，浮游式大功率遥控潜水器最大推力一般不超过 56kW（75hp），速度大多为 2kn，目前已经增加到 110kW（150hp），速度大多数为 3kn~3.5kn，2008 年海底行走类的机器人最大功率已达 2100kW（Ultra Trencher 1，UT1）。功率大意味着"力气大"，尤其海底管线施工作业对功率的要求越来越大。

（3）实现更轻松的操作。

操作遥控水下机器人是件繁重的工作，对操作人员的智慧、体力和技术水平要求很高，主要原因是机器人"太笨"，人必须适应"笨拙"的机器人。随着计算机、电子、传感、虚拟现实、人机交互和智能自主等技术的迅速发展及其在水下机器人中的应用，水下机器人将变得"聪明"起来。机载传感系统会给出环境和对象的模型，甚至实现"零可见度导航"。水下机器人将能主动与操作员配合，友好的人机界面和先进的人机交互技术，将改善操作条件，人和机器人的分工将实现从"人围绕机器人转"向"机器人围绕人转"的转变。操作员的工作将变得越来越轻松和高效，自主与遥控两类机器人的界限将逐步消失。

（4）"力工"变"技工"。

按习惯把带有机械手或工具包的水下机器人称为作业型水下机器人，水下生产和水下施工将要求作业型水下机器人能在复杂的结构物中从事难度较高和精细的作业，要足够强壮以抵抗各种扰动，并具有很大的灵活性，一些在其他类型机器人中已经被采用的先进技术，如强鲁棒性和高精度的控制系统、智能控制、柔性系统、具有力感/触觉/多手指的机械手和多手或多足等，将被更多采用。今后水下机器人将不仅是只能干"粗活"的"力工"，也将是有技能的"技工"。

（5）多种类型协作和协同。

海洋环境十分复杂，作业对象也千差万别，还没有一种水下机器人是万能的，在实际应用中，每种类型水下机器人都有其适应性和局限性。显然，联合作业可以实现互补和优化，文[3]将此称为"混合型"，并以遥控、自主和半潜 3 类水下机器人分别作为正交系的 3 个坐标来表示这种混合，该文作者认为这将是未来发展的主要趋势。例如，水面与水下自主机器人组合将使自主水下机器人摆脱"野鬼孤魂"的处境，融入现代网络系统中。

（6）自主水下机器人提高自主能力从"信息型"向自主"作业型"发展。

提高自主机器人的自主能力始终是最基本和最核心的问题，受这一能力限制，目前自主水下机器人的主要行为表现为水下载体的机动，能够完成的使命非常有限，大体上只能完成低级的信息使命，不能满足水下施工和生产作业的需要，从"信息型"向自主"作业型"转变是智能自主能力的升级，也是重要和必然的发展趋势。典型的作业是机器人能自主地理解环境并实时生成合乎逻辑的可行行为，使用机械手或工具去完成较复杂的使命，成为"水下工人"，这是自主行为能力的重要升级，是自主机器人发展的高级阶段。

（7）向集群化、网络化方向发展。

当前，海洋机器人集群或由各种海洋机器人组成的水下网络是海洋机器人领域的前沿研究课题，已出现一些实用性的试验系统，如 1996 年在美国新泽西海湾布设的大陆架观测系统[10]。未来海洋机器人将更多地以集群、联网的方式执行作业任务。

（8）超越单一介质空间。

目前，已有多种类型的水陆两栖海洋机器人处于研发、试验阶段。未来的海洋机器人将不再局限于海洋这一单一介质空间，将出现既可以在水中或水面航行，又可以在陆上行驶，还能飞上蓝天的超级海洋机器人。

（9）仿生机器人实用化。

人们已经研制了多种仿效海洋生物行为的机器人，如仿鱼、仿蟹、仿蛇、仿龟等，但大多数未实用化，未来在新材料、新能源、新传感器领域的技术进步，将有可能使其走向实用化。

（10）海下（矿井水下）采矿机器人。

随着陆地矿产资源的减少，海底矿物资源的开发逐渐成为人们关注的热点，应对新矿物资源的开发，如多金属结核、热液硫化物、富钴结壳等，需要新型机器人。尽管未来十年这些矿物资源未必能进入实质性开发生产阶段，但是为此所需的新技术和新装备至少需要 10 年的准备期。部分陆地矿井可使用水下机器人进行水下采矿，这对于在危险和不适于人工开采的环境中进行生产将是一个突破。

## 4 海洋机器人未来发展中的关键技术（The key technologies of UMV's development in the future）

（1）智能自主（intelligent autonomy, IA）及其度量和分级。

智能自主是所有海洋机器人面临的共性关键技术，其核心技术包括 3 方面：在线重规划/自主控制、自主应对威胁和分布式多自主水下机器人协同控制。在线重规划/自主控制，主要解决机器人的实时快速应变问题；自主应对威胁是其生存和执行使命的前提和基础；协同控制是群体力量的体现，也是其遇到麻烦时从他方获取帮助的手段。自主程度是模糊概念，需要有量化的表达，以便分析、比较、交流和相关模块的互换，对用户而言，可根据需求和对应的机器人能力级别进行合理选择和高效率使用。2007 年，美国试验与材料学会国际组织（ASTM）发表了关于自主的标准指南[11]，该指南用正交坐标表示自主程度，见图 2，3 个坐标分别表示决策、规划与控制，以及情景感知和外部交互。每个坐标均有刻度表示相应的级别，各级别代表的含义参见表 3～表 5。例如图 2 中 $A(2,5,3)$ 点表示自适应执行使命，具有推断和全自主作业能力。

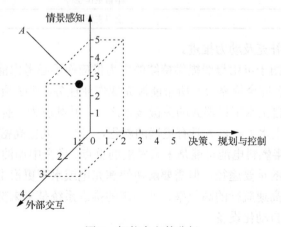

图 2  智能自主的分级

Fig.2  Levels of intelligent autonomy

## 表3　决策、规划和控制

### Tab.3　Decision-making, planning and control

| 等级 | 描述 |
| --- | --- |
| 0 | 直接控制：执行外部定义使命，系统无决策生成部分 |
| 1 | 顺序执行使命，按外部定义的使命顺序行动 |
| 2 | 自适应执行使命 |
| 3 | 将一系列行动组合，每次完成1个目标 |
| 4 | 多重目标：多种目标的简单组合 |
| 5 | 联合目标：权衡各个目标 |

## 表4　情景感知

### Tab.4　Situation awareness

| 等级 | 描述 |
| --- | --- |
| 0 | 从传感器采集的原始数据 |
| 1 | 半处理 |
| 2 | 特征：滤波，规格化，特征化 |
| 3 | 统计：时间，空间，和/或特征，多形态（多传感器）数据 |
| 4 | 解释 |
| 5 | 推断 |
| 6 | 辨别意图 |

## 表5　外部交互

### Tab.5　External interaction

| 等级 | 描述 |
| --- | --- |
| 0 | 遥操作（连续） |
| 1 | 远程控制作业（非连续） |
| 2 | 半自主作业 |
| 3 | 全自主作业 |

（2）能源、能源补充及动力推进。

遥控水下机器人由于可由母船提供持续的电力供应而不必考虑能源问题，但是对于自主水下机器人来说，要完全依靠自身所带能源完成作业任务，就必须考虑能源和动力推进的效率问题。能源是自主水下机器人的关键技术之一，其续航力、航速和负载能力均受制于可用能源。要使自主水下机器人具有更远的航程，需要研究更高密度、更高效的新型能源，近期燃料电池和半燃料电池可能是未来发展的重点。像空中加油那样为水下机器人补充能源是增加续航力的重要途径，但需要解决快速充电或水下更换电池组的技术问题。

开发兼顾低速或高速航行的高效率、低噪声的推进系统是未来努力方向。

（3）先进的电子自动化设备。

先进的电子自动化设备包括导航/定位、通信、控制设备和软件，这些是海洋机器人完成预定使命必不可少的核心装备。当前使用的这类装备许多是借用其他领域的现成品，而非专门为海洋机器人配套用,因而存在体积大、功耗高、精度差、响应慢、集成度低以及相互不匹配、不标准、难以互换等缺点,制约了商业化的发展。未来的先进电子自动化设备将大幅度地提高上述各方面的能力。

(4)释放及回收技术。

海洋机器人与水下固定基站对接以及在恶劣海况下的释放与回收是重要的研究课题。这一问题对于自主水下机器人更为重要,尤其在高海情下回收自主水下机器人。目前使用的方法基本上是人工作业,风险很大,这一问题几乎成了自主水下机器人广泛应用的瓶颈。研制安全、可靠、有效的自动或半自动化的释放与回收装置是今后的重要课题。

(5)传感器及感知。

海洋机器人与其他机器人一样,通过各类传感器感知海洋环境、外部物体和自身状态的变化,进而实现与环境和其他海洋机器人的交互。海洋机器人所有使命的成功都依赖于传感器的有效利用。为使海洋机器人具有更强的环境适应能力,传感器技术的研究方向应集中在提高区域覆盖率,改进分类并提高鉴别能力,发展非传统跟踪技术和化学、生物学、核、放射线学传感器。同时,也需大力发展与新型传感器相匹配的传感器信息处理技术、多源信息融合技术、感知与建模技术等。

(6)标准化与模块化。

海洋机器人的标准化将会有益于模块的兼容性。通过开发和遵循标准接口,使用各种通用产品,可以减少甚至不用定制接口,从而大大加快机器人的开发周期,促进机器人的产品化。同时,标准化将确保海洋机器人和其他系统的互通性。

标准化也会促进海洋机器人模块化,使得各种类型海洋机器人内部或类型之间,可以共享核心功能组件。同时,也将减少把一种机器人的软硬件移植到另一种机器人上的花费和时间。

## 5 结论(Conclusion)

目前,我国海洋机器人的发展方兴未艾,尽管在5~10年内不会发展成为大规模的产业,但它无疑属于战略高技术领域,在这一领域我国已经有了很好的基础,与世界水平差距不是很大。我国是制造业大国,海洋机器人的发展将推动我国海洋高技术装备产业发展,并成为这一领域的制造业大国。

## 参 考 文 献(References)

[1] Visiongain Ltd. The emerging UMV and UGV markets, 2008-2018[R]. UK: Visiongain, 2008.

[2] GB/T 13407-92 潜水器与水下装置术语[S].
GB/T 13407-92 Terminology for submersibles and underwater installations[S].

[3] McFarlane J R. Tethered and untethered vehicles: The future is in the past[J]. Marine Technology Society Journal, 2009, 43(2): 9-12.

[4] Allen R. Remotely Operated Vehicles of the World[M]. 8th Edition. UK: Oilfield Publications, 2008.

[5] 封锡盛, 刘永宽. 自治水下机器人研究开发的现状和趋势[J]. 高技术通讯, 1999(9): 51, 55-59.
Feng X S, Liu Y K. Status and development trends of autonomous underwater vehicle[J]. High Technology Letters, 1999(9): 51, 55-59.

[6]　封锡盛. 从有缆遥控水下机器人到自治水下机器人[J]. 中国工程科学, 2000, 2(12): 29-33, 58.

　　　Feng X S. From remotely operated vehicles to autonomous undersea vehicles[J]. Engineering Science, 2000, 2(12): 29-33, 58.

[7]　周洪光, 马爱民, 夏朗. 无人水面航行器发展[J]. 国防科技, 2009, 30(6): 17-20, 30.

　　　Zhou H G, Ma A M, Xia L. A research on the development of the unmanned surface vehicles[J]. National Defense Science and Technology, 2009, 30(6):17-20, 30.

[8]　海天. 未来海战的杀手锏: 新概念武器之无人水面艇[J]. 舰载武器, 2006(3): 77-83.

　　　Hai T. New concept weapons in the future warfare[J]. Shipborne Weapons, 2006(3): 77-83.

[9]　Forman W. The History of American Deep Submersible Operations[M]. Flagstaff, USA: Best Publishing Company, 1999.

[10]　Glenn S M, Schofield O M E, Chant R J et al. The New Jersey shelf observing system[EB/OL]. [2010-06-30].　http://marine.rutgers.edu/cool/coolresults/papers/papers.html.

[11]　F2541-06 standard guide for unmanned undersea vehicles (UUV) autonomy and control[S].

# 机器人不是人，是机器，但须当人看*

封锡盛

（中国科学院沈阳自动化研究所）

**摘要：** 机器人的存在和发展将重塑我们的生活，为我们的家园提供难以估量的正能量，但它也引发了包括负面影响在内的新问题，这些源于机器人具有某种类似人的智能属性，本文对此进行了简单讨论，文中依据智能程度将机器人分成三类：无智能机器人、智能机器人及生物机器人。分别称 1.0，2.0 和 3.0 机器人。重点讨论 2.0 机器人的技术特征并以此为基础简要讨论了人与机器人和机器人与社会的问题，指出机器人已经成为我们社会的成员，为使机器人健康发展，应该关注机器人的权利及法律地位，将制定和颁布与机器人相关的法律提上日程。

**关键词：** 机器人，智能机器人，机器人行为，机器人权利

# As Machines, Robots Are Not Humans, but Should Be Considered as Humans

Feng Xisheng

(Shenyang Institute of Automation, CAS)

**Abstract:** The existence and development of robots will reshape our life and provide incredible positive energy, but it also introduces new problems beyond technical scopes, even including problems of negative impact, which can be due to the fact that robots have some human-like intelligence property. This article discusses the problems that might be incurred by robots. According to the degree of intelligence, robots fall into three categories: robots without intelligence, intelligent robots, and bio-robots, named robot 1.0, robot 2.0 and robot 3.0 respectively. The technical features of robot 2.0 are specifically analyzed and the problems between robots and humans, robots and society are discussed. As the robots become inseparable members of our society, their rights and legal status should be noticed, their negative impact must be bewared of, and the enactment of laws related to robots ought to be put on the agenda.

**Keywords:** robots, intelligent robots, robot behavior, robot rights

---

\* 原发表于《科学与社会》，2015, 5(2): 1-9。

自 1961 年美国通用汽车公司运行世界上第一台工业机器人以来，机器人技术达到了前所未有的高度，各种机器人在不同的领域大显身手，如：新型工业机器人、空中无人机（UAV）、地面无人车（UGV）、海面无人船（USV）、水下机器人（UUV）及各种服务机器人等。这些机器人将其服务扩展到了海、陆、空、天，从军用到民用的各个领域，其发展势头很迅猛。预言家们基于一些科学技术的飞快进步做出大胆的推断：计算机智能将超越人的智能。科幻作家更是竭尽所能地为人们勾画奇幻、美妙的机器人世界。一些技术进步的确给人们展现了一些可预期的前景，例如，日本东京国立信息学研究所（NII）的一个研究小组正试图开发一个人工智能（AI）程序，研究目标是使其具有足够的智慧通过 2021 年日本最严格的东京大学入学考试，如果成功，"机器人大学生"可能出现在大学校园里。

2013 年 12 月，在深圳的一次会议上，一位外交人员说他曾被国外同行问到过对自主水下机器人（AUV）越界的看法。此外，无人机飞入禁区被击落、机器人伤害人类等事件不时发生，而且会越来越多。罗尔斯·罗伊斯公司称：十年后海上运输将出现无人商船，实现这一目标已经不是技术问题，而是大量法律问题。这些涉及一个基本问题——以何种观点看待机器人，进而导致需要明确机器人在社会中的定位和角色担当，以及应有的法律义务。

1986 年，在中国第一台水下机器人"海人一号"试验的现场，中央电视台记者向当时的 863 计划自动化领域首席科学家蒋新松提出一个问题：机器人到底是什么？蒋新松答道："机器人不是人，是机器，它能帮助人去做很多人力所不及的工作。"这句话是对 80 年代机器人状况、机器人本质、人和机器人的关系的精辟阐述。三十年来，智能机器人兴起并迅猛发展，使这些关系变复杂了，蒋新松的认识基本上是正确的，智能机器人也是机器，但是，仿人智能的机器人也会有某种程度人的属性，由此产生了新的人、机器人与社会关系，这种关系包含了正负两方面，因此需要把智能机器人当人看，这是未来机器人发展中值得关注的问题，以下就此谈几点浅见，为了阐述方便，本文将机器人分成三类——无智能机器人、智能机器人及生物机器人，分别称为 1.0，2.0 和 3.0 机器人。不同类型的机器人给人类社会造成的影响不同，1.0 机器人的影响相对较小，3.0 机器人主要还在科学家的实验室里，距离现实尚远，本文重点以 2.0 机器人的技术特征为基础讨论人与机器人和机器人与社会等问题，本文讨论内容不适用于微小尺度如微纳米机器人、胶囊机器人以及软件机器人、数字机器人和虚拟机器人。

## 1　1.0 机器人：机器人不是人，是机器

1.0 机器人主要指无智能的工业机器人，机器人一词源于 1920 年一部捷克文学剧本，其中的一个角色是机器人 "robota"（捷克语），原意为任由人摆布的"奴隶"。50 年代起"奴隶"走下舞台，进入了工业部门，从此开启了机器人时代。经过半个多世纪的发展，在一些产业，如汽车制造业，存在大量的重复、简单、单调、枯燥或繁重的工作岗位，如焊接、装配和搬运等。在这些岗位采用机器人可以减轻人的负担和劳动强度，但这不是唯一理由，更重要的是市场和用户对产品的产量、质量、稳定性、可靠性、效率和成本等提出了越来越高的要求。人力劳动者的能力已经难以满足这些要求，机器人理所当然地担当

了这一角色。到 2012 年，全球约有 150 万台机器人在运行。然而我国的机器人发展并非一帆风顺，1980 年我国研制出了第一台工业机器人。但是，在决策层一些领导者中对发展工业机器人尚存疑虑，使我国机器人研究起步较晚。蒋新松院士的解释，一是破除人们受到科幻作品影响而对机器人产生的神秘感，二是委婉地告诉怀疑者，机器人不过是另一种类的机器，我们没有理由拒绝它。直到 2000 年国内才出现第一家机器人企业，开始了我国机器人进军制造业的征程。

1.0 机器人，从技术层面来看，就是基于自动化技术的机械电子装置，其工作的环境是不变的，称之为结构环境。机器人应对结构环境一般不需要智能；机器人的控制方法没有超出传统自动化理论范围；机器人的操作只需要示教或预编程序。1.0 机器人本质上可看作是一种仿人运动的机器，确切地说，是用机械电子部件实现的不带手指（手臂端的夹持功能不是真正意义的手指）的机械臂，机械臂可以实现 2～6 轴的运动，这与机器的典型代表机床相比较，两者并无本质区别。因此，尽管机器人具有仿人动作，但其机器的"属性"并未改变。

从人-机器人的关系看，人是主人，机器人受控于人。这种关系与小说家阿西莫夫提出的受到机器人专家赞同的"机器人三守则"的理念一致。1.0 机器人对人不构成威胁或伤害，除非你无视它的存在。显然，蒋新松关于机器人的理念，即"机器人不是人，是机器"，完全适用于 1.0 机器人。

1.0 机器人引发的负面问题主要是就业，工业机器人在制造业的批量应用，会占据一些蓝领操作岗位。事实上，"自动化"一词中的"自动"，本意就是用"机（器）动"代替"人动"。因此，任何规模化地采用新自动化设备都会引发人力资源的转移，工业机器人上岗 60 余年并未发生大规模失业的情况。德国的工业自动化水平最高，但其失业率在发达国家中最低就是例证。而自动化，特别是机器人化，只是推动了人力资源的重新配置。

## 2 2.0 机器人：机器人不是人，是机器，但须当人看

2.0 机器人即智能机器人，主要涵盖特种机器人和服务机器人。2.0 机器人采用拟人结构，其系统分为两层，即在 1.0 机器人底层之上，增加了以计算机软件实现的智能顶层。2.0 机器人的动作称为行为，行为取决于既定使命和被感知的环境信息。使命和环境信息经过智能顶层的分析、决策和规划过程，产生由底层执行的行为指令，类似于人的认知行为。行为产生的过程称为"行为计算"，这是与 1.0 机器人的根本区别。

2.0 机器人的智能来自人工智能研究提供的理论、方法和技术。人工智能是智能科学的组成部分，本质上是在宏观层面上模仿人（包括模仿生物）的智能，是人类某些认知行为用软件方法的实现。大量的人工智能研究提供了许多方法，使得机器人能够实时在线自主地应对物理世界中的一部分（而非全部）非结构环境带来的难题，从而扩大了机器人的应用范围。

让智能机器人完全自主地代替人作业是一种需求也是愿景，尤其在一些通信困难的极端环境中，例如：自主水下机器人（AUV）、深空机器人火星车等有此需要。但是，要机器人完全自主还力所不及，在大多数实际使用的机器人系统中人的介入仍然必不可少。在这样的人-机器人系统中，人和机器人对智能的贡献是机械的叠加，另一方面，人和机

人如能实现互相理解、互相启发产生的智能将超越机械叠加的结果。

人与机器人智能共融是今后重要的发展方向之一，如今，机器人已经不是冷冰冰的机器了，能用自然语言与人进行简单的交流以及与人互动，例如请求人帮忙做某件事情。这是人与机器人进行思想和情感交流的开端，人与机器人成了伙伴。

2.0 机器人融入互联网、物联网是必然的趋势，有人在网上为机器人建立公用的"大脑"，网络空间中的云计算、大数据和数据挖掘成为机器人巨大的知识资源，这样的"网脑"使机器人智能水平得到空前的提升。

当今世界智慧化是发展的潮流，地球、国家、城市，家庭，乃至每件物品，都在智慧化，例如：智慧中国、智慧城市、智慧家居、智能牙刷、智能钥匙、智能筷子。每件物理的、实体的、无生命的物体无论大小都由于"有魂附体"，"活"了，这个"魂"就是信息化带来的智慧（这里不严格区别智能与智慧）。智慧交通的实现，将大大简化无人汽车（地面机器人）的自主驾驶技术难度。同样，厨师机器人因智慧厨房而变得简单，从智能机器人的角度看，这是智慧化使一部分非结构环境转化为结构环境的结果。

今天我们正处在人、机器人、环境（或社会）都有智慧的时代，形成了以人的智慧为中心延伸至社会各个角落的新的智慧网络，这无疑会产生正能量的叠加和放大，其对人类和社会的影响是深远的，将形成一种新的生态。

机器人智能不需要极致和万能，只需要与其专业相匹配和工作难度相适应，智能程度应量化分级，这与用专业级别和文化程度等指标衡量人相似，这是机器人科学家们已经和正在做的事。当然，人和机器人有一个重要差别，人改变专业知识很难，而机器人则轻而易举。

机器人躯体可取任何形态，包括人和动物，因此，机器人也是机器动物。

与 2.0 机器人发展随之而来的问题有：

（1）2.0 机器人的一些行为是实时自主生成的，不像 1.0 机器人那样完全由人预先安排，机器人认知的局限性难以保证其行为总是正确的，人工智能技术本身包含一定风险，这种不确定性是 1.0 机器人所没有的。

（2）很多服务机器人的应用场合是人和机器人共处同一空间，人机紧密接触，如助残机器人，极难绝对避免对人的伤害发生，因此，智能机器人的可靠性、可预测性和可信赖性成了具有挑战性的问题。

（3）一些机器人具有很大质量、能量和很宽广的活动能力，且可能携带危险载荷。它们有意或无意产生越界、碰撞、误伤和非授权攻击等行为蕴藏着某种危险性，会引发纠纷，甚至产生严重后果。

（4）防范机器人向负面发展已经迫在眉睫，无须等到机器人的智能等于人的智能那一天，现在，向到处可见的无人机写入破坏性程序，没有多大技术难度。

（5）人对机器人的依赖性将越来越大，当今社会许多人已经离不开手机，未来替身机器人不仅能提供手机的信息功能，还具有移动性和完成某项作业的能力。实体的替身机器人将在家庭和办公室出现，多台身处不同地点的替身可以同时工作，人对机器人的依赖程度将远远超过对手机的依赖。这将改变人的思维、工作、学习、生活及交往等方面的既定模式。

（6）人的知识和技能将发生转化，无人汽车将使人驾驶汽车的知识和技术变为无用，语音输入及机器人作为入口将使键盘输入的技能闲置。这种知识和技能的变化将使一些职业消失，另一些新职业诞生。

综上所述，2.0 机器人无论其智能程度多高，本质上仍是机械电子装置，是机器，是有"人味"的机器，"人味"来自其智能，智能就是计算机程序。然而，这类机器人除了自身智能外，还可以取得其体外的广泛智力资源支持，这使其拥有强大的甚至超越人的能力，它们带给人类社会的不只是工作效率的提高和人的生活改善，还将冲击或改变人类社会的某些规则。

### 3　3.0 机器人：机器人也是"人"，是"其他人"

3.0 机器人指生物机器人，包括机械电子部件与生物部件混合或纯生物部件构成的机器人，人和机器人的最大区别是，人是生物体，机器人是机械电子装置。然而，人身上有越来越多的机械电子部件，正在代替失效的生物部件工作，如：人工心脏、人工肺、人工耳蜗、人工关节等。人体可以不是纯生物体部件组成，未来机器人也未必都是机械电子部件构成，生物部件将进入机器人，例如，蛋白质传感器，基于生物计算机的"脑"，基于人工肌肉的驱动装置。美国杜克大学实现了用猴脑控制远在日本的机械手，从机器人角度看，这可认为是机器人安装了生物脑——猴脑，从猴子的角度看，可理解为生物体上安装了机械手。有人发明了一个词"机械有机体"（cybernetic organism），简称赛博格（cyborg）[1]，指混合了有机体与机械部件的生物，有趣的是该称谁为赛博格，是机器人还是猴，好像都是，照此逻辑，若将猴子换成人，人就退化为赛博格了。基因学、人工合成生物学等科技的进步可能造出完全由生物部件构成的类生命机器人，更进一步可能出现自行繁衍、人造生命的机器人。不过称它们为机器人已经不妥了，它们没了机器的"味道"，也许称为"人工人"更恰当。总之，3.0 机器人还比较朦胧，它们或许是新物种或新生命。或者如《人与机器共同进化》一书称：出现了能与我们互动的全新类型的"其他人"[1]。3.0 机器人进入人类社会还是远景，这类机器人在一定程度上模糊了人和机器人的区别，它们对社会的贡献可能与人相齐，应有何种地位和权力需要进行更多的研究，人类要欢迎和善待它们，但也要把握住它们的生息开关。

### 4　机器人的智能、权利和义务

机器智能能全面达到人的水平吗？美国预言学家、谷歌的工程总监雷·库兹韦尔在《奇点临近》一书中将机器智能达到人的智能的那一刻称之为奇点[2]，并预言奇点将在2040 年甚至更早达到，在那之后计算机智能将超越人类。

机器智能在某些局部功能上远远超过人的智能已是事实。机器智能是由计算机和人工智能软件实现，人工智能会不断发展，但也有局限性，人工智能仿人的特点使之难以超越人，人对自己的大脑的了解可能还处于初级阶段，以后的路很长，或许没有终点。人自身也在不断进化，智力不断增强。机器人智能是在人的呵护下成长的，机器人智能提升的同时，人的智能会同步再提升，机器人脑也可以看作是人可以利用的"外脑"。别忘了人们已经有了一个小"外脑"，就是与我们朝夕相伴的智能手机。可以做个比喻，人的智能是数学上的"无穷大",机器人的智能只能逼近,不能达到。让机器人具有人类的创造力还路途遥远。3.0 机器人的智能是一种生物智能,可以来自生物计算机、动物脑,甚至人脑。这种生长于生物系统的智能有人难以驾驭的一面,这是与 2.0 机器人的根本区别。

无人机已经大量进入军事及民用领域,无人汽车即将登场,外科医生机器人已经显示出其高超的手术技能。辛苦的海员将被无人商船解放,家务杂事尽可交给机器人服务员料理。机器人为我们带来福音的同时也出现了问题,无人商船进入他国港口时如何进行引水作业,上路的无人汽车发生事故,机器人服务员损坏了家具,如何判断责任等。

虽然出现具有繁衍能力的机器人还遥远,但具有性功能的"性机器人"可不遥远,它将挑战现有人类的道德和伦理。

非人为授意自主产生负面行为的"不道德机器人"甚至"坏机器人",从技术上看也会出现,这些需要新法律、法规予以规范。

机器人的"权利"问题,有人提出无人汽车应当有"路权",即用法律规定路面上车身前、后一定距离内为无人汽车独自占有。机器人被攻击时应有"自卫权",机器人外科医生应有执照和行医权。进一步,机器人营业应能当"法人"等。智能机器人为了有效地服务社会和便于公众接受,应当拥有相应的权利保障,机器人要遵纪守法,也要有权利。

### 结语

从上面的讨论可以看出,人与机器人的关系越来越紧密和相互依存,大量机器人将以新成员身份走入我们的社会,是巨大的福音,但也隐含了某种隐忧,这一切皆因机器人不仅仅是机器,而是具备了某种程度人的智能属性。

转变单纯从技术角度看待机器人的观念。全世界拥有的 1.0 机器人总量不大,在国外一些现代化的工厂中机器人的数量远不及高度自动化的智能机器多。1.0 机器人大多数集中在有限的生产部门的生产线上,除了在某种程度上冲击就业外,对社会几乎无影响。2.0 机器人,将大量进入社会各个领域,总体上看这类机器人仍处于技术准备阶段,但是从社会角度讨论和应对这些问题,已经迫在眉睫了。

制定我国的"机器人法"有现实性和急迫性,"机器人法"牵涉面广,十分复杂,需要开展大量的研究工作,应由法律专家、哲学家、社会学家、机器人专家、企业家和政府官员等共同努力。特别是与人关系密切的服务机器人法律要先行,在一定程度上法律已经影响到服务机器人的进一步发展了。

总之,机器人不是人,是机器,但须当人看,而且它们还是成长中的"孩子","人之初,性本善""养不教,父之过""教不严,师之惰"。让它们健康成长是人的责任,即使未来超越人,那也是人的福祉与期望。

## 参 考 文 献

[1]　李婷. 人与机器共同进化. 北京: 电子工业出版社, 2014: 1.
[2]　雷·库兹韦尔. 奇点临近. 李庆城, 董振华, 田源, 译. 北京: 机械工业出版社, 2011: 9.

# 机器人，时代进步的重要推手*

封锡盛

（中国工程院院士，中国科学院沈阳自动化研究所研究员）

人类自古就有用自动机械帮助我们摆脱辛苦劳动的设想。而今，得益于计算机和信息化等技术的发展，机器人已经越来越多地出现在人们的视野中。机器人技术是时代进步的主要推手之一，习近平主席曾在"两院"院士大会上指出要把我国机器人水平提高上去，他充分肯定了机器人是"制造业皇冠顶端的明珠"的重要地位。

现代工业产品的生产流程，已经能被分解为若干个简单而精细的步骤，并使用能精准进行重复动作的工业机器人分别代劳，大大节省了人力物力，使人们能从繁重、危险或简单重复的工作中解脱。而在生活服务领域，机器人也越来越成为人类不可或缺的帮手。可以替代餐厅服务员的机器人已不新鲜，善于制作标准化餐食的烹饪机器人，甚至还在食客的"盲试"中击败了人类厨师。而在许多人的家里，扫地机器人、保姆机器人、管家机器人已各显其能。而情感机器人、护理机器人和助残机器人的出现，更将为"空巢"老人、缺乏关爱的儿童或残疾人等弱势群体，提供无微不至的陪伴和帮助。此外，在与我们生活息息相关的医院医疗、救援消防、排污清洁等领域，机器人也越来越凸显其优势。

人类发明机器人的目的，一是把人从简单、重复、枯燥、繁重和危险的劳动中解脱出来，二是借助机器人不断地扩大人的能力，让机器人去做那些过去人不愿意做、做不了的工作，如上天、下海，或人够不着、看不着和摸不着的远程或微小尺度下的工作，三是人们还期待着能善解人意的机器人为人类提供各种服务，如：提供医疗帮助、照顾老人和孩子等。

人工智能技术的不断进步将赋予机器人更高的智能。依据摩尔定律，不断提高的计算机运算速度以及脑科学、神经科学、生命科学和基因学的进展，正在从微观和宏观角度揭开人脑和生命的秘密。国外有关于"人类水平的机器智能什么时候能实现"的调查，90%的受访者选择 2075 年，甚至有 10%的受访者说是 2022 年。虽然机器智能与人的智能相齐或超越人的说法尚有争议，但是机器智能无疑将越来越接近人的智能，即使出现一代如孩童般智能的机器人，也足以深刻影响我们的社会。

自人类社会出现以来，人们就不断发明各种工具和机器，拓展和延伸人的能力，机器人的某些能力，如计算速度、记忆力和力量已经超过人。人工智能和互联网、物联网技术的结合，还将为未来的机器人提供强大的"后脑"，这个"后脑"是放在云端的，由众多的研究者和使用者共同开发、创建和维护的，是个体智慧的大成，它将使机器人智能更强大，更好地服务于人类社会、每个家庭及每个人。

---

* 原发表于《知识就是力量》，2016(2): 3。

　　显然，让机器人具有创造力，大概是人的最高期望，但这可能是一个遥不可及的目标，因为人要搞清楚自己还在不断进化的大脑，首先就是一个难以达成的目标。

　　随着人工智能和机器人技术的进一步发展，不可避免地，还会出现不利于人类的机器人，但这不值得我们担心和恐惧。人类社会自诞生之日起，就有人与人的对立、对抗甚至相互杀戮的情况，人类社会的进步却并没有因此停止和倒退。最早的机器人是作为人类的奴隶出现在剧本里，今天，机器人已经成为人类的朋友和助手，与我们一起成长。能造出机器人的人类，一定能照顾和看管好自己的异类朋友。

# 深海明珠——海洋机器人历史沿革认识与思考*

封锡盛

（中国科学院沈阳自动化研究所）

**摘要：** 本文回顾了过去 60 年世界海洋机器人技术进步的历程，载人潜水器、遥控水下机器人、自主水下机器人和混合型机器人先后对人类认识海洋起到了划时代的作用，被国外称为四次革命。从有人到无人、人直接操作到机器人自主控制、无智能到有智能，是从机器到机器人进化的历史规律。它给我们的启示是，未来将继续在无人化、机器人化和智能化这条道路上前行，这是世界潮流，也应是我国不二的选择，海洋机器人将与其他类机器人一样，汲取现代信息技术特别是人工智能技术的精华，不断向高智慧型发展。中国科学院沈阳自动化研究所（以下简称"中科院沈阳自动化所"）四十年海洋机器人的研究经历了一个与国外大体相似的发展历程，本文最后简要介绍了中科院沈阳自动化所近年来在深远海机器人研究的一些新进展。

**关键词：** 机器人，海洋机器人，潜水器

## 前言

海洋是我们这个星球上唯一一块未被充分认识和开发的处女地，是世界各国必争的高地，深海和大洋是其争夺的焦点。这种争夺对海洋装备和技术提出了更高的要求和更多的需求。海洋机器人是深海里的一颗明珠，它对推动海洋科技进步、海洋经济发展和国家安全有重要影响，同时也是国家科技水平和实力的重要体现。

回顾海洋机器人发展的历史沿革，思考其技术嬗变的动因及发展路线图十分有益。历史进程是一个动力学系统，有其固有特性和运动规律，不断出现的新技术助力这一动力学系统不断变革，这是过去也是未来创新发展的根本源泉和动力，基于这种思考能够较为准确地判断未来的发展趋势和走向。

## 1　海洋机器人发展的历史沿革

海洋机器人是各类海用机器人的总称，包括载人潜水器、遥控水下机器人、自主水下机器人、水面机器人和混合型机器人。相比之下水面机器人比较年轻，是一种无人驾驶的水面船（艇），水面机器人、水下机器人以多种形式组合或融合（如水面与水下、遥控与自主、浮游与海底爬行等），构成新的类型称为混合型机器人。本文称载人潜水器为有人系统，其余均属无人系统，60 多年来这四类海洋机器人在不同的历史阶段产生了深刻的

---

* 原发表于《中国自动化学会通讯》，2016, 37(3): 4-11。

影响，被称为四次革命[1]。

## 1.1　第一次革命（20 世纪 60 年代）——载人潜水器（human occupied vehicle，HOV）开创了科学家们进入海洋内部认识海洋的历史

载人潜水器是各类水下机器人进化的源头，是一种大型的水下探测与作业平台。由操控、通信导航、安全保障、动力和生命维持系统等组成，可载多种先进的科学仪器仪表和复杂的探测与作业设备。最大的特点是乘员可以从潜水器窗口直接观察海洋内部的各种现象，并通过机械手抓取样品，布放和回收仪器。

1960 年，美国的"的里雅斯特"号载人潜水器第一次下潜到地球海洋最深处——马里亚纳海沟，创造了潜深 10916 米的世界纪录，树立起一座丰碑。

"阿尔文"号是一艘功勋卓著的老资格载人潜水器，最大工作深度为 4500 米，自 1964 年建造始一直沿用至今，2004 年改造升级后的"阿尔文"号作业深度为 6500 米，服役时间超过 50 年。下潜多达 4000 次，先后搭乘全球 2000 多位科学家，在重大海洋科学发现和科学研究中曾屡屡建功。

载人潜水器给人类认识海洋的进程以巨大的助推，重大海洋现象的发现、科学理论的验证、亲临现场获取的直观图像和数据更新了科学家们对海洋的认知。

随着科学技术的不断进步，载人潜水器的弱点也日渐显露，高昂的建造、运行和维护成本及乘员的安全性使其难以规模化发展，20 世纪 70 年代以后，全球载人潜水器特别是深水载人潜水器的研发转入低潮。

## 1.2　第二次革命（20 世纪 70 年代）——遥控水下机器人（remotely operated vehicle，ROV）成为主角

遥控水下机器人也称无人有缆遥控水下机器人，其基本工作原理与载人潜水器相同，主要差异是操作者不在载体内部，而在水面母船或平台上，通过电缆遥控水下载体，除了直观性差外，它能够实现载人潜水器的所有功能且制造和运行成本低，因此，逐渐替代了载人潜水器成为主角。

1966 年，美国海军曾在西班牙外海使用遥控水下机器人"科夫-3"打捞起一枚沉落海底的氢弹，这个事件引发了世界各国对遥控水下机器人研发的热情。20 世纪 70 年代发生的世界石油危机，促使海洋石油和天然气工业大量使用遥控水下机器人，由此产生了新的产业部门——国外称"ROV Industry"。现在全球有一百多家厂商提供近 500 种型号[2]，估计全球约有 5000 到 6000 台在运行。

遥控水下机器人为海洋科学家提供了一种不必亲自进入海洋，就能够从事科学研究的新手段。科学家可在更为安全和舒适的水面母船或平台上进行科学研究工作，甚至可以通过无线链路在远离海洋几十乃至数百公里的实验室里实施操作。遥控水下机器人不仅用于科学研究，帮助人类认识海洋，它们的新角色是"海洋工人"，在海底石油和天然气生产中从事监视、搬运、安装、拆卸、回收等井下作业。不仅能从事"轻体力劳动"，还能凭借脐带电缆提供的强大的动力从事海底挖沟、埋设电缆等"重体力劳动"，开创了海洋机器人进入生产作业领域的新时代。

遥控水下机器人也有局限性，主要是活动空间受脐带电缆长度限制，继而发生了第三

次革命，自主水下机器人弥补了这一不足。

### 1.3 第三次革命（20 世纪 80 年代以后）——以自主水下机器人（autonomous underwater vehicle，AUV）的广泛应用为标志

自主水下机器人，全称为无人无缆自主水下机器人。与遥控机器人相比，其最大优点是没有脐带电缆、自身携带能源，依靠机载的自主能力执行预定使命，活动空间大且隐秘，特别适用于远程和大深度的海洋探测、科学研究与军事应用。

一次补充能源、跨越大洋航行几千公里的自主水下机器人已成为现实，显然，利用这种手段人类能从更宽和更深的范围认识和研究海洋。在军事上，它也将改变海军的作战样式，引发军事变革。美国海军的"马斯特计划"提出包括侦察、水雷战、反潜等九大军事用途，提出了到 2035 年发展的路线图。从海洋技术发展的角度看这又是一次深刻的革命。

### 1.4 第四次革命——混合型海洋机器人走上历史舞台，从此人类对海洋认识的空间从水下扩大到水面乃至空中

海面是人类开发利用海洋的传统领地，人类的海洋梦想不断地催生海洋技术的新变革，海面机器人（unmanned surface vehicle, USV）即海面无人船（艇）应运而生，它是自动化特别是智能自主技术与现代船舶技术结合的产物。海面机器人位于两种介质的交界处，具有沟通海洋内外空间信息的优势。

单一类型海洋机器人已经难以满足日益增加的海洋活动的需要，海面、海中、海底、自主、遥控等多种类型和功能的组合或融合，形成了混合型海洋机器人。它们集成了各类机器人的优点，其能力远远强于单一类型的机器人，这是海洋机器人发展历史上的又一次跨越。

应当指出，上述四次革命的时间点并非与各种机器人出现的时间相吻合，而是基于它们的历史地位划分的。

我国海洋机器人的发展虽然比国外晚了十至二十年，但却有着相似的发展历程。20 世纪 70 年代，中船重工七〇一所研制的用于打捞水下沉物的"鱼鹰"号，成为我国载人潜水器的开端。继而研制的"蓝鲸"号，拥有几十年的应用历史。特别值得回顾的是在 20 世纪 70 年代进行的类似于神舟与天宫对接的水下对接试验，"7103"深潜救生艇与潜艇对接并转移艇员，这是中国载人潜水器历史上的丰碑。"蛟龙"号 7000 米载人潜水器，是我国近些年来研制的潜水最深的载人潜水器，尽管它来得有些迟，但却弥补了我国进军深海的短板，为我国深海科学研究提供了新手段，彰显了我国的科技实力。近年来，我国在载人潜水器领域的投入力度很大，这在世界上是独一无二的，也与国际上的"冷"形成了鲜明的对比。

我国遥控水下机器人研究始于 20 世纪 80 年代，第一台遥控水下机器人"海人一号"于 1986 年由中科院沈阳自动化所和上海交通大学合作完成。RECON-IV-300-SIA 是于 20 世纪 80 年代，在引进技术基础上通过国产化形成的我国第一个商业化的遥控水下机器人。上海交通大学在国家 863 计划的支持下，于 2015 年完成了目前国内潜深最深的 4500 米"海马"号遥控水下机器人的研制。进入新世纪后，我国已经能够独立设计制造各种不同深度

和类型（浮游、爬行、海底）的遥控水下机器人，其水平与国外的差距不大。国内拥有的遥控水下机器人总量未见统计数据，粗略估计约 200 台，尚未形成产业。

20 世纪 90 年代初，我国开始研究自主水下机器人，中科院沈阳自动化所先后研发了"探索者" 1000 米、"CR-01"和"CR-02" 6000 米自主水下机器人，哈尔滨工程大学研制了"智水"系列，西北工业大学、天津大学、中国海洋大学等单位也开展了一些研究工作。

在混合型机器人研究领域，中科院沈阳自动化所从 2003 年起开始自治/遥控水下机器人（autonomous remotely vehicle, ARV）的研究，成功研制多型 ARV 系统，在水下安保、北极科考中得到了成功应用，近年来围绕海斗深渊科考研制的全海深 ARV 关键技术平台——"海斗"号已实现万米下潜。"十三五"期间，中科院沈阳自动化所、上海交通大学、上海海洋大学等正在研制万米级的混合型机器人。

## 2　几点认识和启示

### 2.1　海洋机器人具有双重属性

工作于海洋环境且源于船舶技术的海洋机器人必然具有海洋船舶和机器人的双重属性，是两种技术结合的产物。这两种属性以下分别简称"器"与"人"。"器"是载体，体现"潜水"功能；"人"是载荷，执行类人的作业能力。"人"以"器"为依托得以遨游深远海，"器"借"人"的智力应对复杂海洋环境下的作业任务，两种不同的专业属性相辅相成融为一体。因而，称这类装置为潜水器或水下机器人。

两种属性同等重要，但涉及的技术进步的快慢有所不同。在历史发展的进程中，引发工业革命的信息技术的迅猛发展，使得"人"的分量不断加重，与时俱进地认识这种变化有助于看清未来的发展方向。

### 2.2　"器"与"人"

在过去的 40 年中，我国相关领域专家对于"器"和"人"的看法也存在差异，甚至有些专家会不认同与之相悖的观点。如对于"载人潜水器也是水下机器人"这一观点，很多具有船舶专业背景的专家都持否定态度。早期载人潜水器主要用于水下观察，没有任何"人"的特征，更似潜水艇，称其为"载人潜水器"则十分贴切；20 世纪 60 年代以后机器人（手）诞生，潜水器也安装机械手使之增添了作业能力，有了"人"味，具备了双重属性，因此，个别文献中称其为"载人机器人"也不为过，甚至在北京世纪坛的地面上亦有类似记载。本文基于习惯仍称"载人潜水器"并视其为水下机器人的始祖。

今天，我们可以清楚地看到，从载人、遥控、自主到混合这一历史进程中，"人"的理念与技术已经越来越深地融入其中，跨越式地提升了海洋机器人的能力，与时俱进地理解技术进步带来的深刻变化。总而言之，半个多世纪以来海洋机器人的历史沿革是：从有人进化到无人，电脑代替人脑，直接控制转变为自主控制。人支配的运动变为自主使命决策产生的行为，从无智能到有智能。诚然，目前最先进的自主水下机器人也只具有极其简单的智能，总体上还处于智能机器人的低级阶段，一旦涉及稍微复杂的水下作业，必然需要人的介入，但是它的未来发展方向是明确的，海洋机器人的智能水平将随着当代人工智能技术的进展从低级走向高级，这是需求牵引与技术创新双轮驱动的必然结果。

### 2.3 "vehicle"与"robot","国标"需要修订

中文语境中"器"与"人"与英文"vehicle"与"robot"两个词不无联系,"器"即"vehicle"的中译,考察早期英文文献可以发现多用"underwater vehicle",近些年"underwater robot"渐增,现在"underwater vehicle"已经等同于"underwater robot"[3]。

检索日文文献的结果表明,使用术语"水中ロボット"(水下机器人)的文献数量远多于"水中ビークル"(潜水器)(详见表1)。

表1 不同检索词检出的日文文献数量

| 检索词 | 数量/篇 |
| --- | --- |
| 水中ビークル<br>(underwater vehicle) | 47900 |
| 水中ロボット<br>(underwater robot) | 353000 |

1992年发表的国标 GB/T 13407—92《潜水器与水下装置术语》将"潜水器"定为专业术语,这是由一些船舶领域的专家推动的,但实际上并未得到执行。表2以"水下机器人"和"潜水器"为检索词,在中国知网、万方、维普和谷歌数据库检索到的文献数量,结果表明使用前者的频率高于后者,作为国标的"潜水器"并未得到完全认可。此外,"潜航器""水下航行器""水下运载器""水下平台""水下航行体""UUV"等词也常见于各种媒体,有的甚至成为权威部门的习惯用语。国标未被普遍接受可能有多种原因,没有反映出双重属性是其中一个重要因素,考虑到国内外的用语习惯和趋势,建议修改国标,增列"水下机器人"与"潜水器"同为标准术语。

表2 最近十年(2005~2016年)检索到的文献数量　　单位:篇

| 检索词 | 中国知网 | 万方 | 维普中文 | 谷歌学术 |
| --- | --- | --- | --- | --- |
| 水下机器人 | 10708 | 1843 | 1758 | 16900 |
| 潜水器 | 8159 | 681 | 1548 | 3190 |

近年来,无人系统已经发展成为一个独立的门类,海洋机器人系海上无人系统,它与空中无人系统、地面无人系统并列为无人系统的三大子系统,它们的底层平台各异,但顶层结构基本相同或相似,海上无人系统在基础理论、技术、装备研发,以及应用工程等方面已经形成了完整的体系。

### 2.4 无人系统——未来发展的主要方向

在国外,以遥控、自主水下机器人为代表的无人系统,早已取代了有人系统,关于这一点已有权威结论,详见2002年美国海洋工程协会给美国海洋政策委员会提交的报告[2]。而在我国一直有种观点,即以航天领域发展先"无人"后"有人"的顺序为据,认为未来海洋领域亦将按此顺序将进入"有人"时代,显然这种观点是片面的,无人汽车、无人艇、无人机就是反面例证。信息技术包括互联网、物联网、大数据、人工智能、智慧化技术的迅猛发展,极大地推动了空中、地面、水面和水下有人系统向无人系统的转化,无人系统

是未来发展的主流方向。无人化还将影响大型海洋有人平台的发展方向，大型有人平台包括大型商船和战舰，英国罗尔斯·罗伊斯公司指出，大型商船无人化运输在未来 10 年内可以实现，技术上已不存在这个问题，主要障碍是法律问题。美国研制的"海上猎人"就是大型战舰无人化的开端。

抓住人工智能迅猛发展的机遇，加快发展适用于海洋机器人的人工智能技术，提升海洋机器人的自主能力和智能水平。我国应当把主要资源投向海上无人系统，适度兼顾有人系统，这是我国走向深、远海，实现海洋梦和深海梦的战略抉择。

## 3　中科院沈阳自动化所深远海机器人研究简介

中科院沈阳自动化所是我国最早从事海洋机器人研究的单位之一，四十年来经过了与国外大体相似的发展历程。其对深远海机器人的研究始于 20 世纪 70 年代载人潜水器热潮期之后，经历了遥控、自主、混合型机器人的发展阶段。进入新世纪后，将自主和混合型机器人作为战略方向之一，与深海科学研究、国际海底资源调查的需求紧密结合，进入自主创新阶段，以下简单介绍几项在深远海机器人方面的近期成果。

### 3.1　"潜龙一号" 6000 米自主水下机器人

"潜龙一号" 6000 米自主水下机器人（如图 1 所示）是中国国际海域资源调查与开发"十二五"（2011～2015 年）规划重点项目之一。"潜龙一号"最大潜深 6000 米，速度 2 节，具备进行深海近海底地形地貌、浅地层地质结构、海底流场、海洋环境参数等综合精细调查能力。

图 1　"潜龙一号" AUV

### 3.2　"潜龙二号"自主水下机器人

"潜龙二号"自主水下机器人（如图 2 所示）是"十二五"国家 863 计划"深海潜水器技术与装备"重大项目的课题之一。中科院沈阳自动化所作为技术总体责任单位，承担潜水器系统的研制任务。"潜龙二号"最大潜深 4500 米，集成了热液异常探测、微地形地貌测量和海底照相等功能，主要应用于多金属硫化物等深海矿产资源勘探作业。

图 2 "潜龙二号" AUV

### 3.3 "龙珠"号遥控水下机器人

"龙珠"号遥控水下机器人（如图 3 所示）是专为"蛟龙"号 7000 米载人潜水器设计的，自身携带能源，与"蛟龙"号载人潜水器形成子母式作业模式，主要功能为代替"蛟龙"号进入狭小、危险区域进行抵近考察。2014 年 7 月，"龙珠"号搭载于"蛟龙"号在西太平洋海山区成功进行了水下作业，验证了各项功能，并首次取得了"蛟龙"号水下作业影像资料。

图 3 "龙珠"号遥控水下机器人

### 3.4 "海斗"全海深自主/遥控水下机器人

"海斗"全海深自主/遥控水下机器人（如图 4 所示）是由中国科学院战略性先导科技专项支持研制的全海深无人潜水器关键技术验证平台。

"海斗"全海深 ARV 是一种新型的混合式水下机器人，用于开展全海深机器人关键技术研究及验证，其自带能源和长距离光纤微缆，可采用自主模式（AUV 模式）或遥控模式（ROV 模式）实现全海深（11000 米）航行与作业，通过搭载 CTD 和水下摄像机可实现全海深环境下的海洋观测。

2015 年底，"海斗"在南海完成了浅海试验及 3000 米级深海试验。2016 年 7 月，"海斗"在马里亚纳海沟以自主模式完成了多次万米级下潜及应用，最大下潜深度 10767 米，坐沉沟底 52 分钟，创造了我国水下机器人下潜深度纪录。

其最大工作水深为 11000 米, 空气中重量为 200 千克, 主尺度为 0.8 米×0.5 米×1.0 米。

图 4 "海斗"号 ARV

### 3.5 "探索 1000"自主水下机器人

"探索 1000"自主水下机器人(如图 5 所示)是由中国科学院战略性先导科技专项支持研制, 主要用于海洋水文观测。"探索 1000"AUV 具备航行、潜浮及休眠等多种工作模式, 可对水深 1000 米海域的指定观测点进行剖面连续观测(观测时间不小于 30 天), 或对指定间距的多点连续剖面观测。目前"探索 1000"AUV 已完成海上试验, 最大航程达 517 公里, 连续潜浮剖面 43 个, 水下工作时间 7 天。

图 5 "探索 1000"AUV

### 3.6 7000 米 7 功能主从伺服液压机械手

7000 米 7 功能主从伺服液压机械手(如图 6 所示)是"十二五"时期, 在 863 计划支持下研发的, 2015 年 7 月安装于"发现"号遥控水下机器人上, 在 1100 米冷泉区海底顺利完成首次科考应用, 取得良好应用效果。该型深海液压机械手现已成为 4500 米载人潜水器的配套设备。

图 6    7000 米级深海机械手

此外，深海滑翔机于 2016 年 7 月创造了滑行深度达 5751 米的好成绩。

长航程自主水下机器人一次补充能源以 5 节速度连续航行已超 350 公里。

GZ01 水面机器人，长度 7 米，排水量 3 吨，最大航速 30 节，续航力 40 小时（15 节时）。并在渤海湾完成了海上试验，并进行了应用验证，取得了良好效果。

## 4    结束语

海洋机器人的发展历程显示了从机器进化到机器人的清晰轨迹。归根结底，人-机关系或者操作者与被操作对象之关系变化主导着这一切，人需要从单调、艰苦、困难和危险的环境中解脱出来，从而促使了机器人技术的介入，这既是需求的牵引，也是技术进步的助推。不断地提高机器人的智慧程度是人的期盼，用当代大数据、互联网、人工智能、脑科学等科学和技术构建海洋机器人脑是未来发展的战略方向，海洋机器人这颗深海明珠将会因此而更加灿烂辉煌。

## 参 考 文 献

[1]    James R. McFarlane. Tethered and untethered vehicles: the future is in the past [J]. Marine Technology Society Journal, 2009, 43(2): 9-12.

[2]    The Remotely Operated Vehicles Register 2014 CLARKSON research service limited[Z].

[3]    Judith T. Krauthamer. Future projections and inventory: Manned undersea vehicles, remotely operated vehicles, autonomous undersea vehicles, sustained ocean observatories, cruise ships[R]. In the U.S. Commission on Ocean Policy Current Status, 2002-10-25.

# 自治水下机器人研究开发的现状和趋势*

封锡盛，刘永宽

（中国科学院沈阳自动化研究所，沈阳，110015）

**摘要：** 简要回顾了自治水下机器人 AUV 研究的历史，概述了 AUV 研究开发的现状和未来发展趋势。

**关键词：** AUV，ROV，UUV，载人潜器

## 0　引言

21 世纪是人类向海洋进军的世纪。深海作为人类尚未开发的宝地和高技术领域之一，已经成为各国的重要战略目标，也是近几年国际上激烈竞争的焦点之一。水下机器人作为一种高技术手段在海洋开发和利用领域的重要性不亚于宇宙火箭在探索宇宙空间中的作用。本文将对自治水下机器人的研究开发现状和发展趋势作一综述。

## 1　水下机器人技术现状及发展动向

当前水下机器人的种类很多，其中载人潜器、有缆潜器（ROV）和自治水下机器人（AUV）是三类最重要的潜器，以下分别作简单的介绍。

### 1.1　无人有缆遥控水下机器人（ROV）

早在 50 年代，有几个美国人想把人的视觉延伸到神秘的海底世界，于是，他们就把摄像机密封起来送到了海底，第一代缆控水下机器人的雏形就这样产生了。

世界上第一个真正意义上的 ROV——CURV 是在 1960 年由美国研制成功的。它在西班牙外海找到了一颗失落在海底的氢弹，这件事在全世界引起了极大的轰动，ROV 技术也开始引起了人们的重视。

60 年代发生的石油短缺使得海洋石油产业得到迅速的发展，这也促进了 ROV 的迅猛发展，并且开始形成了 ROV 产业[1]。1975 年，第一个商业化的缆控水下机器人——RCV-225 问世了。RCV-225 属于观察型水下机器人，外形就像一只球，所以又称作"眼球"。"眼球"首先工作在北海油田和墨西哥湾。从那时起，ROV 的发展更加迅速，一些销量较大的优秀的 ROV 相继出现，例如，美国阿美泰克（Ametek）公司的 SCOPIO 水下机器人、佩瑞（Perry）公司的 RECON-IV 中型水下机器人和"TRITON"大型水下机器人、加拿大 ISE 公司的 HYSUB 水下机器人等。现在，ROV 在海洋开发的许多领域得到了广泛应用。据不完全统计，ROV 的数量已经超过 110 种，全世界近 300 家厂商可提供各种 ROV 整机、

---

* 原发表于《高技术通讯》，1999(9): 51, 55-59。

零部件以及 ROV 服务。

　　除了上面提到的浮游式 ROV 外，为了满足海底管道和海底电缆埋设以及修理和维护的需要，爬行式 ROV 也得到了迅速的发展。

　　拖曳式水下机器人是一种很有用的 ROV，它由水面保障母船直接拖带，特别适用于需要长距离调查的场合。

　　我国自 80 年代初开始研制 ROV，目前已经能够生产上述各种类型的 ROV，而且，这些由我国自行研制的大中型 ROV 已在海洋石油开发和海军防救部门得到了应用。

　　目前，世界上 ROV 的最大下潜深度已达一万米。可以说，ROV 的工作深度几乎已经能够覆盖全部的海洋空间。经过多年的发展，ROV 不仅已经成为一种成熟的产品，而且已经形成一个新的产业部门，国外称之为"ROV 工业"。

## 1.2　自治水下机器人（AUV）

　　自治水下机器人 AUV 是英语"自治水下潜器"（autonomous underwater vehicle）的缩写。AUV 不配备主缆和系缆，因此它又称为无人无缆水下机器人（unmanned underwater vehicle 缩写 UUV）。这类水下机器人携带能源，依靠自身的自治能力来管理自己、控制自己，以完成赋予它的使命，自治水下机器人也就因此得名。

　　此外，按照航程的远近 AUV 还可以分为远程和近程两类，一般一次补充能源连续航行超过 100 海里称为远程，小于 100 海里称为近程。无缆水下机器人的历史可以追溯到 1800 年。当时出现的著名的"白头鱼雷"可以看作是 AUV 的先驱。

　　50 年代末期，美国华盛顿大学开始建造第一艘无缆水下机器人——SPURV。SPURV 在水文调查方面取得了一些成绩。60 年代中期，产业界和军方开始对无缆水下机器人发生兴趣。但是，由于当时技术上的难度太大，产业界和军界又将兴趣转移到载人潜水器上。此后，无缆水下机器人由于技术上的原因在低水平上徘徊了多年。70 年代中期，由于微电子技术、计算机技术、人工智能技术、导航技术的飞速进展，再加上海洋工程和军事活动的需要，国外产业界和军方再次对无缆水下机器人发生了兴趣。许多研究表明，无缆水下机器人是一种非常适合于海底搜索、调查、识别和打捞作业的既经济又安全的工具。与载人潜水器相比较，它具有安全（无人）、结构简单、重量轻、尺寸小、造价低等优点。而与 ROV 相比，它具有活动范围大、潜水深度深、不怕电缆缠绕、可进入复杂结构中、不需要庞大水面支持、占用甲板面积小和成本低等优点。

　　世界上第一艘潜深达到 6000 米的无缆水下机器人是法国建造的"逆戟鲸"号。进入 90 年代，自治水下机器人技术开始走向成熟。目前，世界上大约有 40 余艘自治式水下机器人，表 1 中列出了其中的一些。自治式水下机器人代表了未来水下机器人技术的发展方向，是当前世界各国研究工作的热点[2,3]。

表 1　AUV 简表

| 序号 | 名称 | 深度/m | 重量/kg | 速度 | 用途 | 所属单位 |
|---|---|---|---|---|---|---|
| 1 | AUSS | 6000 | 1226 | 6kn | 评估深海海底搜索 | 美国海军指挥控制和海洋监视中心 |
| 2 | ABE | 6000 | 544 | 2kn | 海底调查 | 美国沃兹霍尔海洋研究所 |
| 3 | Albac | 330 | 45 | 3kn | 海洋学测量 | 东京大学产业科学研究所 |

续表

| 序号 | 名称 | 深度/m | 重量/kg | 速度 | 用途 | 所属单位 |
|---|---|---|---|---|---|---|
| 4 | ARCS | 400 | 1840 | 5kn | 冰层下操作 | 加拿大 ISE 公司 |
| 5 | ARUS | 6000 | — | 2kn | 水下远程调查 | 意大利 Tecnomare 公司 |
| 6 | Aurora | 3000 | 430 | 3.5kn | 海洋科学调查 | 加拿大 ISE 公司 |
| 7 | DDUS | 457 | 6810 | — | 水下技术评估 | 美国 CSDL 实验室 |
| 8 | DOLPHIN | 3.05~4.57 | 3275 | 16.5kn | 稳定的传感器平台 | 加拿大 ISE 公司 |
| 9 | DROV | 6000 | 1000 | 2.3kn | 研究与工程方案验证 | 俄罗斯圣彼得堡国家海洋技术大学 |
| 10 | Epaulard | 6000 | 1950 | 2kn | 观察与检查 | 法国 ECA 公司 |
| 11 | Fetch | 305 | 77.18 | 9kn | 海洋科学研究 | 美国 SPI 公司 |
| 12 | FSH | 610 | 386 | — | 水下搜索技术评估 | 美国海军指挥控制和海洋监视中心 |
| 13 | Marius | 600 | 1400 | 2.5m/s | 水下环境调查 | 丹麦 MAUVA 公司 |
| 14 | Martin | 1000 | 635 | 3.2kn | 观察调查搜索 | 丹麦 MAUVA 公司 |
| 15 | MUST | 610 | 8853 | — | 客户项目研究 | 美国 Perry Technologies 公司 |
| 16 | Ocean Voyager 1 | 150 | 816 | | 海岸区域使命 | 美国 HBOI 公司 |
| 17 | Pteroa 150 | 2000 | 200 | 3kn | 海底摄影 | 东京大学产业科学研究所 |
| 18 | R-One Robot | 400 | 4300 | 3.6kn | 水下环境调查 | 东京大学产业科学研究所 |
| 19 | Research AUVs | 300 | 1390 | 1~3m/s | 多用途研究 | 英国 GMRDS 公司 |
| 20 | Sea Lion | 6000 | 1000 | 2kn | 调查搜索 | 俄罗斯 IMTP 研究所 |
| 21 | Theseus | >1000 | 8600 | 4kn | 海缆置放 | 加拿大 ISE 公司 |
| 22 | Tunnel Sea Lion | 300 | 250 | 1.25m/s | 海底隧道检查 | 俄罗斯 IMTP 研究所 |
| 23 | Typhlonus | 2000 | 900 | 2m/s | 水文物理测量 | 俄罗斯 IMTP 研究所 |
| 24 | XP-21 | 610 | 828 | — | 水下项目试验 | 美国应用遥控技术公司 |
| 25 | YANTAK | 6000 | 6250 | 3kn | 水文调查 | 俄罗斯 GRI 研究所 |

### 1.3　载人潜器

世界上第一台载人潜器是由西蒙·莱克于1890年制造的，名字叫ARGONAUT THE FIRST。60年代中期到70年代中期是载人潜器发展的鼎盛时期，此后载人潜器的发展进入低谷，近些年来世界上出现的载人潜器数量较少。目前世界上有大约200艘载人潜器，其一般下潜深度为500米到3000米，最大深度可达6000米，一般载二到三人，除观察设备外一般可以携带一或两个机械手，使用时间最长的载人潜器ALVIN有近30年的历史。美国海军的核动力载人潜器NR-1可载七八个人，已经工作快30年了。载人潜器技术上较成熟，我国曾研制过300米水深的载人潜器二艘。

### 1.4　当前国际水下机器人研究的热点——自治水下机器人

在所有各类水下机器人中，自治水下机器人是当今世界海洋工程领域的一个研究热点，这可以由以下几方面来说明。

当前AUV的研究工作主要集中在大学和科研机构中。仅美国就有几十所大学和科研机构从事AUV研究与开发。

国际会议的动向反映了当前国际上水下机器人的研究发展趋势。国际上经常举行关于AUV的讨论会，由美国新罕布什尔大学主办的无人无缆潜水器技术国际会议每两年举行一次，已经举行了十一次，此外还有一个由 IEEE 海洋工程学会主办的 AUV 技术学术会议。国际先进机器人学计划（IARP）也举办 AUV 国际讨论会，ROV 国际讨论会及展示会也包括了许多 AUV 的内容。近几年在"OCEANS"国际会议上，AUV 也成为主要内容之一。表2 列出了"OCEANS"1996～1998 年国际会议发表的各类水下机器人的文章数目。

许多国家投入了大量的经费研究开发 AUV，1992 年我们访问美国新罕布什尔大学时，了解到美国当年对 AUV 的投资就达 1.5 亿美元（不清楚是不是对美国的全部投资）。美国对 AUV 研究很广泛，开发研究了多种型号 AUV，有军用也有民用，既着眼于当前应用研究也着眼于未来进行基础研究，既开发价格几万美元的经济型 AUV，也研制花费数千万美元的复杂 AUV 全世界现有 AUV 总数约 45 艘，其中二分之一以上是美国研制开发的。

表2 "OCEANS"1996～1998 年发表文章数目　　　　单位：篇

| 种类 | 1996 年文章数量 | 1997 年文章数量 | 1998 年文章数量 |
|---|---|---|---|
| AUV | 17 | 30 | 50 |
| ROV | 12 | 12 | 13 |
| 载人潜器 | 1 | 4 | 0 |

### 1.5　AUV 的应用前景

AUV 本身是一个基本的载体，在进一步发展和扩展各种机载设备和工具以后，AUV 的应用面是很广阔的。海底资源调查的实践表明，AUV 获取的海底资料非常精确。在海底资源的开采中，AUV 进行设备的维护和修理，运送必要的器材，进行现场的监视和测量。在未来的水下石油生产系统中 AUV 将起"操作工人"的作用。在海洋石油平台导管架检查、管道检查及维护方面也将扮演重要角色。在海洋科学研究中，它可以用来进行海洋学的各种测量。AUV 可用于海底火山活动的观察、监视、布放和收回仪器，进行海底采样以及进行各种生物学、水文学的研究等等。

由于 AUV 的活动范围广、体积小、重量轻、噪声低、隐蔽性好，因此在军事上是一种有效的水中兵器，装载战斗部后可以进行远距离投送；AUV 还可以用来侦察对方的水下设施，监听对方潜艇活动；用于反水雷，充当诱饵，配合反潜训练，防险救生等军事活动。

AUV的另一大特点是造价低，与载人潜器相比，下潜同样深度AUV的体积和重量要比载人潜器小近一个数量级；AUV不需要价格昂贵的生命维持系统，可以估计出来，具有类似性能的AUV的造价将比载人潜器低一个数量级。AUV与ROV相比其造价也是低的。因为ROV需要庞大的水面支持系统，例如300米水深的ROV水面支持部分的造价占总成本的1/3左右，随着深度的增加，这部分的成本会急剧增加，对于6000米水深的ROV来说水面支持部分的成本可能要占总成本的70%～80%，而AUV在这方面的成本则微不足道。

从整体上来说，AUV 仍处于研究开发阶段，但是，在军民两个领域已经有了一些引人注目的应用项目在进行中。例如美国海军无人潜水器计划部的使用 UUV（unmanned underwater vehicle）反水雷计划和美国宾夕法尼亚州立大学分布式自治系统部的多 AUV 海洋取样网络计划，预示着 AUV 开始走向应用阶段。

由于存在着海上恐怖活动或非常规战争的潜在威胁，美国海军开始重新思考海上战略和应付潜水海战的方法。要求未来军用 UUV 系统能完成的使命主要有水上侦察、智能情报收集、战术海洋学、特种海战、反麻醉和反恐怖活动。其中水雷对抗则构成海上特种战争威胁最大的一个环节。海湾战争的水雷对抗毁掉了美国两艘战舰，所以海军规划者们清楚地认识到，在全球海岸区域一旦爆发战争，首先需要建立安全操作区。为了达到这一目标，必须开发潜艇发射的 UUV 完成水雷对抗任务。美国海军 UUV 开发计划把对抗水雷的 UUV 放在优先发展的地位。美国海军无人潜水器计划部开发了几个系统，其中两个系统，即近期水雷侦察系统（near-term mine reconnaissance system, NMRS）和远期水雷侦察系统（long-term mine reconnaissance system, LMRS）优先开发。这两个系统从 1996 年开始，到 2003 年完成。所安排的财政预算为 1.4 亿美元。LMRS 在未来 20 年中的期望合同值达到 4 亿美元。LMRS 系统是完全自治的，可以同母船进行短距离水下通信，也可同水面进行长距离射频通信。LMRS 配备完善的水雷定位和分类传感器系统。

分布式高分辨率的多 AUV 海洋取样网络（MultiAUV Network，即 autonomous oceanographic sampling network, AOSN）的设计已经形成，其目的是对一个大范围的海洋空间进行长时间的数据收集，通过对这些数据的分析来预测和解释某些重大事件发生的可能性及其产生的原因。AOSN 已经由美国宾夕法尼亚州立大学分布式自治系统部设计出来，目前正在研制海洋取样移动网络（ocean sampling mobile network, SAMON）控制器[4]，这是一个多 AUV 海洋与环境数据搜索系统的递阶分布式指挥与控制设计结构。这项工作的第一步是建立一个仿真试验床，用于分析和设计现实环境 AOSN 系统，近期目标是利用各个研究机构分散的 AUV 进行 AOSN 各项使命的仿真设计。与此同时，还要开发分布式 AUV 特性共用数据模型。借助因特网的分布式计算机软件可完成使命的协同控制。

当前，由于技术上的原因，AUV 不能完全代替载人潜器和 ROV，但是随着 AUV 技术的进步，AUV 将承担越来越多的水下作业任务，因此 AUV 有良好的应用前景。这些就是 AUV 成为研究热点的原因。

### 1.6　AUV 发展趋向

目前 AUV 的发展趋势表现在以下几个方面。

（1）向远程发展。

十年前美国 National Sea Grant Office of NOAA 和 Naval Surface Weapons Center 就委托卡内基梅隆大学、佛罗里达大西洋大学、派瑞公司、西屋电器公司共同进行可行性研究，该报告认为，基于当时的通信、导航、控制、感知、人工智能、体系结构、环境建模等技术基础，研制航程在 500 海里以上的远程 AUV 是完全可行的。法国 IFRMER 的海洋机器人研究所、法国工业自动化研究所（INRIA）也有类似的远程 AUV 计划。

阻碍向远程发展的技术障碍有三个：能源、远程导航和实时通信。目前正在研究的各种可利用的能源系统包括一次电池、二次电池、燃料电池、热机及核能源。开发利用太阳能的 AUV 是引人注目的新进展，太阳能 AUV 需要浮到水面给机载能源系统再充电，并且这种可利用的能源又是无限的[5]。

美国新罕布什尔州自治水下系统研究所（AUSI）和俄罗斯海洋技术问题研究所（IMTP）联合开发太阳能 AUV。该联合开发项目由美国海军给予资助。美俄正在开发两艘太阳能 AUV 样机（AUV-A 和 AUV-B）。AUV-A 正在新罕布什尔州海岸区域试验运行，其目的是了解在太阳能采集过程中大洋表面运动对光电阵列效率的影响。

俄罗斯海洋技术问题研究所（IMTP）正在研制第二艘 AUV-B。这艘潜水器将配备评价潜水器性能试验的各种电子设备,评价潜水器性能试验于 1997 年下半年和 1998 年春在符拉迪沃斯托克海域进行。主要是评价潜水器运行情况,控制特征。尤其重要的是评价和试验太阳能系统、智能控制系统和能源管理的各种策略。试验的主要目标是确定单位能源推动 AUV-B 的航行距离。

（2）向深海发展。

6000 米以上水深的海洋面积占海洋总面积的 97%,因此许多国家把发展 6000 水深技术作为一个目标。虽然 ROV 和载人潜器也达到了这个深度,但是由于前面叙述的原因,AUV 向深海发展对海洋研究与开发更为有利。法国、美国、俄罗斯等国都先后研制了 6000 米级的 AUV[6]。

（3）向功能更强大的方向发展。

这里所说的功能强大主要指两个方面。一个是指 AUV 具有较强的作业能力,另一个是指 AUV 具有更高的智能。

目前所开发的 AUV 绝大多数只能用于观察和测量,不具备作业能力,使 AUV 具有作业能力是一个长远的目标。为了使 AUV 具有作业能力,要在 AUV 上安装作业工具包,其中最有代表性的作业工具是水下机械手。美国麻省理工学院、卡内基梅隆大学、夏威夷大学以及法国和意大利的一些研究所和公司,正在从事这方面的工作。其中意大利的水下监控机械手已达到实用水平。

增加水下机器人智能行为一直是各国科学家的努力目标。但是由于目前的人工智能技术不能满足水下机器人增强智能的需要,因此需要将人的智力引入到水下机器人中来,这就是监控型水下机器人的思想。不完全依赖于机器的智能,更多地依赖传感器和人的智能,是今后的一个重要发展方向。我们把这种机器人称为基于传感器的先进水下机器人。发展多机器人协同控制技术,也是增加 AUV 智能的重要方面。

（4）发展军用 AUV。

正如本文前面已经提到的, AUV 发展的最大动力来自于军事需要,前述的几个发展趋势也是和军用目的联系在一起的,未来的海战有可能在全球的海岸区发生,建立海岸安全操作区,开发海洋侦察系统和先进的水雷对抗系统已被提上了日程。研制由潜艇、直升机、水面战舰或其他手段（如民船）发射的 AUV 是这些系统的核心内容。

此外,发展极浅水区用的 AUV 和经济型 AUV 也是值得注意的动向。在极浅水区,如 6 米以浅的区域,支持母船无法进入,因此依赖母船的机器人系统不能发挥作用,这种场合 AUV 则能发挥作用。

发展低成本的经济型 AUV 有利于 AUV 的推广应用,也是重要方向。

总的来说, AUV 技术成熟到满足商业化应用还需要一段时间,需要五年以上,但是

AUV 未来的应用前景是极其广阔的。

### 1.7　我国的 AUV 发展简况

我国政府十分重视 AUV 的发展，国家 863 计划给予了长期支持，从 1990 年 10 月起，我国花了 10 年时间，建立了 AUV 试验床，研制了 1000 米和 6000 米 AUV 样机，并使 6000 米 AUV 达到实用化。1997 年 5 月，"CR-01" 6000 米 AUV 参加了中国大洋协会组织的 DY95-6 航次，对太平洋我国保留区进行多金属结核调查，取得了令人满意的结果，受到用户好评。我国的预编程 AUV 技术已经走在国际的前列。新型 6000 米 AUV 正在研制中，研制性能更高的 AUV 已经提上了日程。此外，我国在军用 AUV 的研究中也取得了很好的成绩。

## 参 考 文 献

[1]　Remotely Operated Vehicles of the World, 1994/1995.

[2]　Hillenbrand C. Sea technology, 1997, 38(12): 10.

[3]　Wernli R L. Sea technology, 1997, 38(1): 17.

[4]　Phoha S, Stover J A, Stadter P A. Sea technology, 1997, 38(12): 53.

[5]　Blidberg R. Sea technology,1997,38(12): 45.

[6]　Storkersen N, Kristensen J, Indreeide A, et al. Sea technology, 1998, 39(2): 99.

# 从有缆遥控水下机器人到自治水下机器人*

封锡盛

（中国科学院沈阳自动化研究所，沈阳，110015）

**摘要：** 文章给出了水下机器人的定义，依据定义进行了分类，简要回顾了几类重要水下机器人的进展，指出了无人无缆自治水下机器人（AUV）是当今水下机器人研究与开发的热点，介绍了最近 20 年沈阳自动化所与国内外有关单位合作，在水下机器人领域从无人有缆遥控水下机器人（ROV）到 AUV 的研究开发工作，它从一个侧面反映了我国在这一领域的进展情况。

**关键词：** 水下机器人，AUV，ROV，海洋资源开发，海洋工程

# From Remotely Operated Vehicles to Autonomous Undersea Vehicles

Feng Xisheng

(Shenyang Institute of Automation, Chinese Academy of Sciences, Shenyang, 110015, China)

**Abstract:** A clear definition and a very fine classification of the unmanned undersea vehicles are given in this paper. Following a brief introduction of the advances on the unmanned undersea vehicles the paper points out that the autonomous underwater vehicles at present is a hot spot in the research realm of the unmanned undersea vehicles. This paper describes the research and development achievements pertinent to the unmanned undersea vehicles in Shenyang Institute of Automation (SIA), Chinese Academy of Sciences with the cooperation of organizations home and abroad in the last two decades. SIA started to be engaged in the research and development of the remotely operated tethered vehicles in the end of 1970's. This paper gives a wide introduction of the critical characteristics and technical descriptions of the first remotely operated tethered vehicle "HR-01" in China, the first autonomous underwater vehicle "Explorer" and the autonomous underwater vehicle CR-01 (6000m).

**Keywords:** undersea vehicles, AUVs, ROVs, ocean resources exploration, ocean engineer

---

* 原发表于《中国工程科学》，2000，2(12)：29-33，58。

## 1　引言

21 世纪是人类向海洋进军的世纪，地球的表面积为 $5.1 \times 10^8 km^2$，其中海洋的面积为 $3.6 \times 10^8 km^2$，占地球总表面积的 71%。海洋作为人类尚未开发的宝地和高技术领域之一，已经成为各国的重要战略目标，是近几年国际上激烈竞争的焦点之一。

我国不仅是大陆国家，也是海洋国家，拥有 32000km 的海岸线和 $300 \times 10^4 km^2$ 以上的蓝色国土，蓝色国土约为我国陆地国土面积的三分之一，其中水深 4000m 以内的海域约占 90%。在这辽阔的海域内蕴藏的极其丰富的资源，仅以油气资源为例：已探明的石油储量达$(150 \sim 200) \times 10^8 t$，天然气储量 $63000 \times 10^8 m^3$。这些资源是我们中华民族未来赖以生存和发展的物质基础。

认识海洋、开发海洋需要各种高技术手段，发展这些手段是建设海洋强国、捍卫国家安全和实现可持续发展的伟大目标所必不可少的。作为探索内空间的最重要手段之一的水下机器人技术与探索外空间的运载火箭技术有同等重要的意义，因此，水下机器人的发展一直为世界各海洋强国所关注。

## 2　水下机器人概述

水下机器人一词源于机器人学。在自动化领域，水下机器人（undersea robots or underwater robot）被看作是机器人中的一类，属于特种机器人范畴。但在海洋工程界，通常将这类装置称为"水下运载器"或"无人潜水器"（unmanned underwater vehicle, UUV）。而不用"水下机器人"这一词，两个不同名词反映了两种不同的出发点。从事自动化研究的学者常使用 "水下机器人"一词，他们把视觉和机械手看作是这类装置的主体，把携带机械手的载体看作是运送机械手到现场的移动部件，这与陆上"移动机器人"的概念相同。海洋工程学者从船舶或潜艇技术的角度出发，认为这种装置是船舶或潜艇技术的延伸和发展。换句话说，他们把载体看作是主体。机械手只是载体上携带的一种作业工具。

为了确定水下机器人的范畴，有必要给出水下机器人的定义：水下机器人是一种可在水下移动、具有视觉和感知系统、通过遥控或自主操作方式使用机械手包括其他工具，代替或辅助人去完成某些水下作业的装置。基于上述定义，将水下机器人分类如图 1 所示，图中细缆遥控是指自带动力、电缆，仅用于遥控的一类水下机器人，大多用于反水雷。按照定义载人潜水器亦可以纳入水下机器人范畴，关于这一点学者们是有争议的。在各类水下机器人中载人潜器、无人有缆遥控水下机器人（remotely operated vehicle, ROV）和自治水下机器人（autonomous underwater vehicle, AUV）是最为重要的三大类水下机器人。载人潜器的造价、运行和维护成本很高，同时出于安全的考虑，一般情况下使用较少，其发展基本上处于停滞状态。限于篇幅，本文不讨论载人潜器有关内容。

现在，ROV 技术最成熟且应用范围最广泛。它的操作由人通过主缆和系缆（又称脐带电缆）进行遥控，人的参与使得 ROV 能完成复杂的水下作业任务。目前，小型 ROV 的质量仅十多千克，大型 ROV 超过 20000kg，其作业深度达到 10000m，几乎可到达任何海洋深度。ROV 的型号在 250 种以上，全世界超过 400 家厂商提供各种 ROV 整机、零部件以及 ROV 服务[1]。经过半个世纪的发展，ROV 已经形成一个新的产业部门，国外称之为"ROV 工业"。

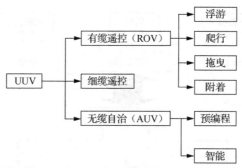

图 1　水下机器人分类

Fig.1　classify of the UUV

脐带电缆为 ROV 提供动力、遥控、信息交换和安全保障，但脐带电缆限制了 ROV 的活动范围，因此不要脐带电缆、自带能源、依靠自治力工作的 AUV 自然地成为人们努力的目标。然而发展 AUV 遇到的技术难度很大，这使得 AUV 的发展过程出现曲折。直到最近 20 年 AUV 技术才迅速发展并开始走向成熟。从国际上对 AUV 的关注情况来看，在各类水下机器人中，AUV 的研究与开发是当前和今后一段时间的主流，目前世界各国正在竞相开展研究工作，AUV 是一个热点研究领域，AUV 的特点是活动范围广、体积小、重量轻、机动灵活、噪声低、隐蔽性好，其应用不仅限于民用领域，在军事上，它将成为一种有效的水中兵器。军用 AUV 将是 AUV 的一个重要分支。AUV 的另一大特点是造价低，与载人潜器和 ROV 相比，能完成类似使命的 AUV 的体积和重量大约要比载人潜器小一个数量级，且不需要价格昂贵的生命维持系统和水面支持系统。显然 AUV 有极好的潜在应用前景。

目前 AUV 技术尚在发展中，若要满足商业化应用还需要几年时间。

关于载人潜器、ROV 和 AUV 的进一步介绍参见文献[2]。

以下主要结合沈阳自动化研究所与国内外有关单位合作，从 ROV 到 AUV 的发展历程介绍几种水下机器人。

## 3　我国的 ROV 进展

从 70 年代末起，中国科学院沈阳自动化研究所和上海交通大学开始从事 ROV 的研究与开发工作，合作研制了"海人一号"ROV。它是一台原理样机，以海洋石油开发、打捞救生和发展水下智能机械为应用背景。"海人一号"是一台典型的无人遥控浮游式水下机器人，其简化的工作原理图如图 2 所示，主要由五个子系统组成：驾驶与导航和运动控制；信息交换；视觉、触觉与监视；主从机械手；系缆和水面支持（图中未示出）。1985 年 12 月"海人一号"在我国大连海域进行了海试，根据海试发现的问题进行了大幅度的改进，将原来以模拟技术为主的控制、水上水下通信、主从机械手等子系统改进为以多微机组成的控制系统。其改进后的重量和体积分别减少了三分之二和二分之一，性能也有了明显提高。1986 年 12 月"海人一号"在我国南海再次进行了海试，取得成功。"海人一号"

是我国独立自主研制的第一台大型水下机器人，在我国这是一项开拓性工作，它的成功开辟了一个新领域。

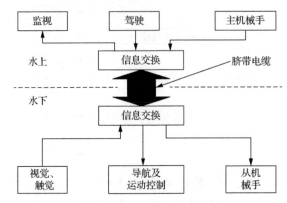

图2　"海人一号"原理框图

Fig.2　"HR-01" concept diagram

　　为了使样机能转化为产品并推向市场，1986年沈阳自动化研究所从美国Perry公司引进了中型ROV "RECON-IV"，经过二次开发，目前能向国内外用户提供中型ROV产品及售后服务。

　　为了进一步扩展ROV的应用领域，沈阳自动化所还先后开发了小型ROV "金鱼"系列、"HR1"和"HR1-100"，其主要功能是水下观察作业，潜深100～200m，其特点是适用于狭小空间进行检查作业，这种机器人已经用于水电部门和部队。

　　六足步行水下机器人"海蟹"号，是一种海底爬行类水下机器人，也于1984年研制成功。另一种海底水下机器人自行式海底电缆埋设机正在研制中。

　　表1列出了沈阳自动化所研制出的几种ROV的主要技术参数。

表1　沈阳自动化所研制的几种ROV的主要技术指标

Tab.1　Main specification for several tapes of underwater vehicles by SIA

| 项目 | 海人一号 | RECON-IV-300-SIA | 金鱼三号 | HR-1-100 |
|---|---|---|---|---|
| 时间 | 1979～1986年 | 1986～1991年 | 1987～1989年 | 1996～1997年 |
| 类型 | 作业型 | 作业型 | 观察型 | 观察型 |
| 工作深度/m | 200 | 300 | 100 | 100 |
| 速度/（m/s） | 1 | 1.4 | 1 | 1 |
| 推力器总功率/kW | 20 | 6 | 0.2 | 1.5 |
| 空气中质量/kg | 2198 | 800 | 34 | 32 |
| 水中重力/N | -180 | -100 | -5 | -17 |
| 水下载体尺度/（m×m×m） | 2.7×1.59×1.95 | 2.12×1.03×0.96 | 0.6×0.58×0.35 | |
| 定向/（°） | ±2.5 | | ±4 | ±3.5 |
| 定深/m | 2 | 0.1 | 0.2 | 0.2 |
| 定高/m | 0.5 | | | |
| 机械手 | 6功能双向反馈主从手 | 6/5功能主从手 | 无 | 无 |
| 视觉 | 双 | 单 | 单 | 单 |
| 触觉 | 有 | 无 | 无 | 无 |

此外，上海交通大学、中国船舶科学研究中心等单位也研制成功了不同类型的 ROV。

经过十多年的努力，我国能够生产和制造大、中、小型的各类 ROV，在 ROV 的研制与开发方面基本上能够满足国内市场的需要，在国际市场上也占有一席之地。拖曳式的 ROV、爬行 ROV 也开始进入开发和应用阶段。

## 4 我国的 AUV 研究开发工作

在国家 863 计划支持下，沈阳自动化所从 1987 年开始 AUV 的研究与开发，用了 3 年时间建成了 AUV 试验床 HR-02 并通过试验床开展了 AUV 的体系结构、驾驶控制、导航和水声通信等项关键技术的预研工作，这项工作为以后的研制工作打下了良好的基础。

1990 年 10 月，沈阳自动化所与中国船舶科学研究中心等单位开始研制我国第一台自治水下机器人"探索者"号。"探索者"是一台原理样机，其目的是从系统的角度验证所采用的各种方法和技术的可行性。

"探索者"号以水下调查和搜索失事目标为应用背景，其组成如图 3 所示，包括水下载体、水声通信、导航定位和水面支持（含水下回收器）四大部分。其主要技术指标见表 2。

"探索者"可执行以下 5 种作业使命：大范围海底搜索；小范围精细搜索；接近目标调查；现场海洋要素测量；投放小型设备。操作者只需给定使命类型、使命参数和设备参数，"探索者"将自治地完成给定的使命。载体上安装了三对推力器，可实现四个自由度运动，其底层运动控制与"海人一号"相似。5 部防碰声呐用于自动回避有先验模型的障碍，遇到其他类型的障碍被认为无能力回避而转入应急程序处理。其他设备还有：短基线定位声呐、超短基线定位声呐、通信声呐、多普勒测速声呐、声像声呐和光学调查设备。"探索者"上安装的设备与国外同类型 AUV 相比是最多的。

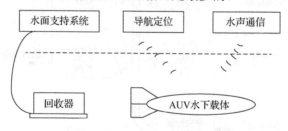

图 3 "探索者"组成示意图

Fig.3 Schematic drawing for "Explorer" composition

表 2 "探索者"号和"CR-01"（6000m）自治水下机器人的主要技术指标

Tab.2 Main specifications for "Explorer" and CR-01（6000m）

| AUV | 探索者 | CR-01 |
|---|---|---|
| 工作深度/m | 1000 | 6000 |
| 最大航速/（m/s） | 2 | 1 |
| 侧移速度/（m/s） | 0.5 | |
| 水声通信速度/（b/s） | 1200 | 无 |
| 水声通信距离/m | 1000 | 无 |

续表

| AUV | 探索者 | CR-01 |
|---|---|---|
| 质量/kg | 2112 | 1300 |
| 尺度/（m×m×m） | 4.4×0.92×1.07 | 4.37×0.8×0.93 |
| 短基线、超短基线<br>声呐定位精度/m | (0.02～0.05)$L^*$ | 无 |
| 长基线定位精度/m | 无 | 15 |
| 回收海况/级 | 4（自动回收） | 4（人工） |
| 能源/（kW·h） | 充油铅酸电池 10 | 银锌电池 4.8 |

*$L$ 为短基线或超短基线声呐的作用距离。

　　"探索者"自动驾驶控制器的核心部分由 6 台计算机组成，见图 4，其中 4 台 CPU 以多机共用总线方式工作，分别用于任务分解、垂直面和水平面运动控制、信息融合和导航、电视和声呐图像处理、目标信息提取、回避障碍、故障诊断和应急处理。为了克服恶劣海况给 AUV 回收带来的困难，采用以视觉导引技术为核心的水下对接自动回收方法，其回收过程参见图 5。南海试验表明，该方法原理上是可行的，但也存在不足，由于试验区水浅，使得摄像机对外界光线的强弱过于敏感，导致图像处理数据不够稳定，因而回收成功率差。

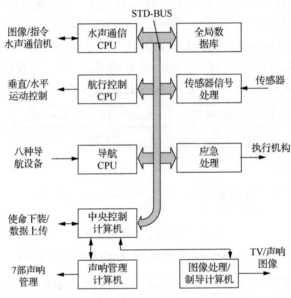

图 4　"探索者"号自动驾驶硬件图

Fig.4　Hardware plot for autopilot for "Explorer"

　　通过水声信道在水下传送图像，是国际上的前沿课题之一，"探索者"号进行的图像传送试验获得良好结果。图 6 是水平传送 1050m 的声呐图像照片。

　　"探索者"的实践，在 AUV 的总体、载体水动力特性、推进、结构、线型、总体布置、导航与控制、水声通信、水下回收等方面积累了有益的经验。

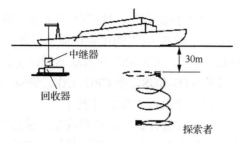

（a）"探索者"作业结束后盘旋上升至30m处，母船放出中继器和回收器至35m

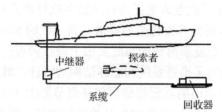

（b）回收器离开中继器，"探索者"寻找系缆，并跟踪系缆行至回收器上方对准下落，完成对接

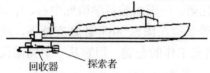

（c）探索者、回收器和中继器一起起吊至甲板

图5 "探索者"号的水下回收过程

Fig.5 Undersea recovery process of "Explorer" vehicle

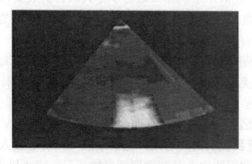

图6 母船控制台收到的1050m处"探索者"号发回的海底声呐图像

Fig.6 Ship received bottom sonar image given by "Explorer" vehicle at depth of 1050m

从1992年起，在"探索者"的基础上，开始研制AUV的实用型"CR-01"（6000m）。它用在太平洋我国保留区调查海底多金属结核。其要求是实用、安全和可靠。该海区海底地势平坦，基本无海流，水质清洁，其他干扰因素少，比浅海更有利于AUV的作业，这是有利因素，不利因素是60MPa深水压力带来的困难。虽然有了研制"探索者"的基础，但是，从原理样机转变成实用样机尚需多次海上试验、评价和改进，需要大量的经费支持，也需要相当长的时间。我国研究人员与俄罗斯有关单位专家进行了有效的合作，这些对于缩短这一进程起到了重要作用。中俄专家进行了四次联合设计。俄方提供了一些材料、设备和部件以及经验，俄方专家还应邀参加我方湖试和太平洋海试。

为了安全可靠,"CR-01"与"探索者"相比简化了功能,减少了机载设备。载体采用了模块化结构和充油密封技术。"CR-01"的作业使命由操作员离线分解,用专门定义的函数预先编制程序,编译后下载到"CR-01"的自动驾驶控制器,自动驾驶控制器用的计算机与"探索者"相同,采用 STD-BUS,单 CPU 工作。调查设备共四种:摄像机、照相机、旁侧声呐和浅地层剖面仪。主要技术参数见表 2。

1995 年"CR-01"首次在太平洋进行试验,获得成功。试验中也发现若干问题,如:上浮压载抛不掉,险些丢失,"CR-01"回到水面后不易被寻找等。1996 年对"CR-01"进行了若干重要改进,1997 年再次赴太平洋进行试验并执行调查任务,获得圆满成功。

根据中国大洋矿产资源研究开发协会的要求,新一代的 6000m AUV 的"CR-02"正在研制中,新 AUV 应具备在复杂海底如海底火山上进行调查的能力,这对 AUV 的性能提出了新的要求,为此,改进了推进系统和总体结构的设计,增加了垂向对转桨,研制了新型测深侧扫声呐,为适应爬山的需要将底层闭环调节器由 PID 改为自校正调节器等。预计今年年底新型 6000m 的 AUV"CR-02"开始进行湖试,明年进行太平洋海试。

上述工作是由沈阳自动化所、中国船舶科学研究中心、中国科学院声学研究所、上海交通大学和哈尔滨工程大学等单位在国家 863 计划支持下,经过十多年的努力共同完成的。它虽然不是我国 AUV 研究工作的全貌,但它从一个侧面反映了我国水下机器人的发展情况。

## 5　结束语

经过 20 年的发展,我国水下机器人取得了令人瞩目的成就。目前,图 1 所列的各类水下机器人,我国大多数都有能力制造。其中一些还达到国际先进水平,个别技术还具有国际领先水平,我国还有少量水下机器人出口。

但是,我们也必须清醒地看到我国同国际先进水平的差距有越来越大的趋势,其原因是投入的经费有限。以美国为例,1992 年我们访问美国新罕布什尔大学时,了解到美国当年对 AUV 的投资就达 1.5 亿美元。美国海军无人潜水器计划部安排的一个反水雷计划,1996~2001 年投入 1.4 亿美元研制 AUV。而我国 863 计划在 AUV 上的投资十年总数大约3000 万元人民币。尽管我国的财力有限,适当增加一些资金投入是需要的,水下机器人对国民经济的持续发展和国防安全是有重要意义的项目,应予以重视。

# 参 考 文 献

[1]　Remotely Operated Vehicles of the World[M]. 4th edition. 888W. Sam Houston Pkwy S. Suite 280 Houston, TX77042, USA: Oilfield Publications Limited, 2000.

[2]　封锡盛, 刘永宽. 自治水下机器人研究开发的现状和趋势[J]. 高技术通讯, 1999(9): 51, 55-59.

# 多 UUV 协作系统的研究现状与发展*

许真珍[1,2]，封锡盛[1]

（1. 中国科学院沈阳自动化研究所，辽宁，沈阳，110016；2. 中国科学院研究生院，北京，100049）

**摘要：** 介绍了多 UUV（unmanned underwater vehicle）协作系统的结构和特点，分析了其未来应用前景，并对国外多 UUV 系统的应用现状进行了综述。在此基础上，着重分析了系统涉及的导航、通信、控制和能源等技术的研究现状并展望了其未来的发展方向。

**关键词：** 自治水下机器人，多 UUV，协作系统，导航，通信，控制，能源

**中图分类号：** TP24        **文献标识码：** A

# Current Status and Future Directions of Multiple UUV Cooperation System

Xu Zhenzhen[1,2], Feng Xisheng[1]

(1. Shenyang Institute of Automation, Chinese Academy of Sciences, Shenyang, 110016, China;

2. Graduate School of the Chinese Academy of Sciences, Beijing, 100049, China)

**Abstract:** The structure and characteristics of multiple UUV (unmanned underwater vehicle) cooperation system are introduced, the future applications are analysed and the application status abroad is summarized. Based on these analysis, the current status and future directions of navigation, communication, control and energy sources, which are concerned with the system, are analysed in detail.

**Keywords:** autonomous underwater vehicle (AUV), multiple UUV, cooperation system, navigation, communication, control, energy source

## 1 引言（Introduction）

UUV 是人类开发和利用海洋的有效工具，随着使命需求的不断复杂化和多样化，仅仅通过追求单体 UUV 某些性能指标的最优已经远远不能满足要求，于是研究人员把目光

---

* 原发表于《机器人》，2007, 29(2): 186-192。

投向了由多台 UUV 组成的协作系统。多 UUV 协作系统具有空间分布、功能分布、时间分布[1]的特点，能够扩展单体 UUV 的感知范围，提高工作效率，实现单体 UUV 无法或难以完成的复杂任务，在海洋自主采样、海底勘探、水下目标搜索等许多方面有着广阔的应用前景。

多 UUV 协作系统是水下机器人技术、海洋技术和多机器人学发展到一定阶段的产物，与陆上[2-4]和空中[5]多机器人协作系统相比有其特殊性，存在着水下导航定位、水声通信、传感器和能源等技术的固有难点。如何在复杂多变的海洋环境中，实现多台 UUV 的协调与合作已经成为当前水下机器人领域的一个热点课题，具有重要的理论和现实意义。

## 2　多 UUV 协作系统的结构、特点及应用前景（Structure, characteristics and future applications of multiple UUV cooperation system）

### 2.1　多 UUV 协作系统的结构

多 UUV 协作系统中的每台 UUV 都是自带能源、具有一定智能、能够实现自主航行的自治水下机器人，通过携带各种传感器，UUV 能够具有导航、探测、计算和通信等功能。多台 UUV 的组合使整个系统具有更高的智能，导航和探测等能力都得以提高。

根据系统中单体 UUV 功能结构的异同，可将多 UUV 协作系统分为同构系统和异构系统。

（1）同构系统：系统中每台 UUV 的功能和结构相同，这种系统往往由成百上千的 UUV 组成，系统的典型特征是每台 UUV 的本身能力有限，然而当大量此类的简单 UUV 聚集到一起时，通过局部的相互作用会产生完整的有意义的整体行为。

（2）异构系统：系统中每台 UUV 的功能和结构不尽相同，这种系统通常由有限数量（几台到几十台）的能执行几个特定任务的异构 UUV 组成，单体 UUV 能够依靠自身的能力完成某些工作，而 UUV 群体能完成单体 UUV 无法完成的复杂工作，关键问题是如何在它们之间进行有意识的合作。

根据系统网络结构的不同，可将多 UUV 协作系统分为并列网络结构和主从网络结构。

（1）并列网络结构：系统中每个成员智能化程度相差不大。这种网络的导航系统需要各成员的相互依赖、相互补充，或者每个成员都有独立的导航系统。一个典型的例子是由多台水下滑翔机器人组成的自适应海洋采样网络。

（2）主从网络结构：系统往往由少量主 UUV 和多台从 UUV 组成，主节点智能化程度较高，起到导航和控制其他从节点的作用，从节点智能化程度较低，趋向于单一功能节点。然而，随着从节点数量的增加，少量主节点的负荷将越来越重，因此，逐级进行主从型扩展是大型水下网络的发展趋势。一个典型的例子是具有少量领航 UUV 和大量随从 UUV 的编队系统。

### 2.2　多 UUV 协作系统的特点

多 UUV 协作系统能够在复杂多变的海洋环境中，通过 UUV 之间的协调与合作，实现单体 UUV 难以完成的水下作业任务。多 UUV 协作系统与单体 UUV 相比较，具有以下特点。

（1）降低成本：建造多台小型简单的 UUV 比建造一台大而全的复杂 UUV 更容易、成本更低，而且作业时某个节点损坏，损失也较小。

（2）扩大能力：通过共享资源（信息、知识等）弥补单体 UUV 能力的不足，扩大完成任务的能力范围，由 $N$ 台 UUV 组成的协作系统，其能力可以远大于其中一台 UUV 能力的 $N$ 倍。

（3）提高效率：多 UUV 系统可以形成覆盖面积较大的实时探测区域，能够快速完成大范围搜索任务，节省作业时间、提高作业效率。

（4）提高探测概率：多角度、多方位、多传感器信息的综合有效地提高了探测到目标的概率。

（5）容错能力强：多 UUV 协作系统所具有的高度并行性、天然的冗余性为整个系统提供了较强的容错能力，可以提高系统的柔性和鲁棒性。

（6）可重构：群体中每台 UUV 的功能结构可以根据使命需求灵活配置，系统的网络拓扑结构也可随着使命的执行过程进行动态调整。

### 2.3  多 UUV 协作系统的应用前景

多 UUV 协作系统有着广阔的应用前景，将主要在以下几个方面发挥越来越重要的作用。

（1）海洋环境立体调查。

多 UUV 可以在长期无人值守的情况下自主进行海洋调查工作，通过搭载不同的传感器，研究海洋各区域的温度、盐度、生物分布等参数随时间、空间的变化规律，对海洋进行全面、立体、连续的调查，通过多台 UUV 之间的协作能够拓宽调查区域、缩短调查周期。

（2）探测海底矿物资源。

探测处于复杂海底地形区域的矿物资源，如热液烟囱、锰结核、可燃冰等。从大范围粗略搜索到具体目的地的精确定位，再至取样作业的完成，单体 UUV 可能要花费大量的时间，而多 UUV 协作系统使工作分阶段进行，每台 UUV 的功能更具针对性，提高作业效率。

（3）勘查海底地质地貌。

在地震、火山多发区和板块活动活跃区等可能对潜水员人身安全造成危险的地区，利用多 UUV 系统进行勘查，通过声学、光学等手段可以长期获得地质地貌变化资料，这些资料的积累对研究整个海底乃至整个地球都具有较深远的意义。

（4）水下目标搜索。

多 UUV 系统可以应用于水下考古、搜索失事飞机或舰船残骸、反水雷、监视和跟踪潜艇等目标搜索使命。海底地形复杂，能见度差，借助多 UUV 系统对水下古代遗址、沉船等进行考察，可为考古人员提供宝贵资料。集群反水雷使命要求多 UUV 协作系统具有探测、识别、分类和清除水雷的能力，使命的总体任务比较复杂，但是系统成员分工明确，单体 UUV 的功能不要求全面。

（5）水下信息网络。

多台 UUV 组成水下网络，与水上网络相结合，形成从水下到水面、从陆地到天空的全方位立体化信息网络，水上和水下的连接依靠水面舰艇或浮标作为中继节点来实现。水下信息网络能够长期在复杂或高威胁环境中完成海区监视、情报搜集、环境监测等使命。

### 3　国外多 UUV 协作系统的应用现状（Application status of multiple UUV cooperation system abroad）

多 UUV 协作系统的研究始于 20 世纪 80 年代，近年来随着多智能体技术的发展和海洋调查、海底勘探等使命需求的增长越来越受到重视。目前，国内研究多数停留在理论和仿真研究阶段[6-8]，而在国外一些发达国家，多 UUV 系统在民用和军事领域都得到了越来越广泛的应用，相应的研究计划正在如火如荼地进行，并且已经开发出一些能够投入实际应用的多 UUV 系统。

美国新泽西海湾布设的大陆架观测系统（如图 1）可以在长期无人值守的情况下自主进行海洋调查工作，经过 4 年的运行试验，已充分证明了多 UUV 作为其中关键的部分在沿岸水域快速生态评估、物理/化学要素分析等方面发挥了不可替代的作用[9]。

图 1　新泽西大陆架观测系统

Fig.1　The New Jersey shelf observing system

由美国海洋研究局资助的自主海洋采样网络（AOSN）利用多台 UUV 搭载不同类型的传感器，能够在同一时刻测量不同区域或不同深度下的海洋参数。AOSN-II 项目的一个突出特点是采用一组滑翔机器人组成水下自适应采样网络（如图 2），从而更好地提高观察和预测海洋的能力。控制策略充分利用海流预测进行布局结构调整，把海洋探测传感器合理布置，使得网络中的每个成员在资料最为重要的区域进行信息收集。2003 年，在蒙特利尔海湾进行的为期一个月的试验中共使用了 5 种类型的 UUV，用于深度、盐度、温度、硝酸盐、叶绿素等数据的收集和传输[10]。

葡萄牙波尔图大学用多台 UUV 组成了模块化、技术先进但成本低廉的海洋资料数据收集系统[11]。该项目开始于 2002 年 12 月，整个系统包括两台 UUV、一个声学定位系统、一个停泊站和一个标准的传感包。该系统可以执行多项调查任务，像海洋学调查、测海学研究、水下考古学及排水监测等。

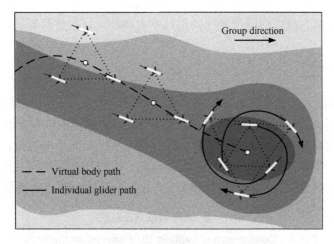

图 2　多个滑翔机器人进行"自适应采样"

Fig.2　"Adaptive sampling" by multiple gliders

英国 Nekton 研究机构开发的水下多智能体平台（UMAP）[12-13]由 4 台小型、廉价、易于操作的 Ranger UUV 和支持的软件结构组成，目的是作为多 UUV 研究的平台，包括分布式搜索算法、编队控制、海洋学调查等相关研究。目前，UMAP 已被开发用于两种使命：一是用于测试桑迪亚国家实验室开发的多智能体合作热流柱定位算法，二是用来绘制美国北卡罗来纳州海岸线上 Newport 河口湾一带的盐度移动情况。这些使命论证了使用多 UUV 协作系统可以快速完成诸如热流柱源定位这样的复杂任务，还可以完成不同时间空间的小面积海域采样工作。

美国海军开展了"近期水雷探测系统"（NMRS）和"远期水雷探测系统"（LMRS）研究，用于在浅海执行隐蔽水雷侦查任务。系统均由两台装备有前视搜索声呐和测扫分类声呐的 UUV 组成。1998 年 6 月，在纽芬兰的 Stephenville 附近成功完成了近期水雷探测系统联合反水雷先进概念技术演示。

为了实现美国海军 UUV 总体规划（Master Plan）中提出的水下考察、测量和辅助通信/导航能力，Bluefin 机器人技术公司等多家单位联合开展了一项"分布式侦察与探测的协作自主性"（CADRE）研究[14]。系统由 C/NA、SCM 和 RI 三种不同类型的 UUV 组成，分别执行导航、探测和识别水雷等使命。

美国海军已将 Hydroid 公司研制的 REMUS 小型 UUV 应用于实际的反水雷使命中，在 2003 年"伊拉克自由"行动[15]中利用多台 REMUS 对通往乌姆盖斯尔港口的航道进行调查清理，如果没有这些小型 UUV 的加入，这次行动将需要 21 天持续不断的潜水作业，而事实是只做了 16 小时的连续水下作业就结束了。福斯特·米勒（Foster-Miller）公司研制的"旅鼠"（Lemming）系列机器人是目前美国唯一可用于水陆两栖反水雷的小型机器人[16]。该机器人可以自由地在拍岸浪区（SZ）和极浅水域（VSW）运动，小批量生产的单价在 500 美元以下，可一次性使用，大量部署。

## 4　多 UUV 协作系统的技术现状（State of the art of multiple UUV cooperation system）

多 UUV 协作系统涉及机器人、控制、计算机等诸多学科，尽管现有系统的功能组成和应用背景各不相同,但它们所涉及的关键技术大体相同,主要有导航、通信、控制和能源等技术。

## 4.1 导航

多 UUV 导航技术就是通过外在或机载水下导航设备以及 UUV 之间的交互信息对多 UUV 系统中的每个成员进行导航,从而确保整个多 UUV 群体能够安全准确地按照规划的路线航行,最终顺利完成预期的使命任务。与单体 UUV 导航不同的是,多 UUV 系统中的每台 UUV 不仅要知道自身的位置和航向等信息,有时还必须知道其他 UUV 的位置及自身在群体中所处的位置。现阶段各种多 UUV 导航方法的优缺点对比如表 1 所示。

表 1 多 UUV 导航方法对比

Tab.1 Comparison of multiple UUV navigation methods

| 多 UUV 导航方法 | 优点 | 缺点 |
|---|---|---|
| 声学导航（长基线[17]、短基线、超短基线[18]） | 导航精度较高 | 基线布置烦琐,作业范围受到基线覆盖范围的限制 |
| 航位推算 | 简单廉价 | 累积误差大,导航精度低 |
| 惯性导航[19]（包括基于惯性测量单元的组合导航） | 导航精度较高 | 价格昂贵,当 UUV 数目较多时,系统成本过高 |
| 地球物理学导航 | 无须依赖导航设备或传感器 | 需要事先提供一幅海洋探测学地图,不适合未知区域 |
| 视觉导航[20] | 精度较高,没有累积误差 | 需要事先布放水下标志,隐蔽性差,而且只对近距离有效 |
| 协同导航[21-22]（少量 UUV 配备高精度导航传感器为其他 UUV 提供精确导航信息） | 成本适中、操作简便,适合快速、隐蔽作业使命 | 较多地依赖水声通信,而水声通信带宽窄、延迟大、误码率高 |

由表 1 可以看出,协同导航方法最适合主从网络结构的多 UUV 系统,能更好地体现出"协作"的特性。主节点本身携带充足的高精度导航传感器（如惯性测量单元等）,作为领航 UUV 为下层从节点提供精确位置信息,从节点只配备廉价的低精度导航传感器（如涡轮计程仪、磁罗盘等）,根据领航 UUV 提供的高精度全局位置信息,结合自身所测得的与领航 UUV 的相对距离和方位信息,对自身航位推算结果进行修正,从而提高导航精度。对于并列网络结构的多 UUV 系统而言,在各成员导航传感器精度均不高的情况下,系统导航的关键问题是如何充分利用各成员携带的传感器进行数据融合得到最优的导航信息。

## 4.2 通信

多 UUV 系统在执行使命时,为了实现协调与合作,每台 UUV 必须拥有足够的环境描述及其他 UUV 的状态信息,由于目前使用的各种传感器还不能达到这个要求,因此 UUV 之间的通信是十分必要的,多 UUV 系统的通信机制对其合作能力、效率和系统可靠性都具有重要影响。

目前,水下唯一有效的通信手段是水声通信,利用 UUV 携带的水声通信机实现,通信内容可以是请求、应答、任务、目标、状态信息、控制指令等。由于声波在水中的传播速度远远低于光速,大约为 1500m/s,因此会产生较大的传输时延,难以实现 UUV 之间的实时通信。而且,声波传输距离会受到载波频率和发射功率的限制,再加上声波在水中的散射、传输损耗以及回波干扰等，使得水声通信的距离和质量都受到影响，当前可靠的通信速率和通信距离分别为 1200bps 和 10km[23]。

多 UUV 间的通信模式主要分为两种：基于通信设备的显式通信和基于传感器观测的隐式通信。其中显式通信又可以分为以下两种。

（1）直接通信：又称为点对点通信，要求发送和接收信息时能保持一致性，因此在 UUV 之间就需要一种通信协议。直接通信最重要的特征是通信时发送者和接收者同时"在线上"。

（2）广播通信：是一种点对全部的通信，它不需要发送和接收信息之间保持一致性，不要求一定有接收者，也没有必要保证信息正确地传送到其他 UUV，换句话说，发送的信息有可能被忽略，广播通信的重点在发送者。

目前，多 UUV 系统的通信主要采取广播通信方式，即单体 UUV 将自己的位置、状态、任务和协作请求等信息广播出去，其他 UUV 可以依据自己的需要选择信息。此外，领导 UUV 也可以通过广播分配任务等。当 UUV 之间进行直接通信时，往往传输的都是重要的控制指令等信息，这时就需要按照通信协议提供必要的校验和应答措施。

未来多 UUV 通信要考虑的问题主要有以下几个方面：

（1）建立小规模水下指令网，研究较低通信负载和较少数据吞吐量的通信机制，从而缓解通信瓶颈和死锁，并对多 UUV 的通信语言、通信方式和通信协议进行深入研究。

（2）针对很多军事使命，多 UUV 通信要考虑的另一个重要问题是网络安全问题，加强系统网络安全，采取必要的加密措施，使系统具备较强的抗干扰能力。

（3）水声通信具有延迟大的特点，不可能支持同步通信，这是一个本质上难以克服的问题，不过延迟几秒或几分钟相对于长时间的科学考察而言是无关紧要的，未来值得研究的问题是如何在功率限制的情况下提高通信的距离。增大通信距离可以扩展多 UUV 系统的作业范围，国外已经实现了在 50km 以外接收水声信号的技术。

（4）研究多 UUV 环境自适应网络通信技术，使网络具备自组织、自重构能力，从而解决网络节点被破坏后的网络重构问题。

（5）进一步研究水下磁场通信、蓝绿激光通信技术。目前，磁场通信设备和蓝绿激光器的体积过于庞大，还不能应用在 UUV 上。采用蓝绿激光通信技术，利用飞机或卫星等进行空中转发是未来实现水下大范围通信的一种有效手段。

### 4.3　控制

多 UUV 协作系统控制技术分为单体 UUV 控制和多 UUV 协调控制两个层面，本文只讨论协调控制问题，它是多 UUV 系统的核心问题，需要根据不同的作业任务、作业任务完成的不同阶段选择不同的协调算法和控制策略，包括系统的导航、路径规划、网络布局、通信方式的切换等各个方面，从而确保系统通过 UUV 之间的协调与合作完成复杂的作业任务。协调控制既有理论和方法上的问题，也有实际物理系统的实现问题，不存在通用的标准或规范。动态的环境、动态的单体 UUV 状态以及多重的用户需求都增加了多 UUV 系统协调控制的复杂性。

多 UUV 系统高层体系结构提供协作成员活动和交互的框架，是实现协调控制的基础，主要研究 UUV 群体在使命分解、分配、规划、决策及执行等过程中的运行机制和角色分配问题。有关多 UUV 系统高层体系结构的研究并不是很多，最具影响力的是时空分解体系结构[24]，如图 3 所示。时空分解体系结构是美国国家标准局（NBS）于 20 世纪 80 年代后期提出的，它利用现代控制理论和方法，把很多人工智能的概念集成到一个框架内，基于人类从事复杂工作时的任务细分思想，形成一套完整的多水下机器人控制体系结构。时空分解法的好处是执行任务的每个群体或个人会感到任务明确、要求具体、关系清楚、工作量适当，从而使一项千头万绪的工作变得井然有序，保证了任务的质量和进度。

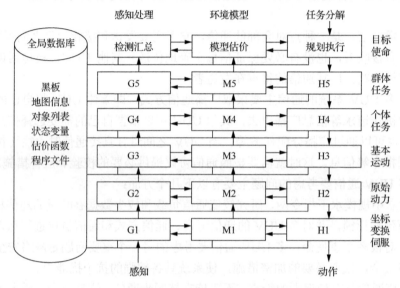

图 3　时空分解体系结构

Fig.3　Spatial-temporal dissolution architecture

此外，常文君等人提出了一种基于混合体系结构的多水下机器人协调控制体系结构[25]，该结构分为两层，分别称为域问题协作层和行为协调层，如图 4 所示。简而言之，域问题协作层决定做什么，行为协调层决定怎么做。该协调控制体系结构是一个开放的模型，可以为不同的协调机制、协调算法提供平台。在域问题协作层可以采用不同的协调策略、协调机制，以完成多机器人的组织与自组织、机器人角色的动态选定以及系统任务的分解和分配。行为协调层也是开放的，不同的行为集的定义可以让机器人完成不同的基于行为的协调工作。

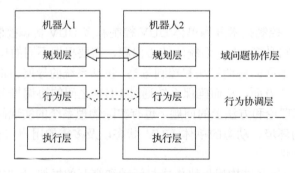

图 4　多水下机器人协调控制体系结构

Fig.4　Coordinated control architecture of multiple underwater vehicles

多 Agent 系统理论[26-28]适合于分布式结构的对象、复杂的计算、柔性的相互作用关系以及动态变化的环境[29]，而多 UUV 协作系统正是在复杂实时动态环境下的异构系统，因此多 Agent 系统理论可以为其提供实现通信、数据共享、协调机制与推理的理论框架[30]。建立基于多 Agent 系统理论的高层体系结构将是未来的发展方向，重点需要研究多 Agent 系统与多 UUV 系统的内在区别与联系及多 Agent 系统对多 UUV 系统的借鉴作用，将每一台 UUV 设计成一个 Agent，从而满足多 UUV 系统对各个 UUV 的自主性和协作性的要求。

除了高层体系结构，多 UUV 系统协调控制还有很多问题值得深入研究，其中包括：
（1）UUV 群体的任务分解与协作机制；
（2）多 UUV 系统故障检测与容错技术；
（3）UUV 集群路径规划方法；
（4）多 UUV 协调避碰方法；
（5）基于学习机制的协作行为选择；
（6）基于数据融合的感知系统；
（7）多 UUV 编队控制方法；
（8）多 UUV 集群搜索策略；
（9）高度自动化、可视化的监控和管理系统；
（10）多 UUV 群体活动的效能评价模型和方法。

### 4.4  能源

针对自带能源的 UUV，其在水下的续航能力、航速和负载能力均受制于可用能源，因此能源技术将是其向远程、大范围作业发展的关键。高效的能源技术、低能耗的系统开销以及能源的后续和补充都是多 UUV 系统持续工作的保证。

现阶段 UUV 大多采用电池作为动力源，最常用的是锂离子电池和燃料电池，它们均属于可充电的二次电池，与以往的铅酸电池、镍氢电池和镍镉电池相比具有电池工作电压高、比能量大、循环寿命长、自放电率低、无记忆效应、无污染等优点。燃料电池比锂离子电池具有更长的使用寿命和更高的比能量，但是它需要配备储存燃料和氧化剂的外部储罐，体积较大。目前电池的再充电主要通过定期上浮或回收来进行人工充电，十分烦琐。

多 UUV 协作系统的能源技术存在两大难点。

（1）能量需求大：在恶劣、特殊的海洋环境中，如要在长期无人值守情况下完成海洋自主采样等使命，要求能源能够维持几个月甚至更长时间，使得能源的供给和补充相当困难。

（2）电池重量和体积受限：多 UUV 协作系统多是由小型低成本 UUV 组成，由于受到载体尺寸和负载能力的限制，无法装配需要外部储罐的燃料电池，携带锂离子电池的数量也有限，使得多 UUV 系统难以完成远距离或长时间作业任务。

未来能源技术的发展主要有两个方向：一个是研究和应用具有较高能量密度（单位重量能量）和比能率（单位体积能量）的新型能源，如太阳能、核能等；另一个是研究水下对接和充电技术，通过水下停泊站，保证能源的后续与补充，如利用两台 UUV 交替充电，实现水下无限期作业。对多 UUV 协作系统来说，除了成员自身运动、作业的耗能外，还存在网络通信的消耗，因此，研究低能耗、高效率的组网技术显得十分重要，另一个思路是研究子母型多 UUV 系统,利用能源充足的自主远程 UUV 将搭载的多台小型 UUV 运送到远程作业区域后释放并展开作业。此外,未来 UUV 还应该能够利用周围环境中各种形式的海洋能源（如潮汐、温差等）来补充自身的能源。

## 5　结论（Conclusion）

随着海洋研究的深入和使命需求的不断复杂化,水下机器人集群这种更加高效的作业形式将越来越受到用户的青睐,多 UUV 协作系统已成为未来水下机器人领域的重要发展方向。本文详细介绍了多 UUV 协作系统的结构分类、应用前景以及与单体 UUV 相比较的特点和优势,在此基础上,分别从应用现状和技术现状两个方面深入分析了多 UUV 协作系统的研究现状,同时对系统涉及的导航、通信、控制和能源等技术的未来发展方向进行了展望。多 UUV 协作系统研究涉及机器人学、控制理论、计算机与电子科学、通信工程、水声学等多门学科,此外,还可以借鉴和应用已有的社会科学（如组织理论）、经济学（如风险投资、合同、拍卖）、生命科学（如动物行为科学和心理学、蚂蚁理论、细菌行为等）及认知科学（如人工智能等）的研究成果,是属于多学科交叉而形成的研究领域。总的来说,多 UUV 协作系统具有良好的并行性、鲁棒性、可扩缩性和适应性等优点,随着关键技术的日趋成熟,其应用前景也将更加广阔,研究与开发多 UUV 协作系统是水下机器人技术发展的必然趋势。

## 参 考 文 献（References）

[1] 谭民, 范永, 徐国华. 机器人群体协作与控制的研究[J]. 机器人, 2001, 23(2): 178-182.

[2] Burgard W, Moors M, Stachniss C, et al. Coordinated multi-robot exploration[J]. IEEE Transactions on Robotics, 2005, 21(3): 376-386.

[3] 宋梅萍, 顾国昌, 张汝波. 多移动机器人协作任务的分布式控制系统[J]. 机器人, 2003, 25(5): 456-460.

[4] Richer T J, Corbett D R. A self-organizing territorial approach to multi-robot search and surveillance[A]. Proceedings of the 15th Australian Joint Conference on Artificial Intelligence[C]. Canberra, Australia: The Australian National University, 2002: 724-732.

[5] Lemaire T, Alami R, Lacroix S. A distributed tasks allocation scheme in multi-UAV context[A]. Proceedings of the 2004 IEEE International Conference on Robotics and Automation[C]. Piscataway, NJ, USA: IEEE, 2004: 3622-3627.

[6] 梁建宏, 王田苗, 魏洪涛, 等. 水下仿生机器鱼的研究进展 IV——多仿生机器鱼协调控制研究[J]. 机器人, 2002, 24(5): 413-417.

[7] 仲宇, 顾国昌, 张汝波, 等. 一种新的水下机器人集群路径规划方法[J]. 哈尔滨工程大学学报, 2003, 24(2): 166-169.

[8] 徐红丽, 许真珍, 封锡盛. 基于局域网的多水下机器人仿真系统设计与实现[J]. 机器人, 2005, 27(5): 423-425, 440.

[9] Schofield O. Ocean research interactive observatory networks[R]. San Juan, Puerto Rico: Rutgers University, 2004.

[10] Hanrahan C. Monterey bay 2003 experiment[EB/OL]. http://www.mbari.org/aosn/, 2004-11-02.

[11] Sousa J B, Pereira F L, Souto P F, et al. Distributed sensor and vehicle networked systems for environmental applications[A]. Environment 2010: Situation and Perspectives for the European Union[C]. Porto, Portugal: University of Porto, 2003. http://paginas.fe.up.pt/~lsts/lsts_www/files/env2010sensores.pdf.

[12] Byrne R, Eskridge S, Hurtado J, et al. Algorithms and analysis for underwater vehicle plume tracing[R]. USA: DARPA, 2003.

[13] Schulz B, Hobson B, Kemp M, et al. Field results of multi-UUV missions using ranger micro-UUVS[A]. Oceans Conference Record[C]. Piscataway, NJ, USA: IEEE, 2003: 956-961.

[14] Willcox S, Streitlien K, et al. CADRE: Cooperative autonomy for distributed reconnaissance and exploration[Z]. Cambridge, MA: Bluefin Robotics Corporation, 2002.

[15] Ryan P J. Operation Iraqi freedom: Mine countermeasures a success[J]. Military Equipment & Services, 2003, 7(8).

[16] 王伟. 浅海扫雷机器人的发展趋势浅析[J]. 机器人技术与应用, 2002, (5): 2-5.

[17]  Cruz N, Matos A, de Sousa J B, et al. Operations with multiple autonomous underwater vehicles: the PISCIS project[A]. Proceedings of the Second Annual Symposium on Autonomous Intelligent Networks and Systems[C]. Palo Alto, USA, 2003. http://path.berkeley.edu/ains/final/008%20-%2023-cruz.pdf.

[18]  Singh H, Catipovic J, Eastwood R, et al. An integrated approach to multiple AUV communications, navigation and docking[A]. Proceedings of the 1996 MTS/IEEE Oceans Conference[C]. Piscataway, NJ, USA: IEEE, 1996: 59-64.

[19]  An P E, Healey A J, Smith S M, et al. New experimental results on GPS/INS navigation for Ocean Voyager II AUV[A]. Proceedings of the IEEE Symposium on Autonomous Underwater Vehicle Technology[C]. Piscataway, NJ, USA: IEEE, 1996: 249-255.

[20]  Yu S C, Ura T, Fujii T, et al. Navigation of autonomous underwater vehicles based on artificial underwater landmarks[A]. Proceedings of the 2001 MTS/IEEE Oceans Conference[C]. Piscataway, NJ, USA: IEEE, 2001: 409-416.

[21]  Reeder C A, Odell D L, Okamoto A, et al. Two-hydrophone heading and range sensor applied to formation-flying for AUVs[A]. Proceedings of the 2004 MTS/IEEE Oceans Conference[C]. Piscataway, NJ, USA: IEEE, 2004: 517-523.

[22]  Baccou P, et al. Cooperative positioning and navigation for multiple AUV operations[A]. Proceedings of the 2001 MTS/IEEE Oceans Conference[C]. Piscataway, NJ, USA: IEEE, 2001: 1816-1821.

[23]  蒋新松, 封锡盛, 王棣棠. 水下机器人[M]. 沈阳: 辽宁科学技术出版社, 2000.

[24]  Albus J S, McCain H, Lumia R. NASA/NBS standard reference model for tele-robot control system architecture (NASREM)[R]. Gaithersburg, MD: National Bureau of Standards, 1987.

[25]  常文君, 由光鑫, 庞永杰, 等. 基于混合体系结构的多水下机器人协调控制体系[J]. 中国海洋平台, 2002, 17(3): 12-16.

[26]  Finder N V, Elder G D. Multi-agent coordination and cooperation in a distributed dynamic environment with limited resources[J]. AI in Engineering, 1995, 9: 229-238.

[27]  Wooldridge M. 石纯一, 等. 多 Agent 系统引论[M]. 北京: 电子工业出版社, 2003.

[28]  Demazeau Y, Muller J P. Decentralized artificial intelligence[A]. Proceedings of the First European Workshop on Modelling Autonomous Agent in a Multi-Agent Word[C]. Amsterdam, Netherlands: North-Holland, 1989: 3-13.

[29]  陈忠泽, 林良明, 颜国正. 基于 MAS(Multi-Agent System)的多机器人系统: 协作多机器人学发展的一个重要方向[J]. 机器人, 2001, 23(4): 368-373.

[30]  王越超, 谈大龙. 协作机器人学的研究现状与发展[J]. 机器人, 1998, 20(1): 69-75.

# 海洋机器人 30 年[*]

封锡盛[1]，李一平[1,2]

（1. 中国科学院沈阳自动化研究所，机器人学国家重点实验室，沈阳，110016；

2. 中国科学院大学，北京，100049）

**摘要：** 中国科学院沈阳自动化研究所拥有一支规模较大的机器人研究队伍，建有机器人学国家重点实验室，海洋机器人研究是其重要的研究分支，30 多年来通过自主研究建立了坚实的基础，通过国际合作弥补短板，提升了研究水平，进而实现了自主创新，并在海洋机器人研究与开发领域中创造了多项国内领先，在国内一直保持先进水平，在国际上拥有一定的知名度。本文对沈阳自动化研究所 30 多年来在海洋机器人领域的科研历程做了简要回顾，对未来发展进行了展望。

**关键词：** 海洋机器人，遥控水下机器人，自主水下机器人，载人潜水器，水面机器人

# Thirty Years Evolution of SIA's Unmanned Marine Vehicles

Feng Xisheng[1], Li Yiping[1,2]

(1. State Key Laboratory of Robotics, Shenyang Institute of Automation, Chinese Academy of Sciences, Shenyang, 110016, China; 2. University of Chinese Academy of Sciences, Beijing, 100049, China)

**Abstract:** There is a large group of robotics research staff in Shenyang Institute of Automation, Chinese Academy of Sciences, with a State Key Laboratory of Robotics. Unmanned marine vehicle (UMV) is one important part of our research areas. Over the past 30 years, we laid a solid foundation through carrying out researching independently, and sought international cooperation to improving the level of basic research and minimize weaknesses, thus realizing indigenous innovation. Many firsts have been created in the history of marine vehicle development of China, which makes us the leader in domestic academic field and acquires popularity abroad. This paper provides a brief review on the SIA's research evolution in the field of UMV for the past 30 years and prospects for the future development.

**Keywords:** unmanned marine vehicle (UMV), remotely operated vehicle (ROV),

---

\* 原发表于《科学通报》，2013, 58(S2): 2-7。

autonomous underwater vehicle (AUV), human operated vehicle (HOV), unmanned surface vehicle(USV)

海洋机器人（unmanned marine vehicles, UMV）是人类认识海洋、开发海洋不可缺少的工具之一，亦是建设海洋强国、捍卫国家安全和实现可持续发展所必需的一种高技术手段。

海洋机器人在机器人学领域属于服务机器人类，它包括无人水下机器人（unmanned underwater vehicle, UUV）与无人水面机器人（unmanned surface vehicle, USV）。在国家标准 GB/T 13407-92《潜水器与水下装置术语》中，"水下机器人"应称为"无人潜水器"，该标准发布 20 年来，这一称谓未被普遍接受，实际使用率低且国标内容已陈旧，与当前发展不适应，因而，本文继续使用频度较高的"水下机器人"这一名称，它包括有缆遥控水下机器人（remotely operated vehicle, ROV）和自主水下机器人（autonomous underwater vehicle, AUV）两大类。此外由于载人潜水器在技术和功能上与水下机器人有共性，有少数文献将其纳入水下机器人类。其实这三类机器人的主要差异在于操作模式，操作者在机器人体内称为载人潜水器，位于体外（如母船上）通过电缆进行操作称为遥控水下机器人，用体内计算机代替操作者则称为自主水下机器人。

世界海洋机器人发展的历史大约 60 年，经历了从载人到无人，从遥控到自主的主要阶段。我国的科研人员用了大约一半的时间走过了这一历程。加拿大国际潜水器工程公司（ISE）总裁麦克·法兰将海洋机器人的发展历史分为四个阶段[1]，并将前三个阶段称为革命（revolution）：第一次革命在 20 世纪 60 年代，以载人潜水器为标志。第二次革命为 70 年代，以遥控水下机器人的迅速发展为特征。第三次革命大体为 80 年代，以自主水下机器人的发展和水面机器人（USV）的出现为标志。现在则是混合型海洋机器人的时代。本文认可这一说法，并将上述四个阶段称为四代。

目前，国外拥有的海洋机器人中的主要类型国内均有研制开发，其总体集成水平大体上达到或接近国际水平，但在一些关键部件和某些材料的研究方面还有很大差距。

我国在 20 世纪 70～80 年代先后研发了"鱼鹰"号和"蓝鲸"号载人潜水器。最具代表性的成果是类似"神舟十号"与"天宫一号"对接的水下对接试验。一艘 7103 深潜救生艇与坐沉海底的潜艇（模拟潜艇失事状态）精确对接，并将潜艇艇员转移到深潜救生艇中。这是海军航保部门主持，由上海交通大学等单位完全依靠自主技术研发的重大成果。40 年后，我国载人潜水器的潜深能力已从 200 米提升至超过 7000 米。

我国的水下机器人事业起步于 20 世纪 80 年代，中国科学院沈阳自动化研究所是我国较早开展海洋机器人研究的单位之一。30 多年走过的风雨路具有一定的代表性，本文对这一历史做简要回顾，并对海洋机器人未来的发展做了简单展望。

## 1 海洋机器人 30 年回顾

20 世纪 70 年代末期，为了使我国的海洋机器人技术早日跻身国际先进行列及适应海洋开发的需要，我国开始着手海洋机器人的研制工作。30 多年来，沈阳自动化研究所的海洋机器人事业稳步发展，其研究开发的过程从一个侧面反映了我国海洋机器人事业的发展。其历程大体分为三个阶段。

（1）起步——自主探索（20世纪70年代末期至80年代中期）。

沈阳自动化研究所的研究工作起始于第二代遥控水下机器人。1979年以蒋新松院士为首的团队在国内最早提出了海洋机器人研究计划。1981年，沈阳自动化研究所承担了中国科学院支持的"智能机器在海洋中应用研究"，即"海人一号"（HR-01）课题，开始研制我国第一台作业型遥控水下机器人（见图1），其总功率20马力，最大作业水深200米，装有6功能带有触觉的主从伺服机械手，包括电动主手和液压从手，主、从手之间采用双向反馈形成力感，并以当时较为先进的多片微控制器构成了相当于机器人大脑和神经的控制和通信系统。该机器人以海洋石油开发、打捞救生作业等为应用背景，课题研究工作得到上海交通大学的大力合作，进展顺利，1985年完成了首航，1986年改进后的"海人一号"完成了海上试验。"海人一号"是我国科研人员完全依靠自主技术和立足于国内的配套条件开展的研究工作，是我国水下机器人发展史上的一个重要里程碑事件。

图1 "海人一号"遥控水下机器人

"海人一号"的研究进展加深了科研人员对这种海洋装备的科学认识，积累了技术及经验，锻炼了人才，培养了队伍。当时，对于我国是否应当大力发展机器人产业是有争论的，"海人一号"的成功对后来我国机器人研发和产业化起了促进作用。经媒体报道后，水下机器人潜在的应用前景引起了国内外的关注。此后国内的相关科研力量开始向这一方向聚焦。"海人一号"属原理样机，与实用还有很大距离，这也使我们认识到我们与国际先进水平的差距，以及向国外同行学习的必要性。"海人一号"的成功为后来国际合作奠定了技术基础。

与此同时，沈阳自动化研究所又开发了小型遥控水下机器人"金鱼"号，六足步行海底机器人"海蟹"号和"海潜"号等多种类型遥控水下机器人，分别应用于水库大坝拦污栅检查、石油钻井平台、海底探查、救助打捞、水电站大坝检测等场合。

（2）合作——共谋发展（20世纪80年代后期到20世纪末）。

1986年，沈阳自动化研究所与美国佩瑞公司签订了"RECON-IV"中型水下机器人技术引进合同，仅就技术复杂程度而言，"RECON-IV"远不及"海人一号"，但是"RECON-IV"是国际上有知名度的实用产品，实用化是我们需要弥补的差距，"RECON-IV"的电子设备全部集中于水面控制台，水下部分仅为执行器和传感器，整机系统可靠性高和易于维护。当时国内水下机器人还是新事物，没有相关配套条件，90%以上的零部件均需进口，例如，水下机械手及作业工具、水下电机、系缆、铠装主缆、浮力材料、各种传感器、水下摄像机、水下照明灯及云台、水密接插件等，甚至连紧固件都需要进口。随后在国家有关部门支持下开展了国产化工作，十多个单位与沈阳自动化研究所共同攻关，经过 3 年的努力，国产化取得很大进展，所需进口的部件全面国产化，但是大量采用国产零部件后的"RECON-IV"整机可靠性大幅度降低，以至于在海上服务时故障多，用户不满意，同时需要大量备品配件支撑，使得总成本大幅度增加。后来，降低国产化零部件的比例至大约 80% 才使性能稳定下来。国产化零部件需要一个通过实践不断改进和完善的过程，还需要研制单位的重视和坚持，需要很大的投入。由于这类装备数量不大，没有国家政策的支持和扶植就会夭折。例如，当时国产化的水下电机，在尺寸和重量相同条件下比进口电机出力大一倍，但因某些缺陷导致最终未能成为可靠的产品，国内零部件制造的基础薄弱成为水下机器人发展的最大障碍。引进国外技术可以弥补中、外的差距，引进技术后不搞国产化是白花钱，但是全面国产化既不可能也无必要。

随着国产"RECON-IV-300-SIA"[见图 2（a）]的诞生和走向海洋石油生产现场，科研骨干们也分期、分批走上海洋石油钻井平台，参加现场作业值班和实际操作。现场环境和实际生产过程的复杂性、多变性、突发性、紧张性以及设备适应性、操作便利性及如何实现进一步提高效率等实际问题使科研人员有了深刻的体会，他们的感性认识得到大幅度提升，这些融化在他们的科研理念和设计思想中。人的科研素质和能力的提高对沈阳自动化研究所的研究水平提升起到至关重要的作用。

1990 年，"RECON-IV-300-SIA"首次销往国际市场，我国第一次有了可以参与国际招标竞争的水下机器人产品。此后，多次在国际招标中中标并在我国南海石油钻井平台上服务，同时为国内有关部门提供了 20 多套各种类型的遥控水下机器人系统，成为国内唯一向国内外市场提供海洋机器人产品并提供各种技术支持和水下工程服务的单位。目前，沈阳自动化研究所不仅可为用户定制潜深 1000 米以下的各类遥控水下机器人产品，还能提供水下灯、云台、多种类型水密接插件、水下伺服机械手、开关机械手、水下作业工具（如：清洗、切割、更换牺牲阳极、回收大型沉物夹持器）、人机交互设备总成、具有防摆止荡功能的大型甲板成套布放与回收设备等。

自主水下机器人没有电缆、自带能源、不靠遥控、依靠机载自主能力执行作业，是用机器智力代替人的智力的先进的第三代水下机器人，其潜在应用意义巨大。从 80 年代末期起，沈阳自动化研究所与七〇二所、中科院声学所、哈尔滨工程大学等单位组成团队，在国家 863 计划支持下，完全依靠自主技术开展研究，利用 3 年时间研制成功我国第一台潜深 1000 米的自主水下机器人——"探索者"号[2]，在深潜技术、自主控制、规划与驾驶、先进电子及计算机系统和软件、导航定位、避碰、故障诊断、视觉导引、全自动布放与回收、地形地貌探测、水声通信、流体动力学设计、建模、推进、抗高水压动力单元等领域进行了全面探索和开发。这些为我国自主水下机器人的发展奠定了坚实的基础。

从 1992 年开始，沈阳自动化研究所与俄罗斯海洋技术问题研究所合作，着手研制 6000 米级自主水下机器人——"CR-01"[见图 2（b）]。俄罗斯海洋技术问题研究所此前研制的 MT-88 是其第八套该级别的自主水下机器人，具有较为成熟的深水机器人技术，特别在结构、材料、密封、总体集成、软件、传感器以及深海工作经验等方面具有长处，而在电子及计算机、流体动力学、浅地层剖面声呐和测深侧扫声呐的电子信号处理等方面中方优势明显。中俄双方专家经过四轮的联合设计，融合了各方的长处，确定了"CR-01"

的总体方案。"CR-01"于 1995 年研制成功，分别于 1995 年、1997 年两次赴太平洋我国多金属结核开辟区开展调查工作，获得了大量的海底多金属结核录像、照片及声图资料，为开辟区资源勘查提供了重要的依据[3]。上述一系列成果使我国一跃成为世界上少数拥有该项技术和设备的国家之一。"CR-01"被评为 1997 年中国十大科技进展之一，同年获中国科学院科技进步奖特等奖和综合重大成果奖。

在"CR-01"研制成功的基础上，又以中方向俄方采购部件的方式研制了"CR-02"。与"CR-01"相比，"CR-02"具有适应复杂地形的能力。

近年来，在上述基础上，沈阳自动化研究所又自主研制出新一代的 6000 米级自主机器人"潜龙一号"，其安全性、可靠性、海上工作的适应性、续航时间和各种探测设备的性能有了大幅度提高。

为了适应海底通信业发展的需要，90 年代末期，沈阳自动化研究所与意大利 Sonsub 公司合作，联合开发了海底行走式遥控水下机器人"海星"号［见图 2（c）].  "海星"号又称自走式海缆埋设机，重量小于 10 吨，潜深 300 米，有两只强壮的机械手，用于抓取海床上的通信光缆，能以 500 米/小时速度将海底光电缆与接驳盒埋入海底 1.5 米深处。这是国内首次研制的大型、作业能力强的海底行走机器人，该项目的研制成功使我国在水下机器人大功率高电压传输、大深度、强作业型机器人的研制方面积累了经验，也为后续研制大型遥控水下机器人打下了基础。

（a）RECON-IV-300-SIA ROV　　　（b）"CR-01" 6000 米自主水下机器人　　　（c）"海星"号自走式海缆埋设机

图 2　SIA 研制的海洋机器人

三次合作的经验告诉我们，国际合作只有双方技术实力大体对等且合作各方均有所获才有可能，要想进行高水平的国际合作，自身实力是基础。

国际合作使我们接触到不同的机制、理念和文化，如：美国合作方注重法律、合同与信誉；俄罗斯专家则注重责任，俄罗斯同行极其认真的工作态度，以及他们能以巧妙的"办法"、极低的代价解决复杂问题（尽管有时显得粗糙）的能力，令人印象深刻；意大利的研究和工程两个层次的研发模式对我们也有可借鉴之处。

（3）创新——自主研发。

进入 21 世纪，沈阳自动化研究所进入自主创新研发海洋机器人的时期。2002 年，沈阳自动化研究所着手研制自治/遥控水下机器人 ARV[4]。ARV 是一种集 AUV 和 ROV 技术特点于一身的第四代混合型水下机器人，它具有开放式、模块化、可重构的体系结构和多种控制方式，自带能源并携带光纤微缆。2005～2008 年，先后研制成功三型 ARV（SARV-A、SARV-R 和北极 ARV）。其中北极 ARV[5]在 2008 年和 2010 年分别参加了中国第三次、第四次北极科考（见图 3），获取了大量有价值的试验科考数据，创造了我国水下机器人在高纬度下开展冰下调查的纪录，为水下机器人技术后续发展和在北极科考中的应用奠定了技术基础，也提升了我国水下机器人技术水平和国际影响力。其成果受到了国内外同行和新闻媒体的广泛关注。

图 3　北极 ARV 在中国第三次、第四次北极科考中应用

在全面掌握了深水自主水下机器人技术的基础上，沈阳自动化研究所联合国内多家单位，历经十年，研究并突破了智能控制、精确导航、高效能源应用、海洋环境观测、海底地形地貌探测等关键技术，历经几百次湖上和海上试验，于 2010 年研制成功我国首型长航程自主水下机器人，创造并多次刷新了我国 AUV 一次下水连续航行距离和航行时间的纪录，标志着我国已全面掌握了长航程自主水下机器人的技术，并迈入国际先进水平。

2012 年，7000 米载人潜水器控制系统成功完成了 7000 米海上试验；搭载在"蛟龙"号上的 7000 米遥控水下机器人两年前已经完成研制，有待进行海上试验。该机器人十分轻巧，带有一只小型机械手，可由"蛟龙"号乘员释放、作业和回收，其电子控制部分可直接承受高水压，实验室试验压力已达 84 兆帕（8400 米），这是目前国内研制的潜深最深的遥控水下机器人。

此外，强作业型遥控水下机器人、快速反应型水下机器人、水下滑翔机器人、用于水下传感网的接驳盒等也相继研发成功。在前沿探索领域，先后开展了仿鱼、水面救助、六足步行、海底通行、轮桨腿一体化、波浪能滑行、水面/水下两栖以及半潜航行器等海洋机器人的理论和试验研究。

30 多年来，沈阳自动化研究所的海洋机器人研究开发工作，实现了从遥控到自主，从浅水 200 米到深水 6000 米，从航程几十公里到远海几百公里，从单机到集群，从水中扩展到海底和海面，从概念研究到产品研发、应用及服务的技术跨越（见图 4），实现了从跟踪研究到自主研发，从市场牵引创新向市场牵引创新与创新引领市场并举的转变。

（a）海底光缆埋设　　　　　（b）海洋石油服务　　　　　（c）极地科考

图 4　沈阳自动化所的遥控水下机器人产品

　　但是，一个重要产品的研发和转化需要 10 至 15 年的时间，需要国家计划、相关应用领域用户的支持。正是在国家高技术研究发展计划、中国科学院、海洋用户的大力支持下，沈阳自动化研究所的海洋机器人装备研发才能走过 30 多年的历程。

## 2　展望

　　海洋机器人作为一种装备归于高端制造业，属于国家支持的战略新兴产业范畴，虽然其体量短时间内不会很大，但具有战略制高点的作用。总的来说，海洋空间不适合人类的生存，大规模开发和利用海洋资源对机器人和机器人技术有很大的期待和依赖。以机器人代替人推动和实现海洋装备无人化具有深远的战略意义。有人海洋平台，包括民船和军船，都在走数字化、自动化、少人化和无人化这条发展路线，而无人化本质上就是机器人化，这是今后海洋装备发展的潮流，也是意义深远的战略方向。

　　国外遥控水下机器人技术在 20 世纪就已经成熟，有人介入的这种作业模式已经成为复杂环境中进行深水作业的最有效（潜水员、载人潜水器均有局限性）甚至是唯一的手段，这种作用至少今后一二十年内不会改变。

　　为了适应未来深海资源开发的需求，遥控类型水下机器人将向大深度 3000～6000 米发展，作业动力将从目前 100～200 马力向数百乃至上千马力发展[6]。信息化、虚拟、人工智能、图像处理、3D 视频、脑电和头盔以及脑科学技术的进展将大大地改善操作者的工作环境，使人机交互操作更加高效、简单、轻松和安全。水下机器人与水面机器人相结合，无须大型支持母船驻留现场，将大幅度降低作业成本。同时，又便于实现远程监视与操作。基于水声通信及水下网络的新型水下机器人将会出现，使作业能力向更广的维度扩展。水下机器人技术与网络技术的结合推动了水下网络的发展，除传感网外，水下执行网、物联网、移动传感网将得到发展。

　　过去人们面对浩瀚的海洋只能望洋兴叹，海洋机器人的出现和发展，将人的眼、手、足延伸进了海洋空间，替身海洋机器人承载着人类的寄托和梦想，将代替人巡游海洋的任何角落，去发现、认识和研究海洋。

　　我们可以换一个角度看待自主机器人，即自主机器人也是人，因此，对机器人的研究也可以从行为开始，一系列的行为构成了机器人的自主能力。机器人的自主能力需要度量，即划分为不同的级别，级别与使命复杂度相关。将来会出现"学士级""硕士级"和"博士级"的机器人。显然，智能自主能力研究是当前和未来的研究重点之一。

　　由于海水介质的特殊性，相比其他类机器人而言，水下机器人更需要有强大的自主能力，包括环境认知、推理、决策、规划、学习和合作能力。但是，从另一个角度来看，人们不会允许自主机器人成为独立"王国"，人在回路技术（有别于遥控）应当大力发展。

　　水面机器人有高效率和低代价的特点，就像无人机正在逐步取代有人飞机一样，水面机器人逐步取代人驾驶的水面船正在成为一种趋势。

　　两栖（水面、水下）、三栖（水面、水下、空中）海洋机器人将出现，融合水面、水下、遥控和自主机器人优点的第四代海洋机器人将得到快速发展。

　　随着技术进步和制造成本的降低，几百至上千条各类海洋机器人组成的大规模混合编队，将能承担起区域及全球海洋精细探测任务，这些将对数字海洋、智慧海洋工程建设起到重要作用。

现代水面、水下自主机器人的连续航程已经达到数百公里至上千公里，其上可携带能对人类构成伤害的设备或武器，因此对海洋机器人的法律地位与伦理问题已经提上研究日程。

## 3  结束语

在发达国家，遥控水下机器人技术及制造产业已经成熟，整机产品及零部件主要由近百家中小型企业生产制造和提供服务。近几年，国内出现了几十家小型水下机器人公司，几乎都是国外产品的代理商。除了研究机构和大学以外还没有一家真正基于自主技术制造海洋机器人的企业。国家正在部署水下机器人产业化，要实现这一目标重点在于市场的开拓和基础材料、重要零部件、各种高精度探测设备、仪器仪表和传感器的研究开发。相比遥控水下机器人，在国际上自主水下机器人和水面机器人仍处于从实验室走向应用的过渡阶段，产品尚未完全成熟，除军用外，只有少数型号能作为商品出售，其应用范围还有待开拓。这类机器人一旦自主能力、通信及能源技术有突破性提高，其应用前景将非常广阔，更为重要的是，海洋机器人作为无人化海洋装备正在推动有人平台实现无人化的大潮流。人类来自海洋，但是人类已经无法返回故乡，海洋机器人正在圆人类回乡之梦。

### 致谢

感谢中国科学院沈阳自动化研究所王晓辉研究员、林扬研究员和徐红丽副研究员对本文提出的宝贵修改意见。

## 参 考 文 献

[1] McFarlane J R. Tethered and untethered vehicles: The future is in the past. Mar Technol Soc J, 2009, 43: 9-12.

[2] 封锡盛. 从有缆遥控水下机器人到自治水下机器人. 中国工程科学, 2000, 2(12): 29-33, 58.

[3] 李一平, 封锡盛. "CR-01" 6000m 自治水下机器人在太平洋锰结核调查中的应用. 高技术通讯, 2001, 11(1): 85-87.

[4] Li Y P, Li S, Zhang A Q. Recent research and development of ARV in SIA. Proceedings of the 6th International Symposium on Underwater Technology, 2009.

[5] Zeng J B, Li S, Wang Y, et al. The application of polar-ARV in the fourth Chinese national arctic expedition. Proceedings of the OCEANS MTS/IEEE KONA Conference & Exhibition, 2011: 1-5.

[6] 封锡盛, 李一平, 徐红丽. 下一代海洋机器人——写在人类创造下潜深度世界纪录 10916 米 50 周年之际. 机器人, 2011, 33(1): 113-118.

# 一种新型自治水下机器人*

蒋新松[1]，封锡盛[1]，徐芑南[2]

（1. 中国科学院沈阳自动化研究所；2. 中国船舶科学研究中心）

**摘要：** 本文叙及一种新型自治水下机器人，这种水下机器人是我国第一台无人无缆自治水下机器人，由国家 863 计划资助。其工作深度为 1000 米，航速 2 节，具有 6 小时的续航能力，可用于海底地形考察、海底搜索、海底观察以及海洋科学研究等方面。

该水下机器人，能根据使命要求自动进行路径规划，具有故障自动诊断和处理、自动回避障碍等功能。借助于水声通信可实现单向的图像和双向命令或数据的传递。

为了能在四级海况下可靠地发送和回收水下机器人载体，专门设计了一套独特的水下发送和回收系统，全部回收过程在声学和电视设备的引导下自动进行，从而可以避免恶劣的海况给设备和回收人员带来的危险。

本文着重叙述了自治水下机器人的构成及工作原理、主要技术参数及若干关键技术。

## 1 引言

无人无缆自治水下机器人的研究与开发是当前海洋高技术领域最受重视的项目之一。由于无人无缆自治水下机器人有着很大的潜在应用前景，因此它的研究与开发是许多发达国家海洋高技术领域最受重视的项目之一。我国从 1990 年开始研制无人无缆自治水下机器人，以下简称 TSZ。该项目由中国科学院沈阳自动化研究所、中国船舶研究中心、中国科学院声学研究所，哈尔滨船舶工程学院、上海交通大学等单位共同承担。

TSZ 在设计上有以下主要特点：

（1）很好地兼顾了相互矛盾的高速与低速特性要求，使之能适应搜索与观测两种使命。

（2）水下回收有效地克服了恶劣海况对投放和回收的影响。

（3）在控制系统中充分地考虑了水动力特性以及各种时变及非线性影响。

（4）一个简单的三层软件体系结构，有效地组织了信息流以实现整机的自治功能。

## 2 自治水下机器人 TSZ 概述

TSZ 由两大部分组成：水面支持系统和水下载体系统。

水下载体系统是 TSZ 的主体，使命的执行部分，它包括：载体结构系统，推进系统，

---

* 原发表于全国海洋科学技术报告会，1992。

载体航行控制系统，计算机体系结构，规划与导航系统，图像处理与水声通信系统，传感器系统，故障诊断系统等子系统。

根据使命要求，TSZ 应能以较高速度（4 节）进行搜索，也能以低速在目标附近进行机动灵活的徘徊以便进行有效观察，这对 TSZ 的操纵性设计提出了相互矛盾的要求。

考虑上述两个因素 TSZ 采用了类似鱼雷体的线型，配置了六个推进器（图 1），可以实现除横摇以外的五个自由度运动。推进电机选用直流永磁充油电机，采用四叶卡普兰型螺旋桨，叶剖面为全对称型，椭圆厚度分布以便使两个方向的推动力尽可能一致。采用了玻璃钢阴模成形的外壳。载体内部共有 43 个尺寸不同的耐压舱用于安放各种设备和传感器，其余空间以比重为 0.43kg/dm³ 的浮力材填充。

这种线型和推进器布置设计其阻力系数很小，仅为 0.03，在 2 节速度下进行全速倒车时滑行距离大约为 14m，这表明 TSZ 有较好的阻力特性和操纵性。

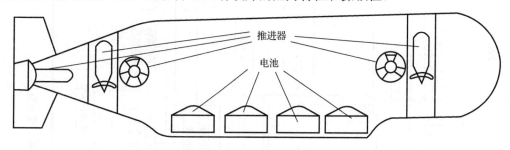

图 1  TSZ 载体推进器布置图

### 3  TSZ 的载体总控制系统

图 2 示出了 TSZ 载体总控制系统的结构。载体在水下的运动是由图中的水平面控制和垂直面控制来实现的。共有五个自由度（进退、潜浮、航向、横移和纵倾），为了改善载体的控制性能采用了推进器非线性补偿、纵向和横向速度闭环、角速度闭环、加速度解算及闭环、定高控制和纵倾角控制。

控制计算机、导航计算机、通信计算机和主令计算机由一台 STD-BUD Model60 工业控制机构成，其微处理器为 80C286，采用多 CPU 主从工作方式。

控制计算机主要用于完成系统的中层控制，它包括实现定位（X、Y）控制、等距控制、定向控制、跟踪控制、坐标变换、局部路径发生器、回避障碍路径、运动分解（引导）和设备选择控制等。

主令计算机是 TSZ 号的高层管理与控制计算机，它在下水之前执行自检、测试和接受使命说明。在工作阶段执行规划、高层故障诊断，监控等任务。

通信计算机主要接收通信声呐收到的来自水面的命令数据，这些数据是通过声呐主控器、RS-232 口、图像处理计算机送到通信计算机的，经过解码后存入全局数据存储器，同时从全局数据存储器中取出有关载体的运动参数及全部状态参数上传给水面控制台。水下电视摄像机摄到的图像一路叠加必要的说明字符（例如深度、坐标、时间等）送入录像机录存，另一路送入图像处理计算机进行图像压缩，压缩后的信息与来自通信计算机的信息排序后送入声呐主控器，再由通信声呐发往水面。声呐主控器还接收声像声呐、侧扫声呐的数据并对四部声呐进行控制。

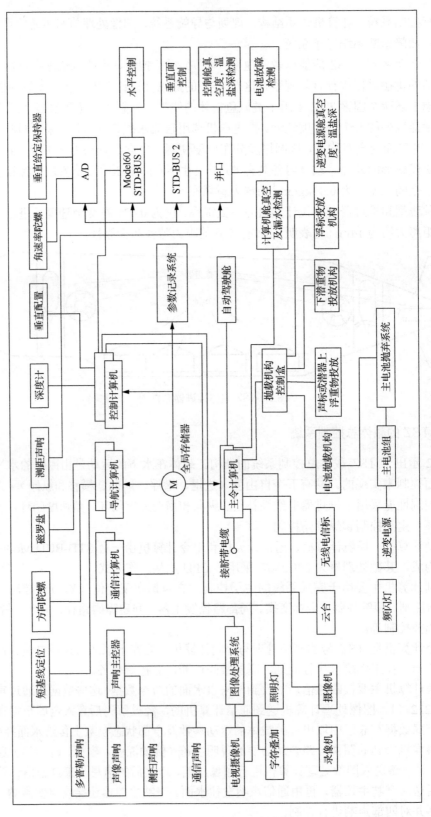

图 2 TSZ 载体总控制原理方框图

在下潜时为节省能源挂 20kg 重物，达到预定深度后抛掉，抛载机构受双重控制，抛载机构由主令计算机命令抛出和自身感知预定深度抛出。这是为避免计算机系统不正常时不能抛载。

在水下回收不成功或有意外情况时潜器将浮至水面，浮标投放机构将浮标放出以利于回收。

电池投放机构的设置是为了发生意外事故时抛掉电池组中的一块，约 125kg，这时即使最大的耐压舱灌满水，仍然有足够浮力使载体浮至水面。

## 4 计算机体系结构

TSZ 计算机软件结构体系相当于人的神经系统，如图 3 所示。最上层是水面主控计算机，其主要功能是实现人机交互和对水下载体实行监视和控制。"管理、规划"模块的主要功能是对载体实施管理和航线规划。规划的结果产生若干段基本航线和执行时序，这些数据送入"运动分解"模块，在运动分解模块中每一段基本航线将再分解为每个自由度的运动，然后交由"推进"和"控制"模块执行。"故障传感器"模块对故障传感器传来的信号进行处理，然后上传至"故障确认"模块，该模块的功能是根据多个传感器或系统的历史数据对是否真的发生了故障进行综合判别。确认后的数据再上传至"高层故障分析"模块用以判断该项故障对使命的完成和载体的安全影响程度，例如轻微故障可以返航，严重故障采取紧急上浮，或抛电池等处理手段。

环境传感器包括：电视摄像机、声像声呐、侧扫声呐、测距声呐。上述四个传感器的信息在载体内进行录像或记录，电视和声像声呐的信息传送到水面控制台，供操作员监视。由声像声呐图像中提取目标的有无、尺寸大小和形状信息进行粗略判别，供高层进行决策，还将根据测距声呐信息产生是否有障碍的信息。由 TV 图像中提取脱靶量以便用于对目标的电视跟踪。

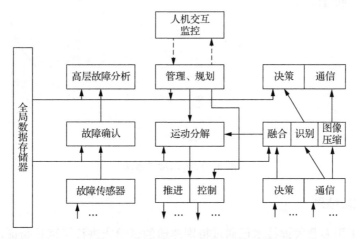

图 3　TSZ 分层软件结构图

## 5 投放与回收系统

在四级海况下，波浪高可达 2m，如何安全可靠地从母船上吊放到水下和从海中收回到母船上是十分棘手的难题，目前国内外尚无好的方法。根据我们的经验和技术积累，我们提出了一套水下投放与回收的方法。

研究表明在30m以下的水中，基本上可以不受水面上的风浪涌的影响。

投放和回收系统的原理见图4，该系统由三部分组成，即回收器、中继器、母船及其水面支持系统，中继器通过中性系统与回收器连接，又通过钢丝铠装主缆与母船连接。回收器有四个推进器可垂直运动、水平推进和转弯，其控制经过电缆由水面母船上的控制台来操作。回收过程如下：

（1）从中继中放出回收器，系缆长度为50~100m，顺流拉直，必要时可操作回收器的推进器以使其拉直。

（2）回收器处于定深状态。

（3）潜器抛出重物开始上浮，潜器定深航行、深度比回收器小1~2.5m，并以30m、60m、90m等不同半径进行圆形航行搜索。

（4）发现系缆后转入电视跟踪状态。沿系缆驶向回收器，在回收器上方定位，下落就位。如果潜器不能发现系缆，可以改变半径或圆心重新进行圆形搜索，如反复搜索仍不能找到系缆，则水下回收失败，漂至水面回收。

（5）潜器就位后，操作两扇浮力材制作的夹块，夹紧潜器，升起吊杆。

（6）操作回收器到中继器下方，收紧系缆锁紧回收器，提升至水面。

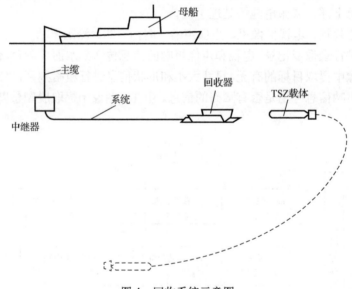

图4　回收系统示意图

## 6　部分试验结果

TSZ中所采用多数关键技术已通过特别建造的试验床进行了试验验证，或通过模型在试验水池中进行了模拟。其部分结果如下：

（1）定向精度<±1°（均方值）。

（2）定深精度为0.2%额定深度。

（3）自动定位精度+0.035~-0.054m。

（4）电视跟踪精度

$$直线跟踪误差偏角 \Delta \Psi = \pm 3° \quad (p\text{-}p)$$
$$偏差 \Delta X = \pm 36\text{mm} \quad (p\text{-}p)$$

（5）折线跟踪最大误差

$$\Delta \Psi = (+10° \sim -3°)$$
$$\Delta X = (+0.154 \sim -0.124) \text{ m}$$

进一步的工作尚在进行之中，预计 1993 年开始实艇试验。

Abstract

# 一种先进的轻型水下机器人——金鱼Ⅲ号[*]

封锡盛，关玉林，周纯祥

（中国科学院沈阳自动化研究所）

**摘要：** 本文叙及一种新的轻型水下机器人（亦称无人遥控潜水器或 ROV）——金鱼Ⅲ号。概要地描述了它的主要技术特点、系统总体结构、简要工作原理、适用范围。文中以在丰满电站进行实际作业为例，说明了该型水下机器人的应用前景。

## An Advanced Light Type of Underwater Robot —Golden Fish-03

Feng Xisheng, Guan Yulin and Zhou Chunxiang

(Shenyang Institute of Automation, Academia Sinica)

**Abstract:** This paper describes an advanced light type of underwater robot, i. e. unmanned tethered remotely operated vehicle (ROV) Golden Fish-03. And the paper briefly presents its technical characteristics overall architecture for the system, major working principles, and applied scopes. The broad applied outlook of this type of underwater robot is also discussed. As an actual example, the vehicle has carried out a real underwater mission in Fengman Hydropower plant, China.

## 1　概述

水下机器人是人类向水下进军的一种得力助手，在许多方面，水下机器人可以代替人进入人类无法进入的高压、危险的深水区域，进行观察、检查、测量、取样、安装、焊接和回收等作业，因此，水下机器人在军事和民用的许多部门中，都获得了广泛的应用。

人们在应用中感觉到，大型水下机器人虽然具有优良的性能，但是，大型水下机器人也有一些缺点，例如，设备庞大复杂，运输困难，维护保养复杂，技术难度大，造价高昂等。由于上述原因，有些部门或单位想用水下机器人但买不起，即使买得起也养不起，从而使水下机器人的应用受到了限制。

轻型水下机器人的出现，为这些用户带来了福音。一般来说，轻型水下机器人体积小巧、重量轻、造价低廉、运输方便、使用与维护简单，而其性能，特别是在观察测量能力上毫不逊色于大型水下机器人。因此，轻型水下机器人受到了人们的欢迎。

---

[*] 原发表于《海洋工程》，1993, 11(2): 73-80。

金鱼号水下机器人是沈阳自动化研究所从 1985 年开始研制的一种轻型水下机器人，其原理性样机称为金鱼Ⅰ号，曾于 1986 年底在我国南海海域进行了水下试验。1987 年，根据试验中发现的问题，对其做了重大的改进设计，特别着重在改善线型设计和流体动力学特性方面。改进型称为金鱼Ⅱ号。金鱼Ⅱ号在通过了多方面的试验考核以后，进行了试验应用。在此基础上，于 1989 年再次进行了改进设计，并定型称为金鱼Ⅲ号（见图 1）。金鱼Ⅲ号水下机器人曾于 1989 年获辽宁省科学技术进步奖二等奖，并于 1990 年获得国家级新产品证书。

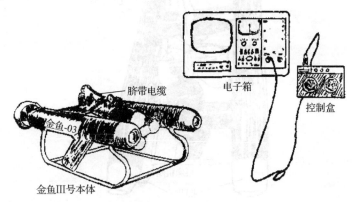

图 1　金鱼Ⅲ号水下机器人

## 2　金鱼Ⅲ号水下机器人的主要特点

（1）金鱼Ⅲ号水下机器人采用了全贯通的筒形结构，其形状比框架结构更接近于流线体，阻力较低，易于用型材加工，工艺简单，成本低。这种结构型式大大地减少了水密接插件的数量（只用一个）。从而减少了故障源，增加了可靠性。壳体兼具整流与承压双重功能，有效地减轻了重量。

（2）采用了先进的磁耦合技术代替动密封，这使得相对转动的两部分之间没有直接的接触或摩擦，力矩的传递依赖磁场，因此密封可靠。通常，动密封是主要故障源之一，而且需要经常维护，利用磁耦合技术，不仅减小了故障发生的概率，提高可靠性，也减少了维护的工作量。

（3）两个垂直推进器相对垂直轴成 45° 布置，这样一对垂直推进器亦可兼顾侧向推进。这种方式几何对称性好，有较好的水动力特性。

（4）中性脐带电缆是金鱼Ⅲ号水下机器人中的关键性部件，鉴于国内不能生产，自国外引进成本很高。我们专门设计了以轻型浮力材料制作的微型棱柱，将其套在一根特制的塑封电缆外面。由此构成了中性的脐带电缆，这不仅改善了金鱼Ⅲ号的浮游性能，同时由于不使用贵重的芳纶纤维，从而大大降低了造价。

## 3　金鱼Ⅲ号水下机器人的构成

金鱼Ⅲ号水下机器人由四大部分组成（参见图 1）：金鱼Ⅲ号本体、电子箱、控制盒、脐带电缆。金鱼Ⅲ号水下机器人本体是潜水部分，它通过脐带电缆与水面电子箱连接，金鱼Ⅲ号的大部分电子线路板、监视器和电源均放在电子箱中,控制盒为便携式,通过电缆联至电子箱,控制盒可放在室内或拿在手中。

金鱼Ⅲ号的本体结构如图 2 所示。其中,左侧浮筒中安装有电子线路板和水下电源,右侧浮筒内安装有深度计和电位计罗盘及其他传感器。

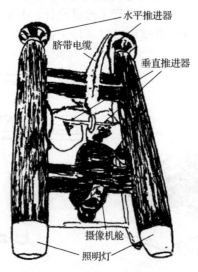

图2　金鱼Ⅲ号本体结构

整机主要性能指标。

最大工作深度:100m。

最大向前速度:2kn。

工作海况:三级。

工作范围:直径 100m。

本体尺寸:1060mm × 580mm × 345mm。

本体重量:34kg(空气中);-0.5kg(水中)。

观察设备:暗光黑白摄像机。

整机功耗:约为 1.2kW。

电源:交流 220V,50Hz。

控制方式:手动,自动定深,自动定向。

## 4　金鱼Ⅲ号水下机器人的工作原理

金鱼Ⅲ号系统是由以下分系统组成的:①推进器控制系统;②信息传输系统;③计算机系统;④字符叠加;⑤摄像控制系统;⑥传感器;⑦电源系统。

图3给出了经过简化的原理方框图。图中以虚线为界,左边为水上设备,右边为水下设备。

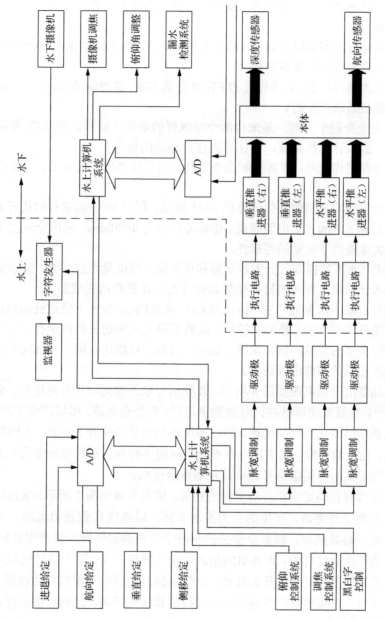

图 3 金鱼Ⅲ号系统方框图

　　水下机器人的运动是由推进器产生的，金鱼Ⅲ号推进器共设四个，两个在尾部，两个桨叶的螺距相反，用于进退和水平转弯控制。

　　两只垂直螺旋桨与垂线成 45° 角，两个螺旋桨的叶片螺距也相反，当左桨逆时针、右桨顺时针转动时产生向下的推力，反之产生向上的推力，若两只桨同向转动，则产生左移或右移的推力。

　　上述的运动方向亦可以合成，即前进或后退时，也可同时产生左、右转弯运动，上升、下降的同时，亦可实现左移或右移。

　　推进电机为直流电机，采用先进的 PWM 驱动方式，这种驱动器体积小，效率高。PWM 是由水面计算机系统产生的。

　　图 3 中左上角四个方框，是来自两个操纵杆的电位计信号，经 A/D 变换器转换成数字信号以后，进入计算机系统，由计算机进行相应的处理。

　　金鱼Ⅲ号在工作期间，需将控制命令下传，水下状态也需要上传，这是由传输系统完成的。

　　传输系统由两片高档的八位计算机 8031 组成，利用 8031 的串行口进行通信，采用光耦合器使水上水下之间实现电的隔离。传输波特率为 4800bit/s，采用全双工电流环工作方式，这样大大地提高了传输的可靠性。

　　无论水上、水下数据均可分为数字量和模拟量，模拟量经过 A/D，数字量经过计算机的并口线进入计算机。有关的转换和数据处理是在计算机内完成的。

　　视频信号由水下摄像机产生，制式为 PAL 或 NTSC，在水下经过处理后，由脐带电缆中的同轴电缆传送到水面，叠加字符后，送监视器显示和送录像机录存。字符叠加器功能主要是将一些必要的数据，例如深度、航向、日期、观察地点顺序、时间等，以文字或图形的形式对所拍摄的图像进行说明。

　　字符叠加器的原理框图如图 4 所示，视频信号输入加到同步分离电路，分离出同步脉冲，同步脉冲和像素发生器脉冲同时加到字符行、列处理电路，用以产生字符的行列地址，来自计算机系统的变化数据的地址，通过地址线到地址切换开关电路。在随机存储器中得到字符代码，通过数据线，在字符库中查出相应的字符和图形与视频信号叠加，得到新的带有字符和图形说明的图像信号送给监视器或录像机。

　　金鱼Ⅲ号具有自动定深和自动定向的功能。定向原理如图 5 所示。来自进退操纵杆的数据控制左右两个推进器，产生的合力推动本体，以速度 $V_s$ 做进退运动，来自航向操纵杆的数据，有一路被倒相，然后分别去控制两个推进器的转向，以产生航向运动 $V_\varphi$。自动定向作用的产生是这样的，本体航向角由电位计罗盘产生，这个信号受航向操纵杆是否复零控制，若复零图中两个软开关接通，记忆电路自动保持当前航向的位置，此后，航向位置发生变化时，在相加点产生偏差，经过控制算法和开关，送到后级进行自动调整，以保持当前航向。

　　自动定深的电路原理与上述相同，故不重述。

## 5　金鱼Ⅲ号水下机器人的应用

　　金鱼Ⅲ号水下机器人主要用于水下观察、摄影和录像，它适用于水下建筑结构检查、水下施工、打捞救生、辅助潜水员作业和水生物考察等领域应用。例如：

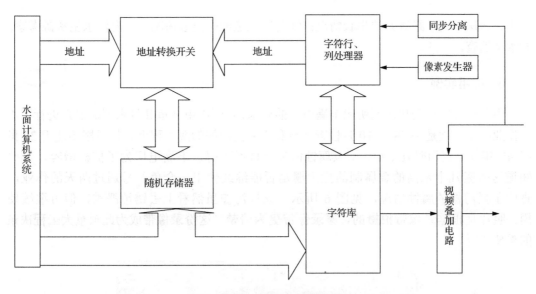

图4　字符及图形叠加器原理图

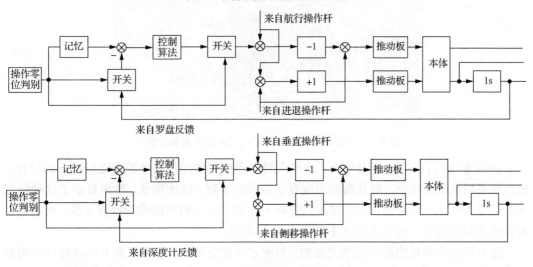

图5　自动定向及自动定深原理框图

（1）水下建筑结构检查和水下施工的监视：①被检查的对象包括水坝、闸门、涵洞、桥墩、石油井架、水下输油管线、水下电缆等；②在水下施工中，对现场进行预先勘察，施工中对施工过程进行监视，录制重要施工过程的资料；③检查重大灾害（地震、洪水等）造成的损伤；④检查金属构件的腐蚀程度。

（2）辅助潜水员作业：①对潜水员安全进行连续监视；②在使用潜水员之前探测场地；③为潜水员提供独立的可移动的照明；④监视潜水员的工作过程；⑤录制潜水员工作过程的资料；⑥增加水面上对潜水员情况的了解。

（3）寻找水下沉物和辅助救捞：①寻找失事沉船和人员；②寻找施工中失落的工具和设备；③记录失事目标的特征标记；④检查救捞环境，监视救捞过程。

（4）水下生物考察与水产养殖：①拍摄水下生物的活动录像；②观察水下生物（海带、

贝类、珍珠、鱼、虾等）的生长情况；③观察人造渔礁投放情况；④海洋水生资源考察；⑤水文调查。

## 6 应用实例

中科院沈阳自动化研究所应丰满电厂的要求，曾两次用金鱼Ⅱ号水下机器人进行了水下作业，第一次是 1988 年 10 月检查九号和十号拦污栅的腐蚀程度。拦污栅始建于 20 世纪 40 年代，已历时几十年，对其腐蚀情况一直不了解，丰满电厂为了扩机增容，需要知道这两座几十米高的金属制的拦污栅是否能继续使用。金鱼Ⅱ号通过两天的作业，查明了拦污栅的腐蚀情况，见图 6 所示，该拦污栅虽然看上去锈蚀严重，但可继续使用。照片是根据录像带拍摄的，原录像带更为清楚，这份录像带成为此项重大工程决策的重要资料。

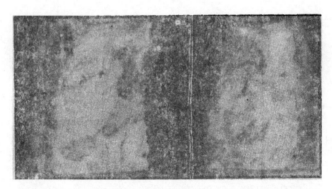

图 6　九号拦污栅锈蚀经过处理后露出金属板的情况

1989 年 10 月，用金鱼Ⅲ号水下机器人对丰满电厂的闸门门槽的腐蚀情况进行检查，检查结果拍成了录像带，对其腐蚀程度有了直观的了解。这次作业，特别显示了这种轻型水下机器人的又一优越性，它能深入到空间十分窄小的门槽内部进行检查录像，显示了它的灵活性和轻巧性。这是大型水下机器人所不及的。

过去类似作业是由潜水员来完成的，与潜水员作业相比，水下机器人作业有以下明显的优点：

（1）作业时间、作业深度不受限制，作业效率高。潜水员作业一般不能超过 60 米，每次作业只能 10～20 分钟，并要花费大量时间减压，以防止发生潜水病。金鱼号对拦污栅的检查是八小时连续进行的。

（2）潜水员在水下只能凭手摸，其结果凭感觉事后口述。加之，潜水员在水下作业范围有限，像拦污栅这样数百平方米大的面积，即使由多位潜水员作业也难以全部摸到，每位潜水员在感觉方面又有差异，使得其作业结果准确性不高。使用水下机器人作业，在现场领导、工程技术人员和其他有关人员可以直接看到水下景物，共同研究后立即做出评价结论。由于水下机器人在水下运动的灵活性，可以进行大范围的观察，对感兴趣的内容反复观察，定点观察，因此得出的结论是科学的和可靠的。

（3）现场所拍摄的资料可供事后重放分析研究，或向上级汇报，与同行交流，作为历史或档案资料备查和比照。

这些都是潜水员作业所不及的。当然我们不认为所有的潜水员作业都可由水下机器人来代替。因为在某些情况下需人（亲临现场）时，是不可能用机器人代替的。

## 7 结束语

金鱼Ⅲ号水下机器人是一种性能优良、体积小、重量轻（两人可以搬动）、价格低廉的轻型水下机器人，它将在我国国民经济的许多部门以及国防部门中发挥重大的作用。大力推广使用这种新装备，将在国民经济中产生巨大的经济效益。轻型水下机器人有着广泛的发展前景。

# "探索者"号自治式无缆水下机器人
# 控制软件体系结构*

彭慧，封锡盛

（中国科学院沈阳自动化研究所，110015）

**摘要：** 本文详细介绍了我们为"探索者"号自治式无缆水下机器人（以下简称 AUV）设计的控制软件体系结构。该体系结构可分为使命控制、运动监控与设备操作、实时调度和实时处理四个不同的控制层次及一个全局数据区五部分。

**关键词：** AUV，智能机器人，体系结构

## 1 引言

"探索者"号是由国家 863 高技术发展计划支持的以大范围搜索观察水下失事目标为主要使命特征的 1000m 深的自治式无缆水下机器人（autonomous under-water vehicle，简称 AUV）。由中国科学院沈阳自动化研究所、中国船舶总公司第七〇二研究所、中国科学院声学研究所、哈尔滨船舶工程学院、上海交通大学等单位联合设计研制。

"探索者"号由潜器、回收系统和支持母船三大部分构成。其中潜器为整个系统的核心部分，装备的探索观察设备有侧扫声呐、声像声呐、照相机、电视摄像机和录像机；装备的导航设备有超短基线定位声呐、短基线定位声呐、计程仪、GPS等；主要环境传感器有深度计、多普勒测速声呐、罗盘、陀螺、避碰声呐等；还可装备一些小型海洋考察设备，如温盐深等。潜器可通过水声通信声呐与支持母船上的控制台进行双向通信。借助该通道，当潜器作业时，可将电视图像、声像声呐的声图经过压缩之后传至母船控制台，在控制台上将该图像恢复并送至监视器显示。同样借助于该通道，操作员可向潜器发送遥控编程命令，以改变潜器预定的作业时序。另外，亦可借助于该通道，将超短基线定位声呐和GPS的定位数据传给潜器。

回收系统为一独立的ROV，在潜器完成规定的作业之后，在水下与回收系统的ROV对接成功，回收至母船。

潜器内自含一航海日记系统，用于记录潜器作业整个过程所发生的关键事件及数据。

## 2 研究现状

自治式无缆水下机器人控制软件体系结构研究始于 20 世纪 80 年代中[1]。到目前为止，

---

* 原发表于《机器人》,1995,17(3): 177-182。

研究工作取得了一定的进展。大多数 AUV 控制软件体系结构研究还处于理论探索与软件仿真阶段，一部分研究则以简易 AUV——AUV 实验床进行，还有一部分研究工作则结合建造特定的 AUV 系统同步进行。AUV 体系结构研究的另一特点是充分利用人工智能领域已取得的研究成果及研究方法[2-7]。

　　美国 New Hampshire 大学的海洋系统工程实验室提出了基于功能与时间划分的 AUV 控制软件体系结构[2]。其研究工作在相当程度上借鉴了传统人工智能符号主义学派的研究方法。符号主义学派认为智能是一种符号表示与符号处理过程。在详细分析 ROV 操作员操作 ROV 全过程的基础上，依据功能与时间的不同，给出了其 AUV 控制软件体系结构，见图 1。该实验室不仅完成该控制软件体系结构仿真实验，亦在其 AUV 实验床上实现了该控制软件体系结构。

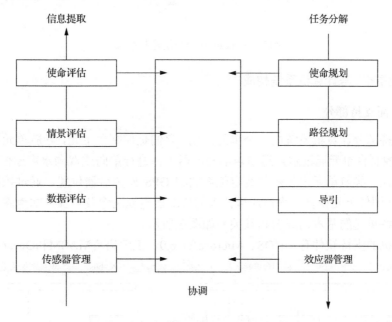

图 1　一个分层的导航与控制体系结构

　　另一个有着相当意义的工作是美国麻省理工学院的一个研究小组提出的基于行为能力高低划分的 AUV 控制软件体系结构[7]。该体系结构直接来源于麻省理工学院的 Brooks 提出的自治式移动机器人体系结构[6]。Brooks 的体系结构是建立在对智能不同于传统 AI 对智能的理解的基础之上。Brooks 认为智能是一种从低级到高级的进化过程，高级智能活动建立于低级智能活动之上，有着比低级智能更强的解决问题的能力。低级智能可独立于高级智能解决相应的问题，当发生冲突时，高级智能较低级智能有着更高的优先级。其体系结构如图 2 所示。麻省理工学院的研究小组在其 AUV 实验床 Sea Squirt 上实现了该体系结构。

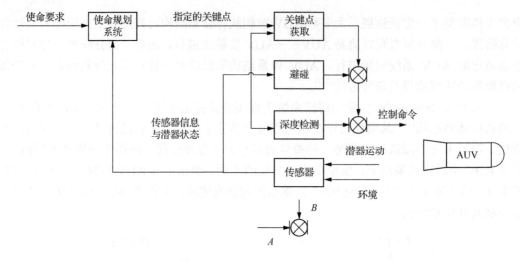

图 2　Sea Squirt 号分层控制系统

## 3　"探索者"号计算机系统构成

### 3.1　水面支持部分

水面支持部分计算机系统由三个单元构成。它们是控制台单元，导航单元和电视图像恢复单元。控制台单元通过水声通信声呐与潜器本体进行单向或双向水声通信，完成对潜器本体的监控。导航单元用超短基线定位声呐和 GPS 确定潜器位置，通过控制台单元传给潜器。电视图像单元恢复经水声通道传来的压缩后电视图像及声像声呐声图并在监视器上显示之。各单元的基本构成及相互关系如图 3 所示。

各计算机的支持软件有：DOS、Microsoft C6.0、汇编语言MASM和Occam语言。

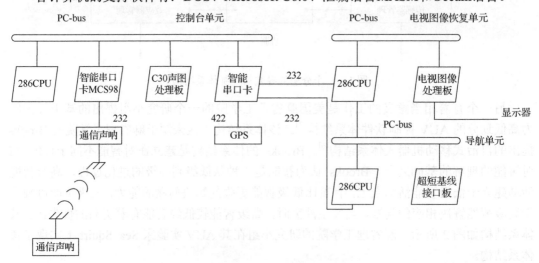

图 3　水面支持部分计算机系统构成

### 3.2　潜器本体部分

潜器本体部分计算机系统由四个单元构成。它们是自动驾驶单元、控制舱设备控制单元、水声设备控制单元和电视图像处理单元。自动驾驶单元完成潜器运动控制功能、障碍处理功能、遥控命令处理功能、部分设备操作功能、部分传感器信息采集处理功能、部分故障传感器信息采集处理功能和多传感器信息融合功能。控制舱设备控制单元完成部分设备操作功能、部分传感器信息采集功能和部分故障传感器采集处理功能。水声设备控制单元完成各种水声设备操作功能、部分传感器信息采集处理功能、部分故障传感器采集处理功能，以及潜器本体与水面控制台的通信功能。电视图像处理单元完成电视图像的数据压缩功能、潜器回收时的电视导航功能、部分潜器本体与水面控制台的通信功能。各单元基本构成及相互关系如图4所示。

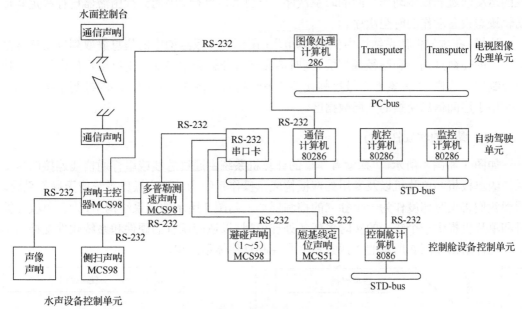

图4 潜器本体计算机系统构成

各计算机的支持软件有：DOS、MMOS、Microsoft C6.0、汇编语言 MASM 及 Occam 语言。

## 4 "探索者"号控制软件体系结构设计思想

### 4.1 现有工作基础

MIT 提出的基于行为能力高低划分的 AUV 控制软件体系结构具有概念清晰、可由低级智能到高级智能逐步实现等特点。但在实现时要求较多的冗余计算资源及信息处理设施，且层与层之间的信息连接较为复杂，不适于现阶段型号样机的工程实现。

而 New Hampshire 大学提出的基于时间与功能划分的 AUV 控制软件体系结构具有问题覆盖面广、概念清晰、结构模块化、满足实时性要求等特点，较易于工程实现。本工作将以之为基础进行，但应注意到该模型实现时要求相当数量的计算机资源，且要求有实时多任务操作系统支持，因而需要针对"探索者"号的实际状况进行必要的修改及扩充。

### 4.2 分层

无论是MIT还是New Hampshire大学在其AUV控制软件设计时都采用了这一原则。分层控制可以使得控制的复杂性大为降低，使得基于它的控制软件具有相当好的模块性。文献[8]对此做了较为详细论述。本工作将分层作为控制软件体系结构设计的最重要的准则。

### 4.3 有限自治性

"探索者"号的自治性是以用户预编程为其主要特征的，即由用户预先定义好潜器作业的运动轨迹和设备动作之间的时空次序，交由潜器执行。因而无须由潜器自行决定其运动轨迹与设备动作的时空次序。

这样，在本软件体系结构中就不需如图1所示的体系结构中的信息提取列以及任务分解列中的使命规划层和路径规划层。同时应在任务分解列中增加一支持用户使命编程的使命控制层。这样，"探索者"号控制软件体系结构为如图5所示的三层的控制结构，以及一个用于层间信息交换的全局数据区。

### 4.4 现有的软硬件支持

如图3和图4所示，"探索者"号的计算机系统由通过总线或串行通信线连接的多个系统级单板机和单片机以及专用处理板构成，操作系统为单用户操作系统或无操作系统。因而我们将实时调度作为一个独立的控制层加入到图5所示的体系结构中，为各单板计算机和单片机提供一个统一的实时多任务处理模型，以适应现有的硬件和系统软件支持的不足。这样给出如图6所示的"探索者"号控制软件体系结构。

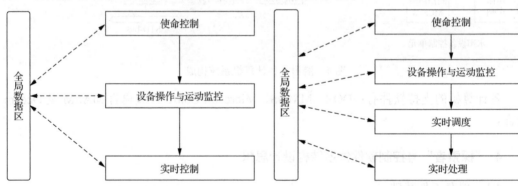

图5 "探索者"号的三层控制软件体系结构　　图6 "探索者"号四层控制软件体系结构

### 4.5 易于修改调试

由于"探索者"号控制软件的大部分需在整机装配起来后才能进行调试，且大部分与水声设备相关的工作需在作业现场进行，因而如何使得基于该体系结构的控制软件易于修改调试是我们进行体系结构设计所必须考虑的另一个重要问题。在本体系结构中，通过将系统的功能做尽可能多的分解，交由不同的模块实现之，以期达到易于修改调试这一目标。图7给出了"探索者"号控制软件体系结构的最终设计。

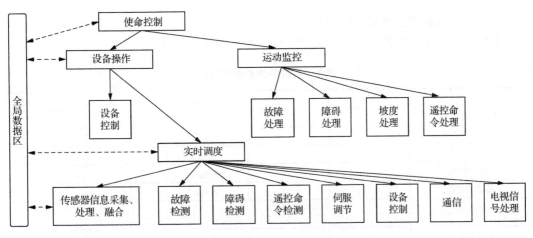

图7 "探索者"号最终的控制软件体系结构

### 4.6 全局数据区

全局数据区用于该体系结构各层中的模块间的信息交换与共享。它分布于监控计算机、航控计算机、通信计算机、控制舱计算机、图像计算机、声呐主控器上,由总线或串行通信线连接。

## 5 "探索者"号控制软件体系结构

### 5.1 使命控制层

使命控制层是"探索者"号的一个重要的控制层次,它是用户控制与系统自治控制的接口。其实质是我们提供给用户的,支持用户使命控制的预编程工具系统。其核心为用于用户使命编程的使命描述语言。

在"探索者"号的研制中,我们直接用C语言作为使命描述语言,提供了一组用于描述潜器基本运动和设备操作的C语言库函数。其优点是不需要重新设计语言的编译器。工作量少,易于修改和扩充,且使命描述能力强。此外,我们还提供了采集各种环境参数的库函数,使得用户能动态描述其作业使命。该层运行于监控计算机上。

### 5.2 运动监控与设备操作层

运动监控与设备操作层接受使命控制层下达的运动监控命令或设备操作命令。当为运动监控命令时,依据命令类型的不同向实时调度层下达启动或终止实时处理层相应的模块的请求,由实时调度层运行实时处理层相应的模块以完成使命控制层下达的命令。同时该层模块也完成故障处理、障碍处理、坡度处理和遥控命令处理等功能。当为设备操作命令时,由于设备操作所需时间极短,故可直接调用相应的设备操作模块执行之。该层模块运行于监控计算机上。

### 5.3 实时调度层

由于"探索者"号使用的计算机数目众多且只提供了DOS操作系统软件支持或无操作系统支持,因而需要我们自行设计一个多任务实时调度内核来实时调度实时处理层的各个模块，完成运动监控层所要求的功能。

该层的核心由实时调度表和实时调度程序模块构成。见表1。

表 1　实时调度表数据结构

| 模块名 | 模块地址 | 调度否 | 调度间隔 | 计时间隔 | …… |
|---|---|---|---|---|---|
| X 向速度调节 | | | 110ms | | |
| X 向位置调节 | | | 110ms | | |
| 漏水检测 | | | 1100ms | | |
| 字符叠加 | | | 550ms | | |
| 短基线启动 | | | 550ms | | |
| ⋮ | | | | | |
| 航向角采集 | | | 110ms | | |

实时调度表记录了调度实时处理层各个模块所需的全部信息。实时调度程序则由系统定时中断激活，依据实时调度表的不同内容完成实时处理层各模块的调用。该层模块运行于航控计算机、通信计算机、控制舱计算机、图像计算机及声呐主控器上。

### 5.4　实时处理层

实时处理层由传感器信息采集、处理和融合模块，以及故障检测模块、障碍检测模块、遥控命令检测模块、伺服调节模块、设备控制模块、通信模块、电视信号处理模块等构成。

该层模块运行于主控计算机、通信计算机、控制舱计算机、图像计算机及声呐主控器上。

### 6　结束语

本文给出了"探索者"号无人无缆自治式水下机器人控制软件体系结构模型，该工作目前已完成了水池调试工作，并成功地在中国南海进行了首次海试。本文给出的控制软件体系结构不仅适于"探索者"号AUV，经过适当修改之后，亦适于其他的搜索观察型AUV。

## 参 考 文 献

[1] Richard Blidberg D. Guidance and control architecture for the EAVE vehicle. IEEE J of Oceanic Engineering, 1986, 11(4): 31-43.

[2] Svein Ivar sagatun. A situation assessment system for the MSEL EAVE-I AUVS. 6th Inter Symposium on Untethered Unmanned Submersible, Maryland USA, 1989: 293-305.

[3] Richard Blidberg D. The impact of communication strategy on the cooperative behavior of multiple autonomous underwater vehicles(AUVS). 6th Inter Symposium on Untethered Unmanned Submersible, Maryland USA, 1989: 331-348.

[4] Steven G, Chappell. A simple world model for an autonomous vehicle. 6th Inter Symposium on Untethered Unmanned Submersible, Maryland USA, 1989: 512-520.

[5] Richard Blidberg D. Autonomous underwater vehicles, current activity and research opportunities. Robotics and Autonomous Systems, 1991(7): 139-150.

[6] Brooks A. A robust layered control system for a mobile robot. IEEE J Robotics and Automation, 1986,2(1): 14-23.

[7] John Loch etc. Software development for the autonomous submersible program at MIT sea grant and draper laboratory. 6th Int Symposium on Untethered Unmanned Submersible, Maryland USA, 1989: 25-31.

[8] James G. Bellingham. Keeping layered control simple. Symposium on Autonomous Underwater Vehicle Technology, Washington, DC, USA, 1990: 3-8.

# "CR-01" 6000m 自治水下机器人在太平洋锰结核调查中的应用*

李一平，封锡盛

（中国科学院沈阳自动化研究所，沈阳，110015）

**摘要：** 介绍了 "CR-01" 自治水下机器人的研制背景和系统的特点，以及 "CR-01" 在太平洋锰结核调查中的应用情况，并对所获得的数据进行了分析。

**关键词：** 自治水下机器人，锰结核

# Application "CR-01" Autonomous Underwater Vehicle to the Investigation of Manganese Nodules in the Pacific Ocean

Li Yiping, Feng Xisheng

(Shenyang Institute of Automation, Chinese Academy of Sciences, Shenyang, 110015)

**Abstract:** The research background and the characteristic of "CR-01" AUV was briefly introduced. It describes the application "CR-01" AUV to the investigation of manganese nodules in the Pacific Ocean in detail, and analyzed the data.

**Keywords:** autonomous underwater vehicle (AUV), manganese nodules

## 0 引言

"CR-01" 6000m 自治水下机器人是国家 863 计划支持的重大高科技项目，由中俄联合研制。这是我国继自行研制成功 "探索者" 号 1000m 自治水下机器人后，开展的又一项重大科研项目。该机器人历时三年研制成功，后又经过一年的工程化改进，使之成为一台可靠性较高的实用样机。它代表了我国在自治水下机器人领域工作的最高水平。"CR-01" 曾先后两次参加大洋协会组织的太平洋洋底锰结核的调查工作，取得了大量宝贵的数据资料，得到了用户的好评。试验应用表明该机器人是其他调查设备所不能替代的。

21 世纪是人类探索开发海洋的世纪。联合国划分给我国的洋底锰结核保留开辟区面积为 15 万 $km^2$，深度在 6000m 左右，要对其进行详细勘查，将来还要进行海底锰结核的

* 原发表于《高技术通讯》,2001,11(1): 85-87。

开采，因此，机器人在这方面的应用前景十分广阔。"CR-01"自治水下机器人除可用于海洋工程、深海科学考察等方面外，还可以开发应用于军事、防救、打捞等领域。

本文将以"CR-01"参加大洋协会组织的DY95-6航次太平洋锰结核调查工作为背景，介绍它在太平洋锰结核调查中的应用。

## 1 "CR-01"简介

"CR-01"是一艘潜深6000m的自治水下机器人（图1）。它能按预编航线航行，可自动回避障碍；可进行海底摄像、录像、海底地势测量和浅地层剖面测量、温盐深测量以及锰结核丰度的测定，能自动记录各种测量数据和内部状态参数及相应的坐标位置；可利用长基线声学定位系统确定机器人在水下的轨迹，并可下达10道控制指令，机器人浮出水面后能发出无线电和灯光信号，等待回收；发生局部故障或丧失自航能力时能做出决策，并能应急抛载自动上浮至水面待救。系统结构图如图2所示。

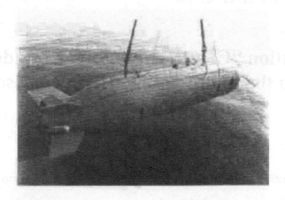

图1 "CR-01" 6000m 自治水下机器人

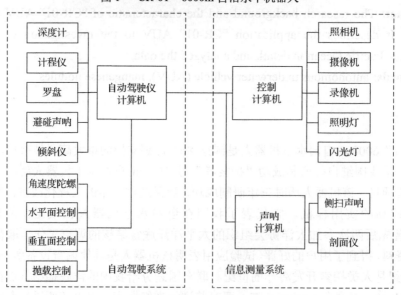

图2 "CR-01" 的系统结构

## 2 海底调查应用

### 2.1 长基线声学定位系统布阵

长基线声学定位系统被称为水下机器人的生命线。在调查工作进行之前，先进行长基线定位系统布阵、应答器的测试等工作，此后机器人就工作在长基线定位系统覆盖的范围内，以使长基线定位系统能实时监测到机器人的航迹。长基线定位系统布阵工作就是在海底按阵位投放应答器。选择三角形阵，在海底投放 No.204、No.102、No.303 三个应答器，系统的定位误差为 10m（图 3）。

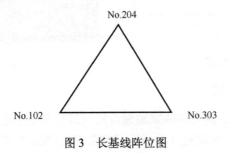

图 3　长基线阵位图

### 2.2 5200m 深潜调查

在 DY95-6 航次调查期间，水下机器人进行了几次 5200m 深潜调查。所记录的数据分为三部分：控制系统数据、光学数据、声学数据。控制系统数据主要是由机器人所携带的控制设备得到的，用于整个系统的控制。光学数据由机器人所携带的照相机和录像机拍摄得到。声学数据由机器人所携带的浅地层剖面仪、侧扫声呐等声学勘探设备得到。光学数据和声学数据用于海底地势测量及浅地层剖面测量，确定海底锰结核的分布及丰度。图 4 为一次调查的航线图。依据使命程序，机器人将分海底进行下列工作：沿路线 $A—H$ 进行 4.5h 的声学测量，机器人打开侧扫声呐和剖面仪。沿路线 $H—I$ 进行 1h 的光学测量、录像及拍照。

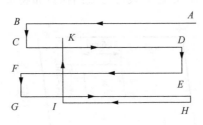

图 4　机器人预编程航迹

图 5 为通过长基线声学定位系统获得的实际航迹。从图中可以看出，实际航迹与理论航迹是一致的。此外还得到了母船坐标、机器人入水点的坐标，及各个拐点的坐标，均与理论值吻合。

本次使命，机器人距洋底高度为 3～4m 时拍摄的照片及录像十分清晰，见图 6。

试验结果表明，机器人完全执行了使命程序和水面下发的遥控命令，并通过遥控命令抛载上浮；获得了整个过程的控制数据、大量的海底锰结核照片和录像、浅地层剖面仪数据及侧扫声呐数据。

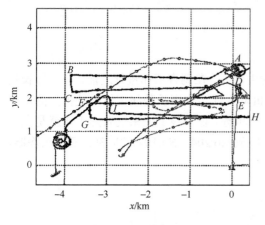

图 5  机器人航迹

图 6  海底锰结核

### 2.3  地形与微地貌特征

作者用浅地层剖面仪、侧扫声呐来测量海底浅地层构造、地貌及海底目标。浅地层剖面仪和侧扫声呐在 5100m 水深处（此时距洋底高度为 30m）工作，按机器人平均航速 2 节计算，浅地层剖面仪工作的测线长度为 16.2km。侧扫声呐按最大量程 800m 来估算，探测面积为 13km²，按拼图量程 500m 估算，探测面积为 8.1km²。

根据浅地层剖面仪数据分析，可看到在有锰结核矿的地区，表层的反射较强，这与光学系统拍摄的洋底摄像和照相数据结果相一致。通过侧扫声呐数据分析可见，此地的地貌除偶尔呈凸起状外，整个地貌均比较平缓。

### 2.4  海底结核覆盖率和分布特征分析

通过对 CR-01 所拍摄的照片进行采样分析来推断海底结核分布特征，同时估算海底结核覆盖率，采用的方法是对拍摄的照片进行定时、固定区域采样，通过计算采样窗口内锰结核的数量，推断在 CR-01 行进航线内海底结核分布特征，估算海底结核覆盖率。采样窗口如图 7 所示。

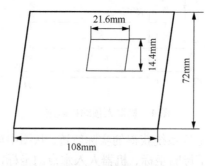

图 7  采样窗口

设照相机现场角为 $\theta$ ，底片对应海底的面积为

$$x = 2 \times h \times \mathrm{tg}\,\theta$$

$$y = \frac{4}{3} \times h \times \mathrm{tg}\,\theta$$

由此得到的 5200m 深潜调查锰结核数量分布曲线如下：本次光学调查实际拍摄相片时间为 55min，对这些照片进行采样，采样间隔 1min，得到上述锰结核数量分布图。

从图 8 中可以看出，该航线上的海底结核分布变化较大，锰结核大小均匀。在前一段航线中，锰结核覆盖率很大，几乎覆盖了海底表面。而后一段航线的锰结核覆盖率呈变小趋势。

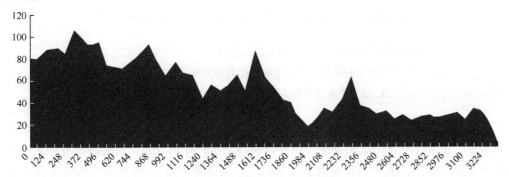

图 8　5200m 深潜调查锰结核数量分布

## 3　结论

在本次调查中，机器人所携带的声学和光学测量系统工作稳定可靠，获取了大量的宝贵数据。作为载体的机器人在洋底航行平稳，速度均匀，定深/定高准确，因此获得的数据质量高，结果准确，优于其他深海声学探测设备得到的结果。全部数据将为今后洋底锰结核矿的分析和开采提供有效的科学依据。

本次调查任务的圆满完成，标志着我国的自治水下机器人事业取得了巨大的成就，表明我国对占地球 97% 的海洋具有勘察能力，并由此跻身于世界水下机器人的先进行列。

## 参 考 文 献

李一平, 等. 2001. "CR-01" 6000m 自治水下机器人太平洋多金属结核调查报告.

# 深海自主水下机器人发展及其在资源调查中的应用[*]

封锡盛[1,2,3]，李一平[1,2,3]，徐会希[1,2,3]，李智刚[1,2,3]

（1. 中国科学院沈阳自动化研究所机器人学国家重点实验室，沈阳，110016；

2. 中国科学院机器人与智能制造创新研究院，沈阳，110169；

3. 辽宁省水下机器人重点实验室，沈阳，110169）

**摘要：** 自 20 世纪 90 年代以来，深海自主水下机器人技术得到了长足的发展，在深海资源调查、海洋科学研究以及海洋工程等领域得到了广泛的应用。我国的深海自主水下机器人研究与大洋矿产资源调查是同步发展的。本文简要介绍了 30 年来我国深海自主水下机器人的发展现状，以具有代表性的"潜龙"系列自主水下机器人研发过程为例给出了面对的技术挑战，以及在大洋矿产资源调查中的应用情况和取得的部分成果。最后，对未来深海调查装备的发展提出了若干设想和建议。

**关键词：** 深海，自主水下机器人，矿产资源调查，多金属结核，热液硫化物

**文章编号：** 1004-0609（2021）-10-2746-11　**中图分类号：** TD679　**文献标志码：** A

# Development of Deep-sea Autonomous Underwater Vehicle and its Applications in Resource Survey

Feng Xisheng[1,2,3], Li Yiping[1,2,3], Xu Huixi[1,2,3], Li Zhigang[1,2,3]

(1. State Key Laboratory of Robotics, Shenyang Institute of Automation, Chinese Academy of Sciences, Shenyang, 110016, China; 2. Institutes for Robotics and Intelligent Manufacturing, Chinese Academy of Sciences, Shenyang, 110169 China; 3. Key Laboratory of Marine Robotics, Liaoning Province, Shenyang, 110169, China)

**Abstract:** Since 1990s, the deep-sea autonomous underwater vehicle technology with the rapid development has been widely used in deep-sea resources investigation, marine scientific research and marine engineering. The research of deep-sea autonomous underwater vehicles and the survey of ocean mineral resources were developing synchronously in China. This paper briefly introduced the development status of deep-sea autonomous underwater vehicles(AUV), taking the development process of the "Qianlong" AUVs as example to show the technical challenges we face, as well as their application and part of achievements in oceanic mineral

---

[*] 原发表于《中国有色金属学报》，2021, 31(10): 2746-2756。

resource surveys in the past 30 years. At the end, some assumptions and suggestions for the future development of deep-sea survey equipment were put forward.

**Keywords:** deep-sea, autonomous underwater vehicle, mineral resources survey, polymetallic nodules, hydrothermal sulfide

我国"十四五"规划提出，要在深地深海等前沿领域实施一批具有前瞻性、战略性的国家重大科技项目。深海探测、海洋资源开发利用等已成为新兴战略性领域，关注深海、聚焦深海资源的获取已上升为国家战略。

面积约 2.517 亿 $km^2$、占地球表面积 49%的国际海底区域资源是全人类共同继承的财产。为了开辟我国新的资源来源、维护我国开发国际海底资源的权益，1990 年"中国大洋矿产资源开发协会"成立，1991 年 3 月 5 日我国被联合国海底筹委会登记为"深海采矿先驱投资者"，此后我国在国际海底先后获得 5 块探矿区，面积约 23 万 $km^2$。

深海海底资源开发涉及诸多领域，是一项庞大系统工程。深海矿物资源多处于 3000～6000 m 的海底，海面和海底环境十分复杂，环境保护要求极为严苛。多数矿区距我国本土较远，缺乏必要的支撑条件，资源开发难度很大，需要分期分步逐渐推进，因此调查、勘探成为开采前最重要的基础性工程。

深海资源调查、勘探装备大致可以分为两类：第一类是通用常规调查设备，这类设备易于操作，成本相对低，在粗网格调查中十分有效，已成为我国科学调查船首选设备；第二类为大型复杂移动调查装备，主要指深海（本文定义 1000 m 以下）机器人系统，包括载人潜水器（human occupied vehicle, HOV）、遥控水下机器人（remotely operated vehicle, ROV）、自主水下机器人（autonomous underwater vehicle, AUV）、深海拖曳机器人（deep towed system, DTS，简称深拖）4 类。这些各有特色和优势的装备功能互补，与其他测量仪器如多波束、各种定位系统等组合成大洋资源高端调查与勘测系统。

自 20 世纪 90 年代以来，我国在国际海底区域矿产资源调查中自主水下机器人技术得到了长足的发展。自主水下机器人良好的操纵性、较高的与复杂海底地形适配力、大范围的自主航行能力、不需要绑定母船可控的高精度航迹以及自适应自主管控能力，使其成为多金属结核、富钴结壳和热液硫化物调查的得力手段，在深海资源调查，海洋科学研究以及海洋工程等领域成为一类应用广泛的重要装备。自主机器人技术十分复杂，涉及多种技术领域，对其他技术的发展具有带动性，加速发展新一代的自主水下机器人，意义重大。

本文扼要阐述国外深海自主水下机器人现状，重点介绍我国深海自主水下机器人从无到有、从浅到深、迎难而上的发展历程，以具有代表性的"潜龙"系列自主水下机器人研发过程为例，给出了面对的技术挑战，以及在大洋矿产资源调查中的应用情况和取得的部分成果，并对未来发展前景提出若干设想和建议。

## 1 深海自主水下机器人国外研究现状

自主水下机器人是当今世界各国关注的热点，国内有许多学者对世界自主水下机器人的发展进行了评述。本文不拟详细叙述，仅作简单讨论。国外自主水下机器人研究已有近

封锡盛院士科技活动生涯

70 年的历史。以美国为首的西方发达国家，如英国、法国、挪威、加拿大、德国、俄罗斯等先后投入大量资金研发了多种型号的深海机器人，并成功用于海洋资源调查、海底地质勘测、水下搜索等深海作业[1]。

20 世纪 50 年代，美国华盛顿大学研制了世界上第一艘 AUV——SPURV。1977 年，法国建造了世界上第一艘潜深 6000 m 的 AUV "逆戟鲸"（Epaulard）号。"逆戟鲸"号曾在太平洋 5400 m 深处进行多金属结核的调查，在后来的五年中，其水下航行超过 805 km，拍下了 20 万张照片[2]。1994 年美国伍兹霍尔海洋研究所（WHOI）研发的 ABE 深海机器人，完成了其第一次科学考察；从 1996 年起，ABE 完成了两百多次的下潜作业，此后一直用于深海热液考察[3]。同一时期，英国 Autosub、加拿大 Theseus、俄罗斯 MT-88 都在深海科学研究、海洋资源调查中得到了应用。近年来，随着深海机器人技术的不断进步，一批深海机器人相继问世，如美国的 Sentry 深海机器人[4]、英国的 Autosub 6000[5]、挪威的 HUGIN 4500[6]、日本的 r2D4 等，并出现了商业化的深海机器人，如金枪鱼机器人公司研制的 Bluefin-21、Kongsberg 公司生产的 REMUS 6000 等。2011 年 REMUS 6000 成功搜寻到失事客机 AF447 的黑匣子[7]，2017 年搜寻到重型巡洋舰 UUS Indianapolis 的残骸；Bluefin-21 参加了 2014 年马航 MH370 的搜寻工作[8]，Sentry、Autosub 6000、r2D4 多次在大洋热液区、海底火山区执行科学考察任务[9]（图 1）。

图 1　国外部分深海自主水下机器人

Fig.1　Part of deep-sea autonomous underwater vehicles overseas:
（a）Sentry；　（b）REMUS 6000；　（c）Autosub 6000；　（d）r2D4

纵观全球 AUV 发展的历史，可以得出以下几点看法：①美国在 AUV 上投入的力量最大，其 AUV 发展的历史具有代表性。②AUV 发展的历史虽然较长但曲曲折折，与人工智能发展的历史颇为相似，这是因为 AUV 对人工智能技术的依赖更强。当今，如火如荼的人工智能技术发展正推动 AUV 同步迈向新阶段。显然，智能化的新一代 AUV 应是我们关注的重点。③AUV 走出科学家的实验室实现商业化是一个漫长的过程，这反映了 AUV 的科学技术难度。到 2015 年为止，国际上的 AUV 总数大约 500 台，仍有近一半是试验床（test-bed）。近些年来，国际上出现了一些商业化的 AUV，如表 1 中 4、5、6、7、8 号 AUV 已在国际市场上获得认可，AUV 正在走向成熟期。相比之下我国的 AUV 商业市场尚未形成。④"OCEAN"国际会议是观察各类海洋机器人受关注度的窗口，"OCEAN"会议每年发表的 AUV 论文数量远远超过其他类型水下机器人。这表明 AUV 仍有许多前沿科技问题需要深入探讨。

表 1　国外主要深海自主水下机器人

Tab.1　Main deep-sea autonomous underwater vehicles overseas

| No. | Name | Development organization | Depth/m | Typical application |
|---|---|---|---|---|
| 1 | Epaulard | ECA GROUP（France） | 6000 | Seabed resource survey |
| 2 | ABE | Woods Hole Oceanographic Institution（America） | 6000 | Seabed resource survey |
| 3 | MT-88 | Institute of Marine Technical Problems（Russia） | 6000 | Seabed resource survey |
| 4 | Sentry | Woods Hole Oceanographic Institution（America） | 6000 | Seabed resource survey |
| 5 | Autosub 6000 | National Oceanography Centre, Southampton（Britain） | 6000 | Marine Geoscience research |
| 6 | HUGIN 4500 | Kongsberg（Norway） | 4500 | Seafloor Search |
| 7 | REMUS 6000 | Kongsberg（Norway） | 6000 | Seafloor Search |
| 8 | Bluefin-21 | Bluefin Robotics（America） | 4500 | Search |
| 9 | r2D4 | The University of Tokyo（Japan） | 4000 | Seabed resource survey |

## 2　中国深海机器人发展历程

### 2.1　中国深海机器人发展概况

深海机器人分为有人系统和无人系统，包括五大类，如图 2 所示。

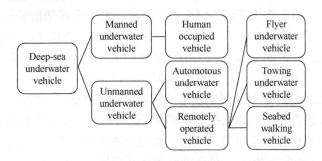

图 2　深海机器人类别

Fig.2　Category of deep-sea underwater vehicle

我国的深海机器人研究始于 20 世纪 90 年代初。在 30 年间，我国先后成功开发了"CR-01""CR-02"以及"潜龙"系列自主水下机器人，"海斗"系列自主遥控水下机器人，"海龙""海马""海星"遥控水下机器人和拖曳式水下机器人，载人潜水器"蛟龙"号、"深海勇士"号和"奋斗者"号。这些高新技术装备的工作深度在 4500~11000 m，基本满足了我国深海科学研究和资源调查的需求。与国外同类装备相比，其技术水平大体一致或领先。

我国深海机器人装备取得的成就与国家大力支持密切相关。在国家战略需求牵引下，集结了国内的优势力量，汇聚了众多国内顶级专家和青年精英，团结协作、协同攻关，只用了不到国外一半的时间使我国深海机器人进入了国际先进水平行列。下面以深海自主水下机器人为例，简要介绍我国深海机器人的发展历程。

### 2.2 深海自主水下机器人发展历程

潜深 1000 m 以下的自主水下机器人简称为深海自主水下机器人。深海自主水下机器人研究是最早得到国家 863 计划支持的重大项目，此后又得到科技部和中国大洋协会的持续支持，其发展历程具有代表性，大体分作 3 个阶段。

（1）第一阶段：自主探索起步。

"八五"期间，在国家 863 计划的支持下，包括中国科学院沈阳自动化研究所（SIA）、中国船舶重工集团公司第七〇二研究所、上海交通大学、哈尔滨工程大学、中国科学院声学研究所等单位组成联合研制团队，由八位专家组成总体组，带领各自团队展开我国第一艘潜深 1000 m 无人无缆水下机器人"探索者"号的研制工作，从设计、制造、总装、调试和海试全部由国内自主完成。当时国内还没有相应的配套产业链，所需众多材料、零件部件、仪器仪表、传感器等主要靠国内相关单位研制，少部分部件和材料从国外引进。研制工作于 1994 年完成，并于同年在我国海南岛进行了 1000 m 深海试验，试验结果达到了预期目标，成为我国向深海机器人领域进军的开端。该项目的成功使我国在该领域拥有了一席之地，成为日后开展国际合作的基础。

（2）第二阶段：国际合作加速成长。

从 1992 年起，沈阳自动化研究所牵头的联合研究团队与俄罗斯科学院远东分院海洋技术问题研究所（IMTP）合作，开始研制潜深 6000 m 自主水下机器人，该项目得到国家 863 计划重大项目和国家外专局支持。中俄双方发挥了各自的技术优势，密切合作，进展顺利，1995 年"CR-01"在太平洋海域完成了海试，对多金属结核矿区进行了实际探查。1997 年"CR-01"又一次参加大洋协会组织的太平洋考察，获得了我国保留区大量的科学数据，取得了大量第一手的资料。"CR-01"是我国第一台 6000 m 级深海机器人，使我国一跃成为世界上少数拥有该项技术和设备的国家之一（图 3）。

"CR-01"以太平洋洋底多金属结核丰度调查为应用目标，其最大工作水深 6000 m，最大航速 2 节，续航力 10 h，搭载有避碰声呐、侧扫声呐、浅地层剖面仪、照相机、录像机等传感器设备，可进行水下摄像、照相、海底地势及剖面测量、水文物理测量等[10]。

在国家 863 计划的支持下，联合研究团队又开展了"CR-02"的研制及试验工作。"CR-02"在"CR-01"基础上改进和提高了垂直面的机动性，主要适用于深海富钴结壳调查和复杂地形下的海洋调查等[11]。

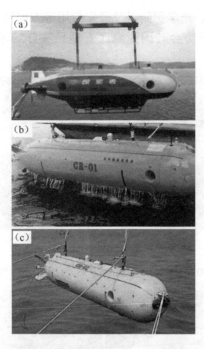

图 3 深海自主水下机器人（SIA）

Fig.3 Deep-sea autonomous underwater vehicles （SIA）：（a）"Explorer" AUV;
（b）"CR-01" 6000 m AUV；（c）"CR-02"6000 m AUV

（3）第三阶段：自主创新发展。

近十年来，在国家 863 计划、中国大洋协会和中科院战略先导专项的支持下，沈阳自动化所面向大洋资源调查和海洋科学研究，先后研制了"潜龙"系列和"探索"系列自主水下机器人，用于大洋多金属结核调查、热液区资源勘查，冷泉区科学调查和海洋科学研究[12]。

"潜龙"系列包括"潜龙一号""潜龙二号""潜龙三号""潜龙四号"，潜深为 4500～6000 m。"探索"系列自主水下机器人是面向海洋科学研究研制的系列自主水下机器人，潜深为 100～4500 m（表 2、图 4～图 6）。

表 2 我国主要深海自主水下机器人

Tab.2 Main deep-sea autonomous underwater vehicles in China

| Name | Depth/m | Typical application |
| --- | --- | --- |
| QianLong 1 | 6000 | Investigation of polymetallic nodules |
| QianLong 2 | 4500 | Investigation of hydrothermal sulfide |
| QianLong 3 | 4500 | Investigation of hydrothermal sulfide |
| QianLong 4 | 6000 | Investigation of polymetallic nodules |
| Explorer 4500 | 4500 | Investigation of hydrothermal sulfide and cold spring |

"潜龙一号"是中国大洋协会"十二五"项目支持研制的，它以大洋多金属结核资源调查为主要目标。自 2013 年起多次执行太平洋多金属结核调查任务，2016 年对"潜龙一

号"的导航定位、声学探测、光学探测以及操作使用等方面进行了升级，现已交付海洋调查船使用，为完成中国大洋协会与国际海底管理局签订的多金属结核勘探合同提供装备支撑。

图4 "潜龙一号"和"潜龙四号"6000 m 自主水下机器人照片

Fig.4 Photos of 6000 m AUV "QianLong 1"（a） and "QianLong 4"（b）

图5 "潜龙二号"和"潜龙三号"4500 m 自主水下机器人照片

Fig.5 Photos of 4500 m AUV "QianLong 2"（a） and "QianLong 3"（b）

图6 "探索4500"自主水下机器人照片

Fig.6 Photo of AUV "Explorer 4500"

"潜龙二号"是国家863计划支持研制的，主要用于大洋多金属硫化物调查作业。"潜龙二号"为了适应深海热液区复杂地形作业的需要采用了非回转体立扁形外形，配有可旋转推进器和可旋转舵的推进布局，使其具有良好的垂直面机动性和航行稳定性。"潜龙二号"也是我国首台获得中国船级社（CCS）入级证书的水下机器人。2017 年起，在国家重点研发计划的支持下，沈阳自动化所对"潜龙二号"进行了技术升级，在续航力、超短基线定位、探测载荷搭载等方面有较大的提升，同时具备了自动采集水样的能力。

"潜龙三号"是中国大洋协会支持研制的，以完成大洋多金属硫化物矿区的资源调查为主要目标，"潜龙三号"是在"潜龙二号"基础上的改进型，在可靠性、稳定性和探测效率方面都有较大的提升，适用于深海热液区复杂地形作业。2018 年 5 月完成海试及试验性应用。2019 年起"潜龙三号"在南大西洋、西南印度洋开展科考应用，为该区域的海底热液活动及生态环境综合调查提供了依据。

"潜龙四号"是中国大洋协会采购的产品化 6000 m 深海自主水下机器人，其主要技术指标同"潜龙一号"。2020 年"潜龙四号"首次执行大洋调查任务，并顺利交付用户。

自 2013 年起，"潜龙"系列深海自主水下机器人开展了十余次大洋科考，足迹遍及太平洋、印度洋和大西洋，其在大洋多金属结核区和多金属硫化物区的成功应用，支撑中国履行与联合国国际海底管理局的深海资源勘查合同，标志着我国深海自主水下机器人步入实用化、常态化应用阶段。

"探索 4500"是中国科学院战略性先导科技专项（A 类）支持研制的 4500 m 级深海自主水下机器人，它采用立扁形设计，主要用于深海热液、冷泉区复杂环境和生态系统的调查研究。2017 年"探索 4500"在南海冷泉区进行了海试与示范应用，获得冷泉区精细地形地貌图、冷泉区近底影像照片和理化环境多参数探测数据，实现 AUV 和 ROV 的跨区域同时作业[13]。

2019 年 4 月"探索 4500"自主水下机器人与"海马"ROV 在南海北部陆坡西北海域开展联合调查，获得大量水体观测数据和高清海底照片，拍摄到具有"冷泉"特征的海底生物。为发现新的海底大型活动性"冷泉"，查明其分布范围、生物群落及流体活动等奠定坚实基础。

综上所述认为：①"潜龙""探索"系列自主水下机器人是完全依靠国内力量自主完成的高端实用化科技装备，其主要性能指标与国际同类机器人水准基本相齐。②"潜龙""探索"系列的成功研制表明我国已经完全掌握了深海机器人的关键技术和核心技术，包括总体技术、线型设计、耐压材料及结构设计、高水压密封技术、操纵性研究、能源动力与推进、自动驾驶与航行控制、计算机软件与硬件、电子电器、导航、定位及通信、故障诊断与应急处理、传感及探测载荷等，国内相关配套零部件和材料供给能力日臻完善。③各种支撑条件，大型和关键实验室测试装备，试验场地、测试评价环境等基本健全。④我国已经形成了一支专业齐全、经验丰富、老中青结合的人才队伍。

## 3  深海自主水下机器人在大洋矿产资源调查中的应用

国际海底蕴藏着丰富的矿物资源，20 世纪 50 年代末开始，美国、日本、英国、法国、联邦德国和苏联等发达国家，在中、东太平洋进行了大规模的勘探活动，并陆续圈定了多金属结核富矿区。中国大洋协会作为第五个深海采矿的先驱投资者，承担 30 万 km$^2$ 洋底的探测任务，并最终拥有对矿产资源最丰富的 7.5 万 km$^2$ 海域的优先开采权。

我国的深海机器人研究始于 20 世纪 90 年代初，与中国大洋调查活动是同期进行的。深海自主水下机器人最初的应用领域是大洋多金属结核调查和富钴结壳调查，从"十二五"开始，结合国际海底资源调查的新形势，扩展到热液硫化物、生物资源等的调查。

深海自主水下机器人用于大洋矿产资源调查时，其搭载的探测传感器主要有光学传感器、地形地貌探测传感器、水文调查传感器、磁探测传感器等。光学传感器包括水下照相机和水下摄像机，可获得水下照片和影像。地形地貌探测传感器包括测深侧扫声呐、浅地层剖面仪、多波束测深仪等，主要用于海底地形地貌测量。水文调查传感器包括温盐深（CTD）、浊度、甲烷、二氧化碳、pH、溶解氧、氧化还原电位等传感器，主要用于海水物理和化学参数测量。磁探测传感器主要指磁力仪，用于探测地磁强度及磁异常。深海自主水下机器人通过搭载上述传感器，可开展深海多金属结核调查、热液硫化物调查、冷泉调查、深海生物资源调查等。

### 3.1 深海自主水下机器人在多金属结核调查中的应用

多金属结核又称锰结核，其主要分布在太平洋水深 4000～6000 m 的海底，埋藏或半埋藏于海底沉积物中，多金属结核富含锰、铜、钴、镍等金属，由于其总量巨大，是最具规模性商业开发价值的海底战略矿产资源。围绕多金属结核调查，要求机器人具备自主海底地形地貌探测、浅地层地质结构探测、海底拍照/录像、海洋环境参数测量等能力，概括之为自主声学探测、光学探测和水文探测。

多金属结核分布区地形地貌相对平坦，地势起伏不大，偶有小型海底丘陵。这种地形对自主水下机器人的垂直机动能力要求不高，因此一般设计成鱼雷体流线型外形。"CR-01""潜龙一号"和"潜龙四号"都是按照此应用环境而设计的，"潜龙一号"是"CR-01"的改进和增强版，"潜龙四号"则属于"商业版"。通过搭载的测深侧扫声呐和照相机等探测传感器，获取海底地形数据、背散射数据、照片数据等多元综合数据，目的就是确定多金属结核的丰度，为未来开采选址提供基础数据。

自主水下机器人在声学和光学调查时通常采用梳状搜索航线定高航行，以实现对海底区域全覆盖，通过自主水下机器人沿测线航行过程中获得的图像进行拼接，可以获得该区域的完整光学和声学图像。图 7（a）所示为航行时的轨迹，图 7（b）所示为"CR-01"和"潜龙一号"在多金属结核矿区拍摄的海底锰结核照片。

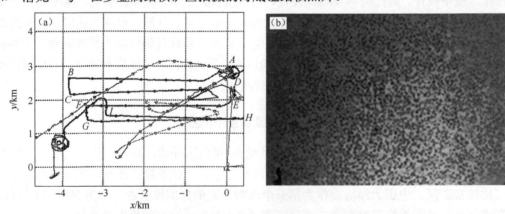

图 7 "CR-01"自主水下机器人航行轨迹图和拍摄的洋底锰结核照片

Fig.7　Trajectory of "CR-01" AUV（a）　and photo of seabed manganese nodule（b）

钴结壳是一种分布于海底火山坡上的矿物资源。"CR-02"自主水下机器人是为适应深海海底富钴结壳调查而研制的深海机器人。由于深海海山坡的地形复杂，对水下机器人的操纵控制、自治功能提出了较高的要求，"CR-02"自主水下机器人安装有 8 个避碰声呐，用于自主水下机器人的避碰。"CR-02"在特殊情况下可作为定点调查设备使用。作为定点调查设备使用时，通过长基线声学定位系统实时纠正其航迹与工作状态。图 8 所示为 2001 年 8 月"CR-02"对湖底模拟结核开采区进行实际观测的情况，观测区长 200 m、宽 100 m，"CR-02"自主水下机器人对该区域模拟结核铺撒前后以及集矿机采集后的湖底分别进行了观测，以便为评价采集效果提供依据。图 8（a）所示为"CR-02"自主水下机器人通过长基线定位系统获得的实际航迹，图 8（b）所示为测深侧扫声呐获得的声图，这是模拟结核铺撒的分布情况及集矿机采矿时所留下的轨迹，图 8（c）所示为照相机拍摄的模拟结核照片。

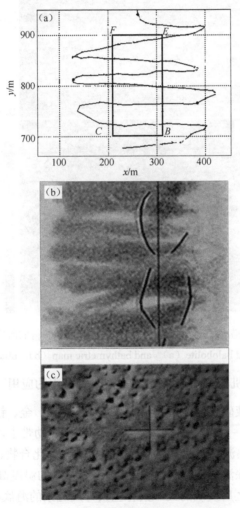

图 8 "CR-02"在定点调查中的应用

Fig.8 Applications of "CR-02" in point survey:

（a）Real trajectory; （b）Side scan sonar image; （c）Photo of nodule

"潜龙一号"搭载有国产测深侧扫声呐、浅地层剖面仪、高清照相机及多种水文探测传感器，具有大范围声学调查和近海底光学调查两种工作模式。图 9（a）所示为"潜龙一号"在大洋 32 航次中拍摄的海底锰结核照片，本航次中"潜龙一号"获得光学照片 11579 张。图 9（b）所示为"潜龙一号"获得的海底测深图（局部）。

以上这些结果表明，深海自主水下机器人与具有同样功能的深拖和其他手段相比，航行稳定，航迹精准，获得的调查图片稳定、清晰，获取的数据质量高，对于确定多金属结合的丰度和矿区的圈定发挥重要作用。

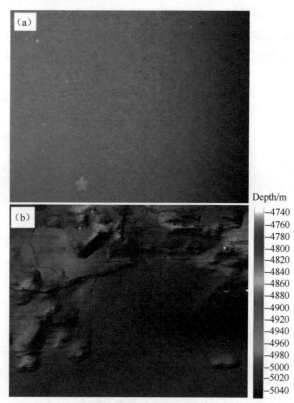

图 9　"潜龙一号"拍摄的海底锰结核照片和获得的海底测深图

Fig.9　Photo of seabed halobolite（a）　and bathymetric map（b）　obtained by "QianLong 1"

### 3.2　深海自主水下机器人在热液硫化物/冷泉调查中的应用

多金属硫化物（热液硫化物）是一种含有铜、锌、铅、金、银等多种元素的重要矿产资源，主要出现在 2000～3000 m 深的大洋中脊和断裂活动带上。热液硫化物是海水侵入海底裂缝，受地壳深处热源加热，溶解地壳内的多种金属化合物，再从洋底喷出的烟雾状的喷发物冷凝而成的，深海热液俗称"黑烟囱"，其附近的温度高达 400 ℃。热液硫化物是继大洋锰结核和结壳之后发现的又一具有巨大开发远景的海底矿产资源[14]。

海底冷泉是一种海底的极端环境，来自海底沉积界面之下的流体以喷涌或渗漏方式从海底溢出，并产生系列物理、化学及生物作用。冷泉是探寻天然气水合物的重要标志之一，冷泉生态系统是研究地球深部生物圈的窗口[15]。

热液硫化物区和冷泉区地势复杂，地势起伏较大，调查中要求自主水下机器人抵近海底或者喷口进行探测。当自主水下机器人进行近距离拍照时，需要自主水下机器人具有良好的机动性和更强的自主避障能力，实时识别海底地形起伏和前方障碍，根据障碍物复杂度和碰撞危险度进行决策，完成避障过程。

"CR-02""潜龙二号""潜龙三号""探索 4500"均是为大洋复杂海底资源勘察而设计的自主水下机器人。上述水下机器人在深海矿产资源调查中表现出极强的环境适应性："CR-02"增加了垂直槽道推进器，加强了垂直面操控和机动能力；"潜龙二号""潜龙三号""探索 4500"采用了立扁仿鱼形流线外形，并配置了 4 个可旋转推进器，结合全新的运动控制方法，使其具有良好的垂直面机动性和航行稳定性。此外，搭载了测深侧扫声呐、磁力计、甲烷传感器、温盐仪、照相机、多参数水质仪等多种探测传感器，具备声学调查和近底光学调查两种工作模式，可在热液硫化物矿区获得高精度地形图、高清图像、磁力数据和多种水体物理和化学数据（图 10）。

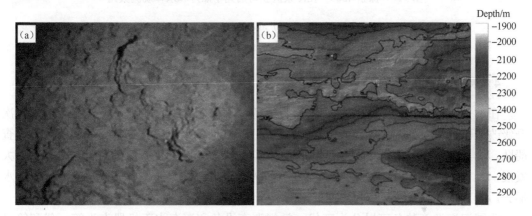

图 10 "潜龙二号"在热液区拍摄到的海底硫化物和热液区测深图

Fig.10 Seabed sulfide（a）and bathymetric map

（b） in hydrothermal area obtained by "QianLong 2"

2015 年 12 月至 2016 年 3 月，"潜龙二号"在西南印度洋进行首次海底资源调查，在西南印度洋热液矿区作业 70 余天，获得了热液区近海底精细三维地形地貌和磁力数据，以及洋中脊近海底高分辨率照片，同时发现热液区多处热液异常点。"潜龙二号"连续 3 年执行了我国西南印度洋多金属硫化物矿区的航次调查任务，为该海域海底矿区资源评估和矿区区域放弃提供了多元高精度数据。图 10 所示为"潜龙二号"获得的热液区海底硫化物及热液区测深图，图 11 所示为"探索 4500"获得的冷泉区光学照片、海底轨迹和水体观测数据。

"十三五"期间，在国家重点研发计划的支持下，对"潜龙二号"进行了技术升级，并开展科学应用。通过优化自主水下机器人性能和扩展功能，提高自主水下机器人的作业效率；设计了一套基于超短基线的组合导航算法，满足声学微地貌探测的拼图要求；通过对多源同步探测数据进行实时处理、自主分析，指导自主水下机器人自主采水样。

"潜龙"系列、"探索"系列自主水下机器人的研制及成功应用，使我国的深海自主水下机器人装备实现了国产化，为深海资源探测和海洋科学研究提供了重要的技术手段。

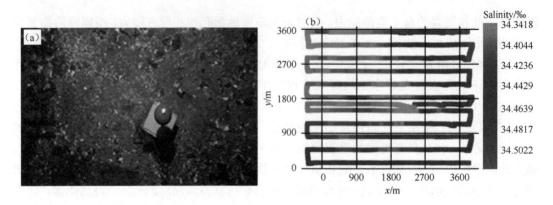

图 11  "探索 4500" 在冷泉区获得的光学照片和水体观测数据

Fig.11  Optical photo (a) and observation data of water
(b) in cold springs area obtained by "Explorer 4500"

## 4  展望与建议

在过去 30 年间,我国的深海资源调查装备有了长足的进展,"大洋一号"船经过几次升级改造已经成为一艘装备完善先进的科学调查船,新的调查船正在扩充我国的远洋调查船队。科学调查船是海洋调查的海上研究基地。我国基于科学调查船的调查装备有了很大发展,21 世纪以来,我国已有以"奋斗者"为代表的三型具有国际先进水平的载人潜水器先后投入服务,遥控型和自主型的深海机器人也取得了长足的进步。

我国深海调查装备可以分为三代,常规调查设备和深海水下机器人为第一代和第二代,深海资源调查与开发的战略需求和以人工智能、互联网技术为代表的信息电子技术的迅猛发展,正在推动深海装备迈向第三代。

展望未来,认识海洋,深入拓展海洋资源调查仍将是未来 10~20 年的重点任务:①调查工作全球化,面向三大洋、南北极及海斗深渊,适时向地内、地外海洋拓展;②精细化,网格从千公里到百公里乃至公里级;③调查装备智能化、无人化、网络化、立体化、规模化;④调查数据专业和商业化是未来发展的总趋势。为此,提出如下建议。

(1)基于信息化、智能化、无人化建设第三代深海调查装备体系。以自主水下机器人信息化、智能化、无人化、网络化为切入点,全面推动深海装备向第三代转型。

(2)现有深海调查装备的改进与提升。在现有装备的基础上努力改进和提升 8 种能力,即:自适应生存力、强大运载力、复杂使命执行力、智能决策力、自主管控力、协同力、信息化能力和重大科学平台支撑力。

(3)在建议(2)的基础上努力实现单使命向多使命、简单任务向复杂任务、程序化向智能化、信息化向作业化、单平台向多平台、单一介质向跨介质的转化。

(4)建设以岸基指控和数据中心为主导,以无人化海洋科学调查船为海上中心、水面机器人为分中心、空中和水下机器人为基元的新型互通、互联、互补的深海调查装备体系。

## 5 结语

按照《联合国海洋法公约》，国际海底区域及其资源是人类的共同继承财产，但是没有先进技术手段就无法获取这部分资源。先进的技术和一流的装备既是我国作为大国的形象必备，也是国际海底资源获取的先决条件。为了获取更多的国际海底资源，大力发展深海装备是一件功在当代利在千秋、造福子孙后代的伟大事业。

## 参 考 文 献

[1] 封锡盛, 刘永宽. 自治水下机器人研究开发的现状和趋势[J]. 高技术通讯, 1999(9): 51, 55-59.
FENG Xi-sheng, LIU Yong-kuan. The status and trends of research and development of autonomous underwater vehicle[J]. Chinese High Technology Letters, 1999(9): 51, 55-59.

[2] GALERNE E. Epaulard ROV used in NOAA polymetallic sulfide research[J]. Sea Technology, 1983, 24(11): 40-42.

[3] YOERGER D R, JAKUBA M, BRADLEY A M, et al. Techniques for deep sea near bottom survey using an autonomous underwater vehicle[J]. The International Journal of Robotics Research, 2007, 26(1):41-54.

[4] KAISE R C L, YOERGER D R, KINSEY J C, et al. The design and 200 day per year operation of the autonomous underwater vehicle sentry[C]//2016 IEEE/OES Autonomous Underwater Vehicles (AUV), Piscataway, NJ: IEEE, 2016: 251-260.

[5] MCPHAIL S. Autosub 6000: A deep diving long range AUV[J]. Journal of Bionic Engineering, 2009, 6(1): 55-62.

[6] HAGEN P E, STORKERSEN N, MARTGUBSEB B E, et al. Rapid environmental assessment with autonomous underwater vehicles—Examples from HUGIN operations[J]. Journal of Marine Systems, 2008, 69(1/2): 137-145.

[7] PURCELL M, GALLO D, SHERRELL A, et al. Use of REMUS 6000 AUVs in the search for the Air France Flight 447[C]//OCEANS'11 MTS/IEEE KONA, Piscataway, NJ: IEEE, 2011: 1-7.

[8] THESTAR. MH370 search: Bluefin-21 continues on seventh mission[EB/OL]. https://www.thestar.com.my/News/Nation/2014/04/19/MH370-Bluefin-continue-search.

[9] URA T, OBARA T, NAGAHASHI K, et al. Introduction to an AUV "r2D4" and its Kuroshima Knoll Survey Mission[C]//MTS/IEEE OCEANS2004/Techno-Ocean 2004, Piscataway, NJ: IEEE, 2004: 1606-1611.

[10] 李一平, 封锡盛. "CR-01" 6000 m 自治水下机器人在太平洋锰结核调查中的应用[J]. 高技术通讯, 2001, 11(1): 85-87.
LI Yi-ping, FENG Xi-sheng. Application "CR-01" autonomous underwater vehicle to the investigation of manganese nodules in the pacific ocean[J]. Chinese High Technology Letters, 2001, 11(1): 85-87.

[11] 李一平, 燕奎臣. "CR-02" 自治水下机器人在定点调查中的应用[J].机器人, 2003, 25(4): 359-362.
LI Yi-ping, YAN Kui-chen. "CR-02" AUV used in point-survey[J]. Robot, 2003, 25(4): 359-362.

[12] 李硕, 刘健, 徐会希, 等. 我国深海自主水下机器人的研究现状[J]. 中国科学: 信息科学, 2018, 48(9): 1152-1164.
LI Shuo, LIU Jian, XU Hui-xi, et al. Research status of autonomous underwater vehicles in China[J]. Scientia Sinica Informationis, 2018, 48(9): 1152-1164.

[13] 徐会希, 尹远, 赵宏宇, 等. 自主水下机器人[M]. 北京: 科学出版社, 2019.
XU Hui-xi, YIN Yuan, ZHAO Hong-yu, et al. Autonomous Underwater Vehicle[M]. Beijing: China Science Publishing & Media Ltd, 2019.

[14] EMBLEY R W, RONDE C, MERLE S G, et al. Detailed morphology and structure of an active submarine arc caldera: Brothers Volcano, Kermadec Arc[J]. Economic Geology, 2012, 107: 1557-1570.

[15] MACELLONI L, SIMONETTI A, KNAPP J H, et al. Multiple resolution seismic imaging of a shallow hydrocarbon plumbing system, Woolsey Mound, Northern Gulf of Mexico[J]. Marine and Petroleum Geology, 2012, 38(1): 128-142.

# 介绍三种感应同步器角度编码方法*

封锡盛

　　圆盘式感应同步器是一种高精度的角度传感器,目前国外采用感应同步器构成的角度编码器,其精度可达23位至25位,即±0.15角秒至±0.038角秒。由于感应同步器具有精度高、可靠、寿命长、制造方便、维护简单等一系列优点,因此它在工业、国防和科研上得到越来越多的应用。为了得到较高的分解度和数字输出,需要采用适当形式的电子线路将感应同步器输出的模拟量变换为数字量。我们把感应同步器及其变换线路称为感应同步器角度编码器,以下简称编码器。

　　编码方法有多种,本文简要介绍三种较有代表性的编码方法,这些方法各有其特点,可依具体情况选用。编码器一般是由两通道或三通道构成,限于篇幅,本文只介绍精通道的构成,文中涉及的具体电路的细节亦不多述,请参阅文后所附的文献,顺便指出文中所述方法也适用于直线型感应同步器做位移变换。

## 1　函数变压器法

　　此种方法的关键元件是函数变压器,故称函数变压器法。其原理方块图如图1所示。

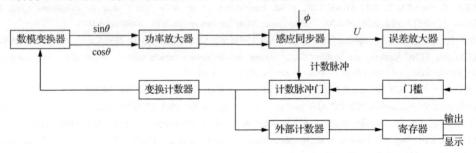

图1　函数变压器法原理图

　　设感应同步器定子的两相绕组分别施以下述形式的电流作为激磁:

$$i_s = \sin\theta\cos\omega t \tag{1}$$

$$i_c = \cos\theta\sin\omega t \tag{2}$$

式中,$\theta$表示电角。

　　感应同步器转子绕组产生的误差电压形式为

$$U = \sin\theta\cos n\phi\sin\omega t - \cos\theta\sin n\phi\sin\omega t$$
$$= \sin(\theta - n\phi)\sin\omega t \tag{3}$$

---

* 原发表于《国外自动化》, 1979, 1:94-104。

式中，$\phi$ 为定、转子之间夹角即空间角；$n$ 为极对数。

由式（3）可以看出如能使 $\theta = n\phi$，则 $U = 0$，此时 0 即为空间角度 $\phi$ 的度量。

图 1 也可以作为一阶数字随动系统来理解。其中感应同步器是比较元件，$\phi$ 为输入量，$\theta$ 为输出量，变换计数器和数模变换器则相当于零阶保持器。

图 1 中各方框的作用如下，感应同步器转子产生的误差电压被放大以后，经过门槛控制计数脉冲门，当误差电平高于门槛电平时，计数脉冲门发出计数脉冲和计数方向信号，使变换计数器向误差减少方向计数。数模变换器把变换计数器中的数变换为相应于式（1）、式（2）的正、余弦电压，经过功率放大以后供给感应同步器的定子激磁，直到感应同步器转子输出的误差电压低于门槛电平为止。与此同时计数脉冲门输出的脉冲和方向信号也同时送给外部计数器，因此外部计数器中累计的数就是空间角度 $\phi$ 的数字表示。

数模变换器的功能是通过几个函数变压器来完成的，下面简要介绍其原理。图 2（a）示出感应同步器的半个电节距，假设我们用 $0,1,2,\cdots,9$ 这 10 个数字表示这半个电节距，显然每个字所表示的电角度为 $a \cdot 0.18°$，$a$ 为 $0,1,2,\cdots,9$。如果我们对一变压器原边施加某一电压，如图 2（c）所示，而变压器副边的抽头按图 2（a）、（b）所示的正余弦规律抽取的话，当图 2（c）中对应的开关闭合时就可得到与该开关所示数字对应的正、余弦电压值，所有的开关均受十进制计数器的数控制，显然，这就达到了数模转换的目的。如果希望上述的半个电节距用 100 个数字来表示，也就是把半个电节距细分为 100 份，则可再利用两只按正切规律抽头的变压器来实现。

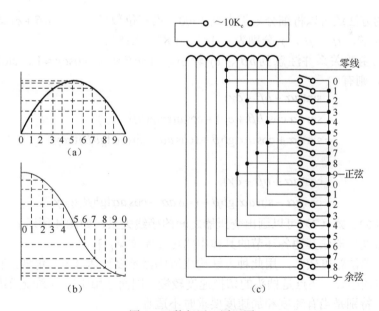

图 2　函数复压口原理图

设两位数可用 $a\alpha + b\beta$ 来表示，$a\alpha$ 表示十位，$a$ 为 $0,1,2,\cdots,9$，$\alpha$ 表示 $18°$，$b\beta$ 为个位，$b$ 为 $0,1,2,\cdots,9$，$\beta$ 表示 $1.8°$，根据三角函数关系则有

$$\sin(a\alpha + b\beta) = \sin a\alpha \cos b\beta + \cos a\alpha \sin b\beta$$
$$= \cos b\beta(\sin a\alpha + \cos a\alpha \, \text{tg} \, b\beta) \tag{4}$$

由于 $b\beta$ 很小、可认为 $\cos b\beta \approx 1$，故上式可写为

$$\sin(a\alpha + b\beta) = \sin a\alpha + \cos a\alpha \operatorname{tg} b\beta$$

同理有

$$\cos(a\alpha + b\beta) = \sin a\alpha - \cos a\alpha \operatorname{tg} b\beta \tag{5}$$

根据式（4）和式（5）可以得出变压器间的连接法。图 3 即为两位数的接线图。

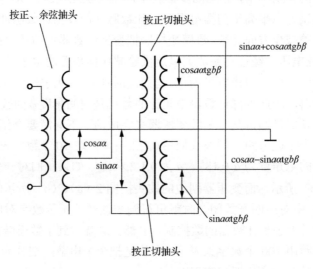

图 3　两位数的接线图

用相同的方法还可以将细分数扩大到 1000，设三位数可用 $a\alpha + b\beta + c\gamma$ 表示，$a$、$b$、$c$ 表示 $0,1,2,\cdots,9$，$\alpha$、$\beta$、$\gamma$ 分别表示 $18°$、$1.8°$、$0.18°$。

根据三角函数关系并注意到 $b\beta$、$c\gamma$ 较小，$\cos b\beta \approx 1$、$\cos c\gamma \approx 1$、$\sin b\beta \approx \operatorname{tg} b\beta$、$\sin c\gamma \approx \operatorname{tg} c\gamma$，则有

$$
\begin{aligned}
&\sin(a\alpha + b\beta + c\gamma) \\
&= \sin a\alpha \cos(b\beta + c\gamma) + \cos a\alpha \sin(b\beta + c\gamma) \\
&= \sin a\alpha + \cos a\alpha \operatorname{tg} b\beta + (\cos a\alpha - \sin a\alpha \operatorname{tg} b\beta)\operatorname{tg} c\gamma
\end{aligned} \tag{6}
$$

同理有

$$
\begin{aligned}
&\cos(a\alpha + b\beta + c\gamma) \\
&= \cos a\alpha - \sin a\alpha \operatorname{tg} b\beta - (\sin a\alpha + \cos a\alpha \operatorname{tg} b\beta)\operatorname{tg} c\gamma
\end{aligned} \tag{7}
$$

根据式（6）、式（7）可以画出变压器之间的接线关系，如图 4 所示。

有关函数变压器法其他各环节的具体电路可参阅文献[1]。

函数变压器法精度较高，用此种方法构成编码器精度可达 1～2 角秒，有的可达±0.5 角秒，其稳定性亦好，缺点是抽头的切换速度较慢，因而适用于定位系统及静态显示，在闭环装置中，特别是当有速度和加速度要求时不适宜。

## 2　幅相变换法

幅相变换法的核心是将调幅的感应同步器误差信号转换为相位调制，然后对相位细分，故称幅相变换法。其原理方块图如图 5 所示。

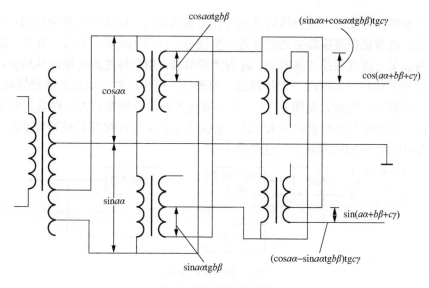

图 4  三位数的接线图

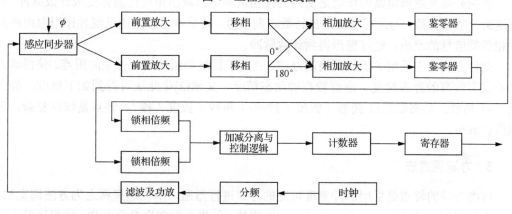

图 5  幅相变换法方块图

图 5 中感应同步器的转子激磁，则定子正、余弦绕组感应的电势分别为

$$e_s = \sin n\phi \cos \omega t \tag{8}$$

$$e_c = \cos n\phi \cos \omega t \tag{9}$$

式中，$n$ 为极对数。将 $e_s$ 移相 90° 后与 $e_c$ 相加得

$$e_1 = \cos \omega t \cos n\phi - \sin \omega t \sin n\phi$$

$$= \cos(\omega t + n\phi) \tag{10}$$

同样将 $e_s$ 移 90° 与 $e_c$ 倒相相加可得

$$e_2 = \cos(\omega t - n\phi) \tag{11}$$

式（10）、式（11）表明转角信号已调制在相位之中从而实现了幅相变换。

下面对图 6 做简要说明，有关细节可参阅文献[2]。

感应同步器采用转子激磁，它是由时钟经分频滤波、功率放大后得到的，感应同步器定子的正、余弦绕阻分别产生式（8）、式（9）所示的感应电势 $e_s$ 和 $e_c$，$e_s$ 和 $e_c$ 分别经过前置放大、滤波、移相、相加即得到式（10）、式（11）表示的 $e_1$ 和 $e_2$，$e_1$ 和 $e_2$ 的相位被调制，经过鉴零器后变成方波提供给锁相环作为输入信号。锁相环有两个作用：其一，起倍频的作用，或者说把鉴零器来的信号进一步细分，以得到高的分解度；其二，起跟踪作用，当轴角以某一速度连续改变时 $e_1$、$e_2$ 为调频信号，锁相环能连续跟踪其相位，从而保证了整个编码器能在较高速度下保持精度。简单地说锁相环的作用就是锁相倍频。

锁相环由四部分组成，见图 6，来自鉴零器的方波与分频器的方波在鉴相器中比较相位，其相位差被滤波后进行直流放大，这一直流电压加至压控振荡器使其频率改变，经分频后回至鉴相器，使相位差减小，直至最小。

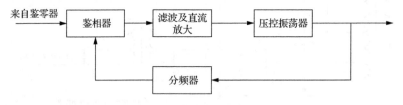

图 6　锁相环的结构

加减分离及逻辑电路的作用是从两列锁相倍频信号取出角度信息并变成计数脉冲，以便送给计数器计数，与此同时还送出计数方向信号。其基本思想是通过混频作用取出两列锁相倍频信号的差拍，经过整形得到计数脉冲。

此种方法由于采用了幅相变换的办法，克服了载波抑制调制所带来的困难，使得该方法不仅有较高的静态精度，亦有较高的动态精度，文献[2]称此法可得到如下精度：静态误差±1 角秒；动态误差±1 角秒／弧度／秒和±1 角秒／弧度／秒$^2$。缺点是线路复杂，调整维护麻烦。

## 3　方波调宽法

这类方法的特点是采用脉冲宽度可变的方波进行激磁，所以这里称之为方波调宽法。

方波调宽法是美国人 Robert W. Tripp 发明的，他先后发表许多篇专刊，使得这种方法较为完善，应用的范围也较宽。方波调宽法的特点是较多地采用数字集成电路，因此比较简单和易于调整，而且随着集成度的提高，这一方法将更加简单、可靠、体积小、重量轻、耗电少。

此种方法也是数字随动系统，可以分为一阶和二阶两种，前者适用静态显示和无跟踪要求的场合，后者能用于有速度和加速度要求的场合。此种方法的主要困难在于模拟电路的设计与制作。因为它不仅直接影响精度，还在于对它有一些互相矛盾的要求，例如：噪声、增益、带宽、高次谐波的抑制等关系，只有处理得恰当才能得到良好的效果。努力减小和抑制正交干扰，是这一方法的另一重点。下面分别介绍一阶和二阶系统的构成。

### 3.1　位置测量系统

构成一阶系统的基本思想与前面介绍过的函数变压器法相同。所不同之处是这里采用了宽度可调的方波励磁，调宽的原则是使励磁方波中的基波成分符合式（1）、式（2），其中的高次谐波在感应同步器误差电压输出端用滤波器滤除。其方块图见图 7。

根据三角函数关系式（1）、式（2）可以写成

$$\sin\theta\cos\omega t = \sin(\omega t + \theta) - \sin(\omega t - \theta) \tag{12}$$

$$\cos\theta\cos\omega t = \cos(\omega t + \theta) + \cos(\omega t - \theta) \tag{13}$$

　　式（12）、式（13）中的系数对变换不产生影响，故略去。式（12）、式（13）说明，含有基波为 $\sin\theta\cos\omega t$ 和 $\cos\theta\cos\omega t$ 的调宽方波可以由其对应的移相波形来实现，图 7 中的逻辑组合就是为完成上述功能而设，至于移相波形则是由第一、第二计数器在非对称控制器的作用下产生的。第一、第二计数器即分频器，其移相作用是这样产生的，若在某一输入计数脉冲的作用下使第一计数器少记一个脉冲，在一个计数循环以后这一计数器输出端的波形就会相对另一计数器的对应波形后移一个脉冲的宽度，若在下一时刻使第二计数器多计一个脉冲则在又一循环之后，两列计数器的相位就相差了两个脉冲的宽度，显然，这两个计数器相对于基准计数器来说则是分别后移和前移了一个脉冲宽度，这里计数脉冲的调制作用产生了移相波形。哪个计数器应向前移相，而哪一个又应向后移相则由方向信号决定。图 8 为第一计数器最末两级（第二计数器亦同），分别把末前级的 Q 端和 $\overline{\text{Q}}$ 端供给末级可得到相差 90° 的波形。这样第一、第二计数器的四个输出即为式（12）、式（13）中的四项。

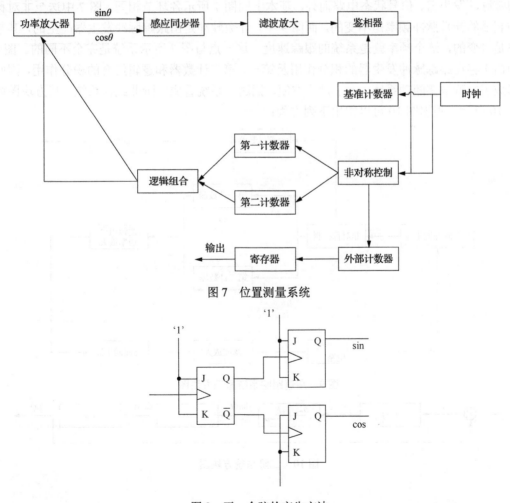

图 7　位置测量系统

图 8　正、余弦的产生方法

　　由于计数脉冲为固定频率之脉冲，因而在零误差附近会产生方向信号的连续改变，形成振荡，这是一种稳定状态，为了使这种振荡不影响外部计数器的计数，在非对称控制器中采取了相应的措施，详细情况请参阅文献[3]、[4]。

　　计数方向信号是由模拟电路产生的，模拟电路包括滤波放大和鉴相器，这一部分的质量好坏直接影响整个编码器的精度与稳定性。

　　为了不使系统在较高速度时误差过大以至于超出一个电节距，从而导致计数发生错误，有时设置一个门槛，当误差电压超过某一规定值时门槛打开，使用高速计数脉冲代替前述计数脉冲，当误差电压低于上述规定值仍用原计数脉冲，从而保证高速时系统不发生错乱。显然用压控振荡器实现上述目的也是可行的。门槛的设置虽然能使高速时不错乱，但仍解决不了跟踪的问题，在有跟踪要求的场合应使用下面介绍的高速跟踪系统。

### 3.2　高速跟踪系统

　　这是为克服前一种方法的动态精度差的缺点而提出的一种方法，就其原理来说属于二阶伺服系统，理论上的速度误差是为零的。高速跟踪系统的原理方块图见图9。图9中除跟踪脉冲发生器、信号状态电路而外，基本上同图7所示各环节相同。图7中送至非对称控制器的计数脉冲频率是不变的。而图9中，计数脉冲是由跟踪脉冲发生器产生的，其频率是可变的，这个频率就是系统的跟踪速度。这一点与图7所示系统是完全不同的。图9中由于存在跟踪脉冲发生器的积分作用及第一、第二计数器和逻辑组合的积分作用，因此形成了二阶数字随动系统，为了讨论方便，把这一系统看成二阶非线性系统，其方块图如图10所示，根据图10可以得出下列方程：

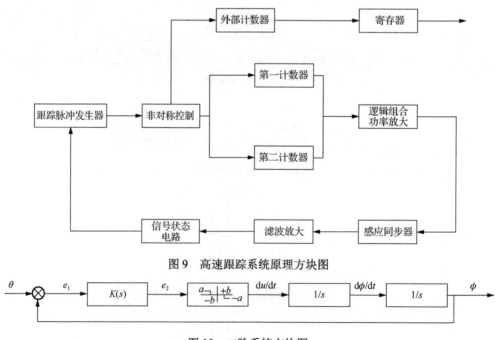

图9　高速跟踪系统原理方块图

图10　二阶系统方块图

$$e_1 = \theta - \phi \tag{14}$$

$$e_2 = e_1 K(s) \tag{15}$$

$$\frac{\mathrm{d}\phi}{\mathrm{d}t} = -P = \begin{cases} +a, & e_2 < -b \\ 0, & -b < e_2 < +b \\ -a, & e_2 > +b \end{cases} \tag{16}$$

$$U = \frac{\mathrm{d}\phi}{\mathrm{d}t} \tag{17}$$

从式（16）、式（17）中消去 $\mathrm{d}t$ 得

$$U\mathrm{d}U = \mathrm{d}\phi \cdot (-P) \tag{18}$$

对式（18）两端积分，并设输入为单位阶跃信号及 $K(S) = 1$，则有下列方程：

$$U^2 - U_0^2 = 2a(\phi - \phi_0), \quad \phi < -b \tag{19}$$

$$U^2 - U_0^2 = -2a(\phi - \phi_0), \quad \phi > +b \tag{20}$$

$$U = U_0, \quad -b < \phi < +b \tag{21}$$

根据式（19）、式（20）和式（21）可以画出相轨迹图，如图 11 所示。

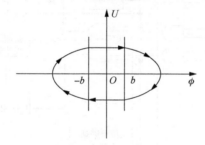

图 11 $K(S)=1$ 的相轨迹图

显然可以看出系统是振荡的，若令 $K(S) = K_1(1 + K_2 S)$ 的相平面分界线的条件变为

$$K_1\phi + K_1 K_2 U = +b$$

和

$$K_1\phi + K_1 K_2 U = -b$$

若 $K_1$、$K_2$ 取值适当则系统是稳定的（见图 12）。

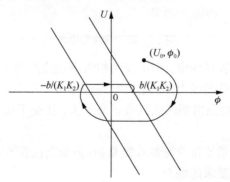

图 12 $K(S) = K_1(1 + K_2 S)$ 的相轨迹图

从图 12 还可以看出，如使开关线具有适宜的形状，系统将得到最快的时间响应。

图 13、图 14、图 15 和图 16 绘出了各环节的具体线路，其详细说明请参阅文献[5]～[7]。应当指出文献所给系统，分三种情况，第一种情况是误差信号一次超过门槛电平，这时系统的工作相当于一阶系统。第二种情况是误差信号连续两次越过门槛电平，这时属于二阶系统。第三种情况是一种大信号状态。

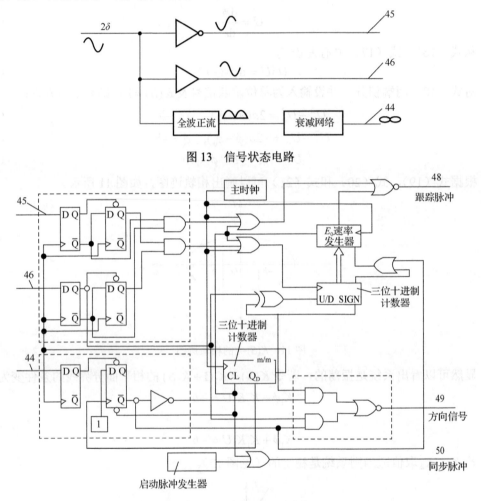

图 13　信号状态电路

图 14　跟踪脉冲发生器

为使整个编码器具有较高精度，则应使两相激磁电流严格相等，放大器应有较宽的带宽同时又有较强的抑制谐波的能力，引线的交连应尽可能地小，总之设计、调整和工艺上都应十分严格。这里应特别指出要注意克服正交干扰，正交干扰的存在会破坏稳定性和影响精度。

高速位置测量系统虽然比位置测量系统复杂，但是它能保持动态精度，这是一大优点，使它能适用于有高速跟踪要求的场合。

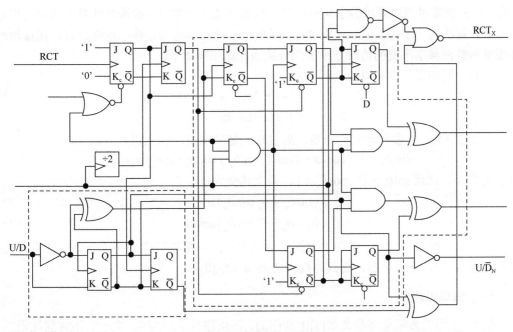

图 15 非对称控制器

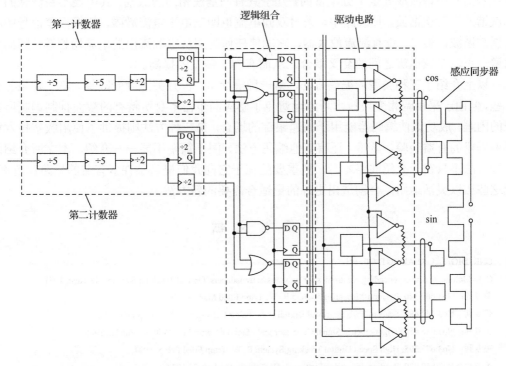

图 16 第一、第二计数器和逻辑组合及驱动电路

### 3.3 调幅调宽

前述两相调宽方法存在着一个问题，即电路的细分能力受时钟频率和载波频率的限制，对于采用所谓非对称控制器的系统，细分数 $N=f_{钟}/(2f_{载})$，$f_{钟}$为时钟频率，$f_{载}$为载波

频率。时钟频率过高就要求数字集成电路有较高的工作频率，而载波过低对于感应同步器不利。为解决这一矛盾，Robert W. Tripp 又提出了调幅调宽的方法，这样就可以在保持时钟频率和载波频率不变的情况下提高细分数 $N$，其原理如下。

设感应同步器的激磁电流为

$$i_s = \sin\theta\cos\omega t$$
$$i_c = \cos\theta\cos\omega t$$

令 $\theta=\theta_w+\theta_a$，$\theta_w$ 表示调宽的电角，$\theta_a$ 表示调幅的电角，代入则有

$$\sin(\theta_w + \theta_a)\cos\omega t = (\sin\theta_w\cos\theta_a + \cos\theta_w\sin\theta_a)\cos\omega t$$

由于 $\theta_a$ 很小，因此 $\sin\theta_a \approx \theta_a, \cos\theta_a \approx 1$，则上式变为

$$i_s = (\sin\theta_w + \theta_a\cos\theta_w)\cos\omega t \qquad (22)$$
$$i_c = (\cos\theta_w - \theta_a\sin\theta_w)\cos\omega t \qquad (23)$$

式（22）和式（23）中的前一项同于原调宽方案。第二项中多出了一个幅度调制 $\theta_a$，实现方程（22）、方程（23）的具体线路请参阅文献[8]。

### 3.4　激磁电路

图 16 示出的激磁电路是文献[9]中介绍的。该电路有下列特点：第一，不含偶次谐波，在误差信号中谐波成分是十分丰富的，几乎具有同基波相同的振幅，其中最不易滤除的是二次谐波和三次谐波，该线路中，采用双向电流也即三电平电流激磁，使得误差信号中不含偶次谐波。第二，设有泄流放大器，它能使任何时间从电源流出的电流均相等，因而可以避免正、余弦电流之间的交叉耦合，从而有利于精度的提高。

以上介绍了三种类型的编码方法，第一种最简单，但开关速度受限制。第二种虽复杂一些，但由于采用幅相变换技术巧妙地避免了感应同步器本身所特有的载波抑制调制所带来的困难，成功地使编码器能用于高速跟踪的场合。第三种方法则提供了使用数字技术构成编码器的有益经验。显然，还有其他编码方法，限于篇幅不能一一介绍。本文所介绍的三种方法不只在于介绍线路本身，更重要的在于它向我们提供了许多有益的思路和范例，把这些加以灵活运用，会创造出更好的更适合需要的新方法来。

# 参 考 文 献

[1]　CNR. DIGITAL READOUT. Olivetti.

[2]　C. L. Malone. Fsd angle encoding electronics for inductosyn transducers. Optical Tracking Systems. 18 June, 1971.

[3]　美专利：No3.609.320. Position-Measuring System R. W. Tripp Filed Mar 24. 1969.

[4]　美专利：No3.742.487. Scale of Two Improved Digital and Analog Converter R. W. Tripp Feb.5 1971.

[5]　美专利：No3.686.487. Trigonometric Signal Generator and Machine Control R. W. Tripp Filed 6. 1969.

[6]　美专利：No3.673.395. High Speed Digital Tracking System R. W. Tripp Filed Feb 5. 1971.

[7]　美专利：No3.860.920. Position-Indicating System R. W. Tripp Filed June 20 1973.

[8]　美专利：No3.789.393. Digital/Analog Converter With Amplitude and pulse Width Modulation. R. W. Tripp Filed oct. 26. 1972.

[9]　美专利：No3.757.321. Transducer Driver Apparatus and Method. R. W. Tripp Filed Dec.27. 1971.

# 基于超短基线/多普勒的水下机器人位置估计[*]

邢志伟[1,2]，张禹[1,2]，封锡盛[1]

（1. 中国科学院沈阳自动化研究所，沈阳，110016；2. 中国科学院研究生院，北京，100039）

**摘要：**为解决深海复杂环境下采用水声定位系统实现水下机器人控制所带来的反馈信号延迟问题，提出了基于 USBL/Doppler 位置估计算法。文中首先根据导航系统确定卡尔曼滤波器结构并建立了系统的状态方程和观测方程，同时，为了提高估计精度，引入自适应卡尔曼滤波理论，以降低系统对环境和初始噪声估计精度的敏感性。最后通过数字仿真验证了算法的有效性，并给出了结论。

**关键词：**超短基线，多普勒，定位，估计，水下机器人，卡尔曼滤波

**中图分类号：**TP24　　　　　　　　**文献标识码：**B

## Position Estimation of Underwater Vehicle Based on USBL/Doppler

Xing Zhiwei[1,2], Zhang Yu[1,2], Feng Xisheng[1]

(1. Shenyang Institute of Automation, Chinese Academy of Sciences, Shenyang, 110016;

2. Postgraduate School, Chinese Academy of Sciences, Beijing, 100039)

**Abstract:** A Position estimation algorithm for underwater vehicle is proposed based on the USBL/Doppler to cope with position feedback delay due to the underwater acoustic positioning system. The Kalman filter structure with the state equation and observation equation is established according to the navigation system for underwater vehicle. Moreover, the theory of adaptive Kalman filter is incorporated into the algorithm in order to enhance the estimation precision and make the system insensitive to the environment and initial conditions. Simulation result verifies the validity of the algorithm and conclusion is provided at the end of the paper.

**Keywords:** USBL, Doppler, position, estimation, underwater vehicle, Kalman filter

## 1 引言（Introduction）

近年来，水下机器人，特别是有缆水下机器人（ROV）在各个领域得到了广泛应用。

---

[*] 原发表于《机器人》，2003, 25(3): 231-234, 263。

为了适应水下复杂的环境，提高水下机器人的作业能力和精度，要求水下机器人具有高精度动力定位能力，要实现水下机器人的精度控制，首先必须获得其高精度的位置和姿态信息。水下机器人的深度/高度（$Z/H$）、航向角（$\theta$）、纵倾角（$\Phi$）等信息可以由深度计/高度计、罗盘、倾角仪等传感器直接测得，一般来说，这些传感器具有很宽的工作频带，在测量精度和数据刷新频率方面都能满足实时控制要求。对于水平面上的位置数据（$X,Y$）可以通过声学传感器［长基线（LBL）、短基线（SBL）、超短基线（USBL）］测得，在控制系统中采用声学传感器作位置闭环时主要存在两个问题，一是测量精度，声学传感器的测量精度一般较低，二是数据刷新频率，受声波在水中的传播速度（约1500m/s）的限制，采用声学传感器对水下机器人进行位置测量时将会产生数据延迟，特别是对于深海作业机器人，其位置数据延迟将达到秒级。因此，在深海环境下对水下机器人作位置控制时，直接应用声学传感器将由于反馈延迟而无法满足控制要求，所以必须借助其他传感器进行实时位置推算。目前已提出多种基于组合导航的水下机器人位置估计方法[1-5]。Whitcomb等[1]提出一种基于Doppler/LBL的水下机器人位置估计算法，并利用JASON AUV进行了实验研究，取得了很好的效果。Andreas Huster等[5]提出了基于视觉和惯性测量单元的位置估计算法。Bennamoun等[2]提出了基于GPS/INS/SONAR的位置估计算法，其算法的基本思想是当水下机器人在水面运行时，采用GPS（全球定位系统）信号和INS（惯性导航系统）信号进行位置估计，当水下机器人在水下运行时，则采用INS信号和声呐信号进行位置估计，并给出了仿真结果。本文应用自适应卡尔曼滤波理论，提出了基于USBL/Doppler的水下机器人位置估计算法，从而为深海作业机器人动力定位提供了一条解决途径，最后通过仿真验证了算法的有效性。

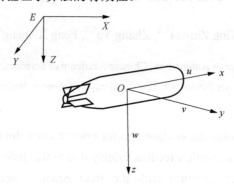

图1　水下机器人坐标系

Fig.1　Reference frame of underwater vehicle

## 2　导航系统及滤波器结构（Structure of navigation system & filter）

### 2.1　坐标系及变换

在讨论水下机器人导航与定位问题时，首先要确定一个固定坐标系，$E$-$XYZ$坐标系的原点可以取在海平面或海中任意点，其中，$EZ$指向地心，水平面采用北东坐标系，此外还要定义动坐标系。$O$-$xyz$动坐标系是与水下机器人载体固联在一起的。原则上，动坐标系原点和坐标轴的方向可以任意选取，为了方便可以将$Ox$轴与水下机器人主对称轴取向一致，而 $Oy$ 轴与辅助对称轴取向一致，沿动坐标系三轴的速度分别用 $u,v,w$ 表示，水下机器人的航向角用 $\theta$ 表示，同时，在位置推算中不考虑横摇和纵倾的影响，则水下机器人动坐标系和定坐标系间的变换可以表示为

$$\dot{\eta} = J(\eta)V \tag{1}$$

其中，

$$\eta = [X, Y, Z]^{\mathrm{T}}, \quad V = [u, v, w]^{\mathrm{T}}$$

$$J(\eta) = \begin{pmatrix} \cos\theta & -\sin\theta & 0 \\ \sin\theta & \cos\theta & 0 \\ 0 & 0 & 1 \end{pmatrix}$$

### 2.2 导航系统及卡尔曼滤波器结构

水下机器人导航系统由超短基线定位系统（USBL）、深度传感器、罗盘、角速率陀螺、多普勒（Doppler）计程仪组成。超短基线定位系统用来测量水下机器人相对母船的位置，水下机器人的深度、航向、角速率、水平面的速度由其他相应的传感器测得，为了进行准确的位置估计，应用卡尔曼滤波器对上述数据进行修正。卡尔曼滤波器结构如图 2 所示。

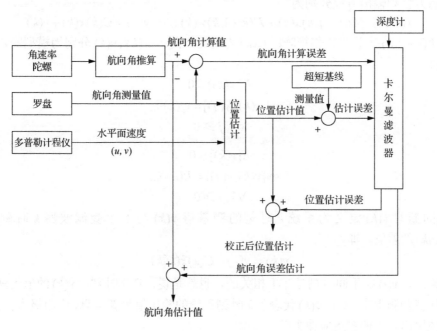

图 2　卡尔曼滤波器结构

Fig.2　Structure of Kalman filter

卡尔曼滤波器的输入量包括航向角的计算误差和位置估计误差，其输出是经过滤波的航向角及位置估计误差，下面详细讨论水下机器人位置估计的卡尔曼滤波算法。

## 3　自适应卡尔曼滤波算法与水下机器人位置估计（Adaptive Kalman filter & position estimation of underwater vehicle）

### 3.1　自适应卡尔曼滤波算法

在卡尔曼滤波算法中，系统状态噪声和模型噪声的统计特性是否正确直接影响到卡尔曼滤波器状态估计的最优性。对于超短基线（USBL）/多普勒（Doppler）集成定位系统来说，系统的运行噪声与测量噪声的统计特性与诸多因素相关，如系统的运行状态、环境等（如罗盘的漂移及声速波动引起超短基线测量精度的改变等），所以很难获得系统状态和测量噪声的准确的统计信息，这样如果采用固定协方差（$Q$ 和 $R$）的卡尔曼滤波器势必导致产生很大的估计误差，甚至会影响到卡尔曼滤波器的收敛性。为改进估计质量，在不少应用场合提出采用自适应卡尔曼滤波技术[3,6-7]。自适应卡尔曼滤波包含两方面的含义，一是系统模型的自适应，二是系统状态和测量噪声统计特性的协方差阵的自适应（即 $Q$ 和 $R$ 的自适应）。第一个问题主要涉及系统设计和辨识方面的问题，在本文中假定系统的模型参数准确，主要讨论应用基于新息序列的自适应估计算法[3,7]（innovation-based adaptive estimation, IAE）实现卡尔曼滤波器噪声统计特性协方差的自适应。设离散时间系统的状态方程和输出方程分别为

$$x(k+1) = \varPhi(k+1,k)x(k) + \varGamma(k+1,k)w(k), \qquad y(k) = C(k)x(k) + v(k) \qquad (2)$$

其中，$\varPhi(k+1,k)$ 为状态转移矩阵；$C(k)$ 为观测矩阵；$w(k)$，$v(k)$ 分别为模型噪声和观测噪声，且有

$$E[w(k)] = 0$$
$$\text{Cov}[w(k),w(j)] = Q(k)\delta_{kj} \qquad (3)$$
$$\forall k,j \geqslant 0$$

$$E[v(k)] = 0$$
$$\text{Cov}[v(k),v(j)] = R(k)\delta_{kj} \qquad (4)$$
$$\forall k,j \geqslant 0$$

则系统的新息 $v(k)$ 定义为系统 $k$ 时刻的测量值 $y(k)$ 与卡尔曼滤波器 $k$ 时刻估计值 $C(k)\hat{x}(k\hat{u}k)$ 的差值，即

$$v(k) = y(k) - C(k)\hat{x}(k\hat{u}k) \qquad (5)$$

理论上，$v(i)$ 在不同时刻是互不相关的，也就是说，在 $k$ 时刻，$v(k)$ 的值无法通过以前时刻的值预测出来，所以 $v(k)$ 代表了 $k$ 时刻系统的输出值最新信息，应用极大似然原理，可得系统输出噪声的自适应律为[3]

$$\hat{R}(k) = \hat{C}_{vk} + C(k)P(k\hat{u}k)C^{\text{T}}(k) \qquad (6)$$

其中

$$\hat{C}_{vk} = \frac{1}{N}\sum_{j=j_0}^{k} v(j)v^{\text{T}}(j) \qquad (7)$$

$N$ 为自适应窗口长度；$P(k\hat{u}k)$ 为 $k$ 时刻卡尔曼滤波器的方差估计；$j_0 = k - N + 1$。同理可以得出系统状态噪声自适应律为

$$\hat{Q}(k) = \frac{1}{N}\sum_{j=j_0}^{k}\Delta x_i \Delta x_j^{\mathrm{T}} + P(k\hat{u}k) - \varPhi(k,k-1)P(k\hat{u}k-1)\varPhi^{\mathrm{T}}(k,k-1) \qquad (8)$$

其中，$\Delta x(k) = K(k)v(k)$，$K(k)$ 为 $k$ 时刻卡尔曼滤波增益。下面应用上述算法思想，进行水下机器人位置估计。

### 3.2 水下机器人位置估计

（1）状态变量的选择及状态转移方程。

选择水下机器人的位置（$X,Y,Z,\theta$）、水平速度（$u,v$）及角速率 $\omega$ 为待估计状态矢量，其中 $\theta$ 为水下机器人航向角，即

$$sv = [X,Y,Z,\theta,u,v,\omega]^{\mathrm{T}} \qquad (9)$$

则根据式（1），可得系统的状态转移方程为

$$
\begin{aligned}
X(k+1) &= X(k) + [u(k)\cos\theta(k) - v(k)\sin\theta(k)]T_s \\
Y(k+1) &= Y(k) + [u(k)\sin\theta(k) + v(k)\cos\theta(k)]T_s \\
Z(k+1) &= Z(k) \\
\theta(k+1) &= \theta(k) + \omega(k)T_s \\
u(k+1) &= u(k) \\
v(k+1) &= v(k) \\
\omega(k+1) &= \omega(k)
\end{aligned} \qquad (10)
$$

其中，$T_s$ 为系统的采样时间，根据扩展卡尔曼滤波思想，将式（10）在 $sv(k)$ 点进行线性化，可得系统的状态转移矩阵，表示为

$$\varPhi(k+1,k) = \frac{\partial f_i}{\partial sv_j} = \begin{pmatrix} 1 & 0 & 0 & -T_s[u(k)\sin\theta(k)+v(k)\cos\theta(k)] & T_s\cos\theta(k) & -T_s\sin\theta(k) & 0 \\ 0 & 1 & 0 & T_s[u(k)\cos\theta(k)-v(k)\sin\theta(k)] & T_s\sin\theta(k) & T_s\cos\theta(k) & 0 \\ 0 & 0 & 1 & 0 & 0 & 0 & 0 \\ 0 & 0 & 0 & 1 & 0 & 0 & T_s \\ 0 & 0 & 0 & 0 & 0 & 0 & 1 \end{pmatrix}$$

$$(11)$$

（2）系统测量方程。

在进行水下机器人位置估计时，可以实时测得的状态量包括：航向角 $\theta$、深度 $Z$、水平速度 $u,v$ 以及角速率 $\omega$，水下机器人位置 $X,Y$ 可以由超短基线定位系统给出，但是由于声波在水中的传输时延，无法得到实时信息，设声波在水中的传播时间为 $t = dT_s$，假定在 $t = dT_s$ 时刻水声应答器向接收基阵发出定位信号，由于传输时延，水下机器人要在 $t = (k+d)T_s$ 才能接收到 $k$ 时刻的位置信息 $X_{km},Y_{km}$，此时，在 $t = (k+d)T_s$ 时刻，水下机器人的位置估计为

$$
\begin{aligned}
X_{k+d} &= X_k + \sum_{i=1}^{d}[u(k+i-1)\cos\theta(k+i-1) - v(k+i-1)\sin(k+i-1)]T_s \\
Y_{k+d} &= Y_k + \sum_{i=1}^{d}[u(k+i-1)\sin\theta(k+i-1) + v(k+i-1)\cos(k+i-1)]T_s
\end{aligned} \qquad (12)
$$

其中，$X_k,Y_k$ 为 $k$ 时刻水下机器人位置估计，令

$$\Delta X_d = \sum_{i=1}^{d} [u(k+i-1)\cos\theta(k+i-1) - v(k+i-1)\sin(k+i-1)]T_s$$

$$\Delta Y_d = \sum_{i=1}^{d} [u(k+i-1)\sin\theta(k+i-1) + v(k+i-1)\cos(k+i-1)]T_s \tag{13}$$

则根据 $k$ 时刻测量值 $X_{km}$, $Y_{km}$ 和 $k$ 时刻估计值 $X_k$, $Y_k$，应用式（5）～式（11）的卡尔曼滤波公式，可得 $k$ 时刻的最优估计 $X(k\hat{u}k)$, $Y(k\hat{u}k)$，则可得 $(k+d)$ 时刻水下机器人位置的估值为

$$\hat{X}(k+d\hat{u}k) = \hat{X}(k\hat{u}k) + \Delta X_d$$

$$\hat{Y}(k+d\hat{u}k) = \hat{Y}(k\hat{u}k) + \Delta Y_d \tag{14}$$

综上，可取水下机器人的测量矢量为 $y_m = [X, Y, Z, \theta, y, v, \omega]^T$，其中，$X$, $Y$ 每隔 $dT_s$（秒）刷新一次，其余变量每隔 $T_s$（秒）刷新一次。

## 4　仿真结果（Simulation result）

仿真模型采用文献[8]给出的六自由度水下机器人 NEROV 模型，$T_s = 0.2$，$d = 5$，假设超短基线定位系统的工作频率为 19～36kHz，测量精度为斜距的 0.2%，罗盘采用普通磁罗盘，测量精度为 1°，角速率陀螺的测量精度为 0.01°/s，多普勒计程仪的测量精度取为 0.01m/s，各传感器的噪声均假定为均值为 0 的白噪声。干扰为海流，海流模型为一阶马尔可夫过程，表示为

$$\overset{\circ}{b} = -Tb + \Psi n \tag{15}$$

其中，$T$ 为时间常数；$n$ 为均值为 0 的白噪声；$\Psi$ 为加权项。传感器测量值表示为

$$y_m = y_r + \zeta \tag{16}$$

其中，$y_m$, $y_r$ 分别为测量值和真值；$\zeta$ 为随机噪声，其强度根据传感器的精度确定。水下机器人只在海流作用下的位置估计如图 3～图 6 所示，图 5 和图 6 分别给出了采用一般的扩展卡尔曼滤波和自适应卡尔曼滤波的估计误差，可见，与传统卡尔曼滤波器相比，采用自适应卡尔曼滤波算法取得了更好的估计精度。

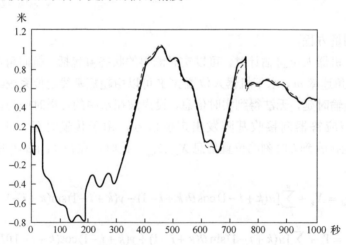

图 3　$X$ 方向的估计值（———）和真值（------）

Fig.3　Estimation（dotted）and real（solid）value in $X$ direction

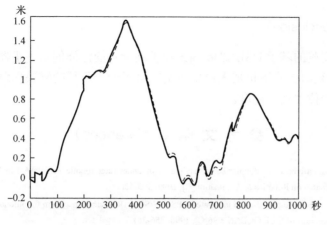

图 4　Y 方向的估计值（————）和真值（------）

Fig.4　Estimation（dotted）and real（solid）value in Y direction

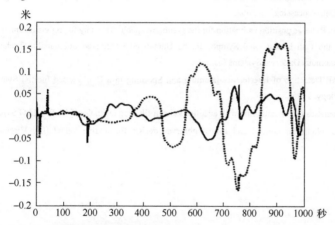

图 5　X 方向的估计误差 EKF（------）和 IAE（————）

Fig.5　Estimation error in X direction, EFK（------）IAE（————）

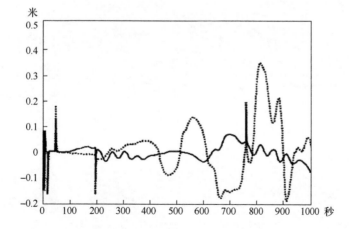

图 6　Y 方向的估计误差 EKF（------）和 IAE（————）

Fig.6　Estimation error in Y direction，EFK（------）IAE（————）

## 5 结论（Conclusion）

本文给出了完整的基于 USBL/Doppler 和扩展卡尔曼滤波的水下机器人实时位置估计算法，为具有反馈延时的水下机器人位置控制提供了一个可行的解决思路，仿真结果表明，该算法具有很好的位置估计精度。

# 参 考 文 献（References）

[1] Louis Whitcomb, etc. Advances in doppler-based navigation of underwater robotic vehicle[A]. In Proceedings of the IEEE International Conferences on Robotics & Automation[C], 1999: 399-406.

[2] Bennamoun M, etc. The development of an integrated GPS/INS/SONAR navigation system for autonomous underwater vehicle navigation[A]. Proceedings of IEEE OCEAN's 96[C], 1996: 256-261.

[3] Mohamed A H, etc. Adaptive Kalman filter for INS/GPS[J]. Journal of Geodesy, 1999: 193-203.

[4] Schmiegel A U. A Stabilized model-based Kalman filter for underwater navigation[A]. In Proceedings Conference on BAESY STEMS Signal & Data Processing[C], 2002.

[5] Andreas Huster, etc. Relative position estimation for intervention-capable AUVs by fusing vision and inertial measurements[A]. In Proceedings of the 12th International Symposium on Unmanned Untethered Submersible Technology[C], Durham NH: August 2001. Autonomous Undersea Systems Institute.

[6] White N A. MMAE Detection of Interference/jamming and Spoofing in a DGPS-aided Inertial System[D]. Ohio: Air Force Institute of Technology, 1996.

[7] Wang Jinling. Kinematics GPS positioning with adaptive kalman filtering technology[A]. ProcIAG'97[C], 1997.

[8] Myung-Hyun Kim. Nonlinear control and robust observer design for marine vehicle[D]. Virginia State: Virginia State University, 2000.

# 一种海底地形和海流虚拟生成方法[*]

刘开周[1,2]，刘健[1]，封锡盛[1]

（1. 中国科学院沈阳自动化研究所，辽宁沈阳，110016；2. 中国科学院研究生院，北京，100039）

Tel 86-24-23970745, Email liukzh@sia.cn, liuj@sia.cn, fxs@sia.cn

**摘要**：本文提出了一种用于 AUV 视景仿真的海洋环境中海底地形和海流的虚拟现实方法。海底地形不但考虑了离散点电子海图数据，而且也将某些特征数据考虑在内，从而生成相对精度较高的海底地形。海洋中的海流采用两个层次的方法进行模拟：建立海流数据库方法以及水动力软件计算方法。该海底地形和海流虚拟现实方法的研究对于 AUV 自主地形导航技术以及避碰策略等研究具有极为重要的意义，并且上述方法生成的海洋环境已经在 AUV 数字仿真平台中得到了应用。

**关键词**：AUV，电子海图，虚拟现实，硬件在回路，视景仿真，海底地形，海流，DTIN

**文章编号**：1004-731X（2002）05-1268-04　**中图分类号**：TP242.6　**文献标识码**：A

# A Kind of Virtual Implement Method of Benthos Terrain and Current

Liu Kaizhou[1,2], Liu Jian[1], Feng Xisheng[1]

(1. Shenyang Institute of Automation, Chinese Academy of Sciences, Shenyang, 110016, China;

2. Graduate School of the Chinese Academy of Sciences, Beijing, 100039, China)

**Abstract**：One kind of virtual implement method of benthos terrain and current in the ocean environment, which was used to realize AUV visual simulation, is presented. In order to get the more accuracy benthos terrain, not only the discrete Electronic Chart data but also the fathom lines etc data are considered. The simulation of the current can be adopted as two kinds of approaches: building current database, and calculating hydrokinetics. The research on the methods of ocean environment is of importance in the AUV terrain matching navigation, path planning and obstacle avoidance strategy etc. The results have been applied in the research

[*] 原发表于《系统仿真学报》，2005, 17(5): 1268-1271。

work of our digital AUV platform.

**Keywords:** AUV, electronic chart, VR, hardware-in-loop, visual simulation, benthos terrain, current, DTIN

## 0　引言

AUV（autonomous underwater vehicle）的发展目前以至将来无论对于海洋科学考察还是对于水下工程都起着举足轻重的作用。然而，开发 AUV 并不是一件轻而易举的事情，除了机械和电气的问题以外，控制系统的核心软件系统必须具有足够的智能以便能够实时处理非结构和复杂多变的海洋环境并最终完成肩负的使命。要编制这样一套软件系统，必须在各种各样的恶劣环境下进行大量的实验，这样就产生以下几个问题[1]：①实验所需的海洋环境不易获得；②需要花费大量的人力物力；③试验的次数应尽可能少（经费问题）但又要进行大量的实验（软件的鲁棒性）；④实验时软件中的任何一个"bug"可能会使一次试验前功尽弃。第一个问题尤其重要，因为从事 AUV 的研究人员并不一定知道海洋的某块区域存在适合做实验的环境，而且即使找到这样的环境，也不一定敢做这样的试验，因为具有丢失 AUV 的风险。基于以上原因，建立一个 AUV 数字仿真平台及其海洋环境显得尤为必要。

国内外越来越多的科研人员已经开展了这方面的研究工作。关于水下机器人仿真器、硬件在回路仿真以及虚拟现实仿真的研究均有先例。1992 年，美国海军研究生院（NPS, Navy Postgraduate School）对 AUV 在水下虚拟环境建立以及水动力特性等方面做了许多具有开创性和奠基性的工作，但是缺乏对海洋恶劣环境的探讨[2]。Pappas 等 1991 年开发了应用于水下机器人的第一套硬件在回路（HIL, hardware-in-loop）仿真系统[2]。Choi 等 1994 年开发了全方位运行的 ODIN 系统，该系统是一套包含软件与硬件的集成化仿真系统，设计的球形水下机器人可以进行 6 自由度的全方位运动[3]。国内的西北工业大学和哈尔滨工程大学等机构也开展了这方面的研究工作[4-6]。但是上述系统对于水下机器人的工作环境（包括海底地形、障碍物、海流、温度、盐度等）的实现方法没有具体说明。本文建立的数字仿真平台是将 AUV 工作于包括海底地形、障碍物、海流、温度、盐度等的虚拟海洋环境中，并且采用 HIL 试验的平台。

本文首先介绍 AUV 数字仿真平台的系统组成，其次介绍海底地形逐步实现的步骤，然后说明了海流模拟的两种方法。实验证明了该种海洋环境生成方法的有效性。

## 1　系统概况

AUV 数字仿真平台采用半物理仿真和虚拟现实技术。该平台由四个节点组成（如图 1 所示）：AUV 载体部分、自动驾驶节点、工控机节点以及工作站节点。自动驾驶节点采用实际使用的计算机，而且由于自动驾驶节点接口与它实际工作时的接口完全一致，因此本系统具有两种工作模式：仿真模式和工作模式。信号流程如图 2 所示。

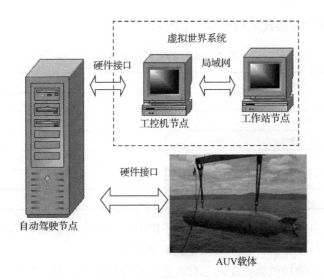

图 1　系统硬件组成

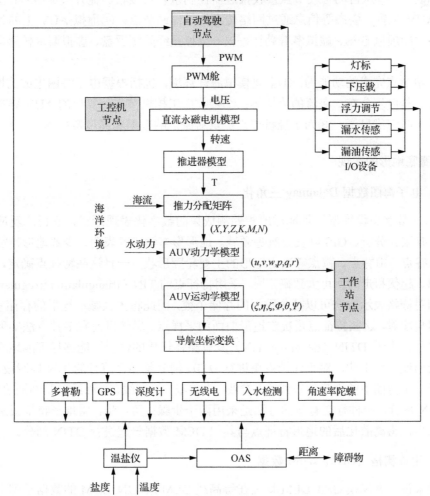

图 2　系统信号流程图

AUV 载体部分的主要技术指标如表 1 所示。

表 1　AUV 的主要技术指标

| 参数 | 指标 |
| --- | --- |
| 下潜深度 | 6000m |
| 续航力 | 40h |
| 巡航速度 | 2kn |
| 能量 | 4.8kW·h |
| 长度 | 4.5m |
| 直径 | 0.8m |

自动驾驶节点完成的功能为：①根据电子海图进行使命规划和任务规划；②进行定深或定高等控制以及自主导航；③三维最优路径规划等。

工控机节点完成的功能为：①对 AUV 进行动力学模型计算，得出 AUV 运行过程中的位置和姿态；②从自动驾驶节点接收推进器控制量以及接收其他开关量信号；③将仿真得到的 AUV 位置、姿态等信息通过网络传送给工作站节点；④虚拟 AUV 上的各种传感器及设备，如虚拟 GPS、虚拟多普勒计程仪、虚拟光纤陀螺罗盘、虚拟漏水传感器、虚拟 CTD 等。

工作站节点完成的功能为：①主要模拟海洋环境，包括根据电子海图生成的地形、温度场分布、盐度场分布、海流的流场等；②接收由工控机节点计算出的 AUV 姿态、位置数据，并实时三维显示；③为工控机节点提供避碰声呐数据和高度数据等。

## 2　海底地形的实现

### 2.1　电子海图数据 Delaunay 三角化

DEM（数字高程模型）是地球地貌勘测成果的数字化表现形式，它已广泛应用于测绘设计、有限元分析、GIS 以及导航等领域。地形形态学研究表明，少数地形特征点如山峰点、山谷点、山脊点、鞍点等决定地形的主要轮廓形状，一旦这些特征点确定，那么地形的轮廓、起伏和走向就可大致确定[7]。采用特征点的 TIN（triangulation irregular net）表示方法相对栅格表示方法可以减少数据的存储个数，因此将大大减小地形的存储空间。从解析几何角度看，这些特征点是决定地形曲面的采样点。尽管目前有多种方法实现平面域的三角剖分，由于 DTIN（delaunay TIN）具有整体优化的性质，能够尽可能地避免病态三角形的出现。鉴于此，对平面域点集进行 DTIN 剖分是当今流行的 TIN 构网技术。

对于电子海图中的地形特征线（山脊线、山谷线、等高线、等深线以及湖泊边缘线等）参与 DTIN 剖分，一种行之有效的方法是采用两个步骤：第一步，将地形特征线进行离散化；第二步，将离散化后的地形特征点与其他 DEM 数据一起进行 DTIN 剖分。

### 2.2　生成栅格（Grid）DEM 数据

一般来说，大规模 Grid DEM 均需在等高线 DEM 或 TIN DEM 的数据基础上才能生成。Grid DEM 的效果因内插方法、等高线的质量、地形特征等因素的变化而各不相同。

尽管存在多样的 DEM 内插方法，但经过多年的实践和研究，已淘汰了许多不好的方法，例如过去曾经使用的样条（spine）法，趋势面（trend）内插法，最小二乘法等，以及整体内插法的高次多项式，由于误差大或计算太复杂，导致地形失真，现已基本不用。目前较多使用的主要方法有：双线性内插法、二次谐波内插法、三次内插法、加权平均法以及克里金（Kriging）方法等[8]。考虑到大面积地形生成的速度以及计算机所消耗的内存容量和 CPU 时间，本文采用双线性内插法。

对平面上的点集进行 DTIN 构造后，任一格网点 $P_{ij}(x_{ij}, y_{ij})$ 将处在某个 $\triangle 123$ 内，设该三个特征点为 $P_1(x_1, y_1, z_1)$，$P_2(x_2, y_2, z_2)$，$P_3(x_3, y_3, z_3)$，则其内任一点 $P_{ij}(x_{ij}, y_{ij})$ 的 $z_{ij}$ 可由以下矩阵给出：

$$Z = XA$$

式中，$Z = [z_1 \quad z_2 \quad z_3]^T$；$A = [a_0 \quad a_1 \quad a_2]^T$；

$$X = \begin{bmatrix} 1 & x_1 & y_1 \\ 1 & x_2 & y_2 \\ 1 & x_3 & y_3 \end{bmatrix}$$

当 $|X^T X| \neq 0$，利用最小二乘原理，上式的待定系数 $A$ 有唯一确定的一组解：

$$A = (X^T X)^{-1} X^T Z$$

进一步可以证明，当 $|X| \neq 0$ 时，待定系数 $A$ 可由下式直接得出：

$$A = X^{-1} Z$$

这样用三角形上双线性内插法可完成格网上全部点 $P_{ij}(x_{ij}, y_{ij})$ 的高程插值 $z_{ij}$。该种方法速度快，精度可靠。图 3 为采用双线性内插法生成的某海区的 3D 地形图。

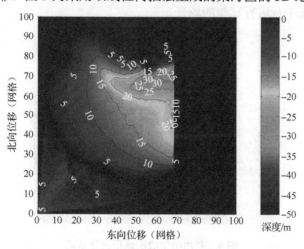

图 3　双线性内插法效果图

## 2.3　数据格式转换

在 AUV 数字仿真平台中，上述生成的 Grid DEM 并不能被虚拟现实软件包 MultiGen 的地形转换工具正确读取。究其原因，与各操作系统定义的内存中存贮的字节顺序有关[9]。内存中存贮多字节数据有两种方法：将低字节存贮在起始地址，称为低端字节序（little endian），PC 或 Intel 计算机采取此方法；将高字节存贮在起始地址，称为高端字节序（big endian），Sun 或 Motorola 计算机则采取此方法。因此需要采用 TransEndian()方法将 Grid DEM 数据库数据根据不同的数据类型重新生成所需要的变量类型，这样才能使 MultiGen Creator 地形转换工具正确读取上述生成的栅格数据文件。

### 2.4　生成所需 DED 地形

海底数字地图相对陆地地形图的获取要困难得多，且需耗费大量的财力、物力。同时由于海水介质的隔离，声学几乎是唯一的测量手段，从而测量精度较陆地测量精度低，要进行高精度实时测量更非易事。而且目前海底地形的测量与海底地形数据库的制作属国家行为，由专门的机构组织实施，一般的科学研究人员很难获得。

MultiGen Creator 提供了几种由其他数据转换为 DEM 数据的方法[10-11]：①从 NIMA DTED 转化为 DED；②从 USGS 转化为 DED；③从 rgb 图像转化为 DED；④由栅格型浮点数据转化为 DED。本文采用最后一种转换方法。

在 MultiGen Terrain 模块将 Grid DEM 数据转化为 DED 数据格式后，该地形模块为实时视景仿真提供了几种地形生成算法：①Polymesh 算法将会产生相同的直线三角形网格，该种方法较适用于用 BSP（binary separating planes）生成的图像地形。②Delaunay 算法所产生的三维地形完全是由三角形组成。当地形区域起伏比较大时，它可以产生更多的面来实现；当地形区域比较平坦时，它可以产生比较少的面来实现。③连续适应地形（CAT）算法可以很好地解决地形生成中 LOD（levels of detail）问题。由于实时性的要求，CAT 通过一些额外的计算，使得地形 LOD 模型的过渡变得平滑连续。考虑到自动驾驶节点的实时性，海底地形的轮廓以及纹理的细腻程度根据需要进行设置。图 4 为利用生成的地形图在 AUV 数字仿真平台进行试验的场景。

图 4　利用所生成的地形进行试验

## 3　海流生成方法

实际海洋的海流结构是相当复杂的，它受到海洋环流、大气环流、台风、海水密度、黑潮、冷水团等多种因素的影响[12]，而且在海流中运动的 AUV 又会对周围海流产生重要影响。因此理想的情况是：在一定的海底地形下，海流在不同的地形中会产生特定的大小和方向，AUV 在该处海流中运动，AUV 的运动对该处周围海域产生影响；AUV 继续运动，AUV 的运动又对其周围海域产生影响，这样周而复始相互作用。但是就目前计算机水平以及流体动力学计算来讲还存在很多问题需要研究。

海流的运动不但会对 AUV 的运动姿态产生影响，而且其温度和盐度对于 AUV 上的传感器有巨大的影响。甚至作为导体的海流的定向运动，可能对周围环境磁场产生影响[13]。下面采用比较可行的两种方法进行试验。

### 3.1 建立海流数据库

在统计资料的基础上，建立海流数据库。由于海流在表层、中层以及底层的大小和方向有很大差异，因此在 AUV 数字仿真平台的海流数据库中的数据为中层各分量的数值，在水平面上采用二元三点插值方法计算 AUV 当前位置的海流。给定矩形区域上的 $n \times m$ 个节点在 $XOY$ 平面上的坐标分别为

$$x_0 < x_1 < \cdots < x_{n-1}, \qquad y_0 < y_1 < \cdots < y_{n-1}$$

相应的函数值为

$$z_{ij} = z(x_i, y_j), \quad i = 0, 1, \cdots, n-1, \quad j = 0, 1, \cdots, m-1$$

选取最靠近插值点 $(u,v)$ 的 9 个节点，用二元三点法插值公式

$$z(x,y) = \sum_{i=p}^{p+2} \sum_{j=q}^{q+2} \left( \prod_{\substack{k=p \\ k \neq i}}^{p+2} \frac{x-x_k}{x_i-x_k} \right) \left( \prod_{\substack{l=q \\ l \neq j}}^{q+2} \frac{y-y_l}{y_j-y_l} \right) z_{ij}$$

可以求得插值点 $(u,v)$ 处的函数近似值。垂直方向根据统计数据采用分段线性化方法，这样在海洋空间任何区域内，海流依据一定的规律进行变化。在实验前可以根据需要设置各个区域内海流的大小和方向。海流的温度和盐度的实现也采用该种方法。

该种方法适合于对于某块海域已经占有大量的测量数据基础上，若没有该海域的测量数据，可以依据经验或采用下述方法进行试验。

### 3.2 水动力软件计算

这种方法是建立在流体动力计算的基础上，首先用上节中介绍的方法生成海底地形，然后加入比较典型的障碍物（为避碰策略和路径规划研究之用），将该种模型建立完毕后，导入水动力计算软件，设置一定的边界条件后可以计算出海流在空间各点坐标下的数值。

这种方法生成的海流数据比较接近真实情况的海流，因此对于实验室研究具有一定的指导意义。但是由于水动力的数值计算方法等方面的问题导致计算数据略大于航模实验数据，因此还有待于改进和提高。

## 4 结论

本 AUV 数字仿真平台不论从开发手段还是在现有技术上，在仿真领域都处于领先阶段，符合仿真系统三维化的发展趋势，符合虚拟现实的要求，符合硬件在回路仿真的要求。本文提出的利用电子海图数据生成海底地形的方法以及海流的两种模拟方法，对于研究水下机器人的路径规划、避碰策略以及自主地形匹配导航技术具有极其重要的意义。采用本文生成的海洋环境已经在 AUV 数字仿真平台实验中得到应用。

# 参 考 文 献

[1] S. K. Choi, S. A. Menor and J. Yuh. Distributed virtual environment collaborative simulator for underwater vehicles[C]. IEEE/RSJ Int. Conf. on Vehicles and Systems IROS'2000: 861-866.

[2] Donald P. Brutzman. A virtual world for an autonomous underwater vehicles[D]. Naval Postgraduate School, Monterey, California, December 1994.

[3] J. Yu. Underwater Robotic Vehicles Design and Control[M]. TSI Press Series, chapter 11, 1994: 277-297.

[4] 宋志明，康凤举，唐凯，高立娥，褚彦军. 水下航行器视景仿真系统的研究[J]. 系统仿真学报，2002,14(6): 761-764.

[5] 康凤举，杨惠珍，等. 水下航行器半实物仿真系统的数字化和一体化设计，系统仿真学报[J]. 1999, 11(2): 121-125.

[6] 孟浩，赵国良，王岚. 船舶运动半物理仿真系统，系统仿真学报[J]. 2003, 15(3): 457-459.

[7] 刘承香，赵玉新，刘繁明. 基于 Delaunay 三角形的三维数字地图生成算法，计算机仿真[J]. 2003, 20(5): 22-24.

[8] 胡鹏，游涟，杨传勇，吴艳兰. 地图代数[M]. 武汉: 武汉大学出版社，2002: 2

[9] ESRI shapefile technical description: An ESRI white paper[S]. July 1998.

[10] MultiGen-Paradigm Inc. MultiGen Greator Options[Z]. USA, MultiGen-Paradigm Inc., 2002.

[11] MultiGen-Paradigm Inc. MultiGen Greator User's Guide[Z]. USA, MultiGen-Paradigm Inc., 2002.

[12] 刘金芳，刘忠，顾冀炎，任帅，张国友. 台湾海峡水文要素特征分析[J]. 海洋预报. 2002, 19(3): 22-32.

[13] 陈标，祝传刚，张铁军，赖忠干. 典型海流磁场的数值模拟[J]. 青岛大学学报. 2001, 14(2): 1-3.

# 基于局域网的多水下机器人仿真系统设计与实现*

徐红丽 [1, 2]，许真珍 [1, 2]，封锡盛 [2]

（1. 中国科学院研究生院，北京，100039；2. 中国科学院沈阳自动化研究所，辽宁，沈阳，110016）

**摘要**：多水下机器人仿真系统是一个能够对多水下机器人系统的体系结构、协调控制、路径规划、学习算法等进行演示验证的分布式实时数字仿真系统，是开展多水下机器人技术研究的基础和有效手段。讨论了应用基于局域网的分布式仿真技术来解决多水下机器人系统仿真的问题，并详细说明了仿真系统的硬件组成和软件总体设计。

**关键词**：多水下机器人，实时数字仿真，分布式仿真

**中图分类号**：TP2.24　　　　　　　　**文献标识码**：A

# Design and Implementation of Multiple Underwater Vehicle Simulation System Based on LAN

Xu Hongli[1, 2], Xu Zhenzhen[1, 2], Feng Xisheng [2]

(1. Graduate School of the Chinese Academy of Sciences, Beijing, 100039, China;

2. Shenyang Institute of Automation, Chinese Academy of Sciences, Shenyang, 110016, China)

**Abstract:** The presented multiple underwater vehicle simulation system (MUVSS) is a distributed real-time digital simulation system that is used for the demonstration of the control architecture, cooperative control, path planning, learning algorithm of multiple underwater vehicle system (MUVS). The system will be the base and effective method for the development of multiple underwater vehicle technology. This paper discusses the ways to implement MUVS simulation by using the distributed simulation technology based on LAN, and presents the hardware, software of the system in detail.

**Keywords:** multiple underwater vehicles, real-time digital simulation, distributed simulation

* 原发表于《机器人》，2005, 27(5): 423-425, 440。

## 1　引言（Introduction）

多水下机器人系统概念早在 20 世纪 80 年代即被提出，但近几年人们才逐步认识到它广阔的应用潜能[1]。多水下机器人系统具有工作效率高、减少昂贵的高精度传感器的数量、扩展单个机器人的感知范围、能协作完成特定复杂任务等优点，在大范围海洋科学考察、近岸部分海域或航道封锁、探测和排除水雷等方面应用前景广阔。

多个机器人要共同完成复杂的动态使命，个体之间必须彼此协作，因此要成功获得具备一定功能的多机器人系统，首先必须积累个体之间交互作用的经验。传统的水下机器人仿真系统大都是关注不同载体外形的运动特性及其推进系统，或者模拟简单理想环境中机器人的水动力，这些都不能直接说明机器人群体的协作行为问题。美国自主水下系统研究所系统地提出了协作自主水下机器人发展概念，并建立了用于多个水下机器人和传感器平台分布式交互的共享环境[2]。类似的仿真系统还有夏威夷大学和东京大学合作研究的分布式虚拟环境协调仿真器[3]，东京大学以 Twin-Burger 为对象发展的多水下机器人仿真平台[4]，英国近岸和声学局开发的 ODIN 水下武器仿真环境[5]等。我国对多水下机器人系统仿真的研究起步较晚，目前已经建立的多水下机器人仿真系统有梁金海等为研究军用水下智能机器人体系结构建立的多自主水下机器人仿真环境[6]，李皓等在 makRTI 和 VR-Link 环境下开发的基于 HLA 标准的水下航行器分布交互仿真系统[7]等。这些仿真系统互不相同，各自依托于不同的应用背景，侧重于验证系统不同的方面，由不同的软硬件组成。

针对水下仿真环境的特殊性，本文开发了基于局域网的多水下机器人仿真系统，该仿真系统能够为分布式交互的机器人提供一个共享环境，模拟多个同构或异构机器人间的高层交互情况。

## 2　多水下机器人仿真系统的硬件组成（The hardware components of the multiple underwater vehicle simulation system）

分布式系统是由在地域上分散的、相对独立但相互联系和制约的子系统通过网络互联构成并实现特定功能的整体。多水下机器人系统本质上即是一个并行的分布式系统，如果整个仿真过程是串行的，或者在并行过程中引入同步时钟，这都在一定程度上简化了仿真系统研究的问题[8]。多水下机器人仿真系统按使用的硬件来划分，可以分为建立在单独的 PC 机或工作站上的仿真系统和以局域网为基础由多台计算机或工作站组成的仿真系统；按照仿真系统的结构来划分，可以分为集中式结构仿真系统、分布式结构仿真系统、集中式与分布式相结合的混合结构仿真系统。

为了适应各种多水下机器人系统仿真的需要，更好地模拟多个水下机器人的运动和彼此间的协调控制，实现分布式仿真，本文设计的仿真系统由 $1+mn$ 台计算机组成，其中 1 台计算机安装仿真系统的服务器端软件，其余 $n$ 台计算机均安装客户端软件。$n$ 是多水下机器人系统中机器人的种类数，一台计算机只能模拟一种类型的机器人，每台计算机上可模拟 $m$ 个同类机器人，$n$ 和 $m$ 的具体数值受 PC 机配置和仿真周期的限制，并根据实际多水下机器人系统的组成在仿真前设定。$1+mn$ 台计算机通过局域网相连，构成集中式与分布式相结合的混合结构, 如图 1 所示。

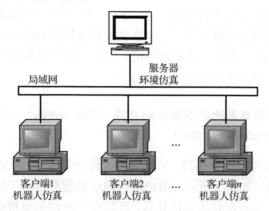

图 1 基于局域网的多水下机器人仿真系统硬件组成

Fig.1 The hardware components of the multiple underwater vehicle simulation system based on LAN

## 3 多水下机器人仿真系统的软件结构（The software structure of the multiple underwater vehicle simulation system）

多水下机器人仿真系统软件应具有载体模型和海洋环境模型构造、动态过程模拟、系统分析、数据记录等基本功能。根据硬件组成, 该仿真系统的软件独立分成两个部分: 服务器端软件和客户端软件（如图 2 所示）。服务器端软件主要负责海洋环境建模和图形显示, 选用 Window 2000 Professional 为操作系统, 采用适于开发人机界面的 Visual C++ 6.0 为编程语言。客户端软件主要实现机器人运动的模拟和控制系统的决策, 这决定了对客户端编程环境最大的要求是实时性, 即客户端软件必须在固定的仿真周期里根据控制策略给出机器人的控制量, 并计算出机器人下一时刻的姿态和位置。以微内核为基础的 QNX 是

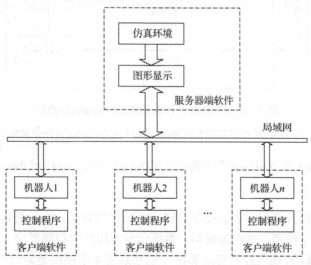

图 2 多水下机器人仿真系统的软件结构

Fig.2 The software structure of the multiple underwater vehicle simulation system

加拿大 Quantum Software System 公司生产的一种多任务、多用户、驱动优先、抢占调度的实时操作系统，具有良好的程序开发环境，提供 C 语言、汇编语言和其他高级程序设计语言，有比较方便的调试工具，而且它也在我室设计的多种自治水下机器人上应用，因此选用 QNX 4.25 作为客户端软件的开发环境。这也为用户开发的协调控制算法向半物理仿真平台和实际多水下机器人系统移植提供了方便。

## 4 多水下机器人仿真系统的服务器端软件（The server software of the multiple underwater vehicle simulation system）

服务器端软件主要包含用户接口、环境模型、传感器模型、实时图形显示、水声通信模型、数据记录等模块，如图 3 所示。用户接口模块为用户提供了输入海洋环境信息、设定传感器参数的功能，具有友好的人机界面。环境模型模块用来根据用户输入信息，其中包括经度、纬度、深度、温度和盐度等，生成或修改海图文件。传感器模型模块包含水下机器人采集环境信息常用传感器的模型，如高度计、避碰声呐等，每个传感器模型根据机器人的姿态、位置和环境信息计算传感器的输出。实时图形显示模块负责实时更新环境和机器人的显示。水声通信模型模块负责在功能上模拟水声通信，将一个机器人发给另一个机器人的协调或控制信息经过处理后转发。数据记录模块负责实时记录感兴趣的传感器信息。

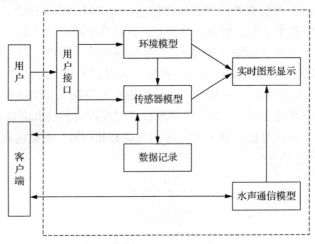

图 3 多水下机器人仿真系统服务器端软件结构

Fig.3 The server software structure of the multiple underwater vehicle simulation system

## 5 多水下机器人仿真系统的客户端软件（The client software of the multiple underwater vehicle simulation system）

客户端软件包括协调层、上层控制算法、底层控制算法、路径规划系统、控制量、机器人运动学和动力学模型、传感器模型、数据记录、用户接口等模块，如图 4 所示。其中协调层、上层控制算法、底层控制算法和路径规划系统 4 个模块是为用户编程预留的接口，用户可以在各个模块中独立开发，不同的客户端也可以进行不同的编程开发。控制量模块的作用是将底层控制算法和路径规划系统的避碰模块给出的机器人控制量进行综合，在各种控制算法开发未完成时，也可以直接加控制量，以对该仿真系统进行调试和评估。机器人运动学和动力学模型是计算机器人在一定初始状态和理想推力的情况下，下一时刻运动状态的理论推导，由 12 个解耦的微分方程组成，采用 4 阶龙格库塔法对其进行数值积分模拟。传感器模型用于对机器人运动学和动力学模型的运算结果进行相应处理，得到各个传感器（如多普勒计程仪、罗盘、深度计等）的输出，再根据各个传感器的采集频率反馈给控制模块。数据记录模块是仿真系统必备的功能，对各种感兴趣的数据进行实时记录，以用于实验后数据的处理和分析。用户接口主要用来设置水下机器人的载体参数、水动力参数等，采用读取固定文本格式文件的方法输入数据。

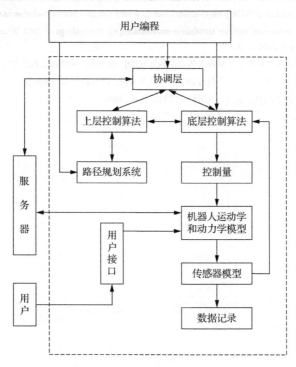

图 4　多水下机器人仿真系统客户端软件结构

Fig.4　The client software structure of the multiple underwater vehicle simulation system

## 6　结论（Conclusion）

本文设计的多水下机器人仿真系统已经通过了基本调试。该系统很好地实现了多个水下机器人协同工作的仿真，清晰地展示了机器人间交互作用协作完成某项使命的过程，不仅为其实际系统研发提供了调试和初步验证的仿真工具，同时也为其协作控制理论和方法的研究提供了经济便捷的手段。该仿真系统对硬件设施没有严格要求，节省了购买大型工作站等设备的花费，增减系统中的任意客户端也非常方便。另外该仿真系统通用性和开放性非常好，既可以模拟同构水下机器人系统，也可以模拟异构水下机器人系统，对水下机器人系统的使命也没有限制，完全由用户编程决定。它的实现为进一步开展多水下机器人系统关键技术研究奠定了基础。

# 参 考 文 献 (References)

[1] Blidberg R. The development of autonomous underwater vehicles (AUV): A brief summary[EB/OL]. http://www.ausi.org, 2001-03-26.

[2] Chappell S, Komerska R. An environment for high-level multiple AUV simulation and communication[EB/OL]. http://www.ausi.org, 2000-08-01.

[3] Choi S, Yuh J. A virtual collaborative world simulator for underwater robots using multi-dimensional synthetic environment[A]. Proceedings of the 2001 IEEE International Conference on Robotics and Automation[C], Seoul, Korea: IEEE, 2001: 926-931.

[4] Fujii T, Ura T, Kuroda Y, et al. Development of a versatile test-bed "Twin-Burger" toward realization of intelligent behaviors of autonomous underwater vehicles[EB/OL]. http://underwater.iis.u-tokyo.ac.jp/robot/tb/tb-chp1-e.html, 2005-01-24.

[5] Robinson T. ODIN: An underwater warfare simulation environment[A]. Proceedings of 2001 Winter Simulation Conference[C], Arlington, VA, USA: IEEE, 2001: 672-679.

[6] 梁金海. 基于多智能体的军用智能水下机器人体系结构研究[D]. 哈尔滨: 哈尔滨工程大学, 2003.

[7] 李皓, 康凤举, 田志超. 基于 HLA 的水下航行器分布交互仿真[J]. 计算机仿真, 2003, 20(3): 5-8.

[8] 张斌. 多机器人系统仿真平台[D]. 北京: 中国科学院自动化所, 2000.

# 基于数字海图的自主水下机器人路径规划研究*

张禹[1]，徐红丽[2]，韦茵[1]，封锡盛[2]

（1. 沈阳工业大学机械工程学院，辽宁，沈阳，110023；

2. 中科院沈阳自动化研究所，辽宁，沈阳，110016）

**摘要：** 为了解决远程自主水下机器人（LAUV）路径规划问题，本文提出一种基于数字海图的路径规划算法。该算法对传统人工势场法进行了有效改进，克服了传统人工势场法固有的缺点和不足，可以用于 LAUV 离线和在线路径规划，其有效性已在半物理实时仿真平台上得到了验证。

**关键词：** 自主水下机器人，路径规划，人工势场法，数字海图

**中图分类号：** TP24      **文献标识码：** B

# Path Planning of AUV Based on Digital Charts

Zhang Yu[1], Xu Hongli[2], Wei Yin[1], Feng Xisheng[2]

(1. Shenyang University of Technology, Shenyang, 110023, China;

2. Shenyang Institute of Automation, Chinese Academy of Sciences, Shenyang, 110016, China)

**Abstract:** To solve the problem of path planning of LAUV (long-distance autonomous underwater vehicle), a path planning algorithm based on digital charts is presented in this paper. The algorithm overcomes the drawbacks of traditional artificial field method by improving it, and is used to path planning of LAUV in on-line and off-line, its availability is verified by experiments of simulation on the semi-physical simulation platform.

**Keywords:** AUV, path planning, artificial field method, digital charts

## 1 引言（Introduction）

远程自主水下机器人是一种自身携带能源，依靠自主导航系统，通过智能规划决策，远程航行到作业区域，自主完成作业使命的水下机器人。在完成作业使命过程中，路径规

---

\* 原发表于《机器人》，2006, 28(3): 321-325。

划的任务是在复杂的水下环境中，按照一定的评价标准，为 LAUV 寻找一条从起始点到达目标点的无障碍路径。

LAUV 路径规划包括全局路径规划和局部路径规划。全局路径规划是根据水下环境信息规划出一条从起始点到达目标点的无障碍全局路径。局部路径规划是 LAUV 在航行过程中意外偏离预定的全局路径后，以全局路径为指导，利用现有的水下环境信息，规划出回归到全局路径上的局部路径。

LAUV 航行的水下环境复杂，这给路径规划带来诸多问题。为了远程航行到作业区域，完成作业使命后安全返航，LAUV 必须能够自主地规划出安全的航行路径。路径规划是智能控制体系结构的核心功能之一，对于 LAUV 来说是至关重要的，也是 LAUV 在工程应用中重要的关键问题之一。

目前移动机器人路径规划方法一般分为图搜索法和人工势场法两大类。其中图搜索法包括可视顶点图法、自由空间法、轮廓空间法、拓扑法和网格法等[1]。人工势场法[2]是在 1986 年由 O. Khatib 首先提出的，它依据传感器获得的实时环境信息，实现移动机器人实时避障。后来一些学者[3-4]将人工势场法用于移动机器人的全局路径规划。1990 年，Warren[5]利用人工势场法，在二维和三维的 C 空间中，实现陆地移动机器人和水下机器人全局路径规划。2000 年，Wang 等[6]采用最优化理论，将人工势场和障碍约束结合起来，把路径规划问题转化为求解约束或半约束的最优化问题，解决水下机器人路径规划中产生局部极小点问题。

基于人工势场路径规划具有实时性好和实用性强等优点，同时也存在明显缺点和不足[7-8]。依据水下环境信息建立的人工势场通常会存在局部极小点，尤其对于复杂的水下环境，可能会存在多个局部极小点，使得水下机器人无法完成路径规划。另外在障碍区域附近规划路径时会产生路径的振荡和摇摆问题。为了解决上述问题，本文在对传统人工势场法改进的基础上，将数字海图和人工势场原理结合起来，提出一种基于数字海图的水下机器人路径规划算法，用于 LAUV 离线和在线的全局和局部路径规划，以满足工程应用需要。

## 2  环境模型建立（Establishment of the environment modeling）

LAUV 航行在水下环境中，它的全局路径规划需要先验全局环境信息，局部路径规划需要先验全局和实时局部环境信息，而 LAUV 在航行中只能通过传感器获得深度、高度和与障碍区域之间距离等信息，这些信息只能描述局部环境，无法提供全局环境信息。为了解决这些问题，需要根据电子海图来获取全局环境信息，而 LAUV 无法直接利用数字海图进行路径规划，需要将数字海图转成可以直接利用的环境模型。创建环境模型必须要解决环境模型的表示、存储和更新等问题。

### 2.1  环境模型表示

环境建模方法一般分为栅格法、几何法和拓扑法三类[1]。根据空间数据的几何特点又可分为图形数据和图像栅格。图形数据是用点、线和面等地理元素描述空间对象，这些元素可以表示简单和复杂的对象以及空间对象的拓扑关系，因此它适合基于图搜索的路径规划。图像栅格是用像素来描述空间对象，不同的像素存储结构及空间单元对应不同的栅格结构，像素值表示空间对象的特征。栅格数据结构具有结构简单、易于空间分析和速度快等优点，但难以建立网络拓扑结构。因为基于改进人工势场路径规划算法不需要网络拓扑结构，所以本文采用栅格法建立路径规划的环境模型。

环境模型建立是通过网格化方法将数字海图划分成若干大小相等的网格，即把数字海图转化成网格环境地图，存储到栅格文件中。利用环境地图的网格值存储路径规划所需要的环境信息，例如：岛屿、浅滩和暗礁等重要目标的地理坐标，以及海洋深度、海流分布和禁止航区等海洋地理和海洋环境信息。具体的表示方法如下：

设网格大小为 $D \times D$ 海里，$P(x, y)$ 表示网格位置，$x$、$y$ 为 $P(x, y)$ 的经度和纬度坐标。$O(x, y)$、$C(x, y)$ 和 $H(x, y)$ 分别表示在 $P(x, y)$ 处有无障碍、海流方向和海流大小等环境信息。障碍区域 $O(x, y)$ 值为 1，无障碍区域 $O(x, y)$ 值为 0，如图 1 所示。障碍区域确定是根据数字海图深度数据，将深度低于一定数值的陆地、岛屿、浅滩和暗礁区域标示为障碍区域。另外还将海流速度高于 LAUV 最大抗流能力的高海流区域标示为障碍区域。

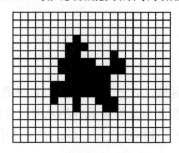

图 1　环境模型的网格划分

Fig.1　Grid divided of circumstance model

## 2.2　环境模型存储和更新

环境模型的数据存储采用栅格文件。栅格文件的存储原理是将空间区域分割成大小相等的栅格，所有的栅格利用 $X$ 和 $Y$ 两个方向的栅格目录表示，如图 2 所示。栅格目录是一个逻辑数组，与相应的栅格序号对应，每个目录项除了包含栅格的序号外，还包括对应栅格内的空间对象特征值。栅格目录的格式为 $G[(x_n, y_n), A, B, \cdots]$，其中 $(x_n, y_n)$ 为栅格序号，$A$、$B$ 是对应栅格内的空间对象特征值。

| $O$ | | | | | $X$ |
|---|---|---|---|---|---|
| $G_{11}$ | $G_{12}$ | $G_{13}$ | $G_{14}$ | $G_{15}$ | $\cdots$ |
| $G_{21}$ | $G_{22}$ | $G_{23}$ | $G_{24}$ | $G_{25}$ | $\cdots$ |
| $G_{31}$ | $G_{32}$ | $G_{33}$ | $G_{34}$ | $G_{35}$ | $\cdots$ |
| $G_{41}$ | $G_{42}$ | $G_{43}$ | $G_{44}$ | $G_{45}$ | $\cdots$ |
| $G_{51}$ | $G_{52}$ | $G_{53}$ | $G_{54}$ | $G_{55}$ | $\cdots$ |
| $\vdots$ | $\vdots$ | $\vdots$ | $\vdots$ | $\vdots$ | |
| $Y$ | | | | | |

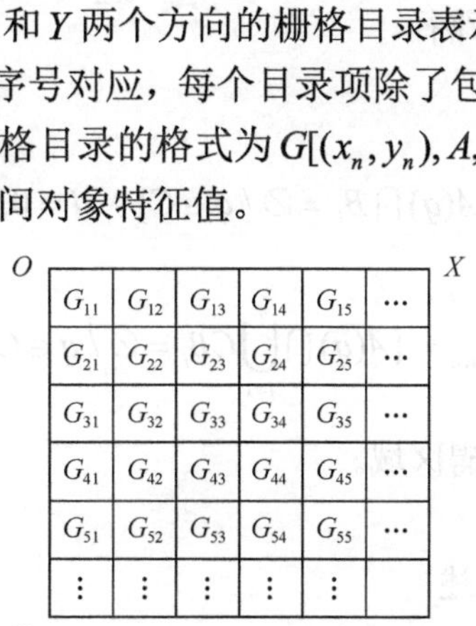

图 2　环境模型的存储格式

Fig.2　Storage format of circumstance model

栅格文件的栅格序号 $(x_n, y_n)$ 与环境地图坐标 $(x, y)$ 之间的映射关系为 $T:(x, y) \rightarrow (x_n, y_n)$，它们之间的换算关系为 $x_n = |x/D|$，$y_n = |y/D|$，其中 $D$ 为网格宽度，$|\cdot|$ 为取整运算符。

环境模型的数据有数字海图和 LAUV 传感器两种来源，传感器提供的是实时局部环境信息，通常用于 LAUV 的局部路径规划，或将信息记录下来作为先验的全局环境信息。环境模型更新采用离线和在线两种方式。离线更新是根据最新的电子海图对环境模型进行更新。在线更新是 LAUV 在航行过程中，根据传感器和导航系统获得的环境信息对环境模型进行实时更新。

### 3　路径规划算法描述（Description of the path planning algorithm）

在作业使命过程中，LAUV 是按照规划出的路径航行到达预定作业区域。为了能够获得安全有效的航行路径，LAUV 将全局路径规划和局部路径规划结合起来实现互补。本文的路径规划算法是在改进传统人工势场法基础上提出的，下面将介绍对传统人工势场法的具体改进措施。

#### 3.1　基本定义

（1）$C$ 空间定义。

$A$ 为 LAUV，$W$ 为航行区域，$W \subset R^n$（其中 $n$ 是维数），$B = \{B_1, B_2, \cdots, B_m\}$ 为 $W$ 中障碍区域集合。利用障碍区域膨胀原理将 $A$ 载体的几何尺寸附加到障碍区域上，将 $A$ 转化成为一个质点，这样 $A$ 的 $W$ 空间称作 $C$ 空间，$C \subset R^n$（其中 $n$ 是 $C$ 空间维数）。$q = (x, y)$ 为 $A$ 的位置坐标。

（2）路径定义。

$C$ 空间内的距离：$d: C \times C \rightarrow R$。$C$ 空间内距离函数：$d(q, q') = \max_{a \in A} \|a(q) - a(q')\|$。

在 $C$ 空间内，路径 $L$ 从起始点 $q_{start}$ 到目标点 $q_{goal}$ 的连续映射空间是 $\tau:[0,1] \rightarrow C$，其中 $\tau(0) = q_{start}$ 和 $\tau(1) = q_{goal}$。如果 $s_0 \in [0,1]$，而 $\lim_{s \rightarrow s_0} \max_{a \in A} \|a(\tau(s)) - a(\tau(s_0))\| = 0$，那么路径 $L$ 是 $C$ 空间内一条无障碍的连续路径。

（3）$C$ 空间障碍。

$C$ 空间局部障碍区域：

$$CB_i = \{A(q) \bigcap B_i \neq \varnothing / q \in C\}, \quad i = 0, 1, \cdots, m$$

$C$ 空间无障碍区域：

$$C_{free} = \{A(q) \bigcap \bigcup_{i=1}^{m} CB_i = \varnothing / q \in C\}$$

其中，$\bigcup_{i=1}^{m} CB_i$ 为 $C$ 空间全部障碍区域。

#### 3.2　传统人工势场算法描述

（1）目标势场和吸引力。

$C$ 空间目标势场为 $U_{att}(q) = \dfrac{1}{2} \xi \rho_{goal}^2(q)$，其中 $\rho_{goal}(q) = \|q - q_{goal}\|$，$\xi$ 为目标势场系数。

$C$ 空间吸引力：

$$\vec{F}_{att}(q) = -\vec{\nabla} U_{att}(q)$$
$$= -\xi \rho_{goal}(q)\vec{\nabla}\rho_{goal}(q) = -\xi(q - q_{goal})$$

其中，$\vec{\nabla} U_{att}(q) = \begin{pmatrix} \partial U / \partial x \\ \partial U / \partial y \end{pmatrix}$ 为势场函数微分。

（2）障碍势场和排斥力。

$C$ 空间障碍势场为 $U_{rep}(q) = \sum_{i=1}^{m} U_{CB_i}(q)$，$U_{CB_i}(q) = \begin{cases} \dfrac{1}{2}\eta\left(\dfrac{1}{\rho_i(q)} - \dfrac{1}{\rho_0}\right)^2, & \rho_i(q) \leqslant \rho_0 \\ 0, & \rho_i(q) > \rho_0 \end{cases}$，

其中 $\eta$ 为障碍势场系数。

$C$ 空间排斥力为 $\vec{F}_{rep}(q) = \sum_{i=1}^{m} \vec{F}_{CB_i}(q)$，其中 $\vec{F}_{CB_i}(q) = -\vec{\nabla} U_{CB_i}(q)$。

（3）人工势场和人工势场力。

对于人工势场函数 $U : C \to R$，其微分为人工势场力：$\vec{F}(q) = -\vec{\nabla} U(q)$。

$C$ 空间人工势场为 $U(q) = U_{aat}(q) + U_{rep}(q)$，其中 $U_{att}(q)$ 为目标势场，$U_{rep}(q)$ 为障碍势场。

$C$ 空间人工势场力：

$$\vec{F}(q) = \vec{F}_{aat}(q) + \vec{F}_{rep}(q)$$
$$= -\vec{\nabla} U_{att}(q) - \sum_{i=1}^{m} \vec{\nabla} U_{CB_i}(q)$$

（4）人工势场的搜索方法。

搜索方向单位矢量：$\vec{t}(q_j) = \vec{F}(q_j) / \|\vec{F}(q_j)\|$。

搜索方法：$q_{j+1} = q_j + \delta t(q_j)$，$j = 0, 1, \cdots, n$，其中 $\delta$ 为搜索步长，它是一个正常数。

### 3.3 改进人工势场算法描述

人工势场中存在局部极小点，传统人工势场法无法规划出路径。另外在障碍区域附近会出现路径振荡和摇摆现象。针对上述问题这里采用三类解决方法：一是在规划陷入局部极小点后，采用有效方法摆脱局部极小点；二是改变目标势场函数，减少局部极小点数目；三是对振荡和摇摆路径进行平滑处理。具体改进方法如下。

（1）改变搜索步长。

改进人工势场法的搜索原理：

搜索方向单位矢量为 $\vec{t}(q_j') = \vec{F}(q_j') / \|\vec{F}(q_j')\|$，搜索方法为 $q_{j+1}' = q_j' + \delta_j' t(q_j')$，$j = 0, 1, \cdots, n$，其中 $\delta_j'$ 为步长，它是一个可变正数。

如果在搜索方向上陷入极小点，可以改变搜索步长，重新确定当前点到下一点的搜索方向，这样可以摆脱局部极小点，如图 3 所示。

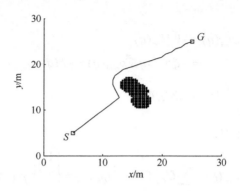

图 3  改变搜索步长

Fig.3  Changing step length of paths searched

（2）改变起始点位置。

人工势场中局部极小点通常位于凹形障碍区域内，称此区域为禁入区域。在进行路径规划时，如果起始点位于禁入区域内，路径就会陷入局部极小点。为了避免这种情况发生，将起始点位置选择在禁入区域以外，如图 4 所示。

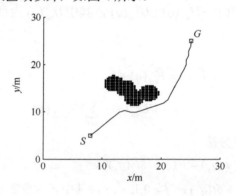

图 4  改变起始点位置

Fig.4  Changing location of start point

（3）改变目标点位置。

障碍势场取决于障碍区域的位置和形状，而且水下障碍区域的环境复杂，无法通过改变障碍势场来减少或避免局部极小点存在。为此这里采用改变目标点位置来调整目标势场，减少或避免局部极小点存在，如图 5 所示。

（4）起始点和目标点换位。

起始点和目标点换位是将原来目标势场方向从起始点到目标点，变换成从目标点到起始点。这种方法可以减小陷入局部极小点的概率，增加路径规划的成功率，如图 6 所示。

（5）采用分段规划。

在上述改进措施的基础上，还可进一步采用分段规划方法。具体方法是在局部极小点处将路径规划分成两段，一段是从起始点到中断点，另一段是从中断点到目标点。过局部极小点作从局部极小点到目标点线段的垂线，在垂线上以一定步长搜索距离局部极小点最近的非障碍点即为中断点。当中断点确定以后，分别对这两段进行路径规划，最后将两条路径合并成一条完整路径，如图 7 所示。

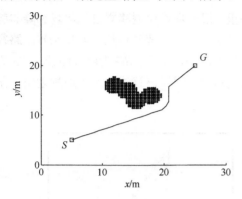

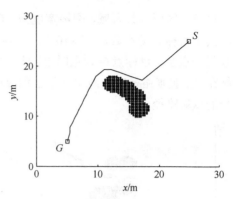

图 5　改变目标点位置

Fig.5　Changing location of goal point

图 6　起始点和目标点换位

Fig.6　Exchanging location between start

point and goal point

（6）路径平滑处理。

采用了路径平滑处理技术，消除在障碍区域附近路径的振荡和摇摆，如图 7 所示，图中实线为平滑处理后的路径。

## 4　仿真结果（Simulation results）

### 4.1　MATLAB 仿真实验结果

设环境区域 $30 \times 30$ 平方米，网格宽度 $D = 0.31$ 米。依据环境模型建立目标势场和障碍势场，其中目标势场系数 $\xi = 1 \times 10^{-4}$，障碍势场系数 $\eta = 1$，搜索步长 $\delta \in [D, 4D]$。在环境区域中共有六个障碍区，其中圆形障碍区半径 2 米，椭圆形障碍区长轴 4 米，短轴 2 米。路径规划起始点 $S$，目标点 $G$。图 8 为人工势场的三维曲面图，规划结果如图 9 所示。从实验可以看出：采用新路径规划算法规划出的路径可以有效地避开障碍区。

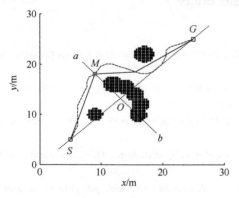

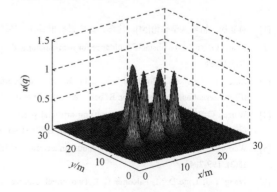

图 7　分段规划

Fig.7　Planning paths by subsection

图 8　人工势场的三维曲面图

Fig.8　Three dimensional chart of artificial field

## 4.2　半物理实时仿真实验结果

设环境区域为某海域，网格宽度 $D = 0.25$ 海里，根据环境模型建立目标势场和障碍势场，其中目标势场系数 $\xi = 2 \times 10^{-4}$，障碍势场系数 $\eta = 0.05$，搜索步长 $\delta \in [D, 4D]$。路径规划起始点 $S$，目标点 $G$，用时 22 秒，规划结果如图 10 所示，$\overline{SG}$ 为航渡路径，$\overline{GS}$ 为返航路径。航渡路径安全地避开了 $A$ 和 $B$ 两处障碍区域，同样该算法也顺利地规划出一条安全的返航路径。

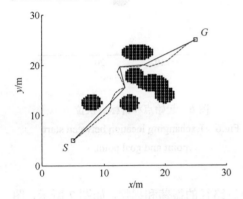

图 9　MATLAB 仿真实验结果

Fig.9　Simulation results on MATLAB

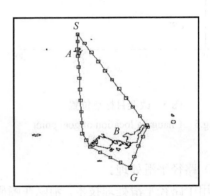

图 10　半物理实时仿真实验结果

Fig.10　Simulation results on semi-physical simulation platform

## 5　结论（Conclusion）

本文提出的基于数字海图的水下机器人路径规划算法克服了传统人工势场法的局部极小点，消除了路径的振荡和摇摆。另外该算法实时性好，实用性强，既可用于离线路径规划，又可用于在线的全局和局部路径规划，为远程自主水下机器人顺利完成作业使命提供了安全可靠的航行路径。

## 参 考 文 献（References）

[1]　蒋新松. 机器人学导论[M]. 沈阳：辽宁科技出版社，1993.

[2]　Khatib O. Real-time obstacle avoidance for manipulator and mobile robots[J]. International Journal of Robotics Research, 1986, 5(1): 90-98.

[3]　Koren Y, Borestein J. Potential field methods and their inherent limitations for mobile robot navigation[A]. Proceeding of the IEEE International conference on Robotics & Automation[C], Sacramento, CA, 1991: 1398-1404.

[4]　Warren C W. Global path planning using artificial potential fields[A]. Proceeding of the IEEE International conference on Robotics & Automation[C], Scottsdale, Arizona, 1989: 316-321.

[5]　Warren C W. A technique for autonomous underwater vehicle route planning[J]. IEEE Journal Oceanic Engineering, 1990, 15(3): 199-204.

[6]　Wang Y J, Lane D M, Falconer G J. Two novel approaches for unmanned underwater vehicle path planning: constrained optimization and semi-infinite constrained optimization[J]. Robotic`a, 2000, 18(2): 123-142.

[7]　高云峰，黄海. 复杂环境下基于势场原理的路径规划方法[J]. 机器人，2004，26(2)：114-118.

[8]　马兆青，袁曾任. 基于栅格方法的移动机器人实时导航和避障[J]. 机器人，1996，18(6)：344-348.

# 深水机器人低成本导航系统的位置估计方法研究[*]

冀大雄[1]，刘健[1]，周波[1,2]，封锡盛[1]

（1. 机器人学国家重点实验室中国科学院沈阳自动化研究所，沈阳，110016；

2. 中国科学院研究生院，北京，100049）

**摘要：** 依据 6000 米自治水下机器人及其长基线声学定位系统现有的导航设备，将测距声信标和机器人载体携带的低成本导航传感器，即涡轮式计程仪、压力传感器以及 TCM2 电子罗盘测量的导航数据相融合，分别提出两种基于 EKF 的导航数据融合算法，对机器人的位置以及水流参数进行估计，解决复杂环境下的深水机器人位置估计问题。蒙特卡洛仿真实验和湖上试验数据后处理表明，设计的位置估计算法收敛快、精度高、计算时间少，能够满足深水机器人的导航需要。

**关键词：** 低成本，数据融合，EKF，导航，复杂环境

**中图分类号：** TP242.6 **文献标识码：** A **国家标准学科分类代码：** 510.8050

# Position Estimation Method for Deep Water Vehicle Using Low-cost Navigation Sensors

Ji Daxiong[1], Liu Jian[1], Zhou Bo[1,2], Feng Xisheng[1]

(1. State Key Laboratory of Robotics, Shenyang Institute of Automation, Chinese Academy of Sciences, Shenyang, 110016, China; 2. University of Chinese Academy of Sciences, Beijing, 100049, China)

**Abstract：** The measurement data from low-cost sensors. which include turbine log, pressure sensor and TCM2 digital compass, are fused with range measurement results from acoustic beacons based on present navigation equipment of 6000 meters AUV and long base-line positioning system. Aiming at the navigation problem of the vehicle under complicated environment, two data fusion algorithms are presented based on the EKF for the estimation of the vehicle location and water current. Both Mont-Carlo simulations and pre-processing of lake experiment data show that the designed position estimation algorithms are able to satisfy the requirements of navigation of deep water vehicles.

**Keywords:** low-cost, data fusion, EKF, navigation, complicated environment

---

[*] 原发表于《仪器仪表学报》，2009, 30(1): 35-38。

## 1 引言

基于测距声信标的声学导航定位技术广泛应用于自治水下机器人（AUV）[1]，是目前水下机器人导航技术领域的研究热点之一[2-5]。

本文以 6000 米深水机器人"CR-02"AUV 为研究对象，根据现有导航设备提出深水机器人导航方案，预先研究适用于深水机器人低成本导航系统的位置估计算法。该机器人缺乏对海底声信标的测距功能，但携带低成本导航传感器，包括涡轮式计程仪、TCM2 电子罗盘和压力传感器，另外还有三个海底声信标。涡轮式计程仪测量机器人载体相对于水流的航速，电子罗盘可以给出载体的艏向角和姿态角，而压力传感器获得载体的深度数据。因此 AUV 的水平面坐标是导航系统需要实时给出的主要导航数据。

在复杂的深水作业环境里，AUV 导航系统要克服的问题有：观测信息单一（仅有距离）、导航传感器精度较低、相对航速测量、载体非线性运动、声传播延时、声通信间歇性失灵、导航数据更新率不一致、复杂水流扰动等。针对上述问题，根据各导航设备测量数据的优缺点，研究了基于 EKF（扩展卡尔曼滤波器）的数据融合算法，设计了一种能够适用于复杂环境下深水机器人位置估计的新方法，通过计算机仿真实验分析和 AUV 湖上试验数据的后处理结果，验证算法的正确性。

## 2 系统模型

### 2.1 载体非线性运动模型

机器人运动状态如图 1 所示，建立东-北直角坐标系 $\xi O \eta$，以载体重心 $G$ 为原点，建立载体坐标系 $xGy$。载体（机器人）携带简便的涡轮式计程仪及电子罗盘，在水流为 $v$ 的水平面内运动，忽略横摇扰动。电子罗盘给出载体艏向角 $\psi$，计程仪给出载体纵向（载体坐标系下 $x$ 轴方向）速度 $u$，水流作用在载体 $L$ 的横向分量 $v_y$ 引起载体带着一定的漂角 $\beta$ 航行，水流与载体纵轴方向速度合成载体重心 $G$ 的速度，记为 $V'$，它与北向坐标轴的夹角称为航迹角，记为 $\gamma$，当载体有纵倾运动时，通过下式可将载体纵向速度在水平面内投影得到载体在水平面内的纵向速度：

$$u = u' \cdot \cos \theta \tag{1}$$

式中：$u$ 为载体在水平面的纵向速度，$u'$ 为涡轮式计程仪给出的速度，$\theta$ 为载体纵倾角。

令 $(\xi, \eta)$ 为载体东-北坐标系下的坐标，$(v_E, v_N)$ 为水流东、北向分量。对于携带压力传感器的水下机器人，仅需估计载体的二维坐标。将速度和艏向角作为状态变量，有利于提高载体控制的准确性。考虑到涡轮式计程仪测量的是相对于水流的速度，因此在位置估计算法中还需估计水流参数。设滤波器状态为 $S = \begin{bmatrix} \xi & \eta & u & \psi & v_E & v_N \end{bmatrix}^T$，载体匀速航行，对载体的非线性运动进行离散化，建立如下运动学微分模型：

$$\dot{S} = f(S, \theta) = \begin{bmatrix} v_E + f_E(u', \psi, \theta) & v_N + f_N(u', \psi, \theta) & 0 & 0 & 0 & 0 \end{bmatrix}^T \tag{2}$$

$$f_E(u', \psi, \theta) = u \cdot \sin \psi = u' \cdot \cos \theta \cdot \sin \psi \tag{3}$$

$$f_N(u', \psi, \theta) = u \cdot \cos \psi = u' \cdot \cos \theta \cdot \cos \psi \tag{4}$$

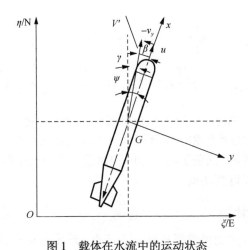

图 1　载体在水流中的运动状态

Fig.1　Motion state of the vehicle in water current

根据式（1），将载体的三维运动转换成水平面内的运动，所以载体运动学微分方程为

$$\dot{S} = \begin{bmatrix} v_{\mathrm{E}} + u\sin\psi & v_{\mathrm{N}} + u\cos\psi & 0 & 0 & 0 & 0 \end{bmatrix}^{\mathrm{T}} \tag{5}$$

对上述非线性连续微分方程进行离散化：

$$S[k] = a(S[k-1]) + q(k) \tag{6}$$

式中：$a$ 是 6 维函数，$a(S[k-1])$ 表示状态变化的真实物理模型，而 $q(k)$ 是 6 维驱动噪声向量，考虑了模型误差。由于 $a(S[k-1])$ 是非线性方程，对之进行动态线性化，得到雅可比矩阵：

$$A[k-1] = \left. \frac{\partial a}{\partial S[k-1]} \right|_{S[k-1]=\hat{S}[k-1|k-1]} \tag{7}$$

式中：$\hat{S}[k-1|k-1]$ 是 $S[k-1]$ 的估计值。

剩下的问题是设计和研究有效的导航方式及位置估计算法，满足水下机器人在复杂环境下的导航需要。

### 2.2　模型观测

载体每隔固定时间通过测距信标测量载体到海底三个声信标的声传播时间，进而得到距离。由三球交汇原理，当有距离信息到来时，根据 AUV 深度和声信标深度算出 AUV 到各个声信标的水平距离，代入定位方程[6]解算载体位置，由于载体上的导航传感器更新率与位置更新率不一致，因此设计两个观测方程，一个由载体携带的导航传感器提供，即电子罗盘以及涡轮式计程仪，另外一个除了导航传感器以外还包含位置测量信息，于是得到下面两个线性化观测方程：当没有位置测量信息时有 $Z_1 = \begin{bmatrix} u & \psi \end{bmatrix}^{\mathrm{T}}$，当位置测量信息到来时有 $Z_2 = \begin{bmatrix} \xi & \eta & u & \psi \end{bmatrix}^{\mathrm{T}}$，其中 $(\xi, \eta)$ 是根据距离测量位解算出的 AUV 坐标，对应的两个观测矩阵分别为：$H_1 = \begin{bmatrix} O_{2\times2} & E_{2\times2} & O_{2\times2} \end{bmatrix}$，$H_2 = \begin{bmatrix} E_{4\times4} & O_{2\times2} \end{bmatrix}$，其中 $E$ 为单位阵。

### 2.3　可观测性分析

采用线性系统可观测性分析方法分析滤波器的可观测性，计算上述系统可观测性判定矩阵的秩，当机器人运动速度不为零时有

$$\text{rank}\left(W_{o1}\right) = \text{rank}\left(\left[\begin{array}{cccc} H_1^{\mathrm{T}} & \left(H_1 A\right)^{\mathrm{T}} & \cdots & \left(H_1^{\mathrm{T}} A^5\right)^{\mathrm{T}}\end{array}\right]^{\mathrm{T}}\right) = 2 < 6$$

$$\text{rank}\left(W_{o2}\right) = \text{rank}\left(\left[\begin{array}{cccc} H_2^{\mathrm{T}} & \left(H_2 A\right)^{\mathrm{T}} & \cdots & \left(H_2^{\mathrm{T}} A^5\right)^{\mathrm{T}}\end{array}\right]^{\mathrm{T}}\right) = 6$$

因此当无位置测量信息时，系统不完全可观测；当位置测量信息到来时，系统完全可观测。将完全可观测性动态系统和不完全可观测性动态系统组合起来，能够实现系统在时段区间意义上的完全可观测，保证了滤波器的初始值无论怎么选取，只要估计时间足够长，估计值总能以任意精度逼近真实值。

## 3　位置估计算法设计

深水机器人导航设备的测量数据具有以下特点：速度信息与艏向角信息更新率快，但航位推算误差随时间累积；距离测量值虽然有一定的扰动，然而测量结果跟时间无关，没有累积误差。根据上述分析，设计的位置估计算法将充分利用各种观测量的优点，由航位推算算法更新机器人位置，当距离测量值到来时，对机器人位置和水流参数进行修正，以得到最优估计值。由于载体运动状态方程是非线性的，考虑到水流等参数，需要对状态和参数进行联合估计，采用基于 EKF 数据融合的位置估计算法，设计了一种位置估计算法。

### 3.1　算法设计

图 2 给出了位置估计算法的结构图，将上一时刻状态变量 $(\xi,\eta)\big|_{k-1}$ 的预测值 $(\xi,\eta)\big|_{k|k-1}$ 作为观测量，当位置更新信息到来时，替换预测值，作为当前时刻载体坐标的观测量。

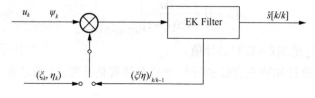

图 2　位置估计算法的结构框图

Fig.2　Sketch diagram of navigation algorithm

### 3.2　观测量的确定

现有"CR-02"长基线系统采用应答方式，根据声双程传播时间和平均声速[6]，计算载体到信标的距离，再利用声信标与载体的高度差计算水平距离，考虑到载体在声传播时间内位置发生改变，代入定位方程组[7]算出载体坐标。不管采用哪种方式，在声传播时间中都应计入声信标的检测延时[8]。

## 4　实验分析

### 4.1　计算机仿真实验

为便于计算，仅考虑载体在水平面内的运动状态，因为当载体有纵倾运动时，通过式（1）可将载体纵向速度在水平面内投影得到载体在水平面内的纵向速度。从海上试验数据历史记录发现，导航传感器测量数据在期望值附近随机抖动。不失一般性，可将测量噪声近似看作服从零均值高斯分布。涡轮式计程仪、电子罗盘测量误差方差为0.05m和2°。载体位置坐标分量测量方差为1m。导航传感器数据更新率1s，位置更新率30s，计算机仿真实验时间3000s。选取与实际初始位置偏差50m的坐标分量作为坐标状态分量初始值，其他状态分量初始值均为零。

　　为考察算法对位置和水流的估计性能，设计了不规则的机器人航迹及跃变水流，水流分量从0.5m跃变到0.8m。实验过程中，航速为$[2+0.5\sin(0.01t)]$节，艏向角为$(50+0.2t)$度，采用设计的位置估计算法，给出航位估计和水流估计的蒙特卡洛仿真实验结果，如图3所示。上下图分别给出了机器人位置和水流的估计性能，实线代表真实值，虚线表示估计值。仿真实验表明算法估计精度高且平滑稳定，不受初始值的影响；水流估计值逐步逼近真实值，能够稳定跟踪跃变水流。从图3仿真结果来看，位置估计算法的滤波过程在初始阶段估计值抖动较小，具有很好的收敛性和精度。

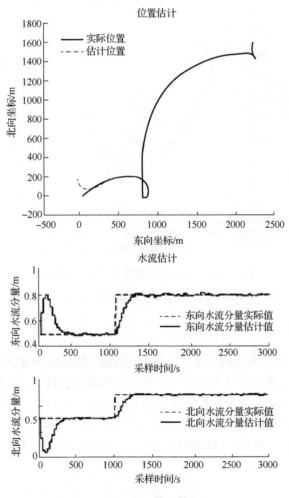

图3　位置估计算法的仿真结果

Fig.3　Simulation results of navigation algorithm

### 4.2 湖上试验后处理

以深水机器人 2007 年湖上试验的某次航行为例。采集自动驾驶舱记录的相对速度、艏向角、纵倾角等数据，采集长基线声学定位系统记录的 AUV 位置数据作为观测量。长基线系统每 30s 给出一次位置信息，位置测量误差 1m，涡轮式计程仪、电子罗盘测量误差方差分别为 0.05m 和 2°。采用本文提出的基于 EKF 的位置估计算法，对这些试验数据进行后处理，得到如图 4 所示的 AUV 位置估计结果。在后处理过程中将 AUV 初始位置选取为(-414,107)m，而 AUV 实际初始坐标为(-414,11)m。图 4 中"×"表示长基线系统测量的位置数据，可以看出，AUV 位置估计值逐渐接近实际值，经过 4~5 分钟，最终收敛于实际值；在转向阶段，能够准确地估计 AUV 的位置。试验后处理结果说明设计的 EKF 位置估计算法能够满足深水机器人低成本导航系统要求。

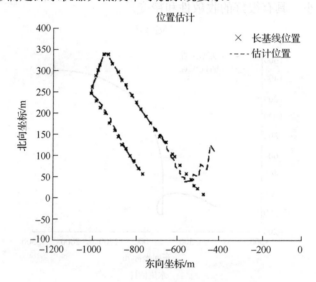

图 4 AUV 实际航行试验位置数据后处理

Fig.4 Post-processing of the position data for one real sail of the AUV

## 5 结论

设计的位置估计算法充分融合各导航数据的优点，使低成本导航传感器在测距声信标辅助下发挥最大作用，实现了复杂环境下导航信息的最优估计。理论分析和实验表明设计的 EKF 位置估计算法能够满足深水机器人的导航需要，收敛快，精度高，计算时间少。本文提出的导航方法在基于纯距离测量的水下机器人导航领域具有重要的应用和推广价值。在一个固定信标或一个移动信标辅助下的水下机器人位置估计方法也是一个值得研究的问题。

## 参 考 文 献

[1] 李一平, 燕奎臣. "CR-02"自治水下机器人在定点调查中的应用[J]. 机器人, 2003, 25(4): 359-362.

[2] Kussat N H, Chadwell C D, Zimmerman R. Absolute positioning of an autonomous underwater vehicle using GPS and acoustic measurements[J]. IEEE Journal of Oceanic Engineering, 2005, 30(1): 153-164.

[3] Caiti A, Garulli A, Livide F, et al. Localization of autonomous underwater vehicles by floating acoustic buoys: A set-membership approach[J]. IEEE Journal of Oceanic Engineering, 2005, 30(1): 140-152.

[4] Bingham B, Seering W. Hypothesis grids: Improving long baseline navigation for autonomous underwater vehicles[J]. IEEE Journal of Oceanic Engineering, 2006, 31(1): 209-218.

[5] Olson E, Leonard J J, Teller S. Robust range-only beacon localization[J]. IEEE Journal of Oceanic Engineering,2006,31(4): 949-958.

[6] 邢志刚, 封金星, 刘伯胜. 水声测距数学模型研究[J]. 哈尔滨工程大学学报, 2000(3): 24-28.

[7] 田坦. 水下定位与导航技术[M]. 北京: 国防工业出版社, 2007: 54-60.

[8] 冀大雄, 封锡盛, 刘健, 等. AUV 定位信号检测延时的蒙特卡洛模拟分析[J]. 海洋工程, 2007(2): 122-125.

# 三维动态混合网格在 AUV 发射过程中的应用*

吴利红 [1,2]，封锡盛 [1]，胡志强 [1,2]

（1. 中国科学院沈阳自动化研究所机器人学国家重点实验室，辽宁，沈阳，110016；

2. 中国科学院研究生院，北京，100049）

**摘要：** 为研究 AUV 从有界流场自航发射到无界流场的运动边界的扰流场，本文采用了三维动态混合网格方法进行数值模拟的策略。混合网格由三棱柱/四面体/六面体网格构成，当 AUV 运动时，靠近 AUV 的三棱柱网格随 AUV 运动，外层是静止的六面体网格，中部的四面体网格随 AUV 运动而变形或者重构。数值仿真结果给出了不同时刻 AUV 表面的压力分布、整个航程 AUV 的阻力系数变化，其值与理论结果吻合。同时研究了直径比对发射管航行的附加质量和阻力系数的影响，这为水下对接 AUV 提供了有效手段。

**关键词：** AUV，自航发射，三维混合网格，非结构动网格，水下对接

**中图分类号：** TP24　　　　　　　　　**文献标识码：** A

# Application of 3-D Hybrid Dynamic Grids to Simulate the flow in AUV Swim-out

Wu Lihong[1,2], Feng Xisheng[1], Hu Zhiqiang[1,2]

(1. State Key Laboratory of Robotics, Shenyang Institute of Automation, Chinese Academy of Sciences, Shenyang, 110016, China; 2. Graduate School of the Chinese Academy of Sciences, Beijing, 100049, China)

**Abstract：** A 3-D hybrid dynamic grids method is presented to simulate moving boundary in autonomous underwater vehicle (AUV) swim-out from bounded domain to unbounded domain. The 3-D hybrid grids are composed of prismatic/tetrahedral/hexahedral grids from inner to outer layer respectively. With AUV moving, the prismatic grids move with AUV, while the hexahedral grids remain stationary. Meanwhile, the tetrahedral grids are deformed or re-meshed according to the motion of AUV. Results from the numerical simulation, we get pressure contour in AUV surface at different times, the resistant coefficient of AUV at the whole sailing which agrees well with the theory. The relation between diameter ratio with AUV resistant coefficient and add mass coefficient in tube are also shown, which give guide for AUV

---

* 原发表于《船舶力学》，2010, 14(7): 717-722。

underwater docking to tube.

**Keywords:** AUV, swim-out, 3-D hybrid grids, dynamic unstructured grids, underwater docking

## 1 引言

求解包含运动边界的非定常扰流场问题，如自由表面、多体相对运动和流体与结构耦合等问题，是计算流体力学中的一个难点。动态混合网格方法是近年来出现的解决运动边界的有效方法，即采用混合网格对复杂区域进行网格划分，采用非结构动网格实现运动边界的网格处理。

应用混合网格对定常扰流下复杂区域的网格划分较为成熟，发展了多种混合网格：三棱柱/四面体、四面体/三棱柱/金字塔、四面体/自适应直角坐标网格、直角坐标网格/四面体/三棱柱[1]。应用非结构动网格对二维或者小振幅的运动边界仿真的文献也日益涌现，主要用于解决空气动力学中机翼的振荡摆动[2]、二维机翼-外挂物分离[3]和控制翼偏转[4]等问题。将并行计算应用到定常流动问题也日益广泛，代表性的有夏健等[5]对 DLR_F6 带攻角定常飞行流场采用 1～8 个分布式内存计算节点进行计算；Cavallo 等[6]采用并行网格自适应策略仿真多体分离的相对运动扰流场。

而将混合网格用于非定常运动中的网格划分、将非结构动网格应用到三维大位移运动和将并行计算用于运动边界的非定常计算中的研究较少。

本文采用动态混合网格结合并行计算实现了 AUV 从有界流场航行到无界流场的三维大位移扰流场的数值模拟，这为当前三维大位移的运动边界移动较难采用数值仿真实现的问题提供了方法上的借鉴，同时弥补了有关 AUV 从有界流场中自航发射的扰流场只有理论研究而缺少数值研究的不足[7-8]。

## 2 动态混合网格方法

### 2.1 混合网格生成

假设有界流场为一端封闭的管道，简称发射管，AUV 自航发射在初始时刻的几何模型如图 1 所示。AUV 和发射管直径比为 0.625，AUV 直径 0.333 米，长 3.8 米；管长为 8 米。初始时刻，AUV 尾部离发射管端部 $A$ 点 0.4 米，首部离发射管口 $B$ 点 3.8 米。数值仿真 AUV 自航发射的三维大位移绕流场包括 AUV 从初始位置开始，以 3 节速度从发射管中航行到发射管外的无界流场中的绕流，AUV 总航程约 15 米。载体坐标系 $Oxyz$ 建立在 AUV 重心 $G$ 处，$O$ 点与 $G$ 点重合。

整个流场的网格采用混合网格构成，包含三棱柱、四面体、六面体三种网格。网格拓扑结构如图 2 所示，包含 4 个网格区域，其中：区域 1 为绕 AUV 表面的三棱柱区域；区域 2 为四面体网格；区域 3 是靠近发射管壁面的六面体网格区域；区域 4 为填充无界流场的四面体网格。

当 AUV 运动时，区域 1 随 AUV 运动，区域 2 变形，区域 3 和区域 4 静止不动。图 3 给出了初始时刻对称面上靠近 AUV 首部、AUV 和发射管间隙处和靠近 AUV 尾部的网格分布，分别对应着图 3（a）、（b）、（c）。

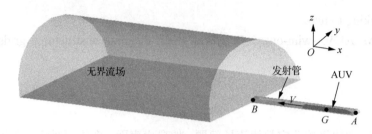

图1　AUV自航发射几何模型

Fig.1　Geometry model for AUV swim-out

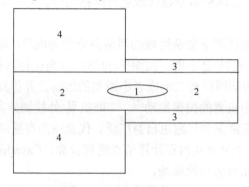

图2　混合网格拓扑结构

Fig.2　Hybrid grids topology

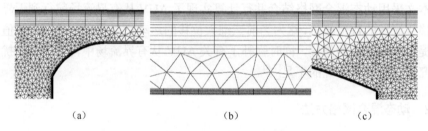

（a）　　　　　　　　　（b）　　　　　　　　　（c）

图3　初始时刻对称面上的网格分布

Fig.3　Mesh in Symmetry at initial time

### 2.2　动网格更新方法

动网格更新有三种方法：弹簧近似网格光顺法、动态层方法和局部网格重构方法。弹簧近似网格光顺法适用于小位移问题；动态层方法适应于单向运动；而局部网格重构方法适用于局部网格重构。第一种方法不改变网格的拓扑结构，这样能保证网格质量；后两种方法改变了网格的拓扑结构，新网格的变量需要从旧网格中插值得到。对于大位移和强切变问题仅靠节点松弛不能保证网格质量，而且有可能出现网格相交的情况。为了克服这一困难，本文采用弹簧近似网格光顺法和局部网格重构法相结合，解决大位移和强切变非定常流动的网格移动问题。

弹簧近似模型将四面体非结构网格看作是一个弹簧网格系统，每条边都认为是一根具有一定劲度系数的弹簧，初始状态下，每个节点都处于平衡状态，当边界运动时，节点 $i$ 所受到的合力 $\vec{F_i}$ 如公式（1）所示，节点 $i$ 的网格更新后的位置如公式（2）所示，其中 $\Delta \vec{x_i}$，

$\Delta \overrightarrow{x_j}$ 分别表示节点 $i$ 和邻近节点 $j$ 的位移，$n_i$ 是节点 $i$ 的邻近节点数目，$k_{ij}$ 是连接节点 $i$ 和邻近节点 $j$ 的弹簧刚度系数。公式（2）中的 $\overrightarrow{x_i}^n$，$\overrightarrow{x_i}^{n+1}$ 分别表示 $n,n+1$ 迭代时间步下的节点 $i$ 的位置；$\Delta \overrightarrow{x_j}^{m,c}$ 表示邻近节点 $j$ 在内循环 $m$ 步后收敛后的位移，其中上标 $m,c$ 分别表示内循环迭代步数，内循环收敛的状态。

$$\overrightarrow{F_i} = \sum_{j}^{n_i} k_{ij} \left( \Delta \overrightarrow{x_j} - \Delta \overrightarrow{x_i} \right) \tag{1}$$

$$\overrightarrow{x_i}^{n+1} = \overrightarrow{x_i}^n + \frac{\sum_{j}^{n_i} k_{ij} \Delta \overrightarrow{x_j}^{m,c}}{\sum_{j}^{n_i} k_{ij}} \tag{2}$$

当网格移动后，网格的品质会发生改变，表征网格的品质的参数如光顺性、正交性、节点分布特性、高宽比（aspect ratio）和单元尺寸会发生改变。局部网格更新通过设置网格控制参数如网格的最小、最大长度，网格单元的偏斜度、尺度函数参数可以控制网格移动后的品质，当网格不满足以上控制参数设置的值域时，网格被标示出，并在局部挖出一个小洞，取出洞的边界信息，然后利用阵面推进法重新生成网格并进行优化。为了使得重新生成的局部网格与全局网格保持一定的光顺性，对局部网格采用尺度函数进行控制。

## 3 并行计算

并行计算就是利用多个计算节点同时进行计算。合理的网格分区方法是有效并行计算的前提。网格分区时，需要选择生成网格的分割方法、设置分割数、选择区域和记录，以及使用的优化方法。其目标是生成等数量单元的网格分块、分割的接触面数最小、分割的领域数最小。本文通过对不同网格分区方法进行试验对比，确定出采用和初始网格拓扑结构一致的 Cylindrical Raxes 的网格分区方法是合适的。

并行机的性能一般用加速比来评测。计算加速比的一般方法是：假设在一个处理器上运行某程序需时间 $T_1$，在 $P$ 个节点（各节点的 CPU 性能一样）上运行此程序需时间 $T_p$，则加速比 $S_r = T_1/T_p$，并行效率 $\eta = S_r/P$。

本文将网格节点数分别为 449,442 和 592,669 的计算网格在 1~12 个计算节点上并行计算，获得其加速比如图 4。从图 4 可以看出，加速比曲线与定常计算的正比曲线不一样[5]，采用 8 个计算节点具有最高加速比。

## 4 数值仿真

### 4.1 给定直径比的数值仿真结果

利用上述动态混合网格和动态并行计算方法，数值模拟了 AUV 从发射管中航行到无界流场的三维大位移运动边界的绕流，图 5 为 $t=2s$ 时刻对称面上靠近首尾部的移动网格分布。

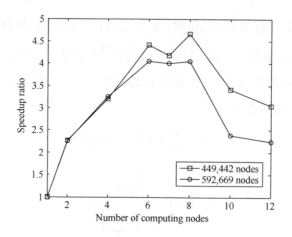

图 4　并行计算加速比

Fig.4　Speedup ratio for parallel computing

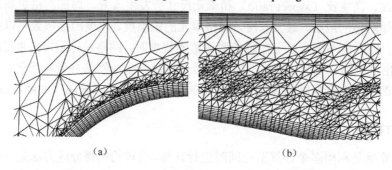

(a) 　　　　　　　　　(b)

图 5　$t$=2s 时刻对称面上靠近首尾处移动网格分布

Fig.5　Moving mesh in symmetry near nose and stern at $t$=2s

图 6 给出了不同时刻对称面上的压力分布，即 $t$=0.5s 时 AUV 在发射管内和 $t$=3.5s 时 AUV 通过发射管口的压力分布。图 7 是 AUV 从发射管航行到无界流场中全程约 15 米的阻力系数图，包括全程压差阻力系数 $C_p$、摩擦阻力系数 $C_f$ 和总阻力系数 $C_t$，阻力系数与力的换算关系见公式（3），其中，$F$ 包含摩擦阻力、压差阻力和总阻力，$C$ 表示这三种系数，$\rho$ 为海水密度，$V$ 为 AUV 航速，$A$ 为 AUV 横截面面积。分析总阻力系数 $C_t$，发现其在发射管内的阻力系数与 Richard[7]采用控制体方法计算相应载体在无限长发射管中航行的阻力系数值 2.58 接近，$C_t$ 在无界流场中的阻力系数段与采用 CFX 软件计算定常来流获得的系数进行对比，其中摩擦阻力与 CFX 软件计算的定常值 0.35 接近。

$$C = F / (\frac{1}{2}\rho V^2 A) \tag{3}$$

从整个航程中还可以看出摩擦阻力系数的变化较小，而压差阻力变化较大，尤其是在发射管内，压差阻力占总阻力的 71%，这主要是因为发射管内的有界边界的影响，导致两者的间隙流流速大大增加，压力大大下降。因此非常有必要研究在发射管中运动直径比对 AUV 航行阻力的影响。

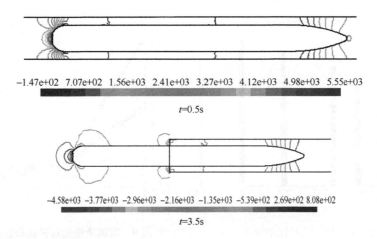

$t$=0.5s

$t$=3.5s

图 6　不同时刻对称面上的压力分布

Fig.6　The pressure contour of AUV on symmetry plane at different seconds

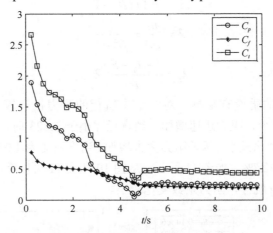

图 7　AUV 自航发射全程 $C_p$, $C_f$ 和 $C_t$

Fig.7　$C_p$, $C_f$ and $C_t$ for AUV swim-out

## 4.2　改变直径比对 AUV 附加质量和航行阻力的影响

发射管中运动的直径比为 $\beta$，如公式（4）所示，其中 $D$ 为发射管直径，$d$ 为 AUV 直径。随着直径比的降低，间隙比 $\gamma$ ［如公式（5）所示］减小，图 8 给出直径比与间隙比的关系。当 AUV 在不同直径发射管中航行时，其附加质量也会变化，附加质量 $m_h$ 与直径比的关系如公式（6）所示[7]，附加质量系数 $\lambda$ 为附加质量与 AUV 所排开水的质量的比值，它与直径比的关系如公式（7）所示，附加质量随 AUV 航程 $S$ 的关系见公式（8）所示。其中 $\Lambda$ 为 AUV 排水体积，$L$ 为发射管长度，$l$ 为 AUV 长度，而且 $L>l$，$l_0$ 为初始时刻 AUV 距离发射管底端长度。$\lambda_0$ 为 AUV 完全在发射管内的附加质量系数。图 9 给出附加质量系数随航程和直径比的关系曲线，可以看出，随着直径比的减少，附加质量迅速增加；随着航程的增加，AUV 渐渐靠近发射管口，其附加质量也减少。

$$\beta = D/d \tag{4}$$

$$\gamma = \left(D^2 - d^2\right)/D^2 \tag{5}$$

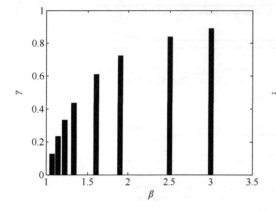

图 8　间隙比随直径比的变化

Fig.8　$\gamma$ vs. $\beta$

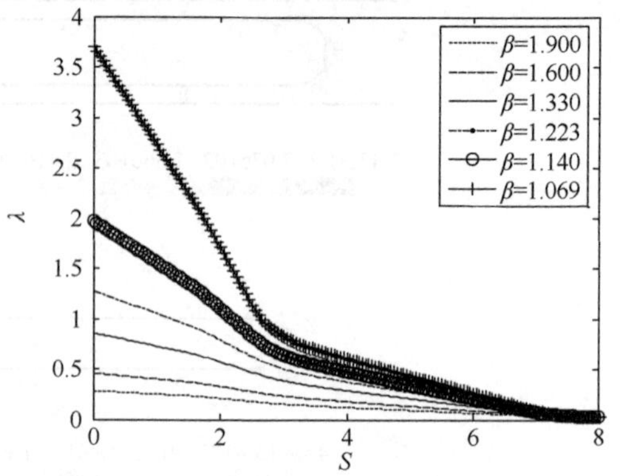

图 9　附加质量随直径比和航程的变化

Fig.9　$\lambda$ vs. S for AUV-swim out with vary $\beta$

$$m_h = \rho \Lambda / (\beta^2 - 1) \tag{6}$$

$$\lambda = \frac{m_h}{\rho \Lambda} = \frac{1}{\beta^2 - 1} \tag{7}$$

$$\lambda_s = \frac{L - l_0 - S}{l} \cdot \lambda_0 \tag{8}$$

直径比不仅对附加质量有影响，对管道中航行的阻力也有较大的影响，其关系如图 10 所示，直径比减少，阻力迅速增加，当直径比小于 1.223 时，阻力曲线陡升，影响阻力的主要原因是间隙比减小，压差阻力大大增加。当直径比为 1.07、间隙比为 0.125 时，压差阻力占总阻力的 92.7%，如图 11 所示。从图 10 和图 11 可以看出相同直径比前提下，AUV 以不同雷诺数 Re 航行，阻力系数变化较小。

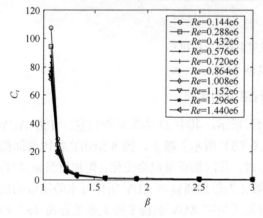

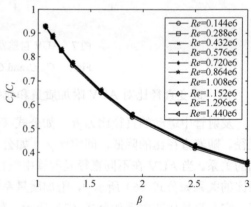

图 10　直径比对总阻力的影响

Fig.10　$\beta$ vs. $C_t$ with Varied Re

图 11　直径比对压差阻力与总阻力的比值的影响

Fig.11　$\beta$ vs. $C_p/C_t$ with varied Re

## 5　结论

本文采用三棱柱/四面体/六面体构成的动态混合网格数值仿真了 AUV 从发射管中自航发射的三维大位移运动过程，得到了如下结论：

（1）AUV 从发射管航行到无界流场时，在发射管中的最大阻力约为无界流场中的 7.4 倍，阻力随着航程的增加而降低，当 AUV 尾部通过发射管管口，阻力值降低到最小；

（2）发射管中运动时，当直径比小于 2，压差阻力占总阻力的主要成分，直径比为 1.07，压差阻力约为总阻力的 92.7%；

（3）发射管中运动时，附加质量和阻力系数都随直径比减小而迅速增大，而相同直径比下改变雷诺数对阻力系数影响较小，同时对于有限长发射管，附加质量还随航程增加而减小；

（4）移动网格数值仿真非常耗时，可以采用多机并行来加速求解，本文采用 8 个节点的多节点共享内存并行，可以获得最大加速比因子 4.5。

本文数值仿真为 AUV 水下对接提供了数值仿真方法，同时数值仿真结果也为 AUV 水下对接工程提供了理论参考。

# 参 考 文 献

[1]    Zhang L P, Yang Y J, Zhang H X. Numerical simulations of 3D inviscid/viscous flow fields of Cartesian/unstructured/prismatic hybrid grids[C]. Proceedings of the 4th Asian CFD Conference, Mianyang, China, 2000.

[2]    郭正, 刘君, 瞿章华. 非结构动网格在三维可动边界问题中的应用[J]. 力学学报, 2003, 35(2): 140-146.

[3]    张来平, 王振亚, 杨永健. 复杂外形的动态混合网格生成方法[J]. 空气动力学学报. 2004, 22(2): 231-236.

[4]    Mitsuhiro M Y, Kazuhiro N H. Unstructured dynamic mesh for large movement and deformation[C]. AIAA, 2002.

[5]    夏健, 伍贻兆. 基于混合网格的三维 Navier-Stokes 方程并行计算方法[J]. 航空学报, 2005, 26(3): 290-293.

[6]    Cavallo P A, Sinha N. Parallel unstructured mesh adaptation for transient moving body and aeropropulsive applications[C]. 42nd AIAA Aerospace Sciences Meeting and Exhibit, Reno, Nevada, AIAA, 2004: 1057-1067.

[7]    Richard F H. The near-field flow and drag on cylindrical bodies moving concentrically inside very long tubes[R]. NUSC, Newport Laboratory, 1991: 27-33.

[8]    王燕飞, 张振山, 张萌. 自航发射鱼雷内弹道模型与仿真研究[J]. 系统仿真学报. 2006, 18(2): 316-318, 326.

# 基于多辨识模型优化切换的 USV 系统航向动态反馈控制[*]

周焕银 [1,2,3]，封锡盛 [1]，胡志强 [1]，李为 [1,3]

（1. 中国科学院沈阳自动化研究所，机器人学国家重点实验室，辽宁，沈阳，110016；

2. 东华理工大学机电学院，江西，南昌，330013；3. 中国科学院研究生院，北京，100049）

**摘要：** 为了解决无人水面航行器（USV）受外界干扰大且航向控制模型参数未知等航向控制中的相关难题，提出基于多辨识模型切换的动态反馈控制法。此控制法首先根据最小二乘法对 USV 系统航向模型进行辨识，构建过渡模型集；然后通过预设平均拟合偏差阈值法筛选过渡模型集，构建临时模型集，以避免模型集中子模型过分庞大造成控制过程计算量大的问题；最后根据临时模型集构建动态反馈控制库。为了从控制库中获取"最佳"控制策略，提出以控制性能指标为事件驱动的多辨识模型切换策略。多次湖泊试验表明：基于多模型切换的动态反馈法实现了系统航向无超调、无静差运动，从而提高了 USV 系统控制品质。

**关键词：** 无人水面航行器，最小二乘法，辨识模型，动态反馈控制

**中图分类号：** TP273　　　　　　　　**文献标识码：** A

# Dynamic Feedback Controller Based on Optimized Switching of Multiple Identification Models for Course Control of Unmanned Surface Vehicle

Zhou Huanyin[1,2,3], Feng Xisheng[1], Hu Zhiqiang[1], Li Wei[1,3]

(1. State Key Laboratory of Robotics, Shenyang Institute of Automation Chinese Academy of Sciences, Shenyang, 110016, China; 2. School of Mechanical and Electronic Engineering, East China Institute of Technology, Nanchang, 330013, China; 3. Graduate School of the Chinese Academy of Sciences, Beijing, 100049, China)

**Abstract:** A dynamic feedback control algorithm based on multiple identification models switching is proposed to solve the problems in course control of the unmanned surface vehicle

* 原发表于《机器人》，2013, 35(5): 552-558。

(USV), such as large external disturbances and unknown course control model parameters. Firstly, a transitional model set is constructed by identifying USV course model according to the least square method. Then, a temporal model set is selected from the transitional models by introducing mean fitting error, which can avoid huge computation cost caused by large amount of sub-models in model set. Finally, a dynamic feedback controller database is designed based on the temporal model set. Meanwhile, using control performance indexes as event driven factors, some switching methods for multiple identification models are taken to obtain optimal controllers from the controller database. Some lake trials show that the multi-model switching based dynamic feedback method can improve the control performances, and the USV can move without overshoots or static errors.

**Keywords:** unmanned surface vehicle, least square method, identification model, dynamic feedback control

## 1 引言（Introduction）

无人水面航行器（USV）受外界环境干扰影响大且系统控制模型难以确定，这使得系统航向控制成为一大难题。USV 系统航向控制的研究多围绕载体所受外界环境干扰的辨识问题展开[1-2]。根据系统外界干扰力的辨识而构建的控制算法虽能保证系统在当前环境下具有良好的动态性能，但无法保证环境变化后系统的控制品质。USV 系统模型辨识多通过仿真实验获取系统的控制模型[3-5]，而对于受外界环境影响较大的 USV 系统，由于外界环境的复杂多变，USV 系统实际运行模型与仿真模型存在不可忽视的模型误差。文[6]、[7]采用聚类在线辨识法辨识系统的不确定参数，通过仿真验证了算法；张铭钧等采用一种稳态自适应在线辨识法对水下机器人的部分水动力参数进行辨识，通过了水池试验验证[8]。参数辨识法能够从实际试验中辨识出系统的相关水动力参数[9-10]，通过试验所获取的信息相对于通过理论推导所获取的水动力参数具有更强的实际应用价值。完全不依赖于模型的控制算法受多种条件约束，局限性较强[11]。基于模型的 USV 系统航向控制法，多采用抗干扰能力较强的滑模控制法[12]等。状态反馈控制法是一种重要的工程控制法，具有物理意义明确的特点[13]，其通过与多种控制方法结合达到解决复杂非线性问题的目的[14]。

USV 航向控制系统具有完全可观测性与完全可控性，本文综合分析参数辨识法与输出反馈法的控制优势，提出基于多辨识模型切换的动态反馈法。

本文所研究 USV 系统的外场辨识试验为系统模型辨识提供了丰富数据。为了减少辨识模型与实际模型的偏差，构建了 USV 系统过渡辨识模型集。为了减少模型切换次数，提出了预设平均拟合偏差法，获取临时辨识模型集。根据临时模型集特点，构建 USV 系统控制库，为了保证控制切换过程中的稳定性与系统安全性，提出稳定切换策略法与紧急切换策略法。通过预设的控制性能指标对所获取的临时模型集进行模型筛选，将与预期性能指标最接近的模型作为"最佳"模型。根据系统控制性能进行控制参数切换及微调，以提高系统运动控制的鲁棒性与自适应能力。

## 2 基于拟合偏差的最小二乘航向辨识法（Least square identification method for heading based on fitting error）

### 2.1 航向模型辨识

本文研究的 USV 系统由安装在其尾部的喷泵系统实现航向与纵向速度的控制，通过改变喷泵喷嘴角度实现系统航向控制，通过改变喷泵喷水量进而影响喷嘴向后喷水产生的反作用力来控制 USV 系统的纵向速度。

USV 系统航向控制模型多采用 Fossen 定义的模型[15]，其表达式为

$$
\begin{cases}
\dot{\psi} = r \\
(I_{zz} - N_{\dot{r}})\dot{r} = N_r ur + N_{r|r|} r |r| + N_\delta u^2 \delta_r(t)
\end{cases}
\tag{1}
$$

其中，变量 $\psi, r, u, \delta_r(t)$ 分别为 USV 系统的航向角（rad）、航向角速度（rad/s）、纵向速度与 USV 系统尾部喷嘴角左右扭动角度，其下标 $r$ 为航向角速度。模型参数描述为：$I_{zz}$ 为 USV 系统动坐标系下垂直轴的转动惯量，下标 $zz$ 表示绕垂直轴的方向，$N_{\dot{r}}, N_r, N_{r|r|}, N_\delta$ 为系统有因次水动力参数。各参数具体含义请见文[15]。

USV 系统水动力参数未知，通过将航向控制模型（1）转化为模型（2）进行辨识：

$$
\begin{cases}
\dot{\psi} = r \\
\dot{r} = a_1 ur + a_2 r |r| + b_1 u^2 \delta_r(t)
\end{cases}
\tag{2}
$$

系统航向模型中含有 3 个参数（$a_1, a_2, b_1$）有待辨识。

$$
\dot{r} = a_1 ur + a_2 r |r| + b_1 u^2 \delta_r(t)
\tag{3}
$$

本文以模型（3）为航向控制参考模型进行模型的参数估计。

### 2.2 模型参数估计与筛选函数的构建

本文采用一般模型辨识所用的 S 形开环试验法，获取 USV 系统输入量对应的输出数据，根据最小二乘法[16]辨识系统运动控制中的模型参数，构建系统辨识模型集。

将试验数据分为用于参数估计的数据与用于参数验证的数据。由于所研究的辨识模型为 SIMO（single input multiple output）模型，将待辨识模型（3）设置为

$$
y_1(k+1) = a_1 y_2(k) + a_2 y_3(k) + b_1 U(k) + e(k)
\tag{4}
$$

其中，$\{U(k)\}, \{y_1(k+1), y_2(k), y_3(k)\}$ 分别为系统第 $k$ 次输入与输出序列，$a_1, a_2$ 与 $b_1$ 为待估计的不同模型参数。最小二乘格式为

$$
\begin{cases}
\boldsymbol{\varphi}(k) = \begin{bmatrix} y_2(k) & y_3(k) & U(k) \end{bmatrix}^{\mathrm{T}} \\
\boldsymbol{\theta} = \begin{bmatrix} a_1 & a_2 & b_1 \end{bmatrix}^{\mathrm{T}}
\end{cases}
\tag{5}
$$

$\boldsymbol{\theta}$ 为待估计值，辨识模型为

$$
y_1(k+1) = \boldsymbol{\varphi}^{\mathrm{T}}(k)\boldsymbol{\theta}(k) + e(k)
\tag{6}
$$

引入最小二乘准则函数：

$$
J = \sum_{i=0}^{N-1} (y_1(k+1+i) - \boldsymbol{\varphi}^{\mathrm{T}}(k+i)\tilde{\boldsymbol{\theta}})^2
\tag{7}
$$

设：$\boldsymbol{\Phi}_N = \begin{bmatrix} \boldsymbol{\varphi}(k) & \boldsymbol{\varphi}(k+1) & \cdots & \boldsymbol{\varphi}(k+N-1) \end{bmatrix}^{\mathrm{T}}$ 与 $\boldsymbol{Y}_N = \begin{bmatrix} y_1(k+1) & y_1(k+2) & \cdots & y_1(k+N) \end{bmatrix}^{\mathrm{T}}$ 分别为 $N$ 次输入输出观测数据。$\boldsymbol{e}_N = \begin{bmatrix} e(k) & e(k+1) & \cdots & e(k+N-1) \end{bmatrix}^{\mathrm{T}}$ 为随机噪声带来的误差与模型误差，$N$ 表示采样数组中数据个数。根据极大值原理，准则函数最小值条件为

$$\frac{\partial J}{\partial \tilde{\boldsymbol{\theta}}} = -\boldsymbol{\Phi}_N^{\mathrm{T}}(\boldsymbol{Y}_N - \boldsymbol{\Phi}_N \tilde{\boldsymbol{\theta}}) - \boldsymbol{\Phi}_N^{\mathrm{T}}(\boldsymbol{Y}_N - \boldsymbol{\Phi}_N^{\mathrm{T}}\tilde{\boldsymbol{\theta}}) \tag{8}$$

故若 $\boldsymbol{\Phi}_N^{\mathrm{T}}\boldsymbol{\Phi}_N$ 为可逆矩阵，则 $\boldsymbol{\theta}_N$ 的最小二乘估计值为

$$\tilde{\boldsymbol{\theta}}_N = (\boldsymbol{\Phi}_N^{\mathrm{T}}\boldsymbol{\Phi}_N)^{-1}\boldsymbol{\Phi}_N^{\mathrm{T}}\boldsymbol{Y}_N \tag{9}$$

将试验数据代入方程（9），获取过渡模型参数估计值。

模型参数的验证与筛选。将试验真值 $Y_{iN}$ 与模型输出值 $\boldsymbol{\Phi}_{iN}^{\mathrm{T}}\tilde{\boldsymbol{\theta}}_j$ 进行对比，通过方程（10）获取系统拟合偏差 $\bar{e}_{jN}$。

$$\bar{e}_{jN} = (Y_{iN} - \boldsymbol{\Phi}_{iN}^{\mathrm{T}}\tilde{\boldsymbol{\theta}}_j) / N \tag{10}$$

各组平均拟合偏差 $e_j$ 为

$$e_j = \sum_{i=1}^{m}|\bar{e}_{jN}| / m = \sum_{i=1}^{m}|Y_{iN} - \boldsymbol{\Phi}_{jN}^{\mathrm{T}}\tilde{\boldsymbol{\theta}}| / m \tag{11}$$

其中 $m$ 为用于参数拟合的试验组数。

临时模型集的构建。预设平均拟合偏差的第 $n$ 组范围为 $\xi_n$，筛选系统过渡模型集中的模型，将满足预设 $\xi_n$ 要求的过渡模型通过模型参数的平均拟合方程（12）进行拟合，得到临时模型集参数。

$$\hat{\tilde{\boldsymbol{\theta}}}_n = \frac{\sum_{i=1}^{r}\tilde{\boldsymbol{\theta}}_{iN}}{M} \tag{12}$$

其中，$\hat{\tilde{\boldsymbol{\theta}}}_n$ 为满足 $\xi_n$ 阈值的临时辨识模型参数估计值，$M$ 为满足 $\xi_n$ 要求的临时辨识模型个数。

### 2.3 USV 系统临时辨识模型集的构建

根据待辨识模型（4），设航向辨识模型（3）的输出数据为 $y_1(k+1) = r(k+1)$、$y_2(k) = u(k)r(k)$ 与 $y_3(k) = |r(k)|r(k)$，输入数据为 $U(k) = u(k)u(k)\delta_r(k)$。系统采样时，将 $u(k)r(k)$、$|r(k)|r(k)$ 与 $u(k)u(k)$ 分别作为整体变量处理，从待辨识模型（3）可以看出此种处理并不影响模型参数的估计。

从试验数据中任选 13 组数据代入式（9），获取过渡模型集中各模型的参数估计值。从不同试验数据中任选 $m=7$ 组数据检验过渡模型输出值与实际输出值的拟合程度，USV 系统航向角速度 $r$ 为被检验的状态量。通过筛选函数（1）获取各拟合偏差 $e_j$，如表 1 所示。

预设 4 组平均拟合偏差范围为 $\xi = \{\{\xi_1 > 15\}, \{15 < \xi_2 < 5\}, \{5 < \xi_3 < 3\}, \{\xi_4 < 3\}\}$，根据式（12）获取临时模型集中各模型参数，见表 2，符号表述为 $M_{h1}, M_{h2}, M_{h3}, M_{h4}$。

**表 1　航向控制过渡辨识模型参数估计值**

Tab.1　Estimated parameters of USV course control temporary identification models

| 过渡模型 | $a_1$ | $a_2$ | $b_1$ | $e_j$ |
|---|---|---|---|---|
| $M_{h1}$ | 0.5392 | 0.001 | −0.0152 | ≈25 |
| $M_{h2}$ | 0.5005 | 0.0116 | −0.0065 | ≈13.3 |
| $M_{h3}$ | 0.2236 | 0.0171 | −0.0134 | ≈3 |
| $M_{h4}$ | 0.5244 | 0.0063 | −0.0136 | ≈4 |
| $M_{h5}$ | 0.2125 | 0.0186 | −0.0134 | ≈3 |
| $M_{h6}$ | 0.2966 | −0.0002 | −0.005 | ≈3.5 |
| $M_{h7}$ | 0.2766 | 0.0034 | −0.0044 | ≈3.5 |
| $M_{h8}$ | 0.5319 | 0.0093 | −0.0119 | ≈14.1 |
| $M_{h9}$ | 0.3871 | 0.0216 | −0.0528 | ≈13.7 |
| $M_{h10}$ | 0.2706 | 0.0056 | −0.006 | ≈12.1 |
| $M_{h11}$ | 0.5003 | 0.0082 | −0.0082 | ≈15 |
| $M_{h12}$ | 0.1357 | 0.0411 | 0.0086 | ≈20 |
| $M_{h13}$ | 0.011 | 0.0727 | 0.0307 | ≈20 |

**表 2　USV 航向控制临时辨识模型集**

Tab.2　Sets of USV course control temporary identification models

| 临时模型 | $a_1$ | $a_2$ | $b_1$ |
|---|---|---|---|
| $M_{l1}$ | 0.339231 | 0.016638 | −0.00855 |
| $M_{l2}$ | 0.358178 | 0.009989 | −0.0143 |
| $M_{l3}$ | 0.27408 | 0.01326 | −0.018 |
| $M_{l4}$ | 0.24455 | 0.011 | −0.0089 |

　　从辨识数据中任选一组数据，代入临时模型中进行曲线拟合。系统实际输出曲线（真值）与临时模型仿真输出曲线（模拟值）的对比见图 1，其中虚线为系统湖试输出曲线，实线为临时模型的仿真输出曲线。图 1（a）为平均拟合偏差大于 15 的比较图，图 1（b）为平均拟合偏差小于 3 的比较图。

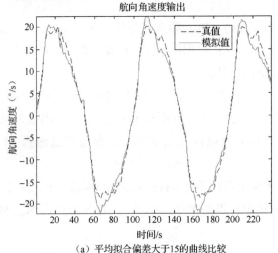

（a）平均拟合偏差大于15的曲线比较

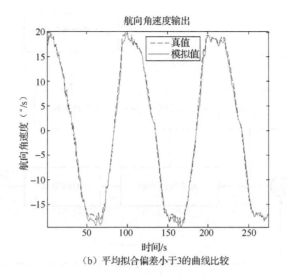

（b）平均拟合偏差小于3的曲线比较

图 1　实际曲线与拟合曲线的对比

Fig.1　Comparison between the fitting curve and practical curve

通过对多组拟合曲线的分析发现，系统实际输出值与临时模型仿真输出值间的平均拟合偏差远远小于所有构建此临时模型的过渡模型的平均拟合偏差。图 1 表明，临时模型 $M_{h1}$ 的拟合偏差 $|\overline{e}_{1N}|=1.75$ 远远小于各过渡模型的平均拟合偏差 $e_1>15$。

模型辨识算法说明：虽然所设的平均拟合偏差越小，系统实际输出值与模拟仿真值间的绝对偏差越小，但其所包含的有用信息可能会变少，实际应用价值也会相对降低。为了不丢失有价值的信息，构建了多组临时模型参数，以获取最佳控制模型。

## 3　USV 动态反馈控制与切换控制策略（Dynamic feedback control for USV and switching control laws）

动态反馈控制库的设置。根据临时模型集中各模型控制特点设置动态反馈控制库。预设 USV 系统航向动、静态性能指标，通过相应的切换策略从控制库中选取满足指标要求的"最佳"控制策略。本文所研究 USV 系统航向控制方框图如图 2 所示。

根据水下机器人的动力学模型以及运动学模型[15-16]，将系统航向控制模型（3）转换为状态空间表达式：

$$\begin{bmatrix} \dot{\psi} \\ \dot{r} \end{bmatrix} = \begin{bmatrix} 0 & 1 \\ 0 & a_1 u \end{bmatrix}\begin{bmatrix} \psi \\ r \end{bmatrix} + \begin{bmatrix} 0 \\ a_2|r|r \end{bmatrix} + \begin{bmatrix} 0 \\ b_1 u^2 \end{bmatrix}\delta_r \tag{13}$$

由于纵向速度 $u$ 与航向控制模型中的各状态量间耦合性强，一般将 $u$ 作为模型参数处理[17]。在设计控制策略时，纵向速度有如下约束条件：if $u<1.0$m/s, $u=1.0$; else $u=u$。在获取"最佳"模型后，根据此条件计算模型参数。

动态反馈控制律的构建。首先，预设闭环系统矩阵的极点为 $\lambda_1,\lambda_2$，极点值范围设为 $-1<\lambda_1,\lambda_2<0$。根据现代控制理论中的极点配置问题[14]，构建动态反馈控制律：

$$\delta_{r1}(t) = \frac{\lambda_1+\lambda_2+a_1 u}{b_1 u^2}r - \frac{\lambda_1\lambda_2}{b_1 u^2}\psi - \frac{a_2|r|r}{b_1 u^2} \tag{14}$$

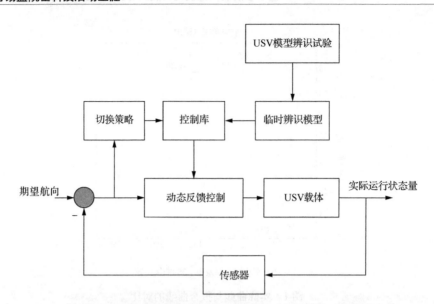

图 2 基于多辨识模型切换的 USV 系统航向控制方框图

Fig.2 The block diagram of the USV course control based on multiple identification models switching

然后，将表 2 临时模型集中各模型参数赋予控制律（14），构建航向控制库，通过切换策略从控制库中选取"最佳"控制策略。

基于辨识模型集的控制切换策略如下。

从控制律（14）可以发现控制参数与辨识模型参数紧密关联，根据系统航向控制品质，可窥见各临时模型与实际模型间的模型误差。为了确保控制参数选取过程中 USV 系统安全与系统切换过程的稳定性，本文采用两种类型的控制切换策略：基于事件驱动的紧急切换策略与基于性能指标函数驱动的多模型稳定切换策略。

### 3.1 基于事件驱动的紧急切换策略

基于事件驱动的紧急切换策略主要解决 USV 系统某些运动状态发散前所采取的策略。

考虑如下切换模型：

$$\Sigma_i \begin{cases} x(k+1) = f_i(x(k), u(k)) \\ y(k) = C_i x(k) \end{cases} \tag{15}$$

其中 $i$ 为第 $i$ 个子系统。

LaSalle 不变定理[18]：对于非线性自治系统

$$\dot{x} = f(x) \tag{16}$$

设方程（16）的一个正紧集 $\Omega \subset D$ , $V : D \to R$ 是连续可微函数且在 $\Omega$ 内满足 $\dot{V}(x) \le 0$ , 设 $E$ 是 $\Omega$ 内所有点的集合，满足 $\dot{V}(x) = 0$ , $M$ 是 $E$ 内的最大不变集，那么当时间 $t \to \infty$ 时，始于 $\Omega$ 内的每个解都趋于 $M$ 。

**定理 1**[19-20]：系统是 $\ell_\infty$ 稳定的，则对每一有界输入 $u(t)$ ，输出 $y(t)$ 是有界的。

**推论 1**：如果系统（13）的输入 $u(t)$ 为有界，输出 $y(t)$ 是无界的，则系统不稳定。

此推论是定理 1 的逆定理。

**推论 2**：构建正紧集函数 $E = \boldsymbol{y}^{\mathrm{T}}(t)\boldsymbol{y}(t)$，若函数 $E$ 发散变化或在有限时间内其变化率 $\dot{E}$ 超出预设函数 $E = \rho\left|\boldsymbol{y}(\infty)\right|_2^2$（ $\boldsymbol{y}(\infty)$ 为系统目标状态量输出），则系统不稳定。

**证明：**

由于能量函数 $E = \boldsymbol{y}^{\mathrm{T}}(t)\boldsymbol{y}(t)$ 为系统输出函数。若系统输出有不稳定或系统输出状态变量不稳定，则能量函数 $E$ 变化率呈大于某一正值常数增加；相对应若系统能量函数 $E$ 呈大于某一正值常数增长，则表明系统输出状态变量不稳定。

### 3.2 基于性能指标函数驱动的多模型稳定切换策略

预设系统动态性能指标，设置稳定切换策略，在线从控制库中选取最佳控制策略。

多李雅普诺夫法稳定判据：如果各切换子系统渐近稳定且各子系统的李雅普诺夫函数渐近衰减，则直接切换不影响系统的稳定性。

**推论 3**：若切换系统各子系统为状态反馈控制策略下稳定，则直接切换不影响系统的稳定性。

**证明：**

若切换系统的各子系统在相应状态反馈控制策略下均稳定，则根据状态反馈控制特点可知，基于状态误差构建的能量函数呈指数衰减。

根据多李雅普诺夫法知[21]：系统直接切换稳定。同样若各系统在预设范围内稳定，则各子系统的能量函数在预设范围内渐进衰减至某一定值。

### 3.3 基于控制库的最佳控制策略选取

以能量函数为紧急切换策略的驱动函数，避免系统运行中的不稳定；以系统控制品质的阈值为稳定切换策略的驱动事件，获取"最佳"控制模型。预设期望控制性能指标以及系统不稳定指标的阈值置于控制库中，达到切换控制策略的目的。切换策略驱动原则与"最佳"控制策略获取步骤：

（1）将临时辨识模型集中各模型参数代入状态反馈控制律中，构建控制库。

（2）预设能量函数为 $E = \boldsymbol{\psi}^{\mathrm{T}}\boldsymbol{\psi}$ 及其预警能量函数 $\dot{E} > k\left|\boldsymbol{\psi}\right|$ 作为驱动紧急切换策略的事件， $k$ 根据载体航向控制器喷嘴角的饱和程度设置，本文初步设置为 1.3，若紧急切换策略启动，系统直接切换到预设的控制策略下运行。

（3）航向控制动态性能指标切换：系统动态性能指标主要为超调量、调节时间。USV 系统航向控制输出曲线超调量不宜过大，将超调量 $\delta_{\mathrm{p}} \geqslant 20\%$ 时作为紧急切换事件；超调量 $\delta_{\mathrm{p}} \leqslant 20\%$ 且 $\delta_{\mathrm{p}} \geqslant 15\%$ 时作为稳定切换策略的事件；将调节时间 $t_{\mathrm{s}} > 100$ 秒时作为稳定切换策略事件。

（4）静态误差切换：如果系统稳定且动态性能较佳，则继续在临时模型集中切换，以获取"最佳"的临时模型参数，系统切换条件为航向角稳态误差 $\left|e_{\mathrm{ss}}\right| > 10°$ 。

（5） 将所获取的"最佳"控制参数进行微调，以达到预期的控制性能指标要求。

## 4 USV 湖试试验数据分析（Analysis on the test data of USV lake trials）

本次试验环境为湖泊，风浪小，系统受外界环境影响较小，但当系统运行时，由于自身重量与惯性，其运行所产生的波浪力对系统的影响是不容忽视的。本文所研究 USV 系统是中科院沈阳自动化研究所新研发的一类新型自治水下机器人，系统重 4.5 吨，长 6m，宽 2m，是一种中型水面机器人，如图 3 所示。

图3　本文所研究 USV 系统

Fig.3　The Studied USV system

以下试验均为自主航行试验，即系统根据预设的航向轨迹自主航行。试验中各图的虚线为预设的航向轨迹。

根据动态反馈控制律（14）构建系统控制库，预设控制策略顺序与切换策略。图 4 与图 5 为湖试中寻求最佳控制策略的部分输出曲线图。其中喷嘴角向右扭转为正，其最大扭转角为 20°；系统航向角顺时针方向为正。

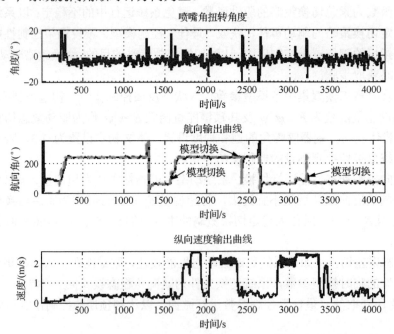

图4　基于多辨识模型切换与"较佳"模型获取的 USV 航向控制湖试输出曲线

Fig.4　Lake trial based on multiple identification switching laws for the better course control model selection

"最佳"控制模型参数获取。图 4 为基于临时辨识模型集各模型切换的航向控制输出曲线，其中航向曲线中的虚线为预设的航向轨迹，即期望航向，实线为系统实际输出曲线。为了获取最佳的控制策略，系统进行了 3 次切换，从图 4 分析可以看出：第一次切换前系统基本达到预期的目标，但为了获取控制库中"最佳"的控制策略，系统进行了稳定切换；第二次切换是由于存在静态误差而启动了稳定切换策略；第三次切换则是由于系统超调过大引起系统紧急切换。通过此次试验获取了当前运行环境下"较佳"的控制策略。在较佳控制策略基础上，对反馈控制参数进行微调，获取"最佳"控制策略，然后根据控制律（14）推出当前运行环境下系统模型。图 5 为 USV 系统在"最佳"反馈控制参数下的航向运行曲线，其具有无静态误差、超调小等控制品质。

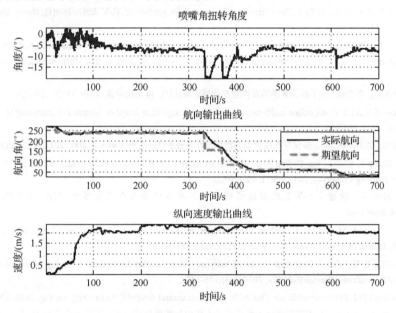

图 5　基于动态反馈的 USV 航向控制湖试输出曲线

Fig.5　USV course control based on the dynamic feedback control of the "better" control model parameters

湖试结果表明：控制库能够在系统航向运动发散前采取相应的切换策略，保证系统在一定静态误差范围内的稳定，能够通过切换获取当前运行环境下较佳的控制策略。且从图 4 实验数据分析可以推测"较佳"的控制参数来源于哪一组临时模型集参数。

## 5　结论（Conclusions）

本文针对 USV 系统航向控制模型未知且易受外界干扰等问题，提出通过辨识模型集设置动态反馈控制策略的设计思路。根据系统航向控制品质与预设切换策略，在线从控制库中选取当前运行环境下"最佳"控制策略。湖试试验表明：紧急切换策略可保证系统在航向控制发散前切换到稳定控制策略下；基于系统控制性能指标切换驱动的切换策略，可在线选取当前运行环境下"较佳"的控制策略；根据系统纵向速度与模型参数可动态调整状态反馈控制参数。大量外场试验表明，基于系统模型辨识所构建的控制库具有很好的实际应用价值，能够提高系统的控制品质。

# 参 考 文 献（References）

[1] 李晔，刘建成，徐玉如，庞永杰. 带翼水下机器人运动控制的动力学建模[J]. 机器人，2005, 27(2): 128-131.
    Li Y, Liu J C, Xu Y R, et al. Dynamics modeling for motion control of underwater vehicle with wing[J]. Robot, 2005, 27(2): 128-131.

[2] 袁伟杰，刘贵杰，朱绍锋. 基于遗传算法的自治水下机器人水动力参数辨识方法[J]. 机械工程学报，2010, 46(11): 96-100.
    Yuan W J, Liu G J, Zhu S F. Identification method of hydrodynamic parameters of autonomous underwater vehicle based on genetic algorithm[J]. Chinese Journal of Mechanical Engineering, 2010, 46(11): 96-100.

[3] Marco D B, Martins A, Healey A J. Surge motion parameter identification for NPS Phoenix AUV[C]. International Advanced Robotics Program, Lafayette, Louisiana, USA, 1998.

[4] de Barros E A, Pascoal A, de Sa E. Investigation of a method for predicting AUV derivatives[J]. Ocean Engineering, 2008, 35(16): 1627-1636.

[5] Peng Y, Han J D. Tracking control of unmanned trimaran surface vehicle: Using Adaptive unscented Kalman filter to estimate the uncertain parameters[C]. IEEE International Conference on Robotics, Automation and Mechatronics, Piscataway, USA, 2008: 901-906.

[6] 潘天红，薛振框，李少远. 基于减法聚类的多模型在线辨识算法[J]. 自动化学报，2009, 35(2): 220-224.
    Pan T H, Xue Z K, Li S Y. An online multi-model identification algorithm based on subtractive clustering[J]. Acta Automatica Sinica, 2009, 35(2): 220-224.

[7] 段朝阳，张艳，邵雷，等. 基于多模型在线辨识的滑模变结构控制[J]. 上海交通大学学报，2011, 45(3): 403-407.
    Duan C Y, Zhang Y, Shao L, etc. Sliding mode variable structure control based on multi-model online identification[J]. Journal of Shanghai Jiaotong University, 2011, 45(3): 403-407.

[8] 张铭钧，胡明茂，徐建安. 基于稳态自适应技术的水下机器人系统在线辨识[J]. 系统仿真学报，2008, 20(18):5006-5009,5014.
    Zhang M J, Hu M M, Xu J A. Online identification of autonomous underwater vehicle based on stable adaptive technique[J].Journal of System Simulation, 2008,20(18):5006-5009,5014.

[9] Marani G, Choi S K., Yuh J. Real-time center of buoyancy identification for optimal hovering in autonomous underwater intervention[J]. Intelligent Service Robotics, 2010, 3(3):175-182.

[10] Petrich J, Stilwell D J. Model simplification for AUV pitch-axis control design[J]. Ocean Engineering, 2010, 37(7): 638-651.

[11] 金鸿章，高妍南，周生彬. 基于能量优化的海洋机器人航向与横摇自适应终端滑模综合控制[J]. 机械工程学报，2011, 47(15): 37-43.
    Jin H Z, Gao Y N, Zhou S B.Adaptive terminal-sliding-mode combination control for heading and rolling of marine robot based on energy optimization[J]. Chinese Journal of Mechanical Engineering, 2011, 47(15): 37-43.

[12] Smallwood D A. Advances in dynamical modeling and control for underwater robotic vehicles[D].Baltimore, USA:Johns Hopkins University, 2003.

[13] 于志刚，沈永良，李桂英. 基于在线优化的线性系统状态反馈鲁棒镇定[J]. 控制与决策，2011, 26(1):75-79.
    Yu Z G, Shen Y L, Li G Y.State feedback robust stabilization for linear system based on on-line optimization[J]. Control and Decision,2011, 26(1):75-79.

[14] 段纳，王璐，赵丛然. 一类具有积分输入到状态稳定未建模动态的高阶非线性系统的状态反馈调节[J]. 控制理论与应用，2011, 28(5):639-644.
    Duan N, Wang L, Zhao C R. State-feedback regulation for a class of higher-order nonlinear systems with integral input-to-state stability unmodeled dynamics[J].Control Theory and Applications, 2011, 28(5): 639-644.

[15] Fossen T I. Guidance and Control of Ocean Vehicles[M]. Chichester, UK: John Wiley & Sons, 1994: 21-56.

[16] 蒋新松，封锡盛，王棣堂. 水下机器人[M]. 沈阳：辽宁科学技术出版社，2000: 150-183.
    Jiang X S, Feng X S, Wang D T. Underwater Vehicles[M]. Shenyang:Liaoning Publisher of Science and Technology, 2000: 150-183.

[17] Naik M S, Singh S N. State-dependent Riccati equation-based robust dive plane control of AUV with control constraints[J]. Ocean Engineering, 2007, 37: 1711-1723.

[18] Khalil H K. 非线性系统[M]. 3 版. 朱义胜, 董辉, 李作洲, 等, 译. 北京: 电子工业出版社, 2005: 89-93.

Khalil H K. Nonlinear System[M]. 3rd ed. Zhu Y S, Dong H, Li Z Z, et al, Trans. Beijing: Publishing House of Electronics Industry, July, 2005: 89-93.

[19] 林相泽, 邹云. 线性切换系统的积分不变性原理[J]. 自动化学报, 2011, 37(2): 196-204.

Lin X Z, Zou Y. An integral invariance principle for switched linear systems[J]. Acta Automatica Sinica, 2011, 37(2): 196-204.

[20] Koo M S, Choi H L, Lim J T. Universal control of nonlinear systems with unknown nonlinearity and growth rate by adaptive output feedback[J]. Automatica, 2011, 47(10): 2211-2217.

[21] Liberzon D. Switching in Systems and Control[M]. Boston, USA:Birkhauser, 2003: 73-124.

# AUV 纯方位目标跟踪轨迹优化方法[*]

王艳艳[1,2]，刘开周[1]，封锡盛[1]

（1. 中国科学院沈阳自动化研究所机器人学国家重点实验室，辽宁省，沈阳，110016；

2. 中国科学院大学，北京，100049）

**摘要：** 为了进一步提高自主水下机器人（AUV）纯方位目标跟踪能力，从 AUV 轨迹优化方面进行了研究。采用基于距离的分段轨迹优化方法：在跟踪目标的初始阶段以定位的位置误差 GDOP（geometrical dilution of precision）作为优化对象，以期在定位跟踪的各个时刻能得到最优的定位精度；针对目标运动要素（位置、速度、航向等）估计趋于收敛的情况，提出了一种基于短期预测的轨迹优化方法，AUV 根据物理条件限制预测双方短期状态，计算能够反映跟踪态势特征的收益函数，根据收益函数对自身某状态进行评估，估算出自身各个预测状态的综合收益后，选出综合收益最大的那个状态作为短期目标，执行能到达该状态的行为。目标运动要素估计中使用扩展卡尔曼滤波（EKF）。最后，将该轨迹优化方法与基于 GDOP 的轨迹优化进行仿真对比，结果表明该方法能够实现 AUV 与目标较快会合。

**关键词：** 自主水下机器人，纯方位跟踪，轨迹优化，收益函数，扩展卡尔曼滤波

**中图分类号：** TP29 **文献标识码：** A **文章编号：** 1002-0446(2014)-02-0179-06

# Optimal AUV Trajectories for Bearings-Only Tracking

Wang Yanyan[1,2], Liu Kaizhou[1], Feng Xisheng[1]

(1. State Key Laboratory of Robotics, Shenyang Institute of Automation, Chinese Academy of Sciences, Shenyang, 110016, China; 2. University of Chinese Academy of Sciences, Beijing, 100049, China)

**Abstract：** In order to enhance the AUV (autonomous underwater vehicle) capability in bearings-only target tracking, the AUV trajectory optimization needs to be studied. A piecewise trajectory optimization method based on distance is proposed. In the initial phase of target tracking, GDOP (geometrical dilution of precision) matrix of positioning errors is taken as the objective function in optimization, in order to achieve optimal positioning precision at each time. Then, an AUV trajectory optimization method based on short-term prediction is proposed for the cases that the estimation of target navigation parameters (position, velocity and heading)

* 原发表于《机器人》，2014, 36(2): 179-184。

converges. AUV predicts its own and the target's possible future states according to physical limits, and calculates its every state income according to the characteristics of the tracking trend. Based on the income, one of its own states is evaluated and the consolidated income of every prediction state is estimated. At last, a proper state with the maximum consolidated income is chosen as its shot-term target, and the action leading to the target is executed. The extended Kalman filter algorithm is used to estimate the navigation parameters of the target. Finally, the proposed method and the GDOP based trajectory optimization method are compared through simulation, and the result shows that the AUV using the proposed method can capture the target as soon as possible.

**Keywords:** autonomous underwater vehicle, bearings-only tracking, trajectory optimization, earnings function, extended Kalman filter

## 1 引言（Introduction）

AUV 纯方位目标跟踪过程中搭载的被动传感器声呐仅能探测到目标的方位序列。由于目标运动信息未知，首先需要通过 TMA（target motion analysis）算法估计目标当前运动状态，只有得到了目标的运动信息，AUV 才能有目的地规划自身运动轨迹，进而与目标会合。研究表明，目标运动要素估计精度与 AUV 运动轨迹之间存在着密不可分的关系，受已知条件限制，AUV 只能利用估计结果对机动航路进行优化，这正是 BOT（bearing-only tracking）领域的研究难点[1]。本文中 AUV 轨迹优化不仅要考虑上面提到的目标运动要素精度问题，最终还要实现 AUV 与目标的会合。这两点之间往往存着悖论，这就大大提高了本文的研究难度。国内外现有的观测平台轨迹优化方法多是从提高目标运动要素估计精度出发。Hammel、Liu 和 Helferty 等人选用的优化性能指标是最大化定位误差椭圆面积，即 Fisher 信息矩阵（Fisher information matrix, FIM）的行列式或 CRLB（Cramer-Rao low bound）的迹，假设目标是固定的或者速度非常小，观测器做匀速等速运动，目标的固定位置是已知的，使用数字技术方法，通过最大化 FIM 行列式，得出观测器优化运动轨迹是追击曲线[2-5]。Passerieux 应用最优控制理论求取观测器轨迹，并且讨论了观测器最优机动的必要条件，分别采取分析法和迭代数值法对本问题进行了详细论述[6]。文[7]～[9]均提出使用估计的均方误差阵 $P$ 的迹作为机动的判别标准。戴中华等提出一种用几何关系求解最优轨迹的方法[10]，该方法容易理解，计算上简单易行，这方面已有多篇文献[11-15]进行了研究。邓新蒲等[7]采用定位位置误差作为优化对象，采用边估计边优化观测器运动轨迹的方法，在各个时刻得到最优的定位精度。以上轨迹优化方法仅从提高目标定位精度方面出发，均未考虑如何实现 AUV 与目标会合，这也正是本文需要研究的重点。

本文充分考虑 AUV 机动性能（最大转弯角速率、转弯半径、最大速度及最小速度），采用分段轨迹优化方法，AUV 跟踪目标的初始阶段以定位的位置误差 GDOP 作为优化对象，以期最短时间内得到目标的最优定位精度。当目标运动要素趋于收敛时，提出了一种基于短期预测的轨迹优化方法。AUV 根据物理条件限制预测双方短期状态，根据反映跟踪态势的特征计算自身某状态的综合收益，估算出自身各个预测状态的综合收益后，选出某个状态作为短期目标，执行能到达该状态的行为。

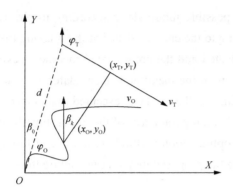

图 1　AUV 与目标之间相对运动态势

Fig.1　The relative motion situation of target and AUV

## 2　系统建模（System modeling）

假设目标做匀速直线运动（CV 模型），AUV 采取机动运动方式定位跟踪目标，图 1 给出了 AUV 与目标的 2 维相对运动态势。在直角坐标系中 $k$ 时刻，目标位置为 $(x_T(k), y_T(k))$，目标速度为 $v_T(k)$，目标航向角为 $\varphi_T(k)$，AUV 位置为 $((x_O(k), y_O(k))$，AUV 速度为 $v_O(k)$，AUV 航向角为 $\varphi_O(k)$。两者之间相对方位角测量值为 $\beta_k$，相对距离为 $d$。

利用 2 维空间内的位置、速度矢量描述 AUV 和目标的运动状态如下：

$$\begin{aligned} \boldsymbol{x}_T(k) &= \begin{bmatrix} x_T(k) & y_T(k) & \dot{x}_T(k) & \dot{y}_T(k) \end{bmatrix} \\ \boldsymbol{x}_O(k) &= \begin{bmatrix} x_O(k) & y_O(k) & \dot{x}_O(k) & \dot{y}_O(k) \end{bmatrix} \end{aligned} \tag{1}$$

系统的状态向量为相对状态向量：

$$\boldsymbol{x}(k) = \boldsymbol{x}_T(k) - \boldsymbol{x}_O(k) = \begin{bmatrix} x_1(k) & x_2(k) & x_3(k) & x_4(k) \end{bmatrix} \tag{2}$$

状态方程为

$$\begin{cases} \boldsymbol{x}(k+1) = \boldsymbol{A}\boldsymbol{x}(k) + \boldsymbol{u}(k,k+1) + \boldsymbol{\omega}(k) \\ z(k) = \arctan(x_1(k)/x_2(k)) + v(k) \end{cases} \tag{3}$$

$$\boldsymbol{A} = \begin{bmatrix} 1 & 0 & T & 0 \\ 0 & 1 & 0 & T \\ 0 & 0 & 1 & 0 \\ 0 & 0 & 0 & 1 \end{bmatrix} \tag{4}$$

$$\boldsymbol{u}(k,k+1) = \begin{bmatrix} u_1(k,k+1) \\ u_2(k,k+1) \\ u_3(k,k+1) \\ u_4(k,k+1) \end{bmatrix} = \begin{bmatrix} x_1(k) + Tx_3(k) - x_3(k+1) \\ x_2(k) + Tx_4(k) - x_4(k+1) \\ x_3(k) - x_3(k+1) \\ x_4(k) - x_4(k+1) \end{bmatrix} \tag{5}$$

$$\boldsymbol{\omega}(k) \sim N(0,\boldsymbol{Q}), v(k) \sim N(0,\sigma_\beta^2) \tag{6}$$

$\boldsymbol{A}$ 表示状态转移矩阵，$T$ 表示采用时间间隔，$\boldsymbol{\omega}(k)$ 表示过程噪声，$z(k)$ 表示被动声呐测得的目标方位角，$v(k)$ 是测量噪声。

## 3　基于距离的分段轨迹优化方法（Piecewise trajectory optimization method based on distance）

由于仅能获得目标与 AUV 之间方位角和两者相对初始距离，因此即便方位角的测量序列是无噪的，往往也得不到状态估计的唯一解。为了确保解的唯一性，AUV 的运动方程至少要比目标运动方程高一阶，且两者的运动不能同向。但是受纯方位跟踪系统弱可观测性的影响，即使 AUV 按照上述条件航行，目标运动要素的估计精度仍然较低，且有可能滤波发散，这就使得实现 AUV 与目标会合难上加难。因此，AUV 机动策略的选取十分重要。

本文采用基于距离的分段轨迹优化方法，AUV 跟踪目标初始阶段，目标运动要素收敛较差，这时以极小化位置误差为最优指标，取卡尔曼滤波器均方差阵中只与系统位置信息有关的矩阵，得到使定位位置误差最小时的 AUV 机动方式。当目标运动要素趋于收敛时，AUV 根据物理条件限制预测双方短期状态，根据收益函数对各个状态进行评估，选出综合收益最大的状态作为下一时刻的状态，并执行能够到达该状态的行为。

### 3.1 基于位置误差的轨迹优化方法

本文提出的基于位置误差的 AUV 运动为：在各个时刻 $k$ 使得 $\min C_{\text{GDOP}}(k)$ 成立的 AUV 运动，其中

$$C_{\text{GDOP}}(k) = \sqrt{\text{tr}(P(k|k))} \tag{7}$$

$P(k|k)$ 是位置状态估计的协方差矩阵，本文采用 EKF 算法实现系统状态的递推更新。

AUV 相对运动指标为

$$\text{相对运动指标} = \frac{\text{AUV速度} \times \text{测量周期}}{\text{初始目标距离} \times \text{测向精度}} \tag{8}$$

### 3.2 基于短期预测的机动策略

在每个系统指令周期内，AUV 都根据当前态势对双方进行短期预测，根据这种预测决定当前采用何种机动方式。基于短期预测的机动策略过程包括预测、评估和决策 3 个阶段：预测就是假设 AUV 短期可能的状态；评估是对预测出的状态进行评估；决策是决定自身当前需要执行的机动行为。

AUV 机动行为集合表示为 $L = \{l_1 \cdots l_n\}$，$l_i$ 表示某个具体的行为，如前进、左转、右转和加速等。假设 $k$ 时刻 AUV 进行了机动，则不同的机动方式使得 $k+1$ 时刻 AUV 的预测状态各不相同，但是由于受到 AUV 机动性能的约束，AUV 预测区域、朝向等都有限，正是这种"有限"，使得针对 AUV 的短期预测具有某种有效性。

评估即 AUV 针对预测出的状态估计自身的收益。AUV 估算收益的过程分两步：第 1 步先估算某步某个状态针对系统的个别收益；第 2 步计算出针对该步的所有态势的综合收益。收益即使得 AUV 与目标的相对态势朝着对 AUV 最短时间接近目标有利的方向发展，主要从 AUV 与目标间的距离、AUV 航向以及 AUV 速度 3 方面进行个别收益分析。

（1）AUV 离目标越近对系统越有利。定义与距离相关的态势收益为

$$C_1 = [1 + \lg(d+1)]^{-1} \tag{9}$$

（2）AUV 调整的航行角度越小对系统越有利，假设 AUV 的转弯角速率为 $\omega$。定义与航向角调整相关的态势收益为

$$C_2 = (1 + \omega T / 2\pi)^{-1} \tag{10}$$

（3）AUV 的最大速度为 $v_{\max}$，最小速度为 $v_{\min}$。如果 AUV 的期望速度 $\hat{v}$ 小于其最大速度 $v_{\max}$，则 AUV 能顺利与目标相遇；反之，AUV 只能尽可能地接近目标。定义与速度相关的态势收益为

$$C_3 = \begin{cases} 0, & \hat{v} < 0 \\ 1, & 0 \leqslant \hat{v} \leqslant v_{max} \\ [1+\lg(d'+1)]^{-1}, & \hat{v} > v_{max} \end{cases} \qquad (11)$$

综合考虑 AUV 相对目标距离、调整的航向角、航行速度三个因素，相对态势的综合收益定义为

$$C = \max(\omega_1 C_1 + \omega_2 C_2 + \omega_3 C_3) \qquad (12)$$

## 4  仿真实验与分析（Simulation experiment and analysis）

针对本文提出的方法做了多组仿真实验，涵盖了多种不同的初始状态（AUV 和目标的相对位置）和参数设置（目标的运动速度、方向等）。实验表明，基于距离的分段轨迹优化方法可以正确地指导 AUV 的行为，提高了使命的成功率。这里选取其中一个典型例子进行说明，AUV 初始位置坐标为(0m,0m)，初始航向角60°，速度 2m/s，目标初始位置坐标为(-500m, 2000m)，初始航向角150°，当 AUV 与目标之间的距离小于 50m 时，认为 AUV 与目标会合，观测噪声是方差为 2° 的零均值高斯白噪声。

### 4.1  基于距离的分段轨迹优化方法仿真实验

AUV 速度为 2m/s，目标速度为分别为 1m/s、1.5m/s、2m/s、2.5m/s、3m/s 时，AUV 采用分段轨迹优化方法对目标进行跟踪，仿真结果如图 2 所示。

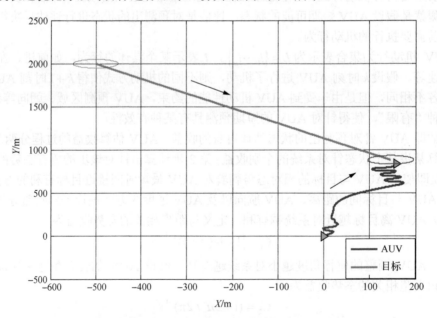

图 2   目标速度 1m/s 时 AUV 与目标相对运动态势

Fig.2   The relative motion situation of target and AUV when the target speed is 1m/s

　　图 2～图 7 可以看出，当目标速度为 1m/s、1.5m/s、2m/s、2.5m/s 时，AUV 能够与目标会合。当目标速度较小时，AUV 能够自主改变航向等待目标的到来。图 6 为目标速度为 3m/s 时 AUV 与目标的相对运动态势，此时 AUV 无法追踪上目标。由图 7 可以看出，当目标远离 AUV 时，AUV 在原地做圆周运动搜索目标。

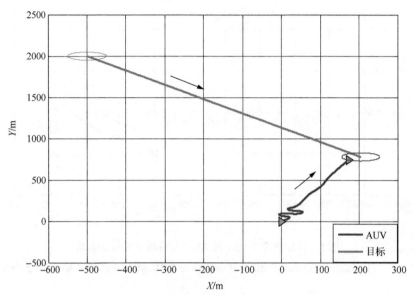

图 3　目标速度 1.5m/s 时 AUV 与目标相对运动态势

Fig.3　The relative motion situation of target and AUV when the target speed is 1.5m/s

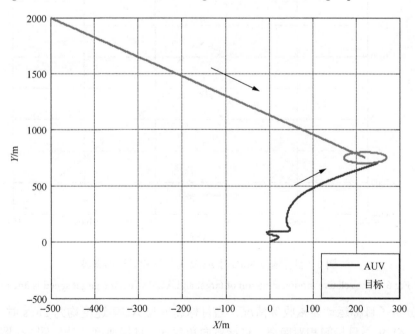

图 4　目标速度 2m/s 时 AUV 与目标相对运动态势

Fig.4　The relative motion situation of target and AUV when the target speed is 2m/s

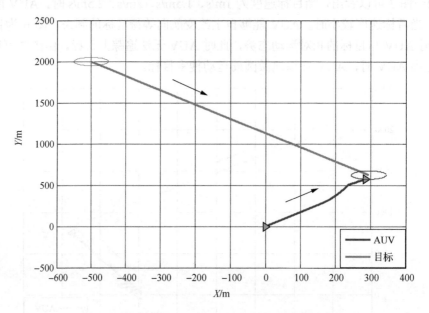

图 5　目标速度 2.5m/s 时 AUV 与目标相对运动态势

Fig.5　The relative motion situation of target and AUV when the target speed is 2.5m/s

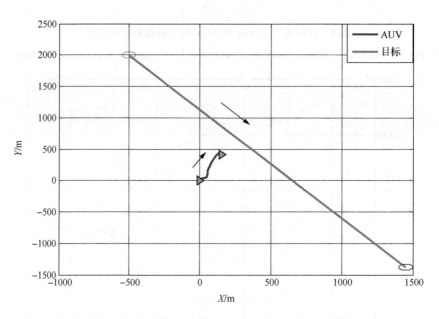

图 6　目标速度 3m/s 时 AUV 与目标相对运动态势

Fig.6　The relative motion situation of target and AUV when the target speed is 3m/s

　　详细分析了目标运动要素收敛情况，当目标速度与 AUV 速度均为 2m/s 时，AUV 最优航向角、AUV 与目标间相对距离、目标航向角估计、目标速度估计如图 8～图 11 所示。

　　图 8 为 AUV 最优航向角曲线，应用本文提出的优化方法，AUV 实时更新其航向角。由图 9 可以看出目标与 AUV 间的距离在不断地缩小，700s 左右时两者距离接近 50，可认

为 AUV 与目标会合。图 10、图 11 为目标运动要素估计情况，目标航向角估计和目标速度估计均有明显的收敛趋势，且收敛较快。

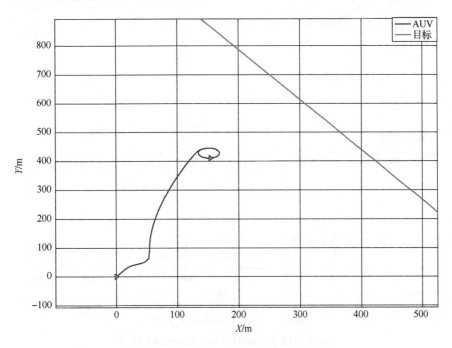

图 7　目标速度 3m/s 时 AUV 运动轨迹放大图

Fig.7　The AUV motion amplification figure when the target speed is 3m/s

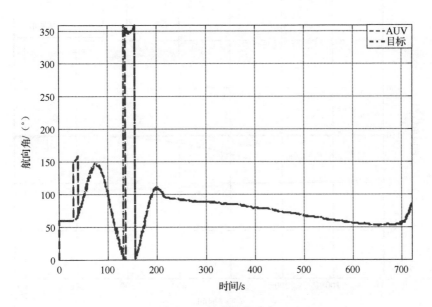

图 8　AUV 最优航向角

Fig.8　The AUV's optimal heading angle

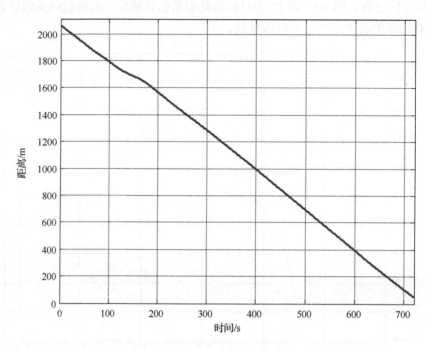

图 9  AUV 与目标间相对距离

Fig.9  The distance between target and AUV

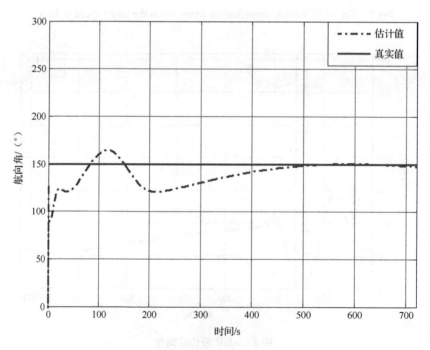

图 10  目标航向角估计

Fig.10  Estimated target heading angle

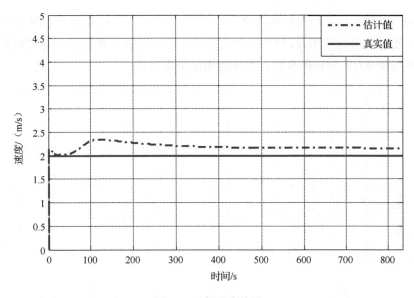

图 11 目标速度估计

Fig.11 Estimated target speed

## 4.2 基于 GDOP 的轨迹优化方法仿真实验

在相同的初始条件下，目标速度为 2m/s，以目标定位位置误差 GDOP 作为目标函数进行 AUV 轨迹优化，仿真结果如图 12。

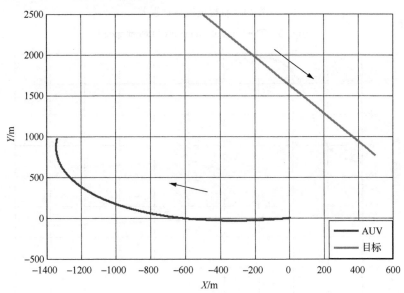

图 12 AUV 与目标之间相对运动态势

Fig.12 The relative motion situation of target and AUV

图 12 为单独使用基于定位位置误差 GDOP 的轨迹优化方法时 AUV 与目标间的相对运动态势，由图 13、图 14 可以看出目标的航向估计和速度估计均优于基于距离的分段轨迹优化方法。图 15 可以看出，起初 AUV 与目标间的距离有缩短趋势，在 600s 左右时两

者之间距离达到最短，之后目标远离 AUV，原因是基于定位位置误差 GDOP 的轨迹优化方法仅仅从提高定位精度出发，该轨迹优化方法中根本没有考虑到怎样抓住时机去追踪目标，因此不能使 AUV 与目标会合，不完全适用于本系统。

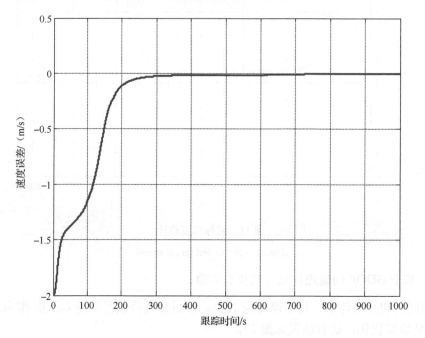

图 13　目标速度估计误差

Fig.13　The estimation error of target speed

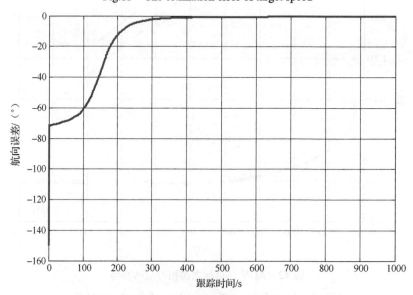

图 14　目标航向角估计误差

Fig.14　The estimation error of target heading angle

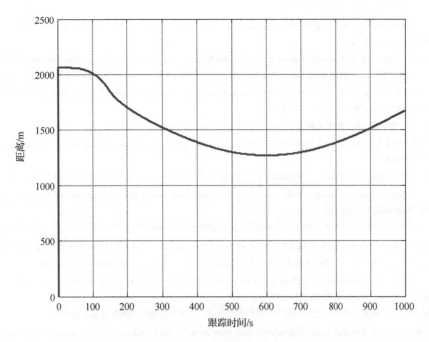

图 15  AUV 与目标间相对距离

Fig.15  The distance between target and AUV

## 5  结论（Conclusion）

本文中目标的速度位置信息通过 TMA 算法得到，而且定位精度不高，收敛时间很长，这就给目标跟踪过程带来了很大困难。AUV 轨迹优化过程要避开全局最优，在单步递推计算中，边跟踪边优化 AUV 轨迹。为了提高 AUV 与目标会合的概率，采用分段轨迹优化方法，分别选用基于定位位置误差 GDOP 的轨迹优化方法及短期预测机动策略。短期预测机动策略中对 AUV 短期内可能出现的状态空间进行评估，选出 AUV 最优机动方式。选用 AUV 与目标间的距离、AUV 航向变化、AUV 速度变化为反映相对运动态势的特征因子，构建了较合理的收益评估函数，通过仿真验证表明设计较合理。仿真结果表明：该方法规划的航行轨迹能够实现 AUV 与目标会合。但目标运动要素估计精度不高，可能的原因有：EKF 滤波算法有待改进；基于定位位置误差 GDOP 的轨迹优化与短期预测机动策略方法的衔接不够准确；收益函数的构建不尽合理等。这正是该方法需要改进的地方。

## 参 考 文 献（References）

[1]  董志荣. 纯方位系统本载体最优机动控制问题[J]. 潜艇学术研究, 1998(2)：7-17.

   Dong Z R. Optimal observer motion control problems in bearing-only system[J]. Academic Research Submarine, 1998(2): 7-17.

[2]  Hammel S E, Liu P T. Optimal observer motion for localization with bearings measurements[J]. Computers Maths,1989, 18(1): 171-180.

[3]  Helferty J P, Mudgett D R, Dzielski J E. Trajectories optimization for minimum range error in bearings-only source localization[C]. OCEANS'93, Piscataway, NI, USA: IEEE, 1993: 229-134.

[4]  夏佩伦. 潜艇对机动目标跟踪和攻击若干问题的探讨[J]. 火力与指挥控制, 2010, 35(2): 6-10.

Xia P L. Some issues concerning maneuvering target tracking and attacking with submarine[J]. Fire Control & Command Control, 2010, 35(2): 6-10.

[5]　Helferty J P, Mudgett D R. Optimal observer trajectories for bearings-only tracking by minimizing the trace of the Cramer-Rao lower bound[C]. Proceedings of the 32nd conf on Decision and Control, San Antonio, Texas, 1993: 930-939.

[6]　Passerieux J M, Cappel D V. Optimal observer maneuver for bearings-only tracking[J]. Aerospace and Electronic Systems, IEEE Transactions on, 1998, 34 (3): 777-787.

[7]　邓新蒲, 周一宇, 卢启中. 测角无源定位与跟踪的观测器自适应运动分析[J]. 电子学, 2001(3): 311-314.

　　　Deng X P, Zhou Y Y, Lu Q Z. Adaptive observer maneuver analysis for bearings-only tracking[J]. Acta Electronica Sinica, 2001(3): 311-314.

[8]　许志刚. 纯方位系统定位与跟踪的观测器最优机动轨迹[J]. 连云港化工高等专科学校学报, 2002,15(1): 1-4.

　　　Xu Z G. Optimal observer maneuver for bearings-only localization and tracking[J]. Journal of Lianyungang College of Chemical Technology, 2002, 15(1): 1-4.

[9]　石章松. 纯方位目标跟踪中的观测器机动优化研究[J].计算机仿真, 2010, 27(1): 334-337.

　　　Shi Z S. A study of observer optimal trajectory in bearings-only tracking[J]. Computer Simulation, 2010, 27(1): 334-337.

[10]　戴中华, 邓新蒲. 基于方位角变化率最大的轨迹优化几何方法[J]. 航天电子对抗, 2007, 23(4): 47-49.

　　　Dai Z H, Deng X P. A geometrical method for optimization of study of trajectory based on maximizing azimuth changing[J]. Aerospace Electronic Warfare, 2007, 23(4): 47-49.

[11]　邓新蒲, 周一宇. 单观测器无源定位误差下界的仿真分析[J]. 电子与信息学, 2002, 24 (1): 54-59.

　　　Deng X P, Zhou Y Y. Simulation analysis on estimation error lower bound for single passive observer[J]. Journal of Electronics and Information Technology, 2002, 24(1): 54-59.

[12]　陈华雷, 刘开周. 估计从 UUV 航行参数的混合坐标系下的 EKF 算法[J]. 机器人, 2009, 31(s1): 6-9.

　　　Chen H L, Liu K Z. Slave UUV motion analysis using mixed coordinates EKF[J]. Robot, 2009, 31(s1): 6-9.

[13]　张福仁, 赵正业, 董志荣. 潜艇纯方位接敌跟踪航路优化方法探讨[J]. 火力与指挥控制, 2001, 26(1): 58-60.

　　　Zhang F R, Zhao Z Y, Dong Z R. Study on optimal bearings-only tracking of submarine[J]. Fire Control & Command Control, 2001, 26(1): 58-60.

[14]　赵骁飞. 单站纯方位无源探测定位的若干技术[D]. 上海: 上海交通大学, 2007.

　　　Zhao X F. Research of some technologies on bearing-only system[D]. Shanghai: Shanghai Jiao Tong University, 2007.

[15]　冯子龙, 刘健, 刘开周. AUV 自主导航航位推算算法的研究[J]. 机器人, 2005, 27(2): 168-172.

　　　Feng Z L, Liu J, Liu K Z. Dead reckoning method for autonomous navigation of autonomous underwater vehicles[J]. Robot, 2005, 27(2): 168-172.

# 基于卡尔曼滤波预测的无偏量测转换方法[*]

李为[1,2]，李一平[1,2]，封锡盛[1]

（1. 中国科学院沈阳自动化研究所机器人学国家重点实验室，沈阳，110016；

2. 中国科学院大学，北京，100049）

**摘要：** 针对在目标跟踪系统中通常使用量测转换方法将球面坐标系下的量测量转换到笛卡儿坐标系下，传统量测转换方法在互距离测量误差增大时跟踪性能有所下降的问题，提出一种基于卡尔曼滤波预测的无偏量测转换方法。采用无偏量测转换方法变换量测量，基于卡尔曼滤波预测值，结合无迹变换算法估计转换量测方差。仿真结果表明，所提出的转换量测卡尔曼滤波算法较现有方法具有更高的跟踪精度和可信度。

**关键词：** 目标跟踪，量测转换，方差估计，无迹变换，卡尔曼滤波

**中图分类号：** TP212　　　　　**文献标志码：** A

# Unbiased Measurement Conversion Method Based on Kalman Filter Prediction

Li Wei[1,2], Li Yiping[1,2], Feng Xisheng[1]

(1. The State Key Laboratory of Robotics, Shenyang Institute of Automation Chinese Academy of Sciences, Shenyang, 110016, China; 2. University of Chinese Academy of Sciences, Beijing, 100049, China. Correspondent: LI Yi-ping, E-mail: lyp@sia.cn)

**Abstract:** In target tracking system, the converted measurement method is usually used to convert spherical measurements to a Cartesian frame of reference. The performance of the conventional converted measurement degrades for large cross-range errors. A prediction-conditioned unbiased conversion is presented. The unbiased conversion is used and the covariance of the converted measurements is approximated by the Kalman prediction and unscented transform. Simulation results show that the converted measurement Kalman filter proposed is more accurate and credible.

**Keywords:** target tracking, converted measurements, covariance estimation, unscented transform, Kalman filter

---

* 原发表于《控制与决策》，2015, 30(2): 229-234。

## 0 引言

使用主动声呐或雷达系统跟踪目标时，在以观测系统为原点的球面坐标系下，目标位置的量测信息通常表现为目标距离、方位角和俯仰角，而目标的运动方程通常在笛卡儿坐标系下建立。对于一些估计问题，在笛卡儿坐标下进行目标运动要素分析是比较有利的，比如在多雷达目标跟踪系统中，通常将各雷达获得的量测信息转换到一个统一的笛卡儿坐标系下进行综合分析[1]。

应用量测转换方法将目标位置量测信息由球面坐标系转换到笛卡儿坐标系是目标跟踪中一种常用的线性化方法[2]。传统量测转换方法在具有较大互距离（cross-range）测量误差时转换偏差较大，而且造成估计不一致[3]。为解决量测转换存在偏差的问题，文献[3]提出了一种加性去偏方法（DCM），该方法在使用传统量测转换方法后去除偏差部分，在方位角量测误差方差较小时具有较好的去偏效果和量测转换一致性，其跟踪性能优于 EKF 算法，为非线性观测方程线性化提供了一种更加准确且实用的解决方法。文献[4]提出了一种乘性无偏转换方法（UCM），该方法在量测转换过程中引入一个修正系数，可以有效去除量测转换偏差，并采用文献[3]提出的平均真实方差方法估计转换量测方差，该方差与转换量测的一致性优于文献[3]。文献[5]在乘性无偏转换的基础上，提出了另一种直接基于量测量的转换量测方差的估计方法，可以在较大方位角标准差范围内保证转换量测与其方差的一致性，该方差估计方法对服从均匀分布的量测方位角噪声同样具有很好的一致性。文献[6]应用正规变换方法得到了解耦转换量测卡尔曼滤波算法。文献[7]针对文献[5]中的转换量测方差计算方法的不兼容问题[8]，提出了一种直接基于实际量测值进行估计的转换量测及其方差计算方法（MUCM），并通过仿真验证了改进方法的量测转换一致性以及在目标跟踪中较 UCM 性能更优。文献[9]对文献[3]进行了改进，将传统量测转换方法的转换偏差和转换量测方差基于卡尔曼滤波预测值进行估计，并通过仿真实验验证了该算法比文献[7]提出的方法具有更好的跟踪效果。文献[10]为去除转换量测方差与量测值的关联关系，提出使用上个时刻的量测值代替当前时刻量测值估计转换量测方差。文献[11]、[12]在分析现有量测转换方法偏差的基础上，提出了一种基于卡尔曼滤波预测值和一阶泰勒线性化的转换量测方差估计方法。

本文提出一种基于卡尔曼滤波预测值的无偏量测转换方法。在坐标系变换中，采用无偏量测转换方法对量测量进行变换，转换量测方差基于卡尔曼滤波预测值并通过无迹变换计算获得。本文首先介绍系统观测模型，并对传统量测转换方法存在的问题进行分析；然后提出使用无偏量测变换并基于卡尔曼滤波预测值和无迹变换估计方差的无偏量测转换算法；最后通过仿真验证了基于本文量测转换方法的卡尔曼滤波算法较现有算法具有更好的跟踪效果。

## 1 问题描述

在主动声呐和雷达系统中，目标量测量通常体现为以观测点为坐标原点的球面坐标系下的距离、方位角和俯仰角。为说明问题方便，本文只考虑二维极坐标系下的量测转换问题和二维平面内的跟踪问题。

在极坐标系下，目标的量测量包括量测距离 $r_m$ 和方位角 $\theta_m$，相对于目标的真实距离 $r$ 和方位角 $\theta$，量测距离误差 $\bar{r}_m$ 和量测方位角误差 $\bar{\theta}_m$ 分别假设为标准差是 $\sigma_{r_m}$ 和 $\sigma_{\theta_m}$ 的相互独立的高斯白噪声。系统观测模型可表示为

$$
\begin{aligned}
r_m &= r + \bar{r}_m, \bar{r}_m \sim N\left(0, \sigma_{r_m}^2\right), \\
\theta_m &= \theta + \bar{\theta}_m, \bar{\theta}_m \sim N\left(0, \sigma_{\theta_m}^2\right)
\end{aligned}
\tag{1}
$$

使用传统量测转换方法将极坐标系下的量测量 $(r_m, \theta_m)$ 转换为笛卡儿坐标系下的量测位置信息 $(x_m, y_m)$，可表示为

$$
\begin{aligned}
x_m &= r_m \cos\theta_m, \\
y_m &= r_m \sin\theta_m
\end{aligned}
\tag{2}
$$

在笛卡儿坐标系下，转换量测位置 $(x_m, y_m)$ 与目标真实位置 $(x, y)$ 的关系可表示为

$$
\begin{aligned}
x_m &= x + \bar{x}_m, \\
y_m &= y + \bar{y}_m
\end{aligned}
\tag{3}
$$

其中 $\bar{x}_m$ 和 $\bar{y}_m$ 为使用传统量测转换方法得到的转换误差。

将由传统量测转换方法获得的笛卡儿坐标系下的目标位置均值再次转换到极坐标系下，可以得到距离 $r_{\mathrm{CP}}$ 和方位角 $\theta_{\mathrm{CP}}$ 分别为

$$
\begin{aligned}
r_{\mathrm{CP}} &= \sqrt{\left(E\left[x_m \mid r, \theta\right]\right)^2 + \left(E\left[y_m \mid r, \theta\right]\right)^2} = \lambda_{\theta_m} r, \\
\theta_{\mathrm{CP}} &= \arctan \frac{E\left[y_m \mid r, \theta\right]}{E\left[x_m \mid r, \theta\right]} = \theta
\end{aligned}
\tag{4}
$$

其中 $\lambda_{\theta_m} = E\left[\cos\bar{\theta}_m\right]$。因为 $\bar{\theta}_m$ 是方差为 $\sigma_{\theta_m}^2$ 的高斯白噪声，由其对称的概率密度函数以及文献[13]的推导可知

$$
\begin{aligned}
E\left[\cos\bar{\theta}_m\right] &= \mathrm{e}^{-\frac{1}{2}\sigma_{\theta_m}^2}, \\
E\left[\cos 2\bar{\theta}_m\right] &= \mathrm{e}^{-2\sigma_{\theta_m}^2}, \\
E\left[\sin\bar{\theta}_m\right] &= 0
\end{aligned}
\tag{5}
$$

由式（4）可知，传统量测转换方法得到的目标位置均值与目标真实位置具有相同的方位角。但是，距离存在偏差 $\left(1 - \lambda_{\theta_m}\right) r$，$r$ 越大 $\sigma_{\theta_m}$ 越大，传统量测转换的偏差也越大。

## 2 基于卡尔曼滤波预测值的无偏量测转换滤波算法

量测转换方法包括两部分，其一为量测量变换本身，其二为笛卡儿坐标系下转换量测方差的估计。

对 DCM、UCM 和 MUCM 的量测量变换方法[3,5-6]取数学期望，获得量测量变换偏差，有

$$E\left[x_m^{\mathrm{DCM}}\mid r,\theta\right]-x=\left(\lambda_{\theta_m}-\lambda_{\theta_m}^3+\lambda_{\theta_m}^2-1\right)r\cos\theta,$$

$$E\left[y_m^{\mathrm{DCM}}\mid r,\theta\right]-y=\left(\lambda_{\theta_m}-\lambda_{\theta_m}^3+\lambda_{\theta_m}^2-1\right)r\sin\theta,$$

$$E\left[x_m^{\mathrm{UCM}}\mid r,\theta\right]-x=0,$$

$$E\left[y_m^{\mathrm{UCM}}\mid r,\theta\right]-y=0, \tag{6}$$

$$E\left[x_m^{\mathrm{MUCM}}\mid r,\theta\right]-x=\left(\lambda_{\theta_m}^2-1\right)r\cos\theta,$$

$$E\left[y_m^{\mathrm{MUCM}}\mid r,\theta\right]-y=\left(\lambda_{\theta_m}^2-1\right)r\sin\theta$$

由式（6）可知，DCM 和 MUCM 均存在量测量变换偏差，UCM 的量测量变换偏差为 0，因此这里采用 UCM 的量测量变换方法。

使用量测转换方法对目标位置进行估计时，基于量测量计算得到的转换量测方差会造成估计偏差随方位角误差标准差的增大而急剧增大[11]，因此本文使用卡尔曼滤波预测量对转换量测方差进行估计。

基于极坐标系下的卡尔曼滤波预测值 $\left(r_p,\theta_p\right)$ 的转换量测方差可表示为

$$R_{\mathrm{DUCMP}}^{11}=\mathrm{var}\left(x_m^{\mathrm{UCM}}-x\mid r_p,\theta_p\right),$$

$$R_{\mathrm{DUCMP}}^{22}=\mathrm{var}\left(y_m^{\mathrm{UCM}}-y\mid r_p,\theta_p\right), \tag{7}$$

$$R_{\mathrm{DUCMP}}^{12}=R_{\mathrm{DUCMP}}^{21}=\mathrm{cov}\left(x_m^{\mathrm{UCM}}-x,y_m^{\mathrm{UCM}}-y\mid r_p,\theta_p\right)$$

假设极坐标系下的预测距离 $r_p$ 和方位角 $\theta_p$ 满足

$$r_p=r+\bar{r}_p,$$

$$\theta_p=\theta+\bar{\theta}_p \tag{8}$$

其中，$(r,\theta)$ 为极坐标系下预测时刻目标的真实值；$\left(\bar{r}_p,\bar{\theta}_p\right)$ 为标准差分别为 $\sigma_{r_p}$ 和 $\sigma_{\theta_p}$ 的相互独立的噪声项。

根据式（2）和式（8）将式（7）展开，可以得到

$$\begin{aligned}
R_{\mathrm{DUCMP}}^{11}\left(r_p,\theta_p\right)=&\frac{1}{2}\lambda_{\theta_m}^{-2}\left\{r_p^2+\sigma_{r_m}^2+\sigma_{r_p}^2-2r_pE\left(\bar{r}_p\right)\right.\\
&+\left[E\left(\bar{r}_p\right)\right]^2\right\}\left\{1+\lambda_{2\theta_m}\left[\cos\left(2\theta_p\right)E\left(\cos\left(2\bar{\theta}_p\right)\right)\right.\right.\\
&\left.\left.+\sin\left(2\theta_p\right)E\left(\sin\left(2\bar{\theta}_p\right)\right)\right]\right\}-\frac{1}{2}\left\{r_p^2+\sigma_{r_p}^2\right.\\
&\left.-2r_pE\left(\bar{r}_p\right)+\left[E\left(\bar{r}_p\right)\right]^2\right\}\left[1+\cos\left(2\theta_p\right)E\left(\cos\left(2\bar{\theta}_p\right)\right)\right.\\
&\left.+\sin\left(2\theta_p\right)E\left(\sin\left(2\bar{\theta}_p\right)\right)\right],\\
R_{\mathrm{DUCMP}}^{22}\left(r_p,\theta_p\right)=&\frac{1}{2}\lambda_{\theta_m}^{-2}\left\{r_p^2+\sigma_{r_m}^2+\sigma_{r_p}^2-2r_pE\left(\bar{r}_p\right)\right.\\
&+\left[E\left(\bar{r}_p\right)\right]^2\right\}\left\{1-\lambda_{2\theta_m}\left[\cos\left(2\theta_p\right)E\left(\cos\left(2\bar{\theta}_p\right)\right)\right.\right.
\end{aligned}$$

$$+\sin\left(2\theta_p\right)E\left(\sin\left(2\overline{\theta}_p\right)\right)\Big]\Big\}-\frac{1}{2}\Big\{r_p^2+\sigma_{r_p}^2$$

$$-2r_pE\left(\overline{r}_p\right)+\left[E\left(\overline{r}_p\right)\right]^2\Big\}\Big[1-\cos\left(2\theta_p\right)E\left(\cos\left(2\overline{\theta}_p\right)\right)\tag{9}$$

$$-\sin\left(2\theta_p\right)E\left(\sin\left(2\overline{\theta}_p\right)\right)\Big],$$

$$R_{\text{DUCMP}}^{12}\left(r_p,\theta_p\right)=\frac{1}{2}\lambda_{\theta_m}^{-2}\lambda_{2\theta_m}\Big\{r_p^2+\sigma_{r_m}^2+\sigma_{r_p}^2-2r_pE\left(\overline{r}_p\right)$$

$$+\left[E\left(\overline{r}_p\right)\right]^2\Big\}\Big[\sin\left(2\theta_p\right)E\left(\cos\left(2\overline{\theta}_p\right)\right)$$

$$-\cos\left(2\theta_p\right)E\left(\sin\left(2\overline{\theta}_p\right)\right)\Big]-\frac{1}{2}\Big\{r_p^2+\sigma_{r_p}^2$$

$$-2r_pE\left(\overline{r}_p\right)+\left[E\left(\overline{r}_p\right)\right]^2\Big\}\Big[\sin\left(2\theta_p\right)E\left(\cos\left(2\overline{\theta}_p\right)\right)$$

$$-\cos\left(2\theta_p\right)E\left(\sin\left(2\overline{\theta}_p\right)\right)\Big]$$

其中，$\lambda_{2\theta_m}$、$\lambda_{\theta_m}$ 和 $\sigma_{r_m}$ 已知；$\left(r_p,\theta_p\right)$ 可通过笛卡儿坐标下的卡尔曼滤波预测位置 $\left(x_p,y_p\right)$ 获得，即

$$r_p=\sqrt{x_p^2+y_p^2},$$

$$\theta_p=\arctan\frac{y_p}{x_p}\tag{10}$$

所以式（9）可表示为

$$\boldsymbol{R}_{\text{DUCMP}}=f\left(\sigma_{r_p},E\left(\overline{r}_p\right),E\left(\cos\left(2\overline{\theta}_p\right)\right),E\left(\sin\left(2\overline{\theta}_p\right)\right)\right)\tag{11}$$

假设笛卡儿坐标系下的卡尔曼滤波预测位置 $\left(x_p,y_p\right)$ 满足

$$x=x_p+\overline{x}_p,$$

$$y=y_p+\overline{y}_p\tag{12}$$

其中，$(x,y)$ 为笛卡儿坐标系中预测时刻目标的真实值；$\left(\overline{x}_p,\overline{y}_p\right)$ 为相互独立的高斯噪声。则极坐标系下的噪声 $\left(\overline{r}_p,\overline{\theta}_p\right)$ 可由笛卡儿坐标系下的噪声 $\left(\overline{x}_p,\overline{y}_p\right)$ 表示，有

$$\overline{r}_p=\sqrt{x_p^2+y_p^2}-\sqrt{\left(x_p+\overline{x}_p\right)^2+\left(y_p+\overline{y}_p\right)^2},$$

$$\sin\left(2\overline{\theta}_p\right)=\sin\left(2\left(\arctan\frac{y_p}{x_p}-\arctan\frac{y_p+\overline{y}_p}{x_p+\overline{x}_p}\right)\right),$$

$$\cos\left(2\overline{\theta}_p\right)=\cos\left(2\left(\arctan\frac{y_p}{x_p}-\arctan\frac{y_p+\overline{y}_p}{x_p+\overline{x}_p}\right)\right)\tag{13}$$

$\left(x_p,y_p\right)$ 可以由卡尔曼滤波器直接获得，若可以得到随机向量 $\left(\overline{x}_p,\overline{y}_p\right)^{\text{T}}$ 的数学期望和方差，

则通过 UT 变换可以估计其非线性变换结果 $\bar{r}_p$、$\sin(2\bar{\theta}_p)$ 和 $\cos(2\bar{\theta}_p)$ 的数学期望和 $\bar{r}_p$ 的标准差 $\sigma_{r_p}$。

由于卡尔曼滤波是无偏估计，相对于目标时刻的真实状态 $x_k$，估计值 $\hat{x}_{k|k}$ 满足

$$E\left[\hat{x}_{k|k} - x_k\right] = 0 \tag{14}$$

线性卡尔曼滤波状态转移方程和观测方程可表示为

$$\begin{aligned} x_{k+1} &= Fx_k + G\omega_k, \\ z_k &= Hx_k + v_k \end{aligned} \tag{15}$$

其中，$F$ 为状态转移矩阵；$G$ 为噪声矩阵；$H$ 为观测矩阵；$\omega_k$ 和 $v_k$ 为相互独立的高斯白噪声。

由式（14）和式（15）可得

$$\begin{aligned} E\left[\hat{x}_{k+1|k} - x_{k+1}\right] &= E\left[F\hat{x}_{k|k} - Fx_k - G\omega_k\right] \\ &= F \times E\left[\hat{x}_{k|k} - x_k\right] = 0, \\ \operatorname{var}\left(\hat{x}_{k+1|k} - x_{k+1}\right) &= E\left[\hat{x}_{k+1|k} - x_{k+1} - E\left(\hat{x}_{k+1|k} - x_{k+1}\right)\right]^2 \\ &= E\left[\left(\hat{x}_{k+1|k} - x_{k+1}\right)^2\right] = P_{k+1|k} \end{aligned} \tag{16}$$

则 $\left(\bar{x}_p, \bar{y}_p\right)^{\mathrm{T}}$ 满足

$$E\left[\begin{pmatrix} \bar{x}_p \\ \bar{y}_p \end{pmatrix}\right] = 0, \operatorname{cov}\left[\begin{pmatrix} \bar{x}_p \\ \bar{y}_p \end{pmatrix}\right] = H^{\mathrm{T}}P_{k+1|k}H \tag{17}$$

采用二阶 UT 变换的对称采样策略，获得一个包含 5 个对称采样点的 Sigma 点集 $\{\chi_i\}$，有

$$\{\chi_i\} = \left\{0, \gamma\sqrt{H^{\mathrm{T}}P_{k+1|k}H}, -\gamma\sqrt{H^{\mathrm{T}}P_{k+1|k}H}\right\} \tag{18}$$

其中，对于高斯分布，考虑到 4 阶矩的统计量，令 $\gamma = \sqrt{3}$。

Sigma 点对应的权值为

$$\{W_i\} = \left\{\frac{1}{3}, \frac{1}{6}, \frac{1}{6}, \frac{1}{6}, \frac{1}{6}\right\} \tag{19}$$

由式（13），采用该 Sigma 点集 $\{\chi_i\}$ 和权值 $\{W_i\}$，通过 UT 变换即可以得到 $E(\bar{r}_p)$、$\operatorname{var}(\bar{r}_p)$、$E(\sin(2\bar{\theta}_p))$ 和 $E(\cos(2\bar{\theta}_p))$ 的估计值，进而由式（11）获得 $R_{\mathrm{DUCMP}}$ 的估计值。

另外，转换量测方差不仅可以通过 $(r_p, \theta_p)$ 获得，还可以直接通过 $(x_p, y_p)$ 获得，有

$$\begin{aligned} R_{\mathrm{DUCMC}}^{11} &= E\left[\operatorname{var}\left(x_m^{\mathrm{UCM}} - x \mid r, \theta\right) \mid x_p, y_p\right], \\ R_{\mathrm{DUCMC}}^{22} &= E\left[\operatorname{var}\left(y_m^{\mathrm{UCM}} - y \mid r, \theta\right) \mid x_p, y_p\right], \\ R_{\mathrm{DUCMC}}^{12} &= E\left[\operatorname{cov}\left(x_m^{\mathrm{UCM}} - x, y_m^{\mathrm{UCM}} - y \mid r, \theta\right) \mid x_p, y_p\right] \end{aligned} \tag{20}$$

根据式（8）、式（10）和式（12），将式（20）展开，可以得到

$$R_{\mathrm{DUCMC}}^{11}\left(x_p,y_p\right)=E\left\{\frac{1}{2}\lambda_{\theta_m}^{-2}[(x_p+\overline{x}_p)^2+(y_p+\overline{y}_p)^2+\sigma_{r_m}^2]\left[1+\lambda_{2\theta_m}\cos\left(2\arctan\frac{y_p+\overline{y}_p}{x_p+\overline{x}_p}\right)\right]\right.$$

$$\left.-\frac{1}{2}\left[\left(x_p+\overline{x}_p\right)^2+\left(y_p+\overline{y}_p\right)^2\right]\left[1+\cos\left(2\arctan\frac{y_p+\overline{y}_p}{x_p+\overline{x}_p}\right)\right]\right\},$$

$$R_{\mathrm{DUCMC}}^{22}\left(x_p,y_p\right)=E\left\{\frac{1}{2}\lambda_{\theta_m}^{-2}[(x_p+\overline{x}_p)^2+(y_p+\overline{y}_p)^2+\sigma_{r_m}^2]\left[1-\lambda_{2\theta_m}\cos\left(2\arctan\frac{y_p+\overline{y}_p}{x_p+\overline{x}_p}\right)\right]\right.$$

$$\left.-\frac{1}{2}\left[\left(x_p+\overline{x}_p\right)^2+\left(y_p+\overline{y}_p\right)^2\right]\left[1-\cos\left(2\arctan\frac{y_p+\overline{y}_p}{x_p+\overline{x}_p}\right)\right]\right\},\tag{21}$$

$$R_{\mathrm{DUCMC}}^{12}\left(x_p,y_p\right)=E\left\{\frac{1}{2}\lambda_{\theta_m}^{-2}\lambda_{2\theta_m}\left[\left(x_p+\overline{x}_p\right)^2+\left(y_p+\overline{y}_p\right)^2+\sigma_{r_m}^2\right]\right.$$

$$\times\sin\left(2\arctan\frac{y_p+\overline{y}_p}{x_p+\overline{x}_p}\right)-\frac{1}{2}\left[\left(x_p+\overline{x}_p\right)^2+\left(y_p+\overline{y}_p\right)^2\right]$$

$$\left.\times\sin\left(2\arctan\frac{y_p+\overline{y}_p}{x_p+\overline{x}_p}\right)\right\}$$

与基于 $\left(\overline{r}_p,\overline{\theta}_p\right)$ 对转换量测方差进行估计类似，在 $\lambda_{2\theta_m}$、$\lambda_{\theta_m}$ 和 $\delta_{r_m}$ 已知，$\left(x_p,y_p\right)$ 可通过卡尔曼滤波直接获得的情况下，采用式（18）的 Sigma 点集和式（19）的权值，通过 UT 变换即可直接获得 $R_{\mathrm{DUCMC}}$ 的估计值。

对于由式（15）描述的目标运动及观测方程，其卡尔曼滤波状态更新方程为

$$\hat{x}_{k+1|k+1}=\hat{x}_{k+1|k}+K_{k+1}\left(z_{k+1}-H\hat{x}_{k+1|k}\right)\tag{22}$$

其中，$K_{k+1}$ 为卡尔曼滤波增益；$z_{k+1}$ 为通过量测变换由极坐标系转换到笛卡儿坐标系下的转换量测量。

预测状态方差为

$$P_{k+1|k}=FP_{k|k}F^{\mathrm{T}}+Q\tag{23}$$

其中，$Q$ 为过程噪声协方差矩阵，则预测量测协方差矩阵为

$$S_{k+1}=HP_{k+1|k}H^{\mathrm{T}}+R_{\mathrm{CM}}\tag{24}$$

其中，$R_{\mathrm{CM}}$ 为转换量测协方差矩阵 $R_{\mathrm{DUCMC}}$ 或 $R_{\mathrm{DUCMP}}$。

卡尔曼滤波增益和状态方差更新方程可表达为

$$K_{k+1}=P_{k+1|k}H^{\mathrm{T}}S_{k+1}^{-1},$$
$$P_{k+1|k+1}=P_{k+1|k}-K_{k+1}S_{k+1}K_{k+1}^{\mathrm{T}}\tag{25}$$

在目标跟踪初始阶段，卡尔曼滤波预测量的不确定度要高于量测量的不确定度[3]，可以采用文献[3]的方法对其不确定度进行比较，使用具有较低不确定度的信息对量测转换方差进行估计。在使用量测量对转换量测方差进行估计时，MUCMKF 较 UCMKF 具有更高的跟踪精度和滤波器可信度[7]，且 MUCMKF 在方位角误差标准差较小时的估计偏差显著小于 UCMKF[11]，所以采用 MUCMKF 更为合适。判断方法和量测变换系数 $\lambda$ 的选取如下：

$$\begin{bmatrix} \boldsymbol{R}_{\mathrm{CM}} \\ \lambda \end{bmatrix} = \begin{cases} \begin{bmatrix} \boldsymbol{R}_{\mathrm{MUCM}} \\ \lambda_{\theta_m} \end{bmatrix}, \det\left(\boldsymbol{H}^{\mathrm{T}} \boldsymbol{P}_{k+1|\,k} \boldsymbol{H}\right) \geqslant \det\left(\boldsymbol{R}_{\mathrm{MUCM}}\right) \\ \begin{bmatrix} \boldsymbol{R}_{\mathrm{DUCMC/P}} \\ \lambda_{\theta_m}^{-1} \end{bmatrix}, \det\left(\boldsymbol{H}^{\mathrm{T}} \boldsymbol{P}_{k+1|\,k} \boldsymbol{H}\right) < \det\left(\boldsymbol{R}_{\mathrm{MUCM}}\right) \end{cases} \tag{26}$$

## 3　仿真与分析

### 3.1　估计偏差比较

为考察 DUCMCKF 和 DUCMPKF 的估计偏差,采用与文献[11]相同的仿真参数进行仿真实验,分别对 3 个不同距离的固定点进行 10000 次位置估计。不同量测角误差标准差下的估计偏差仿真结果如图 1 所示,仿真曲线在 0 值附近上下波动,且波动幅度不超过 4m。

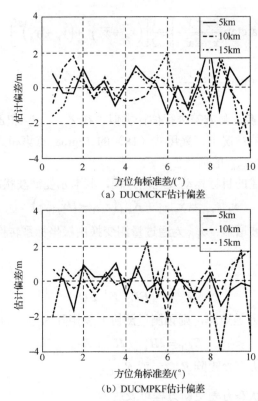

（a）DUCMCKF估计偏差

（b）DUCMPKF估计偏差

图 1　DUCMCKF 和 DUCMPKF 的估计偏差

由该仿真实验可知,基于卡尔曼滤波预测的转换量测滤波算法估计偏差始终保持在一个较低的水平,优于文献[11]中基于量测量的转换量测滤波算法的估计偏差。

### 3.2　跟踪性能比较

为了验证和分析基于预测量的量测转换卡尔曼滤波算法的跟踪性能,设置仿真场景如下:假设观测系统位于平面坐标系原点,采样间隔为 1s,目标的初始位置为服从高斯分布的随机变量，各坐标轴上的位置均值均为 10km，标准差均为 100m。初始速度服从高斯分布，各坐标轴上的速度均值均为 20m/s，标准差均为 10m/s。各坐标轴上的加速度为高斯白噪声，标准差均为 0.01m/s$^2$。观测系统的量测距离标准差和方位角标准差分别为 100m 和 2.5°。采用基于 CV 模型的量测转换卡尔曼滤波算法对目标位置进行估计，采样 300 次，蒙特卡洛仿真次数为 5000 次。

图 2 为滤波初始阶段采用不同量测转换方法的跟踪性能对比曲线。

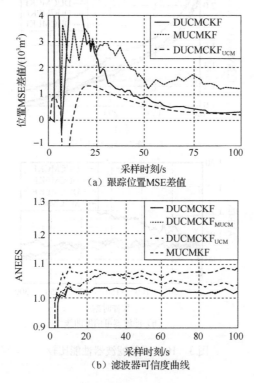

（a）跟踪位置 MSE 差值

（b）滤波器可信度曲线

图 2　初始阶段滤波器性能比较

图 2（a）为 DUCMCKF、MUCMKF、初始阶段采用 UCM 的 DUCMCKF（记 DUCMCKF$_{UCM}$）和初始阶段采用 MUCM 的 DUCMCKF（记为 DUCMCKF$_{MUCM}$）的跟踪精度对比图，图中曲线为前 3 种方法减去最后一种方法的位置估计 MSE 差值；图 2（b）为滤波器可信度 ANEES 曲线。均方正态估计误差（ANEES）用于测试滤波器的可信度[14]，该值越接近于 1，滤波器的可信度越高。

由仿真结果可知，DUCMCKF$_{MUCM}$ 在滤波初始阶段具有较高的跟踪精度和较好的滤波器可信度。初始阶段卡尔曼滤波预测的不确定度较量测量更大，所以只使用 DUCMCKF 在初始阶段的跟踪误差最大。UCMKF 的位置估计偏差较大[11]，故 DUCMCKF$_{UCM}$ 的 ANEES 值在初始阶段接近 1.1，滤波器可信度不如 DUCMCKF$_{MUCM}$，跟踪精度也不如后者。

图 3 为 100s 后本文所提出方法与 DUCMLKF[11]和 MUCMKF 的跟踪性能对比曲线。

由图 3 可以看出，DUCMCKF 与 DUCMPKF 具有基本相同的跟踪精度和滤波器可信度。DUCMLKF 在 $E(\bar{x}_p) = E(\bar{y}_p) = 0$ 的前提下，假设 $E(\bar{r}) = E(\bar{\theta}_p) = 0$，并使用一阶泰勒

展开对转换方差进行估计，而 DUCMPKF 则通过式（13）在相同前提下基于 UT 变换对 $E(\bar{r})$ 和 $E(\bar{\theta}_p)$ 的相关函数进行估计，因此对量测转换方差估计得更加准确，跟踪精度更高。基于卡尔曼滤波预测的转换量测方差估计较基于量测量的方差估计更加准确，MUCMKF 的跟踪精度最低。

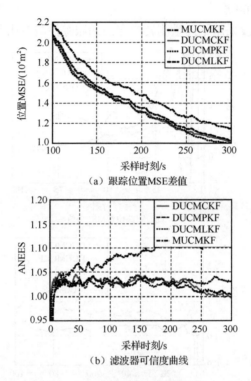

（a）跟踪位置MSE差值

（b）滤波器可信度曲线

图 3　100s 后的滤波器性能比较

### 3.3　仿真时间比较

使用本文涉及的几种量测转换方法分别对 $X$ 轴上一固定点进行 10000 次转换量测卡尔曼滤波位置估计，并求其平均单次计算时间。本仿真实验运行于 MATLAB v7.6，仿真计算机 CPU 为 Inter core i3 2.66GHz，内存为 4GB，各量测转换方法的平均单次运行时间如表 1 所示。

表 1　各方法单次运行时间比较

| 方法 | 时间/μs |
| --- | --- |
| UCMKF | 73.2 |
| MUCMKF | 72 |
| DUCMLKF | 77.4 |
| DUCMCKF | 83.2 |
| DUCMPKF | 98.1 |

由表 1 可以看出，DUCMCKF 和 DUCMPKF 由于使用 UT 变换而计算量增大。DUCMCKF 使用 UT 变换次数较少，比现有量测转换算法的计算量略有增加，但跟踪精度较其他方法有所提高。

## 4 结论

对于转换量测卡尔曼滤波算法，本文选择无偏量测变换方法对量测量进行变换，使用卡尔曼滤波预测值和 UT 变换对转换量测方差进行估计，并在初始阶段使用基于量测量的 MUCMKF 算法。仿真实验表明，DUCMCKF 在与现有方法计算量相当的前提下，可以提高量测转换卡尔曼滤波算法的跟踪精度，并且具有较高的滤波器可信度。

# 参 考 文 献（References）

[1] Simon J. Julier, Jeffrey K. Uhlmann. A consistent, debiased method for converting between polar and Cartesian coordinate systems[C]. The 11th Int Symposium on Aerospace/Defence Sensing, Simulation and Controls. Orlando: Stockum, 1997: 110-121.

[2] Blackman S. Multiple Target Tracking With Radar Applications[M]. Norwood: Artech House, 1986: 37.

[3] Don Lerro, Yaakov Bar-shalom. Tracking with debiased consistent converted measurements versus EKF[J]. IEEE Trans on Aerospace and Electronic Systems, 1993, 29(3): 1015-1022.

[4] Mo Longbin, Song Xiaoquan, Zhou Yiyu, et al. An alternative unbiased consistent converted measurements for target tracking[C]. Proc SPIE 3086, Acquisition, Tracking, and Pointing XI. Orlando: Stockum, 1997: 308-310.

[5] Mo Longbin, Song Xiaoquan, Zhou Yiyu, et al. Unbiased converted measurements for tracking[J]. IEEE Trans on Aerospace and Electronic Systems, 1998, 34(3): 1023-1027.

[6] 王宏强, 黎湘, 庄钊文, 等. 解耦的转换测量 Kalman 滤波算法[J]. 电子学报, 2003, 31(6): 867-870.
Wang H Q, Li X, Zhuang Z W, et al. Decoupled converted measurement Kalman filter[J]. Acta Electronica Sinica, 2003, 31(6): 867-870.

[7] Duan Zhangsheng, Han Chongzhao. Comments on "Unbiased converted measurements for tracking"[J]. IEEE Trans on Aerospace and Electronic Systems, 2004, 40(4): 1374-1377.

[8] X. Rong Li, Vesselin P. Jilkov. A survey of maneuvering target tracking —Part III: Measurement models[C]. Signal and Data Processing of Small Target 2001, San Diego: SPIE, 2001: 423-446.

[9] John N. Spitzmiller, Reza R. Adhami. Tracking with estimate-conditioned debiased 3-D converted measurements[C]. IEEE Aerospace Conf. Big Sky: IEEE, 2010: 1-16.

[10] Wei Mei, Yaakov Bar-shalom. Unbiased Kalman filter using converted measurements: Revisit[C]. Signal and Data Processing of Small Target 2009. Denver: SPIE, 2009(74450U): 1-9.

[11] Steven V. Bordonaro, Peter Willett, Yaakov Bar-Shalom. Tracking with converted position and Doppler measurements[C]. Signal and Data Processing of Small Target 2011. Denver: SPIE, 2011(81370D): 1-14.

[12] 王国宏, 毛士艺, 何友. 均方意义下的最优无偏转换测量 Kalman 滤波[J]. 系统仿真学报, 2002, 14(1): 119-121.

[13] Michael D. Miller, Oliver E. Drummond. Coordinate transformation bias in target tracking[C]. Signal and Data Processing of Small Target 1999. Denver: SPIE, 1999: 409-424.

[14] X. Rong Li, Zhao Zhanlue, Vesselin P. Jilkov. Estimator's credibility and its measures[C]. The 15th IFAC World Congress. Barcelona, 2002(2779): 1-7.

# 一种基于高斯过程回归的 AUV 自适应采样方法*

阎述学 [1,2]，李一平 [1]，封锡盛 [1]

（1. 中国科学院沈阳自动化研究所，机器人学国家重点实验室，辽宁，沈阳，110016；

2. 中国科学院大学，北京，100049）

**摘要：** 针对区域海洋特征环境快速观测的需求，提出了一种基于高斯过程回归的小型自主水下机器人（AUV）自适应采样方法。首先，通过比较高斯过程回归（GPR）中使用不同的回归推理方法的估计准确度和计算效率，确定 AUV 的合适采样间隔时间；在此基础上，根据 AUV 实时观测的数据进行 GPR 分析，预测未观测区域环境数据，并通过计算预测区域梯度极值和预测不确定度引导 AUV 进行在线路径规划；最后使用该方法，对具有不同特征分布的区域环境观测过程进行仿真。结果显示，本方法与常规方法相比，能够更高效地获得观测区域的低误差特征分布估计，更快地获得观测区域热点区特征，更好地适应观测区域特征分布不同的情况。

**关键词：** 高斯过程回归，自主水下机器人，自适应采样，在线路径规划，热点区域观测

**中图分类号：** TP249          **文献标识码：** A

## An AUV Adaptive Sampling Method Based on Gaussian Process Regression

Yan Shuxue[1,2], Li Yiping[1], Feng Xisheng[1]

(1. State Key Laboratory of Robotics, Shenyang Institute of Automation, Chinese Academy of Sciences, Shenyang, 110016, China; 2. University of Chinese Academy of Sciences, Beijing, 100049, China)

**Abstract:** Aiming at the problem of rapid observation of coastal marine environment, an adaptive sampling method based on Gaussian process regression (GPR) for small autonomous underwater vehicle (AUV) is proposed. Firstly, the estimation accuracies and the computational efficiencies are compared among different regression inference methods in Gaussian process regression (GPR), and the sampling interval time is determined. On this basis, GPR analysis is used to predict the environmental data of unobserved areas based on the real-time observation data from the AUV, and the AUV is guided to implement online path planning by calculating the

---

* 原发表于《机器人》，2019, 41(2): 232-241。

regional gradient extremes and the forecasting uncertainty. Finally, this method is used to simulate the regional environmental observation with different feature distributions. Results show that this method can obtain the estimation of low-error feature distribution of the observed area more efficiently than the conventional method, can obtain features of the hot spot area more quickly in the observed area, and is more adaptable to the observed area with different feature distributions.

**Keywords:** Gaussian process regression, AUV, adaptive sampling, online path planning, hot spot area observation

## 1 引言（Introduction）

常规的海洋环境观测通过使用海洋要素传感器在固定的位置进行原位测量,而自主水下机器人（autonomous underwater vehicle, AUV）则通过搭载传感器,实现对海洋要素的连续动态观测,被生物学家和海洋学家广泛地用于湖泊和海洋的环境观测与采样[1]。

针对有害藻华（harmful algal bloom, HAB）这一类近岸海洋现象（从爆发到消亡变化幅度大、持续时间短）,常规海洋观测手段难以满足要求,AUV[2]以采样速度快、数据更新频率高、定位精度好等特点,更适合用于 HAB 的快速观测[3]。

使用 AUV 进行 HAB 观测的主要目的是通过规划观测路径,快速获取指定区域内海洋要素（如叶绿素浓度）热点区（hot spot）的分布情况。为保证对观测区域的有效覆盖和充分观测,AUV 通常使用预定义的梳状观测路径（也叫割草机路径）,由于 AUV 的续航力有限,完成覆盖观测的梳状路径总长度较长,实际观测效率较低,需要 AUV 具有更加灵活的可根据环境信息变化的自适应采样路径。使用采样数据获取当前环境的预测模型,通过预测模型指导下一步采样,这是自适应采样的基本思想[4-7]。高斯过程回归（GPR）已经被证明在环境模型估计上是一种有效的工具[8-9]。Bai[10]使用 GPR 指导机器人探索未知静态环境,Ma[11]使用其指导多机器人系统在动态海洋环境中采样,二者分别应用在陆地环境和海面,无法用于 AUV 在水下进行在线自适应采样。

本文以近岸 HAB 快速观测需求为背景,以小型 AUV 为应用对象,通过提出的自适应采样路径规划方法,指导 AUV 完成区域热点搜索和全局观测。

## 2 高斯过程回归（Gaussian process regression）

### 2.1 问题描述

待观测的目标热点区域是一个 $D$ 维空间 $\mathbb{R}^D$（$D$ 为 2、3 或者 4）,观测目的是通过有限位置的测量获取空间 $\mathbb{R}^D$ 的有效估计。假设 AUV 在空间 $\mathbb{R}^D$ 中进行 $n$ 次采样,采样的位置集合为 $X$, $X=\{x_0, x_1, \cdots, x_n\}$,其中 $x_i \in \mathbb{R}^D$, $i=0,1,\cdots,n$, $x_0$ 为起始点坐标。在对应的采样点位置获取传感器的观测数据 $y$, $y=\{y_0, y_1, \cdots, y_n\}^{\mathrm{T}}$,其中 $y_i \in \mathbb{R}$, $i=0,1,\cdots,n$。采样区域的特征观测值可以用有噪声的高斯过程 $y_i = f(x_i) + \varepsilon$ 描述,其中 $\varepsilon \sim N(0, \sigma_n^2)$ 是均值为 0、方差为 $\sigma_n^2$ 的高斯噪声,通过已有的 $n$ 组输入输出数据 $D = \{(x_1, y_1), \cdots, (x_n, y_n)\}$ 来

推断过程 $f(\cdot)$ 。本文使用高斯过程回归方法估计过程 $f(\cdot)$ 。

## 2.2 高斯过程回归算法描述

一个高斯过程（Gaussian process, GP）可以仅使用均值函数和协方差函数来表示，均值函数定义为

$$m(x) \triangleq \mathrm{E}\{f(x)\} \tag{1}$$

半正定协方差函数定义为

$$k(x,x') \triangleq \sum \mathrm{cov}\{f(x),f(x')\} \tag{2}$$

协方差矩阵也被称为核（kernel）函数。典型 GP 的均值函数 $m(x)=0$ 并且核函数为指数平方（squared exponential, SE）形式

$$k(x,x') = \sigma_f^2 \cdot \exp\left(-\frac{1}{2}(x-x')^{\mathrm{T}} \Lambda^{-1}(x-x')\right) \tag{3}$$

其中，$\Lambda = \mathrm{diag}(l_1,l_2,\cdots,l_d)$ 是对角矩阵，$l_i$ 是每个输入维度的特征向量长度；$\sigma_f^2$ 是 $g$ 的方差。这样，$l_i$、$\sigma_f$ 和 $\sigma_n$ 称作该高斯过程的超参数，使用向量 $\boldsymbol{\eta} \in \mathbb{R}^D$ 表示，$\boldsymbol{\eta}=\left[\sigma_f,l_1,\cdots,l^D,\sigma_n\right]^{\mathrm{T}}$ 。对任意测试输入 $X_*$ ，高斯过程回归的预测分布可以表示为

$$f_* \mid X,Y,X_* \sim N\left(\overline{f}_*, \mathrm{cov}(f_*)\right) \tag{4}$$

$$\overline{f}_* \triangleq K(X_*,X) K_{X,X}^{-1} \boldsymbol{y} \tag{5}$$

$$\sum \mathrm{cov}(f_*) = K(X_*,X_*) - K(X_*,X) K_{X,X}^{-1} K(X,X_*) \tag{6}$$

其中，$K_{X,X}^{-1} = K(X,X)^{-1}$ ，若考虑 $\sigma_n$ ，则有 $K_{X,X}^{-1} = \left(K(X,X)+\sigma_n^2 \boldsymbol{I}\right)^{-1}$ ，$\boldsymbol{I}$ 为单位阵。可见解算式（6）需要先计算一系列的核函数和逆，在矩阵较大的时候会严重影响计算速度。

典型的高斯过程回归算法返回值是无噪声输入数据的预测均值与方差。在此基础上增加噪声的方差 $\sigma_n^2$ 可以获得有噪声输入数据的预测均值和方差。

高斯过程回归的基本伪代码如下：

---

**Pseudocode 1：GPR 算法**

---

输入包括：$X$（样本输入），$\boldsymbol{y}$（样本输出），$k$（协方差函数），$\boldsymbol{x}_*$（预测目标输入）

1. $\boldsymbol{\eta} := \mathrm{cholesky}\left(K+\sigma_n^2 I\right)$

2. $\alpha := L^{\mathrm{T}} \backslash (L \backslash \boldsymbol{y})$

$\overline{f}_* := \boldsymbol{k}_*^{\mathrm{T}} \alpha$

$\boldsymbol{v} := L \backslash \boldsymbol{k}_*$

$V[f_*] := k(\boldsymbol{x}_*,\boldsymbol{x}_*) - \boldsymbol{v}^{\mathrm{T}} \boldsymbol{v}$

$\log p(\boldsymbol{y}|X) := -\frac{1}{2}\boldsymbol{y}^{\mathrm{T}}\alpha - \sum_i \log \eta_{ii} - \frac{n}{2}\log 2\pi$

输出返回：$\overline{f}_*$（预测均值）、$V[f_*]$（方差）、$\log p(\boldsymbol{y}|X)$（边缘相似性对数）

---

cholesky 表示楚列斯基分解。

### 2.3　GPR 近似推理方法计算效果比较

本文使用的高斯过程，均值函数为线性函数，协方差函数为 SE，使用高斯似然函数。在使用以上相同的均值函数、协方差函数和似然函数的基础上，可以采用不同的推理方法求取近似后验概率、似然函数的边际负对数和超参数。针对实际观测要求，首先通过仿真计算比较 exact inference（简称 Exact）、Laplace's approximation（简称 Laplace）和 leave-one-out（简称 LOO）三种常用推理方法的回归效果，并确定本文 AUV 自适应采样的样本输入数目和采样间隔时间。

本部分主要使用 GPML（Gaussian processes for machine learning）toolbox[12]进行验证计算。参考文献[13]中的仿真环境设计，生成一个有三个热点区的待采样区域（图 1），区域大小为 800m×400m，AUV 航行速度为 1.5m/s。设置梳状路径的总长度为 4350m，路径起始点为（−350m,−150m），梳齿长度 300m，梳齿宽度设为 50m，形成的采样路径如图 2 所示。

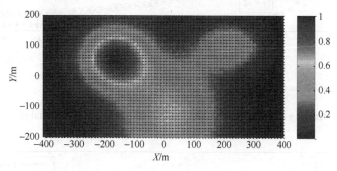

图 1　仿真生成的采样区域

Fig.1　The simulated sampling region

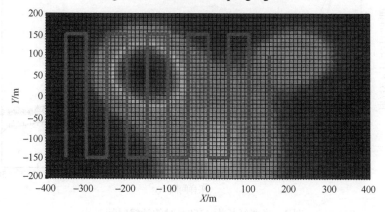

图 2　在采样区域内生成的梳状路径

Fig.2　The generated lawnmower path in the sampling region

分别使用 Laplace、Exact 和 LOO 三种方法在相同采样距离、相同采样间隔下比较回归效果，仿真时每种情况下计算 100 次，取其平均数，计算结果如图 3～图 6 所示。

如图 3 所示，回归计算的输入样本数目影响计算时间，在当前计算环境，计算样本数在 290 以内时，计算时间可被控制在较小的范围内（小于 5s）。

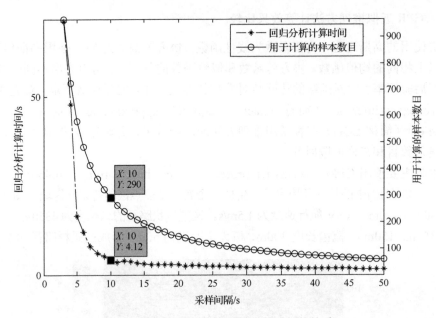

图3　训练样本数和回归分析计算时间的关系

Fig.3　The relationship between the number of
training samples and the computing time of the regression analysis

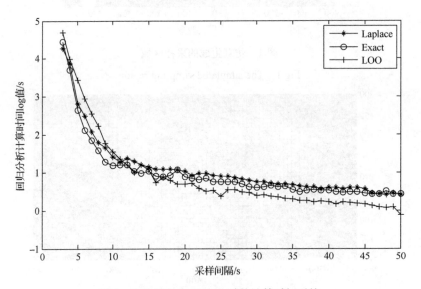

图4　当路径长为4350m时的计算时间对比

Fig.4　The contrast of the calculating times when the path length is 4350m

采样间隔的大小会影响回归模型的估计精度：间隔过小，则预测范围偏小；间隔过大，则会有特征遗漏，造成回归误差增大（见图5与图6）。综合来看，采样间隔在10s左右可得到较小数值和较低波动的计算误差。

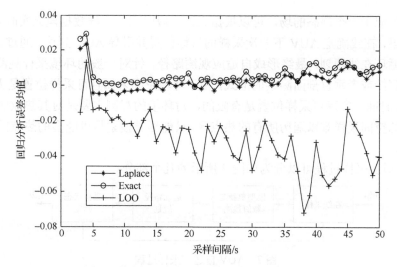

图 5 当路径长为 4350m 时的回归误差均值对比

Fig.5 The contrast of the mean regression errors when the path length is 4350m

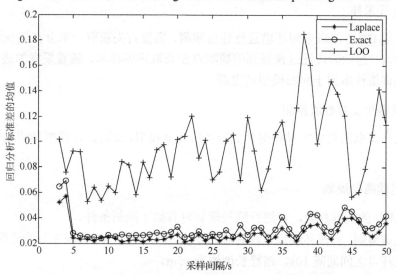

图 6 当路径长为 4350m 时的回归误差标准差均值对比

Fig.6 The contrast of the mean regression error standard deviations when the path length is 4350m

使用梳状路径，用 GP 进行模型回归预测时，三种推理方法的计算速度差别较小（见图 4），使用 LOO 的计算时间相对最短，但从图 5 与图 6 可见，其回归效果最差，误差均值和波动均明显大于另外两种方法。Exact 与 Laplace 方法结果接近，Exact 计算速度稍快，但 Laplace 效果较好。

综合考虑采样间隔时间、训练样本个数对计算时间和回归误差的影响，以下仿真试验中使用的高斯过程均值函数与协方差函数不变，采用的回归样本数控制在 250 以内，设置回归样本的更新间隔为 10s，当前计算环境下的回归计算时间可以保证在 5s 以内。

## 3 小型 AUV 的自适应采样方法（Adaptive sampling method based on portable AUV）

使用小型 AUV 对第 2 节的环境场进行采样仿真，由于 AUV 的快速性，观测的区域在短时间内近似于一个静态的场，可以根据之前一段时间的采样数据建立实时环境模型。根据预测结果，在线确定 AUV 下一次采样的目标位置并引导 AUV 到达。通过 AUV 自适应采样点的循环在线规划，最终形成自适应观测路径。针对一般的环境采样观测任务，采用分层水平测绘或者垂直剖面测绘的形式，由于环境空间未知且可采样位置是无限的，而 AUV 的航行时间、实际可采样位置是有限的，对环境的观测主要是对其热点区的采样。对于多极值的空间采样难以遍历所有的热点区，只能尽量搜索尽可能多的热点区并对其完成观测采样。

AUV 自适应采样过程可以分为如图 7 所示的几个部分。

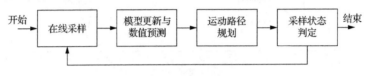

图 7　AUV 自适应采样过程

Fig.7　Adaptive sampling process of the AUV

### 3.1　在线采样

本文使用 GP 方法对未知环境进行建模预测，需要首先获取一部分在线观测样本数据用于模型学习。起始阶段通过预规划的梳状路径获取训练样本，随着采样的进行，新的采样点也作为训练样本用于回归模型的更新。

### 3.2　模型更新与数值预测

根据采样获取的数据实时获得并更新当前环境模型，根据估计模型预测未采样点的观测数据。

### 3.3　运动路径规划

根据 AUV 的实际性能，在进行路径规划时有如下限制条件。

（1）航速限制：海洋环境流速没有剧烈变化，可以保证 AUV 以 3 节的速度定速航行，此时两个采样点之间间隔 10s，路径长度约为 15m。

（2）航向角变化限制：在定深水平面航行时，根据 AUV 的实际航行特性[14]，设定 AUV 在两个采样点之间的航向角偏差不大于 90°。

将 AUV 自适应路径设计从任务上分为两个部分：热点区域搜寻和热点区域脱离。方法基本流程如图 8 所示。

采样时间间隔已知，在 AUV 的速度约束和运动能力约束的前提下，AUV 在下一采样点之前的运动范围可以限定在以 $x_i$ 为原点坐标、$R_{samplegap}$ 为半径（$R_{samplegap}=T_s \cdot v_{vehicle}$）的实线半圆区域，如图 9 所示。考虑到海洋特征尺度相对 AUV 采样间隔较大，因此将 AUV 实际航行的位置限定在最大采样距离上，也就是半圆弧之上，总计 $n$ 个可能的采样点集合 $P_{sample}=\{x_{i+1}^1, x_{i+1}^2, \cdots, x_{i+1}^n\}$。我们的目标是寻找下一处最佳的采样位置 $x_{i+1}^k$，使得观测值 $y_{i+1}$ 在 $x_i$ 到 $x_{i+1}^k$ 方向上的梯度增大，保证 $y_{i+1}=y_i+\nabla y_i \cdot \Delta x$ 向着观测值变大的方向运动。

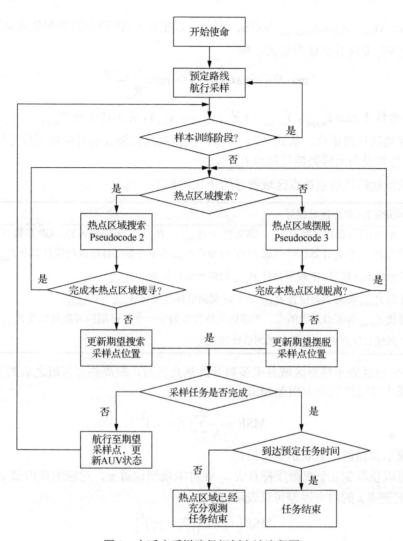

图 8　自适应采样路径规划方法流程图

Fig.8　Flowchart of the adaptive sampling based path planning method

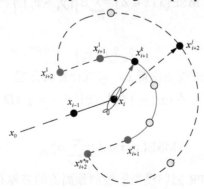

图 9　AUV 热点区搜索路径点

Fig.9　Hot spot searching path points of the AUV

由于 $\Delta x = \|x_{i+1} - x_i\| = R_{samplegap}$ 为定值，因此可以根据 GPR 获得的观测值的估计 $\hat{y}_{i+1}$ 计算梯度估计值 $\nabla \hat{y}_i$ 并使其保证为最大，即

$$\max \nabla \hat{y}_i = \max \frac{\hat{y}_{i+1} - y_i}{\Delta x} = \max \frac{\hat{y}_{i+1} - y_i}{R_{samplegap}} \tag{7}$$

式（7）等价于 $\max \hat{Y}_{sample}$，$\hat{Y}_{sample} = \{\hat{y}_{i+1}^1, \hat{y}_{i+1}^2, \cdots, \hat{y}_{i+1}^n\}$，表示的是在 $P_{sample} = \{x_{i+1}^1, x_{i+1}^2, \cdots, x_{i+1}^n\}$ 位置处的观测估计值集合。从式（7）可得，预测观测值最大值对应的采样点即是目标采样点，$x_{i+1}^k$ 将其设为采样兴趣目标点 $P_{target}$。

自适应运动路径规划热点区域搜寻的伪代码如下：

---
**Pseudocode 2：热点区域搜寻**

---
输入：AUV 当前位置坐标 $P_{vehicle}$，GPR 样本 $P_{InputX}$、$P_{InputY}$，采样间隔 $T_s$，GP 参数 $\eta$

（1）根据 $P_{vehicle}$ 和 $T_s$ 计算已经考虑 AUV 运动学约束的下一参考目标点的位置集合 $P_{sample}$

（2）根据参数 $\eta$ 通过 GP 模型估计 $P_{sample}$ 的观测估计值集合 $\hat{Y}_{sample}$

（3）计算 $P_{sample}$ 相对当前位置 $P_{vehicle}$ 的估计观测值梯度变化 $\delta_{sample} = \nabla \hat{Y}_{sample}$

（4）寻找 $\delta_{sample}$ 为正且最大的点，考虑以此位置作为下一个 $T_s$ 时刻的兴趣目标点 $P_{target}$

输出：兴趣目标点 $P_{target}$ 坐标和观测估计值 $\overline{Y}_{target}$

---

当 AUV 已经处于热点区域并准备离开此热点区时，脱离热点区域之后的主要观测任务是尽量减小观测值的均方误差 $MSE(x \mid x \in Z)$，

$$MSE = \frac{1}{N} \sum_{i=1}^{N} (f_i - y_i)^2 \tag{8}$$

其中，$f_i$ 表示预测值；$y_i$ 表示真实值。

假设可以获取到 $n$ 个观测采样点 $X$，针对未观测位置 $x$，对应的观测值 $y_x$ 的估计值为 $\hat{y}_x$，则观测点 $x$ 的均方误差可以表示为

$$MSE(x) = E\left\{(\hat{y}_x - y_x)^2\right\} \tag{9}$$

对 $Z$ 区域内所有可能的采样点的均方误差可以进行求和运算

$$MSE(x \mid x \in Z) = \sum_{x \in Z} E\left\{(\hat{y}_x - y_x)^2\right\} \tag{10}$$

使用最优无偏估计

$$\hat{y}_x \triangleq E(y_x) \tag{11}$$

根据式（9），对每一个未观测位置 $x$，可以计算其方差：

$$\sigma_{y_x \mid D_n}^2 \triangleq var(y_x \mid D_n) = E\left((\hat{y}_x - y_x)^2 \mid D_n\right) \tag{12}$$

代入式（4），可得

$$MSE(x \mid x \in Z) = \sum_{x \in Z} \sigma_{y_x \mid D_n}^2 \tag{13}$$

观测任务等价于降低 GPR 回归模型的观测预测值的方差和，

$$\min MSE(x \mid x \in Z) = \min \sum_{x \in Z} \sigma_{y_x \mid D_n}^2 \Leftrightarrow \min \sum_{x \in Z} \sigma_{f \mid (y_x, D_n)}^2$$

热点区脱离的优化方向为降低回归模型估计方差的方向。据此设计基于回归平均方差引力线的 AUV 运动航向方法。

如图 10 所示，AUV 在完成热点区搜索之后位置坐标为 $P_{\text{vehicle}}$，对应采样点标记为 $x_i$，采样区域边界可以用一系列的点集 $T_{\text{boundary}} = \left\{ T^{(1)}, T^{(2)}, \cdots, T^{(B_n)} \right\}$ 包围的区域进行描述（以图 10 为例，$B_n = 6$），针对区域中的任意一个边界点 $T^{(k)}$，AUV 在进行完一次采样之后均对其有一个回归预测，认为其近似满足预测均值为 $\mu\left(T^{(k)}\right)$、方差为 $\sigma^2\left(T^{(k)}\right)$ 的高斯分布，对于预测的不确定度，可以通过方差的大小进行定性衡量。由于当前使用的回归方法具有各向同性，所以距离 AUV 已采样点集越远的点会有越大的估计方差，可以假设这些边界点对在区域中航行的 AUV 产生一个方向为 $\overrightarrow{x_i T^{(k)}}$、大小为 $\sigma^2\left(T^{(k)}\right)$ 的方差引力，代表着此位置估计的偏差波动较大。以边界点 $T^{(k)}$ 为例，定义并计算此方向上的均值方差引力如下：

$$m(x_i T^{(k)}) = \frac{\sum_{j=1}^{n_k} \sigma^2\left(T_{ij}^{(k)}\right)}{n_k} \qquad (14)$$

$$n_k = \left\lfloor \frac{\left\| x_i - T^{(k)} \right\|}{T_s \cdot v_{\text{vehicle}}} \right\rfloor \qquad (15)$$

$$T_{ij}^{(k)} = x_i + T_s \cdot v_{\text{vehicle}} \cdot e\left(\overrightarrow{x_i T^{(k)}}\right) \qquad (16)$$

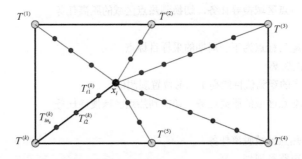

图 10    回归平均方差引力线示意

Fig.10    The attraction line of regression mean variance

最终的 AUV 航行方向定义为均值方差引力最大的方向，AUV 在此方向上航行，可以有效地降低估计值与实际值的均方误差，

$$\min \sum_{x \in Z} \sigma^2_{f|(y_x, D_n)} \Leftrightarrow \max m(x_i T^{(i)}), \quad i = 1, 2, \cdots, B_n$$

脱离热点区任务下 AUV 的下一个兴趣采样点坐标可以表示为

$$P_{\text{target}} = x_i + T_s \cdot v_{\text{vehicle}} \cdot e\left(\overrightarrow{\max m(x_i T^{(i)})}\right) \qquad (17)$$

热点区脱离伪代码如下：

---

**Pseudocode 3：热点区域脱离**

---

输入：AUV 当前位置坐标 $P_{\text{vehicle}}$，GPR 样本 $P_{\text{InputX}}$、$P_{\text{InputY}}$，采样间隔 $T_s$，GP 参数 $\eta$，区域边界点集 $T_{\text{boundary}}$

（1）计算当前点 $P_{\text{vehicle}}$ 到边界点集合 $T_{\text{boundary}}$ 内所有边界点的引力线上可能的采样点 $T_{ij}^{(k)}$

（2）根据参数 $\eta$ 估计 $T_{ij}^{(k)}$ 的预测观测值的协方差 $\sigma^2\left(T_{ij}^{(k)}\right)$

---

（3）计算方差引力线上的采样点个数 $n_k$ 并计算所有引力线的预测方差引力平均值 $m(x_t T^{(k)})$

（4）通过选择最大的引力平均值，得到最大方差引力方向 $\overline{\max m(x_t T^{(i)})}$

（5）根据 $P_{\text{vehicle}}$ 和 $\overline{\max m(x_t T^{(i)})}$ 计算该方向上的下一个 $T_s$ 时刻兴趣采样点坐标 $P_{\text{target}}$

输出：兴趣目标点 $P_{\text{target}}$ 坐标

### 3.4 采样状态判定

AUV 观测过程中，每进行一次运动路径规划之后，均需要进行本周期的采样状态判定，判定结果包括按兴趣点坐标继续采样或完成采样任务。

---

**Pseudocode 4：采样状态判定**

---

输入：已采样位置信息 $D_{\text{save}}$，运动路径规划兴趣目标点 $P_{\text{target}}$，AUV 当前位置坐标 $P_{\text{vehicle}}$

（1）判断当前规划任务分类

    if 训练样本收集阶段

        维持预定轨迹，继续航行采样

    else if 热点区域搜寻

        if 下一次采样目标点预测采样值持续小于当前位置值

            完成本次热点区域搜寻任务，切换到热点区域的脱离任务

        else

            更新兴趣目标点为下一周期的采样目标点

    else 热点区域的脱离

        if 下一采样点的观测值持续高于当前位置观测值

            完成本次热点区域的脱离任务，切换到热点区域搜寻任务

        else

            继续进行热点区域脱离任务

（2）判断是否结束路径规划

if 出现三次对同一热点的重复观测

    结束路径规划，此次观测任务完成

else if 观测路径与时间达到设定最大值

        结束路径规划，此次观测任务完成

else

    运动控制 AUV 到达下一目标点

    更新已采样位置信息

输出： 采样状态

---

根据 Pseudocode 2～4 循环，即可完成 AUV 自适应路径采样。

## 4 仿真验证（Simulation verification）

本节分别以目标观测区域为单热点区和多热点区为例，使用第 3 节的自适应采样方法进行仿真验证。

### 4.1 单热点区采样仿真

设置采样区域之中只有(−168, −55)一个热点区，采样起始位置为(−350, −150)。总计航

行距离为 1500m，采样点数目为 100 个，采样时间间隔 10s。使用自适应采样路径和常规预编程采样路径下的采样结果如图 11 所示。

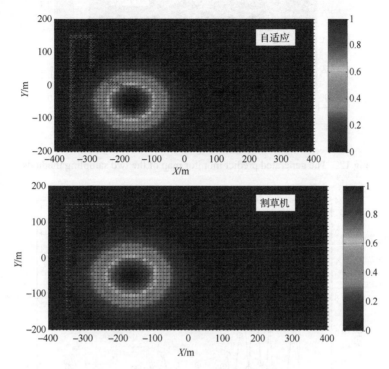

图 11　自适应路径与常规路径采样轨迹

Fig.11　The sampling trajectory of adaptive path and lawnmower path

从图 11 可见，两种路径都对唯一的热点区域进行了采样观测，图 12 显示的采样后环境场预测效果也基本一致，不同的是自适应路径在采样完成之后又脱离了此热点区，对更大范围空间进行了搜索。从图 13 可见，自适应采样的平均绝对误差下降更快，可以更快地完成对目标区域的观测。当前热点区恰好在常规路径上，因此常规路径对热点区的观测效果较好，最终也达到了比自适应路径更小的估计误差。当单热点区域不在常规路径的覆盖范围内时，自适应路径仍旧能够保持很好的适应性。改变单热点区位置，自适应路径（图 14）在区域内仍旧可以搜索到热点区并对其进行详细观测，得到较好的观测区域估计，而常规路径则无法对区域进行有效的估计（图 15）。

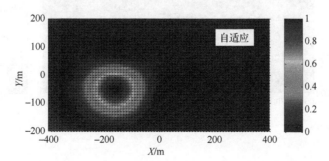

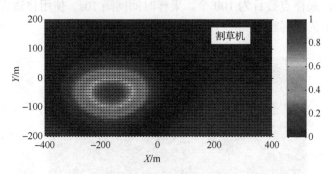

图 12　两种采样路径完成后的预测场图

Fig.12　The generated predict monitor map of the two sampling methods

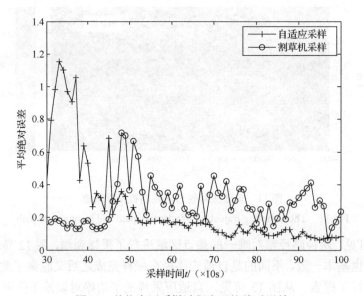

图 13　单热点区采样过程中平均绝对误差

Fig.13　The MAE during sampling of one hotspot region

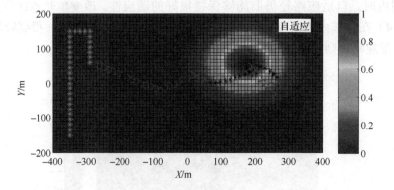

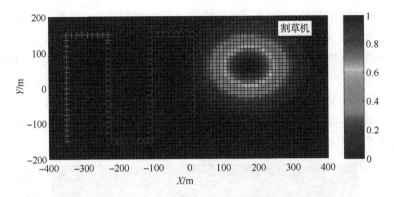

图 14　另一情况下自适应路径与常规路径采样轨迹

Fig.14　The sampling trajectory of adaptive path and conventional lawnmower path in another situation

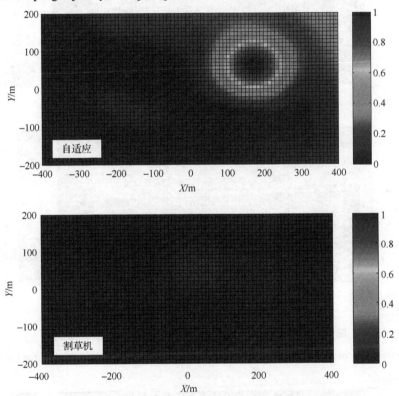

图 15　另一情况下两种采样路径完成后的预测场图

Fig.15　The generated predict monitor map of the two sampling method in another situation

　　如上所述，在单热点区的采样仿真中，自适应采样方法在热点区位置不同情况下，具有更强的适应性。

## 4.2　多热点区采样仿真

　　在区域内设计 3 个热点区域，坐标分别为(-168,55)、(20,-130)、(220,95)。设置 AUV 的航行采样点总计 100 个，分别使用常规采样方法和自适应采样方法对区域特征进行观测，其中当使用自适应采样方法时，用于学习建模的采样点为 30 个，之后自适应采样的采样点数目为 70 个，相应的仿真结果如图 16～图 20 所示。图 16 显示自适应路径采样方法能够对 3 个热点区均进行有效观测，采样任务完成后，自适应采样的观测估计效果明显优于常规采样（图 17 与图 18）。与单热点区域观测相似，如图 19 所示，自适应采样可以更快速地对区域特征分布进行预测，在大约 600s 之后即获得了较低的区域平均绝对误差，而常规采样则通过提高采样时间和采样点数目来提高预测精度。在同一区域，将采样点个数提高到 150 个，用更长时间来进行观测，仿真此时两种方法的性能。仿真结果如图 20

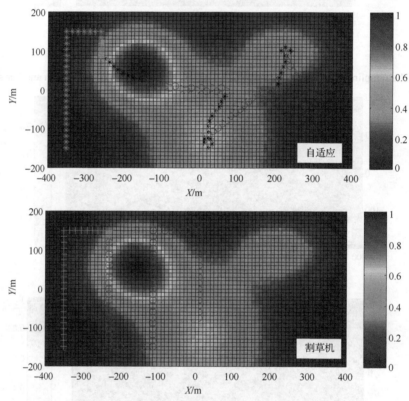

图 16　有三个热点区时自适应路径与常规路径的采样轨迹

Fig.16　The trajectory of adaptive sampling path and conventional lawnmower path in three hot spots regions

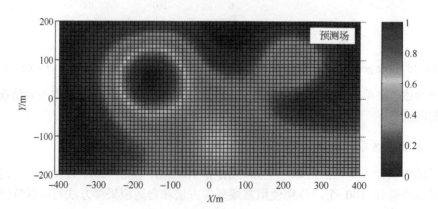

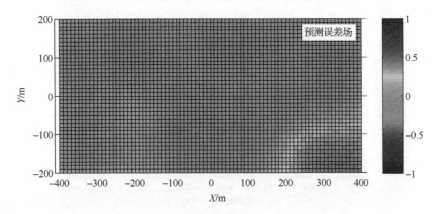

图 17　自适应采样后的预测场图与误差场图

Fig.17　The generated predict monitor map and the error map after adaptive sampling

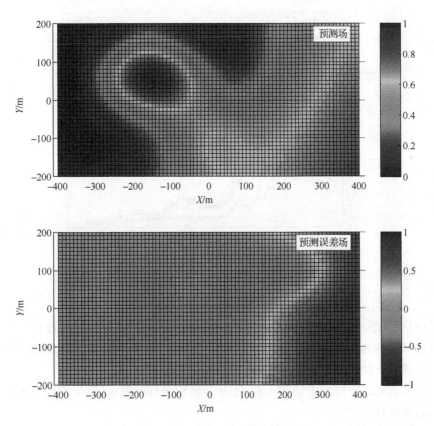

图 18　常规路径采样后的预测场图与误差场图

Fig.18　The generated predict monitor map and the error map after conventional lawnmower sampling

所示,自适应采样仍旧比常规采样更快速地获取到采样区间的大致信息,随着采样时间增长,两种方法的最终采样精度均优于当采样点为 100 个时的结果,而且随着采样点的增多,常规采样的估计误差趋近于 0,观测精度提升,且最终要略高于自适应采样。

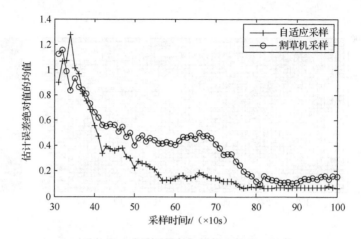

图 19　多热点区采样过程中平均绝对误差的均值

Fig.19　The MAE during the sampling of multi-hotspot region

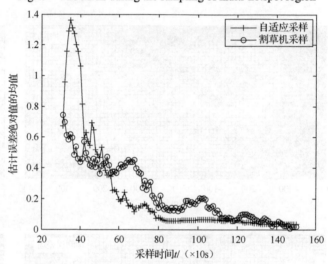

图 20　更长路径时采样过程中平均绝对误差

Fig.20　The MAE during the sampling of a longer path

为了使仿真试验更具有一般性，针对 3 个热点区的仿真进行如下的设计。

随机选择 5 种热点位置布置情况不同的采样区域，在每个情况下计算 20 个循环：

（1）计算每一种情况下 AUV 完成一轮自适应采样的时间；

（2）计算常规采样情况下达到当前 AUV 自适应采样的效果（以平均绝对误差为标准）时，消耗的采样时间；

（3）比较相同采样时间下，自适应采样和常规采样的区域整体估计的平均绝对误差与均方误差的大小；

（4）比较相同采样效果情况下，不同采样方式的采样时间。

自适应采样方法和两种常规采样方法的比较结果如图 21 所示。

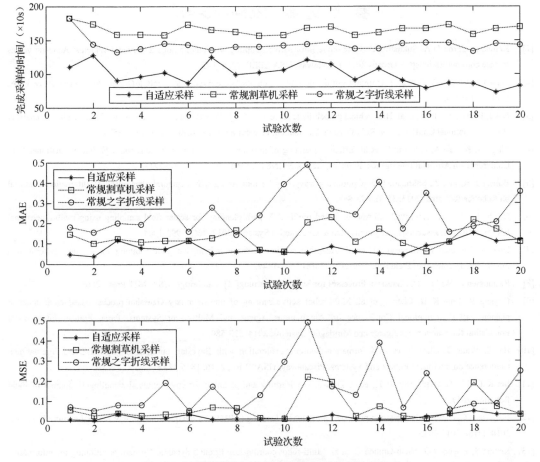

图 21　自适应采样方法和两种常规采样方法的比较

Fig.21　Comparison of adaptive sampling method and two conventional sampling methods

由图 21 可见，为达到相同的采样效果，自适应采样需要的采样时间最少，相同采样次数下，自适应采样的 MAE 和 MSE 均远远小于常规的两种采样方法。仿真结果显示本方法可以更快速高效地对区域热点进行观测并获取区域的观测估计。算法在有效的采样时间内，可以快速地定位并获取采样空间的热点区，同时降低对采样区域的环境估计误差。

## 5　结论（Conclusion）

本文提出的区域自适应采样方法，通过 AUV 自身环境观测信息的更新，对实时特征分布模型进行预测并估计下一采样点的观测值，综合考虑热点搜寻和广域观测，在线进行采样路径点规划并完成对未知区域的快速观测。使用该方法，对不同类型的区域环境观测过程进行仿真，结果显示本方法与常规方法相比，在观测速度、环境特征适应性、区域特征观测误差等方面均有更好的表现。

本文以上研究假设采样区域的热点区特征分布是呈现高斯分布或者近似高斯分布。下一步计划是在现有研究的基础上，进行多 AUV 协同自适应采样和空间采样方法的研究。

# 参 考 文 献（References）

[1]  Kemna S, Caron D A, Sukhatme G S. Adaptive informative sampling with autonomous underwater vehicles: Acoustic versus surface communications[C]//Oceans 2016. Piscataway, USA: IEEE, 2016: 1-8.

[2]  Zeng J B, Li S, Li Y P, et al. Performance of the portable autonomous observation system[C]//Oceans 2014. Piscataway, USA: IEEE, 2014: 1-4.

[3]  Das J, Harvey J,  Py F, et al. Hierarchical probabilistic regression for AUV-based adaptive sampling of marine phenomena[C]// IEEE International Conference on Robotics and Automation. Piscataway, USA: IEEE, 2013: 5571-5578.

[4]  Singh A, Krause A, Guestrin C, et al. Efficient planning of informative paths for multiple robots[C]//20th International Joint Conference on Artificial Intelligence. Freiburg, Germany: INST Informatik, 2007: 2204-2211.

[5]  Binney J, Krause A, Sukhatme G S. Optimizing waypoints for monitoring spatiotemporal phenomena[J]. International Journal on Robotics Research, 2013, 32(8): 873-888.

[6]  Cui R, Li Y, Yan W. Mutual information-based multi-AUV path planning for scalar field sampling using multidimensional RRT*[J]. IEEE Transactions on Systems Man & Cybernetics Systems, 2017, 46(7): 993-1004.

[7]  Hitz G, Galceran E, Garneau M, et al. Adaptive continuous-space informative path planning for online environmental monitoring[J]. Journal of Field Robotics, 2017, 34(8):1427-1449.

[8]  Rasmussen C, Williams C. Gaussian Processes for Machine Learning[M]. Cambridge, USA: MIT Press, 2006.

[9]  Ouyang R, Low K H, Chen J, et al. Multi-robot active sensing of non-stationary Gaussian process-based environmental phenomena[C]//International Conference on Autonomous Agents and Multi-agent Systems. Paris, France: International Foundation for Autonomous Agents and Multiagent Systems, 2014: 573-580.

[10]  Bai S, Wang J, Chen F, et al. Information-theoretic exploration with Bayesian optimization[C]//IEEE/RSJ International Conference on Intelligent Robots and Systems. Piscataway, USA: IEEE, 2016: 1816-1822.

[11]  Ma K C, Liu L, Heidarsson H K, et al. Data-driven learning and planning for environmental sampling[J]. Journal of Field Robotics, 2017.

[12]  Rasmussen C, Nickisch H. Gaussian processes for machine learning (GPML) toolbox[J]. Journal of Machine Learning Research, 2010, 11(6): 3011-3015.

[13]  Kemna S, Rogers J G, Nieto-Granda C, et al. Multi-robot coordination through dynamic Voronoi partitioning for informative adaptive sampling in communication-constrained environments[C]//IEEE International Conference on Robotics and Automation. Piscataway, USA: IEEE, 2017: 2124-2130.

[14]  曾俊宝, 李硕, 李一平, 等. 便携式自主水下机器人控制系统研究与应用[J]. 机器人, 2016, 38(1): 91-97.
Zeng J B, Li S, Li Y P, et al. Research and application of the control system for a portable autonomous underwater vehicle[J]. Robot, 2016, 38(1): 91-97.

# Research and Development of Underwater Robot in China*

Jiang Xinsong, Feng Xisheng

(Shenyang Institute of Automation, Academia Sinica)

**Abstract:** First, a short review of history of the research and development work on underwater robot in China was presented. Then the National Project—autonomous underwater vehicle (AUV) test bed "HR-02" which was accepted by the first IEEE video—proceeding was introduced. Its system architecture, some control problems, and its experimental result were discussed.

Finally, the preliminary design of national project-AUV "Explorer-01" was introduced.

## 1 The History of the Research and Development Work on Underwater Robot (Remotely Operated Vehicle, ROV) in China

In the early 70th years, the first unmanned tethered underwater towed vehicle was developed by Chinese Navy for covering the mine lost in the performance testing. In the end of 70th years, two things happened. First, a plentiful oil resource was discovered in South China Sea. At that time, the business of sea-oil exploitation was booming owing to high price of oil and oil products. So, the Chinese government made a decision to explore South China Sea oil resource. Second, according to the Chinese R&D plan of nature and technical science designed in 1977 by Academia Sinica, Shenyang Institute of Automation was assumed the main responsibility to develop robotics and robot in Academia Sinica. Which kind of robot has to be selected as initial step to suit the circumstances of Chinese industrial and economic situation. This was a very perplexing problem. In 1979 Academia Sinica sent a delegation to visit Japan for studying and investigating the state and art of the robot and its applications in Japan. After coming back, the delegation made a proposal to develop undersea robot for sea-oil exploitation and some rescuing work based on deep consideration. The proposal was approved by the authority of Chinese Academy of Sciences. From 1982-1985, SIA, cooperating with Shanghai Jiaotong University, had carried on developing the first ROV prototype called HR-01. The meaning is "Sea-Man-01". "HR-01" had passed through a successful oceanic functional demonstration in Lüshunkou District in Dalian in December, 1985. The full performance test on

* 原发表于 *International Workshop on Advanced Robot*, 1991。

"HR-01" was carried on in the South China Sea, near the Hainan Island, in December 1986. "HR-01" had dived to a depth of 200m to execute on underwater inspection and a series of functional experiments. All the functions of "HR-01" are completely in conformity with the original design specifications. Its result was awarded the second prize of Science and Technical Progress issued by Academia Sinica. The specifications of "HR-01" are as follows.

Max working Depth: 200m

Working Radius: 100m

Working Sea Condition: 3 degree

Weight in Air: 2100kg

Weight in Water: -17kg

Forward Speed: 2 knots

Lateral Speed: 0.8 knots

Depth of Automatic Control Accuracy:1m

Heading Accuracy: ± 2°

Manipulator: 6 Functions

Some shortcoming in designing and in manufacturing had been exposed in the procedure of oceanic tests, such as the sealing problems of connectors, and the protecting design against corrosion, etc. To shorten the period from prototype to commercial product, and to meet the requirements of Sea-oil exploitation, SIA had gotten the manufacturing license of medium-size ROV, "RECON-IV", from Perry Offshore Engineering Co., located in the West Palm Beach, USA. From 1986-1990, SIA had improved and manufactured three sets RECON-IV-300-SIA. Two sets already had been sold abroad, one set was tested in South China Sea. Now, another two sets are being built.

The Specifications of RECON-IV-300-SIA are as follows.

Operating Depth: 300m

Thrusters: 2 Thrusters with 64 lbs. Thrust Force each (lateral and vertical)

2 Thrusters with 132 lbs. Thrust Force (forward)

Speed: 3 knots Forward, 1.3 knots Lateral

Payload: 164kg

Weight (in Air): 426kg

At the same lime, SIA also started development and manufacture of minimum ROV, named "Golden Fish".

The Golden Fish No.3 is a commercial product, which has been equipped with four thrusters. It has an open structure with a weight of 36kg in air. So, it is very convenient for operator to carry and maintain. It is very useful for dam inspection and sea culture observations.

The Specifications of "Golden Fish No.3" are as follows:

Operating Depth: 80m

Weight in Air: 45kg

Payload: 5kg

Accuracy of Depth Control: ± 0.5m

Forward Speed: 1.5 knots

Since 1989, SIA developed another more advanced small-size ROV "Diver-01" for domestic customers. The development of "Diver-01" was finished in last month. It has a good maneuverability and a good heading control system with accuracy ± 0.8cm. It was equipped with video camera, still camera, and sonar image system. It can dive under water up to 300m with tether management system and work in 100m range.

At the same time, Shanghai Jiaotong Univ. and Chinese Shipbuilding Company are also engaged in developing ROV. Shanghai Jiaotong Univ. had developed and manufactured several sets of mini-ROV.

The ROV business has already been set up in China through as long as ten years of Chinese Scientists and Engineers' efforts. In the next ten years, the application of ROV will be a focus point for us.

## 2  The Testbed of AUV "HR-02"

The tether of ROV is seriously limited to the operating range of undersea vehicle, either from depth, or from distance, so the AUV is a developing tendency for unmanned undersea vehicle. To develop AUV which can dive more than 300m is a target product in the National 863 Programme.

In 1987, the Expert Group of Intelligent Robot made a proposal to build up a testbed as an initial step to develop AUV. There were two reasons raised by the proposal based on careful consideration of experiences of the development of ROV. First, the AUV is a very complex system and a high-risk project, so the best way is firstly to set up a testbed with a little investment to accumulate experience. Second, every technique and equipment and instrument which will be used in the AUV must be proved and tested in the testbed. This proposal was approved and executed. SIA took the charge of the testbed. At present, the testbed of AUV had been set up.

### 2.1  Overview of "HR-02"

"HR-02" can provide a testbed for investigation and experiment on a series of basic technologies of AUV, such as task planning, obstacle avoiding, automatic navigation, environment sensing, acoustic communication and processing, and advanced energy.

The main features of "HR-02" are as follows:

(1) The vehicle of "HR-02" has taken the open-frame structure which is easy to equip and change various devices and instruments, and which can protect themself against damage in launching and cruising.

(2) The payload of "HR-02" is about 450kg, so that the "HR-02" can carry various device

for testing and certificating.

　　(3) There are two pots on the top of the frame, and one pot in the middle on the bottom of the frame. These pots provide the floats for vehicle. The top two pots are equipped with electronic devices and the lower pot is filled with electric batteries. The height of the stability center is 0.31m.

　　(4) The "HR-02" is equipped with 5 thrusters, each of which has 0.735kW and 285N, thrusting force. Two thrusters are used for forward or backward move, one for lateral move, and other for vertical and pitch control.

## 2.2　Navigation System of "HR-02"

　　The hierarchical navigation system was used in the "HR-02". The system consists of three levels, task planning level, controlling level, and executive level, as shown in Fig.1.

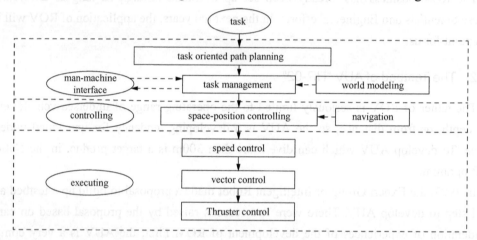

Fig.1　Navigation system of "HR-02"

　　(1) Task planning includes world modeling which is based on environment image information, task-oriented path planning and task management. The vehicle can efficiently pass through the area where geographical map is previously known with the task-oriented path planning. And the vehicle can also slowly pass through the area where map is not previously known, moving with world modeling, such as along the under-water pipeline.

　　(2) The controlling level includes space position measuring system and navigation system. The "HR-02" is equipped with short-base line sonar, and 4 distance measuring sonars as space position measuring system. The navigation system accomplishes the path generating and space position close loop control. The path generator issues a sequence of specific points where the vehicle has to pass through at specific time with certain velocity. There are two principles in the path planning of "HR-02". First, the direction of the planning path must coincide with the tangent of the trajectory specified previously. Second, the command to change the navigation velocity is calculated according to some optimum control principle based on the limits of the maximum accelerations in two directions, longitude and lateral.

There are four space position close control loops as shown in Fig.2.

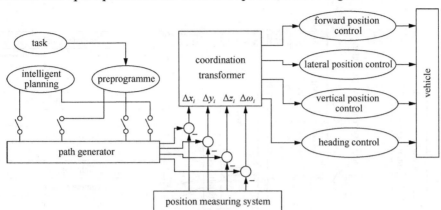

Fig.2    Control level

There are two difficult problems in the constructing position close control loop. The first is how to overcome "zero open-loop gain" when the rotation of the thruster motor is near to zero. The second is how to overcome the large measuring delay. The second problem is solved by using one step forward predication method. The first problem is still unsolved in the "HR-02", It had been solved in the "Explorer-01" and will be discussed in next section.

(3) The executive level includes speed control, vector control and thruster motor control.

The speed control is added into each position close control loop as inner loop to improve the performance of vehicle. The vector control distributes the command coming from speed control to each thruster motor control. The thruster motor control consists of PWM and motor.

2.3    The Computer Architecture of "HR-02"

The computer system is the kernel of "HR-02". Most of the tasks mentioned above are accomplished by computer system. The main task can be divided into seven parts, as follows:

(1) Hierarchical navigation system.

(2) Measurement and registration of the data of the experiment results.

(3) Processing, collection, distribution and exchange of the various information data.

(4) Fault detection and diagnostic, and its treatment.

(5) Resource management.

(6) Remote control by man-machine interface through acoustic link.

(7) Preprogramming control.

The first to fifth tasks are executed by the vehicle computer, and the others by the surface computer. The whole computer architecture consists of four levels, as shown in Fig.3.

The first level consists of PC and Sun workstation. This level is man-machine interface level. Through this level operation can control the vehicle in real time or in preprogrammed along specific trajectory with specific control language developed by SIA. The complicated intelligent navigation can be realized in this level through the world modeling and the path planning. In addition, the system debug and the monitor instruments are included in this level.

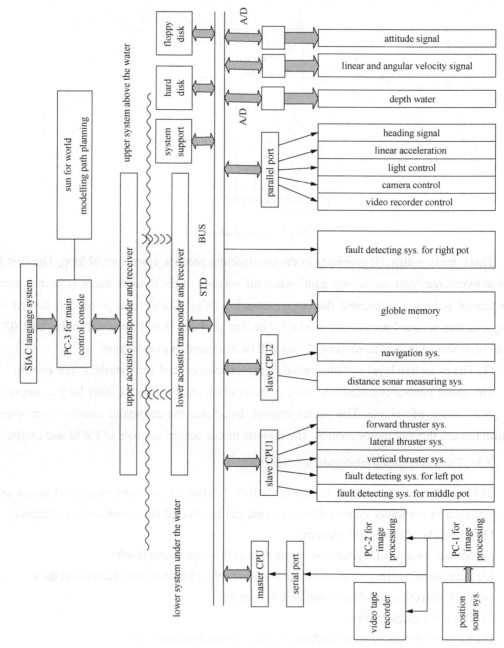

Fig.3    Computer architecture

The second level consists of the master CPU with a series of the STANDARD BUS computer system. This level, as chief manager of the computer systems on vehicle, is in charge of transmitting the data flow between the computer systems on the vehicle and on the surface. The communication with the surface computer can use the acoustic link, or tether cable before the launching. At the same time, this level also bears many other tasks, such as starting, loading programme, recovering and storing experimental results.

The data flow in this level and with other levels is shown in Fig.4.

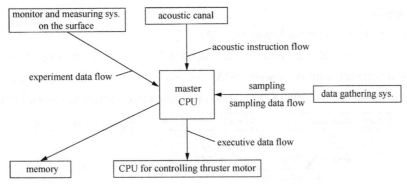

Fig.4   Data flow in first level

The third level consists of two slave CPU and other devices connected with STD BUS. This level accomplishes gathering and distributing various data, calculating control data for thruster motor and transmitting these data into next level under the management of the master CPU.

All of the CPU are V.30 which is more powerful among the family of 8086. The amount of slave CPU can expand to eight.

The fourth level consists of a series of singular chip microprocessor 8096 and 8031 to build up various control, monitor and data-sampling systems.

Many technical barriers and difficulties had been overcome and solved in building the computer system of "HR-02". These are as follows:

(1) The communication among the various different computers.

(2) How to use the C language in slave CPU without the DOS operation system.

(3) How to transmit the data among multi-CPU.

(4) How to reload the programmer after storing.

(5) How to combine the C language and the assembling language to edit programme.

2.4   Specific Control Programming Language, -SUWPL, Programming Language-SIAL

1) Specific Control Programming Language-SUWPL

In order to simplify the man-machine interacting and control vehicle in more efficient and more flexible, a specific control programming language for "HR-02" is compiled based on the "C" language, which is called SUWPL. SUWPL uses the simplified code in input instructions to control the movement of each degree of freedom for increasing the rate of input code. Some input parameters can be expressed in input instructions to carry on parameter control, such as the three dimensional coordinations of the goal point, the velocity of movement, etc. Some instructions can give the switch value. There are several macro instructions in SUWPL, a group of operations, such as tracking along pipeline, navigation according to preprogramme along the specified track, back navigation along original track, roving, etc. Some "Hot Keys" are set in SUWPL to treat the emergency or random event immediately. The total amount of instructions of SUWPL are 78.

2) High Level Programming Language SIAL

The intelligent control is a kernel to develop AUV. The high level programming language SIAL is an intelligent control system. SIAL consists of track planning, world modeling, environment sensing, monitor and a distributed operating environment as shown in Fig.5.

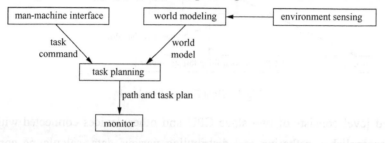

Fig.5　SIAL

(1) The distributed operating environment supports and coordinates the sensing, modeling, planning and monitoring system. The system is shown in Fig.6.

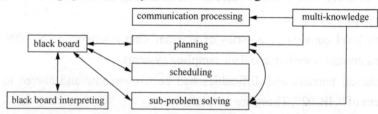

Fig.6　Distributed operating environment

(2) The path planning of AUV is planning in the three dimensional space. In SIAL, the vehicle movement is decomposed into the vertical movement and horizontal movement. Then, each movement is planned in two-dimensions, and finally, the moving path in three dimensional space is rebuilt. This gives a solution of the path planning of AUV in the three dimensional space. In SIAL, a special optimum pruning method was designed to reduce the computing complexity and raise the searching efficiency.

(3) The underwater environment sensing is a much difficult problem. The view range of the video camera is only about 2-9 meters, depended on the transparence of sea water. So, the sonar image system is uniquely selected for the long range, but the sonar image processing is still in researching and unsolved. At present, "HR-02" can only determine its location by short-baseline sonar position system, and detect the rough contour of obstacle in the front 5-20ms by sonar detecting system, and see very simple object, such as pipeline in the front 2-9ms. So, up to now, the world modeling can only set up the model according to user's instruction and the map known previously, and couldn't revise up to date based on environment

sensing.

(4) The monitor system is in charge of executing.

The plan made by task planning model is decomposed into element move, which is written with SUWPL language. Then the element move is loaded into PC to execute, as shown in Fig.3.

SIAL is only an initial step to go to the intelligent control for AUV. It is far from application to practice. There is a long way to go for us.

A series of research and development work are being carried on with the AUV testbed, "HR-02", such as dynamic positioning, video-guiding navigation, navigation according to preprogramme, obstacle avoidance, emergency simulation, etc. A lot of successful results had been gotten and a lot of open problems had been proposed. The experiences accumulated in these works are beneficial for further development of AUV.

## 3  "Explorer-01"

"Explorer-01" is a national engineering project on AUV which was approved by SSTC (State Science and Technology Commission) at the end of 1989. The preliminary design had been completed in the middle of 1990. "Explorer-01" is designed to fulfill the following tasks.

(1) Searching and Surveying on object sunken on the sea-bottom in certain sea-area. The searching range: $20km^2$(with lead-acid battery)

The searching range: $50km^2$(with nickel-zinc battery)

(2) Taking the photo picture and video tape for the sunken object and surround geometrical bottom.

(3) Measuring the sea-parameters around the sunken object.

(4) Putting a small acoustic transponder.

The technical specifications are as follows:

① Maximum Diving Depth: 1000m

② Maximum Speed: 4 knots

③ Cruising Speed: 2 knots

④ Maximum Lateral Speed > 1 knot

⑤ Maximum Permitted Sea Current in Observation < 1 knot

⑥ Diving Speed: 0.5 knots

⑦ Operating Range Radius: 1 mile

⑧ Launching and Retrieving Sea Condition: level 4

There are two working types, as shown in Fig.7.

In order to satisfy the technical specifications and fulfill the two types of tasks mentioned above "Explorer-01" has been designed to have a good maneuverability and equipped with appropriate instruments in preliminary design. In this session the control system and computer system will be introduced and discussed.

### 3.1 The Control Problem in "Explorer-01"

The control problem of undersea vehicle is a very complicated and difficult problem. The difficulties are caused by the nonlinear and complex dynamic characteristics of the vehicle moving in the water, and the nonlinear feature of thruster, and the strong coupling of each freedom movement of the vehicle, and the large measuring time delay of feedback signal, such as position, velocity, etc.

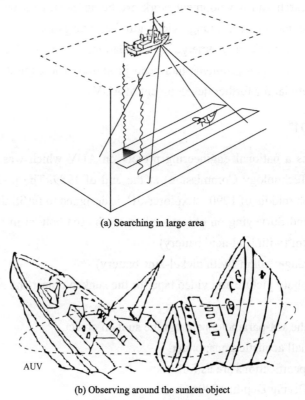

(a) Searching in large area

AUV

(b) Observing around the sunken object

Fig.7   The working type of "Explorer-01"

In the preliminary design, the whole system was carefully studied and investigated from low level to upper, step by step.

1) The Character of Thruster and the Layout of Thrusters on the Vehicles

The layout of thrusters in "Explorer-01" is shown in Fig.8. All of the pair of thrusters vertical, lateral, and longitude, are paralleled to save the energy and simplify the control. A most important advantage of such layout is easy to overcome "zero gain effect" which will be discussed below.

The relation between thruster force ($F$) and the rotation speed ($\omega$) can be expressed in Eq. (1), as shown in Fig.9. The equivalent "gain" is equal to $K_T$

$$F \propto \omega^2 \tag{1}$$

$$K_T = \frac{\mathrm{d}F}{\mathrm{d}\omega} \propto \omega \tag{2}$$

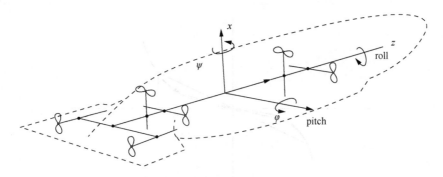

Fig.8   Layout of thruster

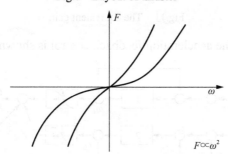

Fig.9   Relation between $F$ & $\omega$

when the $\omega$ approaches to zero, the gain $K_T$ also approaches to zero. The thruster is a unique actuator in AUV control system as shown in Fig.10.

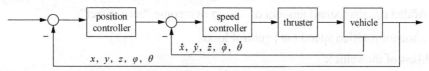

Fig.10   Control system

When the velocity approaches to zero, the performance of control system will become worse and finally, the close loop control system will be open at zero velocity. This phenomenon is called "zero-gain effect". Obviously, this phenomenon can not be overcome by increasing additional gain. In "Explorer-01" the pair ($T_1$, $T_2$) and pair ($T_3$, $T_4$) are set in opposite rotation at zero velocity, so the equivalent thruster gains of forward and lateral keep in certain value which depends on the opposite rotation speed, as shown in Fig.11. The two torques generated from the opposite rotation of the [$T_1$, $T_2$] and the [$T_3$, $T_4$] are set in balance. The "zero-gain effect" can be completely overcome by this method. At the same time, this method raises the maneuverability of vehicle and the performance of control system at zero or low speed.

2) The Acceleration Feedback Control

In "Explorer-01" the acceleration feedback control is added into ordinary speed control loop, as an inner loop, to overcome the nonlinearity of the thruster force and vehicle resistance and dynamics. In addition, the acceleration feedback control can compensate the centripetal and coriolis force which will cause the undeserved lateral displacement.

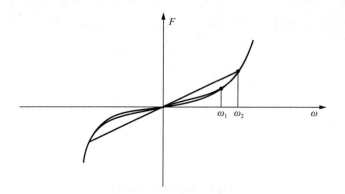

Fig.11    The equivalent gain

The block diagram of the acceleration feedback control is shown in Fig.12.

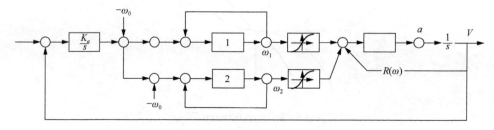

Fig.12    The acceleration control loop

$k_a$ : Gain of the acceleration controller

$\omega_0$ : Added constant small amount of $\omega$ to overcome "zero effect"

1,2: Thrustor rotation speed ($\omega$) control loop

$m$ : Mass of the vehicle

$\lambda$ : Additional water mass

$R(v^2)$ : Resistance force

The pure integral control is used in acceleration controller to overcome the high frequency noise of the acceleration. The time constant of the thruster motor used in "Explorer-01" is 0.14 sec, so the frequency band of this loop can be designed much high. The simulation result is

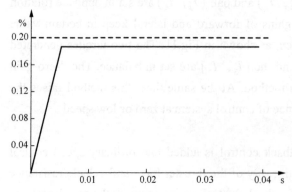

Fig.13    The step response of acceleration

shown in Fig.13, The response of this control loop is very fast, so it can overcome any disturbance and coupling forces added at node A.

3) The Speed and Space Position Control

In "Explorer-01" the speed is measured with Doppler Sonar and the space position with the short base line sonar. The measuring time delay is significant. If these data are directly used in feedback control, it will seriously limit the open loop gain, otherwise will cause instability of the system. In "Explorer-01" a Dead-Reckoning system is formed based on the data given by vertical stabilized accelerator through double integrator. The Dead-Reckoning system generates the instantaneous speed and space position signal of the vehicle for the feedback control to overcome the measuring time delay, and then the real speed and space position measured by sonar devices are used in setting the initial value of double integrator at every sampling time.

Now, the whole control system is simplified greatly.

### 3.2 The Computer System of "Explorer-01"

The functional software system architecture of "Explorer-01" can be divided into four levels, as follows:

(1) The high level is the global planning levels for searching and observing.

(2) The second level is the local planning level for searching and observing.

(3) The third level is navigation level which includes navigation positioning, scene image processing, and navigation control.

(4) The fourth level is the last level which includes the sensor information processing and executing; whole system is shown in Fig.14.

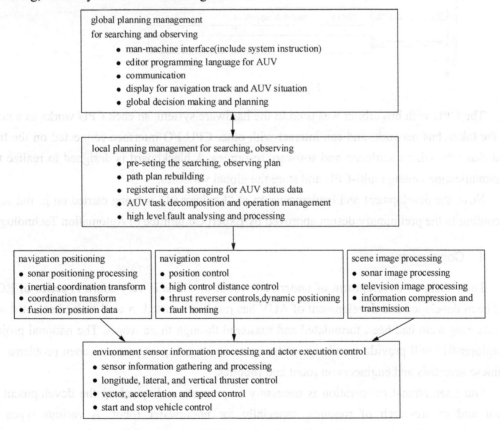

Fig.14 Hierarchical functional software architecture

The hardware system of the vehicle is shown in Fig.15.

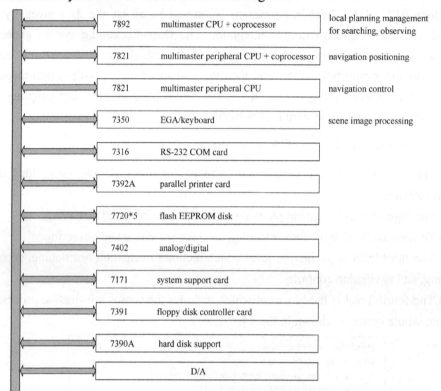

| | | |
|---|---|---|
| 7892 | multimaster CPU + coprocessor | local planning management for searching, observing |
| 7821 | multimaster peripheral CPU + coprocessor | navigation positioning |
| 7821 | multimaster peripheral CPU | navigation control |
| 7350 | EGA/keyboard | scene image processing |
| 7316 | RS-232 COM card | |
| 7392A | parallel printer card | |
| 7720*5 | flash EEPROM disk | |
| 7402 | analog/digital | |
| 7171 | system support card | |
| 7391 | floppy disk controller card | |
| 7390A | hard disk support | |
| | D/A | |

Fig.15　The hardware system

The CPU with bus arbiter was used in the hardware system, so each CPU works as a node in the token bus network, and can interact with other CPU I/O interface connected on the bus, and share the whole hardware and software resources. A blackboard is designed to realize the communication among multi-CPU and store the global variables.

Now, the development and implementation of "Explorer-01" is being carried on in full scale according to the preliminary design approved by Expert Committee of Automation Technology.

## 4　Conclusion

The history of development of underwater robot in China is very short. A series of ROV had been developed and development of AUV has just been started. A well-trained scientist and engineering team had been formulated and mastered through these works. The national project "Explorer-01" will provide a wide scientific arena and a group of practical open problems for Chinese scientists and engineers on robot and robotics.

The international cooperation is necessary to promote and speed up the development of robot and the research of robotics, especially for underwater robot. A various types of cooperations, either through government level, or bilateral, or multi-lateral based on mutual benefit and equality are welcome.

# Underwater Remotely Operated Vehicle HR-01*

Jiang Xinsong, Tan Dalong, Feng Xisheng, Wang Ditang, Mei Jiafu

(Shenyang Institute of Automation, Academia Sinica)

**Abstract:** Underwater Remotely Operated Vehicle HR-01 is an underwater experimental prototype which was designed and manufactured by Shenyang Institute of Automation, "Academia Sinica" and Shanghai Jiaotong University.

The development of the Underwater Remotely Operated Vehicle started in 1980 and ended in 1987. This underwater experimental vehicle underwent the first undersea test with a depth of 59m in the Bohai Sea in the end of 1985 and the second undersea test with a depth of 199m in the South China sea in the end of 1986, with these two tests equally obtaining the satisfactory results.

Underwater Vehicle HR-01 possesses a design working depth of 200m and a rated speed of two knots.

This paper describes the configuration, architecture and main characteristics in connection with the system and functions with respect to the subsystems.

## 1  Introduction

The project to development of HR-01 was aimed at serving the oceanic petroleum exploitation, oceanic investigation, oceanographic engineering, salvage and rescue. HR-01 is a large underwater vehicle used for observation, measurement and other missions. Its major characteristics are as follows:

Underwater vehicle adopted the open-structured frame which buoyancy is supplied by buoyant chamber; The ratio of system architecture weight to displacement is 0.335. This structure provides more atmospheric spaces for electronics installation.

The control system used for the whole underwater vehicle system consists of eleven single chip microcomputers (microcontroller) which may heighten system performance, guarantee system reliability and reduce its size and weight.

The multi-internal loop feedback control is introduced to thruster control system, which apparently enhances the dynamic performance.

---

* 原发表于 *1988 IEEE International Conference on Systems, Man, and Cybernetics*, 1988: 8-12。

The incremental codes are transmitted by microcomputer so that the information content transmitted in unit time had increased.

Vehicle HR-01 is composed of five components, i.e. vehicle, tether, winch, control consoles and power supply as shown in Fig.1. Vehicle is provided buoyant force by three float chambers in which electronics are installed. The vehicle is equipped with four thrusters; i.e. the forward(two), the vertical (one) and the lateral (one) which are all driven by hydraulic motors 25MCM-14-113, with each thrustor having thrust 1017 Newtons, forward speed two knots. A slave manipulator is installed in front of vehicle; Vehicle is equipped with two sit cameras, two sonars (one ultrashort datum line position sonar and one Doppler sonar for height measurement and speed measurement), a modified depth gauge with sand resistant and frost proof, a gyrocompass, an angular rate gyroscope, a vertical gyroscope. Underwater Vehicle HR-01 is equipped with two SIT cameras, two sonars (one ultrashort datum line position sonar, another Doppler sonar for height measurement and speed measurement), a gyrocompass, a modified depth gauge with sand resistant and frost proof type, an angular rate gyroscope.

Power supply system involves a control cabinet and a set of generators, providing two kinds of power supplies of 50Hz/380V and 400Hz/220V with a general power of 30 kilowatts for the whole underwater vehicle system. The system specifications are the following: Working Depth: 200m; Forward Speed: 2 knots; Working Range:200m; Payload:140kg; Working Modes: Auto Depth, Auto Altitude, Auto Heading, Manual. Weight: 2.2 tons; Exterior Dimensions: 2.2×1.6×1.8(m); Special Tool: Master-slave Manipulators; Position Device: Ultrashort datum line, Position Sonar.

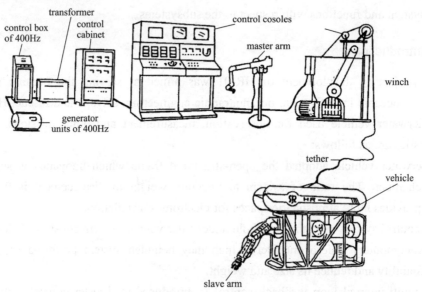

Fig.1    Schematic diagram for HR-01

## 2  Control System Architecture

The control system used for HR-01 is divided into the following eight subsystems:

Voyage Control Subsystem; Master-slave Manipulators Subsystem (including tactiles); Observation and Measurement Subsystem; Signal Acquisition and Transmission Subsystem; Hydraulic Power Subsystem; Sensors Array; Control Consoles; Power Supply Subsystem.

The control system for HR-01 mainly executes the following five functions:

Vehicle Motion Control; Mission Control of Master-slave Manipulators; Pan and Tilt Control; bi-direction Transmission of Instructions and Informations; State Display and Protective Supervision of Vehicle.

## 3  Voyage Control Subsystem

The voyage control subsystem is used for controlling the vehicle motions on the horizontal plane and vertical plane, including forward and backward, diving and floating, heading (horizontal turning) and transverse. Its remote control are taken by operator using joystick with three dimensions (in charge of forward and backward), turning and diving and floating and a potentiometer (in charge of lateral motions).

Control system of vehicle HR-01 consists of four independently thruster controllers then based on these controllers, turn angle speed control, heading control, depth or altitude control and vertical speed control are built, as shown in Fig.2. For stabilizing the speed of hydraulic motor the inner loop of thruster controller is hydraulic motor speed control loop which also can overcome the influence of adhesive water change.

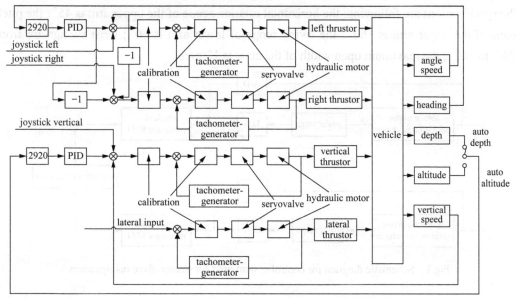

Fig.2  Voyage control system schematic diagram

Heading control is implemented by two modes, i.e. manual and automatic control. In the manual control the heading loop is open and the command signal is sent by left and right potentiometer mounted on the joystick. The signs of these two signals are opposite, also the signs of feedback angle speed provided by angle rate gyroscope at point A and at point B are opposite. Based on left and right thrust controller, using these signals a coordinate turn angle speed control system is formed. In the automatic control the heading loop is closed, i.e. the command signals to coordinate turn angle speed controller are sent by gyrocompass through a single-chip signal processor 2920 and a PID regulator instead by joystick. The role of the single chip processor acts as an inverse resolver of sine and cosine function, because the output of the gyrocompass is a sine and cosine function of heading angle.

The vertical control is similar with heading loop, but only difference is driven by one motor. Vertical speed signal is taken from Doppler speed detected sonar; close loop signal for position is taken from depth gauge (auto depth) or sonar altitude gauge (auto altitude).

## 4   Master-slave Manipulators System

The five joints of master manipulator are driven by five electric torque motors. The five joints of slave manipulator are driven by hydraulic motor or oil cylinder. Each joint position of master and slave manipulor is detected by potentiometer. Based on these signals a two direction feedback control loop from slave to master and from master to slave is built, so as the operator can feel a force which is proportional to discrepancy between the position of master and slave manipulator, as shown in Fig.3. A switch type tactile sensor is fixed on the gripper of slave manipulator, whose clamping state will be displayed on the lights on the front of control console. The specifications are following: the horizontal rotation scope of the upper arm is 45°; the pitch scope of the upper arm is -60°; the swing scope of lower arm is 60°; wrist swings are from +30° to -45°; the maximum open width of the claw is 120mm.

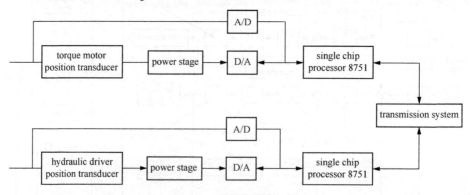

Fig.3   Schematic diagram for control system used for master-slave manipulators

## 5   Data Acquisition and Transmission System

The total information datum to be transmitted are following: from up to down there are 11 channels of analogue signal and 22 bits of digital signal and from down to up 23 channels of analogue and 16 bits of digital. Taking into account the control accuracy the transmission rate for master-slave manipulator is 30 c/s and for voyage attitude system is 10 c/s. The functions of this system involve data acquisition, conversion, storage, processing, transmission and assignment. The requirements of the system are accurate data acquisition; low error rate. High interference-resistance, stability and reliability of fulfill these requirement, a series technique methods have been used.

First, two single chip micro processors 8031 have been used; second, a full duplex serial port which will be initiated into a full duplex UART mode is adopted in reception and transmission, and a dual buffer is applicated in receiver, and in order to rise reliability a two selected from three method is taken, i.e. we take three sample in every received byte in its transmission time, then compare them and select two same as receive data, otherwise rejected. Third, to raise the efficient of the transmission system on information incremented encoding compression technology is taken i.e. in two neighbor sample period we only transmit the change part, so we can decrease the amount of transmission data, or in other side raise the effect transmission rate. The transmitted rate from above water to under water is 2280 bits, reversely is 2680 bits. The data address is followed by data, and the rate is 4800 bits to grantee the correctness of date address to be transmitted. The address is not only used as to retrieve data from memory, also used as to storage data into memory by receiver.

The direct parallel master-slave mode communication has been adapted among micro processors, i.e. the communication between computers adapt the question-answer interruption mode, and the slave computer only permit to transmit data in answer period.

The electric control system for HR-01 also involves the video information processing, pan and tilt control video annotation, centralized display of single chip processors, voyage path display, keyboard management, etc.

## 6 Underwater Test

Underwater vehicle system HR-01 has undergone two underwater tests in Dalian, North China Bohai, and Hainan Island, South China Sea in the end of 1985 and 1986 respectively and the main specifications have been detected, with good results being written as follows:

Diving Depth:199m; Forward Speed:1.94 knots; Backward Speed:0.8 knots; Diving Speed: 1.2 knots; Floating Speed: 0.7 knots; Horizontal Rotation:17.1°/s; Auto Heading Accuracy less than 2.5°; Auto Depth Accuracy less than 1m.

The test results indicate that design of HR-01 is successful and reaches its predetermined technical limits. And there are also some problems with system, which need to be improved.

(1) Water leakage with HR-01 had happened during two underwater tests owing to something wrong with seal components.

(2) There were incoordinate working loads on the various microcomputers.

(3) It is inconvenient for us to execute the system assembly and adjustment because of certain irrational constructions with HR-01.

(4) Some sensing components can not meet the requirements of Underwater Vehicle HR-01.

We appreciate the following several personnel for their excellent assistance since certain aspects of this paper are taken from the work summaries made by Wang Fuchen, Liu Xiaoyan and Bai Xiaobo and English Version of this paper is completed by Liu Yongkuan.

# Reference

[1]   Feng Xisheng, Liu Xiaoyan, 1987. Implementation of heading information processing in underwater vehicle system HR-01 by single chip processor[C]. Proceedings of the First Chinese Computer Application Conference: 602-605.

# Local Autoencoding for Parameter Estimation in a Hidden Potts-Markov Random Field*

Sanming Song[1], Bailu Si[1], J. Michael Herrmann[2], and Xisheng Feng[1]

(1. Shenyang Institute of Automation, Chinese Academy of Sciences, Shenyang, 110016, China

(e-mail: songsanming@sia.cn; sibailu@sia.ac.cn; fxs@sia.cn);

2. Institute of Perception, Action and Behavior, The University of Edinburgh, Edinburgh EH8 9AB, U.K.

(e-mail: michael.herrmann@ed.ac.uk))

**Abstract:** A local-autoencoding (LAE) method is proposed for the parameter estimation in a Hidden Potts-Markov random field (MRF) model. Due to sampling cost, Markov chain Monte Carlo (MCMC) methods are rarely used in real-time applications. Like other heuristic methods, LAE is based on a conditional independence assumption. It adapts, however, the parameters in a block-by-block style with a simple Hebbian learning rule. Experiments with given label fields show that LAE is able to converge in far less time than required for a scan. It is also possible to derive an estimate for LAE based on a Cramer-Rao bound that is similar to the classical maximum pseudo-likelihood (MPL) method. As a general algorithm, LAE can be used to estimate the parameters in anisotropic label fields. Furthermore, LAE is not limited to the classical Potts model and can be applied to other types of Potts models by simple label field transformations and straightforward learning rule extensions. Experimental results on image segmentations demonstrate the efficiency and generality of the LAE algorithm.

**Index Terms:** Markov random field, Gibbs distribution, parameters estimation, local autoencoding, Potts model

## 1 Introduction

Markov random fields (MRFs) are very popular statistical models[1-3] that are used in a wide range of computer vision problems[4]. By describing the prior knowledge that neighboring pixels are likely to be of the same class in a parameterized way, a Potts-MRF is able to include a local similarity constraint in segmenting images which are distorted by speckle noise, like underwater sonar images[5], geodesic hyperspectral images[6], synthetic aperture radar (SAR) images[7], magnetic resonance (MR) images[8] etc. In a Potts field, each unit can be in a number

\* 原发表于 *IEEE Transactions on Image Processing*, 2016, 25(5): 2324-2336。

of $Q$ states (classes). Statistically, when the local correlation is assumed to be Markovian, the configuration space can be modeled by a Gibbs distribution which is characterized by a vector of parameters $\beta$ (also known as interaction parameters[5], spatial cohesion strength[9], granularity coefficient[10] or prior parameters[11]). However, with the notable exception of the special case of an isotropic Ising-MRF with circular boundary conditions[12], a direct estimation of the prior parameters is not possible, because a part of the model, the partition function, is computationally intractable[10]. This paper focuses on estimating $\beta$ parameters from data.

McGrory et al.[13] have proposed a recursive method for computing the partition function analytically, which is, however, applicable only to MRFs with a small size and a weak interaction strength. Instead, two types of approximation strategies are used to find optimal parameters, namely sampling methods based on Monte-Carlo sampling, such as the Markov chain Monte-Carlo (MCMC) algorithm[14-15], MCMC maximum likelihood (MCMCML)[16], and likelihood-free methods[10,17], and heuristic methods based on the conditional independence assumption, e.g. pseudo-likelihood maximization (MPL)[18-19], coding-based MPL[20], mean-field approximation[21-22], least-square (LSQR) algorithm[5,23].

MCMC methods approximate the posterior probability by Monte Carlo sampling iteratively until the generation parameters converge. They may be more precise, but are computationally more expensive[10,16]. In engineering applications, heuristic methods may appear thus more favorable. However, even MPL[18], coding-based MPL[20], and mean-field approximations[21] have to pass through the image many times. The LSQR algorithm[23] does not only ignore a large number of blocks that are incompatible with certain mathematical constraints, but also requires complex matrix computation. In addition, LSQR appears to be feasible for the Ising field.

In this paper, we propose a new algorithm to fast estimate the interaction parameters of a Potts model that is used to describe the label field. As our algorithm uses a local autoencoding approach to capture image regularities, we will refer to it by the abbreviation LAE. Based on the conditional independent assumption, it belongs to the class of heuristic methods related to MPL estimation. The main advantage of our method is that it is computationally very efficient and therefore interesting for applications involving limited computing times. Moreover, it is of a comparable accuracy to other pseudo-likelihood approaches. In detail, we will show that the LAE algorithm is superior to other methods in the following aspects: ①LAE is very simple, since a simple local backpropagation (BP) gradient descent learning rule is able to estimate the prior parameters. ②LAE converges rapidly, even less than a single pass. ③Simulations show that LAE has a comparable mean-squared error with the classical MPL method. ④LAE makes full use of all the local blocks. ⑤LAE can be used to estimate the prior parameters for arbitrary anisotropic label fields. ⑥LAE can be extended to various variants of the Potts model by a simple label field transformation.

The rest of the paper is organized as follows. The Potts hidden-MRF model is simply introduced in Section 2. The existing methods for the prior probability parameter estimation are briefly reviewed in Section 3. The LAE algorithm is described in Section 4 and experiment results are presented in Section 5. We briefly conclude in Section 6. Application of the LAE algorithm to another typical Potts model, i.e. Kanter's model, is given in the Appendix.

## 2 Hidden-Markov Random Field

In Markovian image segmentation or labelling, we aim at maximizing the posterior probability $P_{L/X}(l/x)$ for the label field, where $X$ is the original image and $L$ is the label. According to Bayes' rule, we have

$$P_{L/X}(l/x) = \frac{P_L(l)P_{X/L}(x/l)}{P_X(x)} \tag{1}$$

Now that $P_X(x)$ is fixed for a given image $X$, finding the label field that maximizes (1) is equivalent to finding the labels $L$ which maximize the following energy function:

$$E = \ln P_L(l) + \ln P_{X/L}(x/l) \tag{2}$$

The choice of the conditional distribution $P_{X/L}(x/l)$ depends on the application. In many applications related to remote sensing, i.e. sonar or geodesic imaging, a Gauss or a Weibull distribution[5, 24] is often assumed. However, for the label field $L$, a similar assumption for the prior distribution $P_L(l)$ is hard to justify.

We will consider a Potts label field $L$ of size $\|L\| = H \times W$ which is defined over the set $S = \{s\}_{1,\cdots,H \times W}$ of image pixels. In the model, labels $L$ $s$ are described by one of $Q$ Potts states. If $L$ is assumed to be a Markov random field, then $P_L(l)$ can be described by a Gibbs distribution according to the Hammersley-Clifford theorem[25],

$$P_L(l) = \frac{1}{Z}e^{V_l} \tag{3}$$

where $Z = \sum_l e^{V_l}$ is the partition function and $V_l$ is the potential of a configuration $l$ given by

$$V_l = \sum_s \sum_{t \in \Xi s} \beta_{st}\delta(l_s, l_t) \tag{4}$$

The Kronecker delta function is defined by $\delta(a,b) = 1$ if $a = b$ and $\delta(a,b) = 0$ otherwise. The inner sum extends over the neighborhood $s$ of $s$ and the weights $\beta_{st}$ are solely determined by the local site relationships, see Fig.1 for two examples of a 2nd neighborhood system.

The solution to the model can be computed by performing the Bayesian inference using local optimization methods such as the Iterated Condition Method[5, 23] or global optimization methods such as Simulated Annealing[26]. In the inference, each unknown parameter of the model is updated iteratively, including the conditional probability parameters and the prior probability parameters. Our method will be used for updating the prior parameter $\beta$ with the conditional parameters fixed.

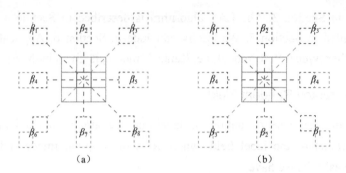

Fig.1　Anisotropic interaction between neighboring units in a 2nd neighborhood system, and the interaction strength is denoted by $\beta_s$. (a) is central asymmetry and (b) is central symmetry

## 3　Existing Methods

To simplify the descriptions, except the LSQR method, the prior parameters are isotropic in the following subsections. In this case, the blob size in the Potts field increases with $\beta$.

### 3.1　Maximum Pseudo-Likelihood

ML is a basic strategy for parameter learning, but determining the gradient of the original prior distribution (3) is forbiddingly hard as it includes calculating the partition function. To remove this problem, Besag[18] proposed the MPL method which makes use of a conditional independence assumption.

Setting $N_{l_s} = \sum_{t \in \Xi_s} \delta(l_s, l_t)$ the conditional probability distribution for the label $l_s$ is

$$P(l_s \mid l_{\Xi_s}) = \frac{e^{\beta N_{l_s}}}{\sum_{l_s} e^{\beta N_{l_s}}} \tag{5}$$

With the conditional independence assumption, the conditional likelihood function, also named *pseudo-likelihood* function, can be written as

$$PL = \prod_s P(l_s \mid l_{\Xi_s}) \tag{6}$$

Taking the derivative of the logarithm of the pseudo-likelihood function with parameter $\beta$, the gradient descent learning rule for $\beta$ becomes

$$\Delta\beta = \eta \frac{\partial}{\partial\beta} \log PL = \eta \sum_s \left\{ N_{l_s} - \frac{\sum_{l_s} e^{\beta N_l} N_{l_s}}{\sum_{l_s} e^{\beta N_{l_s}}} \right\} \tag{7}$$

where $\eta$ is a learning rate.

### 3.2　Coding

The coding scheme was proposed also by Besag[25] in order to better accommodate the conditional independence assumption. Coding has a similar learning rule as MPL (7), with the only difference that the lattice is partitioned into several disjoint sets. A minor problem is how to combine the results from each set, but usually a simple average is feasible.

### 3.3 Mean Field Approximation

Mean field approximation can be considered as a gradient descent method that has the function of "*smoothing*". The learning rule is

$$\Delta\beta = \eta \sum_{s} \sum_{z_s} P(z_s \mid x_s) \left[ R_{z_s} - \frac{\sum_{z_s=1}^{Q} e^{\beta R_{z_s}} R_{z_s}}{\sum_{z_s=1}^{Q} e^{\beta R_{z_s}}} \right] \quad (8)$$

where $z_s$ is the vector description for the scalar label $l_s$, and $P(z_s \mid x_s)$ is the conditional expectation under the mean-field assumption. $R_{z_s} = \sum_{t \in \Xi_s} z_s \langle z_t \rangle$, where $\langle \bullet \rangle$ is the mean-field approximation.

The mean-field solution is a heuristic parameter estimation step in the expectation-maximization (EM) procedure[21-22]. Essentially, it uses the gradient descent and resembles the MPL method, with the exception of replacing the homogeneous clique number with the approximative local interaction energies $R_{z_s}$, and weighting them with the conditional probability.

### 3.4 MCMC

Besides the heuristic methods that accelerate the estimation with the cost of accuracy, there is another kind of methods that pursue the precision at all costs, like Monte Carlo sampling. There is a 1-to-1 correspondence between $\beta$ and the expectation of the homogeneous cliques number $N_1 = \sum_{s} N_{l_s}$, which demonstrates that we can write a learning rule for $\beta$ using $N_1$ according to the Monte-Carlo sampling[14-15],

$$\Delta\beta_t = \eta \left( \hat{E}_t \left( N_1 - N_{10} \right) \right) \quad (9)$$

with the expectation

$$\hat{E}_t(N_1) = \frac{1}{M} \sum_{m=1}^{M} N_1 \left( L^{m,t} \right) \quad (10)$$

The new set $\{L^{m,t+1}\}_{m=1,\cdots,M}$ are sampled in the burn-in period by Gibbs sampling with current parameter $\beta_t$. $\hat{E}_t(N_1)$ is the expectation of samples, and $N_{10}$ is calculated from the label field to be estimated. To reduce the computation cost, $L^{0,t+1} = L^{M,t}$ is used. Even then, the computation cost is huge because MCMC generates multiple label field samples by Monte-Carlo sampling.

### 3.5 MCMCML

MCMCML has the same learning rule, i.e. Eq. (9), as the MCMC. However, instead of the average sampling, MCMCML uses the importance sampling,

$$\hat{E}_t(N_1) = \frac{\sum_{m=1}^{M} N_1\left(L^{m,t}\right) e^{(\beta-\psi)N_1\left(L^{m,t}\right)}}{\sum_{m=1}^{M} e^{(\beta-\psi)N_1\left(L^{m,t}\right)}} \tag{11}$$

The expectation is a weighted summation of samples, with the similar samples dominating the gradient. The samples may be calculated off-line and stored in a dataset[16], but the Gibbs sampling scale is still large.

### 3.6 Likelihood-Free Methods

Recently, Pereyra et al.[10, 27] proposed a likelihood- free method based on the approximative Bayesian computation[28] and the likelihood-free Metropolis-Hastings sampling[17, 29]. Instead of the gradient descent rules that are derived from the likelihood or pseudo-likelihood function, it jointly estimates the label, the prior parameter and other auxiliary variables by the hybrid Gibbs sampling.

Likelihood-free methods are only exact when perfect sampling[29-30] is used. Taking the time-criticality into consideration, we will not discuss it in the latter experiments.

### 3.7 Least Squares

The LSQR method, proposed by S. Geman and D. Geman in 1984[1], is also a heuristic method derived from the conditional probability.

The ratio of the conditional probabilities (5) is

$$\frac{P\left(l_s=q_1\big|\ l_{\varXi_s}\right)}{P\left(l_s=q_2\big|\ l_{\varXi_s}\right)} = \frac{e^{\sum_{t\in\varXi_s}\beta_t\delta(q_1,l_t)}}{e^{\sum_{t\in\varXi_s}\beta_t\delta(q_2,l_t)}} = e^{\sum_{t\in\varXi_s}\beta_t\left[\delta(q_1,l_t)-\delta(q_2,l_t)\right]} \tag{12}$$

On the other hand, the conditional probability can be approximated by the histogram statistics,

$$\frac{P\left(l_s=q_1\big|\ l_{\varXi_s}\right)}{P\left(l_s=q_2\big|\ l_{\varXi_s}\right)} \approx \frac{N_{l_s,l_{\varXi_s}}\left(q_1,\varGamma_s\right)}{N_{l_s,l_{\varXi_s}}\left(q_2,\varGamma_s\right)} \tag{13}$$

where $N_{l_s,l_{\varXi_s}}\left(q_i,\varGamma_s\right)$ is the number of blocks that label $q_i$ is surrounded by $\varGamma_s$ which is the neighborhood label configuration of site $s$.

From Eqs. (12) and (13), we have

$$\sum_{t\in\varXi_s}\beta_t\left[\delta(q_1,l_t)-\delta(q_2,l_t)\right] = \ln\left[\frac{N_{l_s,l_{\varXi_s}}\left(q_1,\varGamma_s\right)}{N_{l_s,l_{\varXi_s}}\left(q_2,\varGamma_s\right)}\right] \tag{14}$$

For 8 neighbors, there are $2^8$ configurations implying $2^8$ linear equations which can be solved by a Least Squares method. However, due to the mathematical constraints, many equations should be deleted[11]. Therefore, a large number of image blocks are ignored. Moreover, it is only available for Ising model because there are $Q^8 C_Q^2$ equations with $Q$ Potts states. The resulting coefficient matrix not only is extremely sparse, but also needs huge memory to store. In summary, the LSQR method appears to be suitable for Ising fields only. The

MCMC methods are more precise than the heuristic algorithms. However, with iterative Monte-Carlo sampling, it has a huge computation cost. Even with the heuristic methods, the whole image needs to be passed several times. Therefore, it is necessary to design an algorithm that is available for the time-critical applications.

## 4  Local Autoencoding

In this section, a local-autoencoding (LAE) scheme will be proposed to estimate the prior parameters. The LAE algorithm is intuitively designed for the standard Potts model, its extension to another Potts model is described in the Appendix.

The LAE method is an attempt to use the block information in the label field efficiently, thus avoiding the redundancy in the LSQR method. It exploits the decomposition of the potential function $V_l$ (4). Like other heuristic methods[18, 20-23], LAE is also based on the maximization of an estimate of the pseudo-likelihood (6). We rewrite Eq. (6) as

$$PL(l) = \prod_s P\left(l_s \mid l_{\Xi_s}\right) \tag{15}$$

where the conditional probability is

$$P\left(l_s \mid l_{\Xi_s}\right) = \frac{e^{V\left(l_s, l_{\Xi_s}\right)}}{\sum_{q=1}^{Q} e^{V(q, l_s)}} \tag{16}$$

$$= \frac{1}{1 + \sum_{q \neq l_s} e^{\left[V\left(q, l_{\Xi_s}\right) - V\left(l_s, l_{\Xi_s}\right)\right]}} \tag{17}$$

$$= \frac{1}{1 + \sum_{q \neq l_s} e^{\sum_{t \in \Xi_s} \beta_{st}\left[\delta(q, l_t) - \delta(l_s, l_t)\right]}} \tag{18}$$

Eq. (18) was obtained by substituting Eq. (4) into Eq. (17). With

$$\delta(q, l_t) + \delta\left(l_s, l_t\right)\Big|_{q \neq l_s} = \begin{cases} 1, & \text{if } l_t = q \| l_t = l_s \\ 0, & \text{otherwise} \end{cases} \tag{19}$$

the conditional probability (18) becomes

$$P\left(l_s \mid l_{\Xi_s}\right)$$

$$= \left\{ 1 + \sum_{q \neq l_s} e^{\sum_{l_t = q \mid l_s} \beta_{st}\left[-2\delta(l_s, l_t)+1\right] + \sum_{l_t = q \& l_t \neq l_s} \beta_{st}\left[-2\delta(l_s, l_t)\right]} \right\}^{-1}_{t \in \Xi_s}$$

$$\left\{ 1 + \sum_{q \neq l_s} e^{\sum_{l_t = q \& l_t \neq l_s} \beta_{st} - \sum_{l_t \neq q \& l_t = l_s} \beta_{st}} \right\}^{-1}_{t \in \Xi_s}$$

$$= \left\{ 1 + \sum_{q \neq l_s} e^{\sum_{l_t = q} \beta_{st} - \sum_{l_t = l_s} \beta_{st}} \right\}^{-1}_{t \in \Xi_s} \tag{20}$$

If $\beta_{st}$ is coincidentally very large when $l_s = l_t$ and $\beta_{st}$ is very small (or negative) when $l_s \neq l_t$, then $P(l_s | l_{\Xi_s})$ and the pseudo-likelihood function Eq. (15) would be very large. In other words, when maximizing $PL(l)$, $\beta_{st}$ should increase when $l_s = l_t$ and decrease when $l_s \neq l_t$. So, interactions between the pixels of the same class should be strengthened. In verse, interactions between different classes should be shrunken. *Such a rule is similar to a Hebbian learning rule of a binary Hopfield network.* The learning rules for the prior parameter, starting with the Ising model and then the Potts model, will be developed in the following *subsections*.

(1) Ising Model: If the label values in $l \in \{-1, 1\}$, Eq. (4) can be rewritten as

$$V_l = \sum_s \sum_{t \in \Xi_s} \beta_{st} \left( \delta(l_s, l_t) - \frac{1}{2} + \frac{1}{2} \right) \qquad (21)$$

$$V_l = \frac{1}{2} \sum_s \sum_{t \in \Xi_s} \beta_{st} l_s l_t + c \qquad (22)$$

where $c = \frac{1}{2} \sum_s \sum_{t \in \Xi_s} \beta_{st}$ is a constant. The first term turns out to be the Hamiltonian of a

Hopfield network, but with local spatially invariant connections. Such a transformation shows again that we can estimate the prior parameters $\{\beta_{st}\}$ by Hebbian learning.

The following filter parameters are assumed

$$\boldsymbol{\beta} = \{\beta_{st}\} = \begin{bmatrix} \beta_1 & \beta_2 & \beta_3 \\ \beta_4 & 0 & \beta_5 \\ \beta_6 & \beta_7 & \beta_8 \end{bmatrix} \qquad (23)$$

The Hamiltonian term in Eq. (21) can be further rewritten as

$$H_l = -\sum_s l_s H_{l_s} = -\sum_s l_s \left( l_{\Xi_s} \cdot \boldsymbol{\beta} \right) \qquad (24)$$

which shows that the local field potential of site $s$, $H_{ls}$, is the cross-correlation of each local block with the same filter $\boldsymbol{\beta}$. Thus, the remaining task is to learn the filter $\boldsymbol{\beta}$.

Based on the transformation, we propose an estimation algorithm for the filter coefficients by local-autoencoding. The central idea of LAE is to *encode the label of each pixel by the labels of its neighboring pixels* (see Fig.2). It should be noted that LAE approximates the label field by itself, so the two layers are identical. In the experiments, we only have to store one label field. The top layer in Fig.2 is plotted merely for visualization.

If the output of pixel $s$ is

$$\ell_s = f \left( l_{\Xi_s} \cdot \boldsymbol{\beta} \right) \qquad (25)$$

where $f$ is a sigmoid function,

$$f(x) = \frac{2}{1 + e^{-x}} - 1 \qquad (26)$$

Defining the error energy $e_s = \frac{1}{2}(\ell_s - l_s)^2$, we derive a learning rule according to the BP

algorithm

$$\Delta\beta_i = -\eta\left(\ell_s - l_s\right)\frac{1}{2}\left(1-\ell_s^2\right)l_{s_i} \qquad (27)$$

where $\eta$ is the learning rate.

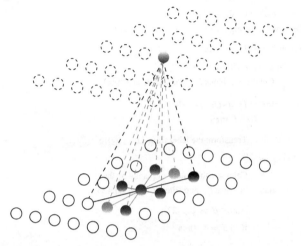

Fig.2   Local autoencoding. The label of a pixel (shown in red) is predicted by the labels of its eight neighbors. The solid connections represent the filter $\beta$. The predictive nature of the LAE is visualized as a feedforward network shown as the dashed lines and circles which do not need to be specifically represented in the algorithm

(2) Potts Model: The Potts state $q$ is a symbol rather than a real value. Thus, the problem arises how to transform the labels such that they become suitable for Hebbian learning. Eq. (20) implies that we should employ $Q-1$ transformations (except $q = l_t$). For each vertex $t$ in the neighborhood of the current vertex $s$, three cases need to be considered, $l_t = q$, $l_t = l_s$ and the remaining ones. When encoding the center vertex $s$ with the vertexes in the local 2nd-order neighborhood, only vertexes that have the same label contribute positively to the center vertex.

Based on these considerations, we designed the following transformation strategies: ①The center label is fixed to 1; ②All neighboring labels that are the same as the center label are transformed to 1, while those labels that are equal to the current transformation index $q$ turn to $-1$; ③The neighboring label that is neither equivalent to the center label nor equivalent to current $q$ has nothing to do with the maximization process, we set it to 0 directly. Formally, we transform the block labels from $\{1, \cdots, Q\}$ to $\{-1, 0, 1\}$ by

$$\begin{cases} l'_s = 1 \\ l' = \begin{cases} 1, & \text{if } l_t = l_s \\ -1, & \text{if } l_t = q \\ 0, & \text{otherwise} \end{cases} \end{cases} \qquad (28)$$

for all $q \neq l_s$. Note that the 0-state does not exist in the Ising field. Simply, each block is transformed to $Q-1$ binary blocks with each label being in $\{-1, 0, 1\}$.

| **Algorithm 1** Local autoencoding for Potts model |
| --- |

| 1: | Initialize $\beta_i$ by a small value, $\beta_i =0.01*U(0,1)$; |
| 2: | Set the initial learning rate $\eta_0 =0.05$; |
| 3: | **for** $t=1$；$t<T$；$t++$ **do** |
| 4: | Slowly decreasing the learning rate by $\eta = \eta_0 / t$ ; |
| 5: | **for** $r=2$；$r<H$；$r++$ **do** |
| 6: | **for** $c=2$；$c<W$；$c++$ **do** |
| 7: | Get the 3*3 block $l_{EE_s}$ that centers at $s=(r,c)$; |
| 8: | **for** $q=1$；$q<Q$；$q++$ **do** |
| 9: | **if** $q \neq l_s$ **then** |
| 10: | Transform the label from $\{1,\cdots,Q\}$ to $\{-1,0,1\}$ by Eq. (28); |
| 11: | Calculate the output of pixel s by the cross-correlation between $l'_{EE_s}$ and filter $\beta$ using Eq. (25); |
| 12: | Adjust $\beta$ by Eq. (27); |
| 13: | **if** $\|\beta\|=4$ **then** |
| 14: | $\beta_i = \dfrac{\beta_i + \beta_{9-i}}{2}$ |
| 15: | **end if** |
| 16: | **end if** |
| 17: | **end for** |
| 18: | **end for** |
| 19: | **end for** |
| 20: | **end for** |
| 21: | Output $\hat{\beta}$ by averaging the estimation in the last $\tau$ steps; |

A transformation example is given in below ($Q = 4$),

$$\begin{bmatrix} 2 & 2 & 1 \\ 1 & 3_s & 1 \\ 4 & 4 & 3 \end{bmatrix} \begin{cases} q=1 \\ q=2 \\ q \neq 3_s \\ q=4 \end{cases} \begin{matrix} \begin{bmatrix} 0 & 0 & -1 \\ -1 & 1 & -1 \\ 0 & 0 & 1 \end{bmatrix} \\ \begin{bmatrix} -1 & -1 & 0 \\ 0 & 1 & 0 \\ 0 & 0 & 1 \end{bmatrix} \\ \begin{bmatrix} 0 & 0 & -1 \\ -1 & 1 & -1 \\ 0 & 0 & 1 \end{bmatrix} \end{matrix} \tag{29}$$

Now, the learning rule, Eqs. (25) and (27), for the Ising case is available also for the Potts model.

The detailed algorithm is shown as Algorithm 1. Other learning strategies, like *conjugate gradient* method or *Newtonian descent* algorithm[31], may converge more quickly, but for simplicity, only a primitive BP learning rule is used here.

It should be noted that the output of the LAE algorithm is the average of the last $\tau$ steps.

When $T > 1$, we set $\tau$ to the size of the image, $\tau_1 = (H - 2)(W - 2)$. When $T = 1$, we choose $\tau_2 = \tau_1/3$. As it will become clear in the experiments below, a smaller $\tau$ would be adequate for practical applications.

## 5 Experiments on Parameter Estimation

In this section, we use four experiments to test the performance of the proposed LAE method. The former three experiments are conducted on the label fields, which are generated by the Gibbs sampling with known prior parameters (completely observable data). The convergence speed and the Cramer-Rao bound for isotropic case are presented in Sections 5.1 and 5.2 respectively. In Section 5.3, we show that LAE can also be used to estimate the anisotropic interaction parameters. In the last experiment (Section 5.4), we try to segment the real sonar image by incorporating LAE into the ICM process.

### 5.1 Convergence

In the first experiment, we use different algorithms listed in Section 3 to estimate the prior parameters of a known label field. Fig.3(a) and (b) show two samples ($Q = 2$, size $256 \times 256$) generated by the Gibbs Sampling[26].

The existing methods, including MCMC methods and the heuristic methods, have to scan the whole field for multiple times. As it can be seen in Fig.3(e)-(g), the scan times needed for MPL, Coding, MCMC, MCMCML are about 40, 100, 5 and 5 respectively. However, the proposed LAE method quickly converges to the vicinity of the true value even only ~1000 vertexes (about field) have been visited. Note that MCMC methods have to sample at least a label field in each run.

The estimation results for Fig.3(a) are MPL ($\beta = 0.7001$), Coding ($\beta = (0.7120 + 0.6950 + 0.6901 + 0.7037) /4 = 0.7002$, 4 sets), MCMC ($\beta = 0.7024$), MCMCML ($\beta = 0.6988$) and LAE ($\beta = 0.7003$). The results for Fig.3(b) are MPL ($\beta = 1.0147$), Coding ($\beta = (1.0551 + 1.0165 + 1.0001 + 0.9910) /4 = 1.0157$, 4 sets), MCMC ($\beta = 0.9957$), MCMCML ($\beta = 0.9818$) and LAE ($\beta = 1.0026$). Both show that the LAE method has comparable performance with the existing methods. $\tau_2$ is used to obtain the final output in LAE here. The results demonstrate that the proposed LAE algorithm is superior in the convergence speed and, at the same time, produces accurate estimates.

### 5.2 Cramer-Rao Bound for Isotropic $\beta$

In order to assess the performance of the LAE and the other estimators, it is interesting to compare the mean-squared-error (MSE) of each estimator with the CRB for $\beta$, which provides a lower bound on the MSE of the ML estimator.

(1) CRB vs. Iterative Methods: The theoretical calculation is available only for the Ising field ($Q = 2$) with circular boundary conditions[12], see the solid-black curve in Fig.4(b). However, Pereyra et al. proposed that the computationally intractable CRB for a Potts model can be addressed by a Monte-Carlo integration[32]. That is,

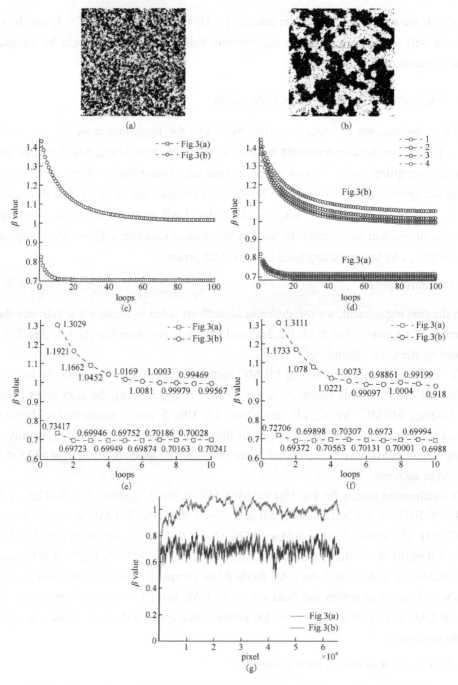

Fig.3　Convergence speed. (a) and (b) are label field samples generated with $\beta = 0.7$ and $\beta = 1.0$, respectively, by Gibbs sampling; (c)-(g) are the prior parameter estimation process of MPL, Coding, MCMC, MCMCML and LAE, respectively

$$\text{CRB}_{\text{approx}} = -\log(\text{Var}(\widetilde{N_1})) \qquad (30)$$

where $\widetilde{N_1}$ is a vector with length 50,000. "Var" stands for the variance. In Fig.4(b), $\text{CRB}_{\text{approx}}$ curves are plotted in dotted cross. To assess the performance, we calculate the logarithm of the

MSE for each estimator,

$$\log \mathrm{MSE}_{\mathrm{estimator}} = \log\left\{\mathrm{E}\left[\left(\tilde{\hat{\beta}} - \beta\right)^2\right]\right\} \tag{31}$$

where $\hat{\beta}$ is the estimation value.

Results in Fig.4 compare the log $\mathrm{MSE}_{\mathrm{estimator}}$ with the theoretical value and the $\mathrm{CRB}_{\mathrm{approx}}$. For each $\beta_{\mathrm{generate}}$, 50,000 samples are generated along the Markov chains with a Gibbs sampler. Similar to[32], the samples are defined on a toroidal graph of size $H \times W = 32 \times 32$. For each sample, we count its homogeneous clique number $N_1$, and estimate the prior parameter $\beta$ with different methods. For a comparison, we also show the results when $Q = 3$ in Fig.5.

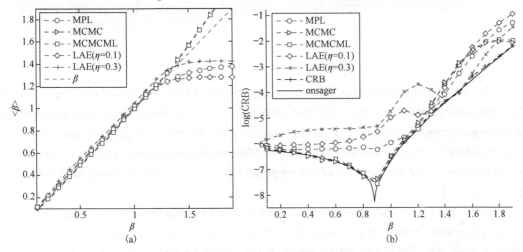

Fig.4  CRB for an Ising model ($Q = 2$, size=$32 \times 32$). "Onsager" denotes the theoretical value provided in [12], "CRB" curve is the $\mathrm{CRB}_{\mathrm{approx}}$ calculated by Eq. (30). Other values are log $\mathrm{MSE}_{\mathrm{estimator}}$ calculated by Eq. (31)

In Fig.4(b), $\mathrm{CRB}_{\mathrm{approx}}$ varies largely around $\beta = 0.9$ for the Ising field, which coincides well with the theoretical phase- transition temperature $\beta_c = \log(1 + \sqrt{Q}) = 0.8814$. This also holds for Fig.5(b). Five other observations can be drawn from the results: Firstly, the mean of LAE (red dotted-diamond in Fig.5(a)) saturates a little earlier than other methods when $\eta = 0.1$. The corresponding log $\mathrm{MSE}_{\mathrm{estimator}}$ begins to increase has comparable performance with other algorithms when $\beta$ is not very large, which demonstrates that LAE performs well in [0, 1] when $Q = 2, 3$ and size= $32 \times 32$. Secondly, because the label fields are homogeneous, the LAE metheod cannot be used. Thirdly, a larger learning rate i.e. $\eta = 0.3$ (red cross in Fig.5(a)), obtains a larger MSE. According to our experiments, $\eta = 0.1$ is selected in the following simulations. Fourthly, the log MSE of the LAE method is a little larger than the MPL algorithm when $\beta > 0.7$. However, they have comparable performance when $\beta \leqslant 0.7$. After all, they are both originated from the conditional independence assumption. Lastly, the sampling methods have better performance when $\beta < 1.2$. However, all methods degenerate with the same tendency since then, quickly then, i.e. around $\beta = 1.2$.

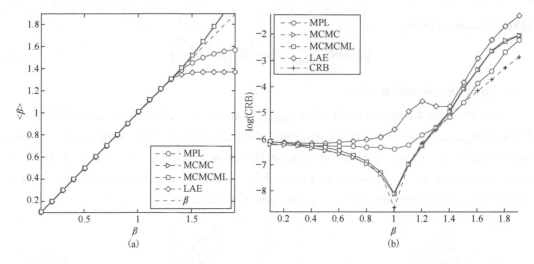

Fig.5　CRB for a 3-state Potts model (size=32 × 32)

(2) CRB vs. Label Field Size: The estimation process of LAE makes full use of all kinds of the block configuration information in the label field. It means that a larger label field, which has a larger probability containing all the necessary blocks with the given $\beta$, may lead to a smaller estimation bias. Consequently, a smaller MSE would be obtained. To test the hypothesis, we plot the mean and the log MSE of the proposed LAE estimator for different label field sizes in Fig.6 ($Q = 3$).

Indeed, Fig.6(a) demonstrates that the bias decreases gradually when the label field size grows. The reason is very simple. When $\beta$ becomes very large, each sample becomes an almost homogeneous label field. The difference in $\beta$ can only be reflected by some minor specific configurations.

However, these configurations appear by probabilities, which is induced by Gibbs sampling. A larger label field size means an increase of the chance of those specific configurations. Therefore, the estimation approaches the true parameter better.

Consequently, log $MSE_{estimator}$ (markers filled with white in Fig.6(b)) decrease gradually when $\beta < 1$. However, they grow almost linearly with the same gradient when $\beta$ becomes larger, because $N_1$ no longer grows. For the same reason, $CRB_{approx}$ (markers filled with solid black in Fig.6(b)) grows gradually.

(3) CRB vs. Potts Number: In the last test (see Section 5.2(2)), we found that the performance of the proposed LAE estimator is dominated by the minor "specific" configurations and the number of homogeneous cliques when $\beta$ becomes very large. Both of them grow with the Potts number $Q$, it is expected that the mean of the LAE estimator will increase with $Q$, while the $CRB_{approx}$ will decrease with $Q$.

The dependence relationship between the mean, the CRB, the MSE and the Potts number are plotted in Fig.7. It can be seen from Fig.7(a) that the mean indeed approaches the true generation parameter when $Q$ increases. The reason is that the label field becomes more and more *rugged*. Therefore, the same graph is more likely to have more "specific" information.

However, the limited size, 32 × 32 is insufficient to provide all the "specific" configurations, leading to an estimate with relatively larger bias. Therefore, log $MSE_{estimator}$ decreases with $Q$, and grows linearly when $\beta$ is very large.

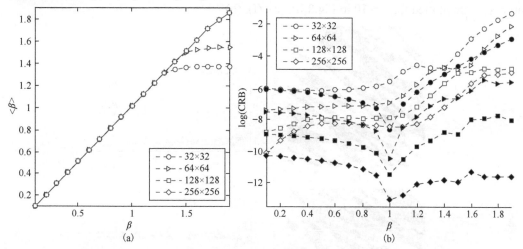

Fig.6   The relationship between the CRB and the sample scales ($Q = 3$). In (b), all markers filled with solid black are the approximative CRB, others are the log MSE of each estimator

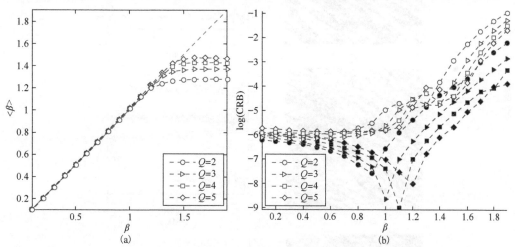

Fig.7   The relationship between the CRB and the number of Potts states (size=32 × 32)

## 5.3   Prior Parameter Estimation When $\beta$ is Anisotropic

We use the LAE method to estimate the anisotropic prior parameters. The performance can be measured by the difference between the estimated parameters $\hat{\beta}$ and the generation parameters $\beta$. To maintain consistency with the literature[23-24,33], we first apply the method to estimate the sample generated by anisotropic parameters with central symmetry. To highlight the robustness, accuracy and generality, we design another experiment in which the central-symmetry condition is dropped and the samples are generated by the Gibbs sampler[26].

(1) When $\beta$ is Anisotropic but Central-Symmetric: When $\beta$ is anisotropic but

central-symmetric, there are four interaction parameters to be considered. The four samples shown in Fig.8(a), (c), (e), (g) are generated with the same prior parameters, but with a number of Potts states increasing from $Q = 2$ to $Q = 5$. The corresponding parameter estimation processes are plotted for $T = 10$ in Fig.8(b), (d), (f), (h).

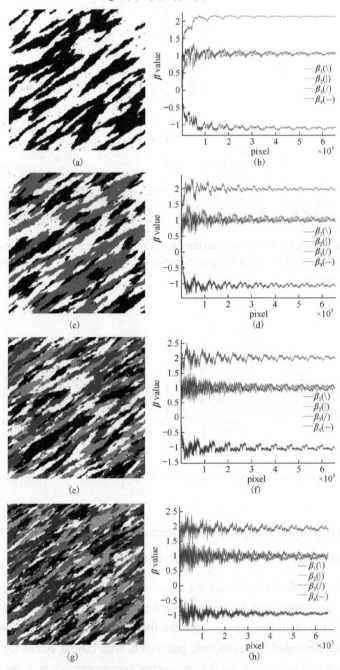

Fig.8 Estimates of the anisotropic prior parameters with central symmetry by local autoencoding. The Potts states of the samples shown in (a), (c), (e), (g) are $Q = 2, 3, 4, 5$ respectively. They are generated by the same 4 interaction parameters, and the parameters are shown in Tab.1; (b), (d), (f), (h) show the estimation process of the prior parameters ($T = 10$). (\), (|), (/) and (−) show the direction of each interaction strength

In addition, we also analyze the effects of the number of iterations by changing the parameter $T$ in the LAE algorithm. LAE with only one pass ($T = 1$) is termed LAE1, while LAE10 implies 10 passes. The results for LAE1 and LAE10 are listed in Tab.1.

Tab.1　Estimation result of Anisotropic prior parameters with central symmetry

| Fig.8 | estimations | $\beta_1$ | $\beta_2$ | $\beta_3$ | $\beta_4$ |
|---|---|---|---|---|---|
| | true $\beta$ | −1 | 1 | 1 | 2 |
| (a) | $\hat{\beta}$ (LAE1) | −0.9215 | 0.8709 | 1.1140 | 2.1079 |
| | $\hat{\beta}$ (LAE10) | −1.1204 | 1.0423 | 1.0320 | 2.1079 |
| (c) | $\hat{\beta}$ (LAE1) | −0.9655 | 0.9830 | 0.9931 | 1.9400 |
| | $\hat{\beta}$ (LAE10) | −1.0514 | 1.0395 | 0.9973 | 1.9780 |
| (e) | $\hat{\beta}$ (LAE1) | −1.0155 | 0.9731 | 1.0610 | 1.9758 |
| | $\hat{\beta}$ (LAE10) | −1.0134 | 1.0134 | 1.0029 | 2.0096 |
| (g) | $\hat{\beta}$ (LAE1) | −0.8926 | 0.9412 | 1.0214 | 1.9152 |
| | $\hat{\beta}$ (LAE10) | −0.9376 | 0.9691 | 1.0034 | 1.9280 |

Tab.1 shows that there is no obvious difference between the results of LAE1 and LAE10. We define a measure that is similar to the log MSE in Eq. (31) to evaluate the performance of the algorithms,

$$\Lambda = \log\left[\frac{1}{\|\boldsymbol{\beta}\|}\sum_i\left(\hat{\beta}_i - \beta_i\right)^2\right] \qquad (32)$$

where $\|\boldsymbol{\beta}\|$ is the length of filter $\boldsymbol{\beta}$. The value for LAE1 and LAE10 is respectively, $\Lambda_{LAE1} = -6.8344$ and $\Lambda_{LAE10} = -7.2605$. It demonstrates again that, only within one pass, the proposed LAE method is able to obtain an accurate estimation. We conclude that LAE1 is available for the practical applications, though multiple passes will improve the precision.

Tab.2　Estimate centric symmetric labelfield samples in Fig.8 with 8 parameters with LAE10

| estimations | $\beta_1$ | $\beta_2$ | $\beta_3$ | $\beta_4$ | $\beta_5$ | $\beta_6$ | $\beta_7$ | $\beta_8$ |
|---|---|---|---|---|---|---|---|---|
| true $\beta$ | −1 | 1 | 1 | 2 | 2 | 1 | 1 | −1 |
| $\hat{\beta}$(a) | −1.1354 | 1.0729 | 1.0373 | 2.1266 | 2.1774 | 1.0491 | 1.0695 | −1.1768 |
| $\hat{\beta}$(c) | −1.0943 | 1.0318 | 1.0085 | 2.0262 | 1.9652 | 1.0058 | 1.0656 | −1.0306 |
| $\hat{\beta}$(e) | −1.0386 | 1.0303 | 1.0066 | 2.0108 | 2.0333 | 1.0176 | 1.0099 | −1.0400 |
| $\hat{\beta}$(g) | −0.9544 | 0.9509 | 1.0144 | 1.9552 | 1.9281 | 1.0130 | 0.9986 | −0.9321 |

(2) Fully Anisotropic Interactions: The LAE algorithm does not require central symmetry, which suggests that LAE may also be used to estimate the samples that are generated by fully anisotropic interaction parameters.

In the experiment, we first use LAE1 and LAE10 with eight parameters to estimate the central-symmetric samples in Fig.8. This does not only help to evaluate the performance of the proposed method, but also allows us to examine whether the interaction parameters of these samples are indeed strictly central-symmetric. Results are given in Tab.2. Then, we change the generation parameters (show red in Tab.3), and use the new anisotropic parameters without central symmetry to generate new samples. Fig.9 shows the fully anisotropic samples, and Tab.3 lists the estimation results.

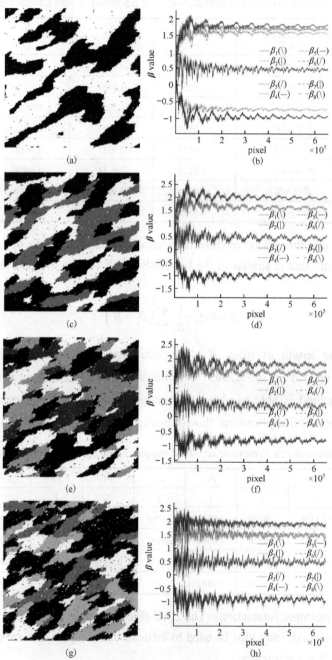

(a)
(b)
(c)
(d)
(e)
(f)
(g)
(h)

Fig.9　Fully anisotropic prior parameters estimation by local autoencoding.
The Potts states of the samples shown in (a), (c), (e), (g) are $Q = 2, 3, 4, 5$ respectively.
They are generated by the same 8 interaction parameters, and the parameters are shown in Tab.3;
(b), (d), (f), (h) show the estimation process of the prior parameters ($T = 10$)

Tab.3　Estimation results for fully anisotropic prior parameters

(The red trace highlights the changes compared to the centric symmetric case)

| Fig.9 | estimations | $\beta_1$ | $\beta_2$ | $\beta_3$ | $\beta_4$ | $\beta_5$ | $\beta_6$ | $\beta_7$ | $\beta_8$ |
|---|---|---|---|---|---|---|---|---|---|
| | true $\beta$ | -1 | 1 | 1 | 2 | 2 | 1 | -1 | 1 |
| (a) | $\hat{\beta}$ (LAE1) | -1.0181 | 1.7366 | 0.5269 | 1.9241 | 1.8344 | 0.6372 | 1.5091 | -0.6504 |
| | $\hat{\beta}$ (LAE10) | -0.9501 | 1.7049 | 0.4741 | 1.7872 | 1.6881 | 0.4854 | 1.5840 | -0.7290 |
| (c) | $\hat{\beta}$ (LAE1) | -1.1792 | 1.7024 | 0.6341 | 2.2634 | 2.3668 | 0.7214 | 1.7127 | -1.2571 |
| | $\hat{\beta}$ (LAE10) | -1.0002 | 1.6082 | 0.4533 | 1.9899 | 1.9858 | 0.4634 | 1.6087 | -1.0085 |
| (e) | $\hat{\beta}$ (LAE1) | -0.9458 | 1.8845 | 0.4816 | 1.9552 | 2.0906 | 0.5390 | 1.7335 | -0.8670 |
| | $\hat{\beta}$ (LAE10) | -0.7944 | 1.5394 | 0.4001 | 1.8273 | 1.8288 | 0.3736 | 1.5590 | -0.7948 |
| (g) | $\hat{\beta}$ (LAE1) | -1.0013 | 1.5831 | 0.6120 | 2.0285 | 2.1246 | 0.6439 | 1.6932 | -1.1361 |
| | $\hat{\beta}$ (LAE10) | -0.9006 | 1.4897 | 0.4979 | 1.9358 | 1.8995 | 0.4724 | 1.5413 | -0.8857 |

Two observations can be drawn from the estimation results: Firstly, even with central-symmetric label fields, like Fig.8, there exists bias between parameters in the central-symmetric positions, i.e. $\zeta_i = |\beta_i - \beta_{9-i}| \neq 0$, which demonstrates that samples generated by central-symmetric interaction parameters are not strictly regular across the whole image. The larger of $\zeta_i$, the more irregular of the direction of $i$. Therefore, the bias can be used to measure the regularity in each direction.

Secondly, it is important that for samples generated by fully anisotropic parameters (Fig.9), the estimates provided by LAE1 and LAE10 are approximately central-symmetric, which shows that *central-symmetry is a feasible assumption for most label fields*. This also demonstrates that samples generated by central-asymmetric parameters are unsuitable to be described by the original generation parameters. In other words, each sample can be generated by more than one set of prior parameters, which is expected to be due to the mixing effects of central-asymmetric forces.

## 5.4　Segmentation of Incompletely Observable Data

In the end, we apply the LAE method to incompletely observable data, i.e. sonar images by integrating it into the ICM method. ICM is selected for its low computation cost[34]. Being a local optimization method, it may converge to a local extreme. Better optimization can be expected when global methods are applied, such as Graph Cuts, Simulated Annealing, Genetic algorithms[26]. The ICM method starts from an initialized label field, then loops between parameter.

Estimation and label updating until a balanced Markov chain is obtained. In each iteration, LAE and ML are used to estimate the prior parameters and conditional parameters respectively, and the Gibbs sampling moves the label field towards the balance state.

An important task in sonar image segmentation is the extraction of the shadow areas. The first column of Fig.10 shows three pictures that are taken by a forward-looking sonar (Fig.10(a)), a side-scan sonar (Fig.10(b)) and a multi-beam high-resolution sonar (Fig.10(c)). The remaining columns of Fig.10 show the segmentation results by different methods. The raw images are first segmented by the ICM procedure with different prior parameter estimation methods. In the post-processing stage, morphological operators, such as image erosion and dilation, are adopted sequentially to get rid of the pepper-and-salt noise. In the results, candidate areas larger than 100 pixels are displayed with different colors.

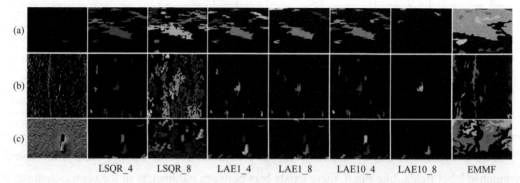

Fig.10  Candidate shadow areas from sonar image extracted by the ICM method. Columns correspond to variants of the LSQR algorithm and the LAE method used for estimate parameters, and the EMMF method which uses the mean field approximation algorithm. The variants are defined by the number of neighborhood parameters and the number of loops, e.g. "LAE1_4" indicates $T = 1$ and $\| \boldsymbol{\beta} \| = 4$ for the LAE algorithm

We compare the results with the frequently used LSQR method[5,23-24,33,35]. In Fig.10, "LAE10_8" discriminates background speckles from foreground objects more precisely, while "LSQR_8" is unsuitable for real image segmentation. Further, "LAE1_4", "LAE1_8", "LAE10_4" provide very similar segmentation results, which not only proves that the LAE algorithm with $T = 1$ and four prior parameters is already sufficient for image segmentation, but also highlights the computation superiority of LAE. The most important is that, LAE can be used to estimate arbitrary anisotropic samples.

The segmentation results of the EM procedure with mean- field approximation (EMMF for short, Section 3.3)[22] (also for $Q = 2$) are shown in the last column of Fig.10. With the forward-looking and the side-scan sonar images, the shadow areas mix with the background areas. This implies that "smoothing" is undesirable for the segmentation of sonar images.

## 6  Conclusions and Discussions

In this paper, a novel prior parameters estimation method, named local autoencoding (LAE), for MRF model is developed. LAE makes full use of the local block information in the image and learns the interaction parameters block by block with simple BP learning rules.

The experimental results illustrate that it converges rapidly to the true parameter, while provides an accurate estimate at the same time, which are favorable for time-critical practices. Besides, LAE has low computation and memory costs. In addition, LAE is attractive in several other aspects:

Firstly, LAE is a local-learning algorithm, which means that it is capable of estimating the local interaction parameters in any given specified area. In other words, LAE is a local self-adaptive algorithm, and it can be used to measure the differences of interaction parameters across the whole image.

Secondly, LAE is an incremental-learning algorithm. The estimated values from the current iteration can be used as the initial values for the parameters in the next iteration. In the ICM iteration, only those pixels that have label switchings in Gibbs sampling process should be chosen to improve the filter by incremental learning.

Thirdly, LAE is not limited to the specific neighborhood system that we have used here. Higher-order neighborhoods help to preserve finer structures[36-37]. In that case, we only need change the size of the filter, and LAE algorithm is readily applicable then.

Lastly, a major advantage of the LAE algorithm is that it presents a general framework for prior parameter estimation. It can be used to estimate the interaction parameters for other Potts models. For example, the prior parameters of the above Potts model are only determined by the relative site relationships, while Kanter's model[38] parameters in Appendix are also determined by the labels between neighboring pixels. Descombes' Potts model[16] is an exceptional example, where interaction parameters, $\beta_s$, are no longer local spatial-invariant (e.g. homogeneous), they are determined by a set of variables (e.g. inhomogeneous)[16]. In this case, we may use the same transformation rule in Eq.(28), and then take the derivative of the error energy with respect to each variable. Result shows that the LAE algorithm is feasible for Descombes' Potts model (data is not shown). There are also other kinds of Potts models, like[39] and[40], their prior parameters are homogeneous and can be estimated by similar extensions. Although these models deserve a more detailed consideration and a comparative evaluation, the full treatment is beyond the scope of this paper.

## 7 Appendix Extension to Kanter's Potts Model

In Kanter's model[38], each Potts unit can be in a number $Q$ of distinct active states with equal probability $1/Q$. The Hamiltonian with only local interactions can be written as

$$H = -\frac{1}{2}\sum_{s}\sum_{t\in\Xi_s}\sum_{v,p=1}^{Q}\beta_{st}^{vp}u_{l_s,v}u_{l,p} \qquad (33)$$

where $u_{l_s,v}=\delta_{l_s v}-\frac{1}{Q}$ is the interaction operator between states $l_s$ and $v$. There are $8Q^2$ interaction parameters to be estimated. To further reduce the computation and ease the consideration, we take two simplified strategies:

(1) $\beta_{st}^{vp}$ is isotropic, $\beta_{st}^{vp}\equiv\beta^{vp}$;

(2) Omit the constant $-\frac{1}{Q}$ in the interaction operator.

Similarly, when maximizing the conditional probability

$$P\left(l_s \mid l_{\Xi_s}\right) = \left\{1 + \sum_{q \neq l_s} e^{\sum\limits_{l_s = p \& q = v} \beta^{vp} \sum\limits_{l_t = p \& l_s = v} \beta^{vp}}\right\}^{-1}_{t \in \Xi_s} \tag{34}$$

$\beta^{vp}$ should increase when $l_s = v$ and $l_t = p$, and decrease otherwise. Note that the first term in the exponent has nothing to do with $\beta$. It is also similar to the Hebbian learning and the LAE algorithm is applicable now. Then, the transformation rule from Potts states to $\{-1, 1\}$ is

for $s$

$$l_s = p \quad l_s' = 1 : l_s' = -1$$

for $t \in \Xi_s$

$$l_t = q \quad l_t' = 1 : l_t' = -1;$$

(Optional)

if $l_t' + \sum_{t \in \Xi_s} l_t' = -9$

discard the block;

end

A transformation example ($Q = 3$) is shown below

$$\begin{bmatrix} 1 & 1 & 1 \\ 1 & 2 & 1 \\ 1 & 3 & 3 \end{bmatrix} \begin{array}{c} \nearrow \\ \\ \searrow \end{array} \begin{array}{c} \beta^{23} \begin{bmatrix} -1 & -1 & -1 \\ -1 & 1 & -1 \\ -1 & 1 & 1 \end{bmatrix} \\ \beta^{32} \begin{bmatrix} -1 & -1 & -1 \\ -1 & -1 & -1 \\ -1 & -1 & -1 \end{bmatrix} \end{array} \tag{35}$$

The same block is necessary in estimating $\beta^{23}$ but is optional in estimating $\beta^{32}$.

Similar to Eq.(24), the output of pixel s when we estimate $\beta^{pq}$ is

$$\ell_s^{pp} = f\left(\sum_{t \in \Xi_s} \beta_{st}^{vp} l_s' l_t'\right) \tag{36}$$

The error energy $e_s^{vp} = \frac{1}{2}\left(\ell_s^{vp} - l_s^{vp}\right)^2$. The gradient descent rule for $\beta_i^{pq}$ is

$$\Delta\beta_i^{vp} = -\eta\left(\ell_s^{vp} - l_s^{vp}\right)\frac{1}{2}\left(1 - l_s^{vp}\right)^2 \sum_{t \in \Xi_s} l_s' l_t' \tag{37}$$

Metropolis sampler is adopted for the label field generation with the single-site energy being $\mathcal{E}_s = \sum_{t \in \Xi_s, v, p} \sum \beta_{st}^{vp} u_{l_s, v} u_{l_t, p}$. Two samples generated by the simplified Kanter's Potts model and their prior parameter estimation process is shown in Fig.11. The detailed generation parameters and estimation value are listed in Tab.4. The results show that the LAE algorithm can be used to estimate Kanter's Potts model by simple label transformations.

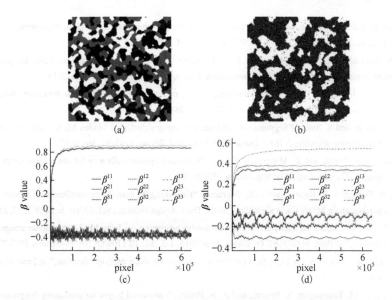

Fig.11 Prior parameter estimation for Kanter's Potts model ($Q = 3$). (a) and (b) are samples, (c) and (d) are the corresponding parameter estimation process using the LAE algorithm ($T = 10$)

Tab.4 Estimation results of the Kanter's Potts model in Fig.11

| Fig.11 | $\beta^{vp}$ | $\hat{\beta}^{vp}$ |
|---|---|---|
| (a) | $\begin{pmatrix} 0.90 & -0.30 & -0.30 \\ -0.60 & 0.70 & -0.60 \\ -0.30 & -0.30 & 0.90 \end{pmatrix}$ | $\begin{pmatrix} 0.84 & -0.36 & -0.36 \\ -0.37 & 0.85 & -0.36 \\ -0.37 & -0.36 & 0.84 \end{pmatrix}$ |
| (b) | $\begin{pmatrix} -0.10 & 0.50 & -0.35 \\ 0.10 & -0.05 & -0.40 \\ -0.20 & -0.15 & 0.50 \end{pmatrix}$ | $\begin{pmatrix} -0.11 & 0.38 & -0.31 \\ 0.34 & -0.10 & -0.31 \\ -0.19 & -0.18 & 0.55 \end{pmatrix}$ |

## 8  Acknowledgement

The authors are grateful to *Marcelo Pereyra* for discussions about the estimation of parameters of Markov random fields, to *Prof. Yandong Tang* for advices on improving the paper, and to the anonymous reviewers for valuable comments on the previous versions of the paper.

## References

[1]  S. Geman and D. Geman, "Stochastic relaxation, Gibbs distributions, and the Bayesian restoration of images," IEEE Trans. Pattern Anal. Mach. Intell., vol. 6, no. 6: 721-741, Nov. 1984.

[2]  Y. Boykov, O. Veksler, and R. Zabih, "Fast approximate energy minimization via graph cuts," IEEE Trans. Pattern Anal. Mach. Intell., vol. 23, no. 11: 1222 -1239, Nov. 2001.

[3]  N. Komodakis, N. Paragios, and G. Tziritas, "MRF optimization via dual decomposition: Message-passing revisited," in Proc. IEEE 11th Int. Conf. Comput. Vis., Oct. 2007: 1-8.

[4]  C. Wang, N. Komodakis, and N. Paragios, "Markov random field modeling, inference & learning in computer vision & image under- standing: A survey," Comput. Vis. Image Understand., vol. 117, no. 11: 1610 -1627, 2013.

[5]   M. Mignotte, C. Collet, P. Perez, and P. Bouthemy, "Sonar image segmentation using an unsupervised hierarchical MRF model," IEEE Trans. Image Process., vol. 9, no. 7: 1216-1231, Jul. 2000.

[6]   Eches, J. A. Benediktsson, N. Dobigeon, and J.-Y. Tourneret, "Adaptive Markov random fields for joint unmixing and segmentation of hyperspectral images," IEEE Trans. Image Process., vol. 22, no. 1: 5-16, Jan. 2013.

[7]   M. Gong, L. Su, M. Jia, and W. Chen, "Fuzzy clustering with a modified MRF energy function for change detection in synthetic aperture radar images," IEEE Trans. Fuzzy Syst., vol. 22, no. 1: 98-109, Feb. 2014.

[8]   Y. Zhang, M. Brady, and S. Smith, "Segmentation of brain MR images through a hidden Markov random field model and the expectation- maximization algorithm," IEEE Trans. Med. Imag., vol. 20, no. 1: 45-57, Jan. 2001.

[9]   M. T. Moores, A. N. Pettitt, and K. Mengersen. (2015). "Scalable Bayesian inference for the inverse temperature of a proof hidden Potts model." [Online]. Available: http://arXiv:1503.08066

[10]  M. Pereyra, N. Dobigeon, H. Batatia, and J.-Y. Tourneret, "Estimating he granularity coefficient of a Potts -Markov random field within a Markov chain Monte Carlo algorithm," IEEE Trans. Image Process., vol. 22, no. 6: 2385-2397, Jun. 2013.

[11]  S. Song, B. Si, X. Feng, and J. M. Herrmann, "Prior parameter estimation for Ising-MRF-based sonar image segmentation by local center-encoding," in Proc. MTS/IEEE OCEANS, May 2015: 1-5, doi: 10.1109/OCEANS-Genova.2015.7271429.

[12]  J.-F. Giovannelli, "Estimation of the Ising field parameter thanks to the exact partition function," in Proc. 17th IEEE ICI, Sep. 2010: 1441-1444.

[13]  C. A. McGrory, D. M. Titterington, R. Reeves, and A. N. Pettitt, "Variational Bayes for estimating the parameters of a hidden Potts model," Statist. Comput., vol. 19, no. 3: 329-340, 2009.

[14]  L. Younes, "Maximum likelihood estimation for Gibbsian fields," Lect. Notes-Monograph Ser., vol 20: 403-426, Jan. 1991.

[15]  C. J. Geyer, "Practical Markov chain Monte Carlo," Statist. Sci., vol. 7, no. 4: 473-483, 1992.

[16]  X. Descombes, R. D. Morris, J. Zerubia, and M. Berthod, "Estimation of Markov random field prior parameters using Markov chain Monte Carlo maximum likelihood," IEEE Trans. Image Process., vol. 8, no. 7: 954-963, Jul. 1999.

[17]  J. Møller, A. N. Pettitt, R. Reeves, and K. K. Berthelsen, "An efficient Markov chain Monte Carlo method for distributions with intractable normalising constants," Biometrika, vol. 93, no. 2: 451-458, 2006.

[18]  J. Besag, "Spatial interaction and the statistical analysis of lattice systems," J. Roy. Statist. Soc. B (Methodol.), vol. 36, no. 2: 192-236, 1974.

[19]  T. Rydén and D. Titterington, "Computational Bayesian analysis of hidden Markov models," J. Comput. Graph. Statist., vol. 7, no. 2: 194-211, 1998.

[20]  J. Besag, "Efficiency of pseudo-likelihood estimation for simple Gaussian fields," Biometrika, vol. 64, no. 3: 616-618, 1977.

[21]  J. Zhang, "The mean field theory in EM procedures for blind Markov random field image restoration," IEEE Trans. Image Process., vol. 2, no. 1: 27-40, Jan. 1993.

[22]  G. Celeux, F. Forbes, and N. Peyrard, "EM procedures using mean field-like approximations for Markov model-based image segmentation," Pattern Recognit., vol. 36, no. 1: 131-144, 2003.

[23]  H. Derin and H. Elliott, "Modeling and segmentation of noisy and textured images using Gibbs random fields," IEEE Trans. Pattern Anal. Mach. Intell., vol. 9, no. 1: 39-55, Jan. 1987.

[24]  M. Mignotte, C. Collet, P. Pérez, and P. Bouthemy, "Three-class Markovian segmentation of high-resolution sonar images," Comput. Vis. Image Understand., vol. 76, no. 3: 191-204, 1999.

[25]  J. Besag, "Statistical analysis of non-lattice data," J. Roy. Statist. Soc. D (Statist.), vol. 24, no. 3: 179-195, 1975.

[26]  S. Z. Li, Markov Random Field Modeling in Image Analysis, vol. 26. London, U.K.: Springer-Verlag, 2009.

[27]  M. Pereyra, N. Whiteley, C. Andrieu, and J. Y. Tourneret, "Maximum marginal likelihood estimation of the granularity coefficient of a Potts-Markov random field within an MCMC algorithm," in Proc. IEEE Workshops Statist. Signal Process. (SSP), Jun./Jul. 2014: 121-124.

[28]  J. M. Marin, P. Pudlo, C. P. Robert, and R. J. Ryder, "Approximate Bayesian computational methods," Statist. Comput., vol. 22, no. 6: 1167-1180, 2012.

[29]  I. Murray, Z. Ghahramani, and D. MacKay, "MCMC for doubly-intractable distributions," in Proc. 22nd Conf. UAI, Arlington, TX, USA, 2006: 359-366.

[30]  J. G. Propp and D. B. Wilson, "Exact sampling with coupled Markov chains and applications to statistical mechanics," Random Struct. Algorithms, vol. 9, nos. 1-2: 223-252, 1996.

[31] S. Haykin, Neural Networks: A Comprehensive Foundation. Englewood Cliffs, NJ, USA: Prentice-Hall, 1999.

[32] M. Pereyra, N. Dobigeon, H. Batatia, and J. Y. Tourneret, "Computing the Cramer-Rao bound of Markov random field parameters: Application to the Ising and the Potts models," IEEE Signal Process. Lett., vol. 21, no. 1: 47-50, Jan. 2014.

[33] S. Reed, Y. Petillot, and J. Bell, "An automatic approach to the detection and extraction of mine features in side scan sonar," IEEE J. Ocean. Eng., vol. 28, no. 1: 90-105, Jan. 2003.

[34] C. Dumontier, F. Luthon, and J. P. Charras, "Real-time DSP implementation for MRF-based video motion detection," IEEE Trans. Image Process., vol. 8, no. 10: 1341-1347, Oct. 1999.

[35] Y. Petillot, Y. Pailhas, J. Sawas, N. Valeyrie, and J. Bell, "Target recognition in synthetic aperture and high resolution side-scan sonar," in Proc. Eur. Conf. Underwater Acoust. (ECUA), vol. 10, 2010.

[36] N. Komodakis and N. Paragios, "Beyond pairwise energies: Efficient optimization for higher-order MRFs," in Proc. IEEE Conf. Comput. Vis. Pattern Recognit., Jun. 2009: 2985-2992.

[37] P. Kohli, A. Osokin, and S. Jegelka, "A principled deep random field model for image segmentation," in Proc. IEEE Conf. Comput. Vis. Pattern Recognit., Jun. 2013: 1971-1978.

[38] I. Kanter, "Potts-glass models of neural networks," Phys. Rev. A, vol. 37: 2739(R) -2742(R), Apr. 1988.

[39] F. Gerl, K. Bauer, and U. Krey, "Learning with Q-state clock neurons," Zeitschrift Physik B Condensed Matter, vol. 88, no. 3: 339-347, 1992.

[40] S. Song, H. Yao, and A. Y. Simonov, "Latching chains in K-nearest-neighbor and modular small-world networks," Netw., Comput. Neural Syst., vol. 26, no. 1: 1-24, 2015.

# Hydrodynamic Modeling with Grey-Box Method of a Foil-Like Underwater Vehicle*

LIU Xin-yu(刘鑫宇)[1,2], LI Yi-ping(李一平)[1,2], WANG Ya-xing(王亚兴)[1],
FENG Xi-sheng(封锡盛)[1,2]

(1. State Key Laboratory of Robotics, Shenyang Institute of Automation,

Chinese Academy of Sciences, Shenyang, Liaoning, China, 110016;

2. University of Chinese Academy of Sciences, Beijing, China, 100049)

**Abstract:** In this study, a dynamic modeling method for foil-like underwater vehicles is introduced and experimentally verified in different sea tests of the Hadal ARV. The dumping force of a foil-like underwater vehicle is sensitive to swing motion. Some foil-like underwater vehicles swing periodically when performing a free-fall dive task in experiments. Models using conventional modeling methods yield solutions with asymptotic stability, which cannot simulate the self-sustained swing motion. By improving the ridge regression optimization algorithm, a grey-box modeling method based on 378 viscous drag coefficients using the Taylor series expansion is proposed in this study. The method is optimized for over-fitting and convergence problems caused by large parameter matrices. Instead of the PMM test data, the unsteady computational fluid dynamics calculation results are used in modeling. The obtained model can better simulate the swing motion of the underwater vehicle. Simulation and experimental results show a good consistency in free-fall tests during sea trials, as well as a prediction of the dive speed in the swing state.

**Keywords:** unmanned underwater vehicle, grey-box model, hydrodynamics, ridge regression, correlations

## 1 Introduction

Recently, the shape designs of underwater robots have been diversified. Many well-known deep-sea underwater vehicles, such as Odyssey IV (Cooney, 2009) from MIT, Sentry (Jakuba, 2003) from WHOI, DEEPSEA CHALLENGER (Li et al., 2013), QIAN LONG II (Xu et al., 2015) from Shenyang Institute of Automation et al., have adopted foil-like bodies. In contrast to an underwater vehicle with a body of revolution, the design and modeling of an underwater vehicle with a foil-like body is complicated because no reference model is used during the

---

* 原发表于 *China Ocean Engineering*, 2017, 31(6): 773-780。

design process.

The modeling of an underwater vehicle is the most challenging problem in the design of an underwater vehicle. The modeling is based on the existing reference model or performed using a grey-box modeling method, which considers part of the model as a white-box and the other part as a black-box. The modeling of rigid-body dynamics is performed using the white-box method, which is not discussed in this paper. Therefore, it is difficult to model fluid forces, especially viscous forces. The most challenging problem for a foil-like underwater vehicle is the lack of a suitable reference model for viscous forces. Gertier et al. (1967) proposed a standard submarine motion equation which is later widely used by underwater vehicles with a body of revolution as a reference model. However, this model required a similar shape of the underwater vehicle the SUBOFF model (Cao et al., 2016). Hence, the model could not be applied to vehicles of other different shapes. The hydrodynamic model adopted by Sentry AUV (Jakuba, 2003) and REMUS AUV (Prestero, 2001) used the theory of slender body to fit the empirical coefficient to determine the structure. Both of them used the white-box method to build the whole dynamic model. This modeling method can model the foil-like vehicles and the most specially shaped vehicles. However, the model operation complex and difficult because it requires deep hydrodynamic foundations and extensive engineering experience. The hydrodynamic model of remotely operated vehicles (ROVs) is modeled by first-order coefficients or first-order and diagonal second-order coefficients (Maalouf et al., 2015). The model is asymptotically stable in all directions of forces, and it cannot simulate the self-sustained swing motion. Martin and Whitcomb (2014) realized an online system identification method for an ROV, obtained a high precision in the experiment, and compared the identification results of many kinds of combined coefficients. However, this method required expensive sensors because it involved an on-line identification of the mass properties. In this study, the grey-box modeling method is used for dynamic modeling in which the rigid-body dynamics with a definite structure employs the white-box approach and the dumping force that lacks the reference model employs the black-box approach. The CFD method is utilized to obtain the virtual experimental data, and the improved ridge regression algorithm is used to optimize the large number of viscous coefficients, which can solve the above-mentioned problems.

Commonly used viscous force coefficients are obtained using the Taylor series expansion (Prestero, 2001); therefore, there are multicollinearity problems between the coefficients (Yoon and Rhee, 2003). The influence of multicollinearity on the identification of viscous force parameters is rarely discussed in the literature of common hydrodynamic studies. Martin and Whitcomb (2014) used an improved least-squares method to identify coefficients, which diminished the effect of multicollinearity on the identification results. However, this method is highly integrated and cannot judge the quality of data at the same time. Yoon and Rhee (2003) used the ridge regression method to solve the problem of multicollinearity. This method provided data quality judgment for users. However, the number of parameters used in their work was small. As the number of parameters increases, the simple ridge regression method demonstrates a serious decline in the goodness of fit. This study proposes an improved ridge regression algorithm to solve the problem of decline in the goodness of fit.

In this study, the Hadal autonomous and remotely operated vehicle (Hadal ARV) is used as an example to verify the method. This ARV is a full-ocean-depth underwater vehicle developed by Shenyang Institute of Automation of the Chinese Academy of Sciences. The vehicle has a foil-like shape as shown in Fig.1. Owing to the work depth (~11,000m), the robot spends most of the time descending or ascending. The diving process shows a complex movement form. In the free-fall diving, the vehicle spontaneously exhibits the movement of a spiral swing. During the spiral swing motion, its dive speed greatly deviates from the resistance calculation results in the vertical direction. When the swing amplitude of the vehicle reaches its maximum, the attack angle increases. As a result, the resistance of water will increase rapidly. When the swing reaches the equilibrium point, the attack angle decreases and the vehicle's speed increases. In this case, using the CFD calculation results, the deviation between the simulation results and the actual situation is large. Hence, this kind of underwater vehicle should employ the dynamic model to predict its dive speed. In addition, because the vehicle exhibits the motion of a spiral swing, 2-D dynamic models are not appropriate for this kind of vehicle. A six-degree-of-freedom (6-DOF) dynamic model should be employed to accurately describe this motion. However, as described earlier, the conventional models such as the SUBOFF model, the white box model, and the ROV model are not appropriate for the modeling of the self-oscillation of the foil-like underwater vehicle. In addition, because the swing motion is difficult to explain, it is necessary to treat the damping force as a black-box model. This study uses a grey-box method to build the model in which the damping force is considered as a black-box part. The viscous force model is built using all 378 viscous drag coefficients which are obtained using the Taylor series expansion and an improved ridge regression method is employed to solve the problem.

Fig.1　Hadal ARV over sea

The rest of this paper is organized as follows. In Section 2, the modeling and optimization methods of the underwater vehicle are introduced. Section 3 focuses on the implementation of this method and results of the CFD calculation and the simulation results of the 6-DOF dynamic model are presented. The Hadal ARV is used as an example to build a hydrodynamic model by using this method. In Section 4, the results of the simulation are compared with the results of actual sea trials, and the velocity prediction capability is compared with that of the conventional free-fall dive model. The final section summarizes our approach.

## 2  Hydrodynamic Modeling Method

This study focuses on synthesizing the viscous force equation with 378 viscous hydrodynamic coefficients obtained using the Taylor series expansion. An improved ridge regression method is utilized to solve the problem of multicollinearity when the coefficient matrix is huge. The implementation of this modeling method includes the following steps.

### 2.1  Rigid-Body Dynamics

In this study, the north-east-down (NED) coordinate system is chosen as the geographic coordinate system. The body coordinate system is defined as shown in Fig.2, where $B$ is the buoyancy of the vehicle and $G$ is the gravity of the vehicle. In Fig.2, the $X$ direction is the forward direction that indicates the sailing direction; the $Y$ direction is the traverse direction, and there is no active motion along this direction; and the $Z$ direction is the vertical direction that shows the direction of ascent or descent.

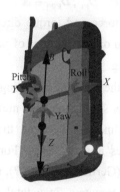

Fig.2  Coordinate system definition

The object of this study is a foil-like underwater vehicle with a large metacentric height. A 6-DOF rigid-body dynamic model with its gravity center away from the buoyancy center is mentioned in another study (Wang et al., 2015). As the center of gravity of the vehicle is located at a farther position from the center of the buoyancy, the vehicle has a larger attitude restoration capability. The 6-DOF motion equation can be expressed as follows:

$$\begin{cases} M_{RB}\dot{V} + C_{RB}(V)V = \tau_{RB} \\ \tau_{RB} = \tau_{hydr} + \tau \\ V = [u,v,w,p,q,r]^{\mathrm{T}} \end{cases} \tag{1}$$

where $M_{RB}$ is the inertial matrix, $C_{RB}(V)$ is the Coriolis force matrix and $\tau_{hydr} \in \mathbb{R}^{6\times1}$ represents the force exerted by the water on the vehicle. The external force is shown as $\tau \in \mathbb{R}^{6\times1}$. $u,v,w,p,q,r \in V$ is the velocity and angular velocity of the vehicle in 6-DOF. $\tau_{hydr}$ can be divided into three sections.

$$\tau_{hydr} = -M_A\dot{V} - C_A(V)V - D(V)V - g(\eta) \tag{2}$$

where $M_A$ is added mass matrix, $C_A(V)$ is the Coriolis force matrix induced by the added mass force, $D(V)$ is the viscous force matrix, $g(\eta)$ is the effect induced by gravity and buoyancy, and the mass of the Hadal ARV is $m$ . $g(\eta)$, $M_{RB}$ and $C_{RB}(V)$ are more easily to compute (Wang et al., 2015).

## 2.2 Hydrodynamics Model

The modeling of fluid forces requires the support of experimental data. Towing tank testing and plane motion mechanism (PMM) testing are commonly used simulation test methods. However, during the design phase of the robot, the shape of the vehicle is often changed, and it is uneconomical to repeatedly test the new model using a towing tank or PMM test (Liu et al., 2016). In Eq. (2), $M_A$ and $C_A(V)$ can be obtained by the Hess-Smith method (Antes and Panagiotopoulos, 1992). $D(V)V$ is difficult to express it directly in a linear matrix form. In most cases, $D(V)V$ is written as a Taylor series expansion, as shown in Eq. (3).

$$D(V)V = D_V V + V^{\mathrm{T}} D_{VV} V + V^{\mathrm{T}} D_{V|V|} |V| \qquad (3)$$

where $D_V, D_{VV}, D_{V|V|} \in \mathbb{R}^{6\times6}$ has 63 parameters in each direction, totaling 378 parameters on the six force and torque directions in $F_x, F_y, F_z, T_x, T_y, T_z$ . To reduce the impact of a manual selection on the number of parameters, all 378 parameters will participate in optimization and modeling.

In the dynamic modeling of underwater vehicles, the number of viscous force parameters is generally small, and each number of force parameters in one direction is often smaller than 20. The collinearity between the input data is unobvious and the fitting and data acquisition processes are also easy. For instance, among the 6-DOF standard submarine equations of motion (Gertier et al., 1967), the pitch moment equation has the maximum numbers of damping force parameters, in a total of 14 items. Maalouf et al. (2015) used only 2 damping force parameters to characterize the damping force in each degree of freedom. When the number of parameters increased to 63, the choice of an optimization method will become significant. Owing to the large number of parameters to be fitted and the problem of multicollinearity between input data, it is difficult to obtain valid results by using unbiased estimators such as the conventional least squares method. The direct use of least squares method brings a poor prediction effect and simulation divergence. The ridge regression method with cross-validation is utilized to improve the prediction accuracy. In addition, the gradient method of adding a correlation analysis is used to solve the problem of weak convergence caused by multicollinearity.

Furthermore, the CFD method is utilized to obtain the modeling data. In this work, the ridge regression method is used, which can draw a ridge trace. The quality of modeling data can be evaluated visually based on the ridge trace (Hoerl and Kennard, 1970). This can guide the designer to select appropriate CFD data to improve the modeling accuracy.

## 2.3 Regression Method

For a least-squares linear regression problem, the linear system is represented by Eq. (4)

$$y = X\beta \tag{4}$$

The optimal objective function is $\arg\min_{\beta} f(\beta) = \sum_{i=1}^{N}(y_i - x_i\beta)^2$. The least-squares estimate is

$$\hat{\beta} = (X^{\mathrm{T}}X)^{-1}X^{\mathrm{T}}y \tag{5}$$

Because of the strong collinearity between the columns in $X$, for example, the output of the parameters $u$, $u^2$, and $u|u|$ are very close when $u < 1$. $u^2$ and $u|u|$ are approximately linear. In this case, the gradient approximation leads to the singularity of the result of $(X^{\mathrm{T}}X)^{-1}$, and furthermore, leads to the estimation result $\hat{\beta}$ sensitive to noise of $y$, resulting in inaccurate estimates (Hoerl and Kennard, 1970). When the ill-posed problem occurs, the mean squared error of the least-squares result is large. The ridge regression method can be used to solve the problem. The regression coefficient, obtained using the ridge regression method, is added to the optimization objective function, which is shown as

$$\arg\min_{\beta} f(\beta) = \sum_{i=1}^{N}(y_i - x_i\beta)^2 + k\beta^{\mathrm{T}}\beta \tag{6}$$

The estimation result is expressed as

$$\hat{\beta} = (X^{\mathrm{T}}X + kI)^{-1}X^{\mathrm{T}}y \tag{7}$$

where the ridge regression parameter is $k$; the adjustment of $k$ can effectively reduce the singular result. The parameter $k$ is determined through the cross-validation method; 80% of the data is considered training data and 20% the validation data. To improve the prediction accuracy of the model during the cross-validation process, validation data should not participate in the training. In addition, a ridge trace is drawn, and $k$ is set to be the minimum value of the cross-validation result.

Another problem encountered in the optimization process is the lack of data incentives and the widening of residuals caused by ridge regression. For example, if a vehicle cannot move backward, the parameters $u^2$ and $u|u|$ of this vehicle will be the same and cannot be distinguished. The ridge regression result has higher residuals than the least squares result due to the introduction of regularization terms, which means the predicted value of the regression parameters obtained in the simulation is always smaller than the actual value. In the optimization process, introduction of prior knowledge can better improve the following two problems by referencing pre-obtained correlation coefficients into gradient method. This method can produce the effect of artificial intervention and does not affect the condition that the algorithm can converge to a minimum value.

This study calculates the correlation coefficient (Zou et al., 2003) between each group of force and each velocity term before optimization. Let the square of the correlation coefficient of each group data be $C = [c_1^2, c_2^2, \cdots, c_M^2]$. This work constructs the following optimization objective function.

$$\arg \min_{\beta} f(\beta) = \sum_{i=1}^{N} \left[ y_i - \sum_{j=1}^{M} x_{i,j} c_j^2 \beta_j \right]^2 + k \sum_{j=1}^{M} \beta_j^2 \tag{8}$$

When $C$ is not all 0, Eq. (9) is positive definite, and the optimal solution exists. The derivative of Eq. (9) yields

$$\frac{\partial f(\beta)}{\partial \beta_j} = -2c_j^2 \sum_{i=1}^{N} \left[ y_i - \sum_{j=1}^{M} x_{i,j} c_j^2 \beta_j \right] x_{i,j} + 2k\beta_j \tag{9}$$

From Eq. (9), it can be seen that the actual hydrodynamic coefficient value $\beta_{Hydroj} = c_j^2 \beta_j$ can be substituted into Eq. (8) and Eq. (9), the following formula is obtained.

$$\arg \min_{\beta_{Hydroj}} f(\beta_{Hydroj}) = \sum_{i=1}^{N} \left[ y_i - \sum_{j=1}^{M} (x_{i,j} \beta_{Hydroj}) \right]^2 + k \sum_{j=1}^{M} \frac{\beta_{Hydroj}^2}{c_j^4}$$

$$\frac{\partial f(\beta_{Hydroj})}{\partial \beta_{Hydroj}} = -2 \sum_{i=1}^{N} \left[ y_i - \sum_{j=1}^{M} (x_{i,j} \beta_{Hydroj}) \right] x_{i,j} + 2\frac{k}{c_j^4} \beta_{Hydroj} \tag{10}$$

The comparison between Eq. (8) and Eq. (10) shows that the introduction of the correlation coefficient is essentially equivalent to the re-allocation of various parameters in the regularization terms of the ridge regression. However, avoid the arithmetic error caused by the division and improve the operation precision when $c_j$ tends to be infinitely small. In addition, from Eq. (10), it can be seen that the parameter with a larger correlation reduces the contribution of the regularization term to the gradient due to the large value of $c_j$, so that the result is closer to the result of unbiased estimation. For parameters with less correlation, the contribution of the regularization term to the gradient can be greatly improved, and the coefficient can be prevented from being larger.

## 3  Modeling Implementation

The modeling method described in this paper includes three steps. The first step is to obtain the mass parameter through the white-box method. The second step is to use the CFD method to obtain the modeling data. The third step is to use the CFD data and the improved ridge regression algorithm to build the grey-box model of the viscous force.

Most full-ocean-depth underwater vehicles apply a free-fall strategy to touch the seabed (Murashima et al., 2009). In this study, the CFD data are used to build the model, and the simulation results are compared with the free-fall data of the Hadal ARV on sea trails.

### 3.1  Mass Properties

Because of the complexity of the mass property calculation of the vehicle, the experimental data are combined to obtain its mass properties through the equivalent model. The metacentric height of the ARV is measured by the pool experiment, and the simplified model is designed with a similar metacentric height. This vehicle has many open areas that contain a large amount of seawater. The internal water will influence the moment of inertia of the vehicle during the rotation. These parts of the internal water are incorporated into the calculation of mass properties. When the vehicle is working undersea, it is in the state of neutral buoyancy. According to the shape of the outer wrap surface, the volume of the drainage volume can be acquired, and the Solidworks model of the whole vehicle is divided into two parts. Then, the density of the two parts is adjusted with density modifiable materials. Fig.3 shows the equivalent model with a mass and metacentric height close to those of the actual ARV when the density of the upper part is 160kg/m³, and the density of the lower part is 2000kg/m³. The following mess parameters can be obtained by Solidworks with the equivalent model above-mentioned.

Fig.3　Solidworks model of Hadal ARV

$$J = \begin{bmatrix} 35.07 & -0.017 & 0.233 \\ -0.017 & 45.22 & -0.037 \\ 0.233 & -0.037 & 17.56 \end{bmatrix}, m = 318.4\text{kg}, V = 0.32\text{m}^3, P_W = \begin{bmatrix} 0 \\ 0 \\ 0.21 \end{bmatrix} \tag{11}$$

where $J$ is the moment of inertia, $m$ is the equivalent mass of the robot in water, $V$ is the volume of the robot drainage, and $P_W$ is the position of the center of mass in the body coordinate system. The mass parameters in Eq. (11) are not exactly the same as the actual parameters of the robot. They are also more stable in the simulation and similar to those obtained from the theoretical calculation results.

## 3.2　CFD Calculation

CFD simulations are utilized instead of PMM tests to collect modeling data. Owing to the swing motion, the results obtained by using the steady solver are inaccurate. Therefore, an unsteady solver is utilized for the calculations. As shown in Fig.4, the size of the model calculation is the same as the actual size of the robot. Meanwhile, all the appendages participated in the CFD calculations. The outer wrap surface for the appendages is created, and then the surface mesh and the volume mesh are drawn.

A cubic region of $4\text{m} \times 4\text{m} \times 6\text{m}$ with a total of 550000 polyhedral cells is chosen. The distance from the top of the robot to the boundary is set at 3.3m, and the distance from the boundary to the other side of the robot is about 1.5m. The $k$-$\varepsilon$ model is utilized as the turbulence model, the DFBI function of StarCCM+ is utilized to perform unsteady-state simulations and all the motion states in the actual motion of the ARV are considered by the simulation movement as far as possible (Yang et al., 2015). The input parameter is configured as a random number in the vicinity of the actual operating conditions to allow the simulation to go through as many states as possible. Therefore, the mass properties are set to an identity matrix in the DFBI and an external force as shown in Eq. (12).

$$
\begin{cases}
F_x(t) = 0.41(0.7\sin(0.41\pi t) + 0.3\sin(0.25\pi t)) \\
F_y(t) = 0.38(0.7\sin(0.39\pi t) + 0.3\sin(0.23\pi t)) \\
F_z(t) = 0.45(\sin(0.43\pi t)\sin(0.05\pi t) + 0.2) \\
T_x(t) = 0.51(0.7\sin(0.38\pi t) + 0.3\sin(0.24\pi t)) \\
T_y(t) = 0.20(0.7\sin(0.40\pi t) + 0.3\sin(0.24\pi t)) \\
T_z(t) = 0.09(0.7\sin(0.42\pi t) + 0.3\sin(0.23\pi t))
\end{cases}
\tag{12}
$$

Fig.4　Turbulent viscosity in simulation

### 3.3　Hydrodynamic Model Identification

A total of 1600 sets of CFD data were obtained in 16s in the last subsection, using the method in Section 2 for identification and modeling. The results of the model's matching precision and cross-validation accuracy are shown in Tab.1.

Tab.1　$R^2$ of trans and cross validation

| force or moment | $R^2$ of trans | $R^2$ of cross validation | $k$ |
|---|---|---|---|
| $F_x$ | 0.9997 | 0.9872 | 0.004 |
| $F_y$ | 0.9901 | 0.9939 | 1.5849 |
| $F_z$ | 0.9921 | 0.7816 | 0.0398 |
| $T_x$ | 0.947 | 0.9826 | 15.849 |
| $T_y$ | 0.9734 | 0.9499 | 1.5849 |
| $T_z$ | 0.9998 | 0.9398 | 0.0002 |
| $F_x$ Ridge | 0.9966 | 0.9904 | $1.59\times10^{-5}$ |
| $F_y$ Ridge | 0.996 | 0.9537 | $2.51\times10^{-5}$ |
| $F_z$ Ridge | 0.9428 | 0.7889 | $3.98\times10^{-4}$ |
| $T_x$ Ridge | 0.997 | 0.8921 | $2.51\times10^{-5}$ |
| $T_y$ Ridge | 0.9954 | 0.9478 | $6.31\times10^{-5}$ |
| $T_z$ Ridge | 0.9851 | 0.7551 | $6.31\times10^{-4}$ |

The goodness of fit of 80% forces is greater than that of the classic ridge regression method, and the value of $k$ is larger than that of the classic ridge regression. This also shows that the parameters obtained, which are not essential, can be suppressed to a lower order of magnitude to achieve the purpose of a manual intervention.

Although the method still needs all 378 dumping coefficients in the simulation, this method has a better parameter reduction effect than the least squares method. Out of the 378 dumping coefficients obtained by this method, 91 parameters have an absolute value smaller than 1, and 22 have an absolute value smaller than 0.01. The results obtained using the standard least-squares method are 35 and 9. It can be concluded that the method described in this paper can reduce the number of the effective parameters.

## 4　Field Experiment Result and Analysis

The Hadal ARV performed a sea test in December 2015. In the test, the ARV was found to exhibit a similar elliptical swinging motion mode during the free-fall dive. The previously obtained dynamic model was configured according to the position and quality of load blocks during the sea test, and an open-loop simulation trace with a free fall was obtained as shown in Fig.5.

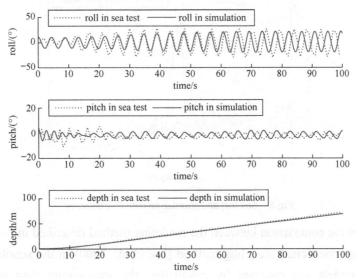

Fig.5　Comparison between open loop simulation and sea test data

A simulation program simulates the motion of the Hadal ARV from the surface after the release of a free-fall dive in the open-loop until a cyclical swing appears. In Fig.5, the dashed line indicates the sea test data, and the solid line indicates the open-loop simulation data. In the simulation, this study used the quaternion kinematics model (Chen et al., 2013) to simulate the kinematic part of the vehicle. In this experiment, the TCM sensor utilized in this robot can only obtain the attitude information and not the angular velocity information (Ji et al., 2016). The simulation of the output of the roll, pitch and depth are compared with the sea test data of December 2, 2015 as shown in Fig.5. The model identified by the CFD data shows the same vibration pattern as the sea test in the simulation, and the dive speed is basically the same. Although the kinetic model obtained the attitude angle and depth after two integrals, the simulation can still reproduce the data of the sea test more accurately. The amplitude error of the roll angle is smaller than $10°$ and the pitch angle is smaller than $2°$. The accuracy of the vertical velocity is around 8% when the steady state is achieved. Therefore, the expected effect is achieved.

The frequency domain analysis of the simulation results and the sea trial data of December 2, 2015 are shown in Fig.6. To fully express the response of the system in each modality, the data of the first 100s are intercepted from a diving process. The data include not only a stable state but also the process information about the system state that gradually changed from the initial state to the stable state. It can be seen from Fig.6 that the roll data of the sea test and simulation data have similar trends in frequency. The main frequency components are 0.23Hz and 0.22Hz, and the frequency components near 0.06Hz are decreased similarly.

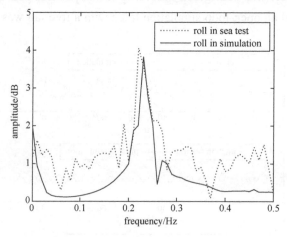

Fig.6　Sea test and simulation data in frequency

Fig.7 shows the comparison between the modeling method described in this paper and the conventional drag coefficient modeling method (Liu et al., 2000) in the simulation. Common free-fall dive models are obtained by calculating the steady-state drag coefficient. The underwater drag coefficient of the no-swinging state of the Hadal ARV is $Z_{w|w} = -41.83$. Substituting this coefficient into simulation, and the velocity trace is represented by the red dashed line in Fig.7. The red solid line is the simulation result of the dynamic model outlined in this paper. The blue dotted line is the dive speed obtained by the difference of the CTD depth data in the sea test. As can be seen from the figure, the drag coefficient model does not consider the vehicle in the dive process of the swing motion on the vertical resistance changes, and thus, the forecast speed is high. The method described in this paper can well predict the change of the dive speed of the vehicle. The average speed of a steady state is about 0.7m/s, which is in good agreement with the experimental results. It can simulate the free-fall dive process of the Hadal ARV well. The experimental data in Fig.7 have several distinct noise data between 30 and 40 seconds due to the measurement error of the depth sensor and are magnified after the differentiation. This problem also exists in other experiments and does not affect the comparison between simulation and experimental result.

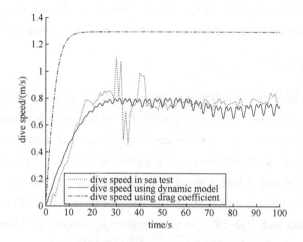

Fig.7　Comparison between the present modeling method and
the conventional drag coefficient modeling method

Furthermore, the model was utilized to predict the dive speed of the Hadal ARV on July 28, 2016 which reached a depth of 10,767m. In this dive, the mess of body increased considerably compared to the dive on December 2, 2015, but the increase in dive speed was not obvious. Fig.8 shows the comparison of the data of a free-fall dive in the sea trial and the simulation forecast data. In this experiment, the simulation data of the dynamic model was utilized to predict the dive speed and the dive time before the test. The steady state average dive velocity was about 0.8m/s, which is in accordance with the simulation results.

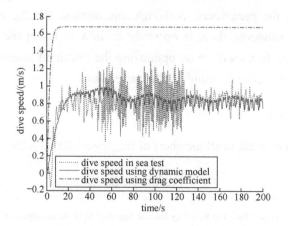

Fig.8　Free-fall speed in simulation and sea test on July 28, 2016

In this test, the negative buoyancy increased by nearly 70%, but the steady-state average speed was smaller than 15%, while the predicted result of the drag coefficient model is that the dive speed should increase by 30%. It is also demonstrated that the dynamic model obtained by this method is reliable in simulating the motion characteristics of foil-like underwater vehicles. Furthermore, as the mass of the dive load increases, the amplitude of the wobble in the dive increases, leading to the expands in the lateral flow area. This greatly increases the dive resistance. A model that directly uses a drag coefficient cannot represent this characteristic.

## 5　Conclusion

In this study, a modeling method was proposed for a foil-like underwater vehicle. The advantages of the method are as follows. Firstly, for an underwater robot without a reference 6-DOF dynamic model, such as a foil-like underwater robot, this method can build a 6-DOF dynamic model for them. Secondly, the modeling process considered the effect of overfitting on the prediction accuracy, and it had a better processing capability for multicollinearity data. In addition, the obtained dynamic model could simulate complex forms of motion. The simulation results of the open-loop with free-fall dive were in good agreement with the experimental data.

The proposed method realized the fine modeling of the foil-like underwater vehicle and achieved a good prediction effect in the experiment. It simulated the swing characteristics of the vehicle and predicted the diving resistances in swinging. However, this method lacked the support of PMM experiments or other test data during the modeling phase. In the case of modeling using only CFD data, we found that if researchers lacked relevant experience in system identification, they could set erroneous velocities of movement and angular velocities during the simulation, resulting in inadequate system response and wrong modeling result. In future, the focus will be on obtaining more test data with high accuracy to improve the prediction accuracy. In this method, the model parameters were large in quantity with a complex model structure. Hence, this model could not determine the handling characteristics of the vehicle directly from the parameters. Although this method has the effect of reducing the parameters involved. However, there is no study on how to select the appropriate reduction threshold. In future, the focus will be on optimizing the threshold selection method to achieve reduction estimates and reduce the number of parameters.

## Acknowledgement

The authors wish to thank to all members of the project Hadal ARV for help.

## References

Antes, H. and Panagiotopoulos, P. D., 1992. The Boundary Integral Approach to Static and Dynamic Contact Problems. Birkhauser, Basel.

Cao, L. S., Zhu, J. and Wan, W. B., 2016. Numerical investigation of submarine hydrodynamics and flow field in steady turn. China Ocean Engineering, 30(1): 57-68.

Chen, C. W., Kouh, J. S. and Tsai, J. F., 2013. Maneuvering modeling and simulation of AUV dynamic systems with Euler-Rodriguez quaternion method. China Ocean Engineering, 27(3): 403-416.

Cooney, L. A., 2009. Dynamic Response and Maneuvering Strategies of a Hybrid Autonomous Underwater Vehicle in Hovering. MSc. Thesis, Massachusetts Institute of Technology, Cambridge, MA.

Gertier, M. and Hagen, G. R., 1967. Standard Equations of Motion for Submarine Simulation. Technical Report AD 653861. David W Taylor Naval Ship Research and Development Center, Bethesda MD.

Hoerl, A. E. and Kennard, R. W., 1970. Ridge regression: biased estimation for nonorthogonal problems. Technometrics, 12(1): 55-67.

Hoerl, A. E. and Kennard, R. W., 1970. Ridge regression: applications to nonorthogonal problems. Technometrics, 12(1): 69-82.

Jakuba, M. V., 2003. Modeling and control of an autonomous underwater vehicle with combined foil/Thruster Actuators. MSc. Thesis, Massachusetts Institute of Technology and Woods Hole Oceanographic Institution, Woods Hole, MA.

Ji, D. X., Song, W., Zhao, H. Y. and Liu, J., 2016. Deep sea AUV navigation using multiple acoustic beacons. China Ocean Engineering, 30(2): 309-318.

Li, H., Li, Z. W. and Cui, W. C., 2013. A preliminary study of the resistance performance of the three manned submersibles with full ocean depth. Journal of Ship Mechanics, 17(12): 1411-1425.

Liu, H., Ma, N. and Gu, X. C., 2016. Numerical simulation of PMM tests for a ship in close proximity to sidewall and maneuvering stability analysis. China Ocean Engineering, 30(6): 884-897.

Liu, Z. Y., Xu, Q. N., Liu, T. and Chen J. P., 2000. Analytical formulation of AUV unpowered diving steady motion. Proceedings of the 2000 International Symposium on Underwater Technology, IEEE, Tokyo, Japan: 177-180.

Maalouf, D., Chemori, A. and Creuze, V., 2015. $L_1$ adaptive depth and pitch control of an underwater vehicle with real-time experiments. Ocean Engineering, 98: 66-77.

Martin, S. C. and Whitcomb, L. L., 2014. Experimental identification of six-degree-of-freedom coupled dynamic plant models for underwater robot vehicles. IEEE Journal of Oceanic Engineering, 39(4): 662-671.

Murashima, T., Nakajoh, H., Takami, H., Yamauchi, N., Miura, A., Ishizuka, T. and Enterprises, N. M., 2009. 11,000m class free fall mooring system. OCEANS 2009-EUROPE, IEEE, Bremen, Germany: 9-13.

Prestero, T., 2001. Verification of a six-degree of freedom simulation model for the REMUS autonomous underwater vehicle. Ph. D. Thesis, Massachusetts Institute of Technology and Woods Hole Oceanographic Institution, Woods Hole, MA.

Wang, C. F., Zhang, F. M. and Schaefer, D., 2015. Dynamic modeling of an autonomous underwater vehicle. Journal of Marine Science and Technology, 20(2): 199-212.

Xu, H. L., Gao, L., Liu, J., Wang, Y. Q. and Zhao, H. Y., 2015. Experiments with obstacle and terrain avoidance of autonomous underwater vehicle. OCEANS 2015-MTS/IEEE Washington, IEEE, Washington DC, USA: 1-4.

Yang, R., Clement, B., Mansour, A., Li, M. and Wu, N. L., 2015. Modeling of a complex-shaped underwater vehicle for robust control scheme. Journal of Intelligent & Robotic Systems, 80(3-4): 491-506.

Yoon, H. K. and Rhee, K. P., 2003. Identification of hydrodynamic coefficients in ship maneuvering equations of motion by Estimation-Before-Modeling technique. Ocean Engineering, 30(18): 2379-2404.

Zou, K. H., Tuncali, K. and Silverman, S. G., 2003. Correlation and simple linear regression. Radiology, 227(3): 617-622.

# Research on Cooperative Area Search of Multiple Underwater Robots Based on the Prediction of Initial Target Information*

Qingyong Jia[1,2], Hongli Xu[1], Xisheng Feng[1], Haitao Gu[1], Lei Gao[1]

(1. State Key Laboratory of Robotics, Shenyang Institute of Automation, Chinese Academy of

Sciences, Shenyang, Liaoning Province, 110016, China;

2. University of Chinese Academy of Sciences, Beijing, 100049, China)

**Abstract:** A novel distributed cooperative search strategy for multiple underwater robots is proposed based on the initial target information, so as to reduce the average time of searching target and improve the search target probability in statistical sense. The cooperative search strategy divides the target search process into two stages. In the first search stage, the underwater robot predicts the possible existence range of the target based on the speed and the elapsed time of the target. When the underwater robot is not in the target prediction range, it directly moves towards the initial position of the target to reduce the time of the blind search. In the second search stage, the underwater robot enters the target prediction range, then the target existence probability is updated in real time according to the sensor detection results, and the predictive control thought is used to make optimization decisions according to the target existence probability. Finally, the Monte Carlo simulation experiments are carried out for 1000 times. The proposed search strategy in this paper is compared with the cooperative search strategy with no target initial information. The comparison results show the effectiveness and feasibility of searching a moving target using the proposed search strategy.

**Keywords:** moving target, cooperative area search, target existence probability, predict control, multiple underwater robots

## 1 Introduction

Dynamic target search is an important issue in ocean area surveillance. It is widely used in many fields such as military reconnaissance and search and rescue (Stone et al., 1987), etc. The search problem of dynamic target is different from the search problem of static target. In dynamic target search, the target is always moving so that the position, the speed or the heading will constantly change. The search robots can only detect the surrounding environment with the

---

* 原发表于 *Ocean Engineering*, 2019, 172: 660-670。

onboard sensor, and deal with the real-time knowledge processing according to the ever-changing environmental information to decide the objective area to search at the next time. They also adjust their speed and heading in real time and keep approaching the desired objective area. The underwater environment is different from the air and land environment. The underwater environment is relatively more complex, the environmental noise is bigger, and the sensor detection accuracy is relatively low. However, multi-underwater robots can mutually cooperate, cooperatively sense the underwater environment, and to some extent, make up for the sensor detection inaccuracy as well as understand the underwater environment to the maximum extent. For the problem of cooperatively searching a single moving target, it is faced with difficulties such as the slower search speed, the wider search area, the sparser search target, the ever-changing target state and the limited communication between multiple underwater robots. Therefore, the cooperative search of dynamic target in multi-underwater robots not only has very important research value and significance, but also it is a challenging problem.

The research on target search has a long history. At first, the research work of target search is based on the optimal search theory (Stone, 1975), and it is the search method to cope with the submarine target during the Second World War. It mainly solves the optimal allocation of search resources to make it possible to successfully detect the targets with the least resources and the greatest possibility, and it is also an optimization theory and method to find the specific targets by means of detection. Many complex search problems are derived from basic search problems (Newstadt et al., 2015; Senanayake et al., 2016; Han et al., 2011; Campbell and Whitacre, 2007; Cho et al., 2016). Since it is relatively easy to solve the problem of the static target search, a large number of literature have studied it (Jevtic et al., 2012; Bourgault et al., 2006; Pugh and Martinoli, 2007; Lanillos et al., 2014; Kassem and El-Hadidy, 2014), and the certain research results are obtained. Therefore, the static target search is no longer discussed in this paper. However, solving the search problem of the dynamic target is still immature, and further research is needed (Newstadt et al., 2015; Esmailifar and Saghafi, 2015; Li et al., 2017; Lee et al., 2010). In the search process of multiple UAVs (unmanned aerial vehicles), the rolling time domain method is applied to the target search in the literature (Lanillos et al., 2014; Polycarpout et al., 2001; Xiao et al., 2012; Hu et al., 2014; Bertuccelli and How, 2006; Trodden and Richards, 2008). The different cooperative control laws are designed by other scholars from the perspective of information sharing to realize the target search and tracking (Newstadt et al., 2015; Esmailifar and Saghafi, 2015; Li et al., 2017; Lavis et al., 2008).

The dynamic target search is a kind of typical dynamic optimal problem, and it is difficult to get the analytic solution by the theoretical method. Therefore, a large number of researchers obtain the numerical solutions through the efficient search algorithms (Lavis et al., 2008; Nguyen et al., 2012; Aziz, 2014; Choset, 2001; Dong and Zhou, 2014; Jin and Branke, 2005; Yang et al., 2015). As the search process progresses, the ability of the searchers to search the environment will be gradually decreased in the dynamic search problem and the searchers will also gradually degrade (Jin and Branke, 2005). The difference between the dynamic search problem and the static search problem is that there is a convergence problem in static target search problem, while there is not necessarily to exist in the dynamic target search. When the target motion model is known, the target search problem becomes a certain search problem, and when the target motion can be represented by the probability model, the search problem becomes a random search problem. A large number of studies usually adopt the Bayesian theory to establish a search model for random search problems. The searchers continuously detect in the search area and update the probability distribution of the target location. The searchers gradually approach the target and eventually find the target (Esmailifar and Saghafi, 2015; Lavis et al., 2008; Aziz, 2014; Arulampalam et al., 2002; Wang and Hussein, 2011) according to the target existence probability in space. Therefore, in order to improve the effect of the large-scale area search, some experts and scholars begin to study the cooperative search method of multiple robots (Lanillos et al., 2014; Moon et al., 2015; Furukawa et al., 2006; Gan and Sukkarieh, 2011; Bourgault et al., 2003).

Most of the above researches focus on the research of aerial robots, ground robots or agents. There are few studies on the target search for the large-scale underwater areas. When a moving target intrudes into the search area, the initial information, namely, the initial position, the initial speed and the initial heading, are generally given by the shore-based sonar or the underwater fixed nodes. But after a period of time, as the target moves, the target information will be disappear again, the shore-based sonar or the underwater fixed nodes cannot continue to get the target information. When the underwater robot moves to the initial position of the target, the current position of the target has changed greatly compared to the initial position, and the target cannot be found at the initial position. It is assumed that the speed of the target is a constant. However, since the heading of the target is unknown, the motion range of the target can only be predicted within a certain time. Therefore, before the target leaves the search area, the underwater robots are required to quickly search the target area, decrease the search time and improve the probability of finding the target as soon as possible. There is great significance to reduce the energy consumption and cost, and improve the defense performance of multi-underwater robots. Therefore, this paper proposes a cooperative search strategy of multi-underwater robots based on the prediction of the initial target information. The search process of the cooperative search strategy is divided into two stages. The first stage is that using the initial position of the target to calculate the movement direction of the underwater robot, and perform the decision that directly moves to the initial position of the target. Meanwhile, in each decision cycle of the underwater robots, according to the initial speed of the target, the motion range of the target will be predicted in the elapsed time. As the underwater robot has yet to enter into the target prediction range to detect, the target can be considered to follow the uniform distribution within the predicted range. In the second search stage, the underwater robot enters into the target prediction range. According to the probability distribution within the predicted range, the underwater robot uses the predictive control thought to make optimization decisions, and obtain the next optimal position where the underwater robot moves.

The communication is required to realize the effective cooperation in the cooperative search of the dynamic targets using the underwater robots. However, the communication has always been a difficult research problem for the underwater robot. The environmental noise is increasing with the increasing distance so that the communication quality is decreased. For large-scale area search of underwater moving targets, the communication problems have also greatly increased the difficulty of the cooperative search using multi-underwater robots. The communication problem of multi-underwater robots can be solved by setting up the surface nodes or the fixed seabed nodes (Sasano et al., 2016; Nakatani et al., 2015) which can cover the search area. It is not discussed in depth in this paper. Therefore, the information between multiple underwater robots could be transferred through the communication base station, so that the cooperative search of multi-underwater robots can be effectively carried out.

This article is detailed in the following seven sections. Section 2 introduces the model of the cooperative search problem and establishes the environment model of the search map in the underwater robots. The simplified model of the sonar and the distributed system model of multi-underwater robots are also established. Section 3 introduces three ways to update the target existence probability in the search map, such as the update based on the detection information, the update based on the communication information and the update based on the prediction information. In Section 4, the prediction model is established based on the kinematics model. The optimization function and the optimization model are also established according to the search map, and the iterative solution is carried out based on PSO algorithm. In Section 5, the optimization algorithm of the whole cooperative search is presented. In Section 6, the two simulation experiments are carried out to show that after adding to the initial information of the target, the proposed cooperative search strategy can effectively improve the search effect of searching a moving target. It reduces the average time of searching target and improves the search target probability in statistical sense. Section 7 summarizes the whole paper and discusses the future research work.

## 2　Problem Model of Cooperative Search

### 2.1　Problem Description

The cooperative search problem in multi-underwater robots can be described as: there are $n$ homogeneous search robots $\{R_1, R_1, \cdots, R_n\}$ and one target $T$ in the fixed area $\Omega(\Omega \in R^3)$. The $n$ homogeneous robots are defined as underwater robots. Multiple underwater robots cooperatively search the fixed area, and within the limited time, quickly find and capture the target. As this paper focuses on the cooperative search strategy of multi-underwater robots, the problem of the kinematics is only considered. The following constraints are given by:

(1) In the process of the cooperative search, each underwater robot only keeps moving at the fixed depth and does not conduct vertical frequent maneuver in the full depth range.

(2) Each underwater robot can search the target at the different depth, but must

cooperatively detect the target that is at the same depth.

(3) The distance between the position of each underwater robot and the depth plane where the target is located is less than the certain detection distance of the sonar, that is, $H_i \leqslant D_F$.

(4) The target moves at a fixed depth, and not exceeds the boundary of the area $\Omega$.

For the first constraint condition, the underwater robot discussed in this paper is a conventional rotary underwater robot so that the underwater can usually move at the fixed depth. The second constraint is to ensure that the search area of each underwater robot is the same and the search mission is performed in the same area. The third constraint is the condition that each underwater robot actually finds the target, which will be further explained later. The last constraint denotes the constraint conditions of the target motion.

### 2.2 Environment Model

The size of the search area is $L_x \times L_y$ km$^2$. It is discretized into the $N_x \times N_y$ grid units. Each grid unit is expressed as the grid $(m, n)$, where $m \in \{1, 2, \cdots, N_x\}$, and $n \in \{1, 2, \cdots, N_y\}$. The probability $P_{mn}(t)$ denotes the target existence probability and describes the possibility that the target exists in the grid $(m, n)$ at time $t$. Therefore, the search map can be denoted as

$$\Psi = \{P_{mn}(t) | m \in \{1, 2, \cdots, N_x\}, n \in \{1, 2, \cdots, N_y\}\} \tag{1}$$

Since the target does not exceed the boundary of the region $\Omega$, thus we have

$$\sum_{m}^{N_x} \sum_{n}^{N_y} P_{mn} = 1 \tag{2}$$

Assuming that the effective communication distance of the communication base station is $D_w$, at least, there are ceil$(L_x/2D_w) \times$ ceil$(L_y/2D_w)$ communication stations needed to completely cover the search area, where ceil$(x)$ represents the function that rounds each element of $x$ to the nearest integer greater than or equal to $x$. As the communication problem is not the focus of this paper, it is not discussed in depth. In the search process, all the underwater robots share the global search map. This search map reflects the environmental information of the search area, and is continually updated as the underwater robots detect. The updating processes mainly include three steps: the first is the update based the detection of the sonar, the second is the update based on the communication information from the communication base station, and the last is the update based on the prediction of the initial target information.

### 2.3 Simplified Detection Model

At present, the most important detection equipment for underwater target detection is the sonar sensor, and the condition of finding the target by the detection sonar has a lot to do with the operating distance of underwater acoustic detection equipment and the hydrological conditions of the working area. This paper only considers the distance between the sonar and the target as the main influencing factor, and the sonar model is referred to the literature

(Thredgold et al., 2010; Fewell et al., 2008). The simplified detection model of the sonar is given as shown in Fig.1.

Fig.1 represents the detection probability curve of the sonar sensor, where $P_D$ represents detection precision of the sonar sensor, and $P_F$ represents the false alarm probability of the sonar sensor outside the range $D_S$, while the detection probability within the distance from 0 to $D_S$ decreases exponentially with the change of the distance. The sensor detection model is expressed as

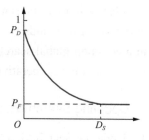

Fig.1 Simplified detection model of the sonar

$$P_d = \begin{cases} P_D \exp\left(-\dfrac{d}{D_S}\right), & 0 < d \leqslant D_S \\ P_F, & d > D_S \end{cases} \tag{3}$$

## 2.4 Establishing Distributed Cooperative Search System

The multi-underwater robots are composed of a single underwater robot. Each underwater robot can complete a certain task independently. Therefore, there is no hardware coupling problem between the underwater robots. The coupling between the underwater robots can be realized only through the common task. Therefore, the distributed architecture is adopted in this paper to realize the cooperative search of the underwater robots as shown in Fig.2.

Each underwater robot can know the search state of other underwater robots through the communication, and make decisions based on the environmental information from the own underwater robot and other underwater robots. As shown in

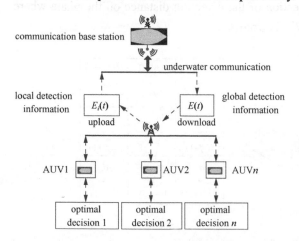

Fig.2 Distributed search system of the underwater robots

Fig.2, at some time $t$, the underwater robots send the detection results detected by the sonar to the communication base station. After the communication base station receives the local detection information $E_i(t)$ of each underwater robot, the global detection information $E(t)$ will be broadcast to each underwater robot within the communication range at time $t$. The underwater robot within the communication range will update the search map in chronological order, so as to obtain the global search map based on the global detection information sent by the communication base stations. According to the global search map, each underwater robot will make the local online optimization to get the optimal objective point at the next moment. When the multi-underwater robot moves to the next objective point, the environmental detection information will be sampled again, and the online optimization will be repeated until some underwater robot finds the target. Therefore, the underwater robots are only required to maintain a common global search map to understand the real-time environmental information, so as to implement the cooperative search of the underwater robots.

## 3　Updating Search Map

### 3.1　Updating Search Map Based on Detection Information

With the movement of the underwater robot, the position of the underwater robot keeps changing, and the area is also continuously searched by the underwater robot. The underwater robot can continuously obtain the target existence information within its detection range through the sonar, and updates the search map according to the detection result of the sonar. In this paper, the range of the field of view detected by the sonar of the underwater robot is assumed to be nine grids on the plane where the target is located as shown in Fig.3. In the left figure (a), the yellow icon represents the underwater robot. The blue dot represents the center of each grid, and the $d_1$-$d_9$ represents the distance between the underwater robot and the center of each grid. $H_i$ represents the distance between the underwater robot $i$ and the plane where the target is located. The right figure (b) shows the projection of the detection distance on the plane where the target is located, where, the projection $d_i'$ is from $d_i$ .

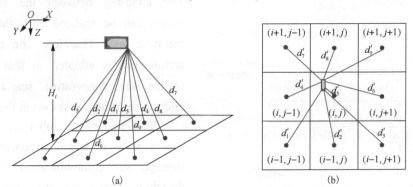

Fig.3　Field of view of the sonar in depth $H_i$

If $H_i > D_F$ , then $d_i = \sqrt{(H_i)^2 + (d_i')^2} > D_F$ . The target will be impossible found for the underwater robot. In order to ensure that the underwater robot can identify the target, it must satisfy $H_i \leq D_F$ . This explains the third constraint in the problem description.

In order to simulate the sonar detection model established in this paper, the distance between the target and the underwater robot must be calculated according to the position of the target and the underwater robot. The detection probability under the distance condition is obtained according to the detection model, and then the sensor detection result can be obtained by comparing with the random number. Therefore, if $H_i \neq 0$ , then the distance between the target and the underwater robot is calculated as

$$Dis_i = \sqrt{(H_i)^2 + (x_i - x_t)^2 + (y_i - y_t)^2} \tag{4}$$

where the variable $\text{Dis}_i$ represents the distance between the target and the underwater robot $i$. And also, $(x_i, y_i)$ and $(x_t, y_t)$ represent the coordinate of the underwater robot $i$ and the target. In order to simplify the problem to study the focus of this paper, let $H_i = 0$. In the actual environment, if the underwater robots are at different depths, then they can avoid collision. In order to achieve this effect and make each underwater robot and the target approximately in the same plane, we only need to satisfy

$$\begin{cases} H_{\max} = \max_{i \in \{1,2,\cdots,n\}} H_i \\ D_F > 10 H_{\max} \\ H_i \neq H_j, i \neq j \end{cases} \tag{5}$$

where $H_{\max}$ represents the maximum distance between the underwater robot and the plane where the target is located, and $D_F$ represents the detection range that the target is identified to be found by the sonar.

Due to the uncertainty of the sonar, this paper assumes that there is a prior probability distribution $P_j(t)$ of the target existed before updating using the detection information from the sensor. The target existence probability of a grid is updated according to whether the sonar has detected the target or not. The formula derivation was used in literature (Shem et al., 2008). The target existence probability in grid $j$ can be obtained at time $t+1$. Thus we have

$$P_j(t+1) = \begin{cases} \dfrac{(1-\bar{P}_{D_i} \times \bar{P}_{F_i}^{M_i-1})P_j(t)}{\sum\limits_{k \in \text{FOV}_i} (1-\bar{P}_{D_i} \times \bar{P}_{F_i}^{M_i-1})P_k(t) + \sum\limits_{k \notin \text{FOV}_i} (1-\bar{P}_{F_i}^{M_i})P_k(t)}, & \text{if } j \in \text{FOV}_i, O(t)=1 \\[3mm] \dfrac{(1-\bar{P}_{F_i}^{M_i})P_j(t)}{\sum\limits_{k \in \text{FOV}_i} (1-\bar{P}_{D_i} \times \bar{P}_{F_i}^{M_i-1})P_k(t) + \sum\limits_{k \notin \text{FOV}_i} (1-\bar{P}_{F_i}^{M_i})P_k(t)}, & \text{if } j \notin \text{FOV}_i, O(t)=1 \\[3mm] \dfrac{(\bar{P}_{D_i} \times \bar{P}_{F_i}^{M_i-1})P_j(t)}{\sum\limits_{k \in \text{FOV}_i} (\bar{P}_{D_i} \times \bar{P}_{F_i}^{M_i-1})P_k(t) + \sum\limits_{k \notin \text{FOV}_i} (\bar{P}_{F_i}^{M_i})P_k(t)}, & \text{if } j \in \text{FOV}_i, O(t)=0 \\[3mm] \dfrac{(\bar{P}_{F_i}^{M_i})P_j(t)}{\sum\limits_{k \in \text{FOV}_i} (\bar{P}_{D_i} \times \bar{P}_{F_i}^{M_i-1})P_k(t) + \sum\limits_{k \notin \text{FOV}_i} (\bar{P}_{F_i}^{M_i})P_k(t)}, & \text{if } j \notin \text{FOV}_i, O(t)=0 \end{cases} \tag{6}$$

where the probability $P_j(t+1)$ represents the target existence probability that the target is in grid $j$ at time $t+1$. The probability $P_j(t)$ and $P_k(t)$ represent the target existence probability that the target is in grid $j$ or grid $k$ at time $t$ respectively. The probability $P_{D_i}$ represents the detection probability of the sonar. The probability $\bar{P}_{D_i} = 1 - P_{D_i}$ represents the false dismissal probability of the sonar. The probability $P_{F_i}$ represents the false alarm probability of the sonar. The probability $\bar{P}_{F_i} = 1 - P_{F_i}$ represents the probability that the target is not detected by the sonar. The set $\text{FOV}_i$ represents the field of view of the sonar in the underwater robot $i$. The index $M_i$ represents the number of the grids in $\text{FOV}_i$. The affiliation relation $j \in \text{FOV}_i$ represents the grid $j$ is in $\text{FOV}_i$. The affiliation relation $j \notin \text{FOV}_i$ represents the grid $j$ is not in $\text{FOV}_i$. The variable $O(t)$ represents the detection value of the sonar at time $t$, where the variable $O(t)=1$ represents the event of the target found is happened, and the variable $O(t)=0$ represents the event of the target found is not happened.

When the underwater robot moves to the position as shown in the left figure (a) of the Fig.3, the distance between the underwater robot and the center point of the nine grids is from $d_1$ to $d_9$ respectively. According to the sonar detection model shown in Fig.1, the nine grids are detected by the underwater robot so that the detection probability from $P_{D_1}$ to $P_{D_9}$ can be calculated. The false dismissal probability from $\overline{P}_{D_1}$ to $\overline{P}_{D_9}$ of the nine grids can also be obtained. As the probability $P_j(t)$ is the target existence probability in grid $j$ at time $t$, where $j \in \{1, 2, \cdots, N_x \times N_y\}$, all variables in the formula (6) are known at present. According to the formula (6), the target existence probability can be obtained within the sonar field of view. Therefore, the target existence probability of the whole search map can be updated.

### 3.2 Updating Search Map Based on Communication Information

In the search process, each underwater robot uploads the detection information $E_i(t)$ that are the current self-state, the serial number of the underwater robot, the serial number of all grids in the field of view, the target existence probability and the time information to the communication base stations. When multiple acoustic signals are emitted at the same time, mutual interference will occur so as to result in the communication failure. Therefore, the detection information must be uploaded to the base stations in chronological order. In each decision cycle, the base stations broadcast $E(t)$ to all the underwater robots, where $E(t)$ represents all the detection information of the underwater robots that is expressed as $E(t)=\{E_i(t), i \in \{1, 2, \cdots, n\}\}$. After receiving the communication information $E(t)$, the detection information is fused by each underwater robot according to the time stamp of sending the information. Early detection information is updated as the prior information of subsequent detection information, so that all underwater robots can obtain the same global search map updating based on the same detection information.

### 3.3 Updating Search Map Based on Prediction Information

Before performing the mission, the underwater robot needs to make a decision by using pre-intelligence information to determine which strategy is used to search for the target. Although the initial position of the target can be obtained through the intelligence information, due to the inaccuracy of the intelligence information, the actual position of the target changes significantly compared with the initial position after a period of time. When the initial position and speed of the target are known but the heading is unknown, the unknown heading is the main factor causing the uncertainty of the position of the target after a period of time. Assuming that the target is moving in a constant speed, and the speed is denoted as $V_t$, the possible range of the target can be predicted after $\Delta t$ time. The range of the area where the target exists is expressed as $A_1$, that is, the target is located in a circular area with the initial target position as the center and with the product of the target speed and the elapsed time as the radius. The radius of that circular area is expressed as $R_{pre}=\|V_t \Delta t\|$. Therefore, the variation process of the target prediction range is shown in Fig.4.

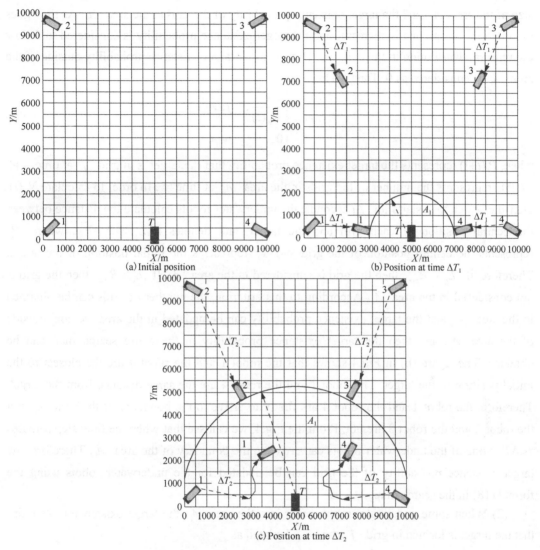

(a) Initial position

(b) Position at time $\Delta T_1$

(c) Position at time $\Delta T_2$

Fig.4　Variation process of the target prediction range

The left figure (a) in Fig.4 shows the initial positions of the underwater robots and the target, respectively. As the underwater robots have known the initial position of the target at initial time, the minimum time $\Delta T_{\min_i}$ that each underwater robot arrives to the boundary of $A_1$ can be calculated as

$$\Delta T_{\min_i} = \frac{L_{it}}{V_i+V_t}, \quad i\in\{1,2,\cdots,n\} \tag{7}$$

where $L_{it}$ represents the distance between the underwater robot and the initial position of the target. $V_i$ represents the speed of the underwater robot $i$, and $V_t$ represents the speed of the target.

(1) When none of the underwater robots enter into the area $A_1$, the underwater robots directly move towards the initial position of the target and in each decision cycle, updates the size of the area $A_1$ and the target existence probability of the grid in the area $A_1$. As time goes on, the area $A_1$ gradually increase, and the target existence probability is considered to follow the uniform distribution in the area $A_1$. However, the target existence probability outside of the area $A_1$ is considered as 0. Thus we have

$$P_j(t+1)=\begin{cases} \dfrac{1}{N_o(t)}, & j\in A_1 \\ 0, & j\notin A_1 \end{cases} \tag{8}$$

where $P_j(t+1)$ represents the target existence probability that the target is in grid $j$ at time $t+1$. $N_o(t)$ represents the number of the grids in the area $A_1$ at time $t$. In order to calculate $N_o(t)$, after the search task starts for $\Delta t$ seconds, the underwater robots calculate the distance between the central position of each grid and the target, and denotes as $L_{gt}=\|P_g-P_t\|$, where $P_g$ represents the central position of the grid and $P_t$ represents the initial position of the target. Therefore, if $L_{gt}\leqslant R_{pre}$, then the grid is considered in the area $A_1$. If $L_{gt}>R_{pre}$, then the grid is not considered in the area $A_1$. According to this criterion, the number of grids can be obtained in the area $A_1$, and the target existence probability can be updated in the area $A_1$ and outside of the area $A_1$, and then the target existence probability in the entire search map can be obtained. The figure (b) in Fig.4 shows that the robot 1 and the robot 4 are the closest to the initial position of the target. The robot 1 and the robot 4 are the same distance from the target. Therefore, the robot 1 and the robot 4 are firstly to arrive to the boundary of the area $A_1$, but the robot 2 and the robot 3 are not. From the Fig.4, we can see that when the time step satisfies $t<\Delta T_1$, none of the underwater robots can arrive to the boundary of the area $A_1$. Therefore, the target existence probability of the grid can be updated for the underwater robots using the formula (8) in the search map.

(2) When some underwater robots enter into the area $A_1$, the target existence probability that the target is located in grid $j$ can be calculated as

$$P_j(t+1)=\begin{cases} \dfrac{P_j(t)}{\sum\limits_{k\in B_1}^{N_o(t)} P_k(t)+\sum\limits_{i\in A_1}^{n}\sum\limits_{k\in B_2}^{N_o(t)} P_k(t)+\sum\limits_{i\in A_1}^{n}\sum\limits_{k\in B_3}^{N_o(t)} P_k(t)}, & j\in A_1 \\[4mm] 0, & j\notin A_1 \end{cases} \tag{9}$$

where, $P_j(t)$ represents the target existence probability of the gird $j$ before normalizing the search probability map at time $t$. $i\in A_1$ represents the underwater robot $i$ is located in the area $A_1$. $j\in A_1$ represents the grid $j$ is located in the area $A_1$. $j\notin A_1$ represents the grid $j$ is not located in the area $A_1$. $B_1=\{k|k\in A_1,k\notin\{\text{FOV}_i,i\in A_1\}\}$ represents that the grid $k$ is located in the area $A_1$, but not located in the field of view of all the underwater robots that are located in the area $A_1$. When $j \in B_1$, the target existence probability is updated using the formula (8) before normalizing the search probability map in the grid $j$ at time $t$. $B_2 = \{k | k \in A_1, k \in \text{FOV}_i, k \notin \{\text{FOV}_m, m \neq i\}\}$ represents that the grid $k$ is located in the area $A_1$ and also located in the field of view of the underwater robot $i$, but not located in the field of view of other underwater robots. When $j \in B_2$, the target existence probability is updated using the formula (6) before normalizing the search probability map in the grid $j$ at time $t$. $B_3 = A_1 - B_1 - B_2$ represents the grid $k$ is located in the area $A_1$ and also located in the overlapping field of view of multi-underwater robot. When $j \in B_3$, the target existence probability is also updated using the formula (6) before normalizing the search probability map in the grid $j$ at time $t$.

The figure (c) in Fig.4 shows that the robot 1 and the robot 4 have entered into the area $A_1$, but the robot 2 and the robot 3 have arrived to the boundary of the area $A_1$ for $\Delta T_2$ seconds. The robot 1 and the robot 4 use the predictive control thought to make decision according to the target existence probability. This search strategy will be described in Section 4 of this paper. From the time $\Delta T_1$ to $\Delta T_2$, the robot 1 and the robot 4 begin to search according to the target existence probability, and the search trajectory is the red solid curve shown in figure (c). However, as neither the robot 2 nor the robot 3 enters into the area $A_1$, they are still directly moving towards the initial position of the target.

## 4　Optimal Decision Making

Although the initial position and speed of the target are known to the underwater robots, the heading is unknown. The possible existence range of the target is predicted according to the speed of the target and the elapsed time. The Section 3 describes the search map updated in the underwater robots. Therefore, in order to reach the goal of discovering target as soon as possible, the decision-making process is divided into the two stages based on the target existence probability in the search map. When the underwater robot does not enter the target prediction range, this paper adopts the decision that the underwater robots directly move towards the initial position of the target. However, when the underwater robot enters into the target prediction range, the prediction model and the optimal performance index are set up according to the target probability distribution, and the predictive control thought is used to make the optimal decision. As the first search stage can make decisions according to the distance between the current position of the underwater robot and the initial position of the target, this section mainly introduces the second search stage, that is, the predictive control thought will be used to make decision.

### 4.1 Establishing Predictive Model

The model of the search map describes the state space of multi-underwater robot. Multi-underwater robot can be considered as a large control system based on the state space.

The state of entire control system can be expressed as

$$s(t)=\{s_i(t),i=1,\cdots,n\} \tag{10}$$

where

$$s_i(t)=(P_i(t),\varphi_i(t))$$

$P_i(t)$ represents the position of the underwater robot $i$ at time $t$, and $\varphi_i(t)$ represents the heading of the underwater robot $i$ at time $t$.

The input of entire control system can be expressed as

$$u(t)=\{u_i(t),i=1,\cdots,n\} \tag{11}$$

where

$$u_i(t)=\Delta\varphi_i(t)$$

$\Delta\varphi_i(t)$ represents the yaw angle of the underwater robot $i$ at time $t$.

Therefore，the predictive model of the underwater robots is expressed as

$$s(t+1)=f(s(t),u(t)) \tag{12}$$

where $f$ represents the state transfer function.

In the process of searching the target in the search area, the state equation of the underwater robot $i$ is expressed as

$$\begin{cases} P_i(t+1)=P_i(t)+v\cos(\varphi_i(t)+\Delta\varphi_i(t))\Delta T \\ \varphi_i(t+1)=\varphi_i(t)+\Delta\varphi_i(t) \end{cases} \tag{13}$$

According to the formula (12), if a control input $u(t)$ is given, the state of multi-underwater robot system is transferred to the next state according to the transfer function, and the position of the multi-underwater robots is changed accordingly. Each position of the underwater robot corresponds to a grid unit in the search area. Based on the current grid, the multi-underwater robots can measure the detection probability including its own grid and eight neighboring grids, and then update the target existence probability of the nine grids. With the constant change of the position, the target existence probability of the search map will be updated according to the detection results. According to the target existence probability in the search map at each moment, the multi-underwater robots can predict in the finite time domain and obtain the optimal control input sequence at the next moment. The multi-underwater robots system only takes the first control input of the optimal control sequence as the control input at the next moment. As time goes by, the multi-underwater robots is optimized repeatedly according to the objective function, and the objective point to which the multi-underwater robots will arrive at the next moment is determined, and it moves towards the target gradually until the target is found.

### 4.2 Establishing the Objective Function

As the multi-underwater robots is a dynamically decoupled system, therefore, the state equation is independent. The state equation of each underwater robot can be expressed as

$$s_i(t+1)=f_i(s_i(t),u_i(t)) \tag{14}$$

According to the distributed architecture established in the Section 2.4, the cooperative optimal decision of multi-underwater robots is transformed into the optimal decision of single underwater robot. In the process of the cooperative search, the single underwater robot needs the local online optimization, and the optimal decision is based on the environmental search map jointly maintained by the multi-underwater robots. As the environmental search map is discretized into $N_x \times N_y$ grids and each grid is represented by the target existence probability, therefore, the optimization objective function of the underwater robot $i$ can be adopted by

$$C_i(t) = \sum_{(m,n)\in G^q} [(P_{D_i}^0 - P_{F_i}^0)P_{mn}(t)+P_{F_i}^0] \tag{15}$$

where $(P_{D_i}^0 - P_{F_i}^0)P_{mn}(t)+P_{F_i}^0$ represents the target discovery gain of the underwater robot $i$ at time $t$, $P_{D_i}^0 = P_D$ represents the detection precision of the sonar of the underwater robot $i$, $P_{F_i}^0 = P_F$ represents the false alarm probability of the sonar of the underwater robot $i$, $P_{mn}$ represents the target existence probability of the grid $(m,n)$, $G^q$ represents the grids covered by the pre-planned $q$ steps of search path of the underwater robot $i$.

### 4.3 Optimization Model

The optimization model uses the model predictive control thought to search a moving target for multi-underwater robots, and the optimal model of each underwater robot at time $t$ is expressed as

$$U_i^*(t)=\arg\max_{U_i(t)} C_i(S_i(t),U_i(t))$$

s.t.

$$\begin{cases} S_i(t)=\{s_i(t+k/t)\} \\ U_i(t)=\{u_i(t+k/t)\} \\ s_i(t+k+1/t)=f(s_i(t+k/t) \\ u_i(t+k/t) = \begin{bmatrix} x_i(t+k+1) \\ y_i(t+k+1) \\ \varphi_i(t+k+1) \end{bmatrix} = \begin{bmatrix} x_i(t+k)+v\sin(\varphi_i(t+k)+\Delta\varphi(t+k))\Delta T \\ y_i(t+k)+v\cos(\varphi_i(t+k)+\Delta\varphi(t+k))\Delta T \\ \varphi_i(t+k)+\Delta\varphi(t+k) \end{bmatrix} \\ s_i(t/t)=s_i(t) \\ u_i(t/t)=u_i(t)=\{\Delta\varphi_i(t)\} \\ -\theta \leqslant \Delta\varphi_i(t) \leqslant \theta \\ i,j\in\{1,2,\cdots,n\} \\ k\in\{0,1,2,\cdots,q-1\} \end{cases} \tag{16}$$

where $\theta$ represents the maximum yaw angle when each underwater robot searches the target. The purpose of setting the maximum yaw angle is to make the robot as little as possible "go back" in a short time, and effectively avoid falling into the locally optimum solution.

### 4.4 PSO Algorithm

As can be seen from Eq. (13), the optimization model is non-linear, so it is very difficult to find its analytical solution, and only the intelligent algorithm can be used to obtain the numerical solution. In this paper, particle swarm optimization (PSO) algorithm is used to solve the optimization problem. The update formula is expressed as

$$\begin{cases} V_{id}^{k+1}=\omega V_{id}^k+c_1 r_1(p_{id}^k-x_{id}^k)+c_2 r_2(p_{gd}^k-x_{id}^k) \\ X_{id}^{k+1}=X_{id}^k+V_{id}^{k+1} \end{cases} \tag{17}$$

where $c_1$ and $c_2$ represent the acceleration factors, $\omega$ represents the inertia weight, $r_1$ and $r_2$ represent the random value distributed in $[-1,1]$, $d \in \{1,2,\cdots,D_{pso}\}$ represents the dimension of each particle, $k$ represents the current number of iterations, $V_{id}$ represents the velocity of the particle $i$, $P_{id}$ represents the individual extremum of the particle $i$, $P_{gd}$ represents the population extremum, and $X_{id}$ represents the position of the particle $i$ in the search space, where $i \in \{1,2,\cdots,\text{SIZE\_POP}\}$.

The underwater robot usually moves at a fixed speed in order to optimize the efficiency when it performs the search mission. Therefore, this paper only uses the yaw angle as the control input of the optimization model. Let each particle be represented as a feasible control input, the control input of the underwater robot $i$ is expressed as $u_i(t)=\{\Delta\varphi_i\}$. The particle is encoded by a $1 \times q$ dimensional vector and $q$ represents the prediction time domain. The value of each element in the $q$ dimension is chosen in $[-1,1]$, and the value of control input is limited to the range of the maximum yaw angle. Thus we have

$$\Delta\varphi_i=\lambda\theta, \quad \lambda\in[-1,1] \tag{18}$$

where $\theta$ is the maximum yaw angle. Therefore, after the particle is decoded, each element in the $q$ dimension directly corresponds to each control input in the pre-planned $q$ steps. According to the state transfer function, the position of the underwater robot after the pre-planned $q$ steps can be obtained. The position of each step in $q$ steps corresponds to a grid. Each grid uses a target existence probability to represent the possibility that the target exists. Therefore, the target detection returns in the predicted $q$ steps can be obtained according to the objective function. Finally, the optimal control sequence is selected from the feasible control input range to make the target detection returns to reach the maximum in the predicted $q$ steps, and only the first step of the optimal control sequence is taken as the control input of the next time for the multi-underwater robots.

## 5　Algorithm Process of Cooperative Search

The steps of the cooperative search algorithm for multi-underwater robots are as follows:

**Step 1:** Determine the input and output of the algorithm. The cooperative search algorithm is input into $n$ underwater robots, one target, an initial search map, and the initial parameters of the PSO. The initial positions, the initial speeds and the initial headings of each underwater robot and this one target are also the inputs of the search algorithm. The outputs are the result and the total time of finding the target.

**Step 2:** The distance between each underwater robot and the target is calculated firstly, and according to the speed of the underwater and the target, the time $\Delta T_i$ can be obtained, which is that the underwater robot arrives to the boundary of the target prediction range. When the time step satisfies $t<\Delta T_i$, the underwater robot $i$ does not enter into the target prediction range. Therefore, the underwater robot $i$ perform the decision that the underwater robot $i$ directly moves towards the initial position of the target. The movement of the target can be predicted using the formula (8), and the prediction update of the target existence probability can be obtained in each decision cycle.

**Step 3:** When the time step satisfies $t>\Delta T_i$, the underwater robot $i$ enters into the target prediction range, and the underwater robot $i$ starts to perform the second search process as shown in Step 4.

**Step 4:** According to the distance between each underwater robot and the target in Step 2, the detection probability of each underwater robot can be calculated using the sonar model. Meanwhile, the grid of the field of view for each underwater robot will be updated using the formula (6) based on the detection information. The detection results will be uploaded to the communication base station through the underwater acoustic communication. After the base station receives the detection results, the detection information will be transferred to each underwater robot. According to the communication information, each underwater robot will update the search map using the formula (9) based on the detection information.

**Step 5:** Each underwater robot use the predictive control thought to make optimal decision according to the global search map, and the iterative solution is performed based on PSO algorithm. The objective position can be obtained at the next time, which is where each underwater robot arrives.

**Step 6:** When some underwater robots satisfy the two termination conditions, the algorithm will be terminated. The two termination conditions are respectively:

(1) If the distance between some underwater robots and the target satisfies $d_i \leqslant 250\mathrm{m}$, then it indicates that the target is found, therefore, the algorithm will be terminated.

(2) If the maximum time is more than 40000s, then this paper considers that the target is not found, therefore, the algorithm will be terminated.

## 6  Simulation Results and Analysis

In order to verify that the proposed cooperative search strategy is effective, this paper uses MATLAB simulation platform to establish the cooperative search simulation environment of the underwater robots as shown in Fig.5.

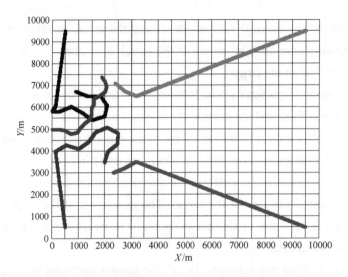

Fig.5　Cooperative search simulation of the underwater robots

There are four underwater robots and one target distributed in the 10km×10km area. The red curve represents the trajectory of the target, while the curves in other colors respectively represent the trajectory of the four underwater robots. The search area is divided into a 20×20 square grid, and then the edge length of each square grid is $w$=500m. The initial target existence probability of each grid is set to 0 in the search area. For the four underwater robots, the initial positions are set to (500m, 500m), (500m, 9500m), (9500m, 9500m) and (9500m, 500m), respectively. The initial headings are set to 0deg, 0deg, 180deg and 180deg, respectively. The initial speeds are set to 2m/s, 2m/s, 2m/s and 2m/s, respectively. The parameters of the sensor are set to $P_D$=0.9, $P_F$=0.9exp(−1), $D_1$=250m, and $D_2$=1000m, respectively. In PSO algorithm, set $\omega$=1, $c_1$=1.5, $c_2$=1.5, max_step=300, SIZE_POP=20, $\theta_{max}$=60, pos_max=1, pos_min=−1, $v$_max=0.5, $v$_min=−0.5, $D_{pso}$=1. The prediction time domain of the underwater robot is set to $q$=5. The decision period is set to $\Delta T$=250s. The termination conditions satisfy the two conditions that are set as the Step 6 in Section 5.

As the search area is the continuous space, every position can't be verified one by one in the search area. Therefore, the two representative positions are chosen to be verified so as to illustrate the effectiveness and feasibility of the proposed strategy in this paper. Therefore, two simulations are conducted based the two different positions. In the first simulation, the initial position of the target is set as (20m, 5000m), and in the second simulation, the initial position of the target is set as (5000m, 5000m). In both simulations, the speed of the target is set at 1m/s, the initial heading is set at 0 degrees, the heading of the target will be changed once every 250s, and the maximum yaw angle is set at 60 degrees. In order to calculate the search target time and the search results in statistical sense, the first simulation and the second simulation are conducted for 1000 times. Within a fixed time step, this paper defines the search target probability as

$$P_{search} = \frac{Real\_num(t)}{Sim\_num} \qquad (19)$$

where $P_{search}$ represents the search target probability, $Real\_num(t)$ represents the number of times that the target is actually found at the time step $t$, and $Sim\_num$ represents the simulation times. The simulation is performed 1000 times in this paper. Therefore, $Sim\_num$ is set to 1000.

## 6.1 The First Simulation

In the first simulation, the initial position of the target is set to (20m, 5000m). As the search process is dynamically changing, the different simulation steps should be intercepted to illustrate. The changes of the trajectory and the target existence probability in different time steps are shown in Fig.6, respectively. The figure (a) represents the change of the trajectory, and the figure (b) represents the change of the target existence probability accordingly. In the trajectory map, the red curve represents the random motion trajectory that the heading changes one time for every 250 seconds, while other colored solid lines represent the search trajectory of the underwater robots. Taking the time as the axis in the simulation screenshot, we illustrate the comparison between the figure (a) and the figure (b) in Fig.6. Therefore, at $t=1500s$, the figure (a) shows that none of the underwater robots enter into the target prediction area $A_1$ described in Section 3.3. At this time, the target existence probability follows the uniform distribution in the area $A_1$. The figure (b) shows that the height of the raised grids is the same, which indicates the target existence probabilities of these grids are the same. At $t=3000s$, in the figure (a), the underwater robots represented by the blue solid line and the black solid line have entered into the area $A_1$, and perform the search process of the second stage. The two underwater robots change from the first search stage to the second search stage, which occurs in the position shown in the red dashed circle, namely at 1508 seconds. However, the underwater robots represented by the green solid line and the purple solid line have not yet entered into the area $A_1$, and both of the two underwater robots continues to perform the decision of the first search stage. The target existence probability in the figure (b) is no longer subject to the uniform distribution, which indicates that some underwater robot has entered into the area $A_1$ to update the search map based on the detection information, that is, the underwater robots represented by the blue solid line and the black solid line in the figure (a). At $t=6000s$, all the underwater robots have entered into the area $A_1$ in the figure (a), and they are performing the search of the second stage. All the underwater robots enter into the search of the second stage which occurs in the position shown in the red dashed circle, namely at 3497 seconds. The change of the target existence probability also illustrates that all the underwater robots enter into the search of the second stage as shown in the figure (b). At $t=24150s$, the distance between the underwater robot represented by the purple solid line and the target is less than 250m in the circle of the red dotted line, which indicates that the underwater robot finally finds the target. The figure (b) shows that the change of the target existence probability at 24150s. Therefore, from the changes of the trajectory and the target existence probability in this simulation, we can see that multi-underwater robot performs the two stages of the cooperative search, and the different changes are reflected in the two search stages.

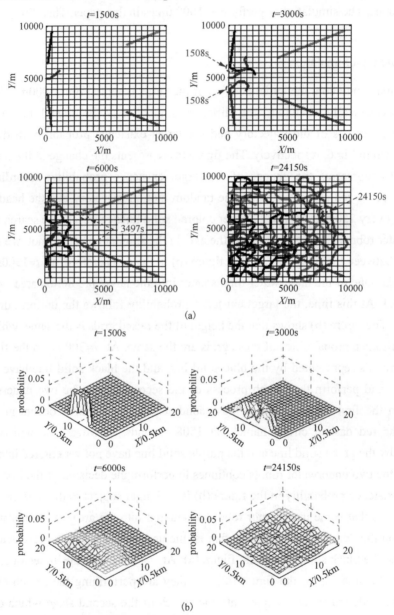

Fig.6   Changes in the trajectory and in the target existence probability

In order to further illustrate that the cooperative search strategy effectively improve the effect of searching a moving target using the multi-underwater robots based on the prediction of the initial target information, this paper uses a search strategy without the initial target information to compare with the proposed strategy. The strategy without the initial target information is different from the proposed strategy in this paper. The two conditions are required to satisfy:

(1) The initial information of the target is unknown to the underwater robots.

(2) Assuming that the target existence probability follows the uniform distribution in the search area, the search process of the second stage will be only carried out according to the search map.

This paper uses the Monte Carlo method to conduct 1000 simulation tests. The step length of each simulation test is 40000s, and the test results are shown in Fig.7. In Fig.7, the figure (a) represents the change curves of the search target probability obtained by using the proposed search strategy and the search strategy without the initial target information. As shown in the figure (a), when the time step is fixed, compared with the search strategy without the initial target information, the search target probability is higher using the proposed strategy. When the time step is 1530 seconds, the target begins to be found using the proposed strategy, but the target is found until the time step reaches 2000 seconds using the search strategy without the initial target information. Therefore, the start time that the target is found using the proposed search strategy is 470s earlier than that of the search strategy with no initial target information. When the search target probability is fixed, compared with the search strategy with no initial target information, the time of finding the target is shorter using the proposed strategy in this

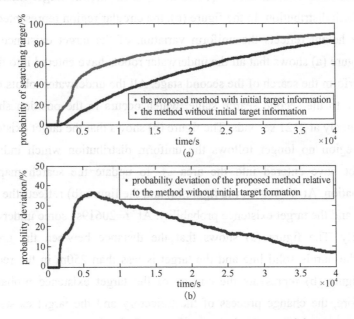

Fig.7　Comparison results between the proposed strategy and the strategy

with no initial target information

paper. The figure (b) shows the probability deviation curve of the proposed search strategy relative to the search strategy with no target information. As can be seen from the figure (b), in the time step [1s, 1529s], the probability of finding the target is 0 when using the two search strategy, namely the target is no found. In the time step [1530s, 6172s], the search probability deviation increases rapidly. When the time step is 6172 seconds, the error reaches the maximum value 36.3%, but the error gradually decreases in the time step [6173s, 40000s]. After calculation, the search probability using the proposed strategy is 19.5% higher on average than that of the search strategy with no initial target information within the time step range [1s, 40000s]. This fully demonstrates that the search target time is decreased and improves the search target probability in statistical sense. Therefore, the effect of searching a moving target is effectively improved using the cooperative search strategy proposed in this paper.

## 6.2　The Second Simulation

In order to verify the cooperative search effect of different initial positions of the target, the position of the target is set to (5000m, 5000m), and other settings are same with the first simulation, and the simulation test is conducted. Similarly, the different simulation steps are intercepted for illustration. Taking the time as the axis in the simulation screenshot, we illustrate the comparison between the figure (a) and the figure (b) in Fig.8. At $t=2000s$, none of the underwater robots enter into the area $A_1$, and in the area $A_1$, the target existence probability follows the uniform distribution. In the figure (b), the circular region represented by the grids of the raised same height reflects the uniform variation of the target existence probability. At $t=4000s$, the figure (a) shows that all the underwater robots have entered into the area $A_1$, and they begin to perform the search of the second stage. All the underwater robots change from the first search stage to the second search stage, which occurs in the position shown in the red dashed circle, namely at 2121 seconds. The figure (b) shows that the target existence probability of the central region no longer follows the uniform distribution which indicates that each underwater robot have entered into the area $A_1$ to update the search map based on the detection information. At $t=6000s$, the figure (a) and the figure (b) reflects the further changes of the trajectory and the target existence probability. At $t=20619s$, some underwater robot find the target, finally. The figure (a) shows that the distance between the underwater robot represented by the purple solid line and the target is less than 250m in the red dashed circle. However, the figure (b) represents the change of the target existence probability at 20619 seconds. Therefore, the change process of the trajectory and the target existence probability indicate that multi-underwater robots also effectively perform the two stages of the cooperative search based on the prediction of the different initial position of the target.

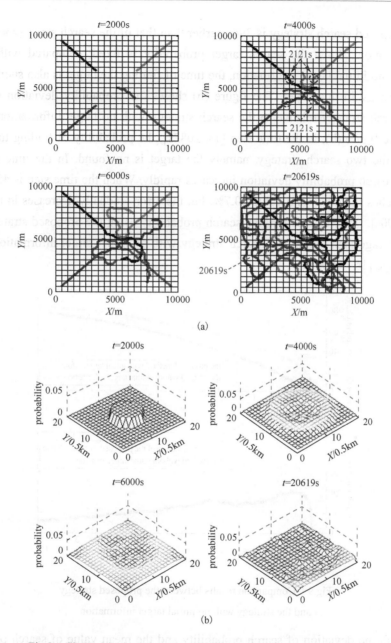

Fig.8　Changes in the trajectory and in the target existence probability

Similarly, the search strategy with no the initial target information is used for comparison with the proposed strategy in this paper, and 1000 simulation tests are conducted. The step length of each simulation test is 40000s, and the test results were shown in Fig.9. It can also be obtained from the figure (a) that, when the time step is fixed, compared with the search strategy without the initial target information, the search target probability is higher using the proposed strategy in this paper. The target begin to be found using the proposed strategy in this paper at 2082 seconds, but the target begins to be found using the strategy with no initial target information until the time step of 2476 seconds. Therefore, the start time that the target is found using the proposed search strategy is 394s earlier than that of the search strategy with no initial target information. When the search target probability is fixed, compared with the search strategy with no initial target information, the time of finding the target is also shorter using the proposed strategy in this paper. The figure (b) shows the probability deviation curve of the proposed search strategy relative to the search strategy with no target information. As can be seen from the figure (b), in the time step [1s, 2082s], the probability of finding the target is 0 when using the two search strategy, namely the target is no found. In the time step [2082s, 4538s], the search probability deviation increases rapidly. When the time step is 4538 seconds, the error reaches the maximum value 20.7%, but the error gradually decreases in the time step [4538s, 40000s]. After calculation, the search probability using the proposed strategy is 11.6% higher on average than that of the search strategy with no initial target information within the time step range [1s, 40000s].

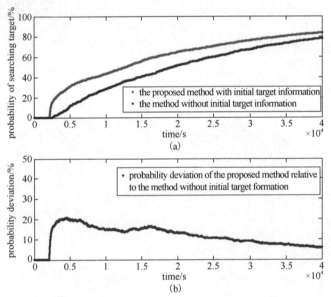

Fig.9   Comparison results between the proposed strategy
and the strategy with no initial target information

Although the deviation of search probability and the mean value of search probability in the second simulation are lower than that of the first simulation, it is proved that the cooperative search strategy proposed in this paper also reduces the search time and improves the probability of finding the target in statistical sense. Therefore, the first simulation and the second simulation indicate that the proposed cooperative search strategy can effectively improve the effect of searching a moving target using the multi-underwater robots based on the prediction of the initial target information.

## 7　Conclusion and Future Work

When the target intrudes the area guarded by the underwater robots, the urgent problems to be solved are what strategies should be adopted to search and find this target quickly. In the real word, we can easily obtain the initial information of the intrusive target by the shore-based sonar or the seabed fixed node. But after a period of time, this information will be disappeared again. Therefore, it is critical that the underwater robot can effectively make a decision that can quickly find the target making use of the initial target information.

To find the intrusive target quickly and successfully, the main contributions of this paper are summarized as follows:

(1) This paper presents a novel cooperative search strategy used to search a dynamic target in the large-scale ocean area, and innovatively put forwards an update mechanism of search map based on the initial information of the target. The cooperative search strategy is innovatively divided into the two decision processes. The first process is that the underwater robots directly move towards the initial position of the target, and the second process is driven by the target existence probability.

(2) This paper innovatively put forwards a prediction method for the motion range of the target based on the initial target information, establishes the uniform probability distribution model, and gives the probability update formula of the target in the search map. Furthermore, the predictive control thought is applied to the optimal decision-making of multi-underwater robots.

Finally, from the 1000 simulation tests, we can see that the proposed search strategy is indeed better than the search strategy with no initial target information. The comparison results show that the proposed strategy effectively reduces the time of searching target and improves the search target probability in statistical sense. Therefore, the effectiveness and feasibility is proved using the proposed strategy in this paper.

The proposed search strategy can reduce the search blindness in the real marine environment when the underwater robots obtain the initial information of the target. Under the condition of the limited energy, the proposed search strategy can also reduce the search time in the finite time. This paper preliminarily discusses the cooperative search strategy based on the prediction of the initial target information. At present, we also only research the constant speed of the underwater robot and the target, and the speed of the target is slower than that of the underwater robots. But when the speed of target is faster than the underwater robots, the search effect will be also required to be verified. Furthermore, establishing the reasonable search map is also important work so that it can guide the underwater robots to quickly find the target. Meanwhile, searching an intelligent evasion target is an important problem to be further researched. When the target is found, how to cooperatively capture the evasion target is also the next research work that we do.

## Acknowledgements

This paper was supported by the Science and Technology Innovation Foundation of Chinese Academy of Sciences (CXJJ-17-M130), Equipment Pre-research Joint Foundation (6141A01061601) and State Key Laboratory of Robotics Foundation (2016-Z08).

## References

Arulampalam, M. S., Maskell S., Gordon N., et al., 2002. A tutorial on particle filters for online nonlinear/non-Gaussian Bayesian tracking. IEEE Transactions on Signal Processing, IEEE, 50(2): 174-188. https://doi.org/10.1109/78.978374.

Aziz, A. M., 2014. A joint possibilistic data association technique for tracking multiple targets in a cluttered environment. Information Sciences, 280: 239-260. https://doi.org/10.1016/j.ins.2014.04.055.

Bertuccelli, L. F., How, J. P., 2006. Search for dynamic targets with uncertain probability maps. Proceedings of the 2006 American Control Conference, IEEE. https://doi.org/10.1109/ACC.2006.1655444.

Bourgault, F., Furukawa, T., Durrant-Whyte, H. F., 2003. Coordinated decentralized search for a lost target in a Bayesian world. Intelligent Robots and Systems (IROS 2003), 2003 IEEE/RSJ International Conference on, IEEE, 1(10): 48-53. https://doi.org/10.1109/IROS.2003.1250604.

Bourgault, F., Furukawa, T., Durrant-Whyte, H. F., 2006. Optimal search for a lost target in a Bayesian word. Field and Service Robotics, 24(1): 209-222. https://doi.org/10.1007/10991459_21.

Campbell, M. E., Whitacre, W. W., 2007. Cooperative tracking using vision measurements on SeaScan UAVs. IEEE Transactions on Control Systems Technology, 15(4): 613-626. https://doi.org/10.1109/TCST.2007.899177.

Cho, D., Kim, H. J., Tahk, M. J., 2016. Fast adaptive guidance against highly maneuvering targets. IEEE Transactions on Aerospace and Electronic Systems, 52(2): 671-680. https://doi.org/10.1109/TAES.2015.140958.

Choset, H., 2001. Coverage for robotics—A survey of recent results. Annals of Mathematics and Artificial Intelligence, 31(1): 113-126. https://doi.org/10.1023/A:1016639210559.

Dong, W., Zhou, M., 2014. Gaussian classifier-based evolutionary strategy for multimodal optimization. IEEE Transactions on Neural Networks and Learning Systems, 25(6): 1200-1216. https://doi.org/10.1109/TNNLS.2014.2298402.

Esmailifar, S. M., Saghafi, F., 2015. Moving target localization by cooperation of multiple flying vehicles. IEEE Transactions on Aerospace and Electronic Systems, 51(1): 739-746. https://doi.org/10.1109/TAES.2014.130168.

Fewell, M. P., Thredgold, J. M., Kershaw, D. J., 2008. Benefits of sharing detections for networked track initiation in anti-submarine warfare. Technical Report DSTO-TR-2086 of the Defence Science and Technology Organisation.

Furukawa, T., Bourgault, F., Lavis, B., Durrant-Whyte, H. F., 2006. Recursive Bayesian search-and-tracking using coordinated UAVs for lost targets. Robotics and Automation (ICRA), 2006 IEEE International Conference on, IEEE: 2521-2526. https://doi.org/10.1109/ROBOT.2006.1642081.

Gan, S. K., Sukkarieh, S., 2011. Multi-UAV target search using explicit decentralized gradient-based negotiation. Robotics and Automation (ICRA), 2011 IEEE International Conference on, IEEE: 751-756. https://doi.org/10.1109/ICRA.2011.5979704.

Han, H., Ding, Y., Hao, K., et al., 2011. An evolutionary particle filter with the immune genetic algorithm for intelligent video target tracking. Computers and Mathematics with Applications, 62(7): 2685-2695. https://doi.org/10.1016/j.camwa.2011.06.050.

Hu, J., Xie, L., Xu, J., Xu, Z., 2014. Multi-agent cooperative target search. sensors, 14(6): 9408-9428. https://doi.org/10.3390/s140609408.

Jevtic, A. G., Andina, D., et al., 2012. Distributed bees algorithm for task allocation in swarm of robots. IEEE Systems Journal, 6(2): 296-304. https://doi.org/10.1109/JSYST.2011.2167820.

Jin Y., Branke J., 2005. Evolutionary optimization in uncertain environments-a survey. IEEE Transactions on Evolutionary Computation, 9(3): 303-317. https://doi.org/10.1109/TEVC.2005.846356.

Kassem, M. A. E., El-Hadidy, M. A. A., 2014. Optimal multiplicative Bayesian search for a lost target. Applied Mathematics and Computation, 247: 795-802. https://doi.org/10.1016/j.amc.2014.09.039.

Lanillos, P., Gan, S. K., Besada-Portas, E., et al., 2014. Multi-UAV target search using decentralized gradient-based negotiation with expected observation. Information Sciences, 282: 92-110. https://doi.org/10.1016/j.ins.2014.05.054.

Lavis, B., Furukawa, T., Durrant-whyte H. F., 2008. Dynamic space reconfiguration for Bayesian search and tracking with moving targets. Auton Robot, 24(4): 387-399. https://doi.org/10.1007/s10514-007-9081-4.

Lee, G., Chong, N. Y., Christensen, H., 2010. Tracking multiple moving targets with swarms of mobile robots. Intelligent Service Robotics, 3(2): 61-72. https://doi.org/10.1007/s11370-010-0059-2.

Li, F., Zhou, M., Ding, Y., 2017. An adaptive online co-search method with distributed samples for dynamic target tracking. IEEE Transactions on Control Systems Technology, 26(2): 439-451. https://doi.org/10.1109/TCST.2017.2669154.

Moon, S., Yang, K., Gan, S. K., Shim, D. H., 2015. Decentralized information-theoretic task assignment for searching and tracking of moving targets. Unmanned Aircraft Systems (ICUAS), 2015 International Conference on, IEEE: 1031-1036. https://doi.org/10.1109/ICUAS.2015.7152393.

Nakatani, T., Hyakudome, T., Sawa, T., etc., 2015. Development of an autonomous surface vehicle for monitoring underwater vehicles. OCEANS 2015-MTS/IEEE Washington, IEEE: 1-5. https://doi.org/10.23919/OCEANS.2015.7401931.

Newstadt, G. E., Wei, D. L., Hero, A. O., 2015. Adaptive search and tracking of sparse dynamic targets under resource constraints. IEEE Transactions on Signal Processing, 63(9): 2321-2335. https://doi.org/10.1109/TSP.2015.2405493.

Nguyen, T. T., Yang, S., Branke, J., 2012. Evolutionary dynamic optimization: A survey of the state of the art. Swarm and Evolutionary Computation, 6: 1-24. https://doi.org/10.1016/j.swevo.2012.05.001.

Polycarpout, M. M., Yang, Y., Passinot, K. M., 2001. A cooperative search framework for distributed agents. Intelligent Control (ISIC'01), 2001 IEEE International Symposium on, IEEE: 2158-9860. https://doi.org/10.1109/ISIC. 2001.971475.

Pugh, J., Martinoli, A., 2007. Inspiring and modeling multi-robot search with particle swarm optimization. 2007 IEEE Swarm Intelligence Symposium, IEEE: 332-339. https://doi.org/10.1109/SIS.2007.367956.

Sasano, M., Inaba, S., Okamoto, A., 2016. Development of a regional underwater positioning and communication system for control of multiple autonomous underwater vehicles. 2016 IEEE/OES Autonomous Underwater Vehicles, IEEE: 431-444. https://doi.org/10.1109/AUV.2016.7778708.

Senanayake, M., Senthooran, I., Barca, J. C., et al., 2016. Search and tracking algorithms for swarms of robots: A survey. Robotics and Autonomous Systems, 75: 422-434. https://doi.org/10.1016/j.robot.2015.08.010.

Shem, A. G., Mazzuchi, T. A., Sarkani, S., 2008. Addressing uncertainty in UAV navigation decision-making. IEEE Transactions on Aerospace and Electronic Systems, 44(1): 295-313. https://doi.org/10.1109/TAES.2008.4517005.

Stone, L. D., 1975. Theory of Optimal Search. Academic Press, New York.

Stone, L. D., Davison, D. A., Corwin, T. L., 1987. Search and localization tactical decision aid. Metron Report to Lockheed-California Co.

Thredgold, J. M., Lourey, S. J., Vu, H. X., Fewell, M. P., 2010. A simulation model of networked tracking for anti- submarine warfare. Technical Report DSTO-TR-2372 of the Defence Science and Technology Organisation.

Trodden, P., Richards, A., 2008. Multi-vehicle cooperative search using distributed model predictive control. AIAA Guidance, Navigation and Control Conference. https://doi.org/10.2514/6.2008-7138.

Wang, Y., Hussein, I. I., 2011. Bayesian-based decision-making for object search and classification. IEEE Transactions on Control Systems Technology, 19(6): 1639-1647. https://doi.org/10.1109/TCST.2010.2087760.

Xiao, X., Dong, Z., Wu, J., Duan, H., 2012. A cooperative approach to multiple UAVs searching for moving targets based on a hybrid of virtual force and receding horizon. Industrial Informatics, IEEE 10th International Conference on, IEEE: 1228-1233. https://doi.org/10.1109/INDIN.2012.6301188.

Yang, B., Ding, Y., Jin, Y., et al., 2015. Self-organized swarm robot for target search and trapping inspired by bacterial chemotaxis. Robotics and Autonomous Systems, 72(C): 83-92. https://doi.org/10.1016/j.robot.2015.05.001.

# A Research on the Simultaneous Localization Method in the Process of Autonomous Underwater Vehicle Homing with Unknown Varying Measurement Error[*]

Lingyan Dong [1,2,3], Hongli Xu [1,2], Xisheng Feng [1,2], Xiaojun Han [1,2] and Chuang Yu [1,2]

(1. State Key Laboratory of Robotics, Shenyang Institute of Automation, Chinese

Academy of Sciences, Shenyang, 110016, China;

2. Institutes for Robotics and Intelligent Manufacturing, Chinese Academy of Sciences,

Shenyang, 110169, China;

3. University of Chinese Academy of Sciences, Beijing, 100049, China)

**Abstract:** We propose an acoustic-based framework for automatically homing an autonomous underwater vehicle (AUV) to the fixed docking station (F-DS) and mobile docking station (M-DS). The proposed framework contains a simultaneous localization method of AUV and docking station (DS) and a guidance method based on the position information. The simultaneous localization and mapping (SLAM) algorithm is not available as the statistical characteristics of the measurement error of the observation system are unknown. To solve this problem, we propose a data pre-processing method. Firstly, the measurement error data of acoustic sensor are collected. Then, we propose a variational auto-encoder (VAE) based Gaussian mixture model (GMM) for estimating the statistical characteristics of measurement error. Finally, we propose a support vector regression (SVR) algorithm to fit the non-linear relationship between the statistical characteristics of measurement error and its corresponding working distance. We adopt a guidance method based on line-of-sight (LOS) and path tracking method for homing an AUV to the fixed docking station (F-DS) and mobile docking station (M-DS). The lake experimental data are used to verify the performance of the localization with the estimated statistical characteristics of measurement error.

**Keywords:** AUV, SLAM, VAE, SVR

## 1　Introduction

Autonomous underwater vehicles (AUVs) play important roles in underwater missions. However, the working time is limited by on-board energy and storage capability of AUVs. The

---

\* 原发表于 *Applied Sciences-Basel*, 2019, 9(21): 1-21。

autonomous recovery of AUVs is used for recharging, data transfer, and relaunch. Docking stations can either be stationary[1-6] or mobile[7-11]. The process of AUV sailing from far-end to the docking station is called homing. The homing process aims at the precise physical contact between AUVs and docking stations . Physical contact can be passive or active. A common kind of passive contact is that an AUV is captured by a robotic manipulator. A common kind of active contact is that an AUV catches a cable or pole[12-14] with a latch or hook. The other kind of active contact is using funnel-like[15-17] docking stations. In this work, we address the recovery of an AUV by actively docking with a funnel-like docking station.

One of the key technologies in homing is navigation. The positions of AUV and DS should be simultaneously sensed by AUV. Three kinds of sensors are available for the position sensing of DS: ①electromagnetic sensors, ②acoustic sensors, and ③optical sensors. Acoustic sensors have the longest working range, but the lowest precision. Woods Hole Oceanographic Institution (WHOI)[18-19] conducted a research on the AUV homing method based on acoustic guidance. The transceiver installed in the head of the AUV receives an acoustic signal from the beacon installed on the DS, and measures its position relative to the beacon. The absolute position of AUV is calculated indirectly as it knows the absolute position of the beacon. Electromagnetic sensors have a better precision, but much less range, about 30-50m. Massachusetts Institute of Technology (MIT)[20] proposed the electromagnetic guidance method. In this way, the final docking accuracy can reach 20cm. However, due to some physical factors, the effective docking range is 20-30 meters. Optical sensors have the shortest range, but the highest precision. National Radiology Solutions (NRaD)[21] proposed an optical docking system, which was demonstrated to be accurate and robust for vehicle terminal guidance and provided targeting accuracy on the order of 1 centimeter under real-world conditions, even in turbid bay water. According to the characteristics of the sensors, they usually combined acoustic and optical sensors for AUV recovery. In this work, we focused on the development of acoustic-based AUV recovery algorithms since the vision guidance technology is maturing. More importantly, if the positional error of acoustic sensor is large, it may result in the inability to enter the terminal guidance phase based on vision, resulting in a failed docking.

Acoustic methods can be used at large distance. One such method for localization, is range-only localization. Range-only measurements are extensively used in many underwater homing application[22-26]. However, these measurements present a high-nonlinear and standard extended Kalman filters (EKFs) cannot cope with it. The solution to the range-only localization for homing problem using a sum of Gaussian filter is proposed in reference[27]. The other method for localization, is range-bearing localization. In this work, the range and bearing of beacon are provided by the acoustic sensor. In other words, we can obtain the projections of distance from the transceiver to the beacon in the $x$ and $y$ directions of the observation coordinate system. Some SLAM algorithms for AUV have been applied to sense the position of a robot and map its surroundings simultaneously[28-31]. These algorithms are not suitable for our recovery system as the statistical characteristics of our measurement error are non-Gaussian and unknown. We adopt the improved SLAM algorithm to simultaneously sense the positions of

AUV and DS.

The novel contributions of this paper include:

(1) We propose a method to collect the measurement error data for the observation system with the unknown statistical characteristics of measurement error.

(2) We propose a variational auto-encoder based on a Gaussian mixture model to estimate the overall distribution of all measurement error data. The advantage of this method is that it can be used in both Gaussian and non-Gaussian cases.

(3) We adopt the support vector regression algorithm to divide the overall distribution into multiple single Gaussian distributions and their corresponding working ranges, and fit the non-linear relationships between them. It is always available when the working range of acoustic sensor exceeds the maximum working range corresponding to the measurement error data.

## 2 System Overview

In this section, we introduce an overview of our recovery system. We illustrate the recovery system in Fig.1. The recovery system includes a mother vessel (called AUV-I) and a sub-AUV (is called AUV-II) for recovery. The DS was rigidly fixed to the underbelly of AUV-I. The entrance of the DS was funnel-like, and was 2m in diameter. When we need an F-DS, AUV-I remains hovering. When we need a M-DS, AUV-I moves at a constant speed in a straight line. AUV-II was a torpedo-shaped vehicle that was 384mm in diameter and 5486mm in length. It was equipped with a Doppler velocity log (DVL), inertial measurement unit (IMU), GPS and an acoustic sensor. The acoustic senor, EvoLogics 32C R, was used for long-range positioning. The IMU used in our recovery system is manufactured by a Chinese scientific research institution with high precision.

(a)                           (b)

Fig.1　The recovery system consists of (a)AUV-II and (b) AUV-I with DS

We propose a data preprocessing method for SLAM with unknown measurement error. The overview of our system is shown in Fig.2.

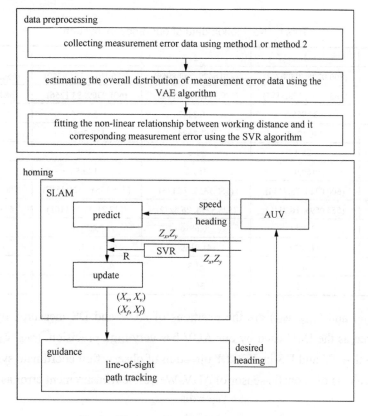

Fig.2　The overview of our recovery system

## 3　Data Preprocessing

The working medium of an acoustic sensor is sea water. The ocean is a very complex acoustic medium, whose complexity is mainly reflected in different acoustic propagation rules with the change of sea area and season. Due to the viscosity and heat conductivity of seawater, some of the sound energy is absorbed by seawater. Air bubbles, suspended particles, uneven water masses, plankton, and uneven boundaries in seawater can cause acoustic signal scattering. The above phenomena will cause the energy loss of the signal from the source in the process of transmission. In addition, due to the non-uniform sound velocity in sea water, the sound line will be refracted, so the acoustic source signal may not reach the receiving point at a long distance. On the other hand, due to the existence of a large number of scatterers and uneven interfaces in the ocean, when the acoustic source emits sound waves, it will encounter these scatterers and generate scattered waves, which will interfere with the reception of acoustic signals. In conclusion, due to the working medium and working principle of the acoustic sensor, the measurement results of the acoustic sensor will have certain errors, and the farther the working distance is, the greater the interference will be and the greater the error will be. Tab.1 shows the navigation data of our recovery system in a sea trial.

Tab.1 Navigation data of our recovery system

| | 1 | 2 | 3 | 4 |
|---|---|---|---|---|
| $(x_{AUV}, y_{AUV})$ | (800.0205, 300.0763) | (730.6679, 249.8969) | (680.1911, 184.9589) | (650.2868, 145.8485) |
| $(x_{DS}, y_{DS})$ | (665.9183, 178.3197) | (629.7143, 123.7123) | (601.9309, 83.1256) | (584.3957, 58.0357) |
| $dis_x$ | −39.9557 | −10.3142 | −5.6934 | −3.4857 |
| $dis_y$ | 176.6203 | 161.2694 | 128.3054 | 109.6431 |
| $z_x$ | −28.3 | −1.5 | −0.9 | 1.1 |
| $z_y$ | 160.9 | 151.6 | 120.5 | 101.7 |
| $(x_{AUV}, y_{AUV})$ | (600.0220, 75.7450) | (550.1815, 7.1173) | (525.1551, −25.3517) | (500.7651, −59.2965) |
| $(x_{DS}, y_{DS})$ | (555.0595, 16.7112) | (525.5794, 26.8272) | (512.2178, 40.1101) | (498.4322, 61.5103) |
| $dis_x$ | −2.9681 | −0.6816 | −2.1319 | −0.6412 |
| $dis_y$ | 74.1472 | 41.9169 | 19.5100 | 3.1515 |
| $z_x$ | 0 | −1.3 | 0 | −0.4 |
| $z_y$ | 67.8 | 36.2 | 20.9 | 4.7 |

$(x_{AUV}, y_{AUV})$ and $(x_{DS}, y_{DS})$ are the positions of AUV and DS measured by IMU. These positions are true as the IMU used by our AUV has very high precision. $(x_{DS}, y_{DS})$ are the true distance between AUV and DS in $X$ and $Y$ direction of observation coordinate system. $z_x$ and $z_y$ are the measurements of acoustic sensor of AUV. We define measurement error as follows:

$$\begin{cases} e_x = dis_x - z_x \\ e_y = dis_y - z_y \end{cases} \tag{1}$$

Fig.3 shows all measurement errors of this trail.

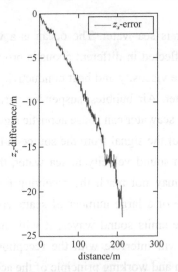 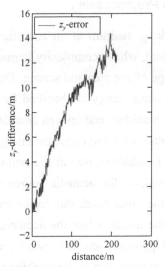

Fig.3 The measurement errors in the process of autonomous underwater vehicle (AUV) docking with fixed docking station (F-DS)

One of the premises of the SLAM algorithm is to know the statistical characteristics of the measurement error. In order to better describe the statistical characteristics of the measurement error, it is assumed that the error consists of two parts, namely, system error and random error, that is $w = \varepsilon + \epsilon$. In the formula, $w$ represents the measurement error. $\varepsilon$ represents the system error. $\epsilon$ is random error and follows the zero-mean Gaussian distribution. $\epsilon \sim N(0, \sigma_2)$, where $\sigma_2$ is the variance of random error. In order to estimate the statistical characteristics of measurement error, firstly, the measurement error data are accumulated, then the statistical characteristics of error are estimated by variational auto-encoding (VAE) algorithm, and the relationship between the statistical characteristics of the measurement error and working distance is fitted by support vector regression (SVR).

### 3.1 Method for Accumulating Measurement Error Data

The motion model of AUV is as follows:

$$s_k = \begin{cases} x_{k-1} + v_k \cdot dt \cdot \cos\left(\Psi_{k-1} + G_k\right) = x_{k-1} + d_{x,k} \\ x_{k-1} + v_k \cdot dt \cdot \sin\left(\Psi_{k-1} + G_k\right) = x_{k-1} + d_{y,k} \\ \Psi_{k-1} + G_k \end{cases} \quad (2)$$

where $v_k$ is the forward velocity of AUV at $k$th time. $G_k$ is the yaw angle of AUV at $k$th time, which constitutes the input state of AUV, that is $u_k = [v_k, G_k]^T$. $dt$ is the sampling interval time. The measurement coordinate system is shown in Fig.4:

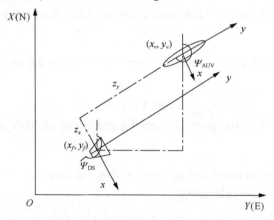

Fig.4   Measurement coordinate system

The measurement model corresponding to the coordinate system shown in Fig.4 is as follows:

$$h = \begin{cases} \alpha = \dfrac{3}{2}\pi - \Psi_{DS} \\ z_x = -\left(x_v - x_f\right)\cos\alpha + \left(y_v - y_f\right)\sin\alpha \\ z_y = -\left(x_v - x_f\right)\sin\alpha + \left(y_v - y_f\right)\cos\alpha \end{cases} \quad (3)$$

The distance between AUV and DS at $k$th time is calculated by the Eq. (4):

$$\text{dis}_k = \sqrt{\left(x_{v,k} - x_{f,k}\right)^2 + \left(y_{v,k} - y_{f,k}\right)^2} \quad (4)$$

Assuming that we know the initial position of AUV. First of all, $(x_{v,k}, y_{v,k})$ denotes the position of AUV at $k$th time. $(x_{f,k}, y_{f,k})$ denotes the position of F-DS or M-DS at $k$th time. $(z_{x,k}, z_{y,k})$ denotes the measurement of acoustic sensor at $k$th time. Under the premise of only using an acoustic sensor, the method 1 is used to obtain measurement error data in the process of AUV homing to F-DS:

$$\text{for} \quad k = 1, \cdots$$

(1) According to the initial position, heading and speed of AUV and Eq. (2), $(x_{v,k}, y_{v,k})$ is calculated.

(2) According to $(z_{x,k}, z_{y,k})$, $(x_{v,k}, y_{v,k})$ and Eq. (3), $(x_{f,k}, y_{f,k})$ is calculated.

(3) AUV is guided to the F-DS by line-of-sight guidance. When AUV reaches the position of F-DS, namely $x_{v,k} = x_{f,k}, y_{v,k} = y_{f,k}$, end for.

(4) The position of F-DS at this time is true, namely $x_f = x_{f,k}, y_f = y_{f,k}$.

(5) According to the position of AUV at 1:$k$th time, $(x_f, y_f)$ and Eq. (3), the true measurements at 1:$k$th time, that are, $\{\tilde{z}_{x,1}, \cdots, \tilde{z}_{x,k}, \tilde{z}_{y,1}, \cdots, \tilde{z}_{y,k}\}$ are calculated.

(6) The measurement errors at 1:$k$th time are the difference between $\{\tilde{z}_{x,1}, \cdots, \tilde{z}_{x,k}, \tilde{z}_{y,1}, \cdots, \tilde{z}_{y,k}\}$ and $\{z_{x,1}, \cdots, z_{x,k}, z_{y,1}, \cdots, z_{y,k}\}$.

(7) The distances between AUV and F-DS at 1:$k$th time, that is, $\{\text{dis}_1, \cdots, \text{dis}_k\}$ are calculated.

The method 2 is used to obtain measurement error data in the process of AUV homing to M-DS:

$$\text{for} \quad k = 1, \cdots$$

(1) According to the initial position, heading and speed of AUV and Eq. (2), $(x_{v,k}, y_{v,k})$ is calculated.

(2) According to the heading and speed of M-DS, the distances travelled by M-DS in $\text{d}t$ time, that is, $\text{d}x_{f,k}, \text{d}y_{f,k}$ are calculated.

(3) According to $(z_{x,k}, z_{y,k})$, $(x_{v,k}, y_{v,k})$ and Eq. (3), $(x_{f,k}, y_{f,k})$ is calculated.

(4) AUV is guided to the M-DS by line-of-sight guidance. When AUV reaches the position of M-DS, namely $x_{v,k} = x_{f,k}, y_{v,k} = y_{f,k}$, end for.

(5) The position of M-DS at this time is true, namely $(\tilde{x}_{f,k}, \tilde{y}_{f,k}) = (x_{f,k}, y_{f,k})$. According to this position, $\text{d}x_{f,k}, \text{d}y_{f,k}$ and Eq. (2), the true positions of M-DS at 1:$k$th time, that is, $\{(\tilde{x}_{f,1}, \tilde{y}_{f,1}), \cdots, (\tilde{x}_{f,k}, \tilde{y}_{f,k})\}$ are calculated.

(6) According to $\{(x_{1,v}, y_{1,v}), \cdots, (x_{1,k}, y_{1,k})\}$ and $\{(\tilde{x}_{f,1}, \tilde{y}_{f,1}), \cdots, (\tilde{x}_{f,k}, \tilde{y}_{f,k})\}$ and Eq. (3), the true measurements at 1:$k$th time, that is, $\{\tilde{z}_{x,1}, \cdots, \tilde{z}_{x,k}, \tilde{z}_{y,1}, \cdots, \tilde{z}_{y,k}\}$ are calculated.

(7) The measurement errors at time 1:$k$th are the difference between $\left\{\tilde{z}_{x,1},\cdots,\tilde{z}_{x,k},\tilde{z}_{y,1},\cdots,\tilde{z}_{y,k}\right\}$ and $\left\{z_{x,1},\cdots,z_{x,k},z_{y,1},\cdots,z_{y,k}\right\}$.

(8) The distances between AUV and M-DS at 1:$k$th time, that is, $\left\{\text{dis}_1,\cdots,\text{dis}_k\right\}$ are calculated.

To verify the effectiveness of method 1 and method 2, we use IMU to sense the positions of AUV, F-DS and M-DS, namely $\left\{\left(\overline{x}_{v,1},\overline{y}_{v,1}\right),\cdots,\left(\overline{x}_{v,k},\overline{y}_{v,k}\right)\right\},\left\{\left(\overline{x}_{f,1},\overline{y}_{f,1}\right),\cdots,\left(\overline{x}_{f,k},\overline{y}_{f,k}\right)\right\}$. According to Eq. (3), the measurements at 1:$k$th time, that is, $\left\{\left(\overline{z}_{x,1},\overline{z}_{y,1}\right),\cdots,\left(\overline{z}_{x,k},\overline{z}_{y,k}\right)\right\}$ are calculated. The measurement errors at 1:$k$th time are the difference between $\left\{\left(\overline{z}_{x,1},\overline{z}_{y,1}\right),\cdots,\left(\overline{z}_{x,k},\overline{z}_{y,k}\right)\right\}$ and $\left\{z_{x,1},\cdots,z_{x,k},z_{y,1},\cdots,z_{y,k}\right\}$.

We utilize three sets of experimental data of our recovery system. Fig.5 and Fig.6 show the true and estimated measurement error data and their corresponding operating distance in AUV homing to F-DS, respectively. Fig.7 is the comparison between them. Fig.8 and Fig.9 are the true and estimated measurement error data and their corresponding operating distance in AUV homing to M-DS, respectively. Fig.10 is the comparison between them. The comparison results show that the system error of estimated measurement error is close to that of true measurement error. Although there are some deviations between them, the estimated measurement error can reflect the statistical characteristics of measurement error when only using acoustic sensor. The methods mentioned above are not suitable for the long-distance situation, because the mileage error of AUV for long-distance is large, which results in a large gap between the estimated measurement error and the true measurement error.

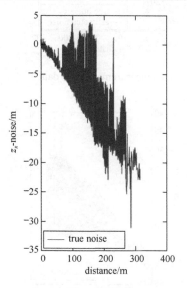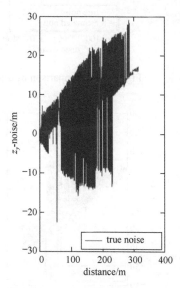

Fig.5　The true measurement error data between inertial measurement
unit (IMU) and acoustic sensor

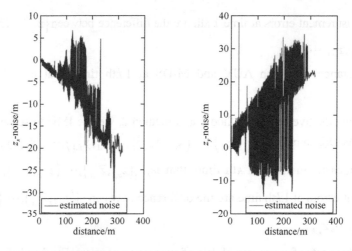

Fig.6　The estimated measurement error data according to method 1

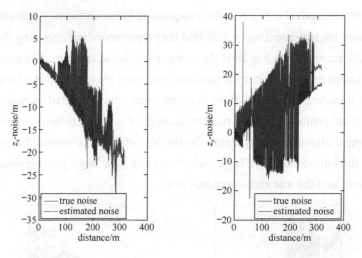

Fig.7　The comparison of true and estimated measurement error data

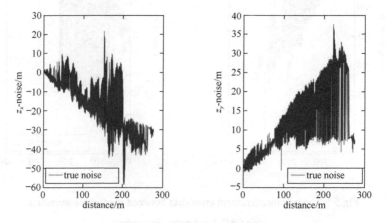

Fig.8　The true measurement error data between IMU and acoustic sensor

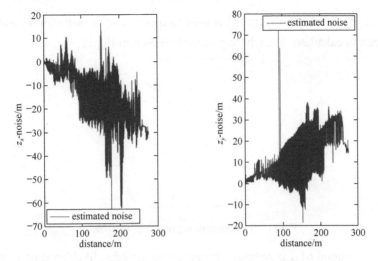

Fig.9　The estimated measurement error data according to method 2

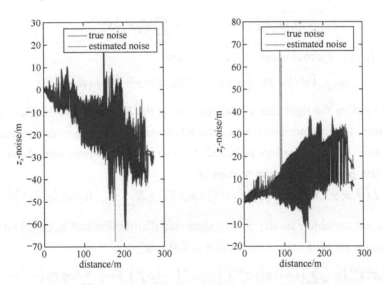

Fig.10　The comparison of true and estimated measurement error data

### 3.2　Variational Auto-Encoder Based on Gaussian Mixture Model

The measurement error corresponding to each operating distance follows a single Gaussian distribution, and the measurement errors corresponding to multiple working distances follow the Gaussian mixture distribution as a whole. We adopt a variational auto-encoder based on Gaussian mixture model to estimate the statistical characteristics of the measurement error data.

(1) Variational auto-encoder.

Variational auto-encoder (VAE)[32-33] is a deep generation model, which aims to build a distribution model $p_{\text{oodle}}$ to approximate unknown data distribution $p_{\text{data}}$. The data set $X = \{x_i\}_{i=1}^{N}$ contains $N$ independent and identically distributed discrete variables. Assuming that the variable $x$ is generated by the latent variable $z$, the generating process is as follows: ① The variable $z$ is generated, which is denoted as $p_{\theta}(z)$; ② The variable $x$ is generated, which is denoted as $p_\theta(x\mid z)$. In addition, $q_\phi(z\mid x)$ is used to approximate a posteriori probability $p_\theta(z\mid x)$ which is difficult to calculate. The whole process is shown in Fig.11.

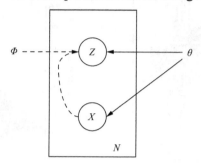

Fig.11　The generation process of variable $x$

The edge likelihood of $X$ is obtained by summing the edge likelihood of each independent data. Namely:

$$\log p_\theta\left(x^{(1)},\cdots,x^{(N)}\right)=\sum_{i=1}^{N}\log p_\theta\left(x^{(i)}\right) \tag{5}$$

Since $q_\phi(z\mid x)$ approximates $p_\theta(z\mid x)$, then:

$$\log p_\theta\left(x^{(i)}\right)=D_{\mathrm{KL}}\left(q_\phi\left(z\mid x^{(i)}\right)\|p_\theta\left(z\mid x^{(i)}\right)\right)+L\left(\theta,\phi;\chi^{(i)}\right) \tag{6}$$

The first term on the right side of the equation is the Kullback-Leibler (KL) divergence of approximate from the true posterior. Since the KL divergence is non-negative, the second item on the right side of the equation is called the (variational) lower bound on the marginal likelihood of data-point $i$, and can be written as:

$$L\left(\theta,\phi;\chi^{(i)}\right)=-D_{\mathrm{KL}}\left(q_\phi\left(z\mid x^{(i)}\right)\|p_\theta(Z)\right)+E_{q_\phi(z\mid x^{(i)})}\left[\log p_\theta\left(x^{(i)}\mid z\right)\right] \tag{7}$$

Let the latent variable $z$ be the normal Gaussian distribution and $p_\theta(x\mid z)$ be the Gaussian distribution. So the formula (3) can be written as follows:

$$L\left(\theta,\phi;x^{(i)}\right)\cong\frac{1}{2}\sum_{j=1}^{J}\left(1+\log\left(\left(\sigma_j^{(i)}\right)^2\right)-\left(\mu_j^{(i)}\right)^2-\left(\sigma_j^{(i)}\right)^2\right)+\frac{1}{L}\sum_{l=1}^{L}\log p_\theta\left(x^{(i)}\mid z^{(i,l)}\right) \tag{8}$$

The reparameterization is $z^{(i,l)}=\mu^{(i)}+\sigma^{(i)}\odot\epsilon^{(l)}$. Where $\epsilon^{(l)}$ is an auxiliary noise variable, and $\epsilon^{(l)}\sim N(0,I)$. The objective of optimization is to make $\log p_\theta\left(x^{(i)}\right)$ as large as possible. We use a neural network for the probabilistic encoder $q_\phi(z\mid x)$ and where the parameters $\phi$ and $\theta$ are optimized jointly with the auto-encoding variational Bayes algorithm. The variational approximation distribution can be regarded as an encoder, which maps observable variables to latent variables. The generated model can be regarded as a decoder, which maps latent variables into observable variables. The structure of VAE is shown in Fig.12.

The traditional VAE algorithm assumes that the posterior distribution $p_\theta(x\mid z)$ of the latent variable $z$ satisfies a single Gaussian distribution, which is easy to cause the low-dimensional representation is too simple and cannot fit the space of the latent variable well, leading to the low accuracy of the generated model. Based on this, the Gaussian mixture model is used to fit the latent variable space.

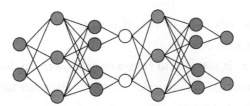

Fig.12    The structure of VAE

(2) Gaussian mixture model.

The Gaussian model is a commonly used variable distribution model. The probability density function of one-dimensional Gaussian distribution is as follows:

$$f\left(x\mid\mu,\sigma^2\right)=\frac{1}{\sqrt{2\pi}\sigma}\exp\left(-\frac{(x-\mu)^2}{2\sigma^2}\right) \tag{9}$$

In the formula, $x$ is a variable, $\mu$ and $\sigma^2$ are the mean and variance of Gaussian distribution respectively. The essence of the Gaussian mixture model is to fuse several single Gaussian models to make the model more complex. The one-dimensional Gaussian mixture distribution is expressed as follows:

$$p(x)=\sum_{k=1}^{K}\omega_k f\left(x\mid\mu_k,\sigma_k^2\right) \tag{10}$$

In the formula, $K$ is the number of single Gaussian distribution in the Gaussian mixture model. $\omega_k$ is the weight of the $k$th Gaussian distribution, and $0\leqslant\omega_k\leqslant1$, $\sum_{k=1}^{K}\omega_k=1$. Theoretically, if there are enough single Gaussian models fused by the Gaussian mixture model and the weight design between them is reasonable enough, the Gaussian mixture model can fit arbitrarily distributed samples[34].

Since we cannot directly observe which distribution the data $x$ comes from, we introduce a latent variable $z_k$ represents the probability that data $x$ comes from the $k$th Gaussian distribution. Assuming that $z_k$ is independent and identically distributed, then $p(z)=$

$$p(z_1)p(z_2)\cdots p(z_k)=\prod_{k=1}^{K}\pi_k^{z_k}.$$ Where $z_k\in\{0,1\},\sum_{k=1}^{K}z_k=1,p(z_k=1)=\pi_k$. The probability form of conditional probability based on latent variable $z$ is as follows:

$$p(x\mid z)=\prod_{k=1}^{K}N\left(x\mid\mu_k,\sigma_k^2\right)^{z_k} \tag{11}$$

Thus, the form of $p(x)$ is as follows:

$$p(x)=\sum_z p(z)p(x\mid z)=\sum_z\left(\prod_{k=1}^{K}\pi_k^{z_k}N\left(x\mid\mu_k,\sigma_k^2\right)\right)=\prod_{k=1}^{K}\pi_k N\left(x\mid\mu_k,\sigma_k^2\right) \tag{12}$$

(3) Improved variational auto-encoder.

In this paper, the measurement error data set is used as the input of the VAE algorithm. The measurement error corresponding to each working range follows a single Gaussian distribution. Therefore, the Gaussian mixture model is used to describe the overall distribution of all measurement error data. The output of Decoder are the parameters of the Gaussian mixture model of measurement error data.

The latent variable $z$ is assumed to have a normal Gaussian distribution in the traditional VAE algorithm. The variational auto-encoder based on Gaussian mixture model(VAE-GMM) algorithm assumes that the hidden variable $z$ is the Gaussian mixture distribution. Namely: $p_\theta(z) = \sum_{i=1}^{N} \alpha_i N(0,1)$. Variational posterior distribution $q_\phi(z|w) = \sum_{i=1}^{N} \pi_i N(\mu_{zi}, \sigma_{zi}^2)$. Since the coefficients of the GMM cannot be trained and updated as trainable parameters by back propagation algorithm, the coefficients of the GMM are super-parameters, that is, $\alpha_i = \pi_i = \dfrac{1}{N}$. Then:

$$D_{KL}\left(q_\phi(z|w) \| p_\theta(z)\right)$$
$$= \sum_{i=1}^{N} \pi_i \left( \log \frac{\pi_i}{\alpha_i} + D_{KL}\left(N(\mu_{zi}, \sigma_{zi}^2) \| N(0,1)\right) \right)$$
$$= \sum_{i=1}^{N} \left( \frac{1}{N} \cdot \left(1 + \log(\sigma_{zi}^2) - \mu_{zi}^2 - \sigma_{zi}^2\right) \right) \tag{13}$$

$$-\ln(q(w|z)) = \sum_{i=1}^{N} \pi_i \left( \frac{(w - \varepsilon_i)^2}{2\sigma_{wi}^2} + \frac{1}{2}\ln 2\pi + \frac{1}{2}\ln \sigma_{wi}^2 \right) \tag{14}$$

Due to the true distribution of measurement error data $p_{\text{data}}(w)$ is unknown, we use distribution $p_{\text{model}}(w)$ to approximate it.

$$p_{\text{model}}(w) = \sum_{i=1}^{N} \pi_i N\left(w \mid \varepsilon_i, \sigma_{wi}^2\right) \tag{15}$$

where $\varepsilon_i$ and $\sigma_{wi}^2$ are the mean and variance of the $i$th Gaussian distribution of the Gaussian mixture model optimized by Decoder respectively, that is, $w_i = \varepsilon_i + \epsilon_i$, and $\epsilon_i \sim N(0, \sigma_{wi}^2)$ where $\varepsilon_i$ is the system error, $\sigma_{wi}^2$ is the variance of random error. The coefficient of $i$th Gaussian distribution is $p(p(\text{dis}_i) = 1) = \pi_i$. It can be understood that when the working range of acoustic sensor is $\text{dis}_i$, the measurement error follows a single Gaussian distribution, that is $N\left(w \mid \varepsilon_i, \sigma_{wi}^2\right)$, namely the system error is $\varepsilon_i$, the variance of random error is $\sigma_{wi}^2$. The structure of VAE-GMM is shown in Fig.13. The support vector regression (SVR) algorithm is used to divide the overall distribution into multiple Gaussian distributions and its corresponding working range, and fit the relationship between them.

### 3.3　Support Vector Regression

When support vector machine (SVM) is used for classification, its basic idea is to find an optimal classification surface to separate the two classes of samples. When support vector machine is used for regression fitting analysis, its basic idea is to find an optimal classification surface so that all training samples have the least error from the optimal classification surface[35]. Support vector regression (SVR) is also divided into linear regression and non-linear regression. This paper adopts non-linear regression. Let us consider a training set

$S = \left\{ (x_1, y_1), \cdots, (x_l, y_l) \mid x_i \in R^n, y_j \in R, (i, j = 1 \cdots l) \right\}$ consists of $l$ training samples. For the sample set $S$ which cannot be linearly separated in the original space $R^n$, using a non-linear mapping $\Phi$ to map data $S$ into a high-dimensional feature space $H$, to make $\Phi(S)$ has good linear regression characteristics in feature space $H$. Then linear regression is carried out in feature space $H$, and finally returns to the original space $R^n$. The specific implementation steps of non-linear regression are as follows:

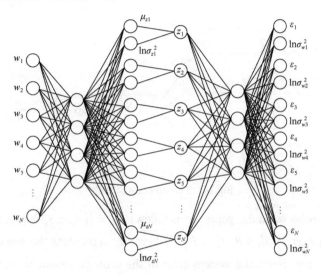

Fig.13　The structure of GMM-VAE

(1) Looking for a kernel function $K(s,t)$, makes $K(x_i, x_j) = \langle \Phi(x_i), \Phi(x_j) \rangle$. The commonly used kernels are radial basis function, polynomial function, spline curve function, sigmoid function and so on.

(2) Finding the solution of the optimization problem.

$$
\begin{cases}
\min \left\{ -\dfrac{1}{2} \displaystyle\sum_{i,j=1}^{l} (\alpha_i - \alpha_i^*)(\alpha_j - \alpha_j^*) K(x_i, x_y) + \sum_{i=1}^{l} (\alpha_i - \alpha_i^*) y_i - \sum_{i=1}^{l} (\alpha_i - \alpha_i^*)\varepsilon \right\} \\
\text{s.t. } \displaystyle\sum_{i=1}^{l} (\alpha_i - \alpha_i^*) = 0 \\
0 \leqslant \alpha_i, \alpha_i^* \leqslant C, i = 1, \cdots, l
\end{cases}
\tag{16}
$$

In the formula, $\varepsilon$ specifies the error requirement of the regression function. The smaller $\varepsilon$ is, the smaller the error of the regression function is. $C$ is a penalty factor. The larger $C$ is, the greater the penalty for training error greater than $\varepsilon$. $\alpha_i$, $\alpha_i^*$ are the optimal solution of the equation.

(3) Calculation.

$$
b = \begin{cases}
y_j + \varepsilon - \displaystyle\sum_{i,j=1}^{l} (\alpha_i - \alpha_i^*) K(x_j - x_i), & \alpha_i \in (0, C) \\
y_j - \varepsilon - \displaystyle\sum_{i,j=1}^{l} (\alpha_i - \alpha_i^*) K(x_j - x_i), & \alpha_i^* \in (0, C)
\end{cases}
\tag{17}
$$

(4) The regression function is:

$$f(x) = \sum_{i=1}^{l} \left( \alpha_i - \alpha_i^* \right) K \left( x_j - x \right) + b, \quad x_i \in R^n, b \in R \tag{18}$$

The structure of SVR is similar to that of neural network, as shown in the Fig.14. The output is a linear combination of intermediate nodes, each of which corresponds to a support vector.

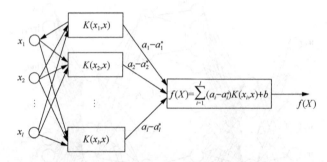

Fig.14　The structure of SVR

The training samples set in this paper are as follows: $S_1 = \left\{ (d_1, \varepsilon_1), \cdots, (d_l, \varepsilon_l) \mid d_i \in R, \varepsilon_i \in R \right\}$, $S_2 = \left\{ (d_1, \sigma_{w1}^2), \cdots, (d_l, \sigma_{wl}^2) \mid d_i \in R, \sigma_{wi}^2 \in R \right\}$. Where $d_i$ represents the working distance of an acoustic sensor. $\varepsilon_i$ represents the system error of the acoustic sensor at this working distance. $\sigma_{wi}^2$ represents the variance of random error at this working distance. In the regression algorithm of fitting working range and system error, the radial basis function is used as the kernel function. In the regression algorithm of fitting working range and the variance of random error, the B-spline curve function is used as the kernel function. With 1000 training samples, the fitting results are shown in Fig.15 and Fig.16.

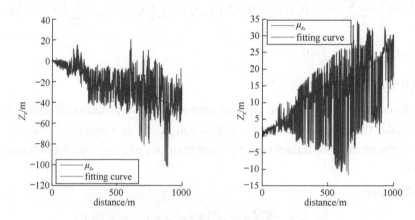

Fig.15　The regression result of system noise and working distance in the process of AUV docking with mobile DS

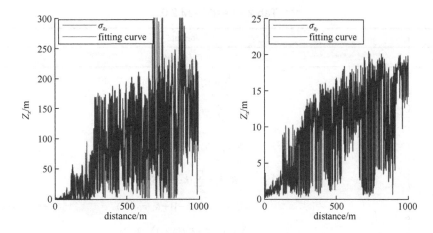

Fig.16　The regression result of the variance of random noise and working distance
in the process of AUV docking with mobile DS

## 4　Simultaneous Localization of AUV and Fixed Docking Station

The states of AUV and DS are estimated simultaneously by the FastSLAM2.0 algorithm in the process of homing an AUV to the fixed DS. FastSLAM algorithm assumes that the position and attitude of AUV follow the known hypothesis distribution, and uses particle filter to estimate the posterior probability distribution of the position and attitude of AUV, where each particle represents a possible position and attitude. An EKF filter is used to estimate the posterior probability distribution of features in the environment. The joint status of SLAM is expressed as follows:

$$p\left(s^{k},\Theta\mid z^{k},u^{k}\right)=p\left(s^{k}\mid x^{k},u^{k}\right)\times\prod_{m=1}^{M}p\left(\theta_{m}\mid s^{k},x^{k},u^{k}\right) \tag{19}$$

where $s^{k}=s_{1},s_{2},\cdots,s_{k}$ represents the state sequence of AUV, and $s_{k}=\left[x_{k},y_{k},\Psi_{k}\right]^{\mathrm{T}}$ are the position and heading angle information of AUV, respectively. $\Theta_{m}=\theta_{1},\theta_{2},\cdots,\theta_{m}$ are the features in the environment. $z^{k}=z_{1},z_{2},\cdots,z_{k}$ represents the measurement sequence. $u^{k}=u_{1},u_{2},\cdots,u_{k}$ represents the input sequence. FastSLAM algorithm includes the following four basic iteration steps:

① Sampling new trajectory particles according to the motion model of AUV.

② When new measurement is received, the EKF algorithm is used to update the state of feature in each particle.

③ Calculating the importance weight of each particle.

④ Resampling.

The formulas corresponding to the above algorithm are sorted out in Tab.2.

Tab.2  FastSLAM 2.0

| step | formula |
|------|---------|
| predict | $s_k = f(s_{k-1}, u_k)$ |
| update | $\sum\limits_{sk}^{[m]} = [G_s^T Q_k^{[m]-1} G_s + P_k^{-1}]^{-1}$ <br><br> $u_{sk}^{[m]} = \sum\limits_{sk}^{[m]} G_s^T Q_k^{[m]-1}(z_k - \hat{z}_k^{[m]}) + \hat{s}_k^{[m]}$ <br><br> $S_c(k) = G_\theta \sum\limits_{c(k)}^{[m]}(k-1)G_\theta^T + R(k)$ <br><br> $K_c(k) = \sum\limits_{c(k)}^{[m]}(k-1)G_\theta^T S_c(k)^{-1}$ <br><br> $u_{c(k)}^{[m]}(k) = u_{c(k)}^{[m]}(k-1) + K_c(z_k - \hat{z}_k)$ <br><br> $\sum\limits_{c(k)}^{[m]}(k) = (I - K_c(k)H_f)\sum\limits_{c(k)}^{[m]}(k-1)$ <br><br> $\sum\limits_{c(k)}^{[m]}(k) = G_s P(k)G_s^T + G_\theta \sum\limits_{c(k)}^{[m]}(k-1)G_\theta^T + R(k)$ <br><br> $\omega^{[m]}(k) = \mid 2\pi L^{[m]}(k)\mid^{\frac{1}{2}} \exp\left(-\frac{1}{2}(z_k - \hat{z}_k)^T L^{[m]-1}(z_k - \hat{z}_k)\right)$ |

The motion model of AUV and measurement model are shown in Eqs. (2) and (3).

## 5  Simultaneous Localization of AUV and Mobile Docking Station

Assuming that M-DS does a uniform linear motion and has good communication with AUV. The SLAM with mobile object (SLAMMO) problem based on sampling mechanism is to calculate the joint posterior probability distribution of AUV and M-DS.

$$P\left(x_k, \Theta_k \mid x_{k-1}, \Theta_{k-1}, z_k, u_{x,k}, u_{\Theta,k}\right)$$
$$= P\left(x_k \mid x_{k-1}, \Theta_{k-1}, z_k, u_{x,k}, u_{\Theta,k}\right) \cdot P\left(\Theta_k \mid x_k, x_{k-1}, \Theta_{k-1}, z_k, u_{x,k}, u_{\Theta,k}\right) \quad (20)$$

where $x_{k-1}$ and $x_k$ are the states of AUV at $1:k-1$ time and $1:k$ time, respectively. $\Theta_{k-1}$ and $\Theta_k$ are the states of M-DS at $1:k-1$ time and $1:k$ time, respectively. $z_k$ represents the measurement at $k$th time. $u_{x,k}$ represent the control input of AUV at $1:k$ time. $u_{\Theta,k}$ represent the control input of M-DS at $1:k$ time.

Firstly, the posterior probability distribution of AUV is calculated, and the proposed distribution is expanded as follows by Bayesian principle:

$$P\left(x_k \mid x_{k-1}, \Theta_{k-1}, z_k, u_{x,k}, u_{\Theta,k}\right)$$
$$\overset{\text{Bayes}}{\propto} \eta P\left(z_k \mid x_k, x_{k-1}, \Theta_{k-1}, z_{k-1}, u_{x,k}, u_{\Theta,k}\right) \cdot P\left(x_k \mid x_{k-1}, \Theta_{k-1}, z_{k-1}, u_{x,k}, u_{\Theta,k}\right) \quad (21)$$

According to the motion model of AUV, the above formula is simplified to:

$$P\left(x_k \mid x_{k-1}, \Theta_{k-1}, z_k, u_{x,k}, u_{\Theta,k}\right)$$
$$\overset{\text{Markov}}{=} \eta P\left(z_k \mid x_k, x_{k-1}, \Theta_{k-1}, z_{k-1}, u_{x,k}, u_{\Theta,k}\right) \cdot P\left(x_k \mid x_{k-1}, u_{x,k}\right) \quad (22)$$

Using the theory of total probability and convolution theorem, the approximate form of the proposed distribution is obtained.

$$P\left(x_k \mid x_{k-1}, \Theta_{k-1}, z_k, u_{x,k}, u_{\Theta,k}\right) = \xi \exp\left(-y_k\right) \qquad (23)$$

$$S_k = R + H_\Theta P_2 H_\Theta^\mathrm{T} \qquad (24)$$

$$y_k = \frac{1}{2}\Big[(z_k - \hat{z}_k - H_x(x_k - \hat{x}_k) - H_\Theta(\Theta_k - \hat{\Theta}_k))^\mathrm{T} S_k^{-1}(z_k - \hat{z}_k - H_x(x_k - \hat{x}_k)$$

$$- H_\Theta(\Theta_k - \hat{\Theta}_k))\Big] \qquad (25)$$

The distribution represented by the formula (23) is Gaussian, and its mean and variance are given by the minimum value and curve of the formula (25). By calculating the first order and second order of differential of $y_k$ to $x_k$, the following formulas are obtained.

$$\Sigma_{x,k} = \left[H_x^\mathrm{T} S_k^{-1} H_x + P_1^{-1}\right]^{-1} \qquad (26)$$

$$\mu_{x,k} = \Sigma_{x,k} H_x^\mathrm{T} S_k^{-1}(z_k - \hat{z}_k) + \hat{x}_k \qquad (27)$$

where $\mu_{x,k}$ is the estimated state of AUV at $k$th time. $\Sigma_{x,k}$ is the estimated variance of AUV at $k$th time. Based on the sampling mechanism, the posterior probability of M-DS is calculated by the following formula:

$$P\left(\Theta_k \mid x_k, x_{k-1}, \Theta_{k-1}, z_k, u_{x,k}, u_{\Theta,k}\right)$$

$$= P\left(z_k \mid \Theta_k, x_k, x_{k-1}, \Theta_{k-1}, z_k, u_{x,k}, u_{\Theta,k}\right) \cdot P\left(\Theta_k \mid x_k, x_{k-1}, \Theta_{k-1}, z_{k-1}, u_{x,k}k, u_{\Theta,k}\right)$$

$$= P\left(z_k \mid \Theta_k, x_k\right) \cdot P\left(\Theta_k \mid \Theta_{k-1}, u_{\Theta,k}\right) \qquad (28)$$

Using the same method as calculating the sate of AUV, the estimated state and variance of M-DS are as follows:

$$\Sigma_{\Theta,k} = H_\Theta^\mathrm{T} R^{-1} H_\Theta + P_2^{-1} \qquad (29)$$

$$\mu_{\Theta,k} = \Sigma_{\Theta,k} H_\Theta^\mathrm{T} R^{-1}(z_k - \hat{z}_k) + \hat{\Theta}_k \qquad (30)$$

where $\mu_{\Theta,k}$ is the estimated state of M-DS. $\Sigma_{\Theta,k}$ is the estimated variance of M-DS. Due to the deviation between the proposed distribution and the expected distribution, this difference is corrected by importance sampling. In the state probability distribution of AUV, the importance weight of each particle is calculated as follows:

$$L_x = H_x P_1 H_x^\mathrm{T} + H_\Theta^\mathrm{T} R^{-1} H_\Theta + R \qquad (31)$$

$$w_x = \left|2\pi L_x\right|^{-\frac{1}{2}} \exp\left\{-\frac{1}{2}(z_k - \hat{z}_k)^\mathrm{T} L_x^{-1}(z_k - \hat{z}_k)\right\} \qquad (32)$$

In the state probability distribution of M-DS, the importance weight of each particle is calculated as follows:

$$L_\Theta = H_{\Theta x} P_2 H_\Theta^\mathrm{T} + R \qquad (33)$$

$$w_\Theta = \left|2\pi L_\Theta\right|^{-\frac{1}{2}} \exp\left\{-\frac{1}{2}(z_k - \hat{z}_k)^\mathrm{T} L_\Theta^{-1}(z_k - \hat{z}_k)\right\} \qquad (34)$$

After calculating the weight of each particle, the random resampling is used to resample. The purpose of resampling is to retain weighted particles in order to reduce the degree of particle degradation.

## 6 Analysis of Experimental Data

Our recovery system was tested on a lake at the Xinanjiang experimental field of the institute of acoustics, Chinese Academy of Sciences in December 2018. AUV sensed the position of DS by using the ultra short baseline (USBL) system and camera. The intersection of the extension line of AUV initial heading and the center of DS is the initial target point. AUV reached the target point by line-of-sight (LOS) guidance, and tracked the center line of DS. More detailed descriptions are given in Reference [36]. The experimental results are shown in Fig.17.

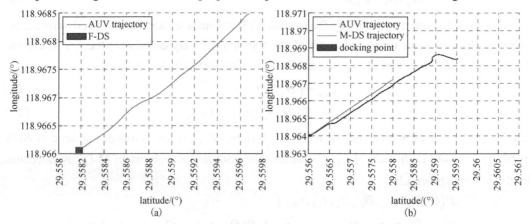

Fig.17　(a)Trajectory of AUV recorded by IMU in AUV homing to the F-DS;
(b)Trajectories of AUV and M-DS recorded by IMU in AUV homing to M-DS

We use these experimental data to verify the effectiveness of the proposed algorithm. Firstly, the method 1 and method 2 are applied to collect the measurement error data of acoustic sensor. Then the VAE-GMM algorithm is applied to estimate the overall distribution of measurement error data. Finally, the SVR algorithm is used to fit the relationship between the statistical characteristics of measurement error data and its corresponding working distance. After data preprocessing, SLAM algorithm is applied to estimate the positions of AUV and DS. The actual measurement error in the experiment and the corresponding to estimated statistical characteristics are partly shown in Tab.3. The data analysis results are shown in Fig.18 to Fig.21.

Tab.3　Actual measurement error and estimated statistical characteristics

|  | 1 | 2 | 3 | 4 |
| --- | --- | --- | --- | --- |
| actual error($x$) | −26.0954 | −20.3664 | −15.4389 | −15.8233 |
| estimated mean($x$) | −20.4985 | −19.3341 | −18.0703 | −11.6306 |
| estimated variance($x$) | 52.5201 | 65.73 | 68.5750 | 34.4198 |
| actual error($y$) | 20.8992 | 16.0174 | 14.7687 | 9.1035 |
| estimated mean($y$) | 16.2934 | 15.9007 | 15.0819 | 10.1747 |
| estimated variance($y$) | 9.5113 | 12.0081 | 12.3802 | 14.8358 |
| actual error($x$) | −6.9282 | −4.1194 | −1.1224 | 0.5263 |
| estimated mean($x$) | −3.9893 | −3.8044 | −2.6581 | 0.0927 |
| estimated variance($x$) | 5.9733 | 2.5934 | 0.9619 | 0.4035 |
| actual error($y$) | 1.4114 | 1.5264 | 0.0763 | −0.9784 |
| estimated mean($y$) | 2.8238 | 2.6493 | 2.0045 | 0.5360 |
| estimated variance($y$) | 3.4287 | 3.4820 | 1.2557 | 0.9381 |

Fig.18 and Fig.20 show the deviation between the estimated position and true position of AUV sensed by IMU. We can know that the position of AUV estimated by SLAM algorithm is close to the position sensed by IMU. It is applicable if without IMU. In the Fig.19 and Fig.21, the blue line shows the deviation between the position of DS estimated by SLAM and true position of DS sensed by IMU. The red line shows the deviation between the position of DS directly estimated by the measurement of sensor and true position. We can know that the localization precision of the SLAM algorithm is higher than that of the original data.

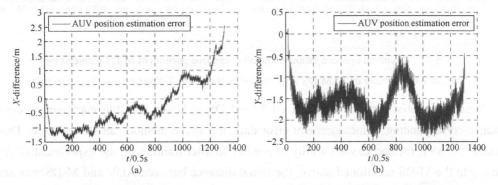

Fig.18   Deviation between estimated position and true position of AUV recorded by IMU in AUV homing to the F-DS is illustrated by that in (a) $X$ direction and (b) $Y$ direction

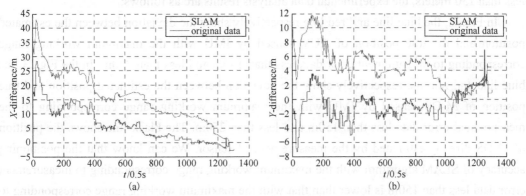

Fig.19   Deviation between estimated position and true position of F-DS recorded by IMU in AUV homing to the F-DS is illustrated by that in (a) $X$ direction and (b) $Y$ direction

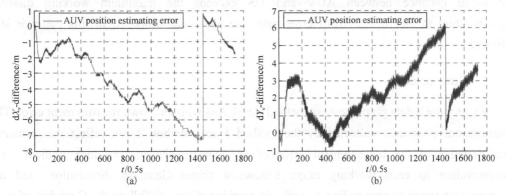

Fig.20   Deviation between estimated position and true position of AUV recorded by IMU in AUV homing to the M-DS is illustrated by that in (a) $X$ direction and (b) $Y$ direction

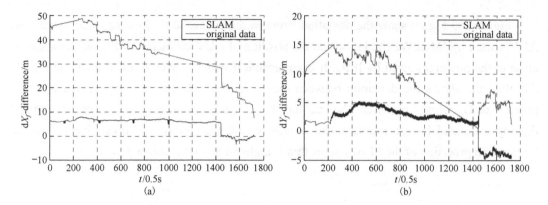

Fig.21   Deviation between estimated position and true position of M-DS recorded by
IMU in AUV homing to the M-DS is illustrated by that in (a) $X$ direction and (b) $Y$ direction

When the initial distance between AUV and DS is larger than the maximum operating distance corresponding to measurement error data, the above method can still be used. This is because the SVR method has the ability of prediction after training. In the experiment of AUV homing to the M-DS mentioned above, the initial distance between AUV and M-DS was about 207m. Assuming that we only use measurement error data with the maximum working distance less than 150 meters, the experimental data analysis results are as follows:

In Fig.22, the blue line and red line respectively show the deviation between the estimated position and the true position of AUV sensed by IMU with the maximum working range corresponding to measurement error data less than 150m and less than 250m. In the Fig.23, the blue line and red line respectively show the deviation between the estimated position and true position of M-DS sensed by IMU with the maximum working range corresponding to the measurement error data less than 150m and less than 250m. The black line shows the position of M-DS directly estimated by the measurement of sensor. We can know that the positioning accuracy of SLAM algorithm with the maximum working range corresponding to measurement error data less than 150m is lower than that with the maximum working range corresponding to measurement error data less than 250m, but higher than that of the original algorithm. So even if the initial distance between AUV and DS exceeds the maximum working distance corresponding to the measurement error data, the algorithm proposed in this paper is still effective.

## 7   Conclusions

We propose a data preprocessing method for SLAM with unknown measurement error. The measurement error data collected by the method 1 and method 2 can reflect the statistical characteristics of the measurement error of an acoustic sensor. The measurement error corresponding to each working range follows a single Gaussian distribution, and the measurement errors corresponding to multiple working distances follow the Gaussian mixture distribution as a whole. The overall distribution of measurement error data is non-Gaussian, and its statistical characteristics can be estimated by a VAE-GMM algorithm. The SVR algorithm is applied to divide the overall distribution into multiple single Gaussian distributions and their corresponding working range, and fit the relationships between them. After data preprocessing, the SLAM algorithm is applied to estimate the positions of AUV and F-DS and M-DS. The analysis of experimental data shows that the position estimated by the SLAM algorithm is closer to the true position than that directly estimated by the sensor measurement.

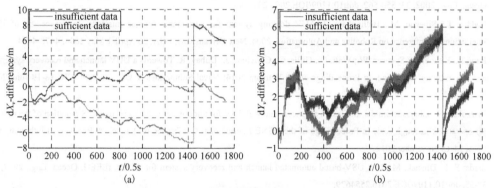

Fig.22　Deviation between estimated position and true position of M-DS recorded by IMU in AUV homing to the M-DS is illustrated by that in (a) $X$ direction and (b) $Y$ direction

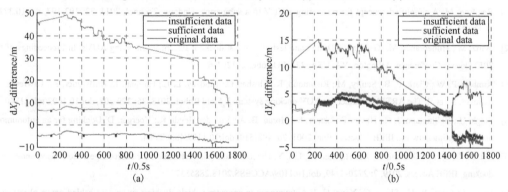

Fig.23　Deviation between estimated position and true position of M-DS recorded by IMU in AUV homing to the M-DS is illustrated by that in (a) $X$ direction and (b) $Y$ direction

**Author Contributions:** L. D. conceived the method and wrote the manuscript draft; H. X. and X. F. helped to modify it; X. H. and C. Y. provided experimental data.

**Funding:** This research was funded by Joint fund for equipment pre-research of the Chinese Academy of Sciences with Grant No. 6141A01060101.

**Conflicts of Interest:** The authors declare no conflict of interest.

# References

[1]　Li,Y.; Jiang, Y.; Cao, J.; Wang, B.; Li, Y. AUV docking experiments based on vision positioning using two cameras. Ocean Eng., 2015, 110: 163-173, doi:10.1016/j.oceaneng.2015.10.015.

[2] Palomeras, N.; Vallicrosa, G.; Mallios, A.; Bosch, J.; Vidal, E.; Hurtos, N.; Carreras, M.; Ridao,P. AUV homing and docking for remote operations. Ocean Eng., 2018, 154: 106-120, doi:10.1016/j. ocean eng.2018.01.114.

[3] Park, J. K.; Huan, Jun, B.; Mook Lee, P.; Oh, J. Experiments on vision guided docking of an autonomous underwater vehicle using one camera. Ocean Eng., 2009, 36: 48-61, doi:10.1016/j.ocean eng.2008.10.001.

[4] Allen, B.; Austin, T.; Forrester, N.; Goldsborough, R.; Kukulya, A.; Packard, G.; Purcell, M.; Stokey, R. Autonomous docking demonstrations with enhanced REMUS technology. In Proceedings of the 2006 Oceans Conference, Boston, USA, 18-21 September 2006: 1-6.

[5] Robert, S. M.; Breet, W. H.; Lance, M.; James, G. B.; Docking control system for a 54-cm-diameter(21-in) AUV. IEEE J. Ocean. Eng., 2008, 33: 550-562, doi:10.1109/JOE.2008.2005348.

[6] Podder, T.; Sibenac, M.; Bellingham, J. AUV docking system for sustainable science missions. In Proceeding of IEEE International Conference on Robotics and Automation, 2004. New Orleans, LA, USA. 26 April-1 May 2004: 4478-4484.

[7] Irani, R.; Kehoe, D.; Spencer, W.; Watt, G.; Gillis, C.; Carretero, J.; Dubay, R. Towards a UUV launch and recovery system on a slowly moving submarine. In Proceedings of the Warship 2014: Naval Submarines & UUV's, Bath, UK, 18-19 June 2014: 93-103.

[8] Brizzolara, S.; Chryssostomidis, C. Design an unconventional ASV for underwater vehicles recovery: Simulation of the motions for operations in rough seas. In Proceedings of the ASNE International Conference on Launch & Recovery, Linthicum, MD, USA, 14-15 November 2012.

[9] Sarda, E. I.; Dhanak, M. R. A USV-based automated launch and recovery system for AUVs. IEEE J. Ocean. Eng., 2017, 42: 37-55, doi:10.1109/JOE.2016.2554679.

[10] Raspante, F. Underwater mobile docking of autonomous underwater vehicles. In Proceedings of the Oceans 2012 Conference, Hampton Roads, VA, USA, 21-24 May 2012: 1-15.

[11] Renilson, M. A simplified concept for recovering a UUV to a submarine. Underw. Technol, 2014, 32: 193-197, doi:10.3723/ ut.32.193.

[12] Wirtz, M.; Hildebrandt, M.; Gaudig, C. Design and test of a robust docking system for hovering AUVs. In Proceedings of the 2012 Oceans Conference, Arlington, VA, USA, 22-24 October 2012: 1-6.

[13] Kimball, P. W.; Clark, E. B.; Scully, M.; Richmond, K.; Flesher, C.; Lindzey, L. E.; Harman, J.; Huffstutler, K.; Lawrence, J.; Lelievre, S.; et al. The ARTEMIS under-ice AUV docking system. J. Field Robot, 2018, 35: 299-308, doi:10.1002/rob.21740.

[14] Singh, H.; Bellingham, J. G.; Hover, F.; Lemer, S.; Moran, B. A.; Von der Heydt, K.; Yoerger, D. Docking for an autonomous ocean sampling network. IEEE J. Ocean. Eng; 2001, 26: 498-514, doi:10.1109/48.972084.

[15] Liu, S.; Ozay, M.; Okatani, T.; Xu, H.; Sun, K.; Lin, Y. Detection and pose estimation for short-range vision-based underwater docking. IEEE Access, 2019, 7: 2720-2749, doi:10.1109/ACCESS.2018.2885537.

[16] Li, D. J.; Chen, Y. H.; Shi, J. G; Yang, C. J. Autonomous underwater vehicle docking system for cabled ocean observatory network. Ocean Eng., 2015, 109: 127-134, doi:10.1016/j.ocean eng.2015.08.029.

[17] Pai, S.; Guerrini, P.; Potter, J.; Maguer, A.; Chitre, M.; Biagini, S. Autonomous initial capture system for AUV recovery. In Proceedings of the 3rd International Conference and Exhibition on Underwater Acoustic Measurements: Technologies and Results, Nafplio, Greece, 21-26 June 2009.

[18] Hanumant, S.; Martin, B.; Franz, H.; Phillip, L.; Dana Y. Intelligent docking for an autonomous ocean sampling network. In Proceedings of the Oceans'97. MTS/IEEE Conference, Halifax, NS, Canada, 6-9 October 1997: 1126-1131.

[19] Roger, S.; Ben, A.; Tom, A.; Rob, G.; Ned, F. Michael, P.; Chris, V. A. Enabling technologies for REMUS docking: An integral component of an autonomous ocean-sampling network. IEEE J. Ocean. Eng., 2001, 26: 487-497, doi:10.1109/48.972082.

[20] Michael, D. F.; F.Yates, S.; Paul, R. B.; James, G. B. Autonomous underwater vehicle homing/docking via electromagnetic guidance. IEEE J. Ocean. Eng., 2001: 26, doi: 10.1109/48.972086.

[21] Steve, C.; Susan, B.; James, D. Underwater docking of autonomous undersea vehicles using optical terminal guidance. In Proceedings of the Oceans'97. MTS/IEEE Conference, Halifax, NS, Canada, 6-9 October 1997: 1143-1147.

[22] Vaganay, J.; Baccou, P.; Jouvencel, B. Homing by acoustic ranging to a single beacon. In Proceedings of the 2000 Oceans Conference, Providence, RI, USA, 11-14 September 2000: 1457-1462.

[23] Olson. E.; Leonard, J.; Teller, S. Robust range-only beacon localization. In Proceedings of the 2004 IEEE/OES Autonomous Underwater Vehicles, Sebasco, ME, USA, 17-18 June 2004: 66-75.

[24] Sarah, E. W.; Ryan, M. E; Hanumant, S.; Louis, L. W. Preliminary deep water results in single-beacon one-way- travel-time acoustic navigation for underwater vehicles. In Proceedings of the 2009 IEEE/RSJ International Conference on Intelligent Robots and Systems, Louis, USA, 11-15 October 2009: 2053-2060.

[25] Wang, S.; Chen, L.; Hu, H. S.; Gu, D.B. Single beacon based localization of AUVs using moving Horizon estimation. In Proceedings of 2013 IEEE/RSJ International Conference on Intelligent Robots and Systems, Tokyo, Japan, 3-7 November 2013: 885-890.

[26] Neman, P.; Leonard, J. Pure range-only sub-sea SLAM. In proceedings of the 2003 IEEE International Conference on Robotics and Automation, Taipei, Taiwan, 14-19 September 2003: 1921-1926.

[27] Guillem, V.; Pere, R. Sum of gaussian single beacon range-only localization for AUV homing. ANNU REV CONTROL2016, 42: 177-187, doi: 10.1109/IROS.2013.6696455.

[28] He, B.; Liang, Y.; Feng, X.; Nian, R.; Yan, T. H.; Li, M. H.; Zhang, S. J. AUV SLAM and experiments using a mechanical scanning forward-looking sonar. Sensors, 2012, 12: 9386-9410, doi: 10.3390/s120709386.

[29] Angelos, M.; Pere, R.; David, R.; Francesco, M.; Yvan, P. EKF-SLAM for AUV navigation under probabilistic sonar scan-matching. In proceedings of the 2010 IEEE/RSJ International Conference on Intelligent Robots and Systems, Taipei, Taiwan, 18-22 October 2010.

[30] Bayat, M.; Aguiar, P. A. SLAM for an AUV using vision and an acoustic beacon. IFAC-Papers Online, 2016, 43: 503-508, doi: 10.3182/20100906-3-IT-2019.00087.

[31] Josep, A.; Chee, S. L.; Joaquim, S.; Yvan, R. P. Submapping SLAM based on acoustic data from a 6-DOF AUV. IFAC-Papers Online, 2010, 43: 16-21, doi: 10.3182/20100915-3-DE-3008.00036.

[32] Kingma, D. P.; Welling, M. Auto-encoding variational Bayes. In Proceeding of 2nd International Conference on Learning Representations. Banff, Canada, 14-16 April 2014: 1-14.

[33] Lee. S.; Kwak, M.; Tsui, K. L.; Kim, S. B. Process monitoring using variational autoencoder for high-dimensional nonlinear process. Eng Appl Artif Intel, 2019, 83: 13-27, doi: 10.1016/j.engappai.2019.04.013.

[34] Shen, D.; Lin, Y. X.; Ren, Z. Y.; Li, Q. Robust and efficient GMM-based free-form parts registration via bi-directional distance. Neurocomputing, 2019, 360: 279-293, doi: 10.1016/j.neucom.2019.04.046.

[35] Hamidreza, N.; Morteza, O. Mining capital cost estimation using Support Vector Regression (SVR). RESOUR POLICY2019, 62: 527-540, doi: 10.1016/j.resourpol.2018.10.008.

[36] Zheng, R.; Lv, H. Q.; Yu, C.; Han, X. J.; Li, M. Z.; Wei, A. B.. Technical research, system design and implementation of docking between AUV and autonomous mobile dock station. Robot, 2019: 1-9, doi: 10.13973/j.cnki.robot.180753.

# Scan Registration for Underwater Mechanical Scanning Imaging Sonar Using Symmetrical Kullback-Leibler Divergence[*]

Min Jiang[1,2], Sanming Song[1], Fengzhen Tang[1], Yiping Li[1], Jian Liu[1], and Xisheng Feng[1]

(1. Chinese Academy of Sciences, Shenyang Institute of Automation, State Key Laboratory of Robotics, Shenyang, China; 2. University of Chinese Academy of Sciences, Beijing, China)

**Abstract:** Due to its advantages in size and energy consumption, mechanical scanning imaging sonar (MSIS) has been widely used in portable and economic underwater robots to observe the turbid and noisy underwater environment. However, handicapped by the coarseness in spatial and temporal resolution, it is difficult to stitch the scan pieces together into a panoramic map for global understanding. A registration method named symmetrical Kullback-Leibler divergence (SKLD)-distribution-to-distribution (D2D), which models each scan as a Gaussian mixture model (GMM) and evaluates the similarity between two GMMs in a D2D way with the measure defined by SKLD, is proposed to register the scans collected by MSIS. SKLD not only weights the difference between distributions with the prior probability but also increases the numerical stability with the symmetrical constraint in distance measure. Moreover, an approximation strategy is designed to derive a tractable solution for the KLD between two GMMs. Experimental results on the scans that were collected from the realistic under-water environment demonstrate that SKLD-D2D dramatically reduces the computational cost without compromising the estimation precision. © 2019 SPIE and IS&T [DOI: 10.1117/1.JEI.28.1.013026]

**Keywords:** underwater robots, mechanical scanning imaging sonar, scan registration, symmetrical Kullback-Leibler divergence

## 1 Introduction

Exploration and exploitation of the ocean are an everlasting research interest for human beings. To this end, autonomous underwater vehicles (AUV) embarked with different types of sensors have been developed as their assistant.

In the case of clear water, optical sensors (e.g., camera) may be the ideal tools for underwater structure maintenance, topographic reconnaissance, and oceanographic investigations,

* 原发表于 *Journal of Electronic Imaging*, 2019, 28(1): 1-11。

such as ship hull inspection[1], fish assemblage monitoring[2], and underwater archaeological sites recording[3]. However, in many situations, the sea water is filled with a great quantity of plankton, mud, or sand, severely shortening the visual distance of the optical sensors. Therefore, acoustic sensors [e.g., the forward-looking scanning (FLS) sonar], which perceive the surrounding environments by transmitting the ultrasonic wave and receiving the reverberations, are more suitable in this case. They can penetrate the turbid water to observe the immediate environment efficiently.

The mechanical scanning imaging sonar (MSIS)—a type of acoustic sensor—is chosen for this study. It works as follows. The transducer emits a beam in a certain direction. The beam will travel along this direction. If there is an object in its path, the beam would be bounced back. Then, the transducer would hear an echoic response, which will be subsequently used to perceive the object. The information of the resulting echoic response will be quantized into a series of discrete intensity values named "bins", with each bin corresponding to a predefined distance. After that, MSIS changes the sending direction by a predetermined angle, emits another beam, and waits for the corresponding response. This process is repeated until the entire scan sector is covered[4]. The MSIS sonar is compact, low cost, and low energy-consumption, making it suitable for portable robots (e.g., small AUVs) and energy-saving robots (e.g., long-endurance underwater vehicles). For example, Chen et al.[5] installed an MSIS in an AUV to generate a map of the underwater environment with improved localization accuracy. Dong et al.[6] employed an MSIS to localize the remote operated vehicle in the reactor pool of the nuclear power plant by comparing the geometric features extracted from sonar point cloud with the priori map. The manned submersible— "Jiaolong", which is well known for exploring deep sea, takes advantage of the low-frequency MSIS instead of the high-frequency FLS sonar to avoid obstacles[7].

A large map is often required for the underwater robot to understand the environment, perform the self-localization, and optimize the motion trajectory. However, as the acoustic wave is attenuated rapidly in water, the acoustic sonar can only obtain the scan of a small area in each frame. Therefore, to construct a large map, the scans collected by the sonar at different times need to be stitched up appropriately. This leads to the problem of scan registration, a kind of data-association technique. The scan registration can correct the accumulated error from the dead-reckoning system composed of Doppler velocity log and gyro. It plays a vital role in the simultaneous localization and mapping (SLAM) problem, which is used to construct a spatial map of an unknown environment while simultaneously determining the mobile robot's position relative to this map in the field of mobile robot navigation research. SLAM has been successfully applied to terrestrial robots and aerial robots. However, due to the difficulties in extracting discriminative features from low-resolution acoustic images, little progress has been achieved in building up the underwater SLAM system.

Generally, MSIS sonar possesses two drawbacks. On the one hand, the height information of its scan is irreversibly lost in the imaging process because the three-dimensional (3-D) structure information contained in the propagation space of each fan-shaped acoustic wave is squashed into a one-dimensional signal. On the other hand, the acoustic image will be distorted if the location and pose of the underwater vehicle alter during the scanning process because the mechanically actuated transducer sequentially scans the underwater environment. Therefore, the acoustic scan collected by MSIS has a lower resolution in both spatial range and temporal dimension than other types of sonar, discouraging the application of the traditional registration methods that rely on feature matching[8-9], especially when MSIS works in the natural underwater environment.

Hence, methods independent of feature extraction have attracted the attention of the underwater community. Castellani et al.[10] adopted the iterative closest point (ICP) method to register 3-D acoustic point clouds. Hernández et al.[11] proposed a probabilistic variant of ICP to solve the distortion problem in registering the point clouds from the MSIS sonar. ICP has been regarded as the golden metric in point cloud registration. However, it has two major limitations: ① the computation in finding the point correspondences is intensive and ② it does not consider the uncertainty in point cloud collection.

To conquer the above limitations, people propose to model the points with a probability distribution and estimate the registration parameters analytically. The normal distributions transform (NDT) method proposed by Biber and Strasser[12] divides the reference scan into equal-sized blocks and describes each block as a Gaussian distribution. In the registration step, a likelihood score is obtained when each point in the floating scan is mapped to the nearest Gaussian component in the reference scan. An optimal or suboptimal transformation parameter set can be obtained by maximizing the accumulated likelihood score with a selected optimization strategy. This work is later extended to 3-D case by Magnusson et al.[13] However, NDT still suffers a high computational burden because the Mahalanobis distance has to be calculated between every point in the floating scan and every Gaussian component in the reference scan. Such a registration mode is also named as point-to-distribution (P2D) for short, in the following sections.

Beyond P2D, the distribution-to-distribution (D2D) mode where both the floating and reference scans are modeled as probability functions has been proposed to speed up the registration process further. Tsin and Kanade[14] proposed a kernel-correlation (KC) method to depress the outliers in registering the noisy point clouds. After summing up the kernel correlation between every transformed model point and all the scene points, the cost function is minimized over the transformation space to yield the desired transformation parameters. However, KC method scales poorly with the number of points[15]. Jian and Vemuri[16] modeled each scan with a series of fixed-width spherical Gaussian components and evaluated the discrepancy between Gaussian components with the $L_2$ norm. Its extension to a variable-width Gaussian kernel function can be found in Ref. [17]. However, the $L_2$ norm is theoretically unjustified for measuring the dissimilarities between probability distribution functions[18].

In this paper, we propose an MSIS sonar scan registration method in the mode of D2D. First, the sonar scan is filtered with a threshold to get rid of the background information that corresponds to the hollow waters. The remaining point clouds are then grouped into semi-equal blocks by the K-means clustering algorithm. Second, each block is modeled with a Gaussian function and a mixture model is obtained. The symmetrical Kullback-Leibler divergence (SKLD) is adopted to measure the similarity between two GMMs. Lastly, the SKLD-based cost function is approximated by a practicable solution and optimized by the Newton gradient descent procedure.

Main contributions of our work are summarized as follows. First, we set a lower segmentation threshold value to keep as much environment information as possible, while traditional MSIS sonar image segmentation method only keeps the highest echo intensity bin in each beam. The advantage of our method is that one can judge whether the registered point clouds are sampled from the same place or not by the overlapping ratio of those point clouds. Our method can thus be used to solve the data association task using the MSIS sonar in an unstructured underwater environment, such as the loop closure detection of underwater SLAM or underwater global localization. Second, our method can solve the registration problem with a large number of points, while traditional featureless registration methods[11,19-20] that are dedicated to MSIS point cloud registration may fail. Since they are mostly the variants of ICP, they also suffer the first limitation of ICP as stated above, despite using either Euclidean distance or Mahalanobis distance. However, we model each point cloud as a GMM as in Ref. [17]. Thus, a large number of points are represented by a few compact Gaussian components. Instead of using $L_2$ norm to measure the similarity between two GMMs as in Refs. [16] and [17], we propose to use approximative SKLD, where a closed-form solution to the KL-divergence between two GMMs is approximated by the summation of the KL-divergence of each Gaussian component correspondence. SKLD not only weights the difference between distributions with the prior probability but also increases the numerical stability with the symmetrical constraint in distance measure. Compared to other state-of-the-art registration methods, our method can decrease computational cost while keeping the precision in the case of numerous points being contained in a point cloud.

Two hypotheses are assumed in this paper:

(1) The information of the inertial navigation system (INS) is assumed to be accurate during each scan period. The scan registration is used to correct or alleviate the long-term accumulated error of INS. Note that scans will be discarded if the vehicle rotates with a U-turn, where a large drift error occurs in the INS.

(2) The underwater robot is assumed to travel in a horizontal plane, where only the translation parameters $t_x$, $t_y$ and rotation parameter $\theta$ have to be estimated. The extension of our method to the 3D case is straightforward.

The paper is organized as follows: the scan registration problem, including scan modeling and similarity measure, is introduced in Section 2. The proposed SKLD-D2D algorithm is presented in Section 3. Experimental results validating the SKLD-D2D approach are presented in Section 4. Section 5 concludes the paper and suggests potential future works with regard to the SKLD-D2D method.

## 2 Scan Registration

In this section, we give a brief definition of scan registration problem, a thorough introduction of point cloud modeling, and a concrete description of existing distance measures in scan registration.

### 2.1 Scan Registration Problem

Consider two overlapping scans, floating scan denoted by $I_f$ and reference scan denoted by $I_r$, are taken by the MSIS at different times. Suppose there exists an unknown transformation matrix $T$ parameterized by the parameter set $\Psi = \left(t_x, t_y, \theta\right)^{\mathrm{T}}$, mapping each point in $I_f$ to its counterpart in $I_r$ consistently. Scan registration is to find the optimal transformation parameter set $\Psi$ which minimizes the objective function $\mathcal{J}$ that measures the differences between two scans modeled by two distributions, respectively,

$$\Theta^* = \arg\min_{\Psi} \mathcal{J}\left\{\mathcal{G}\left[x \mid T\left(I_f; \Psi\right)\right], \mathcal{G}\left(x \mid I_r\right)\right\} \tag{1}$$

where $\mathcal{G}\left(x \mid I\right)$ represents the probability distribution of the point cloud extracted from each scan, and $x = \left(x, y\right)^{\mathrm{T}}$ where $x, y$ represent coordinates of a point in Cartesian coordinate system. The global minimum of the objective function is expected to be obtained if the floating scan and the reference scan are perfectly aligned.

### 2.2 Sonar Scan Modeling

In the modeling of sonar scan, the choice of $\mathcal{G}\left(x \mid I\right)$ is tricky. Generally, it is better to choose a function that is continuously differentiable of at least order two, for example, Gaussian distribution. In this paper, we model the point cloud of a scan as a GMM:

$$\mathcal{G}(x \mid I) = \sum_{i=1}^{m} w_i \mathcal{N}\left(x \mid \mu_i, \Sigma_i\right) \tag{2}$$

where $m$ is the number of Gaussian components, $w_i$ is the prior probability, and $\mathcal{N}(\cdot)$ denotes Gaussian distribution. The mean $\mu_i$ and covariance matrix $\Sigma_i$ for each component are

$$\mu_i = \frac{1}{|\mathcal{G}_i|} \sum_{j=1}^{|\mathcal{G}_i|} x_j \tag{3}$$

$$\Sigma_i = \frac{1}{|\mathcal{G}_i| - 1} \sum_{j=1}^{|\mathcal{G}_i|} \left(x_j - \mu_i\right)\left(x_j - \mu_i\right)^{\mathrm{T}} \tag{4}$$

where $|\mathcal{G}_i|$ is the number of points contained in the *ith* component $\mathcal{G}_i$. By modeling point cloud as a GMM, the discrete point set can be seen as statistical samples drawn from a piecewise continuous and differentiable compound function.

Traditional methods such as NDT[12] and D2D 2-D NDT[17] divide point cloud into equal-sized blocks and describe each block with a Gaussian function. However, the normal distribution assumption may be severely violated for the blocks along the regional boundaries. To better accommodate the Gaussian assumption, we group the point cloud extracted from each scan into more compact clusters with the K-means clustering method[21]. Note that the prior probability $w_t$ can be considered as a constant because the clusters have very similar size. It will be omitted in the latter discussions.

An example of GMM modeling of the MSIS sonar scans is shown in Fig.1. To facilitate visualization, each Gaussian component is represented as an ellipse, with the center determined by the mean of the cluster and the radiuses determined by the eigenvalues of the covariance matrix.

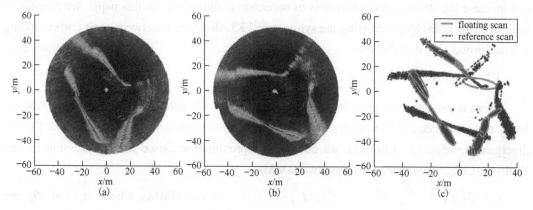

Fig.1 Gaussian mixture modeling to the MSIS scans. The extracted point clouds from (a) and (b) are presented in red and blue in (c). The compact clusters, generated by the K-means clustering algorithm, are drawn with the ellipses

### 2.3 Similarity Measure

An intuitive way to measure the distance between two distributions is to sum up the differences of function values in the overlapping domain, as the $\mathcal{L}_2$ norm does. It has been used in Refs. [16], and [17] to measure the dissimilarity of the two probability density functions $\mathcal{G}(x|\,I_f)$ and $\mathcal{G}(x|\,I_r)$,

$$\mathcal{L}_2\left[\mathcal{G}(x|\,I_f),\mathcal{G}(x|\,I_r)\right]=\int\left[\mathcal{G}(x|\,I_f)-\mathcal{G}(x|\,I_r)\right]^2\mathrm{d}x \tag{5}$$

However, KLD[22], also known as relative entropy:

$$KL\left[\mathcal{G}(x|\,I_r)\|\mathcal{G}(x|\,I_f)\right]=\int\mathcal{G}(x|\,I_r)\log\frac{\mathcal{G}(x|\,I_r)}{\mathcal{G}(x|\,I_f)}\mathrm{d}x \tag{6}$$

has been considered to be more appropriate for measuring the difference between the two probability distributions because it weights the difference according to the probability distribution[23].

In fact, it has been proved in Ref. [24] that Kullback-Leibler divergence is bounded by $\mathcal{L}_2$ norm, indicating that optimizing the objective function based on $\mathcal{L}_2$ norm is equivalent to optimizing the upper and lower bounds of the objective function based on the Kullback-Leibler divergence. Therefore, we propose to construct a sonar scan registration algorithm in the framework of Kullback-Leibler divergence.

## 3　Symmetric Kullback-Leibler Divergence-Distribution To Distribution(SKLD-D2D)

It has been recognized by Said et al.[25] that the symmetric version of Kullback-Leibler divergence, known as Jeffrey divergence,

$$\mathcal{J}\left[\mathcal{G}\left(x|\ I_f\right),\mathcal{G}\left(x|\ I_r\right)\right]=KL\left[\mathcal{G}\left(x|\ I_f\right)\middle\|\mathcal{G}\left(x|\ I_r\right)\right]$$
$$+KL\left[\mathcal{G}\left(x|\ I_r\right)\middle\|\mathcal{G}\left(x|\ I_f\right)\right] \tag{7}$$

can increase the stability and robustness of registration algorithms. In this paper, we propose to register sonar scans by minimizing the symmetrical KL-divergence between their corresponding mixture probability distributions.

### 3.1　Approximate Kullback Leibler Divergence

There is no closed-form expression of symmetrical KL-divergence between two GMMs. Now that symmetrical KL-divergence is essentially composed of two Kullback-Leibler divergences, referring to Eq. (7), we derive an approximative closed-form expression for the Kullback-Leibler divergence between two GMMs.

Let $\mathcal{G}\left(x|I_f\right)=\sum_{i=1}^{m}\alpha_i\mathcal{N}_i$ and $\mathcal{G}\left(x|I_r\right)=\sum_{j=1}^{m'}\beta_j\mathcal{N}_j$ be two GMMs, where $\alpha_i$ and $\beta_j$ are the prior probabilities. The Kullback-Leibler divergence between $\mathcal{G}\left(x|I_f\right)$ and $\mathcal{G}\left(x|I_r\right)$ could be rewritten as

$$KL\left[\mathcal{G}\left(x|\ I_r\right)\middle\|\mathcal{G}\left(x|\ I_f\right)\right]$$
$$=\sum_{j=1}^{m'}\beta_j\int\mathcal{N}_j\log\mathcal{G}\left(x|\ I_r\right)-\sum_{j=1}^{m'}\beta_j\int\mathcal{N}_j\log\mathcal{G}\left(x|\ I_f\right)$$
$$\approx\sum_{j=1}^{m'}\beta_j\int\mathcal{N}_j\log\beta_j\mathcal{N}_j-\sum_{j=1}^{m'}\beta_j\int\mathcal{N}_j\log\alpha_{i_n}\mathcal{N}_{i_n}$$
$$=\sum_{j=1}^{m'}\beta_j\left[KL\left(\mathcal{N}_j|\ \mathcal{N}_{i_n}\right)+\log\frac{\beta_j}{\alpha_{i_n}}\right]$$
$$\overset{\text{def}}{=}KL_{\text{match}}\left[\mathcal{G}\left(x|\ I_r\right)\middle\|\mathcal{G}\left(x|\ I_f\right)\right] \tag{8}$$

where the approximation assumes that the integral $\int\mathcal{N}_j\log\mathcal{G}\left(x|I_f\right)$ is dominated by the term $\alpha_{i_n}\mathcal{N}_{i_n}$, with $i_n$ labeling the Gaussian component in $I_f$ that is most similar to $\mathcal{N}_j$. The underlying condition is valid when there is little overlap between any two Gaussian components in $I_f$. Actually, the point clusters, which are generated by the K-means clustering algorithm, have a relatively convex contour and can be well modeled by the semi-compact- support Gaussian function. Similar logic can be found in Ref. [26].

Substituting the closed-form expression of the Kullback-Leibler divergence between two Gaussian distributions $\mathcal{N}_i$, $\mathcal{N}_j$ in Eq. (8), the approximative Kullback-Leibler divergence between two GMMs can be given as follows

$$KL_{\text{match}}\left[\mathcal{G}\left(x|\ I_r\right)\|\mathcal{G}\left(x|\ I_f\right)\right]$$

$$=\sum_{j=1}^{m'}\frac{1}{2}\left\{\text{trace}\left(\Sigma_{i_n}^{-1}\Sigma_j\right)+\left(\mu_{i_n}-\mu_j\right)^{\text{T}}\Sigma_{i_n}^{-1}\left(\mu_{i_n}-\mu_j\right)-k+\ln\frac{\left|\Sigma_{i_n}\right|}{\left|\Sigma_j\right|}\right\} \qquad (9)$$

where $k$ is the dimension of vector $x$.

### 3.2 Symmetrical Kullback-Leibler Divergence-Distribution-to-Distribution Minimization

Substituting Eq. (9) in the Eq. (7), we can obtain the objective function as follows:

$$\mathcal{F}\left[\mathcal{G}\left(x|\ I_f\right),\mathcal{G}\left(x|\ I_r\right),\Psi\right]$$

$$=\sum_{i=1}^{m}\frac{1}{2}\left\{\text{trace}\left(\Sigma_{j_n}^{-1}R^{\text{T}}\Sigma_i R\right)-k\right.$$

$$+\left(R\mu_i+t-\mu_{j_n}\right)^{\text{T}}\Sigma_{j_n}^{-1}\left(R\mu_i+t-\mu_{j_n}\right)+\ln\frac{\left|\Sigma_{j_n}\right|}{\left|R^{\text{T}}\Sigma_i R\right|}\right\}$$

$$+\sum_{j=1}^{m'}\frac{1}{2}\left\{\text{trace}\left[\left(R^{\text{T}}\Sigma_{i_n}R\right)^{-1}\Sigma_j\right]-k\right.$$

$$+\left(R\mu_{i_n}+t-\mu_j\right)^{\text{T}}\left(R^{\text{T}}\Sigma_{i_n}R\right)^{-1}\left(R\mu_{i_n}+t-\mu_j\right)$$

$$+\ln\frac{\left|R^{\text{T}}\Sigma_{i_n}R\right|}{\left|\Sigma_j\right|}\right\} \qquad (10)$$

According to the second assumption in Sec. 1, only the translation vector $t=\left(t_x,t_y\right)^{\text{T}}$ and rotation matrix $R$ have to be estimated, where $t_x$ and $t_y$ are horizontal and vertical translation respectively, and $R$ is determined by rotation $\theta$, i.e.,

$$R=\begin{pmatrix}\cos(\theta) & -\sin(\theta)\\ \sin(\theta) & \cos(\theta)\end{pmatrix} \qquad (11)$$

Taking the computational cost in searching the global optimum into consideration, we resort to the Newtonian gradient descend method for a suboptimal estimation.

The optimization procedure of the proposed SKLD-D2D method is depicted in Algorithm 1. After the parameter initialization, the algorithm iterates until stopping criteria meets, e.g.,

$|g| < \delta$, where $\delta$ is a very small threshold. In each iteration, every Gaussian component in $\mathcal{G}(x|I_f)$ is queried against all components in $\mathcal{G}(x|I_r)$ to determine the Gaussian correspondence with the minimum Kullback-Leibler divergence (KLD) measure and vice versa. Driven by the increment of gradient vector $g$ and Hessian matrix $H$, i.e., $W_g(\Psi, \mathcal{N}_i, \mathcal{N}_j)$ and $W_H(\Psi, \mathcal{N}_i, \mathcal{N}_j)$, the parameters move gradually towards a local optimum. The gradient vector and Hessian matrix can be found in Sec. 6 and Appendix A.

---

**Algorithm 1**    Scan registration by the SKLD-D2D algorithm

---

**Input:**

Floating scan $I_f$, reference scan $I_r$, initial parameter set $\Psi_0$, learning rate $\eta$

**Output:**

Transformation parameter $\Psi$

1.　　Filter scans with an intensity threshold $\gamma$.

2.　　Remove outliers and group the point clouds with *K-means clustering*.

3.　　Fit each cluster with a Gaussian distribution, and obtain $\mathcal{G}(x|I_f)$ and $\mathcal{G}(x|I_r)$.

4.　　$\Psi \leftarrow \Psi_0$, $\text{iter}_{\text{cur}} \leftarrow 0$

5.　　while $|g| > \delta$ and $\pm$ do

6.　　　$g \leftarrow 0$, $H \leftarrow 0$

7.　　　for $\mathcal{N}_i \in \mathcal{G}(x|I_f)$ do

8.　　　　$\mathcal{N}_i' \leftarrow T(\Psi, \mathcal{N}_i)$, $d = [\ ]$

9.　　　　for $\mathcal{N}_j \in \mathcal{G}(x|I_r)$ do

10.　　　　$d = \left[d; \text{KLD}(\mathcal{N}_i' \| \mathcal{N}_j)\right]$

11.　　　end for

12.　　　$d' = \text{sort}(d)$

13.　　　$j_n = d'(1)$

14.　　　$g \leftarrow g + W_g(\Psi, \mathcal{N}_i, \mathcal{N}_{j_n})$

15.　　　$H \leftarrow H + W_H(\Psi, \mathcal{N}_i, \mathcal{N}_{j_n})$

16.　　end for

17.　　for $\mathcal{N}_j \in \mathcal{G}(x|I_r)$ do

18.　　　$d = [\ ]$

19.　　　for $\mathcal{N}_i \in \mathcal{G}(x|I_f)$ do

20.　　　　$\mathcal{N}_i' \leftarrow T(\Psi, \mathcal{N}_i)$

21.　　　　$d = \left[d; \text{KLD}(\mathcal{N}_j \| \mathcal{N}_i')\right]$

22.　　　end for

23.　　　$d' = \text{sort}(d)$

24.　　　$i_n = d'(1)$

25.　　　$g \leftarrow g + W_g(\Psi, \mathcal{N}_j, \mathcal{N}_{i_n})$

26.　　　$H \leftarrow H + W_H(\Psi, \mathcal{N}_j, \mathcal{N}_{i_n})$

27.　　end for

---

| 28. | $\Delta\Psi = -\eta \cdot H^{-1} \cdot g$ |
| 29. | $\Psi = \Psi + \Delta\Psi$ |
| 30. | $iter_{cur} = iter_{cur} + 1$ |
| 31. | end while |
| 32. | return $\Psi$ |

## 4 Experiments

In this section, we study the performance of the proposed registration method using the sonar dataset provided by Ribas et al[9]. This dataset was collected using a Tritech Miniking sonar when the AUV traversed through the Fluvia Nautic abandoned marina near St Pere Pescador on the Costa Brava. It includes approximately 230 scans.

In general, this dataset meets the assumption (2) presented in Section 1. Although there is no valid depth information contained in the dataset, there are three reasons we can safely make this assumption for the dataset. Firstly, a differential global positioning system (DGPS) unit mounted in a buoy was attached at the top of the vehicle during the experiments. It is well known to underwater robot community that the GPS signal cannot penetrate the water surface. However, the signals outputted by the DGPS were valid all the time during the data collection, suggesting that the underwater robot was traveling roughly parallel to the surface of the sea. Secondly, the vertical beamwidth of the used sonar is 40 deg. The AUV could have some vertical displacements during the data collection while not strongly violating the assumption (2). Finally, from the experiment setting described in Ref. [27], it can be seen that the dataset was collected from planar environment or those composed only of vertical walls which had a constant section independent of the vehicle's depth.

According to the assumption (1) in Section 1, the location and pose of each scan line can be derived from the dead-reckoning system. Then, all the scan lines during a cycle can be projected from the polar coordinate into the same Cartesian coordinate with the corresponding transformation matrix, forming a circular sonar image[19]. Refer to Fig.1, for example.

The registration methods compared with our method include ICP, KC, NDT, and D2D 2D-NDT. To validate the feasibility of utilizing the intuitive Kullback-Leibler divergence for the MSIS sonar scans, we also estimated the transformation parameters with a method named KLD-D2D, where symmetrical KL-divergence in the proposed SKLD-D2D method was replaced by the Kullback-Leibler divergence. All the algorithms involved in this paper were implemented in MATLAB 2014a on a 3.2GHz Intel Core i5 processor with 4GB of RAM. No acceleration strategies were used here for all methods.

The parameters of SKLD-D2D were set as follows. The transformation parameters, including $t_x, t_y$, and $\theta$ were initialized to be zeros, respectively. The maximum number of iterations $iter_{MAX}$ and the stopping criterion $\delta$ were set as 30 and $10^{-6}$, respectively. The learning rate was 1.1. In the image filtering step, as stated in Sec. 1, we high-pass filtered the image using a lower threshold, i.e., $\gamma = 80$. The influence of the threshold $\gamma$ on the performance of SKLD-D2D is studied and explained in Sec. 4.1. Twenty bins closest to the transducer were discarded because they were false echoes produced by a transient "ringing" of the transducer head[28]. The blobs that contained less than three points were considered as scattering noises and removed directly. The clustering number $K$ in the K-means clustering method was proportional to the point number $N$,

$$K = \left\lceil \frac{N}{C} \right\rceil \tag{12}$$

where $C$ was empirically set to be 120, and the performance of SKLD-D2D was not very sensitive to this parameter. Note that the number of Gaussian components is a tradeoff between the computational cost and the estimation precision. A larger number of Gaussian components will lead to improved registration accuracy but at the cost of increased computational complexity.

Multiple candidate values of each hyper-parameter of other methods were examined, and the one with the best performance was selected. The strategy gradually dividing point cloud into finer grids was adopted for the NDT and D2D 2D-NDT methods to ensure the convergence[13]. These hyper-parameters were kept the same for all the experiments.

### 4.1　Influence of the Parameter $\gamma$

We firstly evaluated the influence of the parameter $\gamma$ on the performance of our proposed SKLD-D2D registration method. To quantitatively study the performance of our method, we artificially created ground-truth transformation parameters. The translation parameters were randomly generated from a uniform distribution in $[-4, 4]$ meters. The rotation angle was randomly sampled from a uniform distribution in $[-10, 10]$ degrees.

The floating scans were generated by using different segmentation threshold $\gamma$, as shown in the first column of Tab.1, to segment the same MSIS sonar image. Each floating scan was transformed into 100 different reference scans with transformation parameters generated following the above process. The registration accuracy was measured by the average and standard deviation of errors between the estimated transformation parameters and the predefined values, as given in Tab.1.

As shown in the first column and sixth column of Tab.1, the lower the value of parameter $\gamma$, the more points will be kept. As the number of points is increasing, the computation speed of the registration algorithm is bound to be slowed down, as one can see in the fifth column of Tab.1. In fact, the choice of the parameter $\gamma$ is a tradeoff between the amount of environment information being kept and the computational burden of the registration algorithm.

In a word, the setting of parameter $\gamma$ mainly affects the speed, not the precision of the SKLD-D2D algorithm.

Tab.1　The registration performance of SKLD-D2D influenced by the parameter $\gamma$ settings

| $\gamma$ | $\Delta t_x$ | $\Delta t_y$ | $\Delta \theta$ | Time/s | Number |
|---|---|---|---|---|---|
| 100 | $0.0344 \pm 0.2283$ | $-0.0092 \pm 0.2934$ | $-0.1519 \pm 2.8324$ | $0.19 \pm 0.02$ | 1210 |
| 90 | $0.0339 \pm 0.1284$ | $0.0492 \pm 0.1422$ | $-0.0618 \pm 1.5622$ | $0.53 \pm 0.06$ | 2468 |
| 80 | $0.0322 \pm 0.0975$ | $0.0248 \pm 0.0903$ | $-0.0052 \pm 0.8062$ | $1.12 \pm 0.18$ | 3641 |
| 70 | $0.0188 \pm 0.0588$ | $0.0120 \pm 0.0787$ | $0.0468 \pm 0.4593$ | $1.88 \pm 0.27$ | 4834 |
| 60 | $0.0224 \pm 0.0563$ | $0.0055 \pm 0.0694$ | $0.1315 \pm 0.4369$ | $3.09 \pm 0.44$ | 6044 |
| 50 | $0.0176 \pm 0.0430$ | $0.0052 \pm 0.0586$ | $0.1091 \pm 0.4439$ | $5.22 \pm 0.83$ | 7717 |

## 4.2　Known Scan Pairs

It is unfair to evaluate the effectiveness of a registration method by comparing its estimated transformation parameters from a pair of images with the corresponding physical movement information of the underwater vehicle measured by the INS. There exists accumulated error in the INS. Consequently, the physical movement information of the underwater vehicle cannot work as the ground-truth transformation parameters.

In the second experiment, the way to test the performance of a registration algorithm was as the same as the Section 4.1. Here, 108 different scans in the dataset were randomly chosen as the floating scans. Each scan was transformed into 10 different reference scans with the generated transformation parameters. The resulted 1080 scan pairs were used to test the performance of different methods, including ICP, KC, NDT, D2D 2D-NDT, KLD-D2D, and SKLD-D2D. The performances of all the methods were provided in Tab.2. An example of the estimated transformation parameters along with the ground truth is presented in Tab.3.

Tab.2　The average and standard deviation of errors and
runtime of different registration methods

| error & runtime | $\Delta t_x$ | $\Delta t_y$ | $\Delta \theta$ | Runtime/s |
|---|---|---|---|---|
| ICP | $0.0001 \pm 0.5525$ | $0.0166 \pm 0.2820$ | $0.0135 \pm 1.2194$ | $4.92 \pm 4.79$ |
| KC | $0.0234 \pm 0.6986$ | $-0.0407 \pm 0.7849$ | $-0.0885 \pm 2.9451$ | $28.16 \pm 10.77$ |
| NDT | $0.0311 \pm 0.5922$ | $-0.0021 \pm 0.3993$ | $-0.0379 \pm 0.5323$ | $383.94 \pm 147.04$ |
| D2D 2D-NDT | $-0.0019 \pm 0.7760$ | $0.0135 \pm 0.3711$ | $0.0132 \pm 1.1207$ | $8.13 \pm 2.70$ |
| KLD-D2D | $-0.0466 \pm 1.9528$ | $-0.0283 \pm 1.2921$ | $-0.1559 \pm 4.8492$ | $0.81 \pm 0.51$ |
| SKLD-D2D | $-0.0063 \pm 0.6232$ | $-0.0037 \pm 0.4121$ | $-0.0148 \pm 1.0082$ | $1.38 \pm 0.94$ |

Tab.3　Estimate motion parameters for a known sonar image pair with
different registration methods

| estimation | truth | ICP | KC | NDT | D2D 2D-NDT | KLD-D2D | SKLD-D2D |
|---|---|---|---|---|---|---|---|
| $t_x$ | 2.881 | 2.181 | 3.601 | 2.589 | 2.39 | 2.469 | 2.818 |
| $t_y$ | 0.113 | $-0.154$ | $-0.285$ | $-0.064$ | $-0.043$ | $-0.008$ | $-0.016$ |
| $\theta$ | 3.396 | 2.377 | 3.396 | 3.231 | 3.139 | 3.161 | 3.426 |

As one can see in Tab.2, the registration error of our method is comparable to that of ICP, NDT, and D2D 2D-NDT, but the running time of our method is much shorter than these three methods, indicating that our method is more efficient. Our method outperformed KC in terms of both the registration precision and the computational time. Even though our method is slightly slower than KLD-D2D, the registration error of our method is much smaller than that of KLD-D2D method. The standard deviation of our method is consistently smaller than that of the KLD-D2D method, indicating that our method is more robust than KLD-D2D method. The inclusion of the symmetric constraint not only improves the estimation precision but also increases the practicability. However, it also slightly increases the computational time, as two KL divergences need to be calculated in the SKLD-D2D method every time, only one Kullback-Leibler divergence in the KLD-D2D method needs to be computed. Therefore, taking both registration precision and computational time into consideration, our method is superior to other scan registration methods.

### 4.3　Register a Scan Pair

In this experiment, we evaluate the effectiveness of our method on registration of two scans in the real-world dataset to form a local map. The *crispness measure* from Ref. [29] was adopted to evaluate the registration precision of different methods. Explicitly, we divided the registered scans into equal-sized voxels and counted the number of occupied units, with a lower value indicating a better alignment. Formally, it can be defined as

$$\text{crispness} = \sum_{i=1}^{|v|} S_{\text{occupied}}\left(\text{voxel}_i\right) \tag{13}$$

where $|v|$ is the total number of voxels. A voxel is considered to be occupied, i.e., $S_{\text{occupied}}\left(\text{voxel}_i\right)=1$, if at least one point falls into it. The voxel size was set to be 0.5 meter in this paper.

An example for registering two scans with different methods are shown in Fig.2. To ease the visualization, the floating scan is plotted in green, the reference scan is in red, while those points falling into the overlapped region are plotted in blue. The crispness indexes for different methods are shown in Tab.4.

From Tab.4, we can see that the crispness index of the proposed SKLD-D2D method is apparently smaller than other methods, which is consistent with the observation that the blue points in the synthesized image of Fig.2(g) are obviously more than other methods. It not only demonstrates that the estimation performance of SKLD-D2D is more precise than other methods but also indicates that the crispness index is a feasible quantitative measure for evaluating the parameter estimation precision of different methods. Moreover, all methods are able to reduce the crispness index of the map generated by the original INS, which can be again validated by the fact that the blue points remained in the synthesized images generated by different methods are more than that generated by the INS (Fig.2(a)). It shows that all the registration methods listed here are capable of correcting the accumulated error from the dead-reckoning system.

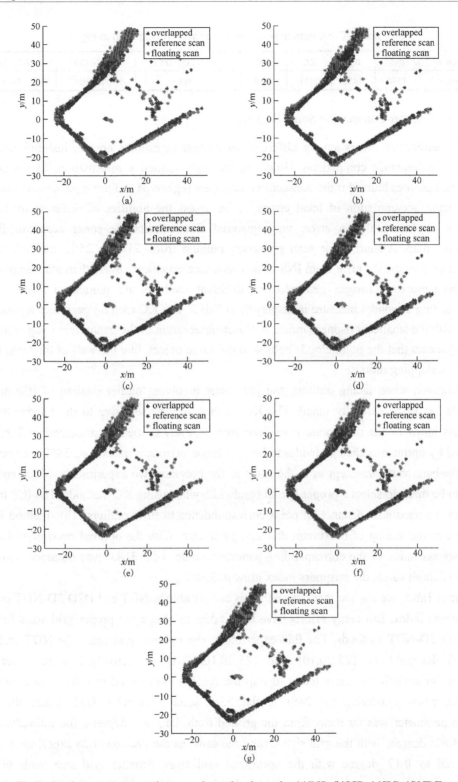

Fig.2　Register two consecutive scans into a local map by (a)INS, (b)ICP, (c)KC, (d)NDT,

(e)D2D 2D-NDT, (f)KLD-D2D, (g)SKLD-D2D. The reference scan and floating scan are

shown in red and green respectively, the correct alignment is shown in blue

Tab.4   Crispness measurement for scan registration in Fig.2

| methods | INS | ICP | KC | NDT | D2D 2D-NDT | KLD-D2D | SKLD-D2D |
|---|---|---|---|---|---|---|---|
| crispness | 1570 | 1455 | 1431 | 1416 | 1488 | 1511 | 1413 |

### 4.4   Register Consecutive Sonar Sequence

The estimation errors among different registration algorithms are too insignificant to be used for performance comparison. However, the high-frequency information, like edges and contours, becomes blurred if the consecutive scans are registered to form a panoramic view, due to the rapid accumulation of local errors[30]. To assess the abilities of different methods in reducing the accumulation error, we registered five consecutive sonar scans to form a panoramic map. A short sonar scan sequence, ranging from 21st to 25th, was selected for registration because the error from INS of this sequence was more severe than other segments.

The panoramic images generated by different methods are plotted in Fig.3 and the corresponding crispness measure is displayed in Tab.5. The KC method generates a panoramic image with the smallest crispness index. A closer observation to the panoramic image plotted in Fig.3(c) shows that the point clouds belong to the same object, like the wall of the tank, have a higher overlapping ratio.

However, when facing outliers, the parameter involving outlier dealing of ICP and KC methods has to be carefully tuned. The KC method is very sensitive to the bandwidth. The crispness index of the panoramic map generated by the KC method presented in Tab.5 was obtained by optimizing the bandwidth to be 3. A larger crispness index, i.e., 3452 was obtained when the bandwidth was kept as 2, the same as the previous two experiments. Much endeavor needs to be made to select a proper kernel bandwidth when using KC methods. The ICP method includes the maximum distance of point correspondence to filter outliers. This method is very sensitive to the setting of maximum distance parameter. With the optimal maximum distance, the crispness index of the corresponding panoramic map, i.e., 3183 was obtained. However, with the default value, the crispness index grew to 3549.

From Tab.5, we can see that our method is comparable to NDT and D2D 2D-NDT in terms of crispness index. But many efforts have been taken to obtain the proper grid sizes for NDT and D2D 2D-NDT methods. For this experiment, the optimal grid sizes for NDT and D2D 2D-NDT changed to be $\{25, 20, 10\}$ and $\{25, 20, 10, 5, 2, 1\}$, respectively. It is mainly for that a larger initial deviation is more likely to trap the registration method in a local minimum. For example, when registering the 24th to the 23rd sonar scan with NDT, where the initial rotation parameter was far away from the ground truth, i.e., 27 degrees, the estimation error was 14.62 degrees with the grid size setting the same as the previous two experiments, while it reduced to 0.17 degree with the optimized grid sizes. Smaller grid size leads to more Gaussian components, generating more local minima and preventing the gradient descend procedure converging to the global minimum. The registration precision is sensitive to the grid size setting, indicating that the performance of NDT depends on the prior knowledge.

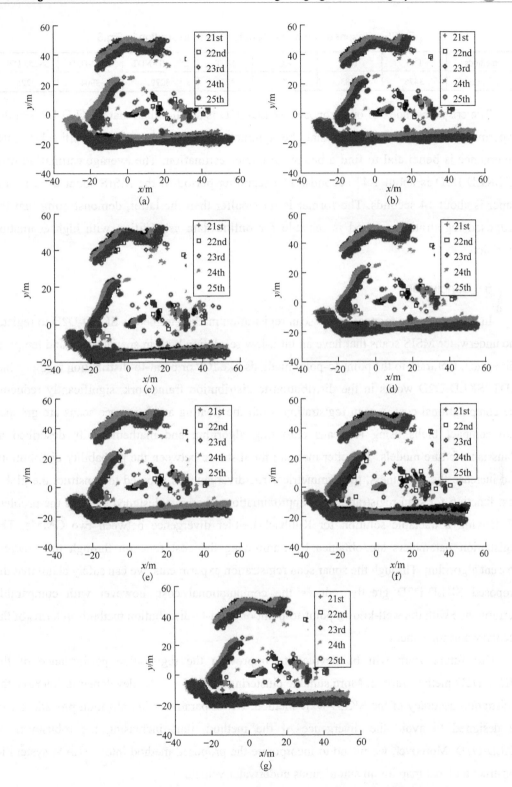

Fig.3　Register five consecutive scans into a local map by (a) INS,
(b) ICP, (c) KC, (d) NDT, (e) D2D 2D-NDT, (f) KLD-D2D, and (g) SKLD-D2D

Tab.5  Crispness measurement for scan registration in Fig.3

| methods | INS | ICP | KC | NDT | D2D 2D-NDT | KLD-D2D | SKLD-D2D |
|---|---|---|---|---|---|---|---|
| crispness | 3475 | 3183 | 3099 | 3258 | 3229 | 3904 | 3225 |

The crispness index of our proposed SKLD-D2D is smaller than that of KLD-D2D in this experiment, demonstrating again that the symmetrical constraint to the Kullback-Leibler divergence is beneficial to find a better parameter estimation. The average estimation time of SKLD-D2D is about 1.47 seconds. The scanning period of the MSIS sonar used in this paper is about 14 seconds. The former is far smaller than the latter, demonstrating that the proposed registration method is feasible for online data association with high estimation precision.

## 5  Conclusion

In this article, we propose a new scan registration method termed as SKLD-D2D to register the underwater MSIS scans that have an ultra-low resolution both in spatial range and temporal dimension. Contrary to the point-to-point methods like ICP or point-to-distribution methods like NDT, SKLD-D2D works in the distribution-to-distribution framework, significantly reducing the computational cost in scan registration. Both the floating and reference scans are grouped into compact blobs using K-means clustering algorithm and mathematically described as Gaussian mixture models. To better measure the distance between the probability distributions and increase the robustness, the symmetrical KL-divergence is adopted to construct the global cost function for scan registration. An approximation scheme is designed to solve the problem of deriving a tractable solution for Kullback-Leibler divergence between two GMMs. The registration parameters are obtained by minimizing the cost function through the gradient descent algorithm. Through the sonar scan registration experiments, we can safely claim that the proposed SKLD-D2D greatly reduces the computational cost, however with comparable performance with the well-known point-to-point or point-to-distribution methods in terms of the accuracy and robustness.

Our future work will be devoted to improving the registration performance of the SKLD-D2D method further. More suitable clustering method will be developed to improve the registration accuracy of the SKLD-D2D method. Better parameter initialization procedure will be designed to avoid the divergence of the method, thus increasing the robustness of SKLD-D2D. Moreover, we intend to incorporate the proposed method into a SLAM system to construct a global map for an autonomous underwater vehicle.

## 6 Appendix A: Gradient Vector and Hessian Matrix of the Objective Function

The increment to the parameter vector $\boldsymbol{\Psi}$ in the Newtonian gradient descending method can be written as

$$\Delta \boldsymbol{\Psi} = -\eta \frac{\nabla \mathcal{F}(\boldsymbol{\Psi})}{\nabla \mathcal{F}^2(\boldsymbol{\Psi})} \tag{14}$$

where $\nabla \mathcal{F}(\boldsymbol{\Psi})$ and $\nabla \mathcal{F}^2(\boldsymbol{\Psi})$ is the gradient vector and Hessian matrix of the objective function Eq. (10) respectively, $\eta$ is the learning rate. Because symmetrical KL-divergence is composed of two Kullback-Leibler divergences, both the gradient vector $\nabla \mathcal{F}(\boldsymbol{\Psi})$ and Hessian matrix $\nabla \mathcal{F}^2(\boldsymbol{\Psi})$ consist of two terms,

$$\nabla \mathcal{F}(\boldsymbol{\Psi}) = \sum_{i=1}^{m} W_g\left(\boldsymbol{\Psi}, \mathcal{N}_i, \mathcal{N}_{j_n}\right) + \sum_{j=1}^{m'} W_g\left(\boldsymbol{\Psi}, \mathcal{N}_j, \mathcal{N}_{i_n}\right)$$

$$\nabla \mathcal{F}^2(\boldsymbol{\Psi}) = \sum_{i=1}^{m} W_H\left(\boldsymbol{\Psi}, \mathcal{N}_i, \mathcal{N}_{j_k}\right) + \sum_{j=1}^{m'} W_H\left(\boldsymbol{\Psi}, \mathcal{N}_j, \mathcal{N}_{i_n}\right) \tag{15}$$

The detailed calculations of the second summands in the above two equations are given as follows. Note that the computations of the first summands are similar to that of the second summands. To simplify the presentation, the calculations of the first summands will not be given.

The gradient vector $W_g\left(\boldsymbol{\Psi}, \mathcal{N}_j, \mathcal{N}_{i_n}\right)$ is given as

$$W_g\left(\boldsymbol{\Psi}, \mathcal{N}_j, \mathcal{N}_{i_n}\right) = \begin{pmatrix} \boldsymbol{j}_1^{\mathrm{T}} B \boldsymbol{\mu}_{i_n j} \\ \boldsymbol{j}_2^{\mathrm{T}} B \boldsymbol{\mu}_{i_n j} \\ \mathrm{trace}\left(BC_1 + C\Sigma_j\right) + \left(\boldsymbol{j}_3^{\mathrm{T}} B + \boldsymbol{\mu}_{i_n j}^{\mathrm{T}} C\right) \boldsymbol{\mu}_{i_n j} \end{pmatrix} \tag{16}$$

where

$$\boldsymbol{\mu}_{i_k j} = R\boldsymbol{\mu}_{i_k} + \boldsymbol{t} - \boldsymbol{\mu}_j, \quad B = R^{\mathrm{T}} \Sigma_{i_n}^{-1} R$$

$$\boldsymbol{j}_1 = \frac{\partial \boldsymbol{\mu}_{i_n j}}{\partial t_x}, \quad C = \frac{\partial R^{\mathrm{T}}}{\partial \theta} \Sigma_{i_n}^{-1} R$$

$$\boldsymbol{j}_2 = \frac{\partial \boldsymbol{\mu}_{i_x j}}{\partial t_y}, \quad C_1 = \frac{\partial RT}{\partial \theta} \Sigma_{i_n} R \tag{17}$$

$$\boldsymbol{j}_3 = \frac{\partial \boldsymbol{\mu}_{i_n j}}{\partial \theta} = \frac{\partial R}{\partial \theta} \boldsymbol{\mu}_{i_k}$$

The elements of Hessian matrix

$$W_H\left(\boldsymbol{\Psi}, \mathcal{N}_j, \mathcal{N}_{i_n}\right) = \begin{bmatrix} h_{11} & h_{12} & h_{13} \\ h_{21} & h_{22} & h_{23} \\ h_{31} & h_{32} & h_{33} \end{bmatrix} \tag{18}$$

are given by the following 9 equations

$$h_{11} = \boldsymbol{j}_1^{\mathrm{T}} B \boldsymbol{j}_1$$

$$h_{12} = \boldsymbol{j}_1^{\mathrm{T}} B \boldsymbol{j}_2$$

$$h_{13} = \boldsymbol{j}_1^{\mathrm{T}} \left( D \boldsymbol{\mu}_{i_n,j} + B \boldsymbol{j}_3 \right)$$

$$h_{21} = \boldsymbol{j}_2^{\mathrm{T}} B \boldsymbol{j}_1$$

$$h_{22} = \boldsymbol{j}_2^{\mathrm{T}} B \boldsymbol{j}_2$$

$$h_{23} = \boldsymbol{j}_2^{\mathrm{T}} \left( D \boldsymbol{\mu}_{i_n,j} + B \boldsymbol{j}_3 \right) \tag{19}$$

$$h_{31} = \boldsymbol{j}_3^{\mathrm{T}} B \boldsymbol{j}_1 + \boldsymbol{j}_1^{\mathrm{T}} \left( C + C^{\mathrm{T}} \right) \boldsymbol{\mu}_{i_n,j}$$

$$h_{32} = \boldsymbol{j}_3^{\mathrm{T}} B \boldsymbol{j}_2 + \boldsymbol{j}_2^{\mathrm{T}} \left( C + C^{\mathrm{T}} \right) \boldsymbol{\mu}_{i_n,j}$$

$$h_{33} = \mathrm{trace}\left[ DC_1 + B\left(E_1 + G_1\right) + (E+G)\Sigma_j \right] + \boldsymbol{j}_{33}^{\mathrm{T}} B \boldsymbol{\mu}_{i_k j}$$
$$+ 2\boldsymbol{j}_3^{\mathrm{T}} \left( C + C^{\mathrm{T}} \right) \boldsymbol{\mu}_{i_k j} + \boldsymbol{j}_3^{\mathrm{T}} B \boldsymbol{j}_3 + \boldsymbol{\mu}_{i_n,j}^{\mathrm{T}} (E+G) \boldsymbol{\mu}_{i_k j}$$

where

$$E = \frac{\partial^2 R^{\mathrm{T}}}{\partial \theta^2} \Sigma_{i_n}^{-1} R, \qquad G = \frac{\partial R^{\mathrm{T}}}{\partial \theta} \Sigma_{i_n}^{-1} \frac{\partial R}{\partial \theta}$$

$$E_1 = \frac{\partial^2 R^{\mathrm{T}}}{\partial \theta^2} \Sigma_{i_n} R, \qquad G_1 = \frac{\partial RT}{\partial \theta} \Sigma_{i_n} \frac{\partial R}{\partial \theta} \tag{20}$$

$$D = \frac{\partial B}{\partial \theta} = \frac{\partial R^{\mathrm{T}}}{\partial \theta} \Sigma_{i_n}^{-1} R + R^{\mathrm{T}} \Sigma_{i_n}^{-1} \frac{\partial R}{\partial \theta}$$

$$\boldsymbol{j}_{33} = \frac{\partial^2 \boldsymbol{\mu}_{i_n,j}}{\partial \theta^2} = \frac{\partial^2 R}{\partial \theta^2} \boldsymbol{\mu}_{i_k}$$

The details of the involved partial derivatives are given in Eq. (21).

$$\frac{\partial \boldsymbol{\mu}_{i_x,j}}{\partial t_x} = \begin{pmatrix} 1 \\ 0 \end{pmatrix}, \qquad \frac{\partial R}{\partial \theta} = \begin{pmatrix} -\sin(\theta) & -\cos(\theta) \\ \cos(\theta) & -\sin(\theta) \end{pmatrix}$$

$$\frac{\partial \boldsymbol{\mu}_{i_x,j}}{\partial t_y} = \begin{pmatrix} 0 \\ 1 \end{pmatrix}, \qquad \frac{\partial^2 R}{\partial \theta^2} = \begin{pmatrix} -\cos(\theta) & \sin(\theta) \\ -\sin(\theta) & -\cos(\theta) \end{pmatrix} \tag{21}$$

## Acknowledgements

Research supported by the National Natural Science Foundation of China (No. 41506121), the National Key Research and Development Program of China (No. 2016YFC0300801, No. 2017YFC0305901, No. 2016YFC0301601), the Strategic Priority Program of the Chinese Academy of Sciences (No. XDA13030205, No. XDA11040103), the Fundation State Key Laboratory of Robotics (No. 2017-Z010), the Natural Science Foundation of Jiangsu Province, China (No. BK20170558), the project of "R&D Center for Underwater Construction Robotics", funded by the Ministry of Ocean and Fisheries (MOF) and Korea Institute of Marine Science & Technology Promotion (KIMST), Korea (No. PJT200539), the Public Science and Technology Research Funds Projects of Ocean (No. 201505017). The authors report grants from National Natural Science Foundation of China, grants from National Key Research and Development

Program of China, grants from Strategic Priority Program of the Chinese Academy of Sciences, grants from State Key Laboratory of Robotics of China, grants from Natural Science Foundation of Jiangsu Province, China, grants from Ministry of Ocean and Fisheries (MOF) and Korea Institute of Marine Science & Technology Promotion (KIMST), Korea, the Public science and technology research funds projects of ocean, during the conduct of the study.

# References

[1] P. Ozog, et al., "Long-term mapping techniques for ship hull inspection and surveillance using an autonomous underwater vehicle," J. Field Rob, 33: 265-289 (2016).

[2] B. J. Boom, et al., "A research tool for long-term and continuous analysis of fish assemblage in coral-reefs using underwater camera footage," Ecol. Inf, 23: 83-97 (2014).

[3] J. McCarthy and J. Benjamin, "Multi-image photogrammetry for underwater archaeological site recording: an accessible, diver-based approach," J. Maritime Archaeol, 9: 95-114 (2014).

[4] J. Solari Franco, et al., "Artificial potential fields for the obstacles avoidance system of an AUV using a mechanical scanning sonar," in 3rd IEEE/ OES S. Am. Int. Symp. on Oceanic Eng. (SAISOE), Buenos Aires, Argentina, IEEE: 1-6 (2016).

[5] L. Chen, et al., "Improving localization accuracy for an underwater robot with a slow-sampling sonar through graph optimization," IEEE Sens. J., 15: 5024-5035 (2015).

[6] M. Dong, W. Chou, and B. Fang, "Underwater matching correction navigation based on geometric features using sonar point cloud data," Sci. Program, 2017: 1-10 (2017).

[7] W. Cui, "Development of the jiaolong deep manned submersible," Marine Technol. Soc. J., 47: 37-54 (2013).

[8] B. He, et al., "Autonomous navigation for autonomous underwater vehicles based on information filters and active sensing," Sensors, 11: 10958-10980 (2011).

[9] D. Ribas, et al., "Underwater slam in man-made structured environments," J. Field Rob., 25: 898-921 (2008).

[10] U. Castellani, et al., "Efficient on-line mosaicing from 3D acoustical images," in OCEANS'04. MTTS/IEEE Techno-Ocean'04, Kobe, Japan, IEEE, Vol. 2: 670-677 (2004).

[11] E. Hernández, et al., "Probabilistic sonar scan matching for an AUV," in IEEE/RSJ Int. Conf. on Intell. Rob. Syst., St. Louis, MO, USA, IEEE: 255-260 (2009).

[12] P. Biber and W. Strasser, "The normal distributions transform: a new approach to laser scan matching," in Proc. 2003 IEEE/RSJ Int. Conf. on Intell. Rob. and Syst. (IROS 2003) (Cat. No. 03CH37453), Las Vegas, NV, USA, IEEE, Vol. 3: 2743-2748 (2003).

[13] M. Magnusson, A. Lilienthal, and T. Duckett, "Scan registration for autonomous mining vehicles using 3D-NDT," J. Field Rob, 24: 803- 827 (2007).

[14] Y. Tsin and T. Kanade, "A correlation-based approach to robust point set registration," in Comput. Vision—ECCV 2004, T. Pajdla and J. Matas, Eds., Springer-Verlag Berlin Heidelberg, Prague, Czech Republic, Vol. 3023: 558-569 (2004).

[15] J. Straub, et al., "Efficient global point cloud alignment using Bayesian nonparametric mixtures," in IEEE Conf. on Comput. Vision and Pattern Recognit. (CVPR), Honolulu, HI, USA, IEEE: 2403-2412 (2017).

[16] B. Jian and B. C. Vemuri, "Robust point set registration using Gaussian mixture models," IEEE Trans. Pattern Anal. Mach. Intell., 33: 1633-1645 (2011).

[17] T. Stoyanov, et al., "Fast and accurate scan registration through minimization of the distance between compact 3D-NDT representations," Int. J. Rob. Res, 31: 1377-1393 (2012).

[18] F. Briggs, R. Raich, and X. Z. Fern, "Audio classification of bird species: A statistical manifold approach," in Ninth IEEE Int. Conf. on Data Mining, Miami, FL, USA, IEEE: 51-60 (2009).

[19] A. Mallios, et al., "Scan matching slam in underwater environments," Auton. Rob. 36, 181-198 (2014).

[20] Burguera, Y. González, and G. Oliver, "The UspIC: performing scan matching localization using an imaging sonar," Sensors, 12(6): 7855-7885 (2012).

[21] Das and S. L. Waslander, "Scan registration with multi-scale k-means normal distributions transform," in IEEE/RSJ Int. Conf. on Intell. Rob. and Syst., Vilamoura, Portugal, IEEE: 2705-2710 (2012).

[22]   S. Kullback, Information Theory and Statistics, Dover Publications Inc., Mineola, New York (1968).

[23]   A. Myronenko and X. Song, "Point set registration: Coherent point drift," IEEE Trans. Pattern Anal. Mach. Intell., 32: 2262-2275 (2010).

[24]   J. Klemelä, Smoothing of Multivariate Data: Density Estimation and Visualization, Wiley-Blackwell, Hoboken, New Jersey (2009).

[25]   A. B. Said, R. Hadjidj, and S. Foufou, "Cluster validity index based on Jeffrey divergence," Pattern Anal. Appl., 20: 21-31 (2017).

[26]   J. Goldberger, S. Gordon, and H. Greenspan, "An efficient image similarity measure based on approximations of KL-divergence between two Gaussian mixtures," in Proc. Ninth IEEE Int. Conf. on Comput. Vision, Nice, France, France, IEEE, Vol. 1: 487-493 (2003).

[27]   D. Ribas, "Underwater SLAM for structured environments using an imaging sonar," PhD Thesis, University de Girona, Girona, Spain (2008).

[28]   D. Ribas, "Towards simultaneous localization & mapping for an AUV using an imaging sonar," Report on the Research Project, University de Girona, Girona, Spain (2005).

[29]   Douillard, et al., "Scan segments matching for pairwise 3D alignment," in IEEE Int. Conf. on Rob. and Autom., Saint Paul, MN, USA, IEEE: 3033-3040 (2012).

[30]   S. Song, et al., "Two-dimensional forward-looking sonar image registration by maximization of peripheral mutual information," Int. J. Adv. Rob. Syst, 14: 1-17 (2017).

# Learning Joint Space-Time-Frequency Features for EEG Decoding on Small Labeled Data[*]

Dongye Zhao[1,2,3], Fengzhen Tang[1,2], Bailu Si[1,2], Xisheng Feng[1,2]

(1. State Key Laboratory of Robotics, Shenyang Institute of Automation,

Chinese Academy of Sciences, Shenyang, 110016, China;

2. Institutes for Robotics and Intelligent Manufacturing,

Chinese Academy of Sciences, Shenyang, 110016, China;

3. University of Chinese Academy of Sciences, Beijing, 100049, China.

Email addresses: zhaodongye@sia.cn (Dongye Zhao), tangfengzhen@sia.cn

(Fengzhen Tang), sibailu@sia.ac.cn (Bailu Si), fxs@sia.cn (Xisheng Feng))

**Abstract:** Brain-computer interfaces (BCIs), which control external equipment using cerebral activity, have received considerable attention recently. Translating brain activities measured by electroencephalography (EEG) into correct control commands is a critical problem in this field. Most existing EEG decoding methods separate feature extraction from classification and thus are not robust across different BCI users. In this paper, we propose to learn subject-specific features jointly with the classification rule. We develop a deep convolutional network (ConvNet) to decode EEG signals end-to-end by stacking time-frequency transformation, spatial filtering, and classification together. Our proposed ConvNet implements a joint space-time-frequency feature extraction scheme for EEG decoding. Morlet wavelet-like kernels used in our network significantly reduce the number of parameters compared with classical convolutional kernels and endow the features learned at the corresponding layer with a clear interpretation, i. e. spectral amplitude. We further utilize subject-to-subject weight transfer, which uses parameters of the networks trained for existing subjects to initialize the network for a new subject, to solve the dilemma between a large number of demanded data for training deep ConvNets and small labeled data collected in BCIs. The proposed approach is evaluated on three public datasets, obtaining superior classification performance compared with the state-of-the-art methods.

**Keywords:** brain-computer interfaces, convolutional neural network, joint space-time-frequency feature learning, subject-to-subject weight transfer, small labeled data

* 原发表于 *Neural Networks*, 2019, 114: 67-77。

## 1 Introduction

Brain computer interfaces (BCIs) utilize brain signals to control external devices, providing an alternative pathway for human brain to communicate with the outside world. It is widely used for stroke rehabilitation (Meng et al., 2015) and other areas. Among many neuroimaging methods to capture the brain activities, electroencephalography (EEG) is by far the most widely used one, owing to its high temporal resolution, high portability, low cost, and few risks to the users (Nicolas-Alonso and Gomez-Gil, 2012). In the research field of EEG-based BCI, the core problem is how to decode EEG signals into correct instructions effectively, and is still an ongoing research question.

One type of frequently used methods to decode EEG signals is to extract time-frequency features (e.g. power spectral) through time-frequency transformation (e.g. wavelet transformation, Adeli et al., 2003) and input the extracted features into a classifier (e.g. support vector machine, Kousarrizi et al., 2009) to perform the final decoding. This type of methods only takes advantages of temporal and spectral information in EEG signals, ignoring the spatial information.

Another popular method is termed as filter bank common spatial pattern (FBCSP, Kai et al., 2008), reaching great performance in multiple EEG signals decoding. FBCSP extracts features for each of frequency bands based on the spatial filtering method, but ignores correlations among different frequencies. Then Aghaei et al. (2016) proposes a separable common spatial-spectral patterns (SCSSP) method, which uses spectral power in multiple frequency bands and the spatial features of EEG signals. The performance of SCSSP may outperform the FBCSP if enough training data are provided. More importantly, the SCSSP requires significantly lower computations than the FBCSP. The work in Molina et al. (2003) also develops a joint space-time-frequency method, which spatially decorrelates multivariate signals into univariate signals and then uses the quadratic transformation to represent each univariate representative data. This method obtains good classification performance for three-class BCI tasks. Therefore, jointly considering time, frequency, and space may provide better EEG decoding performance.

Above EEG decoding methods separate feature extraction from classification. The features are separately and manually designed according to experience. They are good for understanding the corresponding task but may not be optimal for classification. More importantly, manually designed features are not robust across subjects. For example, imagination of hand movement leads to event-related desynchronization (ERD) at $\mu$ rhythm, i.e. 8-12Hz. When one particular subject may slightly shift ERD at a lower frequency, methods developed based on ERD at 8-12Hz do not work well for this subject. Manually tuning the frequency range for the subject may solve the problem, but it is time-consuming.

Deep learning methods improve traditional signal processing methods by automatically learning subject-specific features guided by classification tasks. The method can be trained end-to-end, that is feeding raw EEG signals into the network could obtain the predicted label corresponding to the input in the end. Schirrmeister et al. (2017) build different architectures of convolutional neural networks (ConvNets) according to recent advances of the deep learning such as dropout. Disadvantages of ConvNets include that they are difficult to interpret, involve a large number of hyperparameters to learn, and require a large amount of training data. Although Schirrmeister et al. (2017) offset the first disadvantage by proposing a novel method to visualize extracted features, ConvNets still require to learn hundreds of parameters based on large training data sets. Our work not only makes the ConvNet more easier to interpret, but also solves the latter two problems.

In this paper, we stack time-frequency transformation, spatial filtering, and classification as a multiple layered neural network, implementing a joint space-time-frequency feature learning guided by classification performance. The method we propose is a deep convolutional network, termed as wavelet-spatial filters ConvNet (WaSF ConvNet). There are two convolutional layers in our network. The first convolution is designed to perform time-frequency transformation using adaptive wavelet kernels. The second convolution is designed to perform spatial filtering. Thus, our network is able to learn joint space-time-frequency features from the data and features in which frequency band useful for task-specific classification can be directly read from the first convolutional kernel. The proposed method competes closely with and even outperforms the state-of-the-art method on three public data sets.

Our main contributions are summarized as follows.

(1) We directly take spectral power modulations of EEG signals into consideration by using wavelet kernels. The wavelet central frequency corresponds to the used frequency of EEG signals for the task.

(2) We significantly reduce the number of hyperparameters in the learning process. For example, each wavelet kernel with 25 sizes only involves 2 learning parameters, while the similar kernel in Schirrmeister et al. (2017) requires 25 parameters.

(3) We propose a subject-to-subject transfer strategy to solve the overfitting problem caused by small training samples in deep learning algorithms. In other words, training samples required for the WaSF ConvNet may be in a small amount by using the proposed transfer strategy. For the BCIC IV 2a data set, the size of training data is decreased to 62% in average and 80% at least.

The rest of this paper is organized as follows. Related work is introduced in Section 2. The network architecture, network training strategies, and transfer learning strategy are described in Section 3. Validation of our network on three data sets from BCI competition IV is given in Section 4. Conclusion and main findings are provided in Section 5.

## 2 Related Work

EEG decoding is one core issue in the EEG-based BCI systems. Existing approaches for

EEG classification can be grouped into three categories: traditional signal processing approaches (Blankertz et al., 2007), deep learning methods (Ma et al., 2016; Schirrmeister et al., 2017), and Riemannian geometry based approaches (Congedo et al., 2017). The Riemannian geometry based approaches represent EEG signals as covariance matrices, which live in a curved Riemannian space, and then perform classification in the Riemannian space. This type of approaches is not directly related to this paper. We only briefly mention it. If readers are interested in this type of approaches, please refer to Barachant et al. (2012), Congedo et al. (2017) and Yger et al. (2017).

The most frequently used methods for EEG decoding in BCI systems are the traditional signal processing methods, which have been developed for a long time and thus have solid theoretical and empirical foundation. This kind of methods takes advantages of findings in brain science, i.e. timing, frequency and brain region characterizing an EEG signal triggered by a particular task, and manually designs features accordingly. The extracted features are then input to a separate classifier to perform the final decoding.

Many works utilize time-frequency transformation, e.g. wavelet transformation (Adeli et al., 2003), wavelet packet (Yen and Lin, 2000), and dual-tree complex wavelet transform (DTCWT, Kingsbury, 1998), to transform EEG signals from time domain to time-frequency domain and then extract features, e.g. energy, power spectral, and entropy (Meng et al., 2015), in the time-frequency domain. The band powers combining with the statistical features of wavelet coefficients are extracted from the wavelet transformed EEG signals to decode left-right hand motor imagery in work (Hong et al., 2015).

As the utilization of features extracted in the time-frequency domain does not provide sufficient high classification accuracy for some BCI systems, a spatial filtering method called common spatial patterns (CSP) is proposed to extract discriminative features (Blankertz et al., 2007). A simple description of the CSP method is that it maximizes the variance for one class, while minimizes the variance for the other class (Blankertz et al., 2007). Subsequently, many approaches based CSP are developed. A successful example is filter bank common spatial patterns (FBCSP) proposed by Kai et al. (2008). This method solves the limitation of CSP, where a frequency band of the EEG needs to be determined manually before CSP operates on. The FBCSP method first uses bandpass-filters to make the EEG measurements into multiple frequency bands, then extracts CSP features for each of these bands, and finally automatically selects discriminative pairs of frequency bands and corresponding CSP features using a feature selection algorithm. Even though the FBCSP method obtains relatively high classification performance, spatial filtering methods usually treat each frequency band independently, ignoring correlations between features obtained from different EEG rhythms, leading redundancy in extracted features and the high requirement of the computational power (Aghaei et al., 2016; Ang et al., 2012). Separable common spatial-spectral patterns (SCSSP, Aghaei et al., 2016), a more efficient method, is proposed to significantly reduce computational cost compared with FBCSP. The SCSSP method processes EEG signals in both spatial and spectral domains by using a heteroscedastic matrix-variate Gaussian model.

Other methods extracting time, spectral and spatial features together are also proposed for EEG classification. The work (Ferrante et al., 2015) combines a Morlet wavelet transformation and CSP for feature extraction of EEG signals, achieving better classification performance than other methods only using wavelet transformation. A joint time-frequency-space classification method is developed to classify EEG signals, based on joint time-frequency-space decorrelation (Molina et al., 2003). The method first decomposes the multivariate signals coming from several electrodes into several univariate representative signals, then obtains quadratic time-frequency representation for each univariate representative signal, and finally performs multivariate classification through an ensemble of univariate signal classification. This method achieves good classification performance for simple BCI tasks.

Traditional signal processing methods rely on manually designed features guided by experience and thus are not robust across different subjects. Significant progress is made in computer vision and natural language processing with the development of deep learning. This biologically-inspired deep learning method learns subject-specific features guided by the classification task instead of the prior knowledge. There exists research work applying deep learning for EEG decoding end-to-end (Kumar et al., 2017; Lee and Kwon, 2016; Tang et al., 2017; Schirrmeister et al., 2017). Kumar et al. (2017) proposes a CSPDNN method, which extracts CSP features first and then feeds features to a deep neural network (DNN) for classification. The feature extraction and classification are further combined into a single process. For example, Tang et al. (2017) train a convolutional neural network with five layers end-to-end, but the method has to initially select the time period and the frequency band based on the ERD/ERS phenomenon. In this aspect, our method only requires little preprocessing. Besides, Schirrmeister et al. (2017) study different architectures of deep convolutional neural networks (ConvNets) and especially propose a novel method to visualize the learned features. The most important conclusion in Schirrmeister et al. (2017) is the ConvNets indeed use spectral amplitude in the alpha, beta, and gamma frequency bands. Under this condition, we design convolutional kernels according to the wavelet transformation and directly extract features in time-frequency domains. Then the spectral power modulations in which frequency could be quickly read from parameters of the convolutional layer.

## 3　The Proposed Method

The decoding of EEG signals can be formulated as a supervised classification problem. Our goal is to develop a methodology that is able to classify EEG signals with high accuracy, high robustness and small training data set. All event-related potentials are limited in duration and in frequency. And the majority of events activate distinct brain regions (Sanei and Chambers, 2007). Therefore, efficient classification of EEG signals exploits features incorporating the space, time and frequency dimensions of the EEG data. This kind of joint space-time-frequency classification of EEG data has been studied in BCIs (Molina et al., 2003). However, existing methods separate feature extraction and classification into two independent procedures. They manually design subject-specific features first and then classify the EEG data based on the extracted features. The separation of feature extraction and classification may lead to inferior classification performance. We thus present a novel EEG classification method based on convolutional neural networks, merging the feature extraction and classification into a single process. The proposed method also exploits joint space-time-frequency features of EEG data using trainable wavelet based time-frequency filters and spatial filters. The proposed method is called wavelet-spatial filters ConvNet (WaSF ConvNet). In this section, we will give a detailed description of our proposed network.

### 3.1 Problem Definition

Suppose that we are given one EEG data set for each subject (denoted by $s$). Each data set contains a number of labeled trials. Each trial is a time-segment of the originally continued EEG recording with each belonging to one of several classes. The data sets we are given can be denoted by $D^s = \left\{ \left( X_1^s, y_1^s \right), \left( X_2^s, y_2^s \right), \cdots, \left( X_{N_s}^s, y_{N_s}^s \right) \right\}$, where $N_s$ represents the number of recorded trials for subject $s$. Here, $X_i^s \in \mathbb{R}^{E \times T}$ is the input matrix with $E$ denoting the number of electrodes and $T$ representing the number of sampled time steps in each trial, while $y_i^s$ is the class label of the $i$-th trial for subject $s$. It takes values from a set of $C$ class labels $L$ ($L = \{l_1, l_2, \cdots, l_C\}$) corresponding to a set of brain activities. For instance, for the BCI competition IV 2a data sets of 4 classes ($C = 4$), $y_i^s$ can take class $l_1$, $l_2$, $l_3$, or $l_4$, meaning that during the $i$-th trial, the subject $s$ performed either imagined left-hand movement, right-hand movement, foot movement, or tongue movement.

The task is to find a decoder $f$ trained on existing trials such that it can assign new unseen trials correct class labels. In this paper, we consider the parametric classifier $f(X_i; \theta): \mathbb{R}^{E \times T} \to L$ parameterized by $\theta$, which assigns label $y_j$ to the trial $X_j$, i.e. $y_i = f(X_i; \theta)$. The decoder $f(X_i; \theta)$ of EEG signals jointly represents two parts which are separated in the traditional wavelet transform: ①extracting a feature representation $\phi(X_j; \theta)$ with parameter $\theta_\varphi$, which could be learned from the data; ②utilizing a classifier $g$ parameterized by $\theta_g$ trained using previous features, specifically, $f(X_j; \theta) = g\left( \phi(X_j; \theta_\phi), \theta_g \right)$.

### 3.2 The proposed Network Architecture

Different brain activities may trigger different brain regions to emit potentials in different timings and different frequencies. The WaSF ConvNet thus involves wavelet kernels and spatial filters, as shown in Fig.1. The network consists of 5 layers: two specific convolutional layers followed by a pooling layer, then a dropout layer added before the final dense output layer.

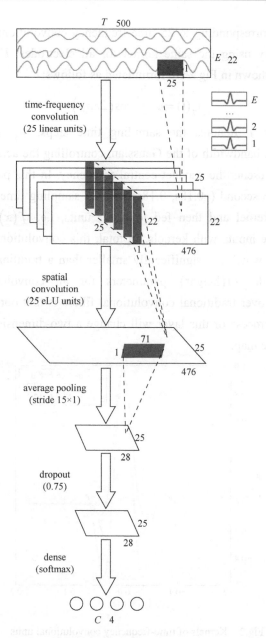

Fig.1 Architecture. The network contains 5 layers: the time-frequency convolution (25 linear units) along the time dimension of the trial, each unit of which has the same convolutional kernel for all electrodes; the spatial convolution (25 eLU units) to collect mutual information among all electrodes; the pooling layer for coarser representations; the drop out layer to address overfitting; the dense layer with softmax non-linear activation for classification. Red rectangles represent kernels of convolutional and pooling layers

## (1) Convolutional layers.

The network contains two convolutional layers, performing time-frequency convolution and spatial convolution respectively. The first convolutional layer contains time-frequency filters designed by real-valued wavelets motivated by Morlet wavelet. In this paper, we use 25 time-frequency filters, corresponding to 25 time-frequency convolutional units. Each unit will convolute with inputs by using the same kernel for all electrodes $E$. The wavelet kernels (convolutional kernels) shown in Fig.2 are formulated as follows:

$$w_\eta(t) = e^{-\frac{a_\eta^2 t^2}{2}} \cos(2\pi b_\eta t) \tag{1}$$

where $\eta = 1, \cdots, 25$ and $t$ denotes the sampling time steps. $a_\eta$ and $b_\eta$ are two free parameters. $1/a_\eta$ is the bandwidth of the Gaussian, controlling the active time window of the wavelet kernel. $b_\eta$ represents the wavelet central frequency. In this paper, the width of each wavelet is set to be 0.36 second (−0.18s, 0.18s) with 25 sampling time points. The inputs are convoluted with each kernel and then fed to linear units, i.e. $f(x) = x$, where $x$ is the convoluted results of the inputs with kernels. In total, this convolutional layer needs to learn $25 \times 2$ free parameters, which are significantly smaller than a traditional convolutional layer with $25(\text{units}) \times 25(\text{width}) \times 1(\text{height})$ parameters for all convolutional units. Another advantage of our filters over traditional convolutional filters is that our filters also extract the frequency convolution process of this layer will change a two-dimensional EEG signal into a three-dimensional feature map.

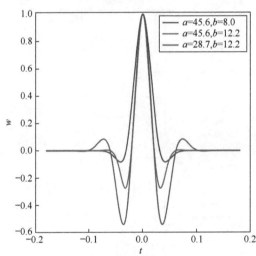

Fig.2　Kernels of time-frequency convolutional units

The second convolutional layer consists of 25 spatial filters designed to extract the mutual information among all electrodes. Each spatial filter is designed by a kernel of size $1 \times E$ to convolve with each of the 25 feature maps obtained from the previous time-frequency convolution, respectively. Thus, in total, we need to learn $25(\text{time} - \text{frequential units}) \times 25(\text{spatial units}) \times 1(\text{width}) \times E(\text{height})$ parameters for this layer. Through the convolution process of this layer, the three-dimensional feature map obtained by the previous convolution process is changed into a two-dimensional representation. The activation functions of this layer are exponential linear units (eLUs), which are more robust to changeable inputs and more quickly convergent to the stable value than other activation functions (Clevert et al., 2016):

$$f(x) = \begin{cases} x, & x \geq 0 \\ e^x - 1, & x < 0 \end{cases} \tag{2}$$

(2) Pooling and dropout layers.

After the two convolution layers, a mean pooling layer and a dropout layer follow. The pooling layer processes a kernel of size $71 \times 1$ by moving a stride of size $15 \times 1$ each time. The pooling layer will create a coarser intermediate feature representation and make the network more translation invariant.

The dropout layer randomly sets some of the outputs from the pooling layer to zero in each update. The probability of each output to be set as zero is 0.75 in this paper. This technique is used to prevent co-adaption of different units and can be interpreted as analogous to training an ensemble of networks.

(3) Final layer.

The final layer is a dense layer with a full connection between the input units of this layer and the output units, performing softmax regression (multi-class logistic regression). The final layer contains $C$ output units with feature representation extracted by previous layers being inputs.

The entire convolution neural network maps input data to one real number per class, i.e. $g(X_i; \theta): \mathbb{R}^{E \times T} \rightarrow \mathbb{R}^C$ where $\theta$ denotes the collection of all the parameters of the network, $E$ is the number of electrodes, $T$ represents the number of time steps, and $C$ denotes the number of possible output labels. To obtain a classification result, the output is transformed to conditional probabilities of a label $l_k$ given the input $X_i$ using softmax function:

$$p(l_k \mid g(X_i; \theta)) = \frac{e^{g_k(X_i; \theta)}}{\sum_{m=1}^{C} e^{g_m(X_i; \theta)}} \tag{3}$$

The softmax activation produces a conditional distribution over all possible output classes for each example. The entire network is trained to assign high probabilities to the correct labels by minimizing the sum of losses with respect to each training example:

$$\theta^* = \arg\min_{\theta} \sum_{i=1}^{N} L(y_i, g(X_i; \theta)) \tag{4}$$

where

$$L(y_i, p(l_k \mid g(X_i; \theta))) = \sum_{k=1}^{C} -\log(p(l_k \mid g(X_i; \theta))) \delta(y_i = l_k) \tag{5}$$

is the negative log likelihood function, also known as the cross-entropy loss. Here $\delta(\cdot)$ is the indicator function, i.e. $\delta(\text{true}) = 1$ and $\delta(\text{false}) = 0$.

The final decoding of the EEG signal is to assign the example the label with maximum conditional probability, i.e.

$$f(X_i; \theta) = \arg\max_{l_k} p(l_k \mid g(X_i; \theta)) \tag{6}$$

### 3.3 Network Training

In order to obtain good generalization capability, we tried several training tricks popular in deep learning.

(1) Cropped training.

One drawback of deep neural networks is that they need a large number of examples to train the network. However, commonly, in BCIs, each subject or user only offers a small number of trials to train the corresponding EEG decoder. Fortunately, in each trial, we have recordings that last for several seconds. Here, instead of using the entire trials as input and per-trial labels as targets to train the network, we use a cropped training strategy (Schirrmeister et al., 2017).

A sliding time window of width $T'$ time steps obtains multiple crops within the trial. The first crop starts from the $t_c$ second of the trial. We slide the time window by $t_c$ second each time to obtain another crop. All the crops extracted from the corresponding trial share the label of that trial. The cropped training strategy utilizes the obtained crops as input and the per-crop labels as targets to train the network. Crops extracted from the same trial are thus highly correlated to each other. Instead to minimize the loss function defined by Eq. (5), we need to minimize the regularized version defined as follows:

$$
\begin{aligned}
L\left(y_i, p\left(l_k \mid \boldsymbol{g}\left(X_i^{t_c\cdots(t_c+T')};\theta\right)\right)\right) \\
= \sum_{k=1}^{C} -\log\left(p\left(l_k \mid \boldsymbol{g}\left(X_i^{t_c\cdots(t_c+T')};\theta\right)\right)\right)\delta\left(y_i = l_k\right) \\
+ \sum_{k=1}^{C} -\log\left(p\left(l_k \mid \boldsymbol{g}\left(X_i^{t_c\cdots(t_c+T')};\theta\right)\right)\right)p\left(l_k \mid \boldsymbol{g}\left(X_i^{t_{c'}\cdots(t_{c'}+T')};\theta\right)\right)
\end{aligned}
\tag{7}
$$

where the cross-entropy of the predictions $p(\cdot)$ of two neighboring crops, which respectively starts from $t_c$ and $t_{c'}$ within the EEG signal of the trial denoted by $X_i$, are added into the loss function. The regularized loss function gives penalization when neighboring crops are given different predictions. This will reduce the differences among features of the neighboring input crops, forcing the network to focus on features which are stable across several neighboring input crops.

In the training phase, we collect the first crop of each trial $i$ to train the network (randomly initialized) by optimizing Eq. (4) with the loss function defined by Eq.(5). The trained network will give an intermediate prediction on the first crop of each trial $i$, denoted by $p_{\mu=1}(l_k \mid \boldsymbol{g}(X_i^{t_c\cdots(t_c+T')};\theta))$. Then we collect the next crop of each trial to train the network again. At this time, the network is initialized with weights learned from the previous crop of each trial and trained to minimize the regularized losses defined by Eq. (7). This training procedure is repeated until the last crop, i.e. $P$-th crop, of each trial is used to train the network.

The final decoding $f(X_i;\theta)$ of each trial $i$ is calculated by

$$f\left(X_i;\theta\right) = \arg\max_{l_k} \sum_{\mu=1}^{P} P_\mu \left(l_k \middle| \, \mathbf{g}\left(X_i^{\mu t_c \cdots (\mu t_c + T')};\theta\right)\right) \qquad (8)$$

(2) Optimization and early stopping.

Mini-batch gradient descent algorithm implemented with Adam optimizer is used to solve the optimization problem Eq. (4) with losses defined by Eq. (5) or Eq. (7). The learning rate $\eta$ follows exponential decay function:

$$\eta(t) = t_0 + \left(t_1 - t_0\right)\exp(-t/\tau) \qquad (9)$$

where $t_0$ and $t_1$ are the minimal and maximal allowed learning rates, respectively, and $\tau$ is the exponential decay factor. Here we allow the learning rate $\eta$ decay from 0.003 to 0.0001 by a decay factor of 2000.

Early stopping strategy is also used for training. Corresponding training data set is divided into two folds: one for training and the other for validation. The optimization procedure is performed through two stages. At the first stage, we train the WaSF ConvNet for 100 iterations on the training fold only and test it on the validation fold. The weights with best validation accuracy are selected as the initial weights of the network at the second stage. The network is then trained on the whole training set (including both training and validation folds) until the loss drops to the same value as the training loss associated with best validation accuracy at the first stage.

(3) Weight transfer.

In the application of BCIs, collecting a large number of qualitative training examples for each BCI user is generally impractical. The main reason is that the training (calibration) session is so boring that the user will lose attention and produce an inaccurate cerebral response to the required action (Tu and Sun, 2012). But a short calibration session means only a few training examples of the user are available, which may lead classifiers, especially deep neural networks, to suboptimal or overfitting. Thus, how to solve this dilemma is a hot topic in BCI researches.

Besides the cropped training strategy, we also consider the transfer learning (Pan and Yang, 2010) to solve the problem of training deep neural networks with small labeled data sets. The transfer technique used in this paper is called subject transfer (Samek et al., 2013), which is to use samples collected from other subjects (source subjects) to assist the subject whose brain signals will be classified in the test session (target subject). This naturally leads to a critical problem of how to use samples from source subjects to aid the target subject to train his specific model. Pretraining is utilized. We borrow parameters of several layers in source networks (networks that have been successfully trained using samples of source subjects) to initialize the target network (network that will be trained on the target subject for solving similar tasks).

The realization of the parameter transfer is divided into four stages. The first stage is to train a WasSF ConvNet per source subject using samples of the corresponding source subject. At this step, cropped training and early stopping strategies are used. The second stage is to initialize the WasSF ConvNet for the target subject. Assume there exist $M$ source subjects

$w^s$, the $n$-th layer of the target network (denoted by $w^t_n$) is initialized by the weighed average of $n$-th layers of $M$ source networks:

$$w^t_n = \sum_{m=1}^{M} \rho_m w^s_{mn} \qquad (10)$$

where $w^s_{mn}$ denotes the connecting weights of the $n$-th layer to the next layer in the source network $m$. Here $\sum_{m=1}^{M} \rho_m = 1$, where $\rho_m$ represents the strength of the source subject network $m$ contributing to the initialization of the target network. The third stage is to finetune the target ConvNet initialized above using the training samples of the target subject, calculating the optimal feature extractor and classifier for the target subject. The final stage is to test the finetuned target network using the samples of the target subject collected during the test session. The parameter transfer is supposed to improve the classification performance on the small training data sets and boost the convergence speed of the deep network.

## 4　Experiments

In this section, we evaluated our proposed EEG decoder implemented by the deep convolution network on three public data sets for the motor imagery (MI) paradigm. Weights of the time-frequency convolution $a$ and $b$ are randomly initialized by uniform distribution in $U(1,10)$ and $U(3,30)$, respectively.

### 4.1　Data Sets

**BCIC IV 2a.** BCI competition IV data set 2a (Brunner et al., 2008) consists of EEG signals from 9 healthy subjects who were performing four different motor imagery tasks, i.e. imagination of the movement of the left hand, right hand, both feet and tongue. The signals were recorded by placing 22 electrodes distributed over sensorimotor area of the subject at a sampling rate of 250Hz. The signals were bandpass-filtered between 0.5Hz and 100Hz. For each subject, two sessions were recorded on two different days, each containing 288 trials with 72 trials per class. At each trial, a cue was given in the form of an arrow pointing either to the left, right, down or up, corresponding to one of the four classes, to prompt the subject to perform the corresponding motor imagery task. Each trial lasted 4 seconds from the presence of cue till the end of motor imagery task. The first 3 seconds' data was extracted for further processing in this paper. In other words, in the following experiments, our WaSF ConvNet was trained using 288 trials. Each trial is a 22 dimensional time series containing 750 sampling points. The trained network was then tested by the remaining 288 trials.

**BCIC IV 2b.** BCI competition IV 2b (Leeb et al., 2008) contains EEG signals from 9 subjects. The brain activities of the subject during motor imagery of either the left-hand movement or the right-hand movement were recorded using 3 electrodes at a sampling rate of 250Hz. The signals were bandpass-filtered between 0.5Hz and 100Hz. For each subject, 5 sessions were recorded in five different days. For the first two sessions, 120 trials each were recorded, with 60 trials each class. At each trial, the subject performed the imagination of the cue-indicated hand movement over a period of 4 seconds, starting from the presence of the cue, without feedback. For the other three sessions, 160 trials per session were recorded with 80 trials each class. At each trial this time, the subject performed the imagination of the corresponding hand movement over a period of 4.5 seconds, starting from the presence of the cue, with online smiley feedback. Again, the time interval of the processed data was restricted to the time segment comprised between 0s and 3s starting from the cue. The first three sessions, containing 400 trials in total, were used as training sets, while the remaining two sessions, containing 320 trials, were used for test. Each trial is a 3 dimensional time series containing 750 sampling points.

**Upper limb movement.** This data set (Ofner et al., 2017) consists of EEG data from 15 healthy subjects. Each subject was measured for 2 sessions on different days, performing the motor execution (ME) and the motor imagination (MI) tasks respectively. The signals were recorded using 61 electrodes, and were sampled with 512Hz and bandpass-filtered between 0.01Hz to 200Hz. In this paper, only MI data is used to verify our proposed model. Each subject was cued to imagine either of the six movement types, including elbow flexion or extension, forearm supination or pronation, hand open or close. For each subject, 360 trials (60 trials per class) were recorded. The imagination of each movement lasted for 3 seconds, starting from presence of the cue. The data of the first 1.5 seconds starting from the cue was used for the classification, since the work indicated that the MI classification becomes significant at $t < 0.81s$. Thus the experiments were performed using the 360 trials, with each trial being a 61 dimensional time series containing 768 sampling points.

## 4.2 Classification Performance

Minimal pre-processing was performed on the data sets so that the convolution neural network can learn any transformations itself. The raw input signals, on both BCIC IV 2a and 2b data sets, were only bandpass-filtered with a third-order Butterworth filter using cutoff frequencies of 0.5Hz and 38Hz. The signals on the upper limb movement data set were also bandpass-filtered but using cut frequencies of 0.01Hz and 38Hz.

The three data sets only contain a small amount of training trials. However, each trial contains a large number of sampling points. Thus, many training examples can be obtained through cropping strategy. For both BCIC IV 2a and 2b data sets, we set $t_c = 0.25s$ (signals were considered as starting at 0s), meaning three crops ($P = 3$) were extracted per input. For the upper limb movement data set, $t_c$ was set as 0.13s and three consecutive crops ($P = 3$) were also obtained by sliding the time window 0.13s each time within the input trial.

In this paper, kappa value $\kappa = (P_a - P_c)/(1 - P_c)$ were used as one of the evaluation metrics to assess the performance of the classifiers, where $P_a$ is the proportion of the successful classification (identical to accuracy) and $P_c$ is the proportion of random classification.

(1) Comparison with the baseline method.

We compared our WaSF ConvNet (without weight transfer) with the baseline method (Ref. Appendix A). For the BCIC IV 2a and 2b data sets, training and test folds were provided separately. However, for the upper limb movement data set, training fold and test fold were not separated and thus we used a 10-fold cross validation to estimate the generalization performance.

For the BCIC IV 2a data set, as shown in Tab.1, the performance of our proposed model is significantly different from the baseline method ($P=0.008$, Wilcoxon signed-rank test). The kappa value of our method for all the 9 subjects is higher than that of the baseline method (increased about 55.6% in mean kappa). The maximal kappa discrepancy between our method and the baseline method is achieved for subject 5, with our method reaching as high as 0.59, 4.4 times higher than that of the baseline method.

Tab.1　Comparison of our method with baseline method in terms of $\kappa$ value for BCIC IV 2a data set

| subject | WaSF ConvNet (no weight transfer) | baseline |
|---|---|---|
| s1 | 0.62 ± 0.006 | 0.41 |
| s2 | 0.32 ± 0.010 | 0.09 |
| s3 | 0.71 ± 0.026 | 0.61 |
| s4 | 0.40 ± 0.028 | 0.29 |
| s5 | 0.59 ± 0.009 | 0.11 |
| s6 | 0.33 ± 0.009 | 0.27 |
| s7 | 0.66 ± 0.013 | 0.43 |
| s8 | 0.72 ± 0.009 | 0.44 |
| s9 | 0.69 ± 0.005 | 0.63 |
| Mean | 0.56 ± 0.013 | 0.36 |

For the BCIC IV 2b data set, as shown in Tab.2, our method is not statistically different from the baseline method ($P=0.123$, Wilcoxon signed-rank test). Our method beats the baseline over 7 out of 9 subjects and obtains significantly higher mean kappa value over the 9 subjects by 18.2% than that of the baseline method.

Tab.2　Comparison of our method with baseline method in terms of $\kappa$ value for BCIC IV 2b data set

| subject | WaSF ConvNet (no weight transfer) | baseline |
|---|---|---|
| s1 | 0.47 ± 0.026 | 0.43 |
| s2 | 0.27 ± 0.031 | 0.16 |
| s3 | 0.72 ± 0.015 | 0.17 |
| s4 | 0.95 ± 0.008 | 0.94 |
| s5 | 0.73 ± 0.027 | 0.65 |
| s6 | 0.45 ± 0.026 | 0.65 |
| s7 | 0.77 ± 0.012 | 0.46 |
| s8 | 0.86 ± 0.014 | 0.84 |
| s9 | 0.62 ± 0.017 | 0.64 |
| Mean | 0.65 ± 0.020 | 0.55 |

The upper limb movement data set is used to test the performance of our model on the multiclass classification of imagery movements. Tab.3 shows the results. The mean $\kappa$ value of our method is 0.17, significantly (2.4 times) higher than that of the baseline method. Note that the baseline method obtained $\kappa$ values close to 0. For some subjects, the kappa values were even be slightly negative, e.g. $-0.0033$ mean $\kappa$ for subject 7. This implies the performance of the baseline method on the upper limb movement data set is more or less a random guess. Instead, the performance of our method on all subjects reached positive kappa, indicating the efficiency of our model. Even though, the performance of our model improved significantly, but still unsatisfying. One possible reason is that the classification task of this data set is rather difficult. Six types of motor imagery movements are involved in this data set. Among these six types of motor imagery movements, each two movements, i. e. elbow flexion and extension, forearm supination and pronation, and hand open and close, involve the same joints (i. e. muscle groups), making the classification task even more difficult (Ofner et al., 2017). Moreover, EEG signals of this data set contain 61 channels, much greater than the other two data sets. Thus the performance of our model on this data set is much worse than its performance on the other two data sets.

Tab.3   Comparison of our method with baseline method in terms of $\kappa$ value for the upper limb movement data set

| subject | WaSF ConvNet (no weight transfer) | baseline |
|---|---|---|
| s1 | 0.17 ± 0.038 | 0.06 ± 0.058 |
| s2 | 0.17 ± 0.044 | 0.10 ± 0.079 |
| s3 | 0.17 ± 0.039 | 0.09 ± 0.072 |
| s4 | 0.17 ± 0.054 | 0.08 ± 0.072 |
| s5 | 0.16 ± 0.028 | 0.07 ± 0.055 |
| s6 | 0.16 ± 0.038 | 0.03 ± 0.084 |
| s7 | 0.17 ± 0.032 | -0.00 ± 0.051 |
| s8 | 0.17 ± 0.036 | 0.10 ± 0.064 |
| s9 | 0.17 ± 0.034 | 0.02 ± 0.071 |
| s10 | 0.18 ± 0.055 | 0.01 ± 0.066 |
| s11 | 0.18 ± 0.042 | 0.04 ± 0.026 |
| s12 | 0.16 ± 0.024 | 0.02 ± 0.055 |
| s13 | 0.16 ± 0.028 | 0.02 ± 0.050 |
| s14 | 0.17 ± 0.043 | 0.01 ± 0.077 |
| s15 | 0.17 ± 0.040 | 0.08 ± 0.065 |
| Mean | 0.17 ± 0.038 | 0.05 ± 0.063 |

The experimental results show that out WaSF ConvNet significantly outperforms the baseline method. Moreover, the performance of our WaSF ConvNet is rather stable, i. e. the standard derivation is very small. Therefore the combination of time-frequency transformation, spatial filtering, and classification through deep convolutional neural network is a successful design for EEG signal decoding.

(2) Feature analysis.

The idea of deep ConvNets is usually attacked on their interpretability. However, our proposed deep ConvNet is different. The first valid layer of our ConvNet is designed to perform a time-frequency transformation while the second valid layer is designed to extract spatial information in the EEG signals. Consequently, our ConvNet implements an automatic joint space-time-frequency transformation to extract the features of EEG signals.

In this part, we delineate the extracted features of our proposed WaSF ConvNet. The EEG signals of subject 8 on BCIC IV 2a were used. No pre-processing and weight transferring were performed on the signals. We prepared the WaSF ConvNet as follows. We first divided the initialization range of the central frequencies $b_\eta$ of the time-frequency convolutional kernels given by Eq. (1) into three bands, namely $\alpha$-band (7-13Hz), $\beta$-band (13-31Hz), and $\gamma$-band (71-91Hz). We then randomly divided the 25 time-frequency convolution units into three groups and associated each group with a frequency band by initializing the units of this group with random numbers within the corresponding frequency band. In other words, 9 units were initialized by random values within $\alpha$-band (7-13Hz), 8 units within $\beta$-band (13-31Hz), while the rest 8 units within $\gamma$-band (71-91Hz). The time-frequency convolution units will collect spectral amplitudes for different frequencies. Finally the ConvNet was trained using cropped training and early stopping strategies described in Section 3.3. The parameters $a_\eta$ and $b_\eta$ would be updated accordingly.

First, features extracted at the time-frequency convolutional layer are analyzed. We computed mean output of each time-frequency convolution unit across all trials and reassociated each unit with corresponding bands, according to the updated $b_\eta$. The result is given by Fig.3(a). We can see that the grouping structure of time-frequency convolutional units is reserved in the successfully trained network. We averaged the mean outputs of units within each band, and then obtained Fig.3 (b). From Fig.3 (a) and (b), we can clearly see that the firing rate of units in $\alpha$-band and high $\gamma$-band is significantly higher than that in $\beta$-band. Finally, we separated the average output of units within each band according to their tasks (Fig.3 (c)). To achieve this, we grouped the trials according to their tasks, computed mean output of each units over trials within the corresponding task group, and then averaged the mean outputs of units within each bands. Fig.3 (c) indicates the outputs associated with $\alpha$-band and high $\gamma$-band contribute greatly for the motor imagery decoding, confirming the findings in Schirrmeister et al. (2017).

We then analyze the features extracted at the spatial convolutional layer. For each trial, we averaged the output of each spatial convolution unit over time and selected three important units, which are associated with highest mean outputs. Then we counted the frequency of these selected units for trials within each class. Five most frequently selected units per class were chosen for visualization, given by Fig.3 (d). From Fig.3 (d), we can see that 6 out of 25 units were frequently activated for the four types of motor tasks. Among the 6 frequently activated units, the four types of motor tasks activated 4 units simultaneously but with different activation orders, indicating varied firing rates of units encode different types of movement imagination.

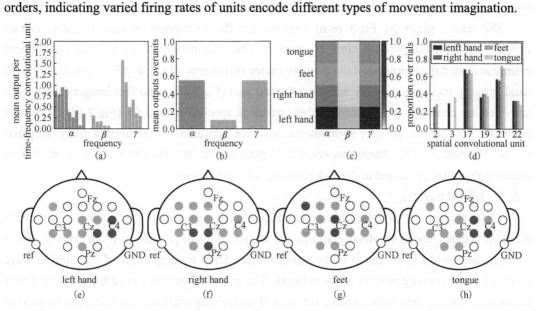

Fig.3 Feature analysis on samples of subject 8 on BCIC IV 2a data set. (a) Mean output per time-frequency convolution unit across all trials is associated with either of $\alpha$, $\beta$ and high $\gamma$ frequencies, according to the updated center frequency of this unit; (b) the average mean outputs over all units within each band are plotted. The firing rates of units in $\alpha$ and $\gamma$ rhythm are significantly higher than that in $\beta$; (c) separates the average outputs of units within each band according to different tasks. The left hand wins the highest correlation with frequency bands; (d) visualizes five most frequently selected units in spatial convolution layer for trials within each class. Varied firing rates of spatial convolution units encode different types of movement imagination; (e-h) show scalp maps, spatially mapping the learned features in the α frequency band for four classification tasks. Colorful circles denote the active electrodes for the corresponding classification task, in which dark red circles show the critical ones

We further analyze the spatial distribution of class-related band power features by computing differences of synaptic connections from time-frequency convolutional units to spatial convolutional units between the trained and untrained models. For each task, the temporal units associated with $\alpha$-band and five most frequently activated spatial units were selected for visualization. Each time-frequency convolutional unit is connected to one spatial convolutional unit through a convolutional kernel with size $1 \times E$. Each parameter within the kernel corresponds to one EEG electrode. The positive weight (kernel parameters) change of each connection comparing the trained network with untrained network indicates the corresponding electrode is class-related for the corresponding band. For each connection between the selected spatial unit and one temporal unit, we collected three most important electrodes (with the largest positive changes). Then we counted the frequency of the selected electrodes for all the connections from the temporal units within $\alpha$-band to this spatial unit. For each spatial unit, we collected three most frequently appeared electrodes. Important class-related electrodes corresponding to all spatial units were marked in the scalp map and three most important electrodes were marked in dark red, given by Fig.3 (e-h), respectively.

The results given by Fig.3 (e-h) suggest that the four types of mental tasks activate different areas of the brain to emit $\alpha$ rhythm. The imagination of the left hand movement mainly activated the right part of the primary motor cortex around C4 (Fig.3 (e)), while the right hand imagery movement mainly activated the left part (Fig.3 (f)). The feet imagery movement activated the central primary motor cortex, which is specific around Cz (Fig.3 (d)). The area below Cz is called the primary somatosensory cortex, representing the brain activity triggered by the imagination of the tongue movement. In general, our network can extract $\alpha$ rhythm at channels that directly related to the task performed by the subject.

(3) Weight transfer.

We evaluated the weight transfer learning strategy presented in Section 3.3(3) under different choices, trying to identity an optimal choice that can provide positive transfer. For a data set, the subject to be tested is the target subject. Only training trials of this subject were involved in the learning process of the network. The test trials were reserved for test only. Other subjects within this data set are source subjects. Both training trials and test trials can be used to assist the learning process of the target network. The performance of the target network will be compared with that of the network without weight transfer reported in Section 4.2(1).

**Choice of the Transferred Layers on the BCIC IV 2a.** There are three layers in the WaSF ConvNet that can be transferred. To identify which layers to transfer, we performed the following experiments on BCIC IV 2a data set. Each subject was treated as the target subject except subject 8, using subject 8 as the source subject since the WaSF ConvNet on subject 8 obtains the best performance (see Tab.1). Reusing the weights of the best source network is supposed to improve the performance of the target subject.

Tab.4 gives the experimental results of different transferring choices. That is to initialize the layer (layers) of the target network with the transferred layer (layers) of the source subject, while keeping other layers of the target network randomly initialized. After initialization, the target network was finetuned on the training trials only and tested on the separate test trials of the corresponding subject. From Tab.4, we can see that transferring time-frequency convolution layer and spatial convolution layer at the same time improves 2.7% kappa value over the WaSF ConvNet without transfer, significantly more than other choices. This confirms that the combination of temporal, spectral and spatial features leads to improved classification performance of EEG signals. Transferring weights from the time-frequency convolution layer and spatial convolution layer were selected for further study.

Tab.4  Transferring the source network with different strengths on the BCIC IV 2a data set

| subject | No transfer | | time-frequency layer | | spatial layer | | dense layer | | time-frequency & spatial layers | |
|---|---|---|---|---|---|---|---|---|---|---|
| | $\kappa$ | acc | $\kappa$ | acc | $\kappa$ | acc | $\kappa$ | acc | $\kappa$ | acc |
| s1 | 0.62 | 0.71 | **0.62** | **0.71** | 0.59 | 0.69 | 0.57 | 0.68 | 0.61 | **0.71** |
| s2 | 0.32 | 0.49 | **0.34** | **0.51** | 0.31 | 0.48 | 0.31 | **0.49** | 0.32 | **0.49** |
| s3 | 0.71 | 0.78 | **0.74** | **0.81** | 0.71 | 0.78 | 0.68 | 0.76 | 0.72 | 0.79 |
| s4 | 0.40 | 0.55 | **0.40** | **0.55** | 0.38 | 0.54 | 0.39 | 0.54 | **0.48** | **0.61** |
| s5 | 0.59 | 0.69 | **0.60** | **0.70** | 0.57 | 0.68 | **0.59** | **0.69** | 0.56 | 0.67 |
| s6 | 0.33 | 0.50 | **0.35** | **0.51** | 0.32 | 0.49 | **0.35** | **0.51** | 0.36 | 0.52 |
| s7 | 0.66 | 0.74 | **0.66** | **0.75** | **0.66** | **0.74** | **0.66** | **0.74** | 0.68 | 0.76 |
| s8 | 0.72 | 0.79 | — | — | — | — | — | — | — | — |
| s9 | 0.69 | 0.77 | 0.67 | 0.75 | **0.69** | **0.77** | 0.66 | 0.74 | 0.71 | 0.78 |
| mean | 0.558 | 0.668 | **0.567** | **0.676** | 0.550 | 0.662 | 0.548 | 0.660 | 0.573 | 0.680 |

**Choice of the Strengths of Source Subjects on the BCIC IV 2a.** Source subjects contribute to the initialization of the target network based on specific strengths ( $\rho$ in Eq. (10)). We explored two options to obtain the strength for each source subject. Simulations transferred the time-frequency and spatial convolutional layers of the best source network. For the first option, termed as "test trials", we used the kappa values on test trials to find the best source network as we did in Tab.4. For the second option, termed as "validation trials", we used the kappa values on validation set to find the best source network. Tab.5 shows that the use of validation kappa values as strengths obtains better performance. One possible reason is that the validation set contains trials from both training session and test session of the source subject, providing better overall evaluation of the source network.

Consequently, in the following experiments, we applied two rules: ①transferring the time-frequency and spatial convolution layers together; ②obtaining the strength $\rho$ by calculating the kappa values on the validation set randomly drawn from both training and test sessions.

Tab.5  Transferring the source network with different strengths on the BCIC IV 2a data set

| subject | test trials | | validation trials | |
|---|---|---|---|---|
| | $\kappa$ | acc | $\kappa$ | acc |
| s1 | 0.61 | 0.71 | **0.63** | **0.72** |
| s2 | 0.32 | 0.49 | **0.32** | **0.49** |
| s3 | 0.72 | 0.79 | **0.75** | **0.82** |
| s4 | 0.48 | 0.61 | 0.44 | 0.58 |
| s5 | 0.56 | 0.67 | **0.60** | **0.70** |
| s6 | 0.36 | 0.52 | **0.38** | **0.54** |
| s7 | 0.68 | 0.76 | **0.69** | **0.77** |
| s8 | 0.72 | 0.79 | 0.71 | **0.79** |
| s9 | 0.71 | 0.78 | **0.73** | **0.80** |
| mean | 0.573 | 0.680 | **0.583** | **0.690** |

**Choice of Transferring Strategies on the BCIC IV 2a.** Besides transferring the parameters of the best source network to the target network (top1), we also explored other choices, including transferring the weighted mean parameters of the best three source networks to the target network (top3), and transferring the mean (mean) or weighed mean (weighted) parameters of all the source networks to the target network. Note that the weights are given by the validation kappa values and properly normalized (divided by their sum). Tab.6 shows the results.

Tab.6 Transferring weights with different strategies in BCIC IV 2a data set

| subject | No transfer | | top1 | | top3 | | weighted | | mean | |
|---|---|---|---|---|---|---|---|---|---|---|
| | $\kappa$ | acc | $\kappa$ | acc | $\kappa$ | acc | $\kappa$ | acc | $\kappa$ | acc |
| s1 | 0.62 | 0.71 | **0.63** | **0.72** | 0.61 | **0.71** | 0.62 | 0.71 | 0.64 | 0.73 |
| s2 | 0.32 | 0.49 | **0.32** | **0.49** | 0.30 | 0.47 | 0.31 | **0.49** | 0.30 | 0.48 |
| s3 | 0.71 | 0.78 | **0.75** | **0.82** | **0.71** | **0.79** | 0.70 | 0.77 | **0.73** | **0.80** |
| s4 | 0.40 | 0.55 | **0.44** | **0.58** | 0.38 | 0.53 | 0.35 | 0.51 | 0.34 | 0.51 |
| s5 | 0.59 | 0.69 | **0.60** | **0.70** | 0.58 | 0.68 | 0.58 | 0.68 | **0.59** | **0.69** |
| s6 | 0.33 | 0.50 | **0.38** | **0.54** | 0.36 | 0.52 | 0.33 | 0.50 | 0.34 | 0.51 |
| s7 | 0.66 | 0.74 | **0.69** | **0.77** | **0.69** | **0.76** | 0.69 | 0.77 | 0.69 | 0.76 |
| s8 | 0.72 | 0.79 | 0.71 | **0.79** | 0.72 | **0.79** | 0.69 | 0.77 | 0.70 | 0.77 |
| s9 | 0.69 | 0.77 | **0.73** | **0.80** | **0.73** | **0.80** | 0.69 | 0.76 | 0.69 | 0.77 |
| mean | 0.558 | 0.668 | **0.583** | **0.690** | 0.564 | 0.672 | 0.551 | 0.662 | 0.558 | 0.669 |

Among all the choice, transferring the best source network, termed as top1 achieves the largest improvements, obtaining significantly ($P=0.024$, Wilcoxon signed-rank test) better performance than the WaSF ConvNet without weights transfer. By employing the top1 subject transfer strategy, 8 out of 9 subjects obtain superior performance to their original methods. The corresponding mean kappa values over all subjects reaches 0.583, 4.5% higher than the original results.

We also validated the top1 subject transfer on the BCIC IV 2b data set, as shown in Tab.7. Results with the weight transfer are not significantly different from the original one ($P=0.433$,

Tab.7 Transferring weights on the BCIC IV 2b data set

| subject | No transfer | | top1 | |
|---|---|---|---|---|
| | $\kappa$ | acc | $\kappa$ | acc |
| s1 | 0.47 | 0.74 | **0.51** | **0.75** |
| s2 | 0.27 | 0.64 | **0.27** | **0.64** |
| s3 | 0.72 | 0.86 | **0.74** | **0.87** |
| s4 | 0.95 | 0.98 | **0.96** | **0.98** |
| s5 | 0.73 | 0.86 | 0.71 | **0.86** |
| s6 | 0.45 | 0.73 | 0.41 | 0.70 |
| s7 | 0.77 | 0.89 | **0.81** | **0.90** |
| s8 | 0.86 | 0.93 | 0.84 | 0.92 |
| s9 | 0.62 | 0.81 | **0.66** | **0.83** |
| mean | 0.649 | 0.827 | **0.657** | **0.828** |

Wilcoxon signed-rank test). WaSF ConvNet reaches a mean kappa value of 0.657, slightly greater than the mean value of no transferring process (0.649). This is maybe because the amount of data per class is big enough to train the network, such that transferring weights from the source to the target does not obtain good performance on BCIC IV 2b.

All above experiments show that transferring weights of the time-frequency and spatial convolutional layers of the best source network evaluated on a validation set randomly drawn from the whole data set is a successful transfer strategy.

(4) Reduced size of demanded training trials.

By using transfer strategies, we may reduce the number of training trials without jeopardizing the performance. In the field of BCI, it is advantageous to use the reduced size of training trials, since this would reduce the calibration time of the BCI system.

We took the subject 4 of the BCIC IV 2a to demonstrate how the classification performance changes when we finetune the target network using only part of the training trials provided by the target subject. The results are given by Fig.4 (a). As the number of trials used to train the network increases, the classification performance of the WaSF ConvNet is improved. The performance of the weight-transferred network reaches the same performance as the original fully trained network (randomly initialized and trained using the training trials) only using about 40% of the provided training trials. Fig.4 (b) gives the minimal training trials of all subjects in the BCIC IV 2a data set that allow the weight-transferred network to reach the performance of the original fully trained network. As one can see in Fig.4 (b), the trials that are used to train the weight-transferred network can be reduced by 20% at least and to 62% in average. This indicates that for a new subject, by using weight transfer, the calibration time of the BCI system can be shorten by 20%, significantly increasing its practicability.

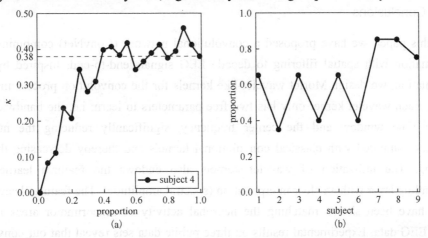

Fig.4　The minimum amount of demanded training trials on the BCIC IV 2a data set. (a) When giving different proportion of trials from subject 4 to train the WaSF ConvNet, the corresponding kappa coefficients are calculated in the test session. The subject 4 reaches the benchmark (red line), obtained from fully trained model without the weight transfer, at about 40% point; (b) shows the minimal training sets of all subjects

(5) Comparison with the state-of-the-art results.

In Tab.8, we compared the final classification performance of our proposed method with excellent performance of the state-of-the-art methods, such as FBCSP (Kai et al., 2008), OSTP (Ang et al., 2012), ConvNets (Schirrmeister et al., 2017), and DSP (Ofner et al., 2017).

For the BCI competition IV data set 2a, our approach obtains accuracy in a very similar range as FBCSP, whereas slightly worse than ConvNets with 0.74 mean accuracy. However on the two additional datasets, the BCI competition IV data set 2b and the upper limb movement data set, WaSF ConvNet both reach better performance than the state-of-the-art results (about 4.8% mean kappa and 14.8% mean accuracy higher, respectively).

Tab.8   Comparison of the ultimate mean performance of the WaSF
ConvNet with State-of-the-art Results

| datasets | models | $\kappa$ | acc |
|---|---|---|---|
| BCIC IV 2a | WaSF ConvNet | 0.58 | 0.69 |
| | FBCSP | 0.57 | 0.67 |
| | OSTP | 0.60 | 0.72 |
| | ConvNets | — | **0.74** |
| BCIC IV 2b | **WaSF ConvNet** | **0.66** | **0.83** |
| | FBCSP | 0.60 | 0.79 |
| | OSTP | 0.60 | 0.78 |
| | ConvNets | 0.63 | — |
| upper limb | **WaSF ConvNet** | **0.17** | **0.31** |
| | DSP | — | 0.27 |

## 5   Conclusions

In this paper, we have proposed a convolutional network (ConvNet) combining wavelet transformation with spatial filtering to decode EEG signals end-to-end. Inspired by wavelet transformation, we design Morlet wavelet-like kernels for the convolution process in our deep network. Each wavelet kernel only has two free parameters to learn, i.e. the bandwidth of the Gaussian time window and the center frequency, significantly reducing the number of parameters compared with classical convolutional kernels and thereby decreasing the risk of overfitting. The utilization of wavelet kernels also endows the features learned at the corresponding layer with an clear interpretation (spectral amplitude). The features learned in our network have been shown matching the neuronal activity of sensorimotor areas for motor imagery EEG data. Experimental results on three public data sets reveal that our convolutional network significantly outperforms the method using manually designed wavelet spectral amplitudes with a separate classifier.

We further solve the contradiction between large amount of demanded data for training deep ConvNets and small labeled data collected in the BCI experiments by subject-to-subject weight transfer, which borrows weights from existing subjects to initialize the network for a new subject. The proposed strategy has been verified to be with beneficiary transfer. The results suggest that, through using the proposed transfer learning strategy, a BCI system is able to adapt to a new subject with shorter training sessions. This will make the BCI system more user friendly, improving the applicability of the BCIs. Additionally, with the help of weight transfer, our approach has obtained superior classification performance to the state-of-the-art methods, indicating that jointly learning features in space-time-frequency domains and the classifying will be a promising attempt for EEG decoding in BCI.

There still exist several points to be improved. For example, learning the network requires quite a long time comparing with the traditional process (i.e. classifying based on handcrafted features). We will try to reduce the training time of the network using paralleling training strategies in the future. Moreover the evaluation of our WaSF ConvNet has been limited to motor imagery EEG data. Our future work will extend the current network to a generic classification method for multivariate time series data.

## Acknowledgement

This work was supported by the National Key Research and Development Program of China [grant number 2016YFC0801808]; the Frontier Science research project of the Chinese Academy of Sciences [grant number QYZDY-SSW-JSC005]; CAS Pioneer Hundred Talents Program [grant number Y8F1160101]; and the State Key Laboratory of Robotics [grant number Y7C120E101].

## Appendix A　EEG Decoding Model based on Morlet Wavelet Transformation

The baseline method decomposes the signals into several frequency bands of time-frequency representation using complex Morlet wavelet transformation, and then extracts the mean spectral amplitude (Rotermund et al., 2013) in the corresponding frequency band as input features to a SVM classifier.

Example EEG Data is first band-pass filtered between 8Hz and 30Hz using a 5th order Butterworth filter. The preprocessed signals are denoted by $x_{m,n}(t)$, where $m$ denotes the trial, $n$ the electrode, and $t$ the time. The preprocessed signals are then convolved with complex Morlet wavelets $w(t, f_0)$ to obtain the wavelet coefficients $a_{m,n}(t, f_0)$.

$$a_{m,n}(t, f_0) = \int_{-\infty}^{\infty} w(\tau, f_0) x_{m,n}(t - \tau) d\tau \qquad (A.1)$$

The central frequency $f_0$ needs to be manually determined. In this paper, we choose 8 frequencies, i.e. $\{8, 10, 12, 13, 15, 20, 25, 30\}$. With one specified central frequency, we can obtain one series of complex wavelet coefficients denoted by $a(t) = \alpha(t) \exp^{i\phi(t)}$, where $\alpha$ denotes the amplitude and $\phi$ represents the phase. Average spectral amplitude is then computed by

$$A = \frac{1}{t_1 - t_0} \sum_{t=t_0}^{t_1} \alpha(t)$$ and chosen as the feature.

Features are finally input to a support vector machine (SVM) for classification. The regularization parameter was manually selected by exhaustive search using 5-fold cross-validation. Candidates of the regularization parameter are the set of $\{0.0001, 0.005, 0.01, 0.05, 0.1, 1, 5, 10, 20, 50, 100, 500, 600, 1000\}$.

# References

Adeli, H., Zhou, Z., Dadmehr, N., 2003. Analysis of EEG records in an epileptic patient using wavelet transform. Journal of Neuroscience Methods, 123: 69-87.

Aghaei, A. S., Mahanta, M. S., Plataniotis, K. N., 2016. Separable common spatio-spectral patterns for motor imagery BCI systems. IEEE Transactions on Biomedical Engineering, 63: 15-29.

Ang, K. K., Chin, Z. Y., Zhang, H., Guan, C., 2012. Mutual information-based selection of optimal spatial-temporal patterns for single-trial EEG-based BCIS. Pattern Recognition, 45: 2137-2144.

Barachant, A., Bonnet, S., Congedo, M., Jutten, C., 2012. Multiclass brain-computer interface classification by riemannian geometry. IEEE Trans Biomed Eng, 59: 920-927.

Blankertz, B., Tomioka, R., Lemm, S., Kawanabe, M., Muller, K. R., 2007. Optimizing spatial filters for robust EEG single-trial analysis. IEEE Signal Processing Magazine, 25: 41-56.

Brunner, C., Leeb, R., Muller-Putz, G. R., Schlogl, A., Pfurtscheller, G., 2008. BCI competition 2008-graz data set A. Institute for Knowledge Discovery, Graz University of Technology: 136-142.

Clevert, D., Unterthiner, T., Hochreiter, S., 2016. Fast and accurate deep network learning by exponential linear units (elus). International Conference on Learning Representations.

Congedo, M., Barachant, A., Bhatia, R., 2017. Riemannian geometry for EEG-based brain-computer interfaces: a primer and a review. Brain-Computer Interfaces, 4(3): 155-174.

Ferrante, A., Gavriel, C., Faisal, A., 2015. Data-efficient hand motor imagery decoding in EEG-BCI by using morlet wavelets and common spatial pattern algorithms. International IEEE/EMBS Conference on Neural Engineering: 948-951.

Hong, J., Qin, X., Bai, J., Zhang, P., Cheng, Y., 2015. A combined feature extraction method for left-right hand motor imagery in BCI. IEEE Inter- national Conference on Mechatronics and Automation: 2621-2625.

Kai, K. A., Zheng, Y. C., Zhang, H., Guan, C., 2008. Filter bank common spatial pattern (FBCSP) in brain-computer interface. IEEE International Joint Conference on Neural Networks: 2390-2397.

Kingsbury, N., 1998. The dual-tree complex wavelet transform: A new technique for shift invariance and directional filters. Image Processing: 319-322.

Kousarrizi, M. R. N., Ghanbari, A. R. A., Teshnehlab, M., Shorehdeli, M. A., Gharaviri, A., 2009. Feature extraction and classification of EEG signals using wavelet transform, SVM and artificial neural networks for brain computer interfaces. International Joint Conference on Bioinformatics, Systems Biology and Intelligent Computing: 352-355.

Kumar, S., Sharma, A., Mamun, K., Tsunoda, T., 2017. A deep learning approach for motor imagery EEG signal classification. Computer Science and Engineering: 34-39.

Lee, H., Kwon, H., 2016. Single-trial EEG RSVP classification using convolutional neural networks. SPIE Defense + Security: 983622.

Leeb, R., Brunner, C., Muller-Putz, G. R., Schlogl, A., Pfurtscheller, G., 2008. Bci competition 2008-graz data set B. Institute for Knowledge Discovery, Graz University of Technology.

Ma, T., Li, H., Yang, H., Lv, X., Li, P., Liu, T., Yao, D., Xu, P., 2016. The extraction of motion-onset VEP BCI features based on deep learning and compressed sensing. Journal of Neuroscience Methods, 275: 80-92.

Meng, M., Lu, S., Man, H., Ma, Y., Gao, Y., 2015. Feature extraction method of motor imagery EEG based on DTCWT sample entropy. Control Conference: 3964-3968.

Molina, G. N. G., Ebrahimi, T., Vesin, J. M., 2003. Joint time-frequency-space classification of EEG in a brain-computer interface application. Eurasip Journal on Advances in Signal Processing, 2003: 1-17.

Nicolas-Alonso, L. F., Gomez-Gil, J., 2012. Brain computer interfaces, a review. Sensors, 12: 1211-1279.

Ofner, P., Schwarz, A., Pereira, J. L., Muller-Putz, G. R., Zhang, D., 2017. Upper limb movements can be decoded from the time-domain of low-frequency EEG. PLOS ONE, 12.

Pan, S. J., Yang, Q., 2010. A survey on transfer learning. IEEE Transactions on Knowledge and Data Engineering, 22: 1345-1359.

Rotermund, D., Ernst, U. A., Mandon, S., Taylor, K., Smiyukha, Y., Kreiter, A. K., Pawelzik, K. R., 2013. Toward high performance, weakly invasive brain computer interfaces using selective visual attention. Journal of Neuro-science the Official Journal of the Society for Neuroscience, 33: 6001-6011.

Samek, W., Meinecke, F. C., Muller, K., 2013. Transferring subspaces between subjects in brain-computer interfacing. IEEE Transactions on Biomedical Engineering, 60: 2289-2298.

Sanei, S., Chambers, J. A., 2007. EEG signal processing. Wiley-Blackwell.

Schirrmeister, R. T., Springenberg, J. T., Fiederer, L. D. J., Glasstetter, M., Eggensperger, K., Tangermann, M., Hutter, F., Burgard, W., Ball, T., 2017. Deep learning with convolutional neural networks for EEG decoding and visualization. Human Brain Mapping, 38: 5391-5420.

Tang, Z., Li, C., Sun, S., 2017. Single-trial EEG classification of motor imagery using deep convolutional neural networks. Optik-International Journal for Light and Electron Optics, 130: 11-18.

Tu, W., Sun, S., 2012. A subject transfer framework for EEG classification. Neurocomputing, 82: 109-116.

Yen, G. G., Lin, K., 2000. Wavelet packet feature extraction for vibration monitoring. IEEE Transactions on Industrial Electronics, 47: 650-667.

Yger, F., Berar, M., Lotte, F., 2017. Riemannian approaches in brain-computer interfaces: a review. IEEE Trans Neural Syst Rehabil Eng, 25: 1753-1762.

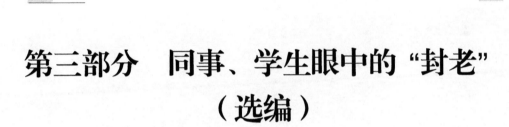

# 第三部分　同事、学生眼中的"封老"
## （选编）

# 敬贺封锡盛院士八十寿辰

于海斌*

我与中国工程院院士封锡盛先生相识近 30 年，深深被他心系国家、执着追求、勇于创新、科教育人的大家风范所折服。在封先生八十寿辰到来之际，诚挚地祝贺他在水下机器人领域所取得的斐然成就，也由衷地感谢他在沈阳自动化所工作近 50 年来所做出的卓越贡献。

1979 年，时任沈阳自动化所所长的蒋新松先生在国内最早提出了水下机器人研究计划。1982 年，我国第一台作业型遥控水下机器人"海人一号"项目启动，开辟了我国水下机器人研究的先河。当时封先生任电控系统负责人，开启了他为水下机器人事业不懈奋斗的征程。

## 一、擘画蓝图

作为我国水下机器人事业的先驱和重要奠基人之一，封先生追求卓越，不断擘画中国水下机器人未来发展的蓝图，提出水下机器人向更深、更远、更快多个维度发展的规划，并带领几代科研人员提前谋划、分期部署、重点推进，在水下机器人领域创造了多项国内领先的科研成果，先后规划并指导完成了遥控、自主、水面和混合四大类型、八大谱系海洋机器人的研发。我在远程自主水下机器人项目相关工作、新一代潜航器项目立项工作中与封先生并肩作战，他的高瞻远瞩使研究所的科研成果不仅满足了国家需求，还开创了技术引领需求的典范。

## 二、凝聚文化

"海人一号"是封先生水下机器人事业的开端，在封先生等老一辈科学家精神的引领下，在"海人一号"研发中凝练形成的"海人"文化，几十年来在沈阳自动化所一代代科研人员中传承下来。"海人"文化包含依靠团队集体力量从事大型工程科学研究、勇于探索不断开拓的创新精神、虚心学习的态度、"五湖四海"大协作、优良作风代代传五种特质，是沈阳自动化所"献身、求实、协作、创新"精神的典型代表，也是研究所"和而不同、追求卓越"发展轨迹的文化写照。封先生与"海人"团队以开拓创新为己任，创造了我国水下机器人领域的一项又一项纪录，实现了我国水下机器人研究水平从跟跑、并跑到部分领跑的创新跨越。

---

* 任中国科学院沈阳分院党组书记、院长、研究员，曾任中国科学院沈阳自动化研究所所长。

## 三、科教育人

　　封先生在水下机器人领域深耕的40年，也是科教育人、诲人不倦的40年。他创新求实、谦虚谨慎的学风深深地影响和感染着身边的每一个人，他培养的学生桃李满天下，很多已成为所在单位水下机器人领域的科研骨干；他为研究所指导培养了一支爱国奉献、素质优良、具有国际竞争力的科技创新队伍，为中国水下机器人事业的发展奠定了坚实的人才基础。

　　恭祝封先生生日快乐，健康长寿，阖家幸福！

2021 年 9 月 28 日

# 在封老师悉心教诲下成长

李 硕<sup>*</sup>

　　2021 年是我导师封锡盛院士八十寿辰的年份，我很荣幸参与了导师寿辰有关活动的策划工作。时间飞逝，导师七十寿辰学术思想研讨会的情景还历历在目，时间却已经过去了十年。平日见到导师，总感觉他这十年来没什么变化，依然是那么精神矍铄、思维敏捷，只是鬓角上也多了些白发。希望通过我们的精心准备，导师能和大家一起度过一个难忘的生日，让大家能从中领略更多导师的学术思想，分享更多的快乐。此时此刻，也想和大家分享我和导师一起工作的时光，以此纪念导师对我的谆谆教诲。

　　1992 年，我毕业于哈尔滨工业大学，有幸分配到了中科院沈阳自动化所工作。至今，我在沈阳自动化所工作了整整 30 年，这也意味着我认识封老师已经整整 30 年了，我记得很清楚，我到所里报到的第一天就见到了封老师，同时还见到了徐芑南老师。在中科院沈阳自动化所 R 楼四楼西南角的房间，当时两位老师在讨论"探索者"号的工作，两位老师的谈吐、气质和风采，以及对我的鼓励和期望给我留下了深刻的印象，当天的情景一直刻在了脑海里，这是我在中科院沈阳自动化所上的第一课，没想到水下机器人从此就再也没有离开过我，成了我一生坚守的事业。

## 一、做水下机器人，要不畏惧挑战

　　来所后我很幸运地被分配到了"探索者"号 1000 米无缆水下机器人团队，有幸跟随封老师一起工作，经历了"探索者"号的总装联调、水池调试和海上试验。在那个年代，基于工业总线的计算机架构、声学和光学图像的水声传输、多模式融合导航定位、水下回收等放在现在依然是先进的技术，在"探索者"号上都开展了研究，足以证明封老师他们那一代人超前的思维。我和封老师共同经历了"探索者"号全部的海上试验，从三亚到西沙，尤其是当控制系统出现严重故障时，我们看着控制舱内一片漆黑的景象，时不时闻到烧焦的味道，内心极度崩溃，这时候是封老师坚定地站到了我们的身后，鼓励我们，和我们一起分析故障原因，指导我们解决问题，保证了海试任务的顺利完成。做水下机器人，要时刻准备迎接挑战，战胜困难。

## 二、做水下机器人，要经受压力考验

　　之后，我有幸跟着封老师一起参加了我国首台 6000 米级自治水下机器人"CR-01"的研制工作。1995 年，我作为"大洋一号"首航中最年轻的一员参加了东太平洋海试和多金属结核调查，见证了我们的幸福时光，更经历了那极度窒息的惊魂时刻。在封老师的文章中也多次提到，在海试的最后一个潜次中，当我们的机器人顺利完成下潜任务返航时，

＊中国科学院沈阳自动化研究所研究员，任中国科学院沈阳自动化研究所副所长，1999 届硕士研究生。

由于抛载装置出现了故障，机器人只能靠着它仅有的一点正浮力努力上浮。在现场的每一位同事都知道，如果压载不能抛掉，由于海水密度逐渐变小，我们的机器人将无法浮出水面，它会悬浮在大洋中，即使有一天浮出水面，基于当时的技术我们也难以找到它。在那凝重的气氛中，我至今无法体会现场封老师等总师们所承受的压力。当从监控屏幕上看到，压载成功抛掉了，机器人开始正常上浮后，大家的喜悦充满了狭窄的控制间。我经历了人生中第一次否极泰来的感觉，第一次体会了从事水下机器人事业所要面临的巨大压力，水下价值几千万元的设备可能随时就消失在海洋中，也从那一刻起，封老师的教诲让我要经得住压力的考验，做好心理和技术上的准备。

## 三、做水下机器人，要让人更快成长

1997 年，我成为封老师的第三位硕士研究生，在他的悉心指导下，继续从事"CR-01"工程化的工作，并有机会参加了第二次太平洋海试。我们在海上共同度过了一个个不眠之夜，进行系统调试、使命仿真、声学系统测试、电池系统维护等，利用难得的航渡窗口准备即将到来的下潜。封老师作为领队，亲力亲为编制海试计划，制定海试方案，在海况恶劣的情况下，毅然决定了下潜，其实，后面的海况一直不好，没有他的坚持，我们可能要空手而归，无法取得那些在当今也算是重大成果的成果。海上的机会其实都是拼出来的，现在我们的团队进行万米下潜和千公里航行好像是很平常的事情，在当时来讲，还是一件很艰难的事情。在研制水下机器人，用水下机器人来探索海洋的同时，需要我们这些研究人员更快地进步成长。只有团队进步，我们才能研制出更先进的水下机器人。

我是幸运的，从走上工作岗位的第一天起，就成为以封院士为代表的沈阳自动化所"海人"团队的一员，有机会和他一起工作，经历海上的风风雨雨，也成为中国水下机器人发展过程的亲历者和见证者。每当我遇到挫折的时候，和封老师的交流，都坚定了我从事水下机器人工作的信念和信心。我们国家水下机器人的发展，离不开封老师的杰出贡献；沈阳自动化所水下机器人方向的发展，离不开封老师的高瞻远瞩；我个人的成长的每个阶段，也离不开封老师的悉心指导。

在国家和有关部委的支持下，以沈阳自动化所为代表的科研团队，推动了我国水下机器人事业的发展和壮大，形成了谱系化技术装备体系，但平时和封老师交流最多的还是水下机器人未来的发展和团队的建设，如何为国家做出更大的贡献。展望"十四五"，依托现有的工作基础，我们将要迎接更大挑战，去挑战更多的不可能。刚刚收到了来自北极科考现场和马里亚纳海沟的报告，我们的"探索 4500"AUV 勇闯北极密集冰区成功完成深潜任务，我们的"海斗一号"在马里亚纳海沟打破了多项深渊探测的世界纪录，我们离"无人区"越来越近了，总有一天会走进"无人区"，那时我们将面临更大的挑战，有封老师指明的发展方向，我们这群秉承"求真务实、甘于奉献、团结协作、敢为人先"海人精神的"海人"将会主动追逐更大的挑战，我想没有什么困难不能战胜，没有什么梦想不能实现。

在封老师悉心教诲下，我们团队的每一位都会成为幸福的"海人"，研制出"更幸福"的水下机器人。"海人"与水下机器人融合发展，共同成长进步，共创未来辉煌。

在封老师八十寿辰之际，祝封老师身体健康、阖家幸福！

2021 年 9 月 24 日

# "封　老"

张艾群[*]

二十年前，水下机器人研究中心立了个规矩，尊称六十岁以上的老同志为"老"。从此封老就叫开了，至今未变。

转眼，认识封老近四十年了。神奇的是，四十年前封老显老，皮肤比出海刚返回的人还黑。年近八旬，封老似乎没变老，精神抖擞，面带红光。愿封老永远年轻。

封老人好是行业内的共识，做人坦荡、善解人意、生活低调、淡泊名利。当今浮躁社会，难得封老这样，做"一个纯粹的人、一个脱离了低级趣味的人"。

封老眼界宽广、学术水平高，是我国水下机器人领域旗帜性的人物，引领了我国自主水下机器人技术的发展。封老提出的水下机器人先进控制方法、深海及长航程自主水下机器人、海洋机器人、无人海洋科考船的理念正影响我国水下机器人方向的发展并成为研究热点。

封老非常重视和关心年轻人的成长。二十多年前，当我刚出茅庐，封老积极推荐我到国家层面做专家；我任水下机器人研究中心主任期间，封老全力支持我的工作。封老带水下机器人方向的学生是最多的，桃李满天下。封老坦荡的胸怀、严谨的学风值得敬佩。

封老与我亦师亦友，是慈祥的长者，是多年合作的伙伴，也是我的榜样。向封老学习，做纯粹的人、做纯粹的事。

祝封老生日快乐！

2021 年 7 月 7 日 于三亚

* 中科院沈阳自动化研究所研究员，曾任中科院沈阳自动化研究所水下机器人研究中心主任。

# 我的从业老师

林　扬*

1990 年 12 月，我从大连调入沈阳自动化研究所，非常幸运，到所后即加入了封老师领导的我国首型自治水下机器人——1000 米级"探索者"号 AUV 的研发团队。伴随着封老师的言传身教，我迈入了"水下机器人"这座神秘的殿堂。

1994 年，"探索者"号在三亚开展海上试验，作为该型样机的总设计师，封老师与我们共同生活、工作在船上四十余天，始终坚持在第一线。记得在做 AUV 水下对接回收项目试验时，封老师亲自下小艇，顶着烈日站在艇首指挥小艇的跟踪操作，这是我第一次近距离"认识"封老师。后来他告诉我们，搞科研，必须要严谨认真、一丝不苟，尤其作为一个项目负责人，必须要亲自了解、掌握产品的各种特点，这样才能更好地去设计它、"驯服"它。

1995 年和 1997 年我有幸两次随我国首台 6000 米级自治水下机器人"CR-01"赴太平洋参加科学考察应用性试验，这让我更加深入地了解、认识了封老师。那时我们出海试验，工作条件还比较艰苦，除了大型、较重的样机外，其他参试设备基本上靠项目组成员肩扛人挑搬运上下船，作为"CR-01"研制副总设计师和"CR-01"工程化的总设计师，封老师也和大家一样，亲自动手卸车装船。封老师晕船很严重，但航渡期间，他仍手拎着水桶（用于随时呕吐），满船上下检查、指导我们各个岗位的准备工作。到了试验区，每天清晨他总是第一个起床，站在甲板观察气象，决定当天的试验如何开展。

封老师当选院士后，工作更加忙碌，但只要是对工作有利、对促进我国水下机器人事业发展有利的事，从不推托，而且亲力亲为。封老师平易近人、待人和蔼可亲，对待本单位的和外单位的领导、同事、下属乃至学生，一视同仁，我们很多项目合作单位的同事到了沈阳都希望能有机会拜谒封老师，只要他在单位，必定会亲自接待。

虽然我没有缘分直接师从封老师，但三十余年的共同工作经历，让我从封老师身上学到了很多搞科研、做学问乃至做人的方法和道理。所以，在我心中他就是我的从业老师。

封老师对我工作上的教诲、帮助和支持，尤其是他那心胸坦荡、淡泊名利、严谨认真、亲力亲为的科研工作者应有的基本素质和品格，让我受益匪浅、永生难忘。

值此机会，祝封老师身体健康、生日快乐！

2021 年 10 月 13 日　于三亚试验现场

---

* 中国科学院沈阳自动化研究所研究员，中科院沈阳自动化研究所海洋信息技术装备中心主任。

# 谦逊随和，良师益友——记封锡盛院士二三事

李智刚*

我是 1996 年硕士研究生毕业后来沈阳自动化研究所的，刚来时被分到八部，从事卷烟机生产线控制系统研制工作，后调到红外线检测车课题组，担任课题组组长。1999 年，一部与八部整合为第五研究室，我仍在红外线检测车课题组工作。因当时第五研究室的办公地点在沈阳自动化研究所的西区（三好街 90 号），与封锡盛院士（根据多年的习惯，以下称"封老师"）所在的水下机器人研究的第六研究室的办公地点——东区（南塔街 114 号）不在一处，所以与封老师接触不多。2000 年，所里调整科研布局，我所在的课题组共计 6 人整体调入第六研究室从事水下机器人研发工作。记得大致是在 2000 年 9 月，六室主任助理刘子俊老师带着一辆卡车把我们几个人和办公物品从西区接到了东区。在六室的会议室，时任主任张艾群老师、时任副主任封老师为我们开了个欢迎会。会上封老师说："你们以前是做铁路项目的，今后要从事水下机器人研究工作，你们真是水陆两栖啦！……"自此拉开了我跟封老师交往的序幕，至今已二十余年。封老师在工作上对我影响和帮助很大，回想起来，历历在目。

## 一、严谨治学　亲力亲为

封老师作为水下机器人领域的院士科学家，他的科研生涯一直都在完美践行、诠释着中国科学家精神——"胸怀祖国、服务人民的爱国精神，勇攀高峰、敢为人先的创新精神，追求真理、严谨治学的求实精神，淡泊名利、潜心研究的奉献精神，集智攻关、团结协作的协同精神，甘为人梯、奖掖后学的育人精神"。尤其在严谨治学方面，封老师给我留下了深刻印象。

我们从事水下机器人研究的同事在写文章和科技报告时，有时把水下机器人称作"潜水器"。"水下机器人"和"潜水器"到底有什么区别，很多人并没有去认真思考，使用上有很大的随意性。封老师对此就非常认真，他查阅了大量资料，进行了深入的思考，郑重地做出论断："海洋机器人必然具有海洋船舶和机器人的双重属性，是两种技术结合的产物。这两种属性以下分别简称'器'与'人'。'器'是载体，体现'潜水'功能；'人'是载荷，执行类人的作业能力。'人'以'器'为依托得以遨游深远海，'器'借'人'的智力应对复杂海洋环境下的作业任务，两种不同的专业属性相辅相成融为一体。因而，称这类装置为潜水器或水下机器人。两种属性同等重要，但涉及的技术进步的快慢有所不同。

---

* 中科院沈阳自动化研究所研究员，中科院沈阳自动化研究所水下机器人研究室主任。

在历史发展的进程中，引发工业革命的信息技术的迅猛发展，使得'人'的分量不断加重，与时俱进地认识这种变化有助于看清未来的发展方向。"

封老师清晰地阐明了"器"与"人"的关系，并建议大家在今后多在"人"上下些功夫，写文章时多用"机器人"这个称谓，在学界建立起水下机器人方向的学术地位。通过封老师的指引，大家对水下机器人的内涵和外延的认识更加清晰，也更加明确了沈阳自动化研究所向水下机器人领域全力进发的科研方向。

此外，封老师在带学生方面也非常认真负责。我经常参加他的学生的课题开题、预答辩和答辩工作，在现场聆听封老师对学生的教诲，真切感受到封老师确实投入了大量精力，对学生从科研、论文发表乃至后续的技术生涯都给了很好的指导。我认识的封老师的学生大多还在水下机器人或相关领域从事研究工作，并且也取得了优异的科研成果，这也彰显出封老师在教书育人方面的成就。

封老师在撰写文章或学术报告时，都能亲力亲为。记得在今年 5 月，封老师在为庆祝中国大洋矿产资源研究开发协会成立 30 周年大会的一个主题报告做准备，他亲自规划内容，制定分工方案，并亲自汇总报告 PPT。PPT 写好后他让我和李一平老师提建议。报告做得图文并茂，还有很多动画展示，我们看到精彩的画面，都很惊奇封老师能够这样谙熟 PPT 页面制作。封老师还很得意地向我传教如何做出这样的动画效果。

## 二、老骥伏枥　志在千里

封老师虽然年事已高，但他积极创新的思想和干劲儿却丝毫不减，愈发老当益壮。封老师在 75 岁那年还承担了中科院前沿科学重点研究项目"水下机器人操作脑控技术"的研究。该项目基于脑科学研究，首次尝试将脑-机接口技术引入水下机器人作业中，通过解析操作人员的脑电信号并将其映射为具体指令控制机械手进行水下作业，为水下机器人操作员提供了独立于手动操作之外的控制方式，从而使操作者在操作机械手时摆脱对手臂的束缚，减少了多人操作时遇到的协作、配合问题。

封老师以其敏锐的思维，把握科研脉搏，引领学生和青年职工攻坚克难。他亲自规划方案，策划试验流程，采取多种脑电信号识别技术路线并行研究的思路，取得了很好的研究成果，后期还与视觉目标识别等技术相结合，实现了脑控下目标物的自主抓取。这一前沿成果，很有可能引领水下机器人未来多年的发展乃至在其他机器人研究领域开辟一个重要发展方向。

## 三、建言献策　推动产业推广

封老师总是提醒我们，水下机器人技术发展了，要在国民经济方面发挥作用。

记得在 2009 年，封老师参加中共中央组织部牵头组织的"院士专家浙江行"活动，我有幸陪同封老师以及其他几位院士专家去浙江金华、东阳等地参观、调研。整个行程比较紧凑，封老师每到一个厂家，都认真地听取厂家的汇报，与大家讨论研究后，为企业如何走出金融危机"把脉会诊"，总能提出一些战略性、前瞻性的决策咨询服务，并积极牵线沈阳自动化所研究与企业之间的对接和合作。2009 年底，作为本次"浙江行"的成果之一，我被聘为"浙江省科技特派员"，与浙江联宜电机有限公司进行了多次交流、合作，也算为产业在企业的推广尽了一份力。

2011 年，封老师的第一个院士工作站在江苏南通市海鸥消防器材有限公司成立，工作站的主要项目之一是研发船壳附着海生物的清理设备。封老师委托我负责具体的联络、合作工作。记得封老师在工作站成立仪式上为企业题词"所企合作好"，他还解释道：这句话包括两个含义，一是研究所与企业合作的这种方式好，另外一个含义就是把合作这件事真正做好！

## 四、谦虚谨慎　良师益友

封老师作为一名著名科学家，荣誉在身，却没有一点架子。他跟我们以及一些年轻的同事讨论问题时，一直都采用平等探讨的口吻，从未有过批评、挖苦，更多的是鼓励和指导。所以很多年轻同志都愿意跟封老师聊天，他会从国外的趋势、行业的需求、技术的前沿等方面启发、引领大家。大家从与封老师的聊天中也收获良多。跟封老师聊天，就觉得他是一位博学且慈祥的长辈，亦师亦友、亦父亦兄。

## 五、爱好广泛　兴趣高雅

我经常跟封老师一起出差。他坐在飞机上从来不闲着，除了利用少有的空闲研读前沿科技，有时还会拿出一个 PAD，用触屏笔在 PAD 上作画。短短两个小时的旅程，他就能变戏法般拿出一幅很有意境的画作。

封老师平时也喜欢作画和书法，他办公室里有一幅他创作的画，画面是一艘船搭载一台带有机械手的遥控式水下机器人在水下工作的场景，但仔细看去，竟然是"水下机器人"五个字！

在我的脑海中，封老师就是这样一个严谨认真又不失幽默、基础扎实又极富创新思想的人，他既是严厉的师长、又是善解人意的朋友……与封老师相处二十多年，我学习了很多，收获了很多。在封老师等老一代水下专家的帮助下，在同事们的支持下，我也取得很大的进步，从助理研究员一步步成长为副研究员、研究员等。在今后的工作中，我也决心继续学习和发扬封锡盛院士等老一辈科学家的科学精神，为水下机器人事业的发展贡献一份力量。

在封老师八十寿辰之际，祝封老师鹤寿松龄、阖家幸福！

2021 年 8 月　于海南博鳌镇试验现场

# 一点回忆

李一平*

　　时光荏苒，认识封老快五十年了。20 世纪 70 年代初封老从南京调到沈阳自动化研究所工作，那个时候，我还在上小学，经常在自动化所的院子里看到他。当年也没有想到我会在研究生毕业之后，在他的领导下工作，成为他负责的项目团队中的一员。

　　从 20 世纪 90 年代初期开始，我参加了"探索者"号 1000 米自治水下机器人、"CR-01"6000 米自治水下机器人、"CR-01"6000 米自治水下机器人工程化、"CR-02"6000 米自治水下机器人等系列深海 AUV 的研制工作，在封老的指导下学习、工作，收获颇丰。封老学识渊博、多才多艺、平易近人，这些都给我留下了深刻的印象。

　　1994 年春节前后，"探索者"号进入水池调试阶段，由于时间紧，大家晚上经常加班，封老一直同我们在一起进行系统联调工作，经常就调试中出现的问题同我们进行讨论，帮助我们分析问题解决问题。1994 年 10 月，"探索者"号在南海完成了 1000 米深海试验。试验结束后，他督促我们及时总结研制过程中的经验，撰写学术报告和论文，我也由此发表了与封老作为共同作者的第一篇论文。在后来的二十多年中，我和封老发表了多篇学术论文，在每篇论文写作过程中，封老都仔细修改，核对数据，力求做到准确清晰。

　　1995 年和 1997 年，"CR-01"两次赴太平洋进行海试和锰结核调查应用，我有幸两次参加了海试，在几十天的海试中，大家共同拼搏，成功实现了我国自主水下机器人潜深从 1000 米到 6000 米的跨越。尽管海试已经过去了二十多年，但当年试验中许多场景仍然历历在目，难以忘记。

　　1997 年 5 月至 6 月，经过工程化后的"CR-01"第二次赴太平洋开展海上试验及应用。由于试验时间长，船上无法理发，试验队许多人都理了"寸头"，封老也跟年轻人一样，在开船前把头发剃成了"寸头"。海试中，尽管晕船，封老每天还是坚持很早就起床，到驾驶室观察气象情况，到甲板上转一转，看看设备的状态，督促我把每天 AUV 的使命画到小黑板上，让大家知晓当天的工作计划。当 AUV 回收后，大家就会不约而同地聚在一起，分析试验数据，讨论下一步的试验。当时封老已经五十多岁了，仍然像年轻人一样充满活力，为了保障人员设备的安全和试验的圆满成功，他事事冲在前面，经常工作到很晚。

---

* 中科院沈阳自动化研究所研究员。

1997 年 6 月 24 日，我们顺利地结束了航段的调查和试验任务，封老代表 "CR-01" 机器人试验队写了一封感谢信，对 "大洋一号" 船及航次组织单位的大力支持表示感谢，同时献上小诗一首 "今有妙机潜海底，不惧洋深五千米，海底宝藏探仔细，归来报我好消息"。

现实生活中，封老是特别喜欢探索和接受新事物的人，喜欢到处走走看看，与不同的人交流，和他一起聊天就会发现他思路清晰、知识渊博，是一位有趣的人。

今年是封老八十大寿，借此文祝封老身体健康，永远年轻。

2021 年 8 月 于中国沈阳

# "封老"与我们拍"全家福"

刘子俊*

结识封老是在 1987 年。我从北京机床研究所调回沈阳，来到了当时还位于三好街的沈阳自动化研究所工作。来所后，我被安排在当时的"二部"并有幸和封老在同一个办公室工作。迄今，已和封老在一起工作相处了 35 个年头。其间，我经历了水下机器人团队由最初的"海人公司"、水下机器人研究中心、海洋技术装备研究室、水下机器人技术研究室到现在的水下机器人研究室等等不同的名字，但我始终和封老在一个科研部门工作，从未分开。虽然封老早已评上院士多年，但我们这些和院士朝夕相处的老同事，还是习惯性地尊称他为"封老"，这是多年积淀下来的一种尊敬和感情。

记得我参与的第一个封老负责的项目是我国首台潜深 1000 米"探索者"号自治水下机器人。当时的设计画图都是趴在最原始的图板上完成的，用的是直尺和圆规等工具。后来，研究室才逐步购买了几台"386"计算机，供大家轮流使用，而现在我们已经全部用高档计算机进行办公了。"探索者"号的海上试验是在海南三亚进行的，那也是我第一次跟随封老去海南。那时的我们谁都没有手机，更没有数码相机，想拍照是件很不容易的事情，所以整个海试期间几乎没留下什么宝贵的影像资料。每当回忆起当年试验的情景，封老都会不无遗憾地说："没留下太多的影像资料，这是个非常大的遗憾。"

大概到了 1999 年，水下机器人研究室由张艾群担任主任，封老任副主任，我任主任助理。从那时开始，我们三个才告别了一直使用座机电话办公的状况，首次开始使用手机（老款诺基亚）进行通信联络。由于我们三人的手机尾号是挨着的，以至于到现在有人联系封老的时候还偶尔会误打到我这来。如今二十多年了，我们三人各自的手机都换成了不同型号的智能手机，但手机号码却从未改变，或许这也是一种对水下机器人事业的感情使然，一种怀旧情结吧。当今的数码时代，手机像素越来越高，相机镜头也越来越好，拍照和录像功能也越来越强大。我们在和封老闲聊的时候，封老都会感慨地说："要是早十几年有手机、有数码相机，我们的外场试验何愁留不下宝贵的影像资料。"

三十多年来，封老作为我们水下机器人团队的带头人，一步一步引领并陪伴我们完成了各个阶段、各种水下机器人的研制与开发。由最开始起步的我国第一台水下机器人"海人一号"，再到从美国引进的"RECON-IV"号中型水下机器人实现国产化并返销美国；其间还研制了"金鱼"号、"海潜一号"、"YQ2 系列"、水面救助带缆机器人、"探索者"号以及"海星"号海缆埋设机等等。现在，我们的水下机器人发展得更为完善和庞大，已成功研制出"潜龙"系列、"海星"系列、"海翼"系列、"探索"系列以及载人潜水器控制系统等并形成谱系，俨然成了一个水下机器人的大家族。中科院沈阳自动化所也在国内

*中科院沈阳自动化研究所高级工程师。

外享有了很高的知名度和影响力,这些都离不开封老的教诲和指导。如今,我们已有了这么多的水下机器人,水下机器人各阶段的技术成果不仅代表了我们国家在这一技术领域的发展历程,也倾注了封老在水下这一领域的心血。

水下机器人这个家族的前途命运同国家和民族的前途命运紧密相连。中华民族自古以来就有重视家庭、重视亲情的传统,正所谓"天下之本在家"。2015 年封老跟我提出了为这些水下机器人拍张"全家福"的设想。他说:"我国的第一台水下机器人'海人一号'到现在都没有一张清晰的原始照片,仅有的两张照片还是用胶片翻拍的。"因为那时我们的数码技术不行,没有条件拍摄,即使有拍摄的想法也实现不了。封老表示:"现在,我们的成果有了,拍摄条件也有了,确实应该为所有的水下机器人都留下影像资料,如果能拍张水下机器人的全家福那就更好了,什么时候拍摄,我一定到场参加。"

按照封老的指示,我拟定了"全家福"的拍摄计划并于 2015 年 11 月 17 日开始实施。17 日早上 8 点刚上班,研究室所有人员身穿水下机器人研究室工装来到了现场。所里的所有水下设备按照顺序在各部长指挥下井然有序地拉往操场。

"潜龙一号"拉往操场的场面

"潜龙一号"、"潜龙二号"、"北极 ARV"1 型和 2 型、"海斗"号全海深 ARV、"海翼"滑翔机、混合型滑翔机、"探索 100"小 AUV、定点观测型 AUV、水面救助带缆机器人、"龙珠"号 ROV、"海潜二号"、快速反应型 ROV 以及深渊着陆器等各种水下机器人设备悉数登场,前往操场集合。

各种潜器依次排开等待拍摄的场面

　　给水下机器人拍全家福，人与各种水下机器人拍合影，这在我们水下机器人研究室的历史上还是第一次。无疑，这样的拍摄活动吸引了大家，也调动起了大家的情绪和热情。拍摄过程中，各课题组人员也兴致勃勃地与自己的科研成果合影留念。

各个课题组的成员围在自己参与的潜器前合影场面

封老也按照我们的请求穿上了水下机器人研究室的工装早早来到了操场。并且，他自己也带了台小数码相机饶有兴致地开始拍摄。

封老认真拍摄过程

封老的参与，给我们的拍摄工作带来了欢乐，也让我们这些"水下人"体会和感受到了水下机器人这个大家庭的温暖。封老仿佛就是我们这个大家庭的家长，我们像过节一样忙活了一上午，温馨的场面永远记忆在我的脑海里，也让我永远记住了水下机器人这个大家庭的幸福和美好。家和万事兴，在封老的引领下，我们的水下机器人事业一定会像今天一样充满朝气和活力。

这是我们"水下人"历史上第一次将大多数潜器（截至 2015 年研制完成的）汇聚到一起来一个大合影。最终，在大家的共同努力下，在封老的积极参与下，我们凝聚了这个幸福时刻，完成了"全家福"的拍摄。

水下机器人全家福合影照片

今年的 12 月 17 日，是我国水下机器人专家、中国工程院院士、德高望重的老科学家、我们的封老八十寿辰，谨以此文祝福封老生日快乐、身体康健、生活幸福！同时祝福我们的水下机器人事业蓬勃发展，取得更大成就！

2021 年 7 月 17 日

# 给封院士做学生——回忆研究生时的幸福时光

路 遥[*]

在封老师八十寿辰即将来临之际，算算我已经从中科院沈阳自动化所毕业二十年了，我是 1997 年从清华大学工程物理系本科毕业后被免试推荐到沈阳自动化所攻读硕士学位，在合肥中科大上完一年基础课后回到所里，有幸在封老师身边学习工作了两年时间。在封老师的培养和指导下，我顺利地完成了硕士阶段的学业学习和课程设计，还作为所里的优秀硕士毕业生，参加了辽宁省优秀硕士论文的评比。

两年的学习时间，正值"CR-01"6000 米自治水下机器人完成设计和工程化的阶段，我的毕业设计和论文也是基于"CR-01"6000 米自治水下机器人做的《复杂地形环境下的自治水下机器人控制问题研究》。研究生第一年，封老师给我们这届开了一门水下机器人专业课，封老师结合自己几十年的工作经验，系统地讲述水下机器人的发展历程，从 HR-01"海人一号"、1000 米"探索者"号到 6000 米"CR-01"等等，封老师勇攀高峰、敢为人先的创新精神深深地打动我和我的同学们。在帮助封老师整理《水下机器人》的文稿时，在封老师的指导下，我做了一些控制算法的公式推导和理论计算的验证工作，封老师严谨求实的治学精神深深地影响着我。1999 年春有幸参加一次封老师主讲的项目评审会，中南大学的钟掘院士做主审。封老师和钟掘院士之间的问答，让我们领略了科学家之间思想火花的碰撞和他们作为大家对科学技术问题的思考、分析、归纳、总结的高度和维度。在研究生课题研究期间，封老师安排我在李硕师兄研究的预编程自治水下机器人控制问题研究的基础上，进行"CR-01"的自适应、自校正控制算法研究，并利用"CR-01"6000 米水下机器人进行水池实验，每次实验结果封老师都帮我进行理论分析和指导，为下一步工作指出方向。在编写论文期间，封老师要求所有的结果要有原始数据做支撑，并请七〇二研究所的徐芑南老师帮助审稿。在封老师身边学习期间，目睹了接近 60 岁高龄的封老师，团结和带领六室的老师们天天加班到深夜，与国内兄弟单位协作，不断地钻研和探索，在水下机器人领域不断地刷新国内纪录，取得一个又一个的优异成绩，同时也获得国家、中科院、省市的各种奖励。封老师作为这个团队最优秀的代表，在 1999 年第一次参加院士的推举就成功地被评为中国工程院院士。

封老师勤奋严谨求实的治学风范、淡泊名利的生活态度、勤恳敬业的工作态度、积极乐观的心态，深深地影响和感召着我。特别是我在以后自己的科研工作和生活中经常以封老师为精神榜样，不断地学习和探索新知识、新技术，在自己平凡的工作岗位上做出自己不平凡的贡献。2000 年从所里硕士毕业后，我被分配到北京电信研究与发展中心工作，后来又先后去了南开戈德自动识别技术有限公司、北京旋极信息技术有限公司从事自动识

---

[*] 北京天华嵌微信息技术有限公司经理，2000 届硕士研究生。

别手持终端产品的研发和管理。2006 年底作为创始人，创办了北京天华嵌微信息技术有限公司。二十几年来，我一直专注于嵌入式产品的开发设计，作为国内较早从事手持终端产品研发的核心技术人员，已经成功研发数十款手持终端产品和其他嵌入式产品，其中部分型号产量已经超过十万台，这些产品被广泛应用于银行、铁路、军工、彩票、电力等各种行业，为社会创造了数亿元的产值和效益。最近几年，基于国产芯片，做了一些全国产化的信创产品设计。最近，又配合上海大骋医疗科技有限公司，做国产医用 CT 设备的研发和生产。

封老师七十寿辰时，我和王勇师兄一起从北京回到所里参加了封老的寿辰活动。十年又过去了，在封老师八十寿辰即将来临之际，我在北京祝愿封老师健康永远，百岁人生，生活越过越幸福！

2021 年 8 月 于中国北京

# 贺恩师封锡盛院士八十寿辰

邢志伟*

　　廿一年前，吾有幸得遇封锡盛院士，受恩师三年教诲，得益终身。时至今日，遇有困惑，仍时常求教于恩师。古语云"一日为师，终身为父"，人生得一良师，如饮甘露，此学生一生之荣幸也。公元 2021 农历辛丑之年，逢恩师八十寿辰，学生祝愿恩师松鹤长春，春秋不老，欢乐远长！

　　先生心系国家，胸怀天下。每教授学生之时，不忘传递"国家利益高于一切"之信念，不以身份尊卑、钱财多寡而动摇意志，不因外势而背弃原则。先生以身作则，从不懈怠，为国家科研事业耕耘多年，一生致力于国家蔚蓝海疆开拓之利器，功勋卓著，成就斐然。数十年如一日，先生为国家科技进步兴盛鞠躬尽瘁，夜以继日劳作无休，清晨之时，学生未至，先生已工作多时；子夜时分，吾等欲昏睡就寝时，仍可见先生工作之灯光。如今学生亦为人师，治学教授之道，多蒙先生当年之言传身教。

　　先生淡泊名利，生活简朴。以先生之身份，出行住宿皆可享至高之规格。然先生仍兢兢业业，不因身份年龄而特殊，每逢公差出行必师生同等，与学生同宿于廉价之陋室，同食极简之餐食。平日先生示人以真、待人以诚，虽已达学之泰斗，仍不嫌学生人微言轻，愿倾听后辈青涩之论，循循善诱，尽显长者之慈祥与风范。

　　先生治学严谨，宽严并济。于公事要求严格，于弟子待人宽厚。先生虽日理万机，仍心系学生，每有学生请教，必不厌其烦，于百忙之中为众学生答疑解惑，常及至深夜。于学生眼中，先生既是良师，又是益友，更是长辈。先生治学，始终坚持学以致用，教导吾辈务实求真，深谙国之需求，尽己之绵薄以图国之强盛。学生亦希望能将此精神传承于后世弟子，以不辜负先生多年之传授。

　　今恩师已杖朝之年，仍不忘初心，躬耕于科技前沿，不曾有半点松懈。先生之品格必为吾辈之楷模，精神必为后代所继承。正值国之盛世，更需要有先生德才之后辈，有先生如此坚韧无私、敬业爱国者，则必可成就中华民族伟大复兴之宏愿。愿先生阖家欢乐，身体康健，事业圆满！

2021 年 8 月 6 日 于中国民航大学

---

* 中国民航大学教授，2003 届博士研究生。

# 科学家精神的楷模，终身学习的榜样

刘开周*

今年是封老师寿辰八十寿辰，也是中国共产党成立 100 周年。在这特殊的日子里，由衷地感谢封老师，他为我们树立了老一辈科研工作者典型的中国科学家的形象，我们将永远牢记并不断发扬光大。

## 一、心系祖国　敢为人先

封老师敢为天下先。在 20 世纪 70 年代，国内采用机器人代替人在危险环境中作业的想法是一种伟大设想，采用水下机器人代替人从事水下作业也是一种伟大的设想。从"海人一号"的缆控水下机器人到"探索者"无缆自治水下机器人，从 1000 米级"探索者"到 6000 米级"CR-01"，从续航力数十千米到上千千米，从实验室原理样机到全球海洋科学考察和深海资源勘探应用，无一不是封老师高瞻远瞩、敢为人先，为子孙后代开疆拓土的典型范例。

在水下机器人控制技术中，一般科研人员心目中的水下机器人仿真技术仅为某种控制算法加上水下机器人动力学模型的数值仿真，而封老师心目中的仿真为水下机器人控制系统自动驾驶单元软硬件在回路的半物理仿真，再到后来水下机器人自动驾驶单元、本体传感器和执行机构实物均在回路的全物理仿真。后来的历史证明，封老师提出的第二代水下机器人仿真和第三代水下机器人仿真技术对提高"潜龙"系列、"探索"系列等自主水下机器人，"蛟龙"号、"深海勇士"号和"奋斗者"号载人潜水器等重大海洋装备的关键技术验证、湖海试等外场试验的研发效率，缩短研发周期，发挥了重要作用。

封老师看待问题高瞻远瞩源于他具有爱好广泛、终身学习的习惯。我给封老师安装电脑时，封老师喜欢让我帮他安装一些比较时髦的软件，例如金山词霸、金山翻译、美图、语音识别等。记得我有次去找封老师请教问题时，封老师正在看外文文献，在门口就能很清晰地听到电脑发出的单词读音，封老师在跟着读。封老师的英语发音比我们的标准多了。

## 二、创新超越　协作创新

在我刚博士毕业不久，我带领封老师的几名研究生——任申真、林昌龙、徐进宝、康小东、陈华雷等开展自主控制半物理试验验证后，研究室派出胡志强、朱兴华、张斌 3 名职工，一起到棋盘山参加湖上试验。这是我第一次带队去做外场试验，而之前仅在林扬主任带领下到千岛湖做过为期不到 10 天的湖上试验。经过本次湖上带队试验，我深刻体

---

*中科院沈阳自动化研究所研究员，2006 届博士研究生。

会到了作为一名课题负责人肩上的重担。现在回想起封老师等科学家在大海上不仅要克服晕船、台风等恶劣海况和身体的不适，还要在恶劣环境条件下顺利、安全、圆满地完成水下机器人的各项功能和性能指标的反复验证，对封老师等老一辈科学家迎难而上、创新超越精神的敬意油然而生。

在"蛟龙"号完成陆上总装联调和水池试验即将开展海试时，封老师叫我到他办公室，一再叮嘱说，你和叶聪、杨波几个下潜时要沉着冷静、密切配合。接着他给我讲述了他与七〇二研究所徐芑南老师、中科院声学所朱维庆老师、上海交大王惠铮老师、哈工程刘伯胜老师等一起研发"海人一号""探索者""CR-01"等水下机器人，以及做阻力试验、敞水试验、海上试验的情景。正是由于各优势单位不断探索、不断试验、不断改进，水下机器人及其多普勒计程仪、避碰声呐、多波束侧扫声呐、水下电机、螺旋桨、燃料电池等关键部件的发展才得以获得长足的进步。封老师就像一位长者在对即将出远门的子女一样千叮咛万嘱咐。2012 年 6 月 24 日，"蛟龙"号在首次到达马里亚纳海沟 7000 米海底时，我和叶聪、杨波分别在"蛟龙"号深海邮局向封老师、徐老总和朱总发出了深海的祝福，感恩他们老一辈科学家及他们带领的水下机器人团队对我们年轻一代呕心沥血的培养。

## 三、传道授业　指点迷津

封老师注重控制理论与水下机器人平台实际相结合。纸上得来终觉浅，绝知此事要躬行。在博一期间学习完专业基础课后，封老师对我讲，一定要把当前先进的控制算法与实际水下机器人结合起来。因此，我在进行控制算法验证中发现，采用同样的控制算法和参数，对于水下机器人的自动定向、自动定深/定高单自由度数学模型，水平面/垂直面三自由度模型，以及空间六自由度模型，其控制效果千差万别，甚至出现发散现象。采用相同的控制算法和参数、被控对象数学模型，而采用不同的编程语言 MATLAB、Simulink、VC 等编写的控制软件，其控制效果也有天壤之别。这些都深深让我意识到理想与现实的巨大差距，逐渐吸引我去打开探索海洋机器人奥秘的大门。

在研发远程自主水下机器人、"蛟龙"号、"CR-02"等水下机器人半物理仿真系统后，在撰写学位论文时，我按照水下机器人动力学模型、传感器模型、执行机构模型以及海洋环境模型的论文架构与封老师交流时，封老师说这是一篇优质的课题设计报告，但是这种报告研究内容及研究方法均缺乏理论性和创新性，是无法获得工学博士学位的。因此，在上述各部分模型基础上，封老师从水下机器人建模理论与方法的角度，帮我梳理并归纳出了机理建模法、插值/拟合建模法、随机建模法、相似建模法及综合建模法等现代水下机器人系统建模方法，以及数值仿真、半物理仿真和全物理仿真等水下机器人系统仿真技术，实现了从理论研究到科研实践研究的升华。在以后的科研生涯中，我逐渐学会了理论与实践的辩证统一处理问题的能力。

## 四、奖掖后学　桃李天下

作为博士生导师，封老师注重培养研究生的创新思维能力，启发、引导学生独立提出和解决问题。封老师目前已培养 30 余名博士/硕士研究生，多人在学期间获得国家奖学金、中科院院长优秀奖、中科院刘永龄优秀奖、辽宁省优秀毕业生、研究所创新 2020 优秀研究生奖等荣誉。

为了我国海洋机器人事业长远发展，封老师悉心指导，培养了一批掌握海洋机器人技术与系统的人才队伍。无论是李硕、宋三明、阎述学、刘鑫宇等在科研机构研究能力更强的海洋机器人，还是邢志伟、张禹、徐红丽、吴利红、许真珍、冀大雄、林昌龙、周焕银、王艳艳、董凌艳在国内外知名高校教书育人培养后来人，抑或是路遥、任申真、徐进宝、康小东、李延富、李为等在工商企业界服务于国民经济主战场，他们都在各行各业发挥着巨大作用。

## 五、政协提案　真知灼见

作为科技界全国政协委员，封老师在政协会议开会和闭会期间，提出了诸多真知灼见，如加强深海高技术装备核心技术研究、对科研进程实行分级管理、加强在职科研人员知识更新工作、对学术浮躁现象进行综合治理、让中小学生尽快从应试教育的束缚中解脱出来、建议大中小学开设心理课、切实减轻中小学生课业负担、建议用立法形式强制中小学生参加劳动，建议中、高考增加体育考试等和科技教育事业相关的提案。从目前国家制定的各项政策来看，国家在深海领域专门设立"深海关键技术与装备"专项和"海洋环境保障与岛礁可持续发展"专项；国家在减轻学生负担等方面的政策也正在逐步落实。作为一名地方人大代表，我还要向您学习如何提出高质量的建议，为我国深海技术长远发展献计献策。

我们将在封老师的带领下，继续发扬以封老师为代表的老一辈科技工作者爱国、创新、求实、奉献、协同、育人的新时代科学家精神，以及"求真务实、甘于奉献、团结协作、敢为人先"的中科院沈阳自动化所"海人"精神，以习近平总书记对中科院提出的"四个率先"为统领，面向世界海洋科技前沿，面向国家海洋战略需求，以持续进行海洋机器人的技术原始创新和关键核心技术突破为己任，脚踏实地、全力拼搏、坚定信心、排除万难，为我国创新型国家建设和世界海洋科技强国创新发展贡献力量。

愿吾师及师母安康长寿，幸福愉快！

2021 年 8 月 于中国沈阳

# 谨记老师的教诲，做好水下机器人研究

徐红丽[*]

2001 年，在那个互联网并不发达的年月，刚刚走出大学校园对学术和科研懵懂无知的我，有幸迈入封老师的门下，开启了水下机器人研究的历程。

在此之前，我对水下机器人几乎一无所知。封老师耐心地告诉我："没关系，只要你努力，认真负责地做好每一项学习和工作任务，你终会有所成就！"

我参与的第一个项目是封老师作为责任专家的远程自主水下机器人项目。2003 年底，我第一次参加湖试，并开始接手控制软件智能层的工作。一开始我完全没有这样的自信，总是担心自己无法承担重任，耽误项目的进程。封老师了解后，一方面在技术上详细地指导我如何设计避碰和规划策略，另一方面给我讲述他们研发"探索者"号 AUV 和"CR-01" AUV 的故事，鼓励我勇于担当。言语虽然平实，但却给我无穷的力量，让我勇往直前、不曾懈怠。

2008 年，在封老师的悉心指导下我顺利毕业并留所工作。他勉励我说："水下机器人在国内的研究热潮刚刚兴起，你们作为新一代的接棒人，一定要勇于创新、勇攀高峰！"我谨记老师的教诲，投身到水下机器人前沿与关键技术的探索研究中。

2010 年当我进入"潜龙二号"项目组，负责为这个在复杂海山区近底定高 5 米作业的水下机器人设计自主避碰系统时，面临着前所未有的挑战。我提出应用前视多波束声呐作为避碰传感器的方案（当时国内还没有应用此款前视多波束声呐进行在线处理和识别的实例），受到项目组和一些专家的质疑。我也犹豫过，并找封老师征询意见，他给了我坚定的支持和切实可行的建议——前期进行大量的数据收集和算法验证工作，并据此说服项目组。最终这个项目在 AUV 近底自主避碰方面取得了较大的突破。

时光荏苒，来到了不平凡的 2020 年，我在人生艰难抉择中最终选择离开了学习和工作近 20 年的研究所，到高校去发展。封老师又是为数不多的支持我的领导和长辈。他勉励我：发挥高校特长把水下机器人研究发扬光大，深挖水下机器人关键核心技术背后的原理和方法，培养更多的水下机器人技术人才。

我再次谨记心中，并不曾懈怠。

老师对我，对每一个学生，从来没有严厉的批评，也没有豪言壮语。他总是微笑着，给我们坚定的支持和具体的指导，教导我们在科研道路上拼搏、奋进、求实、创新！虽没有华丽的辞藻，但最朴实的言语中蕴含着最真挚的人生哲理。我愿谨记，我愿坚守！

2021 年 8 月 10 日 于沈阳

---

[*] 东北大学教授，2008 届博士研究生。

# 闪耀的灯塔

吴利红*

在黑暗的海面上，在乱石林立的浅滩上，是闪耀的灯塔，射出耀眼夺目的光芒，为茫茫大海的一叶扁舟指明方向，使她避免走错方向、避免搁浅、避免撞得粉碎，给一叶孤舟带来了生的希望和欢乐。封老师之对于我，就像是一座闪耀的灯塔。

——题记

读博士的最后一年，生活的磨难，课题的困惑，使得我心力交瘁，是封老师的榜样力量，给了我无声的支持和鼓励。为了避开生活的困扰，我搬到了博士公寓，一门心思地专注于课题，早 6 晚 11 是我的作息习惯。有天早上，天蒙蒙亮我就起床了，抹了一把脸就奔向实验室。我来得实在太早了，所里的门还没有开，我被关在门外，在门外徘徊的时候，我发现还有一个人被关在了门外，比我还早，是封老师。寂静无人的草坪，他一动不动地站在路上，有一会儿工夫，我看到了一种勤奋自勉、坚忍不拔所构成的景象。封老师看到了我，他微微一笑，温和地向我打招呼，"小吴，你起来得很早啊！""您更早啊！"我回答。门开了，封老师在前，我在后，踏着坚定不移的脚步，走进办公大楼，静静坐在

办公桌前，开始梳理昨天的工作难题。从此以后，那层笼罩在我头上的乌云散开了，将我内心的光亮照射出来。我是为了课题，为了毕业，封老师不需要为了课题，他已经功成名就，还这么勤奋，我有何理由不努力奋斗呢？正是封老师的勤奋、积极向上、以身作则的精神鼓舞了我，让我以艰苦卓绝的努力在半年内完成了博士课题。

再说我选择当老师，那也是封老师的功劳。凭着我的个性，我喜欢一门心思地干活，不喜欢涂涂抹抹，不喜欢写作。所以，

---

* 大连海事大学教授，2009 届博士研究生。

按我的想法，我想毕业后去公司。我去应聘了几个公司，不是很喜欢。一个是需要爬高的风力发电的设计和检修，一个是埋头"码代码"并行计算的算法研究。在辗转找工作期间，我突然想起应该问问封老师。封老师见多识广，应该对我的工作选择很有见地。那天，我匆匆跑到封老师办公室，正好封老师在，他笑呵呵地对我说，"一个女孩子，当老师多好啊！"原来生活的未知数，纠结在我心中的那种忐忑不安的职业选择，于封老师而言，都是了然透彻的的。我欣然接受了封老师的意见，跑到了杭州，辗转到了大连，当起了大学教师。我时刻记住，一个光荣、较为自由的职业，是封老师给我的！

当生活太安逸了，我就失去了上进的斗志。正好这时，我出差了到了沈阳，去拜访了封老师。封老师刚刚出差回来，年已七十的他，依然精神矍铄。听师姐说，封老师已经退休了，怎么还这么"用功"啊！我有点不好意思见封老师，没有什么成就，混得不好，见到老师，我都不知道怎么回答。封老师和我聊天时，我尽量往生活上扯，不提工作上的事情。但是，封老师还是把我引到了工作上，"小吴，50 岁之前，人的精力还充沛，应该好好趁机做出一番事业来啊，你离 50 岁还有 10 多年呢！"封老师的这个忠告，我往心里去了，5 年荒废了业绩，在一年内捡起来，夜以继日，废寝忘食，回头看看这几年的小有成绩，离不开封老师的鞭策。

封老师是个兢兢业业的科学工作者，他一贯勤奋，精力过人，永远闲不住，忙于一些最新的科学发展大事，忙于一些积极健康的事情，即使年近八十，他还凌晨起来想问题，他说那时候周围很安静，脑袋清醒。

他说话得体，文质彬彬，具有崇高志向，坚忍不拔。他富有才能，情感高尚，善于运用这些才能和情感，帮助别人获取幸福。能认识封老师，能成为他的弟子，是一种光荣，一种幸福！

我生活和工作中很多的迷茫，都是封老师在指导方向。他就像一个黑暗海面不时发出耀眼光芒的灯塔！他，生命之果累累硕枝，如希望之泉粼粼闪光。

2021 年 8 月

# 我的导师

许真珍*

有一种恩情
叫作师恩
谆谆教诲，仍在耳边
悉心指导，犹记心间
装点了岁月
照亮了前程

有一种魅力
叫作人格魅力
厚德博学，严谨认真
通透洒脱，平易近人
影响了你我
指引了人生

有一种导师
叫作别人家的导师
可敬可爱，亦师亦友
从未羡慕，不曾嫉妒
因为我的导师
就是别人家的导师
我心中最好的导师
温暖了学生
羡煞了旁人

---

* Magic Code Education Centre 创始人，2008 届博士研究生。

# 跟封锡盛导师做科研
## ——作于封锡盛院士八十大寿之际

冀大雄*

我在大三上"自动控制原理"这门课时，清晰地记得任课老师谈到了国内自动化领域的顶级科研机构中科院沈阳自动化研究所，特别推荐了封锡盛院士。从那时起，跟封院士学做科研这个愿望就牢牢扎根在了我的心里。

2002 年夏季，我是一个即将从大三升入大四的学生，怀着这样的想法积极投入到备考当中。当时我在武汉上学，怀着惴惴不安的心情给封院士打了一个电话表达了自己的愿望。听到封院士和蔼的声音，我的紧张少了几分。他深入浅出地讲解了控制等几个基本概念，最后勉励我认真准备复习。我当时在想，一位全国知名的院士能耐心地跟一个本科生讲这么多知识，他是多么可敬可亲，从此更加坚定了我投身科研的信念。

2004 年到了中科院沈阳自动化所以后，封院士给我安排了一个科研任务。这个任务需要水声学理论和工程基础，而我的背景专业是电气工程及其自动化，从未接触和了解过水声学原理，面临的挑战可想而知。但是，封院士一方面鼓励我，跟我说科研需要勇气来克服困难。另一方面，给我创造了机会，让我在刘健老师指导下参与这个项目。他还安排我到南京大学跟电子系的陈孝桢教授学习声学电路，又安排我到哈尔滨工程大学水声工程系跟刘伯胜教授学习水声学原理。通过刻苦钻研，我最终完成了任务，海上试验应用成功，取得了良好的结果。封院士指导的这个项目为我的科研之路打开了一扇门。

2007 年，在撰写博士学位论文期间，封院士给予了我细致的指导和帮助。他要求我务必认真对待学位论文，指导我梳理研究思路，制订逻辑清晰的大纲，然后要求我用自己的语言把研究背景、研究方法和实验结果写出来。当论文初稿完成后，封院士花费了大量的时间进行审阅修改，让我切身感受到了封院士身上严谨治学的科研态度。我记得修改了十多遍才最终定稿，这个过程使我明白了一个道理，文字功底也很重要，科研项目不仅实际工作要做得出色，文章也要写得到位。

留所工作以后，封院士先后给我提供了几个锻炼机会。在参与一个水下探测项目时，我承担了探测载荷的设计工作。利用博士研究生阶段封院士让我掌握的声学技术，在国内外首次提出了基于水下机器人的综合声学自动探测方法，成为水下机器人综合探测常用方案，获得了用户的高度评价。然后，我又参与了国家首个重要型号项目，作为骨干参与完成了设计定型试验工作。在封院士的建议下，我还承担了关于设备定型的资料筹备工作，最终取得了圆满的结果，使得这个型号在最短时间通过了定型。这几年的历练使得我在科研道路上又上了一个台阶。

---

* 浙江大学副教授，2008 届博士研究生。

到浙江大学海洋学院工作以后,面临一个新的环境,各方面工作都要重新适应和开展,封院士仍然很关心我的成长。他叮嘱我瞄准水下机器人技术国际前沿问题,开展理论探索和研究,做出有创新性的成果;另外还要在科研合作方面加强沟通和联系。2016 年 5 月,他特地从沈阳来到浙江大学舟山校区看望我,为全校师生带来了一场精彩的学术报告。2020 年年初,封院士来到我的实验室指导研究,提出了很多好建议,特别是关于前沿技术的突破和成熟技术的转化,我受到很大的启发。目前我正沿着封院士给出的宝贵建议,稳步走向未来,争取获得更多更优秀的成果。

我在封院士指导下做了 5 年的硕博连读研究生,在院士身边又工作了 7 年,研究饱满、工作充实、节奏紧凑、收获很大。衷心祝愿封院士身体健康,生活舒心!

2021 年 7 月 28 日

# 我的"神仙"导师

林昌龙*

时值导师八十大寿，研究所向大家征集庆祝稿件。作为学生，在求学期间得到了导师的悉心指导和关怀，此时当然愿意也应该为庆祝活动写点东西。但构思了许久依然不满意，索性采用比较"接地气"的方式来回忆一下求学期间的过往。

在刚刚加入"封家帮"不久，就耳闻大家在私底下评论导师："封老师就像个神仙一样。"在跟封老师真正接触了以后，我也觉得这样的说法十分准确。简单的"神仙"二字，概括了封老师至高的成就和鲜明的个性，包括崇高的家国情怀、坚定的原则和自在的生活。

## 一、至高的成就

院士的头衔说明导师在水下机器人领域为国家做出了巨大的贡献，但这些成就的分量及其背后的艰辛导师却从未跟我们提起，我也是经过一个实际项目的锻炼之后才有了一些浅薄的认识。

当时我们在为某台机器人添加一些新的功能，虽然整体的难度并不算高，但是在项目的开展过程中还是遇到了各种始料未及的技术和工程问题。记得在湖试时，因为某个性能参数总是不正常却迟迟找不到原因，带队的刘师兄着急得饭都吃不下了。

在这之后，我总算体会到导师作为"探索者"号、"CR-01"等项目的总设计师需要承受常人难以想象的压力。这些压力一方面来自对未知领域进行技术探索的艰难，另一方面则来自试验过程中可能遇到的各种风险。李一平老师曾在闲聊时跟我们说，封老师平时出海的时候晕船挺严重的，但是"CR-01"的那次海试却特别的精神，可能正是巨大的精神压力让封老师顾不上晕船的难受。

2015年央视《大家》栏目对封老师进行了专题采访，报道了这些项目的重大意义及其成功背后的诸多艰辛，这让我更加深刻地体会到封老师获得这些荣誉是多么来之不易的事情。

## 二、崇高的家国情怀

作为老一代科学家中的一员，封老师的性格中也带着明显的时代特点，那就是极具家国情怀、纯粹而且无我，在当前的社会氛围中显得特别的珍贵。

记得有次实验室紧急开会，起因是某个单位在距离项目验收只剩2个多月的时候才告

* 华侨大学讲师，2010届博士研究生。

知我们实验室是该项目的合作方，要求我们完成项目中相应的内容。正当多名老师对此事大为不满并打算消极应对的时候，刚开完其他会议的封老师赶过来，了解了大概情况以后跟大家说："客观因素导致的困难跟各方沟通一下，但工作我们还是要认真地完成。"当时我非常不解，这问题又不是出在我们身上，何必委屈自己去帮犯错的人"擦屁股"。直到多年以后我才在某次聊天中得到答案：做管理的考虑的因素太多了，但我们做技术的应该集中精力把工作做好，不要受他们的影响。

此外，不少老师担心自己辛苦培养出来的学生跑到某些单位就职可能加剧彼此之间的竞争。对此，封老师总是很淡定地表示，反正都是在为国家服务的，没有关系。确实，当视角足够高的时候，很多问题都不复存在。

## 三、坚定的原则

封老师还是个特别有原则的人，从他对我们的指导过程中可以清楚地看到这一点。简单地说，就是该导师管的事情我们不用担心，而不该导师做的事情我们也不要有非分之想。

一方面，每个学生从入学到毕业导师都倾注了大量的心血和精力。他治学严谨，开题、中期、答辩每个环节都是跟他反复讨论、经过多轮的修改才得以定稿。他鼓励创新，特别期望我们能够在前人从未涉足的领域有所斩获而不仅仅是对别人成果的改进，"大胆地去想、去假设、去试"是他最经常鼓励我们的话。他爱护学生，每次我们去找他，只要有可能，他都会先停下手头的工作，在解决了我们的问题之后再继续。

另一方面，封老师可能是我所了解的导师中最不偏袒自己学生的。当我们看到别的导师因为自己的学生收到了不合理的审稿意见直接打电话去跟编辑部理论时，内心多少是有些羡慕的。但现在，我特别认同导师的做法，那就是绝不利用自己特殊的身份去改变游戏规则。"我指导你们，并不因为我是院士，而是因为我是研究员。"这是导师对我们的告诫，所以作为学生的我们绝不敢有任何"蹭光环"的想法。

## 四、自在的生活

在工作之外，封老师又有点像隐士，过着自己的"田园"生活并悠然自得。即使到了寒冬腊月，我们还能时不时地碰到导师骑着自行车去菜市场买菜，他告诉我们，他平时的休闲娱乐就是听听戏和写写字，而酒桌饭局里则几乎见不到他的影子。

封老师为人特别随和，一点架子都没有。记得有次在棋盘山做实验，封老师过来看看实验的进展。回去以后，看管场地的大叔问我们："刚刚那两位，谁是领导？听你们在讲话怎么感觉那个年轻的更像领导？"燕奎臣老师回答："年长的那位相当于省级干部，年轻的那位是单位的司机。"我们都笑了。

最后，我想记录一件有趣的事情。封老师的脚步声特别的轻，所以他来实验室找我们的时候，经常是人已经到了我们身边而我们才反应过来。于是，我们做的"坏事"（打游戏、看电影），他都尽收眼底。但这些都没有关系，在不影响工作和学习的前提下，适当的娱乐活动他是不会反对的。他还鼓励我们去接触一些艺术、人文或经济的知识，不要把目光局限在所学的领域。

虽然我们已经毕业多年，但封老师依然挂念着我们。每逢过节问候导师的时候，他总说我们能够事业有成是他的愿望。我们也希望导师能够照顾好自己，为祖国辛苦工作这么多年，也该好好休息、放松一下了。

祝封老师和师娘身体健康、万事如意！

2021 年 8 月 13 日

# 少年未老，阳光正好
## ——献给我的博士生导师封锡盛院士八十大寿

康小东[*]

是谁滋润了我的青春岁月，是谁引导了我的似水流年？人生四十载，最回味的还是在中科院沈阳自动化研究所水下机器人研究室的时光，更重要的是在沈阳自动化研究所遇到的人——我的恩师封锡盛院士。

漫步在中科院沈阳自动化研究所浸透浓郁科研气息的大院，我用力呼吸；畅游在奇妙壮阔的水下机器人知识的海洋，我欢欣雀跃。这一切，正是您，我最尊敬的导师——封锡盛院士，用真诚火热的心、用毕生所学所悟给我的引领。

读书时，总感慨您为了我的科研和学业辛苦指导、默默付出。不会忘记，您坚毅的目光，在我科研中遇到难题时就像明灯一样指引着我的前进方向；不会忘记，您温暖的双手，在对我论文修改中写出的智慧之光；不会忘记，在我价值观、人生观遇到十字路口时，您纯洁的心灵，如天上的圆月，将光和爱、将理想和信念撒满我心间。

如今，看社会潮起潮落，看世间风起云涌，更觉得您像大海、似高山，您的知识似海的深邃，您的品德似山的坚韧。您为了科研事业淡泊名利，为祖国的科技事业奋斗了一生。您的言传身教，教会了我作为科研工作者的极致追求是推动科技进步，促进社会发展。人生应如大海般辽阔，应如高峰般挺立。

而今，虽已人近中年，但青春岁月里您为我播撒的一道道光亮，使我一生受益无穷。工作事业上，您的精神就像守候海岸的灯塔，使我得以进退自如；家庭生活中，您对生活的闲庭信步，就像炎炎酷暑中给我遮阴挡阳的大树，为我留下些许清凉，使我得以修身养德。

我常常心怀感激，感激您和中科院沈阳自动化研究所馈赠予我的无与伦比的财富，使我的学识得以丰富，使我的思想得以高尚，使我的性格得以坚毅。

虽然不在您的身边，但借着清风明月，为您捎去最深最诚的祝福。祝您身体健康、家庭幸福！

也请您相信，趁少年未老、趁阳光正好，我将时刻牢记您的教诲，用鲜活的跳跃的心，用稳重的实在的干劲，挑起一份社会责任，延续您的风骨。

2021 年 8 月 于上海

---

* 上海睿尤准智控技术有限公司总经理，2010 届博士研究生。

# 读博期间二三事
## ——致我敬爱的博士生导师封锡盛院士

周焕银*

日月如梭，博士毕业十年了，也迎来了导师八十大寿。但总想起导师和蔼可亲的笑容和略带威严地称呼我"小周"。

犹记得，报考博士咨询导师意见时，从电话那端传来导师可亲的声音和慈祥的笑声，简短的问语"你为什么报我的博士？""您研究的水下机器人最厉害，我也想学！""欢迎欢迎！"几句话消除了我对选取报考单位的徘徊与茫然，下定决心报考中科院沈阳自动化研究所。

犹记得，我去所里报到面试相关事宜时，恰遇封老师——睿智的眼神，和蔼可亲又让人敬畏，我自我介绍后，导师竟然和我握手欢迎我，让我受宠若惊。"院士竟然这么平易近人"，这是我当时所想。

犹记得，读博初期我对自己所研究内容举棋不定，对选题彷徨，在导师的引导下逐渐明确研究方向。封老师常常告诉我一些水下机器人外场试验中出现的问题，并让我分析。封老师敢为人先的创新精神，追求真理、严谨治学的求实精神常常激励着我前行，努力探索水下机器人相关知识领域，精益求精解决问题的精神激发了我对水下机器人相关知识的深入探索。

犹记得，我博士课题开题报告后，封老师亲自联系胡志强研究员让我参与他项目的海洋试验，非常感激导师给了我这次难得的机会，我作为一名大学教师深刻知道控制算法的相关研究必须通过实践才能验证与深入，只有实践才能了解算法的不足。

犹记得，读博期间，发表相关论文时导师的严格要求，修改了一遍又一遍，封老师追求真理、严谨治学的求实精神是我科研求知道路上的指路明灯。

读博期间，我获取了较为丰富的成果，这些都离不开封老师及他所领导团队对我的谆谆教诲。封老师团队集智攻关、团结协作的协同精神让我印象深刻。

毕业后，封老师渊博的专业知识、敏锐的学术思维以及对水下机器人控制独特的见解，敢为人先的创新精神，让我开阔眼界，至今受益匪浅，激发我的求知欲，使得我毕业后在研究方向上获得较为满意的成果。

* 东华理工大学教授，2011 届博士研究生。

毕业十年了，但封老师对我的教诲与指导犹记我心。封老师淡泊名利、潜心研究的奉献精神指引我在科学研究中前行，封老师甘为人梯、奖掖后学的育人精神是我教书育人的楷模。

借此尊敬的导师封锡盛老师八十寿辰之际，献上我最崇高的敬意，谢谢导师的谆谆教诲！衷心祝愿我的导师封老师身体健康，事事如意，笑口常开！

2021 年 8 月

# 一个和蔼可亲的引路人

李 为*

转眼间毕业已六年有余，回想这六年在社会上的摸爬滚打，每当心酸落寞之时总会想起上一个六年的读书时光。在攻读博士学位的岁月里，有幸成为封老师的学生，正是封老师的谆谆教导，指引着我在科研的道路上逐渐成长，使得这段求学经历意义非凡。值此封老师八十上寿之际，祝封老师身体健康，事事顺心。

和封老师第一次见面时的情景至今仍记忆犹新，初见院士的我本忐忑不安，而封老师慈祥的面容、轻松愉悦的语音语调使我逐渐放松下来。当我"谨慎"地拿出纸笔打算记录封老师的话语时，封老师在玩笑间让我知道不用如此拘谨。在潜移默化中，我们之间的初次交谈不太像院士对博士研究生的指导，少了几分威严和严厉，多了几分平和关爱，更有些祖孙闲聊的味道。在谈话结束后，封老师带我参观了我们的水下机器人实验室，我们边走边谈，封老师如数家珍般地介绍着每一个潜器的历史与使命，从他自豪的话语中我能感受到老一辈科研工作者的荣誉感和使命感，我知道眼前这位慈祥的老人一定与这些潜器有着数不清的故事。

在攻读博士学位的六年时间里，每一次与封老师的交流都有如沐春风之感，他总是那样温文尔雅、慈祥和善，他是一个值得尊重的老人。除了和蔼可亲，封老师的智慧和洞察更是非比寻常，对科研方向的把控，在关键位置的指引，在我遇到困难时的鼓励和建议，使我在科研的道路上少走了许多弯路，越过了许多险阻，他是我的引路人。

在人生最美好的岁月里，有封老师的指导和帮助是我最大的幸运，无论在学术上还是生活上封老师都教会了我许多，这段经历是一笔巨大的财富，它将影响我的一生。感谢封老师对我的谆谆教诲，感谢封老师赋予我的一切。

最后祝老师福如东海，寿比南山！

2021 年 8 月

---

* 阿里巴巴高级算法工程师，2015 届博士研究生。

# 诠释科学家精神，勇攀深海科技高峰

阎述学*

2010 年初，当时刚获得保研资格的我，顶着严寒，第一次来到了沈阳，来到了中科院沈阳自动化所。当时还不明所以的我并没有提前联系导师，面试的过程比较顺利。当天晚上，接到了李一平老师的电话："同学，有没有考虑过来水下机器人研究室跟着封锡盛院士一起学习啊？"当时我的第一反应是"啊，可以师从院士，也太好了吧！"就这样，我荣幸地成为封锡盛院士的学生。

第一次见封院士，给我留下了两个印象：一是这位老人真的好和善；二是他办公室里边墙上的世界海洋地图好多好大。首次见面，封老和我说："在学生时期，在中科院沈阳自动化所，你们可放手大胆地发挥你们的才能和想法，通过具体项目研究锻炼自己，相关的风险和责任我们替你们承担，希望你珍惜这段时光，珍惜这样宽松的科研环境。"担当、期望，溢于言表。

封老不止一次说过，我们人类来自海洋，今天人类已经无法直接返回故乡，为了圆回乡之梦，海洋机器人就是我们的替身。就这样，在封老的支持和指导下，我有幸参加了几个国家项目，研发的海洋机器人在湖上、河上、海上甚至是万米海沟底部都留下过印记。其间也经历过失败，感受过海上的风平浪静和狂风暴雨，也切实体会了海上试验承担的风险和成功后的喜悦，更深刻地领会了封老"自主海洋机器人代表了未来发展方向，未来的海洋装备一定是无人的时代"的论述。

研究生毕业需要发论文，我拿着我的论文草稿给封老看，他说，论文不是任务更不是指标，而是你科研成果的记录和总结，宁愿缺一点，不要滥一堆。后来面对毕业去向，我去征求封老意见，他说了一句话："小阎，我不是为中科院沈阳自动化所培养人，也不是为中科院培养人，我是为了咱们国家培养人，不管未来去了哪个单位、哪个岗位，也不管是不是还从事海洋领域的工作，都希望你能热爱你的工作，心系国家，踏实奉献。"

2018 年底，为了调研民用智能无人系统发展状况，更好地了解行业龙头现状，给国家提供更为准确的咨询建议，封老在长三角地区和珠三角地区连续筹划了两个系列调研。为了提高效率，在珠三角密集的调研行程中，封老带着我们几个年轻人，坐汽车在多个城市之间穿梭中转。而那时，他已经是 77 岁的人了，可精神还和中年人一样旺盛。

现在我家的客厅正中还挂着一幅字：厚德笃学，慎思敏行。这是封老题送我的结婚礼物，也是封老对后辈、对学生的殷殷期许。今年是封老八十寿辰，八十为上寿，唯祝愿老师年年今日，福寿安康。

2021 年 8 月 10 日

---

* 中科院沈阳自动化研究所研究员，2018 届博士研究生。

# 夫子循循然善诱人

宋三明*

封锡盛先生是我的博士后导师。

先生也是我的人生导师之一。

先生是做控制的，我是计算机的科班，能够师从门下，有很大的偶然性，这还要从斯白露师兄说起。

2013 年 10 月，我从哈工大毕业，博士期间主要从事大脑认知和神经动力方面的研究。彼时，斯师兄从海外回国，加盟中科院沈阳自动化所水下机器人研究室，成为先生团队的一名研究员。斯师兄欲组建一支以神经计算为基础、面向水下机器人仿生导航应用的课题组。由于当时国内大环境对神经仿生研究不甚看重，得益于师出同尊且曾经共同师从 A. Treves 教授从事大脑皮层神经元动力学研究的渊源，斯师兄邀请我来中科院沈阳自动化所看看。

虽然先生先知、国之栋梁，但是囿于我见识短浅，对先生的工作并不了解。经斯师兄介绍才平生第一次听说水下机器人，了解先生过往和蒋先生共同开创水下机器人大业的宏伟篇章。由于博士期间的研究内容非常抽象，和所里的主流方向相差甚远，研究室建议我先读博士后过渡一下。这样可以边熟悉所里的工作，边寻找理论神经科学与实际海洋工程的结合点。

在推荐博士后导师时，斯师兄说先生虽年过七旬，但胸有丘壑波澜壮阔、博闻强识才识过人、思维敏捷循循善诱、传道解惑拨云见日、知人善任平易近人，可为良师！

经斯师兄引荐，遂尊先生为师，拜读于先生门下。

哈尔滨癸巳年的冬天特别冷，处理完家中事务已近年关。过完十五，打点行装，开启征程。半夜离开哈尔滨时大雪纷飞，心情异常低落甚至有些沮丧。想起研究方向和中科院沈阳自动化所相差太远可能带来巨大的不确定性，心中不觉浸透着茫然，担心自己修行论道有失、格物致知或缺可能会有辱师门更添上一分忐忑。

正月十九早上抵达沈阳，随即去跟先生报到。初次见面，先生给人的感觉和蔼可亲、爽朗大方，让我忡忡之心大为缓解。

我首先介绍了自己的学习经历，记得先生评价了我的博士毕业耗费五年时间偏长的问题。我跟先生解释，我从硕士开始从事图像处理和人工智能研究，但是经过大概五年的学习和观察，总觉得很多研究工作都是在分类器与特征上转圈。于是开始思考一个问题：大脑真的是按照模式识别理论在运行吗？最简单的线性分类器究竟在大脑中是以什么形式呈现的？这样，我开始慢慢接触大脑皮层结构、神经回路和神经元计算方面的研究。直至

*中科院沈阳自动化研究所研究员，2015 届博士后。

有一次，我偶然读到了 A. Treves 关于大脑皮层结构进化与认知模式探讨方面的论文，茅塞顿开、知音降临。随后，即便博士阶段已经过去两年，我还是在经导师同意后换了研究方向，从多媒体分析切换到了完全陌生的神经元动力学研究。

听完我的经历，先生很感兴趣，饶有兴致地和我讨论起了人工智能。先生表示，他一生的主要精力都放在了海洋机器人研发，亲历了我国海洋机器人事业从起步探索到发展壮大的过程。经过将近三十年的发展，尽管海洋机器人已经取得了长足的进步，但是和同期的工业机器人或服务机器人相比，水下机器人的智能水平没有得到同步的发展。因此，最近的几年，他一直在思考如何提升海洋机器人智能水平的问题。当时，先生就提到了几个问题，下一代的海洋机器人究竟是什么样子？真正具有智能水平的机器人到底是机器还是人呢？如果要提升水下机器人的智能，是否要累积知识或者构建"水下大脑"呢？该如何描绘一张海洋机器人智能进化路线图呢？

尽管当时对先生的观点一知半解、懵懵懂懂，但是这些问题却成为后来学习和工作中时刻思考的问题。很多谈话的细节已经有点模糊，但是先生对发展水下机器人智能的殷殷期许始终萦绕在脑海里，那些提出的问题时时回响在耳旁。

这次见面大概和先生聊了四十多分钟的时间，时间虽然不长，但是给我留下了深刻的印象。总体上感觉先生的思路非常开阔，短短的谈话包括了控制、机器人、仿生、生命、人工智能、数学、国防安全等。而且，作为国之贤士，先生非常关心水下机器人乃至整个机器人领域的前沿进展和发展趋势。先生对研究方向的思考也成为我博士期间及参加工作后面临方向抉择、学科动向甚至价值取向等诸多困惑时指点迷津的宝典。从求学经历而言，我自认出身寒微，领教过三教九流、体验过冰霜冻雪，对诸事尽皆漠然处之。但是，先生很热情，不问过往，真诚热情，非常欣赏思想的碰撞交融和观点的标新立异，不诘难个别知识点的疏忽。谦虚随和，坦坦荡荡，十分难得！

刚进入博士后流动站的两个月，我延续博士期间的工作，继续从事神经动力方面的研究。一般来说，一个理论神经计算模型从提出到落地并最终应用于实际工程，是需要经历很长时间的打磨过程的。在当时的研究环境下，在工程性研究室从事神经计算这样偏理论的研究能否产生有用的成果成为团队担心的一个问题。对于这种隐性的张力，先生持开放的态度，表示基础研究并不一定需要为工程提供直接的解决方案，如能启发其他人的工作就算成功。后来，根据研究室的建议，我分出一部分精力从事声呐图像处理和水下机器人自主感知相关问题的研究。这对于研究室来说可能是小事一件，但是对于研究人员而言却可能面临着研究方向的转换，甚至从一个学术圈踏入另外一个学术圈。先生表示，完全尊重个人研究兴趣，能够解决一些实际问题也好。经过权衡，我和斯师兄决定，利用博士后的过渡性身份，帮助课题组解决一些实际问题，既能有效缓解基础和应用之间的紧张局面，也能通过解决实际工程难题来有选择性地开展神经计算研究。对此，先生表示赞成。后来的研究经历也表明，海洋机器人的很多问题是有望利用仿生（包括神经计算）的机制来解决的。

无论是博士后期间，还是后来留所工作，先生叮嘱我最多的事情是：不要忘了工程研究人员的初心（不要为了工程而工程），而是要从有限的工程参与中提炼和总结共性的技术难点，提出创新性的解决方案。2018 年，我想申请一个关于水下机器人自主作业的课题。由于对海洋工程不太熟悉，过去向先生请教，让先生帮我分析其中蕴含的问题。先生听完我的介绍，向我详细解释了实际海洋工程平台究竟是如何工作的，蕴含着什么样的技术难点。但是，随后先生就很语重心长地跟我说："你要去做这么具体的事情吗？"先生表示，如果只是去完成这么一套工序，这对海洋工程来说并不是难点，但是这并不符合自然基金的定位。先生建议将工序推广为一类问题，从学习的角度好好挖掘。尽管后来这个基金并没有拿下，但是先生的指导和思维方式给我留下了深刻的印象。

我从事博士后研究期间，先生虽年逾古稀，但是身板硬朗、精神矍铄、思维敏捷，乐于了解和接受新事物。比如，2016 年前后，国内"脑计划"规划论证尚未完成。先生曾经参与水下机器人研究室内部举行的基于脑电的水下机器人机械手自主作业项目申请研讨会。针对不同的意见，先生认为，这个项目为大脑认知和水下机器人之间的学科融合提供了一个不错的契机。尽管直观上，脑电控制机械手作业还存在很大的技术障碍，还需要很长时间的技术积淀才具有工程价值，但是只要大家齐心协力，即便最终只能部分解放操作人员的手脚、减轻作业的强度，也是一个了不起的进步。

如果说先生对具体问题的看法一针见血、入木三分，那么先生对水下机器人智能化发展趋势的总体思考则立足长远、高屋建瓴。目前水下机器人研制过程中出现了载人、遥控、自主平台各自为战的局面，先生认为这是技术的局限性导致的短暂现象。先生预测，随着各种技术的发展，水下机器人研制技术和实际平台有望实现最终的统一。届时，完全可以在单个平台上实现目前由不同平台单独完成的功能。先生认为人工智能提供了一个很好的契机，可以尝试用来解决一些问题。为此，近些年，先生让很多博士生、硕士生结合智能控制、人工智能开展研究，包括水下声学避障、水下目标识别与跟踪、水下机械手自主作业、水下机器人集群、水下环境重建、水下噪声分析等。

2019 年后，研究所主体逐渐搬迁到新区。考虑到先生行动不太方便，所里特意为先生在南塔所区保留了办公室。但是，这样一来，面对面请教先生的机会就相对少了。先生虽已退休，但是每天坚持按时到办公室工作，这种孜孜不倦的精神值得我们年轻人永远学习。

我来沈阳时，先生七十有二；不经意间，先生已近杖朝之年。往昔韶华之时，先生将大部分心血倾注在我国的水下机器人事业上；如今先生依然在思考和勾勒水下机器人的未来发展蓝图，依然在教育和培养新一代的水下机器人研究事业接班人，依然在身体力行潜移默化地感染周围的人学习工作。

2015 年年底，我博士后出站。先生特意从哈尔滨工程大学请来了老友刘伯胜教授作为答辩委员会主席。在答辩前一天的欢迎餐会上，我第一次也是到现在为止唯一一次看见先生饮酒。老友相聚，畅聊往事，先生喝了少许红酒。谈及当年一起出海的"革命情谊"，先生感慨万千。先生指着旁边的李一平研究员说，"当年的小丫头片子都老了，水下'耽误'了多少人的青春啊"，大家开怀大笑。

感谢先生带我步入水下机器人的世界，在我研究方向形成与拓展上的全方位指点，在人情世故和社会交往上对我的心理辅导，在我学习和工作上遇到困惑时候给予的解答。

颜渊喟然叹曰："仰之弥高，钻之弥坚，瞻之在前，忽焉在后！夫子循循然善诱人，博我以文，约我以礼，欲罢不能。既竭吾才，如有所立卓尔。虽欲从之，末由也已！"感循循善诱，今读之，渢渢然。

昔子呷呀，烛光照影；今子亭亭，汝亦彤彤耶。

祝先生安康！

2021 年 8 月

# 封老师的"谜之年龄"

刘鑫宇*

　　毕业三年，欣闻封老师今年八十大寿，心里一半是兴奋一半是羞愧，兴奋的贺词"寿比南山""桃李满天下"自然慷慨激昂，但为何羞愧？6 年的硕博连读，3 年多的同行业工作经验，恍恍惚惚间已入师门接近 10 年时间了，自己竟然恍惚到不知道导师的生日年月。所以另一半的兴奋不光是找到了一个合理的理由回去看望自己的老师，也是终于合情合理地探知到了老师的生日，怎能不兴奋？说到这里也必须得给自己正正名，倒不是自己漠不关心，而是封老师对待科研态度的认真、严谨让我不敢在工作和学习时间轻易"八卦"，以至于当年在毕业论文致谢中用了"古稀"两个字，引得几个师兄弟一时难以确认这个词的正确性。所以我觉得我不是"一个人在战斗"，给自己的"狡辩"多了几分底气。然而读到致谢中的"老一辈科学家"一词，一时间回忆如潮水般涌来，曾经的诸多回忆夹杂着对老师的崇敬之情淹没了思绪。

## （一）

　　封老师非常健谈，如果不是细心的人很难发现封老师一直戴着助听器，如果没注意到助听器，估计也很难相信面前干练、思维敏捷的院士已经过了古稀之年，有那么一段时间助听器坏掉了，我们学生去找封老师指导论文就变成了一件困难的事情。还记得那段时间有篇论文需要封老师指导，敲门敲了好久都没有开，但房间灯亮着，我和几个职工在门口徘徊了很久，终于决定壮着胆子进去，进门以后穿过层层"书山"的缝隙，确定封老师正在看文件，助听器放在桌边，无论我们怎么咳嗽敲门都没能让封老师注意到我们，此时我们已经在办公室的中央，但封老师办公室到处堆得高高的书籍、报纸、文件，就像高考时的书桌，自然看不到我们的存在。在我们的叫喊声惊动了不少走廊内其他办公室的职工之后，我们不得已走到了书桌侧面，却没曾想这突然出现在面前一大群人也给封老师吓得跳了起来（此事想起都后悔万分，当时全然没有顾及封老师的年龄），赶忙拾起坏掉的助听器解释状况。在排队处理完其他职工的事务之后，终于轮到我坐在会议桌前请封老师指导论文，此时隔着会议桌都听得到封老师耳朵里助听器的啸叫声，本想草草介绍完了事，却被封老师拉着一字一句地指导论文，现在已记不清那是半个小时还是一个小时，却成了我情感上的煎熬，那从耳朵里传出来的啸叫声、封老师认真仔细地反复确认和我缓慢地一字一顿地诵读，至今令我无法忘怀。

* 广东智能无人系统研究院博士后，2018 届博士研究生。

## （二）

封老师的《水下机器人》书籍是我们硕博期间的课本，引用李一平老师的说法："这书凝聚了老一辈科学家的全部心血，非常精练，你们博士期间会反复钻研书上的内容的。"这本书已是绝版，在毕业时非常自豪地赠送给了师弟，却在工作后碰壁时偷偷从淘宝上买了二手的回来。就比如关于 ROV 灯光的布置，工作后花了大把时间资源去参悟，还以为能算作国内的先驱，回头却发现书上有一页详细列举了各种方案的优劣，精练实用，只是当年一扫而过，没有发现这些研究的价值，自己为自己的浮躁"买了单"。

## （三）

到了博士毕业的时候，毕业论文洋洋洒洒好几万字，经历过前面助听器的事情，本想着不给封老师找麻烦，先找几个组内老师帮忙看过了，打印了纸质版，准备让封老师草草过一遍就了事。没曾想封老师拿着铅笔，百余页的论文，一个字一个字地改，公式全书翻引用来核对，每天利用工作外的时间审阅一个章节，一星期过一轮，我都记不清过了多少轮，总之是从第一本精装订，到越来越便宜的打印店打印，到后来办公室的打印机都不欢迎我打印论文了。硬是被封老师把一些藏得很深的"坑"都给挖了出来，比如一个跳跃了很多步的公式还刚好写错了一个字母，公式太长我自己都懒得检查，听说是封老师花了一晚上翻前面的公式引用终于发现了这个错误。自然也被狠狠地教育了一顿，还烦劳了所里面一个本来就忙的老师跟我核对了这个错误，可真是惭愧万分。如今翻看当时的论文，环环相扣，各章节紧贴主题，深深地体会到了老一辈科学家的严谨与务实，却不知如何用语言来表达。

## （四）

工作了以后，还是在相关的行业，机缘巧合和几位老专家聊起自己是封院士的学生，听到了一些很有趣却发人深省的"陈年旧事"。说是在曾经著名的"大洋一号"科考船上，封老师带领团队在海上开展试验，长时间的海上生活让很多人已经瘫软了下来。经常出海的人知道，长时间的海上生活对人身体、心理都是极大的煎熬，很多人饭都没法吃，完全无法起床，整个人都吐到沉沦。那时封老师依然每天坚持早上早早在甲板上跑步，以保持最佳的身体状态。由于甲板在船舱上方，很多晕船起不来的小伙每天被"咚咚咚"的跑步声叫起来吃饭，虽说"小伙"们心里满是怨言，但却客观上改善了人们晕船不吃早餐的情况，这对长时间的海上航行非常有益。

在入师门之前，"老一辈科学家"对我们而言就是字面上的意思；入师门之后，才发现"老一辈科学家"是有血有肉的存在，是一种风骨，是一种执着，更是一种对理想的崇高追求。他们身上有太多的相同点，有太多值得我们晚辈认真去参悟的人生哲理。难以用语言表述清楚，才用"老一辈科学家"来代称。最后，衷心地祝封老师生日快乐，过完生日依旧保持着"谜之年龄"。

2021 年 8 月

# 第四部分　科教求索路，创新谱新篇

# 一路走来——封锡盛自述

## 一、始于热爱

20 世纪 40 年代，我家有个"戏匣子"，那是一台日本造老式电子管收音机。神奇的"戏匣子"吸引着我，只要大人不在，我就摆弄几下，没想到有一天"戏匣子"不响了，母亲找来"明白人"打开"戏匣子"，看着"戏匣子"里忽闪忽闪发红的"灯泡"……那一刻，我第一次有了梦想：长大了学修收音机！

梦想带给我绵绵不断的乐趣。读高中时，群众运动多，推广超声波、普及无线电、下乡秋收、推广汉语拼音、勤工俭学等，我参加了这些活动，觉得能用知识为国家做一点事儿就很高兴。虽然有些活动不是中学生的知识范畴所能及的，然而我对科学技术的热爱就在这些活动中逐渐升腾。

我有一辆老旧自行车，车破毛病多，需要不断维修，日久天长，我学会了修车。因为天天骑车修车，我对机械产生了兴趣，上大学前，预修了"机械原理"。

每到期末，刻蜡版是我的工作。刻蜡版就是在蜡纸上刻字，蜡纸放在油印机上印刷，期末各科的复习提纲都需要油印。我写字比较规整，易于辨认，老师就把这项工作量大又重要的工作交给我。这需要花费很多时间，尤其在期末复习的紧张阶段，我就把时间规划好，刻蜡版时精益求精，学习时全神贯注，刻蜡版和学习两不误。

1960 年，我考入哈尔滨工业大学电机工程系工业电气化与自动化专业。"向科学进军"的号召激励着我们，科学报国成为我们这一代人的理想和抱负。哈工大严格的工程科学教育，高水平的知识传授，科研能力的务实培养，丰富多彩的校园活动，团结友爱的集体氛围……在这样的环境中学习和成长是一种幸福，努力学习成为自觉习惯。

我记得严谨、认真的俞大光教授讲授的电工基础课，他用红、黄、白三支粉笔区别轻、重点，每节皆如此，从不改变，板书的每个字一丝不苟，像印刷体，一堂课下来他几乎不用黑板擦，到下课时整个黑板板面像印刷的出版物。这是哈工大老师们的风范。老师们的言传身教，培养了我们严谨认真的学风。

除了课堂学习，哈工大很注重实际工作能力的培养，例如，金工培训和各种实验或试验课等，毕业前还有半年的工厂实习，理论联系实际的培养模式为我和同学们后来的科研工作打下了坚实的基础。

图书馆又是一片天地，除了借阅各种专业资料，闲暇时光，我喜欢在阅览室里浏览各地报纸杂志，喜欢读文史哲天地生各类书，有时也喜欢读小说，如《牛虻》《安娜·卡列尼娜》和莫泊桑的短篇小说等。在图书馆里，专业探索为主、好奇探求为辅的广泛阅读，不断扩展着我的世界，获益良多。

入学时，正是我国国民经济最困难时期，粮食短缺是最大的困难。最困难时，一天只有二两粮，晚上开水冲酱油果腹。饥饿磨砺着我们，虽然有段时间吃不饱，但科学报国的使命感和对专业的热爱，会使人迸发出一种力量，这种力量足以克服困难，取得良好的成绩。

大学是可以让年轻人绽放理想的天地，特长和兴趣都有发挥的机会和舞台。我们系里有个学生会负责的板报组，名曰"镜子组"，我是成员之一，任务是在电机楼大厅两侧的两大块黑板上写板报，每周一期。一位高年级同学书写的竖粗横细的仿宋体字漂亮，我便学了他的字，不想这是一个偏得，因为机械制图课图纸上需要用仿宋字体书写。

我喜爱无线电。我制作的第一台"收音机"：把高阻抗耳机一端连接暖气片，另一端接到我睡的铁床上，就听到了电台广播，至今我也没弄明白哪一端是天线，哪一端是地线，但那是我的第一个作品。后来我又装了台用一只晶体管就能收两个台的收音机。每天晚上伴着自制单管机的广播入睡，很惬意。因为这一爱好，阴差阳错，我还当了一段时间系里广播站机务组组长。

后来，参加工作以后，有了经济能力，我成了发烧友，用电子管自制声音浑厚的低音音响，和妻子一起组装晶体管收音机、半导体收音机，用示波管组装9英寸黑白电视机，组装12英寸黑白电视机、自制电吉他……兴趣与时俱进，如今摆放在我办公桌上的电子管也是这一兴趣的纪念。

## 二、投身国防科研事业

大学毕业后，我被分配到中国电子科学研究院雷达研究所（十院十四所）。十四所原是国防科委系统第一大所，拥有5000多名优质员工，国内重要的雷达产品很多来自这个研究所。所里的组织结构严谨，科研程序规范，制度健全，管理严格，从研究、设计、加工制造、调试，到测试手段、支撑条件、质量保障、标准化、仪器仪表、器材供应等，方方面面都严密有序，技术干部严格按照能力和水平配置，曾是国防科研战线上的一面红旗，十大元帅大都视察过。身处此境，令年轻的我热血沸腾，非常自豪，深感自己应该有所贡献。

报到后我就参加了"四清"运动，接受贫下中农再教育，与农民同吃、同住、同劳动。1966年秋，刚参加完"四清"运动从农村返回所里，583雷达天线控制器发生了故障，因负责的一位老同志回家探亲，我作为他的助手去现场排查故障，经过努力找到了问题所在，在其他老同志的帮助下，重新设计并制作了控制器，系统恢复了运转。这次遇到的问题不复杂，解决的难度也不大，但这是我科研之路的开端，且是首战"告捷"，为后续科研工作增添了信心。

我的第一个研究课题是"基于可控硅驱动的伺服系统研究"，当时可控硅是新型半导体器件，研究的重点是可控硅在大功率反电势负载下的可靠性，研究成果得到领导的肯定。

在十四所工作期间，我先后参加或承担了四个雷达型号的研究工作。354是为我国当时最新型051导弹驱逐舰研制的舰用警戒兼引导雷达，其中天线控制系统由我负责。从设计开始一直到交付部队，这是我付出心血最多的型号产品，也是我离开十四所之前的告别之作。由于舰上采取桅杆与烟囱合并新技术，导致伺服电机处于高温区。新研制的电机验收时，需要在三级路面跑车1500公里，我在试验车里强烈持续地颠簸震动，感觉肠子要冲出肚皮，疼痛导致车内只能坐不能卧，这样坚持了一周，过后一个月都没有恢复过来，这是我第一次感受到科研工作的辛苦。令我十分意外和惊喜的是，二十年后，我竟与"它"再次相遇。1992 年我带领团队在海军防救船上进行"探索者"海洋机器人试验的时候，发现该船上安装的雷达就是"它"——354 雷达。二十年了，"它"还在服务，摸到那些我熟悉的电路板、分机和操作手轮，自豪感和成就感在我心中油然升起。作为一名科研人员，研制的产品能为国防事业实实在在地发挥作用就是最大的满足。

当时，我国处于半导体发展的早期阶段，半导体器件的可靠性较差。十四所的雷达产品中出于可靠性的考虑有相当一部分还采用电子管。尽管此前在预研中，我研究过半导体功率器件控制伺服电机的方案，但在型号论证的时候，我放弃了这一方案，强电部分仍选用可靠的机电产品为主的方案，选用了当时技术成熟的交磁电机放大机控制伺服电机方案，同时在弱电部分采用半导体器件。二十年后的重逢，证明当时的设计思路是正确的。军工产品的特点是"喜旧不喜新"，不成熟的新技术和新器件不能应用于型号产品，"可靠性第一"是我在十四所夯实的理念。国防科研工作的锻炼使我基本上能够独当一面。

## 三、走进中科院

1973 年我进入中科院沈阳自动化所，新起点、新挑战摆在我的面前。虽然都是科学研究单位，但两者科研性质有显著的不同，创新是科学院科研工作的基本理念，在这里，探索前沿的"喜新厌旧"代替了产业部门"喜旧不喜新"。我被安排到一室三组器件组。器件组的研究任务是为导弹靶场用经纬仪提供关键传感器——高精度轴角测量系统，系统由感应同步器和轴角编码器两部分组成，我参与了后者研制。轴角编码器采用了小规模数字集成电路，从电子管到数字电路是电子技术的跨越，在同志们的协同和帮助下，我补上了数字电路这一课。我用小规模集成电路搭建了编码器的逻辑系统。

精度问题是整机系统研制过程中遇到的大难题，我们研制小组经历了一次次的失败但百折不挠。我从原理入手分析了影响编码器精度的各种因素，提出了对策。这个项目历时八年终于完成并获得了中国科学院科技进步奖二等奖。项目的主要贡献者包括：吕赞魁、杨汝清、徐吉万、刘晓延、关玉林和我。如今，吕赞魁、杨汝清、刘晓延三位已经仙逝，我常想起与他们共同奋战的时光，不苟言笑的老吕，充满激情的小杨，助人为乐的晓延。也经常回忆起吃苦耐劳勤奋的徐吉万，六人中年纪最小但贡献颇大的关玉林。

已故老科学家童世璜先生与中国共产党同年生，1947 年获上海交通大学硕士学位，50 年代就是中国科学院的副研究员了，曾帮助钱学森指导研究生，我有幸和这位长者共事一段时间。他以深厚的理论功底，建立了感应同步器的基本理论；他从基本的电磁理论出发，推导出了感应同步器的基本公式，在理论上指导了感应同步器的研究工作。老先生一世经历许多风雨，但他热爱科学事业，兢兢业业报效国家的信念始终不渝。老先生和蔼可亲，热心帮助和提携年轻人。后来，为了照顾身体不佳的老伴儿，他被调回北京中国科学院自动化研究所，我曾去北京他的家里看望他，那时他已退休，家里房间不大，没有任何新家具，一台 14 英寸的老旧电视机，还是朋友送他的，老夫妻二人过着清贫的生活，但情绪饱满乐观。

## 四、迈向大海

我们国家不仅有 960 万平方公里的陆地，还有辽阔的海疆需要探索、开发和守护。从 20 世纪 70 年代末开始，蒋新松以战略家的目光开辟了中国发展海洋机器人的道路。1982 年，"智能机器在海洋中的应用"正式立项，同年在浙江莫干山举行"无人有缆可潜器方案评议会"，按李俊鹏的要求，我起草了一个控制方案，经老李修改后提交会议，这是我投身海洋机器人事业的开端。

该项目是与上海交通大学（承担载体系统和推进系统）合作的，是多学科多领域交叉的大型项目，涉及机械、结构、深潜技术、自动控制、水下信息传输、液压、视觉、触觉、力觉、主从机械手、动力与推进、流体力学、声学、光学、海洋学、海洋及船舶工程学等学科和领域。这是国内首次研制无人有缆遥控水下机器人（remotely operated vehicle, ROV）。我为其取名"海人一号"，代号"HR-01"。

"海人一号"项目分为两个阶段，1985 年大连海试前，系统以模拟技术为主，体积庞大，耗电量高，可靠性低，1985 年之后，我力推刚刚兴起的单片机技术，采用基于 8031 系列单片计算机的网络系统改造基于模拟技术的电控制系统，包括主手、从手，以及本体控制系统、视觉系统、水面和水下通信系统。单片计算机的应用大幅度地减小了系统硬件体积，总功耗大为降低，可靠性也得到了提高。单片计算机技术在当时属于新技术，为推广单片计算机技术，我受邀到 606 所、沈阳自动控制设计院等单位讲课，受到欢迎。

"海人一号"除摄像机外，基本立足于国产材料和零部件，在国内属于开拓性的项目。1985 年和 1986 年，我作为现场指挥分别在渤海和南海进行了海上试验，试验达到了预想目的。1989 年，该项目获得了中国科学院科学技术进步奖二等奖。

"海人一号"的立题和研制各用了四年时间，实际上，在正式立题之前多年，已有多位有见识的专家提出建议，他们与后来参与"海人一号"研制的近百名科研人员都是丰碑的奠基人和建设者。

项目主要完成人包括：蒋新松、谈大龙、梅家福、封锡盛、王棣棠、顾云冠（上海交通大学）、曹智裕（上海交通大学）、冯仲良。蒋新松、谈大龙是项目负责人，"海人一号"的 7 大分系统 74 个模组可以笼统地分成机械和电控两大部分，由王棣棠和我分别负责，他"机"我"电"，从此合作近 40 年。

蒋新松说"海人一号"的成功，培养了一支不为名，不为利，具有献身、创业精神的专业队伍。这支队伍掌握了关键技术及海上试验技术，为今后向更高级海洋机器人发展打下基础，也为国际合作开辟了道路。"海人一号"的成功，使海洋机器人第一次呈现在国人面前，引起我国有关部门的重视，迅速成为我国科学研究重要的发展方向。"海人一号"对中国智能机器人事业和海洋高技术事业发展起了先导作用，是一座丰碑。从那时起，"海人"也化为了我们团队的代号。

基于"海人一号"的工作我撰写了"Underwater Remotely Operated Vehicle HR-01"一文，经蒋新松修改并以蒋新松、谈大龙、我、王棣棠及梅家福五人联名发表于 IEEE SMC 国际会议，该文获"泰勒奖"，是我所水下机器人领域发表的第一篇论文。

## 五、新的探索

国家 863 计划吹响了我国进军科学技术前沿的号角。1987 年，根据蒋新松建议，成立了以蒋新松为首的五人选型论证小组，包括：蒋新松、林雨涛（海军）、范少平（海军）、徐玉如（哈尔滨工程大学）和我。

我起草了"300 米水下机器人型谱论证（第一稿）"，提出研制一款军用扫雷机器人，但是这一设想在相关部门引发巨大风波和激烈争议。一年后，我修改了原定目标。1988 年 10 月起草了"关于 300 米以下无缆水下机器人选型调研建议"，应用背景为"水下工程服务，主要用于复杂结构打捞救生中的搜索，军民两用"。我分析了国外自主水下机器人发展的历程和现状，认为航程和深度是所有类型海洋机器人最为基础的能力，提出了大深度和远航程为两坐标轴线的二维发展思路。在选型调研建议评审会上，海军航海保障部防救研究室李庆春主任提出建议将第一阶段目标从 300 米改为 1000 米。无缆水下机器人于 1990 年 6 月经 863 计划智能机器人主题专家组批准立项，由中国科学院沈阳自动化研究所、中船重工集团公司第七○二研究所、中国科学院声学研究所、哈尔滨工程大学、上海交通大学、海司航保部等单位专家组成总体组，我任总设计师。这是国内首次研制基于自主控制技术的水下机器人，由于探索性强，我将其命名为"探索者"号（TSZ）。

"探索者"项目由载体、控制、导航、声学等八大分系统和 4 个应用子课题组成，包括 23 类（共 56 个）单项设备。"探索者"先后尝试采用当时能得到的先进的计算机系统，例如，位总线、标准总线、多 CPU 系统，从 386 到 586 等。自主机器人的控制理念和思想全部体现在计算机的软件系统中，软件系统由我所年轻人自行编制，是国内第一套水下机器人自主控制软件系统，当时没有任何先验版本可资借鉴，郭廷志、李硕、彭慧等年轻人负责了系统软硬件的研发。

从"海人一号"的遥控到"探索者"号的无人自主是海洋机器人控制技术上的重大跨越，电脑代替人脑，基于计算机的自动化技术替代了基于人在回路的操作控制。完全由人决定的机器人行为转化为自主行为，"大脑和神经系统"的变化触发了机器人整机系统的变革。人的意图和应对外界变化的知识需要化为计算机算法来实现，虽然计算机的算力远超人类，但算法需要由人来归纳、提炼并编制程序。当时，机器人软件体系结构成为国际研究热点，为此我申请了"智能导航实验系统"课题并得到批准，与"探索者"号并行开展研究，该课题由自动驾驶、导航智能规划、视觉导引、避碰和故障分析等 14 个子系统组成。

海上回收自主水下机器人是一项重大技术难题，恶劣海况给设备和回收人员的安全造成严重威胁，安全回收成为无缆水下机器人应用中的瓶颈，我提出了一种水下全自动回收方案，主要技术包括：基于视觉寻找水下系缆，跟踪系缆，直至返回回收器，依靠视觉定位在回收器上就位，回收器通过一系列动作收紧机器人本体并回到中继器，然后由母船回收系统起吊、收回至甲板。视觉和控制组配合研制视觉搜索和跟踪系统，王棣棠和康守权带领结构组设计回收器和全部收放机构。在各方通力配合下取得了初步试验结果，证明了这一方案的可行性，当然也还存在着一些需要改进和完善的地方。迄今为止，世界上还没有一种全自动的回收水下机器人的方法出现，我们的方案发表后受到了美国海军研究生院的关注。

1994 年 10 月，"探索者"号完成了海上试验和主题专家组验收。该项目获中国科学院科技进步奖一等奖。"水下智能导航实验系统"获中国科学院科技进步奖二等奖。

## 六、逐梦太平洋

国际海底区域的面积约 2.517 亿平方千米，占地球表面积的 49%。国际海底区域资源是全人类共同继承的财富，争取国际海底资源是造福子孙后代的伟业。太平洋海底蕴藏着丰富的矿产资源，多金属结核是一种有着重要潜在价值的金属矿产资源，分布在约 5000 多米深的洋底，20 世纪 70 年代以来，"蓝色圈地"运动兴起。6000 米自主水下机器人成为洋底多金属结核丰度调查的一种重要手段。

研制 6000 米自主水下机器人是既定目标，为了开展这项研究工作，我随同蒋新松调研了俄罗斯的几个研究所。在与俄罗斯科学院远东分院海洋技术问题研究所充分交流的基础上，双方互相认可对方的优势，达成了合作开发 6000 米自主水下机器人的意向。1992 年经国家科委批准，中俄合作研制 6000 米自主水下机器人正式立项，我提议命名为"CR-01"。

该项目由徐芑南任总师，徐凤安和我任副总师。总体组研究和分析了俄方研制 MT88 6000 米水下机器人的优缺点，总体组认可俄方模块化的载体设计，控制系统软件有优点但硬件落后，需要重新研制，为此我带领中方专家与俄方专家交替在沈阳和符拉迪沃斯托克（海参崴）进行了四次联合设计。由于双方都有相当的技术基础，合作进行得十分顺利，1995 年 8 月进行了深海考核海试，证明"CR-01"达到了预定的性能和技术指标。

深海试验是在太平洋我国保留区进行，其目的是调查海底多金属结核的丰度分布和海底地貌，为我国有关部门制定发展规划提供资料，在深海试验期间对 5200 米洋底多金属结核进行了勘察，获得了一些宝贵的资料。

为了进一步提高"CR-01"机器人的可靠性和实用性，增强其后勤保障能力，取得更多的调试应用经验，使其从可用样机发展为实用样机，863 计划机器人专家组决定对其进行工程化。1996 年 10 月"CR-01"工程化工作正式启动，我任总师，1996 年 12 月 20 日，在云南澄江县抚仙湖试验场进行了大型湖上综合试验，试验证明经过工程化后的"CR-01"的性能、可靠性、安全性等都有了很大的提高，达到合同要求。1997 年 4 月 30 日，"CR-01"参加中国大洋矿产资源研究开发协会组织的 DY95-6 航次，赴太平洋进行试验应用。

在"CR-01"成功的基础上，为了进一步满足中国大洋矿产资源研究开发协会进行更多类型海底资源调查的需要，如热液硫化物、多金属结核，中国大洋矿产资源研究开发协会和国家 863 计划自动化领域决定共同投资建造第 2 套 6000 米自主水下机器人，我任总师（徐芑南先生已退休）。"CR-02"于 2000 年研制完毕，于 2001 年在云南抚仙湖完成了湖上试验，成功地对在抚仙湖进行的海底采矿模拟系统试验效果进行了评测。"CR-02"是"CR-01"的增强版，最主要的技术改进是提升垂直面的机动能力，使之更适应于崎岖不平的海底地形（例如海山区）资源调查的需要。

## 七、难忘的海上试验

从 "CR-01" 到 "CR-02" 历时 10 年，海洋试验必不可少，虽然晕船全程伴随着我们，但经历的每一刻却特别清晰，难以忘怀。

其实，机器人下水操作很简单，吊车将它吊至水面，一根释放绳轻轻一拉，它就头也不回地游向深处，几秒钟就不见踪影。每当这时，尽管此前已经做了一切陆上能做的试验，做了充分的准备，但是依旧心惊胆战。只有当它被顺利收回并稳稳地落在了甲板上，悬着的心才能落下。当时没有其他救援手段，一旦发生故障导致机器人丢失，国家就会损失上千万。

重任在肩，每一个问题，每一个决策，都在我心中反复权衡，经常夜不能寐。出发前，我纠结是否应该买保险。买保险吧，这种试验的保险费是天价，我们没有预算；不买保险，一旦发生意外损失岂不更大？到了太平洋试验场，按设计要求，试验应在 4 级海况以下进行，可是等了一周，海况天天高于 4 级，船在海上航行每天的代价以万计，继续等待还是冒险试验？海上不确定性多，预研再多，也会有各种意外情况，例如，船上两台主发电机忽然坏了一台，只依靠一台发电机运转导致航速大减，可台风正在不远处生成，如果提前结束试验就会前功尽弃，可是一旦台风来袭如何脱险？

有一次，我们按计划将在太平洋洋底工作结束的 "CR-01" 回收，回收命令发出后，"CR-01" 传回的深度数据变化很缓慢，几乎不动，我们几位头冒冷汗的总师经过讨论认为上浮的压载没有抛掉，反复下发回收指令，仍然没有效果，也没有其他干预手段，我们紧张极了，眼睛紧张地盯着深度读数。事后有人说，当时已经摸不到我的脉搏了。过了一个多小时，深度数据突然变得正常了，"CR-01" 开始上浮了。事后查明，这是压载的尺寸冗余度不够所致。

还有一次，"CR-01" 刚刚被吊车提出水面，吊车忽然出故障了，三吨多重的机器人被吊在空中，大幅度地摇摆，一旦撞到船舷上，后果不堪想象，立即下令放弃回收，先把机器人放回水中，赶紧修吊车。修吊车花了很长时间，苦了在小艇上的回收人员。那天的浪高有三到四米，浪涌把小艇举上浪尖，又抛入浪谷。等吊车修好，机器人归位，回收人员回到甲板，已经无法站立。躺在甲板上的就是后来的第九研究室主任林扬。

那一天，"CR-01" 试验圆满完成，我们用淡水把它冲洗得干干净净，然后打开自动驾驶舱，取出鲜艳的五星红旗。看着五星红旗，大家激动万分，祖国，我们不负使命，为你自豪！

返航之前，全体实验队员站在船舷旁，将伴着花瓣的蒋新松所长的骨灰撒进了太平洋。一直在船上栖息的几只海鸥，徘徊在海面。伴随我们五十几天远洋试验，一直佑护着我们的老蒋，安息吧！

众志成城，其利断金，在大家共同努力下，我们先后完成了五大 863 计划项目，不断刷新我国自主水下机器人新纪录，使我国深水自主机器人走入了世界先进行列。1997 年 "CR-01" 6000 米自治水下机器人获中国科学院科技进步奖特等奖，"无缆水下机器人的研究、开发和应用" 项目获 1998 年国家科学技术进步奖一等奖。

## 八、沧海桑田

1986 年，为了引进"RECON-IV"水下机器人，我们一行人去美国，当时所见一切有如"刘姥姥进大观园"。2018 年再访美时，"刘姥姥"的感觉荡然无存。在海洋机器人领域打拼了半生，蓦然回首，想起曾经，我这负责人也没见过水下机器人是什么模样，今天，我们的机器人遍及四海五洋，可与世界水平比肩。忆当年，"海人一号"的首次水下试验是在菜窖里进行的，现在创新路所区试验水池长 90 米、宽 25 米、深 15 米，水下机器人的"个头"以每年 6000 千克的速度增加。不久后还将拥有大型试验船和码头。

我国海洋机器人事业从起步、成熟、到强大，我是亲历者和践行者之一，在这条践行者的路上，有蒋新松、徐凤安、王棣棠、康守权、燕奎臣、张艾群、王晓辉、林扬、李智刚……还有来自全国各地的并肩战斗的伙伴们：德高望重的徐芑南院士、精通多国语言的潜艇结构专家黄根余老教授、声学专家朱维庆、结构专家王惠铮、声呐专家刘伯胜……

可喜的是，长江后浪推前浪，继往开来，不断涌现年轻英才，张艾群、王晓辉、李硕相继接棒。现在，沈阳自动化所"海人"研究团队规模数倍于前，已经发展为三个研究室，李智刚、林扬、俞建成成为新一代领军人，不断取得亮眼的创新成果："蛟龙"号、"深海勇士"号和"奋斗者"号载人潜水器控制系统研制成功；"海翼"号滑翔机创下 6329 米水下滑翔机世界纪录；"海极"号遥控水下机器人四闯北冰洋；"潜龙"系列自主水下机器人成为争取国际海底资源之星；"海斗"号混合型水下机器人数次下潜到世界海洋最深处马里亚纳海沟沟底。

在我的学生中，有的投身教育事业，有的从事科学研究，有的创办企业。刘开周于 2010 年 7 月 12 日与另两名试航员一起驾驶"蛟龙"号，成功下潜到南中国海 3757 米，将特制的五星红旗插入海底。2011 年 8 月 18 日，他和同伴再次驾驶潜水器"蛟龙"号，历经 48 天，成功完成 5000 米级海上试验。继美、俄、日、法之后，我国成为全球第五个具备 5000 米级载人深潜能力的国家。他因此获得中国科学院杰出科技成就奖，国家科技进步奖一等奖，2012 荣获国务院授予的"载人深潜英雄"称号。

从 1986 年到 2020 年，"海人"团队总共创造了 17 项"中国第一"或"世界第一"。在建党 100 周年之际，我所在的研究室党总支荣获全国先进基层党组织光荣称号。代代相传的"海人之歌"越唱越响亮。梁波和李硕概括和凝练了"海人"精神：求真务实、甘于奉献、团结协作、敢为人先。

沧海桑田，艰苦奋斗迎来国家兴盛。在奋斗者中，我属于既不愚钝也不聪明的平常人，因此我需要付出更多的精力，以勤补拙，日久天长，加班成了一种习惯，杖朝之年，也努力日积跬步。有位记者写了一篇文章，说我的办公室是海洋，是的，我的办公室四墙皆是海图。我热爱海洋机器人事业，我一直注视和思考着它前进的方向。

# 九、海人之歌

## （一）责任

生命之源，蕴于海洋，
人类生存，问海索藏，
国之安宁，强海固疆，
主宰海洋，国运恒昌。

认识海洋，经略海洋，
开发海洋，三大要纲，
海洋科技，精尖新创，
国家使命，"海人"①肩扛。

前沿探索，放飞梦想，
科技攻关，当为头羊，
推广应用，领衔市场，
"海人"团队，中坚力量。

## （二）成就

"智能机器"②，亲吻海洋，
"海人一号"③，精彩亮相，
千米"探索"④，崭露锋芒，
进军"六千"⑤，世界秀场。

东渡太平⑥，西下西洋⑦，
循迹郑和，印洋续航⑧，
北熊南鹅，"海极"问恙，
马里亚纳，"海斗"探访。

五洋捉鳖，"眼"明"手"壮⑨，
防险救生，"海星"众望，
深海密匙，"海翼"在掌，
海底拓疆，"潜龙"担纲。

## （三）精神

国益当先，集体崇尚，
传统美德，薪火传棒，
英才荟萃，贤人领航，
上下一心，新老同向。

事业为重，无心骛旁，
甘于奉献，月明日光，
求真务实，精品奉上，
敢为人先，追梦逐想。

高瞻远瞩，世界目光，
虚心学习，耳聪眼亮，
学科交叉，乾坤朗朗，
协作攻关，无难可挡。

## （四）学习

世界之大，学识如洋，
有师必学，天天向上，
知识无界，我用我强，
吸精取华，钢翅铁膀。

海上采油，悠悠"瑞康"⑩，
深海埋缆，"海星"锵锵，
洋底"结核"⑪，"CR"⑫量量，
联合聚智，成龙成凰。

国际资源，人类共享，
技术滞后，奢谈愿望，
化他为我，克短取长，
学习之旨，自立自强。

## （五）创新

科学技术，立国之纲，
法以立本，道以明向，
拓展知域，发现新疆，
"海人"剑指，前沿战场。

"海人"大戏，新角登场，
五洲领舞，四洋伴唱，
蓝蓝海天，灿灿金阳，
"海人"拂袖，星月重光。

百年"七一"[⑬]，我有大奖，
有绩载册，珍视荣光，
初心不忘，启舵再航，
再接再厉，摹画新章。

## （六）畅想

地外有海，天外有洋，
有海必访，有洋必往，
星际驰畅，以月为港，
金木水火，皆我故乡。

量子递信，星空皆网，
海天旅游，"海人"执掌，
金星滑雪，火星冲浪，
水星渔猎，土星蚕桑。

穿越时空，报告老蒋[⑭]，
"海人"创造，倍加辉煌，
伸手揽月，拥抱太阳，
海人之歌，与翁同唱。

注：

① "海人"是海洋机器人的缩略语，也指中国科学院沈阳自动化研究所海洋机器人研发团队。
② "智能机器"源自"智能机器在海洋中的应用研究"列为中国科学院重点课题的申请报告，该报告现存于中国科学院沈阳自动化研究所综合档案室，1981-11-20。
③ "海人一号"以及下文的"海极""海斗""海星""海翼""潜龙"为中国科学院沈阳自动化研究所研制的谱系化海洋机器人或装备。
④ "探索"指"探索者"号1000米级自治水下机器人。
⑤ 进军"六千"指"CR-01""潜龙一号""潜龙四号""海星6000""问海一号"等海洋机器人开展6000米级海试及应用。
⑥ 东渡太平指"CR-01""潜龙一号"等海洋机器人到东太平洋进行多金属结核矿区科考应用试验。
⑦ 西下西洋指"潜龙三号"等海洋机器人到大西洋进行科考应用试验。
⑧ 印洋续航指"潜龙二号""潜龙三号""海翼4500"等海洋机器人到印度洋进行多金属硫化物矿区科考应用试验。
⑨ "眼"和"手"分别指研发的金鱼系列和深海机械手等海洋机器人及装备。
⑩ "瑞康"指RECON-IV-300-SIA中型水下机器人。
⑪ "结核"指深海多金属结核。
⑫ "CR"指"CR-01""CR-02"6000米级自治水下机器人。
⑬ 百年"七一"指2021年7月1日前夕，中国科学院沈阳自动化研究所水下机器人研究室党总支荣获"全国先进基层党组织"荣誉称号。
⑭ 老蒋指蒋新松，中国工程院院士，机器人学专家，曾任中国科学院沈阳自动化研究所所长。

# 附录 1 封锡盛培养的研究生统计表

| 姓名 | 毕业时间 | 导师 | 副导师 | 学位 | 专业 | 论文题目 |
|------|---------|------|--------|------|------|---------|
| 赵亮 | 1995.06 | 蒋新松 | 封锡盛 | 硕士 | 模式识别与智能控制 | 无缆水下机器人的建模、仿真与控制 |
| 蔺鹏 | 1998.06 | 封锡盛 | | 硕士 | 模式识别与智能控制 | AUV 水下回收研究 |
| 李硕 | 1999.06 | 封锡盛 | | 硕士 | 自动控制理论及应用 | 预编程自治水下机器人控制问题研究 |
| 王勇 | 1999.06 | 封锡盛 | | 硕士 | 自动控制理论及应用 | 海底爬行式机器人的控制问题研究 |
| 路遥 | 2000.06 | 封锡盛 | | 硕士 | 机械电子工程 | 复杂地形环境下的自治水下机器人控制问题研究 |
| 叶志超 | 2001.06 | 封锡盛 | | 硕士 | 模式识别与智能控制 | 神经网络在水下机器人控制中的应用研究 |
| 邢志伟 | 2003.06 | 封锡盛 | | 博士 | 机械电子工程 | 复杂海洋环境下水下机器人控制问题研究 |
| 张禹 | 2004.12 | 封锡盛 | | 博士 | 机械电子工程 | 远程自主潜水器体系结构的应用研究 |
| 刘开周 | 2006.12 | 封锡盛 | 刘健 | 博士 | 机械电子工程 | 水下机器人多功能仿真平台及其鲁棒控制研究 |
| 赵浩泉 | 2008.06 | 封锡盛 | | 博士 | 机械电子工程 | HJ 防救保障信息化体系结构研究与应用 |
| 冀大雄 | 2008.06 | 封锡盛 | 刘健 | 博士 | 模式识别与智能系统 | 基于测距声信标的深水机器人导航定位技术研究 |
| 徐红丽 | 2008.12 | 封锡盛 | 张竺英 | 博士 | 模式识别与智能系统 | 自主水下机器人实时避碰方法研究 |
| 许真珍 | 2008.12 | 封锡盛 | 李一平 | 博士 | 模式识别与智能系统 | 面向多目标搜索的多 UUV 协作机制及实现方法研究 |
| 吴利红 | 2009.06 | 封锡盛 | | 博士 | 模式识别与智能系统 | 基于动态混合网格的 AUV 水下发射和对接数值仿真研究 |
| 李延富 | 2009.06 | 封锡盛 | | 博士 | 模式识别与智能系统 | 基于 ROV 援潜救生自主作业方法研究 |
| 林昌龙 | 2010.12 | 封锡盛 | 李一平 | 博士 | 模式识别与智能系统 | 基于自主计算思想的水下机器人体系结构研究 |

续表

| 姓名 | 毕业时间 | 导师 | 副导师 | 学位 | 专业 | 论文题目 |
|------|---------|------|--------|------|------|---------|
| 康小东 | 2010.12 | 封锡盛 | 李一平 | 博士 | 模式识别与智能系统 | 基于多水下机器人编队的化学羽流探测研究 |
| 任申真 | 2011.06 | 封锡盛 | 李一平 | 博士 | 模式识别与智能系统 | 目标跟踪中的 AUV 航路规划问题研究 |
| 徐进宝 | 2011.12 | 封锡盛 | | 博士 | 模式识别与智能系统 | 自主水下机器人动态目标跟踪关键技术研究 |
| 周焕银 | 2011.12 | 封锡盛 | 刘开周 | 博士 | 模式识别与智能系统 | 基于多模型优化切换的海洋机器人运动控制研究 |
| 李为 | 2015.06 | 封锡盛 | 李一平 | 博士 | 模式识别与智能系统 | 水下机动目标跟踪关键技术研究 |
| 宋三明 | 2015.12 | 封锡盛 | | 博士后 | 模式识别与智能系统 | 基于 Markov 随机场的水下声呐图像分割与目标识别 |
| 王艳艳 | 2016.12 | 封锡盛 | 刘开周 | 博士 | 模式识别与智能系统 | 自主水下机器人被动目标跟踪及轨迹优化方法研究 |
| 阎述学 | 2018.06 | 封锡盛 | 李一平 | 博士 | 模式识别与智能系统 | AUV 海洋动态特征自适应测绘方法研究 |
| 刘鑫宇 | 2018.06 | 封锡盛 | 李一平 | 博士 | 机械电子工程 | 全海深水下机器人建模与控制研究 |
| 贾庆勇 | 2019.12 | 封锡盛 | 徐红丽 | 博士 | 机械电子工程 | 对抗环境下多水下机器人协同围捕方法研究 |
| 霍雨佳 | 2020.06 | 封锡盛 | 李一平 | 博士 | 机械电子工程 | 基于自主学习的水空跨域海洋机器人运动控制方法研究 |
| 蒋敏 | 2020.06 | 封锡盛 | 李一平 | 博士 | 机械电子工程 | 基于前视声纳的水下环境地图构建方法研究 |
| 张子扬 | 2020.06 | 封锡盛 | | 硕士 | 控制科学与工程 | 基于深度强化学习的水下机械臂抓取研究 |
| 董凌艳 | 2020.12 | 封锡盛 | | 博士 | 机械电子工程 | AUV 水下对接智能归航方法研究 |
| 赵冬晔 | 2020.12 | 封锡盛 | 李一平 | 博士 | 模式识别与智能系统 | 基于视觉感知和空间认知的机器人定位方法研究 |
| 陈言壮 | 2022.12 | 封锡盛 | 张奇峰 | 博士 | 机械电子工程 | 深海液压机械手力控制关键技术研究 |
| 徐东岑 | 2023.06 | 封锡盛 | 张奇峰 李一平 | 博士 | 机械电子工程 | 水下机械臂脑控方法与系统研究 |
| 李良 | 在读 | 封锡盛 | 李一平 | 博士 | 机械电子工程 | |
| 裴天佑 | 在读 | 封锡盛 | 李一平 | 博士 | 控制科学与工程 | |
| 张志慧 | 在读 | 封锡盛 | 李一平 | 博士 | 控制科学与工程 | |

# 附录2 封锡盛与合作者编译出版的论著及获奖成果目录

[1] 封锡盛. 介绍三种感应同步器角度编码方法[J]. 机器人, 1979, 1(1): 94-104.

[2] 吕赞魁, 杨汝清, 关玉林, 刘晓延, 张惠阳, 赵世民, 封锡盛. 19 位感应同步器与高精度角度编码器[Z]. 中国科学院科技进步奖二等奖, 1985.

[3] 霍华, 周纯祥, 封锡盛, 白晓波, 许静波, 姚辰, 于开洋, 朱晓明, 刘晓延, 尹书勤. "金鱼Ⅱ号"水下机器人[Z]. 辽宁省科学技术进步奖二等奖, 1989.

[4] 蒋新松, 谈大龙, 梅家福, 封锡盛, 王棣棠, 顾云冠, 朱桂海, 曹智裕, 冯忠良. HR-01 试验样机[Z]. 中国科学院科技进步奖二等奖, 1989.

[5] 徐凤安, 王棣棠, 康守权, 陈瑞云, 张艾群, 封锡盛, 王小刚, 梁景鸿, 朱晓明, 苏励, 牛德林, 周纯祥, 越曙晗, 王汉儒, 应惠筠. RECON-IV-300-SIA-X 中型水下机器人产品开发及六功能水下机械手[Z]. 二委一部"七五"重大成果, 1991.

[6] 徐凤安, 王棣棠, 康守权, 陈瑞云, 张艾群, 封锡盛, 王小刚, 梁景鸿, 朱晓明, 苏励, 牛德林, 周纯祥, 越曙晗, 王汉儒, 应惠筠. RECON-IV-300-SIA-X 中型水下机器人产品开发[Z]. 中国科学院科技进步奖一等奖, 1991.

[7] 蒋新松, 封锡盛, 徐芑南. 一种新型自治水下机器人[C]//海洋科学技术报告会文集. 天津: 中国海洋协会, 1992.

[8] 徐凤安, 王棣棠, 康守权, 陈瑞云, 张艾群, 封锡盛, 王小刚, 梁景鸿, 朱晓明. RECON-IV-300-SIA-X 中型水下机器人产品开发[Z]. 国家科学技术进步奖二等奖, 1992.

[9] 封锡盛, 关玉林, 郭廷志, 陈瑞云, 王棣棠, 于开洋, 李立, 任淑燕, 徐凤安. 水下智能导航实验系统[Z]. 中国科学院科技进步奖二等奖, 1992.

[10] 孙茂相, 王曙光, 吴学曼, 封锡盛, 关玉林. 广义预测极点配置前馈控制的一种算法[J]. 信息与控制, 1992, 21(6): 338-342.

[11] 封锡盛, 关玉林, 周纯祥. 一种先进的轻型水下机器人——金鱼Ⅲ号[J]. 海洋工程, 1993, 11(2): 73-80.

[12] Jiang Xinsong, Feng Xisheng, Xu Qinan. A number of technical issues on autonomous underwater vehicle "Explorer-01" [C]// 8th International Symposium on Unmanned Untethered Submersible Technology. Northeastern University, USA: Autonomous Undersea Systems Institute, 1993: 27-29.

[13] 孙茂相, 王艳红, 吴学曼, 封锡盛, 关玉林. 动态补偿的水下机器人路径规划[J]. 机器人, 1993, 15(2): 8-12.

[14] Jiang Xinsong, Feng Xisheng. Inspection approach to wreck target using autonomous underwater vehicle[C]// OCEANS 1994 IEEE. Piscataway, NJ, USA: IEEE, 1994.

[15] 封锡盛, 蒋新松. "探索者"号自治水下机器人[C]//中国海洋学第四次会议文集. 天津: 中国海洋协会, 1995.

[16] 蒋新松, 赵经纶, 徐凤安, 周国斌, 封锡盛. 多种机器人(工业、水下、特种)系列产品开发[Z]. 沈阳市科技振兴奖, 1995.

[17] 彭慧, 封锡盛. "探索者"号自治式无缆水下机器人控制软件体系结构[J]. 机器人, 1995, 17(3): 177-182.

[18] 李硕, 郭廷志, 封锡盛. "探索者"号无缆水下机器人控制系统[J]. 机器人技术与应用, 1995, 8(4): 6-9.

[19] 封锡盛, 徐芑南, 朱维庆, 王棣棠, 王慧铮, 徐凤安, 徐玉如, 梅家福, 李庆春, 黄根余, 刘伯胜, 郭廷志, 汪玉玲, 康守权, 梁景鸿. 无缆水下机器人("探索者"号自治水下机器人)[Z]. 中国科学院科技进步奖一等奖, 1995.

[20] 李一平, 封锡盛. "探索者"号无缆自治水下机器人的信息系统[J]. 高技术通讯, 1996, 6(6): 13-16.

[21] 蒋新松, 封锡盛, 徐芑南, 朱维庆, 徐凤安, 王惠铮, 王棣堂, 黄根余, 刘伯胜, 张惠阳, 康守权, 潘锋, 李硕, 林扬, 吴幼华. "CR-01" 6000 米自治水下机器人[Z]. 中国科学院科技进步奖特等奖, 1997.

[22] 李一平, 封锡盛. 中国水下机器人海底探秘[J]. 地理知识, 1998(7): 65.

[23] 蒋新松, 王天然, 赵经纶, 王越超, 徐凤安, 徐心平, 封锡盛. 机器人学导论专著[Z]. 辽宁省科学技术进步奖二等奖, 1998.

[24] 蒋新松, 封锡盛, 徐芑南, 朱维庆, 徐凤安, 王惠铮, 王棣棠, 黄根余, 刘伯胜, 张惠阳, 康守权, 潘峰, 李硕, 林扬, 吴幼华. 无缆水下机器人的研究、开发和应用[Z]. 国家科学技术进步奖一等奖, 1998.

[25] 封锡盛, 刘永宽. 自治水下机器人研究开发的现状和趋势[J]. 高技术通讯, 1999(9): 51, 55-59.

[26] 封锡盛. 从有缆遥控水下机器人到自治水下机器人[J]. 中国工程科学, 2000, 2(12): 29-33, 58.

[27] 蒋新松, 封锡盛, 王棣棠. 水下机器人[M]. 沈阳: 辽宁科学技术出版社, 2000.

[28] 叶志超, 封锡盛. 基于神经网络的一类非线性系统模型参考控制[C]//2001年中国智能自动化会议文集. 北京: 中国自动化学会, 2001: 223-228.

[29] 封锡盛, 梅家福. 我国第一艘无缆水下机器人: "探索者"号[M]//国家863计划智能机器人主题专家组. 迈向新世纪的中国机器人: 国家863计划智能机器人主题回顾与展望. 沈阳: 辽宁科学技术出版社, 2001: 69-70.

[30] 李一平, 封锡盛. "CR-01" 6000m自治水下机器人在太平洋锰结核调查中的应用[J]. 高技术通讯, 2001, 11(1): 85-87.

[31] Zhang Yu, Chen Honghai, Feng Xisheng. Robust adaptive control of autonomous underwater vehicle[C]//International Conference on Control and Automation (ICCA). Piscataway, NJ, USA: IEEE, 2002: 231.

[32] Zhang Yu, Feng Xisheng. Remotely operated vehicle (ROV)with distributed control architecture[C]//International Conference on Control and Automation (ICCA). Piscataway, NJ, USA: IEEE, 2002: 233.

[33] 邢志伟, 封锡盛. 基于神经网络的水下机器人自适应解耦控制[J]. 机器人, 2002, 24(S): 580-584.

[34] 张禹, 陈洪海, 封锡盛. 自治水下机器人的一种鲁棒自适应控制方法研究[J]. 机器人, 2002, 24(S): 577-579.

[35] Liu Kaizhou, Liu Jian, Zhang Yu, Xu Hongli, Feng Xisheng. The development of autonomous underwater vehicle's semi-physical virtual reality system[C]//IEEE International Conference on Robotics, Intelligent Systems and Signal Processing. Piscataway, NJ, USA: IEEE, 2003: 301-306.

[36] Xing Zhiwei, Zhang Yu, Liu Kaizhou, Feng Xisheng. Neural based adaptive control of underwater vehicle[C]//IEEE International Conference on Robotics, Intelligent Systems and Signal Processing. Piscataway, NJ, USA: IEEE, 2003: 622-627.

[37] 邢志伟, 封锡盛. 水下机器人神经网络自适应逆控制[J]. 控制工程, 2003, 10(3): 235-238, 258.

[38] 邢志伟, 封锡盛, 王宁. 水下机器人神经网络直接自适应控制[J]. 控制与决策, 2003, 18(S): 43-45.

[39] 邢志伟, 张禹, 封锡盛. 基于超短基线/多普勒的水下机器人位置估计[J]. 机器人, 2003, 25(3): 231-234, 263.

[40] 张禹, 邢志伟, 黄俊峰, 封锡盛. 远程自治水下机器人三维实时避障方法研究[J]. 机器人, 2003, 25(6): 481-485.

[41] Liu Jian, Liu Kaizhou, Feng Xisheng. Electronic chart based ocean environment development method and its application in digital AUV platform[C]//4th International Symposium on Underwater Technology. Piscataway, NJ, USA: IEEE, 2004: 423-429.

[42] Xu Hongli, Zhang Yu, Feng Xisheng. Research on the decentralized supervisory control of autonomous underwater vehicle[C]//5th World Congress on Intelligent Control and Automation. Piscataway, NJ, USA: IEEE, 2004: 4909-4913.

[43] Liu Kaizhou, Liu Jian, Feng Xisheng. Research on the ocean environment implementation methods for digital AUV platform[C]//IEEE International Conference on Robotics and Biomimetics (ROBIO). Piscataway, NJ, USA: IEEE, 2004: 401-406.

[44] Xing Zhiwei, Gao Jianshu, Wang Liwen, Feng Xisheng. A neural network based adaptive control scheme for underwater vehicles with an observer[C]//5th World Congress on Intelligent Control and Automation. Piscataway, NJ, USA: IEEE, 2004: 4996-5000.

[45] Liu Kaizhou, Wang Xiaohui, Feng Xisheng. The design and development of simulator system—For manned submersible vehicle[C]//IEEE International Conference on Robotics and Biomimetics (ROBIO). Piscataway, NJ, USA: IEEE, 2004: 328-333.

[46] Xu Hongli, Zhang Yu, Feng Xisheng. Discrete hierarchical supervisory control for autonomous underwater vehicle[C]// 4th Internatinal Symposium on Underwater Technology. Piscataway, NJ, USA: IEEE, 2004: 417-421.

[47] 张禹, 刘开周, 邢志伟, 封锡盛. 自治水下机器人实时仿真系统开发研究[J]. 计算机仿真, 2004, 21(4): 155-158.

[48] 徐红丽, 许真珍, 封锡盛. 基于局域网的多水下机器人仿真系统设计与实现[J]. 机器人, 2005, 27(5): 423-425, 440.

[49] 刘开周, 刘健, 封锡盛. 一种海底地形和海流虚拟生成方法[J]. 系统仿真学报, 2005, 17(5): 1268-1271.

[50] Liu Kaizhou, Liu Jian, Feng Xisheng. A comparison of digital AUV platform's result with lake experiment's[C]//OCEANS 2005 MTS/IEEE Washington. Piscataway, NJ, USA: IEEE, 2005: 785-790.

[51] 许真珍, 徐红丽, 封锡盛. 基于C/S模式的多水下机器人仿真平台网络通信研究[J]. 微电子学与计算机, 2006, 23(5): 97-101.

[52] 吴利红, 俞建成, 封锡盛. 水下滑翔机器人水动力研究与运动分析[J]. 船舶工程, 2006, 28(1): 12-16.

[53] 张禹, 徐红丽, 韦茵, 封锡盛. 基于数字海图的自主水下机器人路径规划研究[J]. 机器人, 2006, 28(3): 321-325.

[54] 刘开周, 王晓辉, 郭威, 封锡盛. 一类载人潜水器的改进 LQG 控制研究[J]. 系统仿真学报, 2006, 18(S2): 847-850.

[55] 冀大雄, 封锡盛, 刘健, 陈孝桢. 一种测量深海应答器坐标的方法[J]. 系统仿真学报, 2006, 18(S2): 218-221.

[56] 冀大雄, 陈孝桢, 封锡盛, 刘健. 水声信号的窄带滤波研究[J]. 仪器仪表学报, 2006, 27(S2): 1351-1352, 1357.

[57] 许真珍, 封锡盛. 多 UUV 协作系统的研究现状与发展[J]. 机器人, 2007, 29(2): 186-192.

[58] 王长涛, 俞建成, 吴利红, 封锡盛. 水下滑翔机器人运动机理仿真与实验[J]. 海洋工程, 2007, 25(1): 64-69.

[59] 冀大雄, 陈孝桢, 李一平, 刘健, 封锡盛. AUV 长基线系统海上应用中若干问题分析[J]. 海洋工程, 2007, 25(4): 92-95.

[60] 冀大雄, 封锡盛, 刘健, 陈孝桢. AUV 定位信号检测延时的蒙特卡洛模拟分析[J]. 海洋工程, 2007, 25(2): 122-125.

[61] Wu Lihong, Feng Xisheng, Gong Peiliang, Jin Zhong. Viscous force and added mass for complex configuration with an implicit dual time method[C]//5th International Conference on Nonlinear Mechanics (ICNM-V). Shang Hai: Shanghai University Press, 2007: 1144-1148.

[62] 任申真, 封锡盛, 李硕. SARV 光纤收放装置的控制系统设计与实现[J]. 微计算机信息, 2007, 23(20): 207-209.

[63] 刘开周, 郭威, 王晓辉, 封锡盛, 赵洋. 一类载人潜水器推进系统特性的软测量研究[J]. 仪器仪表学报, 2007, 28(S): 17-20.

[64] 赵浩泉, 封锡盛, 刘开周. 基于混合灵敏度的水下机器人鲁棒控制研究[J]. 仪器仪表学报, 2007, 28(S): 606-609.

[65] 徐红丽, 封锡盛. 基于事件反馈监控的 AUV 模糊避障方法研究[J]. 仪器仪表学报, 2007, 28(S): 698-702.

[66] Xu Zhenzhen, Li Yiping, Feng Xisheng. Constrained Multi-objective task assignment for UUVs using multiple ant colonies system[C]//International Colloquium on Computing, Communication, Control, and Management. Los Alamitos: IEEE Computer SOC, 2008: 462-466.

[67] Xu Zhenzhen, Feng Xisheng, Li Yiping. Cooperation model design based on object-oriented petri net for multiple heterogeneous UUVs system[C]//7th World Congress on Intelligent Control and Automation. Piscataway, NJ, USA: IEEE, 2008: 5710-5715.

[68] Li Yanfu, Zhang Qifeng, Feng Xisheng. Inverse kinematic solution and simulation for ROVs-manipulators system[C]// 20th Chinese Control and Decision Conference. Piscataway, NJ, USA: IEEE, 2008: 3345-3348.

[69] Lin Changlong, Feng Xisheng, Gong Peiliang, Jin Zhong. An application of the improved hybrid fuzzy PID control system[C]//7th World Congress on Intelligent Control and Automation. Piscataway, NJ, USA: IEEE, 2008: 5704-5709.

[70] 冀大雄, 封锡盛, 刘开周, 康小东. 综合权值递推最小二乘法估计从 UUV 航行参数[J]. 仪器仪表学报, 2008, 29(S): 304-306.

[71] 许真珍, 李一平, 封锡盛. 一个面向异构多 UUV 协作任务的分层式控制系统[J]. 机器人, 2008, 30(2): 155-159, 164.

[72] 李延富, 俞建成, 封锡盛. 深水滑翔机器人耐压壳体结构优化设计[J]. 海洋工程, 2008, 26(4): 84-88.

[73] 徐红丽, 封锡盛, 刘健. 一种自治水下机器人垂直面避碰规划方法[J]. 微计算机信息, 2008, 24(23): 262-264.

[74] 冀大雄, 陈孝桢, 刘健, 封锡盛. 一种低功耗微弱信号放大电路的优化设计与研究[J]. 电子器件, 2008, 31(4): 1303-1306.

[75] Kang Xiaodong, Xu Hongli, Feng Xisheng, Tian Yu. Formation evaluation of multi-AUV system for deep-sea hydrothermal plume exploration[C]//International Conference on Intelligent Human-Machine Systems and Cybernetics. Piscataway, NJ, USA: IEEE Computer SOC, 2009: 256-261.

[76] Xu Hongli, Feng Xisheng. AUV real-time obstacle avoidance in unknown environment by fuzzy control based on finite state automata[C]//Underwater Intervention Conference (UI). Columbia, USA: Marine Technology Society Inc., 2009: 5-10.

[77] Li Yiping, Li Shuo, Feng Xisheng. Research and development of AUVs for deep-sea operation[C]//OCEANS 2009 MTS/IEEE Biloxi. Piscataway, NJ, USA: IEEE, 2009: 319-322.

[78] Xu Hongli, Kang Xiaodong, Feng Xisheng. Research on multi-AUV system for deep-sea hydrothermal exploration[C]//Sixth International Symposium on Underwater Technology. Wuxi, China: IEEE Oceanic Engineering Society, 2009: 91-95.

[79] 封锡盛, 林扬, 马爱民. 军用潜水器概述[J]. 海军大连舰艇学院学报, 2009, 32(5): 4-8.

[80] Xu Hongli, Feng Xisheng. An AUV fuzzy obstacle avoidance method under event feedback supervision[C]//OCEANS 2009 MTS/IEEE Biloxi. Piscataway, NJ, USA: IEEE, 2009: 808-813.

[81] Kang Xiaodong, Xu Hongli, Feng Xisheng. Fuzzy logic based behavior fusion for multi-AUV formation keeping in uncertain ocean environment[C]//OCEANS 2009 MTS/IEEE Biloxi. Piscataway, NJ, USA: IEEE, 2009: 824-830.

[82] Wu Lihong, Feng Xisheng, Gong Peiliang. Dynamic hybrid grids for unsteady 3-D large movement simulation[C]//Sixth International Symposium on Underwater Technology. Wuxi, China: IEEE Oceanic Engineering Society, 2009: 169-172.

[83] 李延富, 张奇峰, 封锡盛. 基于模糊推理水下作业系统运动控制研究[J]. 微计算机信息, 2009, 25: 12-14.

[84] 林昌龙, 封锡盛. 分散式控制和管理的 UUV 体系结构模型研究[J]. 机器人, 2009, 31(S1): 1-5.

[85] 李延富, 张奇峰, 封锡盛. 基于水下作业系统阻抗力控制水下目标定位[J]. 机械设计与制造, 2009, 12: 225-226.

[86] 冀大雄, 刘健, 周波, 封锡盛. 深水机器人低成本导航系统的位置估计方法研究[J]. 仪器仪表学报, 2009, 30(1): 35-38.

[87] 冀大雄, 刘健, 陈孝桢, 封锡盛. 基于 LBL 声信标的 AUV 快速精确定位[J]. 声学技术, 2009, 28(4): 476-479.

[88] Xu Jinbao, Ren Shenzhen, Feng Xisheng, Lin Changlong. Comparing of LPC-EKF, LPC-UKF in UUV bearings-only tracking systems[C]//OCEANS 2010 IEEE Sydney. Piscataway, NJ, USA: IEEE, 2010.

[89] 刘开周, 郭威, 王晓辉, 封锡盛. 基于结构奇异值的水下机器人鲁棒控制研究[C]//8th Word Congress on Intelligent Control and Automation(WCICA). Piscataway, NJ, USA: IEEE, 2010: 6446-6450.

[90] Lin Changlong, Ren Shenzhen, Feng Xisheng, Xu Jinbao. Autonomic element based architecture for unmanned underwater vehicles[C]//OCEANS 2010 IEEE Sydney. Piscataway, NJ, USA: IEEE, 2010.

[91] Ren Shenzhen, Tan Liang, Li Yiping, Feng Xisheng. A semi-physical simulation framework for multiple unmanned underwater vehicles[C]//22nd Chinese Control and Decision Conference. Piscataway, NJ, USA: IEEE, 2010: 1798-1801.

[92] Kang Xiaodong, Li Wei, Xu Hongli, Feng Xisheng. Formation control of multiple AUVs for moth-inspired plume tracing[C]//20th International Offshore and Polar Engineering Conference (ISOPE). Cupertino, CA: International Society of Offshore and Polar Engineers, 2010: 419-424.

[93] 吴利红, 封锡盛, 胡志强. 三维动态混合网格在 AUV 发射过程中的应用[J]. 船舶力学, 2010, 14(7): 717-722.

[94] Lin Changlong, Feng Xisheng, Li Yiping. UKF-based parameter estimation method for precise UUV navigation[C]//20th International Offshore and Polar Engineering Conference (ISOPE). Cupertino, CA: International Society of Offshore and Polar Engineers, 2010: 429-434.

[95] 周焕银, 刘开周, 封锡盛. 基于神经网络的自主水下机器人动态反馈控制[J]. 电机与控制学报, 2011, 15(7): 87-93.

[96] 周焕银, 刘开周, 封锡盛. 基于神经网络补偿的滑模控制在 AUV 运动中的应用[J]. 计算机应用研究, 2011, 28(9): 3384-3386, 3389.

[97] Xu Jinbao, Feng Xisheng, Ren Shenzhen, Zeng Junbao. Comparison of SUT $H_\infty$ - and UKF in Cartesian and Modified Polar Coordinates for bearings-only tracking[C]//OCEANS 2011 MTS/IEEE Kona. Piscataway, NJ, USA: IEEE, 2011.

[98] Lin Changlong, Feng Xisheng, Li Yiping, Liu Kaizhou. Toward a generalized architecture for unmanned underwater vehicles[C]//2011 IEEE International Conference on Robotics and Automation. Piscataway, NJ, USA: IEEE, 2011: 2368-2373.

[99] 林昌龙, 封锡盛, 李一平. 基于 UKF 的水下机器人执行器故障检测方法研究[J]. 机械设计与制造, 2011(5): 168-170.

[100] 封锡盛, 李一平, 徐红丽. 下一代海洋机器人: 写在人类创造下潜深度世界纪录 10916 米 50 周年之际[J]. 机器人, 2011, 33(1): 113-118.

[101] Zhou Huanyin, Liu Kaizhou, Feng Xisheng. Selected optimal control from controller database according to diverse AUV motions[C]//9th World Congress on Intelligent Control and Automation (WCICA). Piscataway, NJ, USA: IEEE, 2011: 425-430.

[102] Zhou Huanyin, Liu Kaizhou, Feng Xisheng. State feedback sliding mode control without chattering by constructing hurwitz matrix for AUV movement[J]. International Journal of Automation and Computing, 2011, 8(2): 262-268.

[103] 封锡盛. 下一代海洋机器人展望——在我国海洋科技战略性突破的关键时期[C]//第 140 场中国工程科技论坛——中国海洋工程与科技发展战略会议文集. 青岛: 中国工程院, 2012: 27-34.

[104] Kang Xiaodong, Li Wei, Xu Hongli, Feng Xisheng, Li Yiping. Validation of an odor source identification algorithm via an underwater vehicle[C]//2nd International Conference on Intelligent Systems Design and Engineering Applications (ISDEA). Piscataway, NJ, USA: IEEE, 2012: 740-743.

[105] 任申真, 谭亮, 李一平, 封锡盛. 基于 VxBus 的高速数据采集卡驱动程序开发[J]. 机械设计与制造, 2012(1): 85-87.

[106] 周焕银, 刘开周, 封锡盛. 基于权值范围设置的多模型稳定切换控制研究[J]. 控制与决策, 2012, 27(3): 349-354.

[107] 徐进宝, 封锡盛, 任申真. SUT-$H_\infty$ 滤波在修正极坐标系与直角坐标系中纯方位跟踪对比研究[J]. 计算机应用研究, 2012, 29(3): 885-887.

[108] 徐进宝, 封锡盛, 任申真. SUT-$H_\infty$ 滤波在纯方位跟踪中的应用[J]. 计算机仿真, 2012, 29(7): 388-392.

[109] Zhang Xiaoling, Liang Wei, Yu Haibin, Feng Xisheng. Adaptive and reliable transmission scheduling with low-cost estimation of channel states[C]//IEEE International Conference on Information and Automation, (ICIA). Piscataway, NJ, USA: IEEE Computer Society, 2012: 474-481.

[110] 张晓玲, 梁炜, 于海斌, 封锡盛. 无线传感器网络传输调度方法综述[J]. 通信学报, 2012, 33(5): 143-157.

[111] Zhang Xiaoling, Liang Wei, Yu Haibin, Feng Xisheng. Optimal convergecast scheduling limits for clustered industrial wireless sensor networks[J]. International Journal of Distributed Sensor Networks, 2012, 9(1): 88-100.

[112] 张奇峰, 刘运亮, 封锡盛, 张艾群. 用于搭建水下电动机械手的驱动模块: 201120295899.6[P]. 2012-04-11.

[113] 刘开周, 程大军, 李一平, 封锡盛. 一种基于 UKF 的水下机器人状态和参数联合估计方法: 201110137339.2[P]. 2012-11-28.

[114] Li Wei, Li Yiping, Ren Shenzhen, Feng Xisheng. Tracking an underwater maneuvering target using an adaptive Kalman filter[C]//2013 IEEE TENCON. Piscataway, NJ, USA: IEEE, 2013.

[115] Li Wei, Li Yiping, Feng Xisheng. Study of the control system for an unmanned surface vehicle[C]//IEEE International Conference on Signal Processing, Communications and Computing (ICSPCC). Piscataway, NJ, USA: IEEE Computer Society, 2013.

[116] Zhang Xiaoling, Liang Wei, Yu Haibin, Feng Xisheng. Reliable transmission scheduling for multi-channel wireless sensor networks with low-cost channel estimation[J]. IET Communications, 2013, 7(1): 71-81.

[117] 封锡盛, 李一平. 海洋机器人 30 年[J]. 科学通报, 2013, 58(S2): 2-7.

[118] 周焕银, 封锡盛, 胡志强, 李为. 基于多辨识模型优化切换的 USV 航向动态反馈控制[J]. 机器人, 2013, 35(5): 552-558.

[119] 刘开周, 程大军, 李一平, 封锡盛. 一种基于自适应 UKF 的水下机器人状态和参数联合估计方法: 201110190512.5[P]. 2013-01-09.

[120] 张奇峰, 刘运亮, 封锡盛, 张艾群. 一种用于搭建水下电动机械手的驱动模块: 201120295899.6[P]. 2013-02-20.

[121] 徐红丽, 封锡盛, 刘健, 于闯. 一种用于 AUV 实时路径规划的免疫遗传算法: 201210487442.4[P]. 2013-05-01.

[122] 王艳艳, 刘开周, 封锡盛. AUV 纯方位目标跟踪轨迹优化方法[J]. 机器人, 2014, 36(2): 179-184.

[123] Wang Yanyan, Liu Kaizhou, Feng Xisheng. Optimal AUV trajectories for bearings-only target tracking and intercepting[C]//24th International Ocean and Polar Engineering Conference, (ISOPE) Busan. Cupertino, California: International Society of Offshore and Polar Engineers, 2014: 429-435.

[124] 林扬, 王越超, 封锡盛. 长航程自主水下机器人研究集体[Z]. 中国科学院杰出科技成就奖, 2014.

[125] 林扬, 王越超, 封锡盛. 自主水下机器人[Z]. 中华人民共和国工业和信息化部科技进步奖一等奖, 2014.

[126] Liu Kaizhou, Liu Ben, Wang Yanyan, Zhao Yang, Cui Shengguo, Feng Xisheng. Adaptive square-root CKF with application to DR/LBL integrated heading estimation for HOV[C]//27th Chinese Control and Decision Conference (CCDC). Piscataway, NJ, USA: IEEE, 2015: 1851-1855.

[127] Wang Xiulian, Liu Kaizhou, Lin Yanping, Liu Ben, Zhao Yang, Cui Shengguo, Feng Xisheng. Iterated square root unscented Kalman filter and its application in deep sea vehicle navigation[C]//27th Chinese Control and Decision Conference (CCDC). Piscataway, NJ, USA: IEEE, 2015: 4880-4885.

[128] Song Sanming, Si Bailu, Feng Xisheng, Herrmann J. Michael. Prior parameter estimation for Ising-MRF-based sonar image segmentation by local center-encoding[C]//OCEANS 2015 MTS/IEEE Genova. Piscataway, NJ, USA: IEEE, 2015.

[129] 李为, 李一平, 封锡盛. 基于幅值信息的改进集成概率数据关联算法[J]. 机器人, 2015, 37(5): 513-521.

[130] 李为, 李一平, 封锡盛. 基于修正加权矩阵的 3 维解耦无偏量测转换交互式多模型算法[J]. 机器人, 2015, 37(2): 237-245, 253.

[131] Zhang Xiaoling, Liang Wei, Yu Haibin, Feng Xisheng. Optimal convergecast scheduling for hierarchical wireless industrial systems: Performance bounds and two-stage algorithms[J]. IET Communications, 2015, 9(1): 88-100.

[132] 封锡盛. 机器人不是人, 是机器, 但须当人看[J]. 科学与社会, 2015, 5(2): 1-9.

[133] 李为, 李一平, 封锡盛. 基于卡尔曼滤波预测的无偏量测转换方法[J]. 控制与决策, 2015, 30(2): 229-234.

[134] Song Sanming, Herrmann J. Michael, Liu Kaizhou, Feng Xisheng. Forward-looking sonar image mosaicking by feature tracking[C]//IEEE International Conference on Robotics and Biomimetics (ROBIO). Piscataway, NJ, USA: IEEE, 2016: 1613-1618.

[135] Song Sanming, Si Bailu, Feng Xisheng, Liu Kaizhou. Label field initialization for MRF-based sonar image segmentation by selective autoencoding[C]//OCEANS 2016 MTS/IEEE Shanghai. Piscataway, NJ, USA: IEEE, 2016.

[136] Wu Lihong, Li Yiping, Zhang Huichen, Feng Xisheng. Meshing impact on numerical simulation of marine systems performance[C]//OCEANS 2016 MTS/IEEE Shanghai. Piscataway, NJ, USA: IEEE, 2016.

[137] 王艳艳, 刘开周, 封锡盛. 基于强跟踪平方根容积卡尔曼滤波的纯方位目标运动分析方法[J]. 计算机测量与控制, 2016, 24(11): 136-140.

[138] Song Sanming, Si Bailu, Herrmann J. Michael, Feng Xisheng. Local autoencoding for parameter estimation in a hidden Potts-Markov random field[J]. IEEE Transactions on Image Processing, 2016, 25(5): 2324-2336.

[139] 封锡盛. 机器人, 时代进步的重要推手[J]. 知识就是力量, 2016, 2: 3.

[140] 封锡盛. 深海明珠——海洋机器人历史沿革认识与思考[J]. 中国自动化学会通讯, 2016, 37(3): 4-11.

[141] Liu Xinyu, Li Yiping, Wang Yaxing, Feng Xisheng. Hydrodynamic modeling with grey-box method of a foil-like underwater vehicle[J]. China Ocean Engineering, 2017, 31(6): 773-780.

[142] 周焕银, 李一平, 刘开周, 封锡盛. 基于 AUV 垂直面运动控制的状态增减多模型切换[J]. 哈尔滨工程大学学报, 2017, 38(8): 1309-1315.

[143] Liu Xinyu, Li Yiping, Yan Sshuxue, Feng Xisheng. Adaptive attitude controller design of autonomous underwater vehicle focus on decoupling[C]//IEEE OES International Symposium on Underwater Technology (UT). Piscataway, NJ, USA: IEEE, 2017.

[144] 阎述学, 李一平, 封锡盛. 基于水声通信的多 AUV 队形控制实现[J]. 控制工程, 2017, 24(S0): 118-122.

[145] Song Sanming, Herrmann J. Michael, Si Bailu, Liu Kaizhou, Feng Xisheng. Two-dimensional forward-looking sonar image registration by maximization of peripheral mutual information[J]. International Journal of Advanced Robotic Systems, 2017, 14(6): 1-17.

[146] Zhang Jin, Li Wei, Yu Jiancheng, Feng Xisheng, Zhang Qifeng, Chen Genshe. Study of manipulator operations maneuvered by a ROV in virtual environments[J]. Ocean Engineering, 2017, 142: 292-302.

[147] Jiang Min, Song Sanming, Li Yiping, Liu Jian, Feng Xisheng. Scan registration for mechanical scanning imaging sonar using kD2D-NDT[C]//30th Chinese Control and Decision Conference (CCDC). Piscataway, NJ, USA: IEEE, 2018: 6425-6430.

[148] 刘鑫宇, 李一平, 封锡盛. 万米级水下机器人浮力实时测量方法[J]. 机器人, 2018, 40(2): 216-221.

[149] Huo Yujia, Li Yiping, Feng Xisheng. Model-free recurrent reinforcement learning for AUV horizontal control[C]//3rd International Conference on Automation, Control and Robotics Engineering (CACRE). Bristol, England: IOP Publishing Ltd, 2018.

[150] Wu Lihong, Li Yiping, Liu Kaizhou, Wang Shiwen, Ai Xiaofneg, Li Shuo, Feng Xisheng. A physics-based simulation for AUV underwater docking using the MHDG method and a discretized propeller[J]. Ocean Engineering, 2019, 187: 106081.

[151] 阎述学, 李一平, 封锡盛. 一种基于高斯过程回归的 AUV 自适应采样方法[J]. 机器人, 2019, 41(2): 232-241.

[152] Yan Shuxue, Li Yiping, Feng Xisheng, Li Shuo, Tang Yuangui, Li Zhigang, Yuan Mingzhe. An AUV adaptive sampling path planning method based on online model prediction[C]//12th IFAC Conference on Control Applications in Marine Systems, Robotics, and Vehicles (CAMS). Amsterdam: Elsevier, 2019: 323-328.

[153] Jiang Min, Song Sanming, Li Yiping, Jin Wenming, Liu Jian, Feng Xisheng. A survey of underwater acoustic SLAM system[C]//12th International Conference on Intelligent Robotics and Applications (ICIRA). Berlin: Springer Verlag, 2019: 159-170.

[154] Jiang Min, Song Sanming, Li Yiping, Tang Fengzhen, Liu Jian, Feng Xisheng. Scan registration for underwater mechanical scanning imaging sonar using symmetrical Kullback-Leibler divergence[J]. Journal of Electronic Imaging, 2019, 28(1): 013026.

[155] Huo Yujia, Li Yiping, Feng Xisheng. Tiltrotors position tracking controller design using deep reinforcement learning[C]//5th International Conference on Mechanical and Aeronautical Engineering (ICMAE). Bristol, UK: IOP, 2019.

[156] Chen Yanzhuang, Zhang Qifeng, Feng Xisheng, Huo Liangqing, Tian Qiyan, Du Linsen, Bai Yunfei, Wang Cong. Development of a full ocean depth hydraulic manipulator system[C]//12th International Conference on Intelligent Robotics and Applications (ICIRA). Berlin: Springer Verlag, 2019: 250-263.

[157] Zhang Ziyang, Wang Cong, Zhang Qifeng, Li Yiping, Feng Xisheng, Wang Yong. Research on autonomous grasping control of underwater manipulator based on visual servo[C]//Chinese Automation Congress (CAC). Piscataway, NJ, USA: IEEE, 2019: 2904-2910.

[158] Jiang Min, Song Sanming, Herrmann J. Michael, Li Jihong, Li Yiping, Hu Zhiqiang, Li Zhigang, Liu Jian, Li Shuo, Feng Xisheng. Underwater loop-closure detection for mechanical scanning imaging sonar by filtering the similarity matrix with probability hypothesis density filter[J]. IEEE Access, 2019, 7: 166614-166628.

[159] Huo Yujia, Li Yiping, Feng Xisheng. Memory-based reinforcement learning for trans-domain tiltrotor robot control[C]//10th Asia Conference on Mechanical and Aerospace Engineering (ACMAE). Bristol, UK: IOP, 2019.

[160] Wu Lihong, Feng Xisheng, Sun Xiannian, Zhou Tongming. Numerical prediction of self-propulsion point of AUV with a discretized propeller and MFR method[C]//12th International Conference on Intelligent Robotics and Applications (ICIRA). Berlin: Springer Verlag, 2019: 137-147.

[161] Zhao Dongye, Tang Fengzhen, Si Bailu, Feng Xisheng. Learning joint space-time-frequency features for EEG decoding on small labeled data[J]. Neural Networks, 2019, 114: 67-77.

[162] 吴利红, 李一平, 刘开周, 封锡盛, 王诗文, 艾晓锋. 基于多块动态混合网格的 AUV 自航类物理数值模拟[J]. 机器人, 2019, 41(6): 706-712.

[163] Dong Lingyan, Xu Hongli, Feng Xisheng, Han Xiaojun, Yu Chuang. A research on the simultaneous localization method in the process of autonomous underwater vehicle homing with unknown varying measurement error[J]. Applied Sciences - Basel, 2019, 9(21): 1-21.

[164] Jia Qingyong, Xu Hongli, Feng Xisheng, Gu Haitao, Gao Lei. Research on cooperative area search of multiple underwater robots based on the prediction of initial target information[J]. Ocean Engineering, 2019, 172: 660-670.

[165] Jia Qingyong, Xu Hongli, Feng Xisheng, Gu Haitao. A novel cooperative pursuit strategy in multiple underwater robots[C]//OCEANS 2019 Marseille. Piscataway, NJ, USA: IEEE, 2019.

[166] Chen Yanzhuang, Zhang Qifeng, Tian Qiyan, Huo Liangqing, Feng Xisheng. Fuzzy adaptive impedance control for deep-sea hydraulic manipulator grasping under uncertainties[C]//OCEANS 2020 Singapore-U.S. Gulf Coast. Piscataway, NJ, USA: IEEE, 2020.

[167] 吴利红, 王诗文, 封锡盛, 等. AUV 自航对接的类物理数值模拟[J]. 北京航空航天大学学报, 2020, 46(4): 683-690.

[168] 陈言壮, 张奇峰, 田启岩, 等. 水下多指手研究现状[J]. 机器人, 2020, 42(6): 749-768.

[169] Wu Lihong, Li Yiping, Liu Kaizhou, Sun Xiannian, Wang Shiwen, Ai Xiaofeng, Yan Shuxue, Li Shuo, Feng Xisheng. Hydrodynamic performance of AUV free running pushed by a rotating propeller with physics-based simulations[J]. Ships and Offshore Structures, 2020, 16(8): 1-13.

[170] 吴利红, 张爱锋, 李一平, 封锡盛, 王诗文. 水下机器人试航速度的类物理数值方法预报[J]. 哈尔滨工程大学学报, 2020, 41(2): 194-198.

[171] Dong Lingyan, Xu Hongli, Feng Xisheng, Han Xiaojun, Yu Chuang. An adaptive target tracking algorithm based on EKF for AUV with unknown Non-Gaussian process noise[J]. Applied Sciences - Basel, 2020, 10(10): 1-22.

[172] Jia Qingyong, Xu Hongli, Li Guannan, Gu Haitao, Feng Xisheng. Research on synergy pursuit strategy of multiple underwater robots[J]. Journal of Intelligent and Robotic Systems: Theory and Applications, 2020, 97(3-4): 673-694.

[173] 黄琰, 李岩, 俞建成, 李硕, 封锡盛. AUV 智能化现状与发展趋势[J]. 机器人, 2020, 42(2): 215-231.

[174] 周焕银, 刘开周, 封锡盛. 海洋机器人运动控制技术[M]. 北京:科学出版社, 2020.

[175] 封锡盛. 海洋机器人科学技术新进展[M]. 北京:科学出版社, 2020.

[176] 吴利红, 封锡盛, 叶作霖, 李一平. 自主水下机器人强制自航下潜的类物理模拟[J]. 上海交通大学学报, 2021, 55(3): 290-296.

[177] Dong Lingyan, Xu Hongli, Feng Xisheng, Li Ning. Research on autonomous underwater vehicle homing method based on Fuzzy-Q-FastSLAM[J]. Journal of Offshore Mechanics and Arctic Engineering, 2021, 143(5): 1-9.